Operations Research

Quantitative Methoden zur
Entscheidungsvorbereitung

Von
Universitätsprofessor
Dr.-Ing. Werner Zimmermann
und
Universitätsprofessor
Dr.-Ing. Dipl.-Oec. Ulrich Stache

10., überarbeitete Auflage

R. Oldenbourg Verlag München Wien

Die Deutsche Bibliothek - CIP-Einheitsaufnahme

Zimmermann, Werner:
Operations-Research : quantitative Methoden zur Entscheidungsvorbereitung /
von Werner Zimmermann und Ulrich Stache. – 10., überarb. Aufl.. – München ;
Wien : Oldenbourg, 2001
   ISBN 3-486-25816-8

2001.1645

© 2001 Oldenbourg Wissenschaftsverlag GmbH
Rosenheimer Straße 145, D-81671 München
Telefon: (089) 45051-0
www.oldenbourg-verlag.de

Das Werk einschließlich aller Abbildungen ist urheberrechtlich geschützt. Jede Verwertung
außerhalb der Grenzen des Urheberrechtsgesetzes ist ohne Zustimmung des Verlages unzulässig und strafbar. Das gilt insbesondere für Vervielfältigungen, Übersetzungen, Mikro-
verfilmungen und die Einspeicherung und Bearbeitung in elektronischen Systemen.

Gedruckt auf säure- und chlorfreiem Papier
Druck: R. Oldenbourg Graphische Betriebe Druckerei GmbH

ISBN 3-486-25816-8

Inhaltsverzeichnis

	Einführung	1
1.	**Netzplantechnik**	6
1.1.	Vorbemerkungen	6
1.2.	Ablaufplanung – Strukturanalyse und Netzplandarstellung	9
1.3.	Zeitplanung – Berechnung von Netzplänen	17
1.3.1	*Zeitenberechnung bei Vorgangpfeilnetzplänen*	*18*
1.3.2	*Zeitenberechnung bei Vorgangknotennetzplänen*	*22*
1.3.3	*Verkürzung und Überwachung eines Projektes*	*26*
1.4.	Kostenplanung	27
1.5	Kapazitätsplanung	29
1.5.1	*Kapazitätsbelastung*	*30*
1.5.2	*Kapazitätsausgleich*	*30*
1.6.	Einsatz von EDV-Anlagen	36
1.7.	Schlußbemerkungen	37
1.8.	Aufgaben zur Netzplantechnik	38
1.8.1	*Ablaufplanung und Aufstellung von Netzplänen*	*38*
1.8.2	*Zeitplanung und Berechnung von Netzplänen*	*41*
1.8.3	*Kosten- und Kapazitätsplanung*	*45*
1.9.	Empfohlene Literatur zur Netzplantechnik	47
2.	**Lineare Optimierung**	48
2.1.	Vorbemerkung	48
2.2.	Die Simplex-Methode	48
2.2.1	*Graphische Lösung*	*48*
2.2.2	*Rechnerische Lösung*	*50*
2.3.	Sonderfälle der Simplex-Methode	56
2.3.1	*Entartung*	*56*
2.3.2	*Unzulässige Ausgangslösung*	*56*
2.3.3	*Gleichungen als Restriktionen*	*58*
2.3.4	*Fehlende Nicht-Negativitäts-Bedingung*	*59*
2.3.5	*Minimierung der Zielfunktion*	*60*
2.3.6	*Untergrenzen einzelner Variablen*	*61*
2.3.7	*Allgemeiner Simplex-Algorithmus*	*63*
2.4.	Praktische Anwendungsfälle der Simplex-Methode	65
2.4.1	*Bestimmung des optimalen Produktionsprogrammes*	*65*
2.4.2	*Mischungsoptimierung*	*77*
2.4.3	*Verschnittminimierung*	*79*

2.5.	Aufgaben zur Linearen Optimierung	83
2.6.	Empfohlene Literatur zur Linearen Optimierung	89

3. Transport- und Zuordnungsoptimierung — 90

3.1.	**Transportprobleme**	90
3.1.1.	*Charakterisierung von Transportproblemen*	90
3.1.2.	*Lösung von Transportproblemen mit der Distributionsmethode*	93
3.1.3.	*Sonderfälle*	104
3.1.4.	*Praktische Anwendungen*	105
3.2.	**Zuordnungsprobleme**	111
3.2.1.	*Charakterisierung von Zuordnungsproblemen*	111
3.2.2.	*Lösung von Zuordnungsproblemen mit der Ungarischen Methode*	113
3.3.	**Aufgaben zur Transport- und Zuordnungsoptimierung**	116
3.4.	**Empfohlene Literatur zur Transport- und Zuordnungsoptimierung**	123

4. Ganzzahlige Optimierung — 125

4.1.	**Vorbemerkungen**	125
4.2.	**Verfahren der Ganzzahligen Optimierung**	125
4.2.1.	*Graphisches Verfahren*	125
4.2.2.	*Schnittebenen-Verfahren*	127
4.2.3.	*Entscheidungsbaum-Verfahren*	131
4.2.4.	*Heuristische Verfahren*	139
4.3.	**Aufgaben zur Ganzzahligen Optimierung**	143
4.4.	**Empfohlene Literatur zur Ganzzahligen Optimierung**	146

5. Kombinatorische Optimierung – Optimale Reihenfolge — 147

5.1.	**Vorbemerkungen**	147
5.2.	**Rundreiseplanung**	148
5.2.1.	*Vollständige Enumeration*	148
5.2.2.	*Heuristische Verfahren*	150
5.2.2.1.	Verfahren des besten Nachfolgers	151
5.2.2.2.	Verfahren der sukzessiven Einbeziehung von Stationen	151
5.2.3.	*Entscheidungsbaum-Verfahren*	153
5.2.3.1.	Begrenzte Enumeration	154
5.2.3.2.	Branching and Bounding	156
5.3.	**Fertigungs-Ablaufplanung**	161
5.3.1.	*Vorbemerkungen*	161
5.3.2.	*Maschinenbelegung bei Reihenfertigung*	162
5.3.2.1.	Johnson-Verfahren für das Zwei-Maschinen-Problem	162
5.3.2.2.	Heuristische Verfahren zur Lösung von Mehr-Maschinen-Problemen	166
5.3.3.	*Maschinenbelegung bei Werkstattfertigung*	178
5.3.3.1.	Analytische Verfahren	178
5.3.3.2.	Heuristische Verfahren	179

5.4.	Aufgaben zur Rundreise- und Ablaufplanung	180
5.5.	Empfohlene Literatur zur Kombinatorischen Optimierung	183

6. Dynamische Optimierung 184

6.1.	Vorbemerkungen	184
6.2.	Einführungsbeispiele	185
6.3	Anwendung in Produktion und Lagerhaltung	189
6.4.	Anwendung auf Ersatz-, Reihenfolge- und Stopp-Probleme	196
6.5	Aufgaben zur Dynamischen Optimierung	201
6.6.	Empfohlene Literatur zur Dynamischen Optimierung	207

7. Nichtlineare Optimierung 208

7.1	Vorbemerkungen	208
7.2.	Analytische Lösungsverfahren für einfache Problemstellungen	211
7.2.1.	*Nichtlineare Probleme ohne Restriktionen*	211
7.2.2.	*Nichtlineare Probleme mit Gleichungen als Restriktionen*	212
7.2.3.	*Nichtlineare Probleme mit Ungleichheitsrestriktionen und nichtnegativen Variablen*	213
7.2.3.1.	Karush-Kuhn-Tucker-Bedingungen	213
7.2.3.2.	Penalty-Methode	216
7.2.3.3.	Barriere-Methode	217
7.3.	Approximation durch Linearisierung der Zielfunktion	218
7.3.1.	*Linearisierung der Zielfunktion bei linearen Restriktionen*	218
7.3.2.	*Linearisierung bei Vorhandensein von Variablenprodukten*	221
7.4.	Algorithmische Suchverfahren	224
7.4.1.	*Eindimensionales Suchverfahren*	224
7.4.2.	*Gradientenverfahren*	225
7.4.3.	*Iterative Straffunktionsverfahren*	230
7.4.4.	*Gummiwand-Verfahren*	230
7.4.5.	*Complex-Verfahren*	233
7.4.6.	*Verfahren von Jahn*	237
7.4.7.	*Kombinations-Verfahren*	237
7.5.	Aufgaben zur Nichtlinearen Optimierung	238
7.6.	Empfohlene Literatur zur Nichtlinearen Optimierung	238

8. Wahrscheinlichkeitstheoretische Grundlagen 239

8.1.	Vorbemerkungen	239
8.2.	Wahrscheinlichkeitssätze	242
8.2.1.	*Additionssatz*	242
8.2.2.	*Bedingte Wahrscheinlichkeit*	244
8.2.3.	*Multiplikationssatz*	245
8.2.4.	*Satz von Bayes*	246

8.3.	**Wahrscheinlichkeitsverteilung**	248
8.3.1.	*Wahrscheinlichkeits- und Verteilungsfunktion*	248
8.3.2.	*Binomialverteilung*	251
8.3.3.	*Normalverteilung*	260
8.4.	**Aufgaben zur Wahrscheinlichkeitstheorie**	266
8.5.	**Empfohlene Literatur zur Wahrscheinlichkeitstheorie**	269

9. Entscheidungstheoretische Grundlagen   269

9.1.	**Entscheidungsbaum-Analyse**	269
9.2	**Entscheidungskriterien auf der Basis der Auszahlungen**	276
9.3.	**Entscheidungen auf der Basis von Nutzenanalysen**	283
9.4.	**Entscheidungen auf der Basis von Versuchsergebnissen**	287
9.5.	**Entscheidungen auf der Basis von Stichprobenergebnissen**	291
9.5.1.	*Anwendungen der Binomialverteilung bei Zählstichproben*	291
9.5.2.	*Ermittlung des optimalen Stichprobenumfangs bei Zählstichproben*	296
9.5.3.	*Verfahren bei ganzzahligen Mittelwerten von Meßstichproben*	296
9.5.4.	*Anwendung der Normalverteilung bei Meßstichproben*	301
9.6.	**Aufgaben zur Entscheidungstheorie**	306
9.7.	**Empfohlene Literatur zur Entscheidungstheorie**	312

10. Theorie der Spiele   313

10.1.	**Charakterisierung von strategischen Spielen**	313
10.2.	**Statische Spiele**	315
10.3.	**Dynamische Spiele**	318
10.3.1.	*Dynamische Spiele mit einer (2×2) Auszahlungsmatrix*	319
10.3.2.	*Dynamische Spiele mit einer (m×2) Auszahlungsmatrix*	322
10.3.3.	*Dynamische Spiele mit einer (m×n) Auszahlungsmatrix*	323
10.3.4.	*Lösung dynamischer Spiele mittels Simulation*	328
10.4.	**Aufgaben zur Theorie der Spiele**	333
10.5.	**Empfohlene Literatur zur Theorie der Spiele**	335

11. Simulationstechnik   336

11.1.	**Zielsetzung und Verfahren**	336
11.1.1.	*Arten und Anwendungsgebiete der Simulation*	337
11.1.2.	*Simulationsprogramme für digitale Simulation*	338
11.2.	**Stochastische Simulation mit der Monte Carlo-Technik**	339
11.2.1.	*Zufallszahlen bei manueller Simulation*	340
11.2.2.	*Zufallszahlen bei digitaler Simulation*	340
11.2.3.	*Beispiele zur manuellen stochastischen Simulation*	342

11.3.	**Digitale Simulation mit GPSS**	349
11.3.1.	*Systemkomponenten*	350
11.3.2.	*Simulationsablauf*	352
11.4.	**Erfahrungen bei der Simulation**	358
11.4.1.	*Zeitführung*	358
11.4.2.	*Simulationsumfang und Anfangsbedingungen*	358
11.5.	**Aufgaben zur Simulationstechnik**	359
11.6.	**Empfohlene Literatur zur Simulationstechnik**	360

12. Warteschlangensysteme 361

12.1.	**Vorbemerkungen**	361
12.2.	**Charakteristik von Warteschlangensystemen**	362
12.2.1.	*Zugangs-Charakteristik*	363
12.2.2.	*Abgangs-Charakteristik*	364
12.2.3.	*Zahl und Anordnung der Kanäle*	365
12.2.4.	*Schlangendisziplin*	365
12.2.5.	*Warteraum-Charakteristik*	366
12.2.6.	*Klassifizierung von Warteschlangensystemen*	366
12.3.	**Analyse verschiedener Warteschlangensysteme**	366
12.3.1.	*Systeme mit exponential-verteilten Ankunftsintervallen und Bedienungszeiten*	367
12.3.1.1.	Ein-Kanal-System bei unendlichem Warteraum – M/M/1 : (∞/FIFO)	367
12.3.1.2.	Mehr-Kanal-System mit parallelen Kanälen bei unendlichem Warteraum – M/M/s : (∞/FIFO)	370
12.3.1.3.	Ein-Kanal-System bei begrenztem Warteraum – M/M/1 : (m/FIFO)	374
12.3.1.4.	Mehr-Kanal-System bei begrenztem Warteraum – M/M/s : (m/FIFO)	375
12.3.2.	*Ein Kanal-System mit exponentiell-verteilten Ankunftsintervallen und Erlang-verteilten Bedienungszeiten – M/E/1*	376
12.3.3.	*Lösung von Warteschlangenproblemen durch stochastische Simulation*	378
12.4.	**Aufgaben zu Warteschlangenproblemen**	382
12.5.	**Empfohlene Literatur zu Warteschlangensystemen**	384

13. Optimale Lagerhaltung 385

13.1.	**Vorbemerkungen**	385
13.2.	**Bedarfsbestimmung**	386
13.2.1.	*Trendextrapolation*	387
13.2.1.1.	Regressionsanalyse	387
13.2.1.2.	Vereinfachte Zeitreihenanalyse	388
13.2.2.	*Glättungsverfahren*	390
13.3.	**Lagerhaltungsstrategien**	393
13.3.1.	*Bestellpolitik bei deterministischer Nachfrage*	394
13.3.1.1.	Statisches Lagerhaltungsmodell	394
13.3.1.2.	Dynamisches Lagerhaltungsmodell	397

13.3.2.	*Bestellpolitik bei stochastischer Nachfrage*	401
13.3.2.1.	(t, q)-Politik	401
13.3.2.2.	(t, S)-Politik	403
13.3.2.3.	(s, q)-Politik	403
13.3.2.4.	(s, S)-Politik	404
13.3.3.	*Ermittlung der optimalen Lager- und Bestellpolitik mittels Simulation*	406
13.4.	**Aufgaben zur optimalen Lagerhaltung**	411
13.5.	**Empfohlene Literatur zur optimalen Lagerhaltung**	413

Schlußbemerkungen 415

Lösungen zu den Aufgaben 416

Sachwortverzeichnis 434

Vorwort zur 1. bis 6. Auflage

Das vorliegende Buch soll den Studenten der Ingenieur- und Wirtschaftswissenschaften als Lehrbuch einen Überblick über die wichtigsten modernen Planungsmethoden und Entscheidungstechniken verschaffen, die erst in den letzten Jahrzehnten unter der Bezeichnung Operations Research an den Universitäten und Hochschulen Eingang gefunden haben.

Gleichzeitig ist das Buch für den Praktiker gedacht, der vor die Aufgabe gestellt ist, sich diese Methoden und Verfahren im Selbststudium anzueignen und für die Lösung von Problemen seines Arbeitsgebietes anzuwenden.

Bei der Darlegung des Stoffgebietes war es nicht beabsichtigt, die mathematischen Aspekte der beschriebenen Verfahren streng und konsequent darzustellen, sondern es ging mir vielmehr darum, die praktische Anwendung und Handhabung der verschiedenen Verfahren des Operations Research zur Lösung der in Wirtschaft und Industrie anstehenden Probleme dem angesprochenen Personenkreis verständlich und zugänglich zu machen. Das Buch enthält deshalb keine strengen Beweise, sondern die Erklärungen stützen sich auf zahlreiche, bis zum zahlenmäßigen Ergebnis durchgerechnete Beispiele, die mit Absicht nicht zu komplex gewählt wurden, um das Wesen der Verfahren nicht unter umfangreichen Berechnungen zu verdecken. In der Praxis hat man es zwar mit wesentlich komplizierteren Problemen zu tun, jedoch wird der Leser, der sich die Grundprinzipien der Operations Research Verfahren an einfachen Beispielen klar gemacht hat, auch in der Lage sein, komplexere Probleme mit Hilfe von selbsterstellten oder käuflich erworbenen PC-Programmen anzugehen.

Wenn der Leser nachhaltigen Nutzen aus der Lektüre ziehen will, so sollte er die am Ende eines jeden Abschnittes angeführten Aufgaben selbständig und sorgfältig durchrechnen. Nur bei der Lösung konkreter Aufgaben werden konkrete Fragen aufgeworfen und nur dann können konkrete Kenntnisse anstelle verschwommener Vorstellungen erworben werden. Die Endergebnisse zu diesen Aufgaben sind im *Anhang* des Buches angegeben.

Zur Vertiefung und Ergänzung des behandelten Stoffes wird die am Ende eines jeden Abschnittes angegebene Literatur empfohlen.

Erfahrungsgemäß verbleibt bei der Wiedergabe von Formeln und Beispielen auch nach sorgfältigem Korrekturlesen noch ein Rest nicht ausgemerzter Fehler und Mängel. Allen Lesern, die solche Fehler und Mängel aufdecken, bin ich für eine entsprechende Mitteilung aufrichtig dankbar.

Vorwort zur 9. Auflage

Wegen der starken Nachfrage mußte kurzfristig eine Neuauflage erfolgen; daher wurden nur die in der letzten Auflage noch vorhandenen Fehler korrigiert sowie Neuerscheinungen in das Literaturverzeichnis aufgenommen.

Werner Zimmermann

Einführung

Da das Ziel jedes unternehmerischen Handelns letztlich in der Maximierung des langfristigen Gesamtgewinnes gesehen werden kann, besteht die sogenannte Kunst der Unternehmensführung in der optimalen Kombination der Elementarfaktoren Menschen, Maschinen, Material, Money und Management hinsichtlich dieses Zieles.
Bei der Beurteilung dessen, was als optimal anzusehen ist, kam bis vor einigen Jahrzehnten der Intuition, der Erfahrung und dem Fingerspitzengefühl des Praktikers die entscheidende Rolle zu. Die Planung aufgrund nur empirisch-gefühlsmäßiger Überlegungen wird jedoch heute bei der großen Tragweite der Entscheidungen immer problematischer und risikoreicher.
Es ist deshalb verständlich und liegt im Interesse der verantwortlichen Persönlichkeiten in Staat, Wirtschaft und Industrie, zur Vermeidung von Fehlentscheidungen, deren Berichtigung nur mit hohen Kosten und erheblichem Zeitverlust möglich ist, sich in verstärktem Maße wissenschaftlich fundierter Planungsmethoden und Entscheidungstechniken zu bedienen, um aus der Vielzahl der möglichen Entscheidungen möglichst diejenige zu wählen, welche hinsichtlich des angestrebten Zieles als auch hinsichtlich des dazu erforderlichen Aufwandes optimal ist.
Der Versuch, die Daumenregeln der Praktiker durch wissenschaftliche Analysen und Kalküle zu ersetzen, ist nicht neu. Die Bestrebungen in dieser Richtung gingen einmal aus von den Vertretern der *mathematischen Richtung der Nationalökonomie* wie *Turgot*[1]), *v. Thünen*[2]), *Cournot*[3]), *Walras* und *Pareto* und wurden fortgesetzt durch die Vertreter der *Wirtschafts- und Produktionstheorie* sowie der *Ökonometrie*. Hier sind insbesondere zu nennen: *Frisch*[4]), *Samuelson*[5]), *Fisher*[6]), *v. Stackelberg*[7]), *E. Schneider*[8]), *Leontief*[9]),

---

1) *J. Turgot*, Reflexions sur la formation et la distribution des richesses, 1766.
2) *J. H. v. Thünen*, Der isolierte Staat, Hamburg 1826. (Neuausgabe: Von Thünen's Isolated State, Editor P. Hall, Pergamon Press, Oxford 1966).
3) *A. Cournot*, Recherches sur les principles mathematiques de la theorie des richesses. Paris 1838, (Deutsch, Jena 1924).
4) *R. Frisch*, Pitfalls in the statistical construction of demand and supply curves, Leipzig 1933.
   R. Frisch, Statistical confluence analysis by means of complete regression system, Oslo 1934.
   R. Frisch, Theory of production, Chicago 1965.
5) *P. A. Samuelson*, The foundation of economic analysis, Harvard University Press, 1948.
6) *I. Fisher*, Mathematical methods in the social sciences, Econometrica, July 1961.
7) *H. v. Stackelberg*, Grundlagen der theoretischen Volkswirtschaftslehre, Bern 1948.
   H. v. Stackelberg, Grundlagen einer reinen Kostentheorie, Zeitschrift für Nationalökonomie 3 (1932) Heft 3 und 4.
8) *E. Schneider*, Theorie der Produktion, Wien 1934.
   E. Schneider, Einführung in die Wirtschaftstheorie, Teil I und Teil II, Tübingen 1956.
9) *W. Leontief*, The Structure for American Economy 1915 bis 1939, New York 1941.

Waffenschmidt[10]), *Gutenberg*[11]), *Tintner*[12]), *Tinbergen*[13]). Von Seiten der *Ingenieurwissenschaft* gingen die Impulse aus von *Taylor*[14]), der als „Vater der wissenschaftlichen Betriebsführung" gilt, dem Organisator *Fayol*[15]) und dem Industrial Engineer *Maynard*[16]).

Insbesondere *Taylor* bemühte sich um die Anwendung der Wissenschaft auf die Probleme der Unternehmensführung in der Industrie und forderte die Anwendung wissenschaftlicher Untersuchungs- und Meßmethoden in „Industrial Operations", damit für wirtschaftliche Entscheidungen nicht Intuition oder Gefühl irgendeines Menschen, sondern quantitative Daten („facts") ausschlaggebend würden.

Seit 1950 ist zunächst in den USA und in Großbritannien und seit etwa 1960 auch in Deutschland eine umfangreiche Fachliteratur unter der Bezeichnung „*Operations Research*" erschienen, deren Inhalt und Anliegen im Rahmen dieses Lehrbuches dargestellt werden soll. Die wohl ersten deutschsprachlichen Buchveröffentlichungen waren die Übersetzungen von *Churchman*[17]), *Vazsonyi*[18]) und *Sasieni*[19]).

Unter *Operations Research* – oft als OR abgekürzt – versteht man die *Anwendung quantitativer Methoden zur Vorbereitung optimaler Entscheidungen.* Die deutschen Begriffe hierfür sind Unternehmensforschung, Optimalplanung, Planungsforschung, Planungsrechnung, mathematische Entscheidungsvorbereitung u. a. Diese Verdeutschungen haben sich gegenüber dem Originalausdruck jedoch nicht durchgesetzt, so daß entweder nur von Operations Research gesprochen wird oder aber – wie auch bei diesem Band – als Untertitel eine Erläuterung hinzugesetzt wird.

Die Methoden des Operations Research wurden in größerem Umfange erstmals während des 2. Weltkrieges vorwiegend für strategische und militärische Zwecke entwickelt und eingesetzt.

Nach dem Kriege haben sich vor allem zunächst amerikanische Wirtschaftler mit Operations Research mit der Zielsetzung befaßt, nunmehr auch „ökonomische Auswahlprobleme, die herkömmlich der Geschäftserfahrung und dem Fingerspitzengefühl des Kaufmanns vorbe-

---

[10]) *W. G. Waffenschmidt*, Produktion, Meisenheim/Glan 1955.
  W. G. Waffenschmidt, Wirtschaftsmechanik, Kohlhammer Verlag, Stuttgart 1958.
[11]) *E. Gutenberg*, Grundlagen der Betriebswirtschaftslehre, Band I: Die Produktion (1951). Band II: Der Absatz (1955), Heidelberg.
[12]) *G. Tintner*, Handbuch der Ökonometrie, Springer Verlag 1960.
[13]) *J. Tinbergen*, Einführung in die Ökonometrie, Zürich 1952.
[14]) *F. W. Taylor*, The Principles of Scientific Management, New York 1911, (Deutsch Berlin 1919).
[15]) *H. Fayol*, Administration Industrielle et Generale, Paris 1916.
[16]) *H. B. Maynard*, Industrial Engineering Handbook, Mc Graw-Hill Book Company, 1956, Deutsche Ausgabe im Beuth-Vertrieb.
[17]) *Churchman, C. W./Ackoff, R. L./Arnoff, E. L.*: Introduction to Operations Research. John Wiley & Sons, New York 1957. Deutsche Ausgabe: Operations Research, eine Einführung in die Unternehmensforschung. Oldenbourg Verlag, München 1961.
[18]) *Vazsonyi, A.*: Scientific Programming in Business and Industry. John Wiley & Sons, New York 1958. Deutsche Ausgabe: Planungsrechnung in Wirtschaft und Industrie. Oldenbourg Verlag, München 1962.
[19]) *Sasieni, M./Yaspan, F./Friedman, L.*: Operations Research, Methods and Problems. John Wiley & Sons, New York 1959. Deutsche Ausgabe: Methoden und Probleme der Unternehmensforschung. Physica Verlag, Würzburg 1962.

halten waren, dem formal-logischen (rationalen) Kalkül der OR-Methoden zu unterwerfen".[1])

Im Hinblick auf dieses zivile Anwendungsgebiet besteht Ziel und Zweck des Operations Research darin, durch Anwendung mathematischer Methoden betriebliche und wirtschaftliche Vorgänge zu untersuchen, um quantitative Unterlagen für risikoreiche Entscheidungen in der Unternehmenspolitik zu erhalten.

Bei Operations Research handelt es sich also um eine besonders rationale *Technik der Entscheidungsvorbereitung*, um eine sehr wirkungsvolle *Planungs- und Entscheidungstechnik*.

An der Weiterentwicklung und Verbreitung von OR-Verfahren haben neben den Hochschulen und Universitäten insbesondere spezielle wissenschaftliche Vereinigungen wesentlichen Anteil; hier ist insbesondere zu nennen die

> Deutsche Gesellschaft für Operations Research (DGOR), in der sich 1971 die beiden deutschen Vereinigungen
> a) Arbeitskreis Operations Research (AKOR) (seit 1956) und
> b) Deutsche Gesellschaft für Unternehmensforschung (DGU) (seit 1961) zusammengeschlossen haben.

Die *prinzipielle Arbeitsweise beim Einsatz von Operations Research Verfahren* ist in Bild 0.1 dargestellt und kann verbal wie folgt beschrieben werden:

Ein realer Sachverhalt wird in einem mathematischen Modell nachgebildet, das mit Hilfe mathematischer Verfahren gelöst wird. Die am Modell gefundene Lösung wird anschließend auf den realen Sachverhalt übertragen

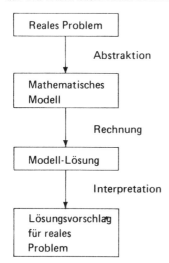

Bild 0.1. Arbeitsweise bei Operations Research Verfahren

Das Wesen des Operations Research läßt sich durch Angabe folgender vier Merkmale weiter präzisieren:

---

[1]) W. *Wetzel*, Rationalisierung betriebswirtschaftlicher Entscheidungen, in der Zeitschrift: Unternehmensforschung 1956/57, Heft 3, Seite 123.

- **Optimalitätsstreben**

  Dieses Streben besteht darin, die einem Entscheidungsproblem zugrundeliegende Zielsetzung zu optimieren, d.h. zu maximieren oder zu minimieren. Daran ändert auch die Tatsache nichts, daß die Ermittlung des absoluten Optimums oft nicht möglich ist.

  Dies kann z.B. folgende Gründe haben:
  - Das reale Problem wird im Entscheidungsmodell nur stark vereinfacht wiedergegeben,
  - die in der Modellberechnung eingehenden Daten sind ungenau, unsicher oder unvollständig,
  - der Aufwand zur Berechnung des absoluten Optimums ist wegen rechentechnischer Schwierigkeiten zu groß oder zu zeitaufwendig.

  Deshalb muß man sich häufig für das reale Problem mit guten, jedoch suboptimalen Lösungen zufrieden geben.

- **Modellanalytische Vorgehensweise**

  Modelldenken und Modellanalyse sind das Kernstück des Operations Research.

  Die bei der Lösung mathematischer Modelle verwendeten Verfahren lassen sich in folgende Gruppen einteilen:

  - Analytische Verfahren:
    Die Lösung wird durch einen formelmäßigen Ausdruck oder einen endlichen Rechenprozeß gewonnen, der mathematisch zur exakten Lösung führt.
  - Näherungs-Verfahren:
    Kann die exakte Lösung nur durch ein unendliches Iterationsverfahren gewonnen werden, so muß dieser Prozeß nach endlich vielen Schritten abgebrochen werden und man erhält daher nur eine Näherungslösung.
  - Heuristische Verfahren: (heuristikein = zur Lösung geeignet)
    Bei komplizierten Modellen, bei denen analytische oder Näherungs-Verfahren versagen, können heuristische Algorithmen weiterhelfen; sie sind dadurch gekennzeichnet, daß man mit Hilfe von Plausibilitätsbetrachtungen Teilmengen von möglichen Lösungen ausschließt, d.h. nicht weiter verfolgt. Man erhält auf diese Weise nur Suboptima, von denen man nicht sagen kann, wie weit sie vom absoluten Optimum entfernt liegen.
  - Simulations-Verfahren:
    Falls die bisher angeführten Verfahren versagen, so verwendet man die Simulation, d.h. man nimmt Versuche am Modell vor. Es wird dabei eine große Anzahl von Realisierungen des modellierten Zusammenhanges erzeugt und aus den Ergebnissen auf die Verteilung und (oder) ihre Parameter geschlossen.

- **Problemquantifizierung**

  Charakteristisch für Operations Research sind die Quantifizierung und Kalkülisierung der betrachteten Entscheidungsprobleme.

  Man strebt also nicht nur Aussagen der Art „Bei Erweiterung der Kapazität steigt der erzielbare Gesamtgewinn" an. Vielmehr sollen quantitative, d.h. zahlenmäßige Aussagen über die Zusammenhänge zwischen entscheidungsrelevanten Größen abgeleitet werden. So z.B. „Bei Erweiterung der Kapazität um 200 ME steigt der Gesamtgewinn um 10.000 GE". Die Entscheidungsprobleme müssen also zahlenmäßig dargestellt werden, damit sie rechenbar sind.

- **Entscheidungsvorbereitung**

  Mit den Modellen und Methoden des Operations Research werden keine Entscheidungen getroffen, sondern lediglich vorbereitet. Durch die Bereitstellung quantitativer, entscheidungsrelevanter Daten soll eine Informationsgrundlage geschaffen werden, die dem Entscheidungsträger das Treffen einer möglichst guten Entscheidung erlaubt.

Die von einem Entscheidungsträger aufgrund solcher Informationen getroffenen Entscheidung kann mit der Modell-Lösung, d.h. den Modell-Berechnungsergebnissen, übereinstimmen. In der Praxis wird sie von der Modell-Lösung mehr oder weniger stark abweichen. Gründe dafür sind u.a. die mangelnde Übereinstimmung des realen Problems mit dem mathematisch formulierten Modell und die gefühlsmäßige Bevorzugung bestimmter Handlungsalternativen durch den Entscheidungsträger.

Die Anwendung von Planungs- und Entscheidungsmethoden erstreckt sich im betrieblich-ökonomischen Bereich auf Absatz-, Produktions-, Beschaffungs-, Kostenrechnungs-, Organisations-, Personal- und Investitionsprobleme; im technischen Bereich auf Forschungs- und Entwicklungs-, Konstruktions-, Projektierungs-, Instandhaltungs- und Lagerhaltungsprobleme, sowie außerbetrieblich beispielsweise auf Probleme der öffentlichen Verwaltung, der Städteplanung, der Wasserwirtschaft, des Gesundheitswesens, der Energiewirtschaft und des Umweltschutzes.

Die im Operations Research verwendeten Modelle lassen sich meist mit den während des ingenieurwissenschaftlichen oder wirtschaftswissenschaftlichen Grundstudiums erworbenen mathematischen Kenntnissen lösen. Die Mathematik ist hier nur als Instrument (Werkzeug) des Ingenieurs und Betriebswirtes anzusehen. Er soll die Anwendbarkeit und Wirksamkeit der mathematischen Methoden beurteilen können; es ist nicht erforderlich, daß er die detaillierten Kenntnisse und Erfahrungen eines Mathematikers besitzt, da auf Ableitungen und Beweise weitgehend verzichtet wird.

Während sich kleinere Modelle manuell lösen lassen, sind für die Bearbeitung größerer Modelle Elektronische Datenverarbeitungsanlagen erforderlich.

Die Entwicklung von Operations Research Verfahren ist stark beeinflußt durch die Entwicklung von EDV-Anlagen. Zunächst einmal konnten bereits bestehende numerische Verfahren deshalb mit Erfolg bei OR-Untersuchungen angewendet werden, weil der Einsatz von EDV-Anlagen Zeit und Kosten in vertretbaren Grenzen hielt. Ferner wurden spezielle, auf EDV-Anlagen zugeschnittene Verfahren entwickelt, die für die manuelle Rechnung zu kompliziert sind. Außerdem bot die EDV-Anlage in Verbindung mit Simulationsprogrammen die Möglichkeit, spezielle Probleme experimentell auch dann zu lösen, wenn analytische Methoden versagen.

Man kann zwar ohne EDV-Kenntnisse die Methoden des Operations Research verstehen lernen, jedoch sind die Probleme in der industriellen Praxis derart komplex, daß man in der überwiegenden Zahl der praktischen Anwendungen nicht ohne EDV-Anlagen auskommt. Deshalb sind für den OR-Anwender Kenntnisse und Erfahrungen mit einer problemorientierten Programmiersprache (z. B. ALGOL oder FORTRAN) empfehlenswert, so daß man sich die wichtigsten Algorithmen des OR als Standardprogramm erstellen kann.

1. Netzplantechnik

1.1. Vorbemerkungen

Die Netzplantechnik nimmt unter den Methoden des Operations Research einen besonderen Platz ein. Die Gründe hierfür sind insbesondere:
- Die Verfahren der Netzplantechnik sind einfach und leicht anwendbar.
- Die Netzplantechnik ist ein ausgezeichnetes Hilfsmittel für die Darstellung von Produktionsabläufen mit vielfältigen technologisch, kapazitätsmäßig und kostenmäßig bedingten Abhängigkeiten sowie für die Planung und Abwicklung von Projekten.

Vor Beginn eines Projektes, eines Entwicklungs-, Fertigungs- oder Bauvorhabens, ist es sinnvoll, einen Plan für den Ablauf und die Durchführung des Projektes aufzustellen, der die Anfangs- und Endtermine der einzelnen Teilobjekte und Vorgänge, den Arbeitskräfteeinsatz, die erforderliche Maschinenkapazität, den Materialeinsatz und die benötigten Finanzmittel ausweist.

Bis 1957 pflegte man zur Projektplanung und -überwachung fast ausschließlich Balkendiagramme (Gantt-Diagramme) zu verwenden (vgl. Bild 1.1).

Die Nachteile der Balken-Darstellung sind jedoch evident. Das Balkendiagramm läßt keine Abhängigkeit zwischen den einzelnen Arbeiten erkennen. Aus diesem Grunde zwingen bereits kleine Änderungen dazu, das Diagramm neu aufzustellen, was die Kontrolle des Projektablaufes erschwert. Ferner liefert das Balkendiagramm keine Aussage darüber, in welchem Ausmaß die einzelnen „Tätigkeiten" für die rechtzeitige Beendigung des Projektes von Bedeutung sind, und wie man eine Verkürzung der Projektdauer erreichen kann. Diese Nachteile kann man durch Anwendung der Netzplantechnik vermeiden, die, im Gegensatz zum Balkendiagramm, auch eine systematische und lückenlose Darstellung

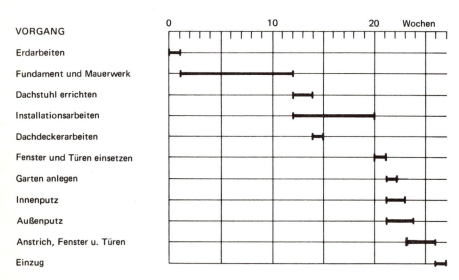

Bild 1.1. Balkenplan für den Bau eines kleinen Wohnhauses (Länge und Lage der Balken geben die Dauer und Anfangs- und Endzeitpunkte der jeweiligen Vorgänge an)

der zwischen den Vorgängen bestehenden Zusammenhänge ermöglicht. Die Projekte werden in einzelne Vorgänge zerlegt, die Abhängigkeiten der Vorgänge untereinander festgestellt und die Vorgänge und ihre Abhängigkeiten graphisch dargestellt. Diese graphische Darstellung heißt Netzplan.

Das Typische der Netzplantechnik läßt sich am besten durch Vergleich von Balkenplan und Netzplan zeigen. Die Struktur des Ablaufes wird im Netzplan unabhängig von der Dauer bzw. von Anfangs- und Endzeitpunkten dargestellt (vgl. Bild 1.2 und 1.3).

In der Praxis haben sich vorwiegend zwei Darstellungsweisen durchgesetzt.

Beim *Vorgangpfeilnetzplan* werden die einzelnen Vorgänge als Pfeile (gerichtete Kanten) dargestellt; die Knoten kennzeichnen die Verknüpfungen und Abhängigkeiten der Vorgänge.

Im *Vorgangknotennetzplan* werden die Vorgänge als Knoten dargestellt, während die Pfeile die Verknüpfungen und Abhängigkeiten zwischen den Vorgängen kennzeichnen.

Während in den Anfängen der Netzplantechnik die Vorgangspfeiltechnik im Vordergrund stand, wird in zunehmendem Maße aus später noch zu erklärenden Gründen die Vorgangknotentechnik verwendet.

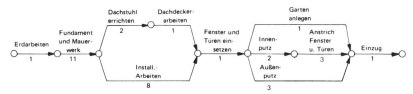

Bild 1.2. Vorgangpfeilnetzplan für den Bau eines kleinen Wohnhauses (Die Dauer der Vorgänge ist an jedem Pfeil vermerkt)

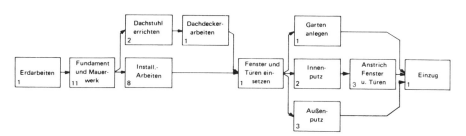

Bild 1.3. Vorgangknotennetz für den Bau eines kleinen Wohnhauses (Die Dauer der Vorgänge ist in jedem Knoten vermerkt)

Die ersten unter der Sammelbezeichnung Netzplantechnik (Project Planning Techniques) entwickelten Methoden stammen aus den USA und Frankreich; sehr schnell wurden diese von allen Industrieländern direkt oder in abgewandelter Form übernommen.

Besonders bekannt sind heute folgende Methoden:

CPM: *Critical Path Method*,
  erste Vorgangpfeiltechnik, 1957 in den USA bei Du Pont de Nemours und Remington Rand entwickelt, heute gegenüber anderen Methoden unterlegen, jedoch in Deutschland weit verbreitet.

PERT: *Program Evaluation and Review Technique,*
erstes ereignisorientiertes stochastisches Verfahren, 1958 bei der US-Navy in Zusammenarbeit mit den Firmen Lockheed sowie Booz, Allen and Hamilton entwickelt, erster Einsatz beim Polaris-Projekt, bewährt bei langfristigen, außergewöhnlichen Neuentwicklungen.

MPM: *Metra Potential Methode,*
erste Vorgangknotentechnik, 1958 in Frankreich von der Beratungsfirma SEMA (Société d'Economie et de Mathématique Appliquées) entwickelt, Vorbild für die anderen weiter unten angeführten Methoden, verwendet ausschließlich die Anfangsfolge.

Als *Hauptanwendungen der Netzplantechnik* sind zu nennen:

1. Planung, Bau, Überwachung und Wartung von Großprojekten wie Brücken, Autobahnen, Fabriken, Kraftwerken, Raffinerien, Pipelines, Universitäten, Walzwerken, Hüttenwerken, Schiffen, Flugzeugen usw.
2. Entwicklung von neuen Produkten, z. B. Datenverarbeitungsanlagen, Flugzeugen, Turbinen usw.
3. Organisation und Planung von Betriebsverlegungen, Reparaturen, Marketing-Aktionen, Manövern usw.

Für die Anwendung der Netzplantechnik genügen die gleichen Informationen, die man auch für die konventionellen Verfahren mit Balkenplänen benötigt; nur die Darstellungsart ist anders, die Auswertung gründlicher und die Ergebnisse sind aussagefähiger.

Die wichtigsten Begriffe der Netzplantechnik sind in der DIN-Norm 69900 enthalten und werden in den folgenden Ausführungen im Sinne dieser DIN-Norm verwendet.

Alle NPT-Methoden verwenden die gleiche Vorgehensweise bei der Anwendung der NPT auf spezielle Projekte:

1. Ablaufplanung – Strukturanalyse und Netzplanerstellung

Schritt 1: Zerlegung des Projektes in einzelne Vorgänge (Aufgaben, Tätigkeiten, Elemente) und Ermittlung der Dauer (Zeitdauer, Zeitbedarf) dieser Vorgänge sowie der Anordnungsbeziehungen zwischen diesen Vorgängen, d. h. der technologisch oder wirtschaftlich bedingten Abhängigkeiten zwischen den einzelnen Vorgängen. Die Dauer des einzelnen Vorganges und der Zeitwert der Anordnungsbeziehung (Zeitabstand) wird unter Berücksichtigung der vorhandenen Kapazität ermittelt. Die Zeiteinheit richtet sich nach der gewünschten Genauigkeit.

Schritt 2: Das Ergebnis der Strukturanalyse, das zunächst in einer Liste oder Tabelle vorliegt, wird nunmehr im Netzplan dargestellt. In der Darstellung des strukturellen Projektablaufes im Netzplan unterscheiden sich die verschiedenen NPT-Methoden.

2. Zeitplanung – Berechnung von Netzplänen

Schritt 1: Bei allen Projekten interessiert zunächst der frühestmögliche Fertigstellungstermin; dieser ist abhängig von der Zeitdauer der Vorgänge und deren Anordnungsbeziehungen und ist fixiert durch den kritischen Weg, d. h. den zeitlich längsten Weg durch den Netzplan.

In einer Vorwärtsrechnung werden deshalb die frühesten Anfangs- und Endzeitpunkte der einzelnen Vorgänge und damit auch des gesamten Projektes bestimmt.

Die spätesten End- und Anfangszeitpunkte werden in einer Rückwärtsrechnung ermittelt. Die Pufferzeiten (Zeitreserven) ergeben sich aus der Differenz zwischen den frühesten und spätesten Zeitpunkten. Vorgänge sind dann kritisch, wenn für sie keine Pufferzeit zur Verfügung steht. Der kritische Weg bzw. die hintereinanderliegenden kritischen Vorgänge bestimmen den Fertigstellungszeitpunkt des Projektes.

Schritt 2: Bei der Durchführung des Projektes treten immer unvorhergesehene Störungen auf, die eine Verzögerung des Projektabschlusses bewirken können. Um diese zu verhindern, ist eine ständige Überwachung und u. U. eine Neuberechnung der einzelnen Termine angebracht.

3. Kostenplanung

Basis für die Finanzierung eines Projektes ist eine systematische Kostenplanung. Durch Kumulation der detailliert geschätzten Kosten der einzelnen Vorgänge und ihre Zuordnung zu den in der Zeitplanung ermittelten Zeitabschnitten erhält man den zu erwartenden Kostenverlauf bei der Projekterstellung. Durch Gegenüberstellung dieser Plan-Kosten mit den bei der Ausführung ermittelten Ist-Kosten können Plan-Abweichungen frühzeitig erkannt und Umdispositionen rechtzeitig vorgenommen bzw. die erforderlichen Mittel zur Verfügung gestellt werden.

4. Kapazitätsplanung

Nach abgeschlossener Zeitplanung ist dem Kapazitätsbedarf die nach Zeit und Umfang verfügbare Kapazität gegenüberzustellen. Bei Kapazitätsüberschreitungen innerhalb einzelner Zeitabschnitte erfolgt ein Kapazitätsausgleich nach Möglichkeit im Rahmen der vorhandenen Pufferzeiten; häufig kann der Soll-Ist-Vergleich jedoch auch zur Änderung von Planterminen führen.

Eine systematische Kapazitätsplanung setzt im allgemeinen den Einsatz von EDV-Anlagen voraus, insbesondere dann, wenn gleichzeitig eine Kostenminimierung näherungsweise beabsichtigt ist.

1.2. Ablaufplanung – Strukturanalyse und Netzplanerstellung

Das Projekt wird in einzelne Vorgänge zerlegt und deren zeitliches Nach- und Nebeneinander analysiert. Die einzelnen Vorgänge des Projektes werden in *Vorgangslisten* (vgl. Tabelle 1.1) zusammengefaßt und numeriert. Die *Dauer* der Vorgänge bei normalem Kapazitätseinsatz wird ermittelt und ebenfalls in der Vorgangsliste ausgewiesen.

Diese Dauer entspricht nicht der Vorgabezeit, sondern der tatsächlich benötigten Zeit einschließlich der Liege- und Transportzeiten.

Zur Kennzeichnung der *Anordnungsbeziehungen*[1]) (Abhängigkeiten) zwischen den einzelnen Vorgängen werden die *Vorgänger* bzw. *Nachfolger*[2]) (manchmal auch beide) zu jedem Vorgang ermittelt und festgehalten.

---

[1]) Anordnungsbeziehung: Quantifizierbare Abhängigkeit zwischen den Vorgängen. Die Gesamtheit der Anordnungsbeziehungen des Netzplanes bildet die Ablaufstruktur.
[2]) Vorgänger: Einem Vorgang *unmittelbar* vorgeordneter Vorgang.
Nachfolger: Einem Vorgang *unmittelbar* nachgeordneter Vorgang.

Zur Ermittlung der Anordnungsbeziehungen beginnt man entweder beim ersten Vorgang eines Projektes und bestimmt schrittweise jeweils die unmittelbaren Nachfolger zu jedem Vorgang, oder man beginnt beim Projektende und bestimmt umgekehrt zu jedem Vorgang die unmittelbaren Vorgänger. Letzteres wird vielfach vorgezogen, da es leichter zu sein scheint, die Frage „Was muß alles erledigt sein, wenn Vorgang X beginnen soll?" zu beantworten, als eine Antwort zu finden auf die Frage „Was kann alles begonnen werden, wenn Vorgang X abgeschlossen ist?"

Tabelle 1.1. Vorgangsliste zum Bau eines kleinen Wohnhauses (entsprechend Bildern 1.1 bis 1.3)

Vorgang Nr.	Vorgangbezeichnung	Dauer (Wochen)	Vorgänger (Vorgang-Nr.)	Nachfolger (Vorgang-Nr.)
1	Erdarbeiten	1	–	2
2	Fundamente + Mauerwerk	11	1	3, 4
3	Dachstuhl errichten	2	2	5
4	Installationsarbeiten	8	2	6
5	Dachdeckerarbeiten	1	3	6
6	Fenster + Türen einsetzen	1	4, 5	7, 8, 9
7	Garten anlegen	1	6	11
8	Innenputz	2	6	10
9	Außenputz	3	6	11
10	Anstrich Fenster + Türen	3	8	11
11	Einzug	1	7, 10	–

Bei der *Verknüpfung zweier Vorgänge* miteinander können vier verschiedene Fälle auftreten (vgl. Tabelle 1.2):

- geschlossene Folge von Vorgängen (Verknüpfung ohne Wartezeit),
- offene Folge von Vorgängen (Wartezeit zwischen den Vorgängen),
- überlappte Folge (Teilweise Überlappung von Vorgängen),
- Parallelität von Vorgängen.

Diese verschiedenen Verknüpfungen müssen durch die *Anordnungsbeziehungen* und den *Zeitabstand*[1]) zum Ausdruck gebracht werden.

In der Vorgangpfeiltechnik können die von der Normalanordnung (geschlossene Folge) abweichenden Verknüpfungen nur sehr schwer berücksichtigt werden, während sie sich in der Vorgangknotentechnik relativ leicht darstellen lassen, wie aus Tabelle 1.2 zu ersehen ist.

Da jeder Vorgang zwei feste Bezugszeitpunkte, nämlich den Anfangs- und Endzeitpunkt des Vorganges besitzt, muß bei der Angabe der Zeitabstände jeweils vermerkt werden, welche Bezugszeitpunkte den Zeitangaben zugrunde liegen. Die Abhängigkeiten zwischen zwei Vorgängen können durch folgende vier Anordnungsbeziehungen dargestellt werden (vgl. Tabelle 1.2):

- Ende-Anfang-Beziehung (EA-Beziehung),
- Anfang-Anfang-Beziehung (AA-Beziehung),
- Ende-Ende-Beziehung (EE-Beziehung),
- Anfang-Ende-Beziehung (AE-Beziehung).

Zur Charakterisierung der Zeitabstände müssen diese Anordnungsbeziehung und der Zeitwert an die Pfeile (Verknüpfungslinien) im Vorgangknotennetz notiert werden; die Angabe der Anordnungsbeziehung kann nur dann entfallen, wenn für alle Verknüpfungen im Netzplan die gleiche Beziehung verwendet wird. Im Rahmen der folgenden Ausführungen sollen die Zeitabstände stets auf die AA-Beziehung bezogen sein, d. h. falls nichts anderes angegeben, versteht sich der Zeitabstand als AA-Beziehung.

---

[1]) Zeitabstand: Zeitwert einer Anordnungsbeziehung.

Tabelle 1.2. Systematik der Anordnungsbeziehungen und Zeitabstände

Darstellung als Balkenplan	Darstellung im Vorgangpfeilnetzplan	Darstellungen im Vorgangknotennetzplan			
		Ende-Anfang-Beziehung (Normalfolge)	Anfang-Anfang-Bez. (Anfangsfolge)	Ende-Ende-Beziehung (Endfolge)	Anfang-Ende-Beziehung (Sprungfolge)
geschlossene Folge	A→B	EA=0 oder EA=0	AA=4 oder AA=4	EE=3 oder EE=3	AE=7 oder AE=7
offene Folge (Spreizung)	A — B	EA=1 oder EA=1	AA=5 oder AA=5	EE=4 oder EE=4	AE=8 oder AE=8
überlappte Folge (Überlappung)	Aufsplittung erforderlich	wie oben oder EA=-1	wie oben oder AA=3	wie oben oder EE=2	wie oben oder AE=6
Parallele Vorgänge	Scheinvorgang+ Aufsplittung erforderlich	wie oben oder EA=-3	wie oben oder AA=1	wie oben oder EE=0	wie oben oder AE=4

Im *Vorgangknotennetz* kann der Zeitabstand Z positiv, null oder negativ sein; außerdem sind drei Vereinbarungen möglich:
- Minimalabstände MI-Z kennzeichnen Abstände, die nicht unterschritten, wohl aber überschritten werden dürfen (z. B. Minimalabstand zwischen Betonieren und Ausschalen).
- Maximalabstände MA-Z kennzeichnen Abstände, die wohl unterschritten, nicht aber überschritten werden dürfen (z. B. Maximalabstand zwischen Betonmischen und Betonieren).
- Fix-Abstände F-Z kennzeichnen Abstände, die exakt eingehalten werden müssen.

Normal arbeitet man mit Minimalabständen und verzichtet deshalb auf die Angabe MI; steht also die Zahlenangabe alleine, so ist sie stets als MI-Z aufzufassen.

Als *Besonderheiten der Vorgangpfeilnetzpläne* sind zu erwähnen:
- Das Netz muß schleifenfrei sein, d. h. in sich geschlossene Wege (Einbahn-Kreisverkehr) dürfen nicht existieren (vgl. Bild 1.4).

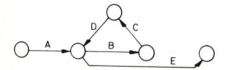

Bild 1.4.
Vorgangspfeilnetz mit Schleife (nicht zulässig)

- Zwei Knoten dürfen nur durch einen Pfeil miteinander verbunden werden. Parallel verlaufende Vorgänge müssen deshalb durch Einführung eines Scheinvorganges[1] dargestellt werden (vgl. Bild 1.5).
- Überlappungen können nur durch Aufteilung der Vorgänge dargestellt werden (vgl. Bild 1.6).

Beispiel 1.1:

Folgender Ablauf ist im Balkenplan, Vorgangpfeilnetzplan und Vorgangknotennetzplan darzustellen:

Nach Abschluß des Vorganges A (Dauer 4 Zeiteinheiten) können gleichzeitig die Vorgänge B (3 ZE) und C (5 ZE) begonnen werden. Nach Abschluß der Vorgänge B und C beginnt der Vorgang D (6 ZE). Lösung siehe Bild 1.5.

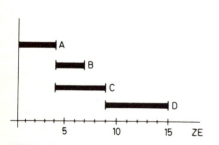

Bild 1.5. Darstellung des Ablaufes nach Beispiel 1.1

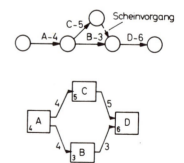

---

[1] Scheinvorgang: Sonderfall einer Anordnungsbeziehung im Vorgangpfeilnetz mit dem Zeitabstand Null.

Beispiel 1.2:

Man stelle folgenden Ablauf im Balkenplan und in den beiden Netzplantechniken dar: Vorgang C beginnt nach Abschluß von A. Der Vorgang B kann bereits beginnen, wenn der Vorgang A zur Hälfte abgeschlossen ist; der Beginn des Vorganges D setzt den Abschluß der Vorgänge B und C voraus (Dauer der Vorgänge wie bei Beispiel 1.1). Lösung siehe Bild 1.6.

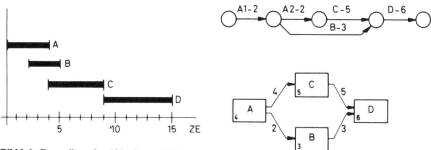

Bild 1.6. Darstellung des Ablaufes nach Beispiel 1.2

Beispiel 1.3:

Vorgang A dauert 6 Zeiteinheiten (ZE). Der Vorgang B (Dauer 6 ZE) kann frühestens 0 ZE (Minimalabstand) nach dem Ende von Vorgang A begonnen werden, muß jedoch spätestens 3 ZE (Maximalabstand) nach dem Ende von A begonnen sein.

Man stelle den Sachverhalt im Balkenplan und im Vorgangknotennetz in Normalfolge und in Anfangsfolge dar!

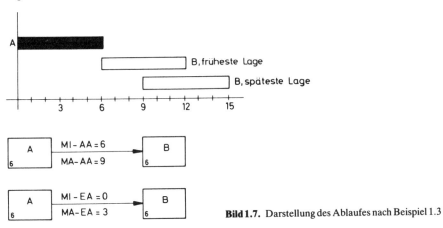

Bild 1.7. Darstellung des Ablaufes nach Beispiel 1.3

Beispiel 1.4:

Die Vorgänge A, mit einer Dauer von 9 Tagen, und B, mit einer Dauer von 8 Tagen, beginnen gleichzeitig. Der Vorgang C, mit einer Dauer von 6 Tagen, kann bereits 4 Tage nach dem Start des Vorganges A begonnen werden, während Vorgang D, mit einer Dauer von 3 Tagen, den Abschluß der Vorgänge A und B voraussetzt. Gesucht sind beide Netzpläne.

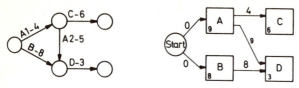

Bild 1.8. Darstellung des Ablaufes nach Beispiel 1.4

Beispiel 1.5:

Der folgende Ablauf ist im Vorgangpfeil- und im Vorgangknotennetzplan darzustellen:

Die Vorgänge A, B, C und D sollen zum gleichen Zeitpunkt beginnen. Der Beginn des Vorganges E setzt den Abschluß von A und B, der Beginn des Vorganges F den Abschluß von B und C, der Beginn des Vorganges G den Abschluß von C und D und der Beginn des Vorganges H den Abschluß der Vorgänge E, F und G voraus.

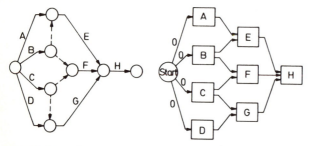

Bild 1.9. Darstellung des Ablaufes nach Beispiel 1.5

Beispiel 1.6:

Die Strukturanalyse für die Erstellung einer Datenverarbeitungsanlage ergab die in Tabelle 1.3 angegebenen Verhältnisse. Es sind beide Netzpläne hierfür aufzustellen.

Tabelle 1.3. Liste von Vorgängen und Anordnungsbeziehungen für die Erstellung einer Elektronischen Datenverarbeitungsanlage:

Vorgang	Bezeichnung des Vorganges	Dauer	Vorgänger	Nachfolger
A	Entwurf	10	–	B, C, D
B	Fertigung der Zentral-Einheit	5	A	G
C	Bereitstellung der Aus- und Eingabegeräte	2	A	H, G
D	Erstellung der Grundsatz-Programme	4	A	E, F
E	Erstellung der Prüf-Programme	4	D	G
F	Erstellung der Kunden-Programme	3	D	I
G	Funktionsprüfung	2	B, C, E	I
H	Bereitstellung der Anschlußgeräte	5	C	I
I	Auslieferung, Installation	1	F, G, H	–

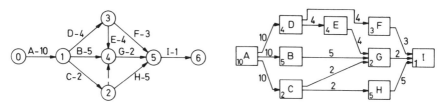

Bild 1.10. Darstellung des Ablaufes nach Beispiel 1.6

Im Vorgangpfeilnetzplan kann man den Vorgang auch durch die Nummer des Anfangs- und Endknotens angeben (z. B. Vorgang F = Vorgang 3-5). Grundsätzlich ist eine wahlfreie Numerierung der Knoten möglich; eine *Numerierung in aufsteigender Folge* ist hinsichtlich der Orientierung, und eine *Numerierung auf Lücke* (es werden stets 10 Nummern freigelassen) hinsichtlich einer späteren Verfeinerung oder Korrektur von Vorteil.

Beispiel 1.7:
Für die in Tabelle 1.4 beschriebene Arbeitsfolge für die Herstellung eines Motorprüfstandes (vgl. *Falkenhausen* [1968]) ist der Vorgangpfeilnetzplan zu entwerfen.

Tabelle 1.4. Liste der Vorgänge und Anordnungsbeziehungen für die Herstellung eines Motorprüfstandes.

Zeichenerklärung:
A Administration
M Mechanische Werkstatt
S Schweißerei
G Gießerei
V Versuchsabteilung.

Teilprojekt	Vorgang	Dauer	Vorgänger	Nachfolger
Planung	A1	10	(davon Liefer-	G1, M1, M5
Bestellung	A2	24	zeit-20)	M7
Gestell	M1	3	A1	S1, M2
	M2	8	M1, M5	S3, S4
	S3	5	M2, S1	M4, M9
	M4	6	M3, S3	V3
Aufsatz	S1	5	M1, M5	S2, S3, S4
	S2	4	S1	M3
	S4	2	M2, S1	M7
Meßgehäuse	G1	7	A1	G2, G3
	G2	3	G1	M3
	M3	12	G2, S2	M4, M9
	M9	2	M3, S3	V1
Schwungrad	G3	8	G1	M8
	M8	2	G3	V1
Hydraulik	M5	6	A1	M2, M6, S1
	M6	5	M5	M7
	M7	3	M6, S4, A2	V2
Montage	V1	7	M8, M9	V3
	V2	10	M7	V3
	V3	9	M4, V1, V2	–

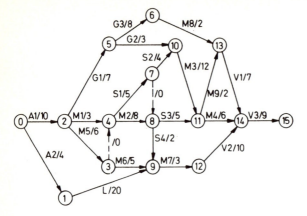

Bild 1.11

Darstellung des Ablaufes „Herstellung eines Motorprüfstandes" im Vorgangpfeilnetz (Die Dauer der Vorgänge ist hinter dem Schrägstrich angegeben)

Beispiel 1.8:
Die für die Planung und Herstellung eines Druckwerkes für eine EDV-Anlage erforderlichen Aufgaben und Vorgänge sind in Tabelle 1.5 aufgelistet. Der Zeitabstand ist als Minimalabstand und als Anfangsfolge gegeben.

Es ist der Vorgangknotennetzplan aufzustellen.

Tabelle 1.5. Liste von Vorgängen und ihren Anordnungsbeziehungen für die Herstellung eines Funktionsmusters „Druckwerk für EDV-Anlage"

Vorgang		Dauer	Vorgänger (Zeitabstand)
A	Wagenführung, Konstruktion und Erprobung	33	–
B	Fördertrieb, Konstruktion und Erprobung	32	D(10)
C	Wagenmasse, Konstruktion und Erprobung	28	A(15) B(25)
D	Schrittmotor, Konstruktion und Erprobung	50	–
E	Einbau des Schrittmotores	27	C(28)
F	Druckwerk-Antrieb, Konstruktion	20	–
G	Lieferung des Druckkorbes	60	–
H	Erprobung des Druckkorbes	20	F(20) G(60)
I	Segmentumschaltung, Konstruktion und Erprobung	55	O(15)
K	Vorschub, Konstruktion und Erprobung	25	C(28) I(30)
L	Abtasteinrichtung, Konstruktion und Erprobung	95	–
M	Wagenstopp, Konstruktion und Modellherstellung	40	O(25)
N	Wagenstopp, Erprobung	40	M(40) D(50) E(27)
O	Motorsteuerung, Konstruktion und Erprobung	55	D(10)
P	Entwurf des Funktionsmusters	20	N(20) H(20) K(25) L(50)
Q	Baugruppe Antrieb, Konstruktion-Ausarbeitung	10	P(10)
R	Unterbau, Konstruktion	10	P(10)
S	Elektronik, Konstruktion-Ausarbeitung	15	P(10)
T	Herstellung und Erprobung des Funktionsmusters	40	Q(10) R(10) S(15)
U	Beschreibung	15	T(30)

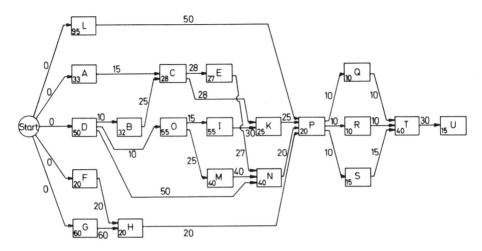

Bild 1.12. Darstellung des Ablaufes „Druckwerk für EDV-Anlage" im Vorgang Knoten Netz

1.3. Zeitplanung – Berechnung von Netzplänen

Nachdem der Projektablauf im Netzplan dargestellt ist, geht es in der Zeitplanung um die Ermittlung

- der frühesten zeitlichen Lage der Vorgänge,
- der spätesten zeitlichen Lage der Vorgänge und
- der Zeitreserve, die für die einzelnen Vorgänge verfügbar sind.

Die Ergebnisse dieser *Zeitrechnung* werden häufig in einem Balkenplan dargestellt; außerdem wird eine Überwachung des Projektablaufes und bei eingetretenen Verzögerungen eventuell eine Neuberechnung der einzelnen Zeiten erforderlich sein.

Die frühesten Anfangs- und Endzeitpunkte FAZ und FEZ der einzelnen Vorgänge werden in einer sogenannten *Vorwärtsrechnung* bestimmt, wobei man sich auf eine Zeitachse bezieht, die den Start des Projektes als Nullpunkt hat.

Bei der Bestimmung des Zeitpunktes, bei dem der Vorgang frühestens beginnen darf (FAZ) und des Zeitpunktes, bei dem der Vorgang frühestens beendet sein kann (FEZ), müssen alle Anordnungsbeziehungen des Vorganges zu seinen Vorgängern berücksichtigt werden.

Bei der anschließenden *Rückwärtsrechnung* wird davon ausgegangen, daß der in der Vorwärtsrechnung ermittelte FEZ des letzten Vorganges und damit des ganzen Projektes eingehalten wird. Für jeden Vorgang wird, vom letzten zum ersten rückwärts fortschreitend, der Zeitpunkt ermittelt, bei dem der Vorgang spätestens beendet sein muß (SEZ) und bei dem er spätestens beginnen muß (SAZ), damit die Gesamtprojektdauer eingehalten wird; bei der Bestimmung der spätesten Zeitpunkte eines Vorganges müssen alle Anordnungsbeziehungen eines Vorganges zu seinen Nachfolgern berücksichtigt werden.

Die Vorgehensweise bei dieser Zeitenrechnung soll in den folgenden Ausführungen näher dargelegt werden.

1.3.1. Zeitenberechnung bei Vorgangpfeilnetzplänen

Vorwärtsrechnung

Der *früheste Endzeitpunkt FEZ$_j$* eines Vorganges j ist der errechnete Zeitpunkt für das frühestmögliche Ende des Vorganges j; er ergibt sich durch Addition der Dauer D$_j$ des Vorganges zum frühesten Anfangszeitpunkt FAZ$_j$ des Vorganges j.

$$FEZ_j = FAZ_j + D_j. \tag{1}$$

Der *früheste Anfangszeitpunkt FAZ$_j$* des Vorganges j ist der errechnete Zeitpunkt für den frühestmöglichen Anfang des Vorganges j. Sind einem Vorgang mehrere andere unmittelbar vorgeordnet, d. h. hat ein Vorgang mehrere Vorgänger, so kann dieser Vorgang erst begonnen werden, wenn alle Vorgänger abgeschlossen sind, was nicht gleichzeitig erfolgen muß.

Der FAZ$_j$ wird also durch den zeitlich längsten Weg bestimmt, der vom Start des Netzes zum Anfang des betrachteten Vorganges j führt. Mit anderen Worten: FAZ$_j$ ist bestimmt durch das früheste Ende des zeitlich letzten Vorgängers i, d. h. des Vorgängers mit dem maximalen FEZ$_i$

$$FAZ_j = \max(FEZ_i). \tag{2}$$

FAZ und FEZ eines jeden Vorganges werden ausgehend vom Startzeitpunkt des Netzes (Zeitpunkt Null), von Vorgang zu Vorgang fortschreitend errechnet und im Netz selbst oder in einer Tabelle notiert.

Die Tabellenform wird immer dann bevorzugt, wenn alle Zeitpunkte zwecks Terminierung der Vorgänge benötigt werden. Die maschinelle Berechnung auf einer Datenverarbeitungsanlage endet immer mit der Ausgabe der Ergebnisse in einer Tabelle.

Für eine schnelle manuelle Ermittlung der Zeitpunkte in relativ kleinen Netzplänen empfiehlt sich die direkte Notierung im Netzplan; bei größeren Netzplänen jedoch leidet darunter die Übersichtlichkeit.

Beispiel 1.9:
Für den in Beispiel 1.6 beschriebenen Ablauf sind die frühesten Anfangs- und Endzeitpunkte aller Vorgänge zu bestimmen. (Zum Zwecke der Demonstration wird hier und in den nächsten Beispielen die Bestimmung im Netzplan *und* in einer Tabelle durchgeführt.)

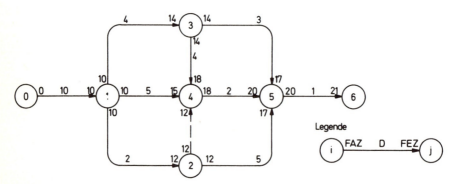

Bild 1.13. Bestimmung von FAZ und FEZ aller Vorgänge nach Beispiel 1.9

Erläuterungen zu Vorgang 4−5
Der Vorgang 4−5 kann erst begonnen werden, wenn seine Vorgänger 3−4, 1−4 und 2−4 abgeschlossen sind. Für den frühesten Anfangszeitpunkt des Vorganges 4−5 ist also der zeitlich letzte dieser drei Vorgänger entscheidend

$FEZ_{3-4} = 18$, $FEZ_{1-4} = 15$, $FEZ_{2-4} = 12$, $FAZ_{4-5} = \max(18, 15, 12) = 18$.

Tabelle 1.6.1. Bestimmung der FAZ und FEZ aller Vorgänge nach Beispiel 1.9.

Vorgang	Knoten Nr. i − j	Dauer D	\multicolumn{4}{c}{Zeitpunkte}			
			FAZ	FEZ	SAZ	SEZ
A	0 − 1	10	0	10		
B	1 − 4	5	10	15		
C	1 − 2	2	10	12		
D	1 − 3	4	10	14		
E	3 − 4	4	14	18		
F	3 − 5	3	14	17		
G	4 − 5	2	18	20		
H	2 − 5	5	12	17		
I	5 − 6	1	20	21		
	2 − 4	0	12	12		

Man beachte, daß man bei der tabellarischen Bestimmung der Zeitpunkte ohne den Netzplan auskommt, wenn man die Knotennummern vorher aus dem Netzplan in die Tabelle übernommen hat.

Rückwärtsrechnung
Ausgehend vom spätesterlaubten Endzeitpunkt des Projektes, der gleichzeitig der späteste Endzeitpunkt des letzten Vorganges ist, wird rückwärts der *späteste Anfangszeitpunkt SAZ* dieses Vorganges bestimmt, indem man die Dauer des Vorganges von dem Spätesten Endzeitpunkt des Vorganges subtrahiert

$$SAZ_i = SEZ_i - D_i. \qquad (3)$$

Der *späteste Endzeitpunkt SEZ* eines Vorganges ist der Zeitpunkt für das spätesterlaubte Ende des Vorganges. Sind einem Vorgang mehrere andere unmittelbar nachgeordnet, d. h. hat er mehrere Nachfolger, so muß er spätestens dann beendet sein, wenn die Nachfolger spätestens begonnen werden müssen.

Da die Nachfolger in den seltensten Fällen zum gleichen Zeitpunkt spätestens begonnen werden müssen, wird der SEZ_i eines Vorganges i durch den zeitlich kürzesten Weg bestimmt, der vom Startzeitpunkt des Netzes zum Ende des Vorganges i führt. Mit anderen Worten: SEZ_i ist bestimmt durch den spätesten Anfang des zeitlich ersten Nachfolgers j, d. h. des Nachfolgers mit dem minimalen SAZ_j

$$SEZ_i = \min(SAZ_j). \qquad (4)$$

Fallen FAZ und SAZ eines Vorganges nicht aufeinander, so besagt das, daß der Vorgang zum Zeitpunkt FAZ zwar schon beginnen kann, aber noch nicht unbedingt beginnen muß, da die für den Vorgang zur Verfügung stehende Zeitspanne größer ist als die Dauer des Vorganges. Den so entstehenden zeitlichen Spielraum nennt man *Zeitreserve* oder *Pufferzeit*.

Die *Pufferzeit* (Zeitreserve, Schlupf, zeitlicher Spielraum) gibt an, um welche Zeit man einen Vorgang verschieben oder ausdehnen kann, ohne den termingerechten Abschluß des Projektes zu verzögern.

Die Pufferzeit eines Vorganges kann zeitlich vor oder hinter dem Vorgang oder teilweise vor und hinter dem Vorgang liegen (vgl. Bild 1.14).

Man unterscheidet mehrere Arten von Pufferzeiten:

a) Die *Gesamte Pufferzeit* GP_i eines Vorganges ist die vorhandene Zeitspanne zwischen dem frühesten und spätesten Zeitpunkten eines Vorganges i

$$GP_i = SEZ_i - FEZ_i = SAZ_i - FAZ_i \qquad (5)$$

Wird GP bei einem Vorgang ganz ausgeschöpft (verbraucht), so bleibt für die nachgeordneten Vorgänge kein Spielraum mehr übrig. Der Beginn eines Vorganges kann also höchstens um GP verschoben werden ohne den spätesten Beginn des Nachfolgers zu verzögern.

b) Die *Freie Pufferzeit* FP_i eines Vorganges i ist die vorhandene Zeitspanne zwischen dem frühesten Ende eines Vorganges und dem frühesten Anfang des Nachfolgers

$$FP_i = \min(FAZ_j - FEZ_i). \qquad (6)$$

Der Anfang eines Vorganges kann um FP verschoben werden, ohne den frühesten Anfang des Nachfolgers zu verzögern.

c) Die *Bedingt Verfügbare Pufferzeit* ist bestimmt durch

$$BP_i = GP_i - FP_i \qquad (7)$$

d) Die *Unabhängige Pufferzeit* ist bestimmt durch

$$UP_i = FAZ_j - (SEZ_{i-1} + D_i). \qquad (8)$$

UP ist die Zeitreserve eines Vorganges, wenn der Vorgänger spätestmöglich endet und der Nachfolger frühestmöglich beginnt.

Ist in einer Folge von Vorgängen, d. h. auf einem Weg, die Gesamte Pufferzeit GP = Null, so wird jede Verzögerung der Vorgänge auf diesem Weg die Fertigstellung des Projektes verzögern; deshalb heißt dieser Weg *Kritischer Weg*.

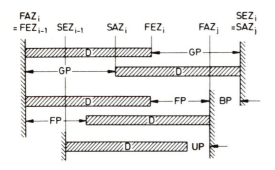

Bild 1.14
Darstellung der Pufferzeiten

Alle Vorgänge mit GP = 0 bilden aneinandergereiht den *Kritischen Weg* durch das Netzwerk. Der *Kritische Weg* wird im Netzwerk durch dickes Ausziehen kenntlich gemacht. In jedem Netzplan existiert mindestens ein *Kritischer Weg*. Vorgänge mit kleinen Pufferzeiten sind als „beinahe kritisch" (subkritisch) anzusehen. Man beachte, daß in einem Netzplan mehrere Wege kritisch sein können.

Die für diese Berechnung erforderlichen Rechenoperationen beschränken sich auf Addition und Subtraktion, die sich manuell leicht durchführen lassen. Der Einsatz elektronischer Rechenanlagen wird jedoch zweckmäßig, wenn häufiger Netzpläne berechnet werden müssen.

Bei maschineller Rechnung ist es im Hinblick auf die Projektüberwachung sehr zweckmäßig, wenn mehrere Ausgabelisten nach verschiedenen Gesichtspunkten sortiert – z. B. nach Pufferzeit, frühestmöglichen Beginn, spätestmöglichem Ende, usw. – erstellt werden.

Beispiel 1.10:
Für den in Beispiel 1.9 dargestellten Ablauf ist die Rückwärtsrechnung sowohl im Netzplan als auch in einer Tabelle durchzuführen.

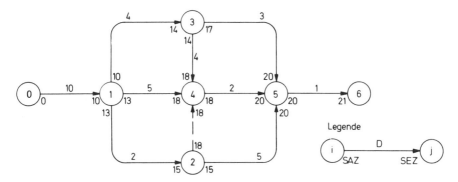

Bild 1.15. Bestimmung von SAZ und SEZ aller Vorgänge nach Beispiel 1.9

Erläuterungen zu Vorgang 1–3

Der Vorgang 1–3 muß spätestens dann enden, wenn die Vorgänge 3–4 und 3–5 spätestens begonnen werden müssen. Für den spätesten Endzeitpunkt von Vorgang 1–3 ist also der zeitlich erste der SAZ der beiden Nachfolger maßgebend.

$SAZ_{3-5} = 17$,
$SAZ_{3-4} = 14$,
$SEZ_{1-3} = \min(17; 14) = 14$.

Tabelle 1.6.2. Bestimmung der SEZ, SAZ und der Pufferzeiten nach Beispiel 1.10

Vorgang	Knoten-Nr. i–j	Dauer D	FAZ	FEZ	SAZ	SEZ	Pufferzeit GP
A	0–1	10	0	10	0	10	0
B	1–4	5	10	15	13	18	3
C	1–2	2	10	12	13	15	3
D	1–3	4	10	14	10	14	0
E	3–4	4	14	18	14	18	0
F	3–5	3	14	17	17	20	3
G	4–5	2	18	20	18	20	0
H	2–5	5	12	17	15	20	3
I	5–6	1	20	21	20	21	0
	2–4	0	12	12	18	18	6

Es zeigt sich, daß die Vorgänge A, D, E, G und I auf dem kritischen Weg liegen, weil für diese Vorgänge GP = 0 ist.

Da die Notierung aller ermittelten Zeitwerte im Netzplan selbst diesen unübersichtlich macht, ist es häufig üblich, nur die wichtigsten Informationen in einem entsprechend gestalteten Knoten unterzubringen und den kritischen Weg zu markieren (vgl. Bild 1.16).

Beispiel 1.11:
Für den in Beispiel 1.7 beschriebenen Ablauf (vgl. Bild 1.11) ist der Kritische Weg tabellarisch zu bestimmen. (Man beachte, daß man bei der Zeitrechnung den Netzplan nicht mehr benötigt, sobald die Vorgänge durch die Knotennummern determiniert sind).

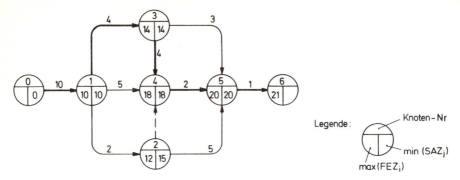

Bild 1.16. Darstellung des kritischen Weges im Netzplan (Beispiel 1.10)

Tabelle 1.7. Zeitpunkte und Pufferzeiten nach Beispiel 1.11

Vorgang Nr.	Knoten Nr. i-j	Dauer D	FAZ	FEZ	SAZ	SEZ	Pufferzeit GP
A 1	0- 2	10	0	10	0	10	0 kritisch
A 2	0- 9	24	0	24	9	33	9
G 1	2- 5	7	10	17	15	22	5
G 2	5-10	3	17	20	22	25	5
G 3	5- 6	8	17	25	29	37	12
M 1	2- 4	3	10	13	13	16	3
M 2	4- 8	8	16	24	23	31	7
M 3	10-11	12	25	37	25	37	0 kritisch
M 4	11-14	6	37	43	40	46	3
M 5	2- 3	6	10	16	10	16	0 kritisch
M 6	3- 9	5	16	21	28	33	12
M 7	9-12	3	26	29	33	36	7
M 8	6-13	2	25	27	37	39	12
M 9	11-13	2	37	39	37	39	0 kritisch
–	3- 4	0	16	16	16	16	0 kritisch
S 1	4- 7	5	16	21	16	21	0 kritisch
S 2	7-10	4	21	25	21	25	0 kritisch
S 3	8-11	5	24	29	32	37	8
S 4	8- 9	2	24	26	31	33	7
–	7- 8	0	21	21	31	31	10
V 1	13-14	7	39	46	39	46	0 kritisch
V 2	12-14	10	29	39	36	46	7
V 3	14-15	9	46	55	46	55	0 kritisch

Der kritische Weg ist durch folgende Knoten gekennzeichnet:

0–2–3–4–7–10–11–13–14–15

1.3.2. Zeitenberechnung bei Vorgangknotennetzplänen

Soweit in Vorgangknotennetzplänen die Zeitabstände aller Vorgänge in der Anfangsfolge $Z_{ij-AA} = D_i$ bzw. in der Normalfolge $Z_{ij-EA} = 0$ sind, so wird bei der Zeitenberechnung wie bei dem Vorgangpfeilnetz vorgegangen.

Beispiel 1.12:
Für den in Bild 1.3 dargestellten Ablauf des Projektes Hausbau ist die Zeitenberechnung im Netzplan vorzunehmen; die Kritischen Vorgänge sollen anschließend markiert werden.

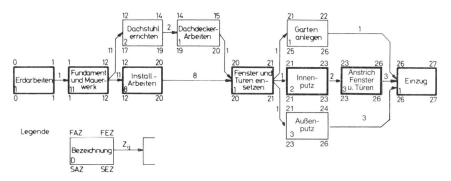

Bild 1.17. Ermittlung des Kritischen Weges (Beispiel 1.12)

Die Berechnung der Anfangs- und Endzeitpunkte verläuft für das Vorgangknotennetz jedoch anders, wenn die obigen Voraussetzungen nicht erfüllt sind. In die Zeitenberechnung gehen hier normalerweise nicht nur die Dauer eines Vorganges sondern auch die Zeitabstände zu den Vorgängern des Vorganges ein. Die für die verschiedenen Anordnungsbeziehungen im Vorgangknotennetz zu verwendenden Gleichungen (Formeln) sind aus der Übersicht (Tabelle 1.8) zu ersehen.

Im Rahmen dieses Abschnittes soll jedoch vorwiegend die Anfang-Anfang-Beziehung (Anfangsfolge) verwendet werden.

Obwohl die errechneten Zeitwerte in einer Tabelle berechnet werden könnten, ist es in der Vorgangknotentechnik üblich, die errechneten Zeiten entweder (wie in Bild 1.17) an den Knoten im Netzplan oder aber (wie in Bild 1.18) in einem entsprechend gestalteten Knoten zu notieren.

Tabelle 1.8. Zeitenberechnung im Vorgangknotennetzplan

Anordnungsbeziehung	Vorwärtsrechnung	Rückwärtsrechnung
Ende-Anfang-Bez. (Normalfolge) Bei CPM mit $Z_{ij} = 0$ anzuwenden	$FEZ_j = FAZ_j + D_j$ $FAZ_j = \max(FEZ_i + Z_{ij-EA})$	$SAZ_i = SEZ_i - D_i$ $SEZ_i = \min(SAZ_j - Z_{ij-EA})$ $GP_i = SEZ_i - FEZ_i$ $FP_i = \min(FAZ_j - FAZ_i - Z_{ij-EA})$
Anfang-Anfang-Bez. (Anfangsfolge) Bei MPM anzuwenden	$FEZ_j = FAZ_j + D_j$ $FAZ_j = \max(FAZ_i + Z_{ij-AA})$	$SEZ_i = SAZ_i + D_i$ $SAZ_i = \min(SAZ_j - Z_{ij-AA})$ $GP_i = SAZ_i - FAZ_i$ $FP_i = \min(FAZ_j - FAZ_i - Z_{ij-AA})$
Ende-Ende-Bez. (Endfolge) Bei HMN anzuwenden	$FAZ_j = FEZ_j - D_j$ $FEZ_j = \max(FEZ_i + Z_{ij-EE})$	$SAZ_j = SEZ_j - D_j$ $SEZ_i = \min(SEZ_j - Z_{ij-EE})$ $GP_i = SEZ_i - FEZ_i$ $FP_i = \min(FEZ_j - FEZ_i - Z_{ij-EE})$

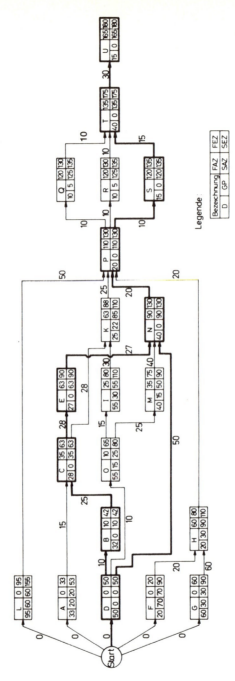

Bild 1.18. Ermittlung der Kritischen Vorgänge nach Beispiel 1.13

Für die manuelle Berechnung von Netzplänen empfiehlt es sich, Transparent-Aufklebekarten oder Magnetofix-Karten zur Eintragung der einen Vorgang kennzeichnenden Größen zu verwenden. Diese Karten werden bei der Ablaufplanung beschriftet, auf einem Reißbrett geordnet und durch Linien verbunden.

Das zeitraubende Zeichnen des Netzplanes kann dadurch entfallen, daß man nach der Berechnung und Eintragung der Zeiten vom Netzplan Lichtpausen anfertigt bzw. den auf der Magnettafel entworfenen Netzplan fotografiert.

Beispiel 1.13:
Für den in Beispiel 1.8 (Bild 1.12) dargestellten Ablauf für Planung und Herstellung eines Druckwerkes für eine EDV-Anlage sind die Kritischen Vorgänge zu ermitteln und im Netzplan zu markieren.

Beispiel 1.14:
Für den in Bild 1.19 dargestellten Ablauf sind die frühesten und spätesten Anfangs- und Endtermine aller Vorgänge zu bestimmen und an dem Knoten zu vermerken. Die Zeitabstände sind in Anfang-Anfang-Beziehung gegeben; soweit nicht anders angegeben, handelt es sich um Minimalabstände.

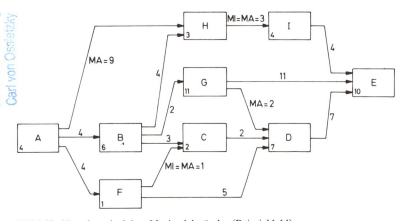

Bild 1.19. Netzplan mit einigen Maximalabständen (Beispiel 1.14)

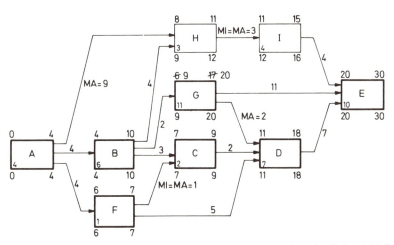

Bild 1.20. Ermittlung der frühesten und spätesten Anfangs- und Endtermine (Beispiel 1.14)

1.3.3. Verkürzung und Überwachung eines Projektes

Meistens errechnet man aus einem Netzplan eine Projektdauer, die die Kundenwünsche beträchtlich übersteigt. Man sollte sich dadurch nicht entmutigen lassen, sondern Überlegungen anstellen, welche Möglichkeiten für eine Anpassung des Netzplanes an diese Forderung existieren. Es bestehen folgende Möglichkeiten:

1. Zeitänderungen

Die Ausgangsdaten für die Dauer der einzelnen Vorgänge enthalten oft noch Zeitreserven. Man sollte deshalb die auf dem kritischen Weg liegenden Vorgänge hinsichtlich solcher Zeitreserven analysieren.

2. Kapazitätsänderungen

Die Dauer für die einzelnen Vorgänge wurde auf der Basis „normaler Einsatz der Produktionsfaktoren" angegeben. Durch verstärkten Einsatz von Menschen und Maschinen, z. B. Überstunden, parallelen Einsatz mehrerer Maschinen, kann die Dauer einzelner Vorgänge stark reduziert werden.

3. Strukturveränderungen

Überlegungen dahingehend, bisher im Netzplan hintereinander geschaltete (sequentielle) Vorgänge parallel zu schalten oder zu überlappen bringen häufig erstaunliche Verkürzungen. Natürlich setzen solche Strukturveränderungen die Kenntnis des technologischen Ablaufes und der Kapazitätsverhältnisse voraus.

Man beachte, daß durch solche Verkürzungen des zunächst kritischen Weges früher oder später mehrere Wege kritisch werden; setzt man die Verkürzung weiter fort, werden schließlich sämtliche Wege kritisch.

Ein Beispiel soll die stufenweise Projektverkürzung demonstrieren:

Beispiel 1.15:

Eine Überprüfung der kritischen Vorgänge in Bild 1.16 ergab, daß die Vorgänge 0–1, 1–3 und 3–4 durch höheren Personaleinsatz auf die Hälfte der ursprünglichen Dauer reduziert werden können.

Die dadurch verursachten Änderungen sind aus Bild 1.21 zu ersehen. Man beachte, daß nunmehr zwei kritische Wege existieren und daß die Projektdauer nur um 8 Zeiteinheiten verkürzt wird, obwohl die Summe der Verkürzungen der Vorgänge 9 Zeiteinheiten beträgt.

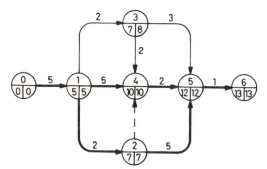

Bild 1.21

Ermittlung des kritischen Weges im Netzplan

Eine weitere Untersuchung des Projektablaufes möge folgendes ergeben haben: Der Vorgang 1–2 kann bereits beginnen, wenn 2 Zeiteinheiten des Vorganges 0–1 verstrichen sind. Außerdem kann der Vorgang 1–4 in drei Vorgänge aufgesplittet werden, von denen der erste 2 Zeiteinheiten dauert und die beiden folgenden Teilvorgänge eine Dauer von 2 bzw. 1 Zeiteinheiten besitzen und parallel verlaufen können.

Unter Berücksichtigung dieser Strukturveränderungen ergibt sich ein völlig anderer Netzplan (s. Bild 1.22).

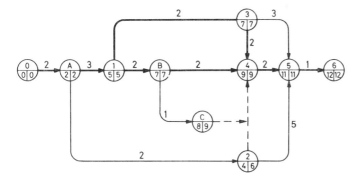

Bild 1.22. Ermittlung des kritischen Weges im geänderten Netzplan

Normalerweise findet die Überwachung periodisch statt. Der Überwachungszeitraum richtet sich nach der Gesamtdauer des Projektes. Bei einem Projekt, dessen Ablauf sich nur über wenige Wochen erstreckt, wird man wöchentlich ein- bis zweimal überwachen lassen, bei größeren Projekten genügt eine monatliche Überwachung.

Am Ende einer Periode vergleicht man den geschätzten und tatsächlichen Zeitbedarf der erledigten Vorgänge. Außerdem kann festgestellt werden, ob bei den noch nicht beendeten oder noch nicht begonnenen Vorgängen mit Änderungen des Zeitbedarfes zu rechnen ist. Eine erneute Durchrechnung zeigt dann sofort die Auswirkungen dieser Änderungen bzw. der erwarteten Änderungen auf das Gesamtprojekt. Durch diese Änderungen können sich die Termine und Pufferzeiten verschieben und eventuell ein bisher unkritischer Weg kritisch werden. So erkennt man früh genug die Maßnahmen, die möglicherweise ergriffen werden müssen, um die Auswirkungen der Abweichungen zu kompensieren.

Gerade bei der Überwachung von Projekten erweisen sich schnelle Elektronenrechner als sehr vorteilhaft.

1.4. Kostenplanung

Die Ausführung der einzelnen Vorgänge verursacht Kosten. Ordnet man die erwarteten Kosten den in der Zeitplanung ermittelten Zeitabschnitten zu, so erhält man durch Addition den erwarteten kumulierten Kostenverlauf bei der Projekterstellung, der die Basis für die Finanzierung ist.

Je nachdem ob die einzelnen Vorgänge zu den frühesten oder spätesten Anfangszeiten begonnen werden sollen, ergeben sich unterschiedliche Kostenverläufe. Hinsichtlich der Sicherheit zur Einhaltung des Fertigstellungstermines wird die frühestmögliche (linksorientierte) Einplanung und hinsichtlich der Einsparung von Zinsen eine spätestmögliche (rechtsorientierte) Einplanung anzustreben sein.

Durch Gegenüberstellung der erwarteten Kosten (Plan-Kosten) mit den bei der Ausführung ermittelten Ist-Kosten, können die Abweichungen frühzeitig erkannt und Umdisponierungen rechtzeitig vorgenommen werden.

Beispiel 1.16:
Für den in Tabelle 1.9 angegebenen Ablauf ist der Kostenverlauf bei frühestem und bei spätestem Start der Vorgänge darzustellen und die Zinseinsparung bei spätestem Start gegenüber dem frühesten Start zu bestimmen (p = 1 % pro Monat).

Tabelle 1.9. Angaben zu Beispiel 1.16

Vorgang	Dauer (Monate)	Kosten (1000 DM/Monat)	FAZ	FEZ	SAZ	SEZ
1	3	100	0	3	0	3
2	1	300	1	2	4	5
3	2	200	3	5	3	5
4	1	500	1	2	3	4

Tabelle 1.10. Ermittlung der Kosten pro Monat

Vorgang	frühestmögliche					spätestmögliche Einplanung				
	1.	2.	3.	4.	5.	1.	2.	3.	4.	5. Monat
1	100	100	100	–	–	100	100	100	–	–
2	–	300	–	–	–	–	–	–	–	300
3	–	–	–	200	200	–	–	–	200	200
4	–	500	–	–	–	–	–	–	500	–
Summe	100	900	100	200	200	100	100	100	700	500

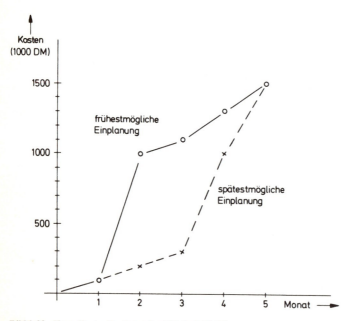

Bild 1.23. Kumulierter Kostenverlauf (Beispiel 1.16)

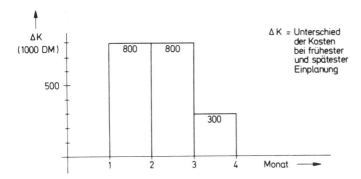

Bild 1.24. Kostenunterschied in den einzelnen Monaten bei frühester gegenüber spätester Einplanung (Beispiel 1.16)

Zinsersparnis ΔZ bei spätester gegenüber frühester Einplanung

$\Delta Z = \Sigma(\Delta K \cdot m \cdot p)$ m Monate
$= 800 \cdot 2 \cdot 0{,}01 + 300 \cdot 1 \cdot 0{,}01$ p Monatszinssatz
$= 16 + 3 = 19$ ΔK Kostenunterschied
$= 19000$ DM.

Falls die einzelnen Vorgänge eines Projektes durch Einsatz zusätzlicher Mittel beschleunigt werden können, so werden die Gesamtkosten des Projektes in Abhängigkeit von der Projektdauer ermittelt und die Projektdauer mit den minimalen Kosten ausgewählt. Selbstverständlich müssen hierzu zusätzliche Informationen vorliegen, wie z. B. Dauer des Vorganges bei äußerster Beschleunigung, Kosten des Vorganges bei Verkürzung des Vorganges um eine Zeiteinheit usw. Die Ursachen für den Kostenanstieg bei einer beschleunigten Durchführung eines ganzen Projektes oder nur einiger Vorgänge sind z. B. Überstundenzuschläge oder Einsatz leistungsfähiger Maschinen.

Im allgemeinen wird unterstellt, daß die Zeitdauer mit zunehmenden Kosten linear abnimmt, d. h. zusätzliche Kosten verkürzen die Dauer des Vorganges linear.

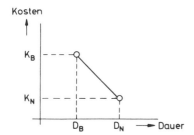

$$c = \frac{K_B - K_N}{D_N - D_B}$$

wobei c Kostensteigerungsrate
D_B Dauer des Vorganges bei Beschleunigung.
D_N Dauer des Vorganges im Normalfall.
K_B Kosten des beschleunigten Vorganges.
K_N Kosten des normalen Vorganges.

Bild 1.25. Ermittlung der Kostensteigerungsrate

1.5. Kapazitätsplanung

Aufgabe der Kapazitätsplanung ist es, die kapazitätsmäßigen Voraussetzungen für einen reibungslosen Ablauf eines Projektes zu schaffen, wobei insbesondere eine hohe und gleichmäßige Auslastung der verfügbaren Einsatzmittel sichergestellt werden soll. Falls bereits im voraus Kapazitätsüberschreitungen erkennbar sind, ist durch entsprechende Maßnahmen auf einen Kapazitätsausgleich hinzuwirken.

1.5.1. Kapazitätsbelastung

Zur Untersuchung der Kapazitätsbelastung ist nach der Bestimmung des kritischen Weges bzw. der kritischen Vorgänge die Aufstellung eines Kapazitätsbelastungsplanes nach der Art eines Gantt-Diagrammes (Stabdiagrammes) sehr vorteilhaft.

Beispiel 1.17:
Für den in Beispiel 1.7 beschriebenen Ablauf und die in Tabelle 1.7 errechneten Termine ist ein Belastungsdiagramm als Stabdiagramm aufzustellen. Die wichtigsten Informationen aus der Tabelle 1.7 sind noch einmal in Tabelle 1.11 aufgeführt.

Tabelle 1.11. Liste der Vorgänge, Termine und Pufferzeiten im Ablauf eines Projektes (die verschiedenen Buchstaben stellen verschiedene Abteilungen dar): A – Administration; M – Mechanische Werkstatt; S – Schweißerei; G – Gießerei; V – Versuchsfeld

Vorgang Nr.	Dauer	Zeitpunkte FAZ	Zeitpunkte SEZ	Pufferzeit GP
A 1	10	0	10	0
A 2	4	0	13	9
G 1	7	10	22	5
G 2	3	17	25	5
G 3	8	17	37	12
M 1	3	10	16	3
M 2	8	16	31	7
M 3	12	25	37	0
M 4	6	37	46	3
M 5	6	10	16	0
M 6	5	16	33	12
M 7	3	26	36	7
M 8	2	25	39	12
M 9	2	37	39	0
S 1	5	16	21	0
S 2	4	21	25	0
S 3	5	24	37	8
S 4	2	24	33	7
V 1	7	39	46	0
V 2	10	29	46	7
V 3	9	46	55	0

Bei der Aufstellung des Belastungsplanes sind zunächst die kritischen Vorgänge (GP = 0) zu berücksichtigen. Anschließend werden die FAZ und SEZ aller anderen Vorgänge markiert und die Zeit zwischen diesen beiden Terminen durch gestrichelte Linien angegeben. Sodann wird die Dauer der Vorgänge so durch Striche ausgezogen, daß eine möglichst kontinuierliche Belastung der Kapazitäten erfolgt.

Das Ergebnis der Untersuchung ist in Bild 1.26 als Belastungsdiagramm dargestellt. Dabei wurde unterstellt, daß keinerlei Vorbelastungen existieren.

1.5.2. Kapazitätsausgleich

Bisher wurde unterstellt, daß die zu jedem Zeitpunkt benötigten Arbeitskräfte und Betriebsmittel in ausreichendem Maße zur Verfügung stehen. Das ist umso unrealistischer, d. h. Engpässe sind umso wahrscheinlicher, je mehr sich ein Betrieb der Vollbeschäftigung (Kapazitätsauslastung) nähert.

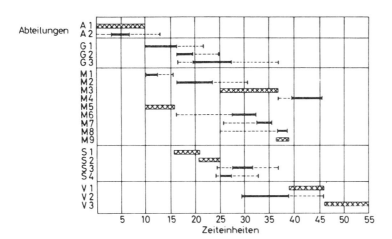

Erläuterung:

▨▨▨▨ kritische Vorgänge
├──━━━━━┤ sonstige Vorgänge
innerhalb der Grenzen FAZ und SEZ

Bild 1.26. Belastungsplan der Abteilungen (Stabdiagramm zu Beispiel 1.17)

Kapazitätsüberschreitungen und Beschäftigungsschwankungen versucht man durch Kapazitätsausgleich (Manpower Leveling) und Beschäftigungsplanung unter Berücksichtigung von Kapazitätsbeschränkungen (Manpower Scheduling and Resource Allocation) zu vermeiden.

Dabei geht es darum, die auf Grund der reinen Terminplanung sich eventuell ergebenden Kapazitätsüberschreitungen zu beseitigen bzw. starke Beschäftigungsschwankungen auszugleichen:

a) durch reine *Verschiebung einzelner Vorgänge,*
b) durch *Unterbrechung einzelner Vorgänge,* soweit dies technologisch möglich ist, oder
c) durch zeitliche *Ausdehnung oder Komprimierung eines Vorganges* durch Änderung der Einsatzmenge der Produktionsfaktoren, soweit dies technologisch möglich ist.

Soweit solche kapazitätsbedingten Änderungen nicht im Rahmen der errechneten Pufferzeiten bleiben, können sie u. U. eine Verzögerung des Projektabschlusses bewirken; immerhin wird dies jedoch bereits im Planungsstadium erkannt und ist deshalb nicht tragisch.

Zur Durchführung des Kapazitätsausgleiches empfiehlt sich die Untersuchung der Verhältnisse im Stabdiagramm (vgl. Bild 1.27 bis 1.29) oder, falls nur eine Kapazitätsart vorliegt, im Flächendiagramm (vgl. Bild 1.31–1.34).

Beispiel 1.18:
Gegeben sind die Normal-Kapazitäten, die bei der Zeitanalyse des im Beispiel 1.6 dargestellten Projektes unterstellt wurden (Tabelle 1.12). Es ist der Belastungsplan aufzustellen und hinsichtlich einer gleichmäßigen Kapazitätsauslastung zu untersuchen bzw. zu modifizieren.

Tabelle 1.12. Dauer, Kapazität und Termine der Vorgänge

Vorgänge	Dauer	Normal-Kapazität	FAZ	SEZ	GP
0 – 1	10	4 Konstrukteure	0	10	0
1 – 4	5	8 Monteure	10	18	3
1 – 2	2	–	10	15	3
1 – 3	4	3 Programmierer	10	14	0
3 – 4	4	1 Programmierer	14	18	0
3 – 5	3	6 Programmierer	14	20	3
4 – 5	2	2 Monteure	18	20	0
2 – 5	5	–	12	20	3
5 – 6	1	4 Monteure	20	21	0

Die Vorgänge können in einem Belastungsplan in der Art eines Stabdiagrammes (Bilder 1.27 bis 1.29) nach Kapazitätsart geordnet und innerhalb der Kapazitätsart nach aufsteigendem FAZ derart eingetragen werden, daß aus der Eintragung die jeweils erforderlichen Kapazitätseinheiten hervorgehen.

Aus dem Belastungsplan Nr. 1 ist zu ersehen, daß die Programmierkapazität in der 18. Zeiteinheit um eine Kapazitätseinheit überschritten wird.

Ohne Veränderung der Dauer des Vorganges 3 – 5 kann die Kapazitätsüberschreitung nur durch die Verschiebung um eine Zeiteinheit und damit einer Verzögerung des Projektabschlusses erkauft werden.

Ist jedoch eine zeitliche Ausdehnung der noch mit Pufferzeit versehenen Vorgänge 3 – 5 und 1 – 4 möglich, so wird nicht nur der Projektabschluß eingehalten, sondern man kommt sogar mit niedrigeren maximalen Kapazitäten (Faktormengen) aus.

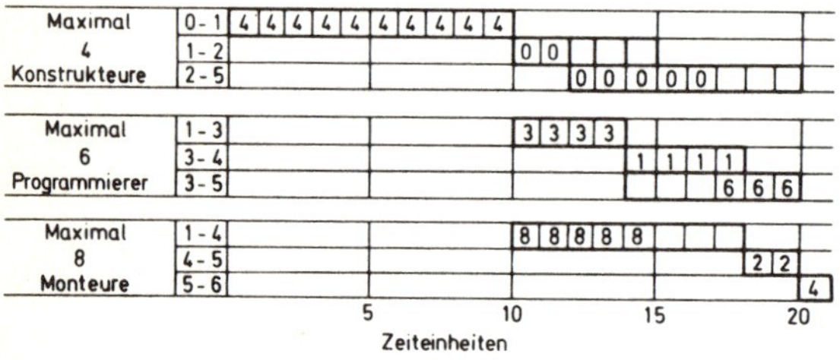

Bild 1.27. Belastungsplan Nr. 1 (Stabdiagramm zu Beispiel 1.18)

Wenn man beim Vorgang 3 – 5 statt 6 Personen je 3 Zeiteinheiten nunmehr 3 Personen je 6 Zeiteinheiten und beim Vorgang 1 – 4 statt 8 Personen je 5 Zeiteinheiten jetzt 5 Personen je 8 Zeiteinheiten einsetzt, so reduziert man den Bedarf an Programmierern von 6 auf 4 und den Bedarf an Monteuren von 8 auf 5 Personen (s. Bild 1.28).

Man beachte jedoch, daß damit die beiden veränderten Vorgänge kritisch werden.

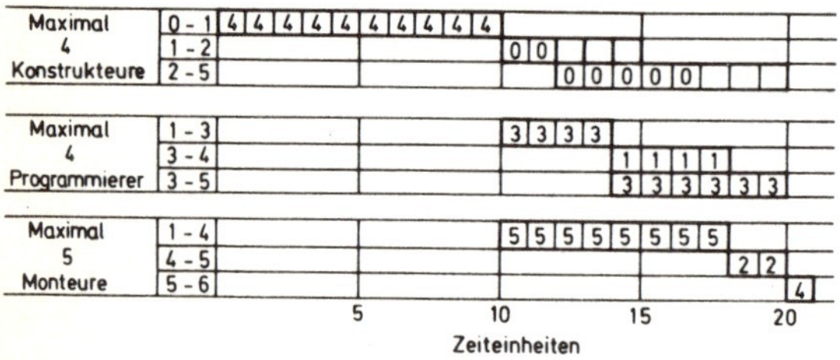

Bild 1.28. Belastungsplan Nr. 2

Ein weiterer Kapazitätsausgleich mit gleichzeitiger günstiger Beeinflussung des Projektablaufes (Projektverkürzung) ist möglich, wenn man unterstellt, daß die Vorgänge bei denen Programmierer und Monteure gebraucht werden, abweichend von der normalen Dauer durch erhöhten Einsatz in kürzerer Dauer ohne zusätzliche Kosten durchgeführt werden können.

So ist z. B. nicht einzusehen, weshalb für den Vorgang 1–3 nur 3 Kapazitätseinheiten angesetzt werden sollen, während doch 4 vorhanden sind. Ebenso könnte man für den Vorgang 4–5 statt 2 × 2 Personen sicher auch 1 × 4 Personen einsetzen (s. Bild 1.29).

Es versteht sich, daß weitere Zeiteinsparungen möglich sind, wenn wenigstens zeitweilig mehr Konstrukteure eingesetzt werden können.

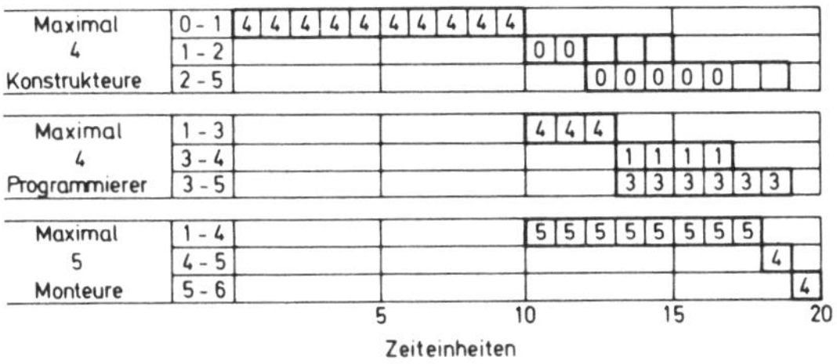

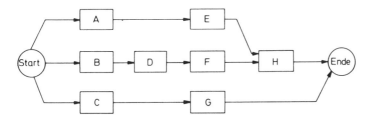

Bild 1.29. Belastungsplan Nr. 3

Beispiel 1.19:
Für den in Bild 1.30 und Tabelle 1.13 beschriebenen Ablauf ist ein Belastungsplan als Flächendiagramm aufzustellen und hinsichtlich eines möglichen Kapazitätsausgleiches zu untersuchen (max. Kapazität: 8 Einheiten).

Bild 1.30. Dauer, Kapazität und Termine der Vorgänge

Tabelle 1.13. Dauer, Kapazität und Termine der Vorgänge

Vorgang	Dauer (Zeiteinheit)	Normal-Kapazität (Einheiten)	Termine FAZ	Termine SEZ	Pufferzeit GP
A	5	3	0	12	7
B	4	2	0	4	0
C	6	4	0	11	5
D	7	4	4	11	0
E	4	1	5	16	7
F	5	3	11	16	0
G	7	5	11	22	4
H	6	2	16	22	0

Zunächst sind die kritischen Vorgänge einzuplanen, weil diese für einen Kapazitätsausgleich nicht in Frage kommen. Sodann werden die unkritischen Vorgänge zum frühestmöglichen Zeitpunkt eingeplant (vgl. Bild 1.31); falls dadurch die Kapazitätsgrenzen (hier 8 Einheiten) überschritten werden, ist eine Verschiebung der Vorgänge erforderlich (vgl. Bild 1.32). Dabei wird heuristisch, d.h. nach einer systematischen Probiermethode vorgegangen und eine gleichmäßige Kapazitätsauslastung angestrebt (vgl. Bild 1.33); im vorliegenden Fall ist hierdurch sogar eine Verkürzung der Durchlaufzeit möglich (vgl. Bild 1.34). Bei jeder Verkürzung müssen die im Netzplan (Bild 1.30) gegebenen Abhängigkeiten eingehalten werden.

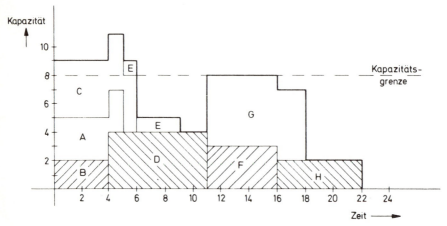

Bild 1.31. Kapazitätsbelastungsplan als Flächendiagramm, bei frühester Einplanung, mit Überschreitung der Kapazitätsgrenze (Beispiel 1.19)

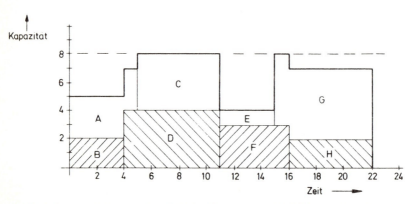

Bild 1.32. Kapazitätsbelastungsplan als Flächendiagramm unter Einhaltung der Kapazitätsgrenze durch reine Verschiebung der unkritischen Vorgänge innerhalb der Pufferzeiten (Beispiel 1.19)

1.6. Einsatz von EDV-Systemen

Die Anwendung der Netzplantechnik ist schon bei geringen Projektumfängen sehr rechenintensiv. Auch die in der betrieblichen Praxis mit zunehmendem Projektfortschritt oftmals erforderlichen Änderungs- und Anpassungsplanungen verdeutlichen die besondere Eignung des Problemkreises für den Einsatz von EDV-Systemen.

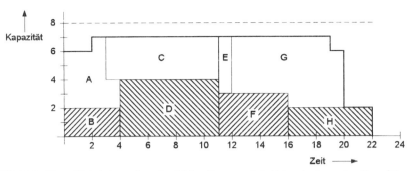

Bild 1.33. Kapazitätsbelastungsplan als Flächendiagramm bei Unterschreitung der Kapazitätsgrenze durch Ausdehnung und Komprimierung der unkritischen Vorgänge innerhalb der Pufferzeiten (Beispiel 1.19)

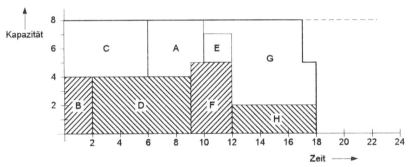

Bild 1.34. Kapazitätsbelastungsplan als Flächendiagramm bei Ausnutzung der gegebenen Kapazität und Verkürzung der Projektdauer durch Komprimierung auch der kritischen Vorgänge (Beispiel 1.19)

Derzeitig sind circa 20 verschiedene Software-Produkte auf dem Markt, mit denen Projektplanungen auf der Basis der Netzplantechnik durchgeführt werden können. Das Spektrum der angebotenen Produkte reicht von Programmen, die sich auf typisch mittelständische Problemstellungen beschränken, bis hin zu Anwendungen für international agierende Konzerne, bei denen eine Vielzahl von Teilprojekten und planungsbeteiligten Personen zu berücksichtigen sind.

Als Kernfunktionalität weisen alle Systeme die Möglichkeit zum Entwurf von Projektstrukturplänen auf. Mit ihr können Vorgänge definiert und miteinander zu Projekten verknüpft werden. Aus den Vorgangsdauern und der Projektstruktur berechnen die Systeme die Pufferzeiten der Vorgänge sowie den kritischen Pfad. Bei Änderung von einzelnen Vorgängen erfolgt automatisch eine Neuterminierung des Gesamtprojektes. Die terminierten Vorgänge lassen sich im weiteren den verfügbaren Ressourcen zuordnen. Zumeist wird hierbei zwischen den Einsatzmitteln (Kapazitäten) und dem Personal unterschieden. In aller Regel lässt sich die Kapazitätsbelastung sowie die Inanspruchnahme des Personals über die Zeit in einer Übersichtsdarstellung anzeigen. Auf diese Weise werden Auslastungsgrade sowie Überlastungen und Engpässe deutlich. Einzelne Produkte bieten die Möglichkeit, einen automatischen Kapazitätsausgleich vornehmen zu lassen. Dabei ist zwischen einer vollständig automatischen Durchführung des Kapazitätsausgleiches und einer semiautomatischen zu unterscheiden, die unter Berücksichtigung zuvor definierter Vorgaben erfolgt.

Aus den spezifischen Kosten für Kapazitäten und Personal und der Dauer deren Inanspruchnahme berechnen diese auch als Projektmanagement-Software bezeichneten Systeme die *Gesamtkosten* für die Durchführung eines Projektes. Damit ist die Möglichkeit verbunden, sich Umfang und Ursprung von Kostenveränderung, die sich durch Modifikationen des Projektablaufes ergeben, direkt berechnen und anzeigen zu lassen. Die Mehrzahl der Softwarepakete weisen eine Reihe von Darstellungsmöglichkeiten für die Planungsergebnisse auf wie beispielsweise Gantt-Diagramme, Netzpläne, Tabellen, Strukturbäume und sonstige Diagramme. Ergänzend bieten verschiedene Produkte eine *Berichtsfunktionalität*, mit deren Hilfe die Auswertung der gespeicherten Daten in verschiedenerlei Hinsicht vorgenommen werden kann. Teilweise ist die Generierung von anwenderspezifischen Berichten möglich. In der Mehrzahl der Fälle steht eine Datenexportschnittstelle zu Spreadsheet-Programmen zu Verfügung, wo weitere Auswertungen durchgeführt werden können.

Insbesondere die neueren Produkte weisen die Funktionalität auf, Daten und Graphiken über das Internet auszutauschen und per Web-Browser anzeigen zu lassen. Ergänzt wird dies oftmals durch eine *Hyperlinkfunktionalität*, mit der projektrelevante Informationen im Internet, im lokalen Netzwerk oder auf der lokalen Festplatte dem Projekt oder einzelnen Vorgängen zugeordnet werden können.

Eine ebenso erst seit kurzem verfügbare Funktionalität ist die *Multiprojektfähigkeit* der angebotenen Systeme. Hierdurch ist es möglich, Vorgänge von Netzplänen verschiedener Projekte miteinander zu verknüpfen, gegebenenfalls deren wechselseitige Abhängigkeiten in der Zeitplanung zu erfassen und konkurrierende Inanspruchnahmen von Ressourcen zu berücksichtigen. Aus der Verbindung der obengenannten Berichtsfunktionalität und der Multiprojektfähigkeit lässt sich ein strategisches Controlling-Instrument aufbauen, dass einen direkten (Wirtschaftlichkeits-)Vergleich zwischen allen laufenden Projekten herstellen kann.

Das operative *Projekt-Controlling* hingegen ist ein weit verbreiteter Standard in vielen der Produkte. Im Rahmen dieser Funktionalität wird automatisch geprüft, ob die Projektvorgaben hinsichtlich der Liefertermine und der Budgetrestriktionen im vorliegenden Ist-Projektplan vom gesondert gespeicherten Soll-Projektplan abweichen. Darüber hinaus verfügen die meisten der Systeme über eine Änderungsdokumentation, woraus erkennbar ist, wann und aus welcher Ursache eine Modifikation am Netzplan vorgenommen wurde.

Im folgenden seien kurz einige bekannte Programme charakterisiert:

- Microsoft Project 2000
    - Weitverbreiteste Standardsoftware im Projektmanagement (circa 2.000.000 Installationen weltweit)
    - Keine Beschränkung der Anzahl der Vorgänge pro Projekt
    - Bearbeitung von bis zu 1.000 Projekten gleichzeitig
    - Standardschnittstellen zu Datenbank- und Office-Anwendungen
    - Betriebssysteme: Windows und AppleMacOS
- Project Scheduler 7.0
    - Standardsoftware zur Termin-, Ressourcen- und Kostenplanung aller Art (ca. 380.000 Installationen weltweit)
    - Maximal 100.000 Vorgänge pro Projekt
    - Multiprojektverwaltung ohne Beschränkung der Anzahl der Projekte

- verschiedenste Datenexportmöglichkeiten
- Betriebssysteme: Windows und OS/2
• Primavera Project Planner
  - Sehr leistungsfähige Software für komplexe Anwendungen
  - Unbeschränkte Anzahl von Projektgruppen, Projekten und Basisplänen
  - Bis zu 100.000 Vorgänge pro Projekt
  - Multiprojektmanagement mit einheitlichem Kapazitätspool und beliebigen Verknüpfungen über mehrere Projekte
  - Projektstrukturplan (PSP) bis zu 20 Ebenen
  - Multi-Userfunktionalität für zeitgleiche Aktualisierung, Analyse und Berichtserstellung
  - Microsoft Office-kompatible graphische Benutzeroberfläche
  - Betriebssysteme: Windows
• Scitor Project Scheduler
  - Basiert auf relationalem Datenbanksystem
  - Einbeziehung von Inflation, Überstunden, Aufgabenteilung
  - Report-Assistent
  - Management mehrerer Projekte möglich
  - Unterstützung für OLE, ODBC, HTML, E-Mail

Weitere wichtige Produkte: CA-Super-Project, Sure Trak Project Manager, Turbo Project Professional

1.7. Schlußbemerkungen

Die Vorteile der Netzplantechnik, die von den gleichen Daten wie die konventionellen Planungsverfahren ausgeht, können wie folgt zusammengefaßt werden:

1. Die Erstellung des Netzplanes zwingt dazu, den Ablauf eines Projektes genau zu durchdenken und frühzeitig Entscheidungen zu fällen. Dies ist insbesondere bei der Koordinierung von Arbeiten verschiedener Firmen oder mehrerer Abteilungen einer Firma wichtig.
2. Die graphische Darstellung im Netz gibt allen Beteiligten eine sehr gute Übersicht über die gegenseitigen Abhängigkeiten der Vorgänge.
3. Die Kenntnis der frühestmöglichen und spätesterlaubten Termine ist für eine systematische Steuerung des Ablaufes von entscheidender Bedeutung und ermöglicht eine ausgewogene Kapazitätsauslastung.
4. Die Gewichtung der Vorgänge nach ihren Pufferzeiten hebt die relativ wenigen kritischen Vorgänge aus der Vielzahl der unkritischen und für die termingerechte Fertigstellung des Projektes weniger wichtigen Vorgänge hervor.
Die Kenntnis des kritischen Weges bzw. der kritischen Vorgänge ermöglicht den gezielten Einsatz zusätzlicher Mittel für diese Vorgänge.

5. Maßnahmen zur Engpaßbeseitigung oder zur Verkürzung der Projektdauer können bereits im Planungszustand überlegt werden und Abweichungen vom ursprünglichen Plan und deren Auswirkungen auf den Projektabschluß werden bei der Überwachung des Projektablaufes rechtzeitig erkannt.

Dadurch wird erreicht, daß nicht wahllos alle Vorgänge eines in Verzug geratenen Projektes beschleunigt werden, sondern nur diejenigen, auf die es wirklich ankommt.

Die Netzplantechnik stellt ein wesentliches und brauchbares Instrument zur Ablauf- und Terminplanung größerer Projekte dar, das recht einfach zu handhaben ist.

Der große Erfolg der Netzplantechnik beruht jedoch auf der Möglichkeit, für die erforderlichen Berechnungen die verschiedensten Elektronischen Datenverarbeitungsanlagen heranzuziehen.

1.8. Aufgaben zur Netzplantechnik[1])

1.8.1. Ablaufplanung und Aufstellung von Netzplänen

1. Wie werden folgende Abhängigkeiten im Vorgangsknotennetz und wie im Vorgangspfeilnetz dargestellt?
    a) Zwei Vorgänge A und B haben zwei gemeinsame Nachfolger D und E. A hat außerdem noch für sich allein den Nachfolger C.
    b) Ein Vorgang mit drei Vorgängern hat zwei davon mit einem anderen Vorgang gemeinsam.
    c) Ein Vorgang D hat drei Vorgänger A, B, C. Davon sind zwei, nämlich B und C, auch Vorgänger eines Vorganges E. Der Vorgang C hat außer D und E auch noch den Nachfolger F.
    d) In voriger Aufgabe entfalle die Abhängigkeit des Vorganges D von Vorgang C.

2. Die angegebenen Abhängigkeiten sollen im Vorgangsknotennetz dargestellt werden.
    a) Ein Vorgang D hat drei Vorgänger A, B und C. D darf nicht vor Abschluß von A und frühestens fünf Tage nach dem Anfang von B beginnen. Mit C darf D höchstens 4 Tage überlappen. Man kann annehmen, daß B länger als 5 und C länger als 4 Tage dauert.
    b) Der Vorgang D ist gemeinsamer Nachfolger von A, B und C. Die sechs letzten Tage von D können erst nach Abschluß von A erledigt werden. Außerdem darf D frühestens 5 Tage vor Ende von B und nicht vor Beginn von C beendet werden. Man kann annehmen, daß B länger als 5 Tage dauert.
    c) Der Vorgang A hat die Nachfolger B und C. Vorgang B darf gegenüber dem Ende von A frühestens mit einer Vorziehzeit von 4 Tagen beginnen. Die letzten 7 Tage von C können erst nach dem Ende von A erledigt werden. Man darf annehmen, daß A länger als 4 und C länger als 7 Tage dauert.
    d) Der Vorgang A hat die Nachfolger B und C. Mindestens 6 Tage von A müssen abgearbeitet sein, bevor B beginnen kann. Zumindest die letzten 3 Tage von C müssen nach dem Anfang von A liegen. Man kann annehmen, daß A länger als 6 und C länger als 3 Tage dauert.

3. Die folgenden Vorgänge und Anordnungsbeziehungen sind im Vorgangpfeil- und im Vorgangknotennetz darzustellen:
    a) Die Vorgänge A und B beginnen zum Zeitpunkt Null und verlaufen parallel. Mit dem Vorgang D kann begonnen werden, nachdem A zur Hälfte und B ganz abgeschlossen sind. Der Beginn des Vorganges C setzt den Abschluß von A und B, der Beginn des Vorganges E den Abschluß des Vorganges B voraus. Die parallel verlaufenden Vorgänge C, D und E müssen abgeschlossen sein, bevor mit dem Vorgang F begonnen werden kann. (Dauer jedes Vorganges: 10 Zeiteinheiten).
    b)

Vorgang	A	B	C	D	E	F	G	H	I	K	L	M
Vorgänger	D	A,M	H	G	D	K	–	–	B,F	H	B,F	C,G

---
[1]) Lösungen zu den Aufgaben: Seite 416

c) Die Vorgänge A, B und C beginnen zum Zeitpunkt Null und verlaufen parallel. Der Beginn des Vorganges D setzt den Abschluß des Vorganges A voraus. Der Vorgang E kann begonnen werden, wenn die Vorgänge B und C abgeschlossen sind. Nach Abschluß der Vorgänge A und C kann Vorgang F begonnen werden. Die parallel verlaufenden Vorgänge D, E und F müssen abgeschlossen sein, bevor mit Vorgang G begonnen werden kann.

d) M muß N, O und P vorausgehen,
L muß O und P vorausgehen,
N und P müssen Q und R vorausgehen,
O und Q müssen S vorausgehen,
R muß T vorausgehen und
O und Q müssen T vorausgehen.

4. a) Folgende Teilpläne sind zu einem Gesamtnetzplan zusammenzufassen:

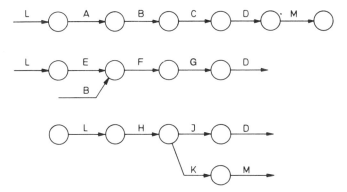

b) Der dargestellte Netzplan ist fehlerhaft. Die Verstöße gegen die Regeln sind festzustellen.

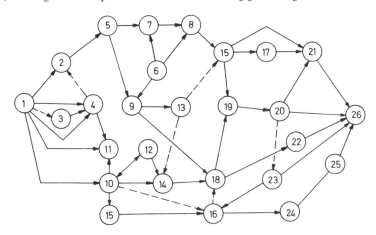

c) Eine Pumpe soll auf eine Betonplatte montiert werden. Die Platte muß in 2 Teilabschnitten hergestellt werden, weil nur ein Formensatz für die Schalung zur Verfügung steht. Zuerst wird der Teil der Platte betoniert, der die Pumpe tragen soll. Nach dem Abbinden des Betons kann die Pumpe installiert werden, sobald sie geliefert und die erforderliche Hebevorrichtung beschafft worden ist. Die Schalung wird vor dem völligen Abbinden abgenommen, jedoch für den zweiten Guß erst errichtet, wenn der erste Guß völlig abgebunden hat.

Für den Arbeitsablauf, der durch nachfolgende Vorgänge zusätzlich beschrieben ist, sind Vorgangpfeil- und Vorgangknotennetzplan zu erstellen!

V. Nr.	auszuführende Vorgänge	Dauer	Vorgänger	Nachfolger
1	Erstes Einschalen	1,5 Tage		
2	Erstes Betonieren	0,5 Tage		
3	Beginn des ersten Abbindens	1 Tag		
4	Ende des ersten Abbindens	1 Tag		
5	Abnehmen der ersten Schalung	1 Tag		
6	2. Einschalen	1,5 Tage		
7	Zweites Betonieren	0,5 Tage		
8	Beginn des zweiten Abbindens	1 Tag		
9	Ende des zweiten Abbindens	1 Tag		
10	Abnehmen der zweiten Schalung	1 Tag		
11	Lieferung der Pumpe	5 Tage		
12	Installation der Pumpe	2 Tage		
13	Beschaffung der Hebevorrichtung	5 Tage		

5. Fallstudie

Bei einem Einfamilienhaus soll eine Garage erstellt werden. Der Bauherr übernimmt in Eigenleistung den Erdaushub für die Fundamente. Sobald die Fundamente betoniert sind, wird er auch selbst die Abwasserrohre verlegen. In diesem Vorgang ist das Ausheben und anschließende Zufüllen des Grabens eingeschlossen. Danach verlegt der Bauherr die elektrische Erdleitung vom Wohnhaus zur Garage. Seine vierte Eigenleistung erfolgt erst nach Abschluß der Malerarbeiten; er legt dann die Bepflanzung an. Die eigentlichen Bauarbeiten werden von einem Bauunternehmer übernommen. Er gießt die Fundamente mit Fertigbeton, zieht die Mauern hoch und führt den Innenverputz aus. Außerdem betoniert er den Garagenboden und asphaltiert anschließend den Vorplatz. Geringfügige Aushubarbeiten und Schottern sind im Vorgang des Asphaltierens einbegriffen. Ein Dachdecker- und Klempnermeister deckt das Dach ein. Dieser Vorgang muß vor sämtlichen Verputzarbeiten erledigt sein. Er umfaßt das Verlegen der Dachbalken, Anbringen der Dachrinne und Auflegen und Verschrauben der Dachplatten. Der Dachdecker montiert später auch noch die untere Dachverkleidung zur Wärmedämmung. Dies geschieht nach dem Innenverputz. Als letztes schließt der Dachdecker die Dachrinne mit dem Regenfallrohr an die Abwasserleitung an. Vor diesem Anschluß müssen die Abwasserrohre verlegt und der Außenputz angebracht sein. Ein Schlossermeister setzt nach Innen- und Außenverputz das Garagentor ein. Anschließend wird beigeputzt. Außenverputz und Beiputzen sind Aufgabe eines Stukkateurmeisters. Die Elektroinstallation erfolgt, sobald die untere Dachverkleidung angebracht ist. Der damit beauftragte Elektroinstallateur schließt in diesem Vorgang auch die elektrische Erdleitung garagen- und hausseitig an. Der Garagenboden wird erst eingebracht, wenn die Elektroinstallation erledigt und das Garagentor beigeputzt ist. Vor der Bepflanzung, aber nach Abschluß aller anderen Arbeiten, wird ein Malermeister Garagentor und Regenfallrohr anstreichen.

a) Man erstelle einen funktionsorientierten Projektstrukturplan mit einer Teilaufgabenebene und trage zu jeder Teilaufgabe (Arbeitspaket) die Vorgänge an.

b) Man stelle die angegebenen Vorgänge zu einer Liste zusammen. Man ermittle an Hand des Aufgabentextes, des Strukturplans und durch eigene Überlegung zu jedem Vorgang die unmittelbaren Vorgänger und trage sie in die Vorgangsliste ein. Es ist vorteilhaft, zur Veranschaulichung parallel dazu einen Erstentwurf des Vorgangsknotennetzes zu zeichnen.

c) Man zeichne an Hand der Liste aus voriger Aufgabe das Vorgangsknotennetz und kontrolliere seine Richtigkeit. Dazu überprüft man, ob in jeden Knoten so viele Pfeile einlaufen, wie die Vorgangsliste Vorgänger aufweist. Sodann vergleicht man die Nummern der Vorgänger im Netzplan und in der Liste.

d) Man versuche das Zeichnen eines Vorgangpfeilnetzes mit der gleichen Kontrolle wie in voriger Aufgabe.

1.8.2. Zeitplanung und Berechnung von Netzplänen

6. a) Für den dargestellten Netzplan sind die frühesten und spätesten Zeitpunkte jedes Vorganges sowie der kritische Weg zu ermitteln und im Netzplan zu markieren.

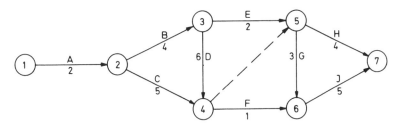

b) Für den in Aufgabe 4c dargelegten Ablauf sind die frühesten und spätesten Zeitpunkte der Vorgänge sowie die Gesamtpufferzeit tabellarisch zu bestimmen. Der kritische Weg ist im Vorgangpfeilnetz zu markieren. Die Dauer der Vorgänge ist wie folgt gegeben:

V.-Nr.	auszuführende Vorgänge	Dauer
1	Erstes Einschalen	1,5 Tage
2	Erstes Betonieren	0,5 Tage
3	Beginn des ersten Abbindens	1 Tag
4	Ende des ersten Abbindens	1 Tag
5	Abnehmen der ersten Schalung	1 Tag
6	2. Einschalen	1,5 Tage
7	Zweites Betonieren	0,5 Tage
8	Beginn des zweiten Abbindens	1 Tag
9	Ende des zweiten Abbindens	1 Tag
10	Abnehmen der zweiten Schalung	1 Tag
11	Lieferung der Pumpe	5 Tage
12	Installation der Pumpe	2 Tage
13	Beschaffung der Hebevorrichtung	5 Tage

c) Der dargestellte Netzplan ist hinsichtlich der Zeitpunkte und Pufferzeiten durchzurechnen. Der kritische Weg ist im Vorgangpfeilnetz zu markieren.

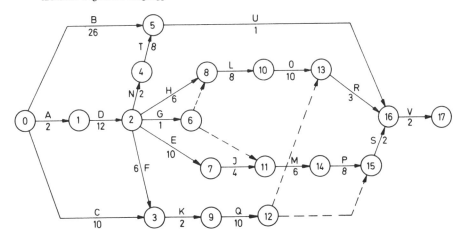

d) Der dargestellte Netzplan ist hinsichtlich der frühesten und spätesten Zeitpunkte sowie der Pufferzeiten durchzurechnen.

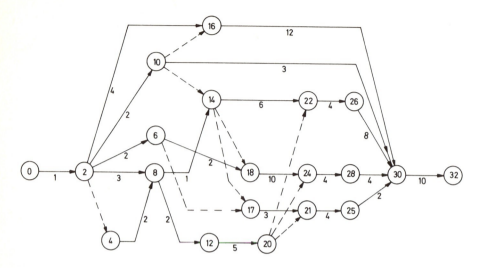

7. a) Für den in Aufgabe 5 dargelegten Ablauf sind die frühesten und spätesten Zeitpunkte der Vorgänge im Vorgangknotennetz zu bestimmen und die kritischen Vorgänge zu markieren.

Für die einzelnen Vorgänge sind in folgender Liste die Vorgangsdauern in der Zeiteinheit Tag angegeben.

V.-Nr.	Vorgangbeschreibung	Dauer
1	Erdaushub für Fundamente	1
2	Abwasserrohre verlegen	2
3	Elektrische Erdleitung verlegen	1
4	Bepflanzung anlegen	3
5	Fundamente betonieren	1
6	Mauern hochziehen	2
7	Innenverputz	2
8	Garagenboden betonieren	1
9	Vorplatz schottern u. asphaltieren	2
10	Dach eindecken	1
11	Untere Dachverkleidung anbringen	1
12	Regenfallrohr anschließen	1
13	Garagentor einsetzen	1
14	Außenverputz	4
15	Garagentor beiputzen	1
16	Regenfallrohr und Tor streichen	2
17	Elektroinstallation	1

b) Für den im folgenden Netzplan dargestellten Ablauf sind die frühesten und spätesten Zeitpunkte und die kritischen Vorgänge zu ermitteln. (Die Anordnungsbeziehungen sind hier wie auch in den folgenden Netzplänen in der Anfangfolge angegeben.)

1. Netzplantechnik 43

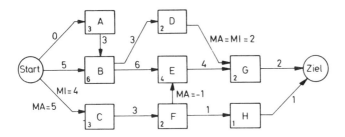

c) Der folgende Netzplan ist durchzurechnen; alle Werte sind in dem zweckmäßig gestalteten Knoten zu notieren.

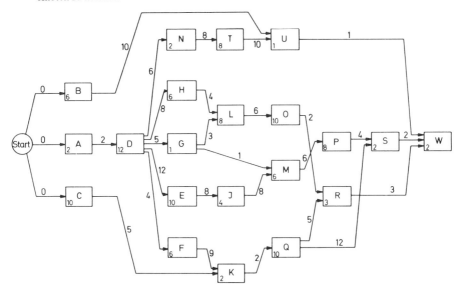

d) Der in der folgenden Übersicht beschriebene Ablauf ist im Vorgangknotennetz darzustellen und durchzurechnen. Es ist ein zweckmäßig gestalteter Knoten zu verwenden. Die kritischen Vorgänge sind zu markieren.

Vorgang	Dauer	Vorgänger (Mindest-Zeitabstände in der Anfangsfolge)
A	10	—
B	8	A (9)
C	6	A (12)
D	15	B (5)
E	10	B (6), C (8)
F	5	D (10)
G	9	C (4), E (3)
H	12	D (12), E (6)
I	7	F (8), H (5)
K	10	H (7), G (6)
L	15	G (10)
M	14	I (5), K (2)
N	10	M (8), L (5)

8. a) Der Ablauf eines Prozesses ist durch die Angaben in der folgenden Aufstellung beschrieben. Es ist der Vorgangpfeilnetzplan aufzustellen und tabellarisch die Zeitenberechnung durchzuführen. Wie stellt sich der Ablauf im Vorgangknotennetz dar?

Vorgang		Vorgänger	Nachfolger
Nummer	Dauer		
1	9	16	3
2	4	16	3
3	2	1,2	4,8,10,18
4	6	3	5,6,7
5	8	4	11
6	6	4	11
7	7	4,9	11
8	9	3	9
9	2	8,10	7
10	5	3	9,19
11	8	5,6,7	12
12	9	11	13
13	8	12	14
14	2	13	15
15	5	14	20
16	1	–	1,2,17
17	9	16	18
18	3	3,17	19
19	10	10,18	21
20	5	15	21
21	6	19,20	–

b) Für den folgenden Netzplan ist die Projektdauer zu bestimmen und eine Projektverkürzung zu untersuchen.

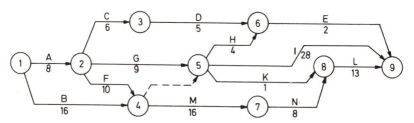

Man ermittle zunächst die Projektdauer, indem man die wichtigsten Informationen in einem entsprechend gestalteten Knoten notiert.

Erkundigungen hinsichtlich der Kürzungsmöglichkeiten brachten folgende Auskünfte:

Vorgang A kann durch Erhöhung der Kapazität auf 6 Wochen verkürzt werden. Vorgang H kann mit einem gewissen Risiko auch schon nach Abschluß von A beginnen. Vorgang I kann durch Übergang auf ein anderes Verfahren auf 20 Wochen reduziert werden. Vorgang N kann bereits 7 Wochen nach dem Start des Vorganges M begonnen werden. Vorgang L kann um 3 Wochen verkürzt werden.

Wie wirkt sich diese Verkürzung auf das Projektende aus?

c) Das im Netzplan dargestellte Projekt muß in 180 Tagen abgeschlossen sein.

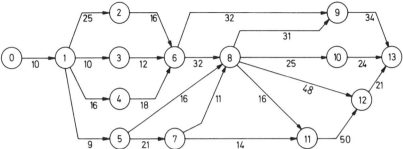

Es soll nunmehr

1. geprüft werden, ob dieses Ziel erreicht werden kann (notiere die wichtigsten Informationen im Knoten);
2. festgestellt werden, welche Auswirkung eine Verminderung der für Vorgang 4–6 zur Verfügung stehenden Arbeitskräfte und Betriebsmittel hat, wodurch sich die Vorgangsdauer auf 32 Tage erhöht;
3. der Antrag des Meisters überprüft werden, daß er mit den Mitarbeitern seiner Abteilung, in der Vorgang 6–9 ausgeführt werden soll, Überstunden machen darf, wodurch die Vorgangsdauer auf 20 Tage verkürzt wird;
4. erwogen werden, ob sich der Kauf einer Maschine lohnt, durch die Vorgang 1–2 auf 20 Tage reduziert wird, oder ob der gleiche Betrag zum Kauf einer Maschine aufgewendet werden soll, durch die Vorgang 8–12 auf 20 Tage herabgesetzt wird; im ersten Fall handelt es sich um eine Einsparung von 5 Tagen, im zweiten Fall von 28 Tagen.
5. Nach Ablauf von 50 Tagen wird mitgeteilt, daß folgende Vorgänge abgeschlossen sind:

    0–1
    1–2
    1–3
    1–4
    1–5
    2–6
    3–6
    4–6

Vorgang 5–8 kann aber durch eine kritische Materialverknappung erst in 20 Tagen begonnen werden. Die sich hieraus ergebenden Auswirkungen sind festzustellen.

1.8.3. Kosten- und Kapazitätsplanung

9. a) Es ist der Kostenzuwachs durch die Beschleunigung des in der folgenden Übersicht beschriebenen Projektes (vgl. Beispiel 1.6) zu untersuchen. Wie hoch ist der Mindest-Kostenzuwachs bei einer Verkürzung des Projektes um 1, 2, 3 und 4 Wochen.

Vorgang	Normal Dauer D_N	Normal Kosten K_N	Beschleunigt Dauer D_B	Beschleunigt Kosten K_B	FAZ	SEZ	GP
A	10	6000	8	8000	0	10	0
B	5	2400	4	3000	10	18	3
C	2	900	1	2000	10	15	3
D	4	3200	3	4000	10	14	0
E	4	3200	3	4000	14	18	0
F	3	2100	2	3000	14	20	3
G	2	1300	1	2000	18	20	0
H	5	2500	4	3000	12	20	3
I	1	800	unmöglich		20	21	0

b) Für ein Projekt mit zehn Vorgängen wird nur eine Kapazitätsart „Arbeiter" benötigt. Folgende Tabelle enthält die Vorgänge, ihre Dauer, ihren Kapazitätsbedarf, ihre Vorgänger und ihre frühesten und spätesten Anfangszeitpunkte.

Vorgang	Dauer	Arbeiter	Vorgänger	FAZ	SAZ
V0	2	0		0	0
V1	4	2	V0	2	2
V2	5	3	V0	2	9
V3	7	4	V0	2	6
V4	7	4	V1	6	6
V5	4	1	V2	7	14
V6	5	3	V3,V4	13	13
V7	7	5	V4	13	15
V8	4	2	V5,V6	18	18
V9	1	0	V7,V8	22	22

1. Man zeichne das Vorgangsknotennetz und den Balkenplan.
2. Man ermittle die Kapazitätsbedarfskurven für die früheste und die späteste Lage der Vorgänge.
3. Man führe einen Kapazitätsausgleich im Rahmen der Pufferzeiten durch.
4. Wie müssen die Vorgänge terminiert werden, wenn nur sieben Arbeiter zur Verfügung stehen? (ohne und mit zeitlicher Ausdehnung und Komprimierung der Vorgänge)

c) Gegeben sind folgende Vorgänge i–j, zu denen man die Kapazitätseinheiten K jeweils in der Zeitdauer D benötigt.

i–j	K	D	FAZ	SEZ	GP
1–2	3	2	0	8	6
1–3	0	4	0	4	0
1–4	2	3	0	8	5
2–5	4	2	2	10	6
2–6	5	4	2	12	6
3–5	0	6	4	10	0
4–5	1	1	3	10	6
4–6	2	4	3	12	5
5–6	1	2	10	12	0

1. Stellen Sie ein linksorientiertes Belastungsdiagramm auf (Stab- und Flächendiagramm).
2. Versuchen Sie einen weitestgehenden Kapazitätsausgleich ohne Änderung der Vorgangsdauer nur durch zeitliche Verschiebung der Vorgänge innerhalb der Zeit zwischen FAZ und SEZ durchzuführen.
3. Führen Sie einen noch weitergehenden Kapazitätsausgleich durch, wobei eine Änderung der Vorgangsdauer, nicht aber eine Änderung der Projektdauer erlaubt sein soll.

1.9. Empfohlene Literatur zur Netzplantechnik

Altrogge, G.: Netzplantechnik. Oldenbourg Verl. München, 3. Aufl. 1996

Bergen, R.; Bubolz, P.: Netzplantechnik. Akademische Verlagsgemeinschaft, Frankfurt 1974

Domschke, W.; Drexl, A.: Einführung in Operations Research. Springer Verlag, Berlin–Heidelberg 1990.

Falkenhausen, H. v.: Prinzipien und Rechenverfahren der Netzplantechnik. ADL-Verlag, Kiel, 2. Aufl. 1968.

Gal, T.: Grundlagen des Operations Research, Bd. 2, Springer Verlag, Berlin 1987.

Gewald, K.; Kasper, K.; Schelle, H.: Netzplantechnik. Methoden zur Planung und Überwachung von Projekten. Bd. 2. Kapazitätsoptimierung. Oldenbourg, München–Wien 1972.

Gewald, K.; Kasper, K.; Maier, H.: Übungen zur Netzplantechnik CPM. Oldenbourg, München–Wien 1968.

Gewald, K.; Kasper, K.; Maier, H.: Übungen zur Netzplantechnik MPM. Oldenbourg, München–Wien, 1969.

Häger, W.; Waschek, G.: Einheitliche Bezeichnung in der Netzplantechnik. Zeitschrift für Operations Research Bd. 16 (1971), S. B1–B6.

Hässig, K.: Graphentheoretische Methoden des Operations Research. Teubner Verlag, Stuttgart 1979

Jacob, H.: Industriebetriebslehre in programmierter Form, Bd. II: Planung und Planungsrechnung. Th. Gabler Verlag, Wiesbaden 1972, S. 499–557.

Küpper, W.; Lüder, K.; Streitferdt, L.: Netzplantechnik. Physica Verlag, Würzburg–Wien 1975.

Lockyer, K. G.: Netzplantechnik, Aufgaben und Lösungen. Verlagsgesellschaft Rudolf Müller, Köln––Braunfels 1969.

Meyer, M.; Hansen, K.: Planungsverfahren des Operations Research, Bd. 1 (Lineare Programmierung, Netzplantechnik) Verlag W. Girardet, Essen 1979

Neumann, K.: Operations Research Verfahren. Bd. III. Carl Hanser Verlag, München 1975.

Ravindran, A.; Phillips, D. T.; Solberg, J.: Operations Research – Principles and Practice. John Wiley & Sons, New York, 2. Aufl. 1987

Schleip, W.: Das RPS-System. VDI-Verlag, Düsseldorf 1970.

Schwarze, J.: Netzplantechnik. Verlag Neue Wirtschaftsbriefe, Herne–Berlin 1986

Schwarze, J.: Netzplantechnik als allgemeines Prinzip der Ablaufplanung. in: Saynisch-Schelle-Schub: Projektmanagement. Oldenbourg Verlag, München 1979.

Schwarze, J.: Netzplantheorie. Verlag Neue Wirtschaftsbriefe, Herne–Berlin 1983.

Vierke, E.; Sauter, S. v.: Die Netzplantechnik beim Bau der Stuttgarter U-Straßenbahn. IBM-Nachrichten 19 (1969), S. 867–870 und 946–953.

VDI-Bidungswerk (Hrsg.): Netzplantechnik, ein Fortbildungskurs im Medienverbund, VDI-Verlag, Düsseldorf 1972.

Völzgen, H.: Stochastische Netzwerkverfahren und deren Anwendungen. Springer Verlag, Berlin 1971.

Voigt, J.-P.: Fünf Wege der Netzplantechnik. Verlagsgesellschaft Rudolf Müller, Köln–Braunfeld 1971.

Waschek, G.: Vorgangsknoten-Netzpläne. Beuth-Vertrieb, Köln und Frankfurt 1970.

Waschek, G.: Einheitliche Darstellungen in der Netzplantechnik. Zeitschrift für Operations Research (ZOR) 18 (1974), S. B31–B40.

Wasielewski, E.: Praktische Netzplantechnik mit Vorgangsknotennetzen. Th. Gabler Verlag, Wiesbaden 1975.

Wille, H.; Gewald, K.; Weber, H. D.: Netzplantechnik. Methoden zur Planung und Überwachung von Projekten. Bd. 1. Zeitplanung. Oldenbourg Verlag, München 1972.

Wolff, L.: Netzplantechnik (CPM). Verlagsgesellschaft Rudolf Müller, Köln-Braunfeld 1970.

2. Lineare Optimierung

2.1. Vorbemerkungen

Das wichtigste und bekannteste Instrument des Operations Research ist die Lineare Optimierung, häufig auch als *Lineare Planungsrechnung* oder *Lineare Programmierung* bezeichnet. Da der Ausdruck Lineare Programmierung, eine direkte Übersetzung von „linear programming", zu Verwechslungen mit der Programmierung von EDV-Anlagen führen kann, wird er in letzter Zeit kaum noch verwendet.

Unter Linearer Optimierung versteht man die Optimierung – d. h. Maximierung oder Minimierung – einer linearen Funktion, der sogenannten *Zielfunktion*, deren Variable einem System von linearen Ungleichungen, den sogenannten *Restriktionen* genügen müssen.

Die lineare Optimierung wurde mit Erfolg zur Lösung z.B. folgender Probleme eingesetzt:

- *Optimale Produktionsprogrammplanung* bei Kapazitäts- und sonstigen Beschränkungen unter dem Gesichtspunkt der Kostenminimierung oder Gewinnmaximierung (z.B. optimale Fertigungs-, Schmelz- und Walzprogramme),
- *Mischungsoptimierung* zur Erreichung geforderter Eigenschaften der Mischung unter dem Gesichtspunkt der Kostenminimierung (z. B. kostengünstige Gas-, Möller- und Futtermischungen),
- *Verschnittminimierung*.

Das wichtigste Verfahren der linearen Optimierung ist die sogenannte *Simplex-Methode*, die zunächst anhand von Beispielen dargestellt werden soll.

2.2. Die Simplex-Methode

Die Simplex[1]-Methode wurde 1947 von *G. B. Dantzig*[2] entwickelt. Sie ist so universell, daß sie in jedem Falle zum Ziele führt; aus diesem Grunde wird sie eingehend behandelt. Zum besseren Verständnis der Simplex-Methode ist es sinnvoll, zuvor auf die graphische Lösung ganz einfacher Probleme einzugehen.

2.2.1. Graphische Lösung

Die graphische Behandlung und Lösung von Problemen der Linearen Optimierung ist nur anwendbar, wenn die Zahl der Variablen $n \leq 3$ ist; trotzdem soll sie wegen ihrer Anschaulichkeit doch anhand eines Beispieles aus der Produktionsprogramm-Planung demonstriert werden. Das gleiche Beispiel wird dann anschließend mit der Simplex-Methode rechnerisch gelöst.

---

[1] Als Simplex bezeichnet man in der Geometrie Vielecke mit der kleinsten Anzahl von Ecken z.B. im zweidimensionalen Raum als Dreieck und im dreidimensionalen Raum das Tetraeder.

[2] Dantzig, G. B.: Maximation of a linear Function of Variables Subject to linear Inqualities in: *Koopman, T. C.:* Activity Analysis of Production and Allocation, S. 339–347, John Wiley & Sons, New York 1951. *Kantorovich, L. V.:* Mathematical Methods of Organizing and Planning Production. Leningrad State University 1939, in Management Science, 6 (1960) 4 P. 336–422 (Englische Übersetzung einer Abhandlung in russischer Sprache)

Beispiel 2.1:
Es ist das gewinnmaximale Produktionsprogramm für einen Kleinbetrieb zu ermitteln. Es können zwei Artikel 1 und 2 mit einem Gewinn pro Stück von g_1 = 500 DM und g_2 = 800 DM gefertigt werden.

Zur Produktion stehen nur zwei Maschinengattungen A und B zur Verfügung. Gelernte Montagekräfte sind ebenfalls nur in geringer Zahl vorhanden. Die speziellen technischen Daten sind in einer Tabelle zusammengefaßt:

	Artikel 1	Artikel 2	Kapazität pro Tag
Maschine A	5	2	24 h
Maschine B	1	5	24 h
Montagegruppe	6	6	36 h
Gewinn pro Stück in DM	500	800	

Die Zahlen im mittleren Bereich der Tabelle geben die Belastung der Maschinen durch die Artikel (in Stunden pro Stück) an. So benötigt man z. B. für die Herstellung eines Stückes des Artikels 1 fünf Stunden die Maschine A, eine Stunde die Maschine B und sechs Montagestunden. Gesucht sind die Mengen x_1 und x_2 der Artikel 1 und 2, die gefertigt werden müssen, um den Gewinn pro Zeiteinheit zu maximieren.

Die mathematische Formulierung des Problems lautet:
Maximiere die Funktion:

$$z = 500 x_1 + 800 x_2$$

unter folgenden Nebenbedingungen

$$5x_1 + 2x_2 \leq 24 \quad (1)$$
$$x_1 + 5x_2 \leq 24 \quad (2)$$
$$6x_1 + 6x_2 \leq 36 \quad (3)$$
$$x_1 \geq 0 \quad (4)$$
$$x_2 \geq 0 \quad (5)$$

Bild 2.1. Graphische Lösung

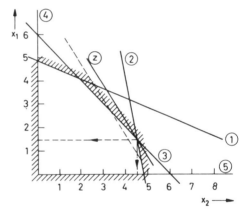

Vernachlässigt man zunächst in den Nebenbedingungen (1)–(3) die ≤-Zeichen, so erhält man lineare Gleichungen mit den Variablen x_1 und x_2, die sich in einem rechtwinkligen Koordinatensystem als Geraden darstellen lassen (s. Bild 2.1).

Zur Bestimmung der Lage dieser Geraden ist es zweckmäßig, zuerst zwei ausgezeichnete Punkte zu ermitteln, die dann miteinander verbunden, die Gerade ergeben.

Für die Gleichung (1)

$$5x_1 + 2x_2 = 24$$

ergibt sich z. B. der Schnittpunkt mit der x_1-Achse, indem man in die Gleichung den Wert $x_2 = 0$ einsetzt; dann wird

$$5x_1 = 24 \quad \text{d. h. } x_1 = 4{,}8.$$

Entsprechend ergibt sich der Schnittpunkt dieser Geraden mit der x_2-Achse, indem man den Wert $x_1 = 0$ in die Gleichung einsetzt; man erhält dann $x_2 = 12$.
Nachdem man die Gerade (1) durch diese beiden Punkte gezogen hat, führt man das oben vernachlässigte ≤-Zeichen wieder ein; damit ist angezeigt, daß nicht nur Punkte auf dieser Geraden, sondern auch Punkte unterhalb dieser Gerade der Nebenbedingung (1) genügen. Um zum Ausdruck zu bringen,

daß alle Punkte oberhalb dieser Gerade nicht zulässig sind, wird der Bereich oberhalb der Gerade schraffiert.

Auf die gleiche Weise werden die Nebenbedingungen (2) und (3) in das Koordinatensystem eingetragen.

Die Nebenbedingungen (4) und (5) besagen, daß nur Werte im ersten Quadranten des Koordinatensystems zulässig sind, d. h. eine negative Produktion (Demontage) nicht erwünscht ist.

Diese fünf Restriktionen bilden im Kartesischen Koordinatensystem einen Bereich, innerhalb welchem eine Lösung unter den gegebenen Bedingungen möglich ist.

Zur Darstellung der Gewinngeraden wird zunächst ein fiktiver Gewinn angenommen, z.B. z = 4000 DM/d, so daß die Neigung der Zielfunktion ebenfalls als eine gestrichelte Gerade in das Diagramm eingezeichnet werden kann.

Durch Parallelverschiebung dieser gestrichelten Geraden vom Nullpunkt weg, aber so, daß wenigstens noch ein Berührungspunkt mit dem nichtschraffierten Bereich existiert, erhält man die optimale Lösung, d. h. die Lösung mit maximalem z, durch die Koordinaten des Berührungspunktes.

Es ist leicht einzusehen, daß die optimale Lösung stets auf wenigstens einem Eckpunkt des sogenannten Produktionsfeldes liegt.

In dem obigen Beispiel ergibt sich für den Punkt mit dem Koordinaten $x_1 = 1,5$ und $x_2 = 4,5$ das Gewinnmaximum mit z = 4350 DM.

Für den Fall, daß die Gewinngerade (Niveaulinie) parallel zu einer Restriktionsgeraden verläuft, existiert keine eindeutige optimale Lösung, d. h. die Lösung ist für zwei Eckpunkte und alle dazwischenliegenden Punkte gleich günstig.

Schneiden sich die Restriktionsgeraden in einem Punkt, so spricht man von Entartung oder Degeneration. Durch eine kleine Änderung in den Koeffizienten der Restriktionen kann die Entartung beseitigt werden, so daß der normale Lösungsweg beschritten werden kann.

2.2.2. Rechnerische Lösung

Wie aus dem vorigen Beispiel zu ersehen ist, lautet die allgemeine mathematische Formulierung im Normalfall eines Problems der linearen Optimierung in normaler Schreibweise wie folgt:

Bestimme die Strukturvariablen $x_1, x_2 \ldots x_n$, welche die lineare Funktion

$$z = a_{01} x_1 + a_{02} x_2 + \ldots a_{0n} x_n \Rightarrow \max$$

unter den folgenden Restriktionen (Beschränkungen) maximieren:

$$a_{11} x_1 + a_{12} x_2 + \ldots + a_{1n} x_n \leq a_{10}$$
$$a_{21} x_1 + a_{22} x_2 + \ldots + a_{2n} x_n \leq a_{20}$$
$$\vdots$$
$$a_{m1} x_1 + a_{m2} x_2 + \ldots + a_{mn} x_n \leq a_{m0}$$
$$x_1 \geq 0$$
$$x_2 \geq 0$$
$$\vdots$$
$$x_n \geq 0.$$

Bei der Produktions-Planung (Beispiel 2.1) bedeuten z.B.:

i = 1, 2 ... m   Index der knappen Produktionsfaktoren,
j = 1, 2 ... n   Index der zu produzierenden Artikel,
x_j Strukturvariable, hier gesuchte Menge des j-ten Artikels,
a_{0j} Koeffizienten der Zielfunktion, hier Stückgewinn des j-ten Artikels,

a_{ij} Koeffizienten der Beschränkungen, hier Einsatz des i-ten Produktionsfaktors zur Erzeugung einer Einheit des j-ten Artikels,

a_{i0} Rechte Seiten der Beschränkungen, hier Kapazität des i-ten Produktionsfaktors.

Diese Grundaufgabe der linearen Optimierung ist in der Summenschreibweise wesentlich kürzer darzustellen:

Maximiere die Funktion

$$z = \sum_{j=1}^{n} a_{0j} x_j$$

unter den Restriktionen

$$\sum_{j=1}^{n} a_{ij} x_j \leq a_{i0} \qquad \text{für alle } i = 1, 2 \ldots m$$

und unter den Nicht-Negativitätsbedingungen

$$x_j \geq 0 \qquad \text{für alle } j = 1, 2 \ldots n.$$

Die analytische Lösung dieses so beschriebenen Problems macht es erforderlich, die in Form von Ungleichungen vorliegenden Restriktionen in Gleichungen umzuwandeln, indem sogenannte Schlupfvariable (Leerlaufvariable) eingeführt werden.

Diese Schlupfvariablen stellen in Beispiel 2.1 die im Rahmen der zur Verfügung stehenden Kapazität nicht genutzten Zeiten (freien Kapazitäten) der Maschinen und Monteure dar. Das Problem ist durch folgendes Gleichungssystem beschrieben.

$$z = 500 x_1 + 800 x_2 \Rightarrow \max,$$

wobei

$$5x_1 + 2x_2 + y_1 = 24$$
$$x_1 + 5x_2 + y_2 = 24$$
$$6x_1 + 6x_2 + y_3 = 36$$
$$\text{und } x_1, x_2 \geq 0$$
$$\text{und } y_1, y_2, y_3 \geq 0.$$

Dieses Gleichungssystem ist unterbestimmt und mit konventionellen Methoden nicht lösbar, da n + m = 5 Unbekannte und nur m + 1 = 4 Gleichungen existieren.

Die Simplex-Methode gibt nun einen Lösungsweg an, bei dem zunächst die n Strukturvariablen gleich Null gesetzt werden, damit die m Schlupfvariablen bestimmt werden können.

Die n gleich Null gesetzten Variablen heißen Nicht-Basis-Variable (NBV) gegenüber den m Basis-Variablen (BV), die sich aus den Restriktionen berechnen lassen. Die Basis-Variablen bilden die sogenannte Basis einer Lösung.

Die so erhaltene erste Basis-Lösung wird dann sukzessiv entsprechend dem Simplex-Algorithmus verbessert.

Als Algorithmus bezeichnet man eine Rechenvorschrift, bei der, veranlaßt durch eine Initialisierung eine systematische Rechnung solange iteriert wird, bis das Abbruchkriterium erreicht ist. Der im folgenden

Text dargestellte Simplex-Algorithmus ist angelehnt an die von *Müller-Merbach* [1969] und *Wiezorke* [1972] dargestellte Form. Auf Beweise jeglicher Art wird absichtlich verzichtet, da diese den Anwender nur belasten würden. Interessenten werden auf *Krelle/Künzi* [1958] verwiesen.

ALGOL- und FORTRAN-Programme für die Simplex-Methode sind bei DVA-Herstellern erhältlich; für denjenigen, der sich selbst die Programme erstellen will, können die Bücher von *Künzi* u. a. [1967] und *Niemeyer* [1968] eine wertvolle Hilfe sein.

Die Simplex-Methode besteht also darin, daß man durch Nullsetzen der Strukturvariablen praktisch im Nullpunkt des Koordinatensystems (Bild 2.1) beginnt und dann mittels des Simplex-Algorithmus in Richtung von steigendem z von Eckpunkt zu Eckpunkt fortschreitet, bis man die optimale Lösung gefunden hat, die ebenfalls nur auf wenigstens einem Eckpunkt liegen kann. Diese iterative Verbesserung wird zweckmäßig in sogenannten Simplex-Tabellen durchgeführt. Die erste Tabelle entsteht durch Übernahme aller Koeffizienten des Problems, wobei die Schlupfvariablen als ungleich Null in die Basis genommen werden.

Das Standardproblem der Linearen Optimierung lautet: Gesucht ist das Maximum von z unter Einhaltung folgender Bedingungen:

Zielfunktion

$$z + \sum_{j=1}^{n} a_{0j} x_j = a_{00},$$

Restriktionen

$$y_i + \sum_{j=1}^{n} a_{ij} x_j = a_{i0} \qquad \text{für alle } i = 1, 2 \ldots m,$$

Nicht-Negativitäts-Bedingung

$$x_j \geq 0$$
$$y_i \geq 0.$$

Als allgemeine Form der ersten Simplex-Tabelle wird vorgeschlagen:

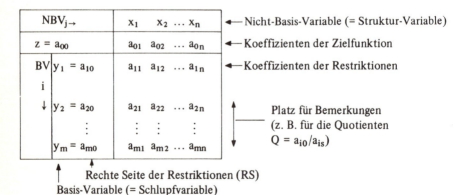

Der *Simplex-Algorithmus*, die Rechenvorschrift zur Bestimmung der optimalen Lösung des Problems durch mehrmaliges Umrechnen der Tabellen, besteht aus drei Stufen.

1. Bestimmung der NBV, die als BV in die Lösung gelangen soll

Kriterium: Größter Zuwachs der Zielfunktion.

Die Spalte, in der der größte negative Koeffizient der Zielfunktion steht, nennt man Pivot-Spalte[1]) und kennzeichnet man durch den Index j = s.

Die in dieser Spalte stehende NBV ist als neue BV vorzusehen. Kriterium für die Wahl der Pivot-Spalte s:

$$\min(a_{0j}) \quad \text{für } j = 1, 2 \ldots n$$
$$\text{und } a_{0j} < 0.$$

Falls kein $a_{0j} < 0$ mehr vorhanden ist, liegt die Optimallösung vor.

2. Bestimmung der BV, die aus der Lösung verschwinden soll

(Es können natürlich nur m Variable als BV in der Lösung sein)

Die Zeile mit dem kleinsten nicht-negativen Quotienten aus den Elementen der RS-Spalte und der Pivot-Spalte wird als Pivot-Zeile gewählt und enthält den Index i = r. Die in dieser Zeile stehende BV wird gegen die in Stufe 1 bestimmte neue BV ausgetauscht.

Kriterium für die Wahl der Pivot-Zeile r:

$$\min\left(\frac{a_{i0}}{a_{is}}\right) \quad \text{für } i = 1, 2 \ldots m$$
$$\text{und } \left(\frac{a_{i0}}{a_{is}}\right) \geq 0.$$

3. Bestimmung der Elemente a_{ij}^* in der neuen Simplex-Tabelle

Die alten Elemente a_{ij} werden durch die neuen Elemente a_{ij}^* ausgetauscht.

a) Das Pivot-Element (Element im Schnittpunkt von Pivot-Spalte und Pivot-Zeile) geht in seinen reziproken Wert über.

$$a_{rs}^* = \frac{1}{a_{rs}}.$$

Das Element a_{rs} wird zweckmäßig umrahmt, weil es in der weiteren Rechnung häufig verwendet wird.

b) Die übrigen Elemente der Pivot-Spalte sind durch das Pivot-Element zu dividieren und mit dem entgegengesetzten Vorzeichen zu versehen

$$a_{is}^* = -\frac{a_{is}}{a_{rs}} \quad \text{für alle } i = 0, 1 \ldots m \text{ (außer } i = r\text{).}$$

c) Die übrigen Elemente der Pivot-Zeile sind durch das Pivot-Element zu dividieren.

$$a_{rj}^* = \frac{a_{rj}}{a_{rs}} \quad \text{für alle } j = 0, 1 \ldots n \text{ (außer } j = s\text{).}$$

d) Die restlichen Elemente der Matrix werden transformiert, indem man jedem Element das Produkt aus dem alten Element der zugehörigen Pivot-Spalte und dem neuen, bereits transformierten Element der zugehörigen Pivot-Zeile abzieht.

$$a_{ij}^* = a_{ij} - a_{is} a_{rj}^* \quad \text{für alle } i = 0, 1 \ldots m \text{ (außer } i = r\text{)}$$
$$\text{und alle } j = 0, 1 \ldots n \text{ (außer } j = s\text{)}$$

---

[1]) Pivot (engl.): Türangel, Angelpunkt, Drehpunkt.

oder

$$a_{ij}^* = a_{ij} - a_{is} \cdot \frac{a_{rj}}{a_{rs}}.$$

Die verbale Beschreibung würde lauten:

Neues Element = altes Element abzüglich dem

$$\text{Quotient} \frac{\begin{pmatrix} \text{entsprechendes Element} \\ \text{der Pivotspalte} \end{pmatrix} \times \begin{pmatrix} \text{entsprechendes Element} \\ \text{der Pivotzeile} \end{pmatrix}}{\text{Pivotelement}}$$

Die Rechenvorschrift des Simplex-Algorithmus mit seinen einzelnen Stufen und Schritten ist als Flußdiagramm in Bild 2.2 übersichtlich dargestellt.

Beispiel 2.2:

Die in Beispiel 1.1 formulierte Aufgabe soll mittels der Simplex-Methode gelöst werden. Gesucht ist das Maximum von z unter Einhaltung folgender Bedingungen:

$$z + (-500) x_1 + (-800) x_2 = 0$$
$$5x_1 + 2x_2 + y_1 = 24$$
$$x_1 + 5x_2 + y_2 = 24$$
$$6x_1 + 6x_2 + y_3 = 36$$
$$x_i \geq 0$$
$$y_i \geq 0.$$

Die Koeffizienten dieser Gleichungen werden in die Simplex-Tabelle 1 übernommen. Entsprechend der Iterationsvorschrift ergibt sich in Tabelle 1 die Pivot-Spalte j = s = 2 aus

$$\min(a_{0j}) = -800$$

und die Pivot-Zeile i = r = 2 aus

$$\min \frac{a_{i0}}{a_{is}} = \frac{24}{5}.$$

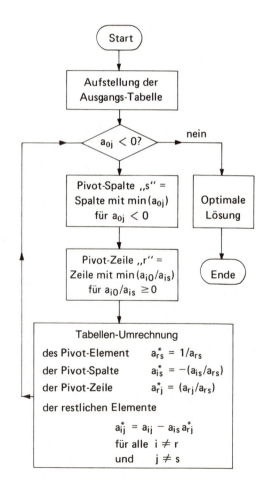

Bild 2.2

Flußdiagramm zur Umrechnung der Simplex-Tabellen mittels des normalen Simplex-Algorithmus für ein Standard-Maximierungs-Problem der linearen Optimierung

1. Tabelle $z = 0$	x_1 -500	x_2 -800
$y_1 = 24$	5	2
$y_2 = 24$	1	⑤
$y_3 = 36$	6	6

2. Tabelle $z = 3840$	x_1 -340	y_2 160
$y_1 = 72/5$	23/5	$-2/5$
$x_2 = 24/5$	1/5	1/5
$y_3 = 36/5$	㉔/5	$-6/5$

Das Kreuzungselement von Pivot-Spalte und Pivot-Zeile, das sogenannte Pivot-Element, ist somit $a_{rs} = 5$ (umrahmt).

Die Elemente a_{ij} in der neuen Tabelle (Tabelle 2) ergeben sich aus

$$\frac{1}{a_{rs}} = \frac{1}{5} \quad \text{für } j = s = 2 \text{ und } i = r = 2 \quad \text{(Pivot-Element)}$$

$$-\left(\frac{a_{is}}{a_{rs}}\right) = -\frac{2}{5} \quad \text{für } j = 2 \text{ und } i = 1 \quad \text{(Pivot-Spalte)}$$

$$= -\frac{6}{5} \quad \text{für } j = 2 \text{ und } i = 3$$

$$= 160 \quad \text{für } j = 2 \text{ und } i = 0$$

$$\frac{a_{rj}}{a_{rs}} = \frac{1}{5} \quad \text{für } j = 1 \text{ und } i = 2 \quad \text{(Pivot-Zeile)}$$

$$= \frac{24}{5} \quad \text{für } j = 0 \text{ und } i = 2$$

$$a_{ij} - a_{is}a_{rj}^* = 0 - (-800)\frac{24}{5} = 3840 \quad \text{für } j = 0 \text{ und } i = 0$$

$$= 24 - 2 \cdot \frac{24}{5} = \frac{72}{5} \quad \text{für } j = 0 \text{ und } i = 1$$

$$= 36 - 6 \cdot \frac{24}{5} = \frac{36}{5} \quad \text{für } j = 0 \text{ und } i = 3$$

$$a_{ij} - a_{is}a_{rj}^* = -500 - (-800)\frac{1}{5} = -340 \quad \text{für } j = 1 \text{ und } i = 0$$

$$= 5 - 2 \cdot \frac{1}{5} = \frac{23}{5} \quad \text{für } j = 1 \text{ und } i = 1$$

$$= 6 - 6 \cdot \frac{1}{5} = \frac{24}{5} \quad \text{für } j = 1 \text{ und } i = 3.$$

Bei der manuellen Rechnung ist es einfacher und genauer, die Brüche stehenzulassen und nicht dezimal auszudrücken.

Nach dem gleichen Verfahren sind die Werte der Tabelle 3 zu errechnen. Da in dieser Tabelle alle $a_{0j} > 0$, ist die Optimallösung gefunden und die Aufgabe somit gelöst.

3. Tabelle $z = 4350$	y_3 $70,8$	y_2 75
$y_1 = 150/20$	$-23/24$	$15/20$
$x_2 = 90/20$	$-1/24$	$5/20$
$x_1 = 36/24$	$5/24$	$-6/24$

Ergebnis: $x_1 = 36/24 = 1{,}5$ Stück Artikel 1
$x_2 = 90/20 = 4{,}5$ Stück Artikel 2
$z = 4350$ DM Gewinn/Tag
$y_1 = 150/20 = 7{,}5$ freie Stunden auf Maschinengattung A.

Die in der Optimallösung enthaltenen Koeffizienten der Zielfunktion stellen die Schattenpreise (Opportunitätskosten, Verrechnungspreise) der nicht gefertigten Produkte oder der bis zur Kapazitätsgrenze genutzten Produktionsfaktoren dar.

Diese Schattenpreise besagen im vorliegenden Beispiel:

Für jede Stunde Mindereinsatz der Maschine B (Produktionsfaktor Nr. 2) geht der Gewinn um 75,– DM zurück bzw. für jede noch zusätzlich eingesetzte Maschinenstunde (z. B. durch Überstunden) steigt der Gewinn um 75,– DM (vorausgesetzt es entstehen keine zusätzlichen Kosten). Falls die für eine Überstunde erwachsenden Kosten weniger als 75.– DM sind, wäre eine Ausweitung der Produktion durch Überstunden also vorteilhaft.

2.3. Sonderfälle der Simplex-Methode

2.3.1. Entartung

Stehen bei der Wahl der Pivot-Spalte und der Pivot-Zeile mehrere, hinsichtlich des Auswahlkriteriums gleich gute Alternativen zur Verfügung, so liegt eine Entartung vor; häufig findet man hierfür auch die Bezeichnung Degeneration.

Man spricht von dualer Entartung, wenn bei der Wahl der Pivot-Spalte mehrere gleich große negative Koeffizienten der Zielfunktion vorliegen. Man sollte sich in einem solchen Falle einfach für eine beliebige dieser Spalten entscheiden; die anderen werden dann später ausgewählt. Eine andere Möglichkeit wäre auch, die endgültige Auswahl der Pivot-Spalte zunächst aufzuschieben und zuerst die Quotienten a_{i0}/a_{is} zu bestimmen; man könnte sich dann anschließend für die Spalte entscheiden, in der der kleinste positive Quotient a_{i0}/a_{is} liegt.

Bei der sogenannten primalen Entartung sind zwei Fälle zu unterscheiden.

a) Liegen bei der Wahl der Pivot-Zeilen mehrere gleiche positive kleinste Quotienten a_{i0}/a_{is} vor, so sollte man sich für eine der Zeilen rein zufällig, z. B. durch Würfeln oder mit Hilfe von Zufallszahlen, entscheiden. Würde man bei der Auswahl nach einem System vorgehen, z. B. stets die obere Zeile auswählen, so besteht die Gefahr des „Kreiselns", d. h. man könnte u. U. in einen Zyklus geraten, der wieder auf die Ausgangstabelle zurückführt.

b) Sind die Quotienten a_{i0}/a_{is} alle Null oder negativ, so läßt sich keine Pivot-Zeile bestimmen; damit existiert für das Problem keine begrenzte Lösung. Geometrisch läßt sich dieser Fall in einem zweidimensionalen Problem als nicht-geschlossene Fläche deuten, die z. B. auf Parallelität zweier Restriktionsgeraden beruhen kann.

2.3.2. Unzulässige Ausgangslösung

Eine unzulässige Ausgangslösung ist dadurch gekennzeichnet, daß die durch das Nullsetzen der Strukturvariablen erhaltene Ausgangslösung – der Koordinaten-Nullpunkt in Bild 2.1 – im nicht-zulässigen, d. h. im schraffierten Bereich liegt. Man erkennt unzulässige Ausgangslösungen auch ohne graphische Darstellung daran, daß Restriktionsgleichungen mit dem $\geq$-Zeichen auftreten. In einem solchen Falle wird die Optimierung so lange zurückgestellt, bis eine zulässige Lösung gefunden ist. Abweichend vom normalen Simplex-Algorithmus wird zuerst die Pivot-Zeile aus den Zeilen mit negativem a_{i0} gewählt; dabei orientiert man sich an $\min(a_{i0})$, falls mehrere negative a_{i0} vorliegen. Durch die Wahl der

2. Lineare Optimierung　　57

Pivot-Zeile zwingt man diese BV mit negativem Wert aus der Basislösung heraus. Sodann wird aus den negativen Elementen a_{rj} der Pivot-Zeile ein Element als Pivot-Element ausgewählt. Die Auswahl kann grundsätzlich durch Zufallsauswahl erfolgen; zweckmäßig kann es sein, hier bereits ein negatives Element in der Spalte mit $\min(a_{0j})$ zu wählen.

Falls in der Pivot-Zeile nur positive Elemente a_{rj} vorkommen, so existiert keine zulässige Lösung und die Rechnung ist beendet. Geometrisch bedeutet das: In der graphischen Lösung existiert kein Lösungsbereich, d. h. es gibt keinen Punkt, an dem alle Restriktionen erfüllt sind, weil die Restriktionen einander widersprechen.

Die Vorgehensweise im Falle des Vorliegens einer unzulässigen Ausgangslösung soll an der modifizierten Grundaufgabe, vgl. Beispiel 2.1, erläutert werden.

Beispiel 2.3:

Außer dem in Beispiel 2.1 gegebenen 3 Restriktionen ist eine weitere Bedingung gegeben, und zwar soll die Mindest-Produktionsmenge $x_1 + x_2 \geq 3$ sein. Die geometrische Bedeutung dieser zusätzlichen Restriktion geht aus Bild 2.3 hervor. Der Koordinaten-Nullpunkt liegt nicht im zulässigen Bereich, d.h. die durch Nullsetzen der Strukturvariablen erhaltene Ausgangslösung ist unzulässig.

Durch Umwandlung des $\geq$-Zeichens in dieser neuen Restriktion in ein $\leq$-Zeichen durch Multiplikation mit (-1) und durch Einführung einer weiteren Schlupfvariablen erhält man:

$$x_1 + x_2 \geq 3$$
$$-x_1 - x_2 \leq -3$$
$$y_4 - x_1 - x_2 = -3.$$

1. Tabelle z = 0	x_1 -500	x_2 -800
$y_1 = 24$	5	2
$y_2 = 24$	1	5
$y_3 = 36$	6	6
$y_4 = -3$	-1	$\boxed{-1}$

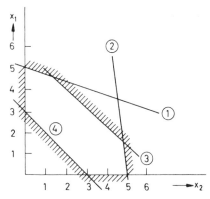

Bild 2.3. Geometrische Bedeutung der zusätzlichen Restriktion: Mindest-Produktionsmenge $x_1 + x_2 \geq 3$

Unzulässige Ausgangslösung, da die Nicht-Negativitäts-Bedingung $y_1 \geq 0$ verletzt wird.

Nachdem die Pivot-Spalte und Pivot-Zeile also abweichend vom normalen Simplex-Algorithmus bestimmt wurde, erfolgt die eigentliche Umrechnung der Elemente a_{ij} entsprechend dem normalen Simplex-Algorithmus.

2. Tabelle z = 2400	x_1 300	y_4 -800
$y_1 = 18$	3	2
$y_2 = 9$	-4	$\boxed{5}$
$y_3 = 18$	0	6
$x_2 = 3$	1	-1

Zulässige Lösung, da $x_j \geq 0$ und $y_i \geq 0$

3. Tabelle z = 3840	x_1 −340	y_2 160
y_1 = 72/5	23/5	−2/5
y_4 = 9/5	−4/5	1/5
y_3 = 36/5	(24/5)	−6/5
x_2 = 24/5	1/5	1/5

4. Tabelle z = 4350	y_3 70,8	y_2 75
y_1 = 150/20	−23/24	15/20
y_4 = 15/5	4/24	0
x_1 = 36/24	5/24	−6/24
x_2 = 90/20	−1/24	5/20

Optimale Lösung: x_1 = 1,5; x_2 = 4,5; z = 4350

2.3.3. Gleichungen als Restriktionen

Liegen anstelle der Ungleichungen in den Restriktionen Gleichungen vor, so werden in diese ebenfalls Schlupfvariable eingeführt, die gleichzeitig mit einem Sperrvermerk z. B. (g) versehen werden, um zum Ausdruck zu bringen, daß sie als Basisvariable unzulässig sind, da sie in jedem Falle gleich Null werden müssen.

Solange gesperrte Variable in der Basis vorhanden sind, müssen diese abweichend vom normalen Simplex-Algorithmus als Pivot-Zeile bestimmt werden. Die Reihenfolge der Auswahl bei mehreren gesperrten Basisvariablen ist beliebig.

Als zugehörige Pivot-Spalte sind alle Spalten mit nichtgesperrten NBV wählbar, sofern das sich dadurch ergebende Pivot-Element von Null verschieden, d. h. $a_{rs} \neq 0$ ist.

Beispiel 2.4:
Die Verhältnisse im Beispiel 2.1 sind dahingehend geändert, daß noch ein dritter Artikel (mit einem Gewinn von 100,− DM pro Stck.) auf der Maschine A (Fertigungszeit 3 Stunden/Stck.) gefertigt werden kann. Abgesehen von einer Einheit des Artikels 1 kann der Artikel 3 nur zusammen mit dem Artikel 1 verkauft werden; für den Absatz gilt also folgende zusätzliche Restriktion:

$x_1 = 1 + x_3$

oder

$x_1 - x_3 = 1.$

Das nunmehr vorliegende Optimierungsproblem kann wie folgt beschrieben werden:

$z = 500x_1 + 800x_2 + 100x_3 \to \max$
$5x_1 + 2x_2 + 3x_3 \leq 24$
$x_1 + 5x_2 \leq 24$
$6x_1 + 6x_2 \leq 36$
$x_1 \quad - \quad x_3 = 1.$

1. Tabelle z = 0	x_1 −500	x_2 −800	x_3 −100
y_1 = 24	5	2	3
y_2 = 24	1	5	0
y_3 = 36	6	6	0
y_4(g) = 1	(1)	0	−1

2. Tabelle z = 500	y_4(g) 500	x_2 −800	x_3 −600
y_1 = 19	−5	2	8
y_2 = 23	−1	(5)	1
y_3 = 30	−6	6	6
x_1 = 1	1	0	−1

2. Lineare Optimierung 59

3. Tabelle $z = 4180$	$y_4(g)$ 340	y_2 160	x_3 -440		4. Tabelle $z = 4400$	$y_4(g)$ -100	y_2 50	y_3 $275/3$
$y_1 = 49/5$	$-23/5$	$-2/5$	$38/5$		$y_1 = 6$			$-38/24$
$x_2 = 23/5$	$-1/5$	$1/5$	$1/5$		$x_2 = 4,5$			$-1/24$
$y_3 = 12/5$	$-24/5$	$-6/5$	㉔/5		$x_3 = 0,5$	-1	$-6/24$	$5/24$
$x_1 = 1$	1	0	-1		$x_1 = 1,5$			$5/24$

Die Bestimmung der übrigen a_{ij} kann entfallen, da keine negativen a_{0j} mehr vorhanden sind und somit die optimale Lösung gefunden ist.

Ergebnis: $z = 4400$ bei $\quad x_1 = 1,5$
$\quad\quad\quad\quad\quad\quad\quad\quad\quad x_2 = 4,5$
$\quad\quad\quad\quad\quad\quad\quad\quad\quad x_3 = 0,5$.

2.3.4. Fehlende Nicht-Negativitäts-Bedingung

Variable ohne Nicht-Negativitäts-Beschränkung $x_j \geq 0$, die also positive und negative Werte annehmen können, nennt man freie Variable und kennzeichnet sie zweckmäßig durch (f).

Diese freien Variablen müssen auf jeden Fall in die Basis gebracht werden; deshalb werden zunächst solche Spalten als Pivot-Spalten ausgewählt, deren NBV eine freie Variable ist.

Als Pivot-Zeile kann jede beliebige Zeile mit einer nichtfreien BV gewählt werden, sofern das sich so ergebende Pivot-Element von Null verschieden ($a_{rs} \neq 0$) ist.

Mittels dieser Technik ist es möglich, lineare Gleichungssysteme auch mit der Simplex-Methode zu lösen, obwohl lineare Gleichungssysteme im allgemeinen mit der Eliminationsmethode (Gauß'scher Algorithmus), der Determinanten-Methode oder aber durch einfaches Einsetzen gelöst werden.

Beispiel 2.5:
Folgendes Gleichungssystem ist mit der Simplex-Methode zu lösen.

$\quad -x_1 + 6x_2 + 2x_3 = 4 \quad\quad$ *Lösung:* $\quad x_1 = 3$
$\quad 2x_1 - 2x_2 - x_3 = 2 \quad\quad\quad\quad\quad\quad x_2 = -1/2$
$\quad 3x_1 - 4x_2 - 2x_3 = 1 \quad\quad\quad\quad\quad\quad x_3 = 5$.

Lösungsgang bei beliebiger Wahl der Pivot-Zeile und Pivot-Spalte:

1. Tabelle	$x_1(f)$	$x_2(f)$	$x_3(f)$		2. Tabelle	$x_1(f)$	$y_3(g)$	$x_3(f)$
$y_1(g) = 4$	-1	6	2		$y_1(g) = 11/2$	$7/2$	$3/2$	-1
$y_2(g) = 2$	2	-2	-1		$y_2(g) = 3/2$	①/2	$-1/2$	0
$y_3(g) = 1$	3	⊖4	-2		$x_2(f) = -1/4$	$-3/4$	$-1/4$	$1/2$

3. Tabelle	$y_2(g)$	$y_3(g)$	$x_3(f)$		4. Tabelle	$y_2(g)$	$y_3(g)$	$y_1(g)$
$y_1(g) = -5$	-7	5	⊖1		$x_3(f) = 5$	7	-5	-1
$x_1(f) = 3$	2	-1	0		$x_1(f) = 3$	2	-1	0
$x_2(f) = 2$	$3/2$	-1	$1/2$		$x_2(f) = -1/2$	2	$3/2$	$1/2$

Ergebnis: $x_1 = 3$, $x_2 = -1/2$; $x_3 = 5$.

2.3.5. Minimierung der Zielfunktion

Werden Lösungen mit minimalem Zielfunktionswert, z. B. Kostenminimierung, statt der bisher behandelten Lösungen mit maximalem Zielfunktionswert, z. B. Gewinnmaximierung, gesucht, so existieren hierfür mehrere Lösungsmöglichkeiten:

1. Umkehrung des Kriteriums der Wahl der Pivot-Spalte, d. h. Wahl der Spalte mit max. (a_{0j}) und Abfrage auf $a_{0j} > 0$, nachdem die Restriktionen durch Multiplikation mit (-1) das ($\leq$)-Zeichen erhalten haben.
2. Ansatz des dualen Problems und Lösung mit dem normalen Iterationsschema. Zu jedem Minimumproblem der linearen Optimierung existiert nämlich ein duales Maximumproblem mit der gleichen Optimallösung. Man erhält die Koeffizientenmatrix des dualen Problems durch Vertauschung von Spalten und Zeilen der Matrix des ursprünglichen Problems.
3. Umformung des ursprünglichen Problems in ein Maximumproblem (vgl. Beispiel 2.9).

Die Vorgehensweise bei den Lösungsverfahren soll an einem Beispiel dargestellt werden.

Beispiel 2.6:

$$z = 34x_1 + 8x_2 + 16x_3 \to \min$$
$$2x_1 + 4x_2 + x_3 \geq 60$$
$$3x_1 + 2x_3 \geq 40$$
$$x_i \geq 0.$$

a) Lösung nach Verfahren 1, d. h. Pivot-Spalte = Spalte mit max. (a_{0j}). Man beachte, daß durch die Umwandlung des $\geq$-Zeichens in ein $\leq$-Zeichen, die Vorzeichen der Restriktionskoeffizienten sich ändern und eine unzulässige Ausgangslösung vorliegt.

Solange unzulässige Ausgangslösungen vorliegen, ist zunächst die Pivot-Zeile zu wählen; als Pivot-Spalte kann jede Spalte mit negativem a_{rj} gewählt werden; zur Abkürzung der Iterationshäufigkeit sollte man beim Minimumproblem sich bereits am Optimalkriterium, nämlich max. (a_{0j}) orientieren.

Die erste zulässige Ausgangslösung (3. Tabelle) ist gleichzeitig auch die optimale Lösung, da alle $a_{0j} \leq 0$ sind.

1. Tabelle	x_1	x_2	x_3
z = 0	−34	−8	−16
$y_1 = -60$	−2	(−4)	−1
$y_2 = -40$	−3	0	−2

2. Tabelle	x_1	y_1	x_3
z = 120	−30	−2	−14
$x_2 = 15$	1/2	−1/4	1/4
$y_2 = -40$	−3	0	(−2)

3. Tabelle	x_1	y_1	y_2
z = 400	−9	−2	−7
$x_2 = 10$	1/8	−1/4	1/8
$x_3 = 20$	3/2	0	−1/2

Ergebnis: z = 400 bei $x_1 = 0$
$x_2 = 10$
$x_3 = 20.$

b) Lösung nach Verfahren 2, d. h. durch Ansatz des dualen Maximumproblems:

$$z = 60y_1 + 40y_2 \to \max$$
$$2y_1 + 3y_2 \leq 34$$
$$4y_1 + \quad\quad \leq 8$$
$$y_1 + 2y_2 \leq 16.$$

Man beachte die zeilen-spalten-vertauschte Anordnung des dualen Problems.

1. Tabelle $z = 0$	y_1 -60	y_2 -40
$x_1 = 34$	2	3
$x_2 = 8$	④	0
$x_3 = 16$	1	2

2. Tabelle $z = 120$	x_2 15	y_2 -40
$x_1 = 30$	$-1/2$	3
$y_1 = 2$	$1/4$	0
$x_3 = 14$	$-1/4$	②

3. Tabelle $z = 400$	x_2 10	x_3 20
$x_1 = 9$	$-1/8$	$-3/2$
$y_1 = 2$	$1/4$	0
$y_2 = 7$	$-1/8$	$1/2$

Man beachte: Die Lösung des dualen Problems steht in der Kopfspalte; die Lösung des ursprünglichen (primalen) Problems steht in der Kopfzeile, nämlich $z = 400$ bei $x_2 = 10$ und $x_3 = 20$.

Wie Beispiel 2.6 zeigt, sind die Lösungsmöglichkeiten gleich aufwendig; der Leser möge sich für eine der dargestellten Methoden nach Belieben entscheiden.

2.3.6. Untergrenzen einzelner Variablen

In vielen praktischen Problemen der Linearen Optimierung werden häufig für einzelne Variable untere oder obere Grenzen angegeben, z. B. $x_j \geq u_j$ und $x_j \leq o_j$.

Diese Grenzrestriktionen können wie normale Restriktionen behandelt werden, belegen aber dabei je eine Zeile in der Simplex-Tabelle. Zur Vereinfachung der Rechnung, zur Einsparung an Speicherplatz und Rechenzeit empfiehlt es sich, diese Grenzen vorab durch eine sogenannte Koordinaten-Transformation zu berücksichtigen.

Bei unteren Grenzen $x_j \geq u_j$ ist eine einmalige Transformation vor Beginn der eigentlichen Rechnung erforderlich.

Bei oberen Grenzen sind gelegentliche Transformationen während des Ablaufes des Simplex-Algorithmus notwendig. Da die Behandlung der oberen Grenzen verhältnismäßig schwierig ist, wird an dieser Stelle auf die Darstellung der sogenannten „Upper-Bounding-Technique" verzichtet[1].

---

[1] *Müller-Merbach, H.*: Die Behandlung unterer und oberer Variablengrenzen in der linearen Planungsrechnung. Elektronische Datenverarbeitung 11(1969) S. 153–158.

Falls die unteren Grenzen von Strukturvariablen nicht Null sind, treten diese Untergrenzen an die Stelle der Nicht-Negativitäts-Bedingung. Dadurch ändert sich die graphische Lösung des Problems nicht. Für die rechnerische Lösung empfiehlt sich jedoch vor der eigentlichen Optimierungsrechnung eine Koordinatentransformation durchzuführen, da bei Berücksichtigung der Untergrenze als normale zusätzliche Restriktion der im Absatz 2.3.2 geschilderte Fall einer unzulässigen Ausgangslösung vorliegen würde (vgl. Beispiel 2.7).

Durch die Koordinatentransformation ändert sich das Problem wie folgt:

$$x_j \geq u_j \qquad \rightarrow x_j^t = x_j - u_j$$

$$z + \sum_{j=1}^{n} a_{0j} x_j = a_{00} \qquad \rightarrow z + \sum_{j=1}^{n} a_{0j}(x_j^t + u_j) = a_{00}$$

$$z + \sum_{j=1}^{n} a_{0j} x_j^t = a_{00} - \sum_{j=1}^{n} a_{0j} u_j$$

$$y_i + \sum_{j=1}^{n} a_{ij} x_j = a_{i0} \qquad \rightarrow y_i + \sum_{j=1}^{n} a_{ij} x_j^t = a_{i0} - \sum_{j=1}^{n} a_{ij} u_j.$$

Es ändern sich also nur die rechten Seiten der Zielfunktion und der Restriktionen um den Betrag

$$\sum_{j=1}^{n} a_{ij} u_j \quad \text{für } i = 0, 1 \ldots m.$$

Beispiel 2.7:
Beispiel 2.1 wird durch zusätzliche Lieferverpflichtungen (vertraglich zugesagte Lieferungen) modifiziert und ist dann durch folgende Beziehungen beschrieben:

$$z - 500 x_1 - 800 x_2 = 0$$
$$5 x_1 + 2 x_2 \leq 24$$
$$x_1 + 5 x_2 \leq 24$$
$$6 x_1 + 6 x_2 \leq 36.$$

Lieferverpflichtungen:
$$x_1 \geq 1$$
$$x_2 \geq 3.$$

Bild 2.4
Geometrische Bedeutung der zusätzlichen Restriktion: Lieferverpflichtungen: $x_1 \geq 1$; $x_2 \geq 3$

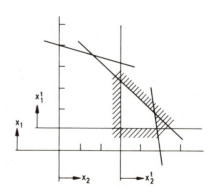

Rein logisch bedeutet die Koordinatentransformation eine Vorabberücksichtigung der Lieferverpflichtungen. Durch die Vorabproduktion der durch die Lieferverpflichtungen gegebenen Mengen wird ein Vorabgewinn von

$$z = 500 + 800 \cdot 3 = 2900 \text{ DM}$$

erreicht und dadurch die noch freie Kapazität um die bereits vorab belegten Stunden reduziert.

Bei Anwendung der oben angeführten Rechenoperation ergeben sich die rechten Seiten der Restriktionen wie folgt:

i	a_{i0}	$\sum a_{ij} u_j$			$a_{i0} - \sum_{j=1}^{n} a_{ij} u_j$
0	0	$(-500) + (-800) 3$	=	-2900	2900
1	24	$5 + 2 \cdot 3$	=	11	13
2	24	$1 + 5 \cdot 3$	=	16	8
3	36	$6 + 6 \cdot 3$	=	24	12

Damit ergibt sich folgende Ausgangslösung:

$z^t = 2900$	x_1^t -500	x_2^t -800
$y_1 = 13$	5	2
$y_2 = 8$	1	5
$y_3 = 12$	6	6

Nach der Optimierung werden die gefundenen Lösungswerte

$$x_1^t = 0{,}5 \text{ und } x_2^t = 1{,}5$$

wieder in den ursprünglichen Koordinaten angegeben

$$x_1 = 1{,}5 \text{ und } x_2 = 4{,}5.$$

Würde man die Koordinatentransformation nicht durchführen, so ergäbe sich folgende unzulässige Ausgangslösung:

$z = 0$	x_1 -500	x_2 -800
$y_1 = 24$	5	2
$y_2 = 24$	1	5
$y_3 = 36$	6	6
$y_4 = -1$	-1	0
$y_5 = -3$	0	-1

Es ist zu ersehen, daß durch die Koordinatentransformation das Problem kleiner wird.

2.3.7. Allgemeiner Simplex-Algorithmus

Die Vorgehensweise bei der Lösung eines linearen Optimierungsproblems mittels eines allgemeinen Simplex-Algorithmus, der die in dem letzten Abschnitt behandelten Sonderfälle mit einschließt, ist aus dem Flußdiagramm (Bild 2.5) zu ersehen. Es ist zu empfehlen, bei der manuellen rechnerischen Lösung sich streng an dieses Ablaufschema zu halten.

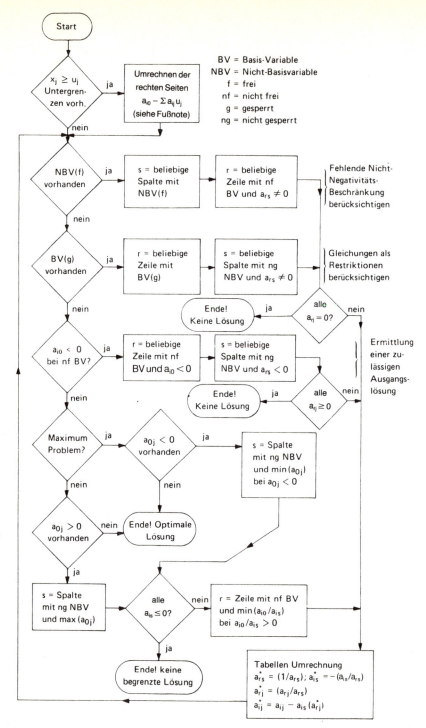

Bild 2.5. Flußdiagramm für den allgemeinen Simplex-Algorithmus zur Lösung eines Problems der linearen Optimierung

Fußnote: Die Untergrenzen sind nach Abschluß der Iteration zu den errechneten Variablenwerten zu addieren, um die Umrechnung rückgängig zu machen.

Selbstverständlich ist der Verfahrensablauf auch bereits von führenden EDVA-Herstellerfirmen für ihre EDV-Anlagen programmiert worden, andererseits können solche Programme aber auch von Anwendern selbst erstellt werden. Wertvolle Hinweise und Unterprogramme hierfür sind enthalten in *Künzi* [1967] und *Niemeyer* [1968].

Bei größeren Optimierungsproblemen empfiehlt sich der Einsatz der sogenannten *revidierten Simplex-Methode*, bei der nicht bei jeder Iteration die ganze Simplex-Tabelle umgerechnet werden muß, sondern nur die inverse Basismatrix neu bestimmt wird. Insbesondere dann, wenn die Anzahl der Variablen mehr als dreimal größer als die Anzahl der Restriktionen ist (z.B. bei Verschnittproblemen), ist eine Einsparung an Rechenoperationen zu erzielen. Außerdem können Rundungsfehler beim revidierten Verfahren weitgehend vermieden werden, weil bei jeder Umrechnung immer wieder auf die Ausgangsdaten zurückgegriffen wird.

Bei vielen großen Optimierungsproblemen liegen spezielle Strukturen vor, die eine sogenannte *Dekomposition* (Zerlegung) des Gesamtproblems in mehrere kleine Unterprobleme erlauben. Es würde den Rahmen dieser Einführung sprengen, auf diese speziellen, auf den Einsatz von EDV-Anlagen zugeschnittenen Verfahren einzugehen.

Schließlich soll noch auf die Zweckmäßigkeit von *Sensibilitätsanalysen* (Empfindlichkeitsuntersuchungen) hingewiesen werden, die im Anschluß an die Lösung eines LO-Problems durchgeführt werden können. Von besonderer Bedeutung sind diese, wenn über die einzelnen Koeffizienten nur unsichere Angaben vorliegen. Mittels Sensitivitätsanalysen können dann die Auswirkungen von Änderungen der Koeffizienten der Zielfunktion und der Restriktionen auf die Ergebnisse und optimale Lösung eines LO-Problems untersucht werden. Hierbei ist die *Technik des Aufsetzens* auf der früheren optimalen Lösung zweckmäßiger als ein neuer Optimierungslauf von Anfang an; die optimale Lösung des geänderten Problems liegt nämlich im Allgemeinen viel näher beim Optimum des früheren Problems als bei einer ersten zulässigen Basislösung des geänderten Problems.

2.4 Praktische Anwendungsfälle der Simplex-Methode

2.4.1. Bestimmung des optimalen Produktionsprogrammes

Bei der Planung des optimalen Produktionsprogrammes, der insbesondere bei Vollbeschäftigung große Bedeutung zukommt, geht es im wesentlichen um die Beantwortung folgender drei Fragen:

Was soll produziert werden?
Welche Erzeugnisse sollen bevorzugt produziert bzw. welche sollen wegen ihres niedrigen Gewinnbeitrages nur in Sonderfällen hergestellt werden?
Wieviel soll produziert werden?
In welchen Mengen sollen die einzelnen bevorzugten Produkte sowohl hinsichtlich der beschränkten Kapazität des Maschinenparkes und der Arbeitskräfte als auch hinsichtlich der nur begrenzten Aufnahmefähigkeit des Absatzmarktes erzeugt werden?

Wie soll produziert werden?

Auf welchen Maschinen bzw. durch welches Produktionsverfahren sollen die Produkte gefertigt werden, damit möglichst alle Kapazitäten ausgenutzt werden und so eingesetzt sind, daß der auf die Einheit eines Produktionsfaktors entfallende Gewinn möglichst groß wird?

Mit Beispiel 2.8 soll gezeigt werden, daß auch recht komplexe Probleme der industriellen Praxis gelöst werden können; Beispiel 2.9 ist insbesondere dadurch interessant, daß ein Minimumproblem zunächst in ein Maximumproblem umformuliert wird (vgl. Abschnitt 2.3.5) und als solches gelöst wird. Dieses und alle weiteren Beispiele dieses Kapitels wurden sowohl manuell als auch mittels eines EDV-Programmes gelöst.

Beispiel 2.8:

Der Maschinenpark eines Fertigungsbetriebes ist im wesentlichen auf die Fertigung von Kurbelwellen verschiedenster Größe und Art ausgerichtet. Selbstverständlich werden, soweit keine Auslastung durch diese Produkte vorliegt, auch Wellen jeder Art oder sonstige Erzeugnisse produziert. Zur Untersuchung des bezüglich der Deckungsbeiträge optimalen Produktionsprogrammes sind die hinsichtlich ihres Anteils an der Produktion wichtigsten Kurbelwellentypen berücksichtigt worden. Diese Typen sind mit römischen Zahlen gekennzeichnet, deren Index jeweils die Zahl der Kröpfungen angibt.

Produkt	1	2	3	4	5	6	7	8	9	10	11	12	13
Type	I_1	I_2	I_3	II_1	II_2	II_3	III_3	III_4	III_6	IV_3	IV_4	IV_5	IV_6

Die Unternehmensleitung steht vor der Frage, welche der Produkte (Kurbelwellen-Typen) und welche Anzahl sie produzieren und absetzen soll, um einen unter den gegebenen Verhältnissen maximalen Deckungsbeitrag zu erzielen.

Sowohl die Zahl der zu fertigenden Produktarten als auch die Mengen der Produkte richten sich nach den Nebenbedingungen, die durch die Faktorkapazität und den Markt gegeben sind.

1. Nebenbedingung: Kapazitätsbeschränkung

Es stehen die Produktionsfaktoren nicht unbegrenzt zur Verfügung, sondern nur bis zu einer Höchstgrenze a_{i0}. Die an der Produktion beteiligten und nur begrenzt zur Verfügung stehenden Produktionsfaktoren sind in Tabelle 1 zusammengestellt.

Tabelle 1. Die Produktionsfaktoren des untersuchten Industriebetriebes

Lfd. Nr. i	Produktionsfaktoren	Kurzzeichen	vorhandene Faktormeng. Std./Monat a_{i0}
1	kleine Säge	S 1	200
2	große Säge	S 2	200
3	2 kleine Drehmaschinen zum Schruppen	VD 1	800
4	2 große Drehmaschinen zum Schruppen	VD 2	800
5	2 kleine Drehmaschinen zum Schlichten	FD 1	800
6	2 große Drehmaschinen zum Schlichten	FD 2	800
7	kleine Kurbelzapfendrehmaschine	K 1	400
8	2 große Kurbelzapfendrehmaschinen	K 2	800
9	Schnellhobler	SH	400
10	Bohrmaschine	BM	400
11	kleine Schleifmaschine	SM 1	400
12	große Schleifmaschine	SM 2	400
13	2 Anreißplatten	A	400
14	Fräsmaschine	FM	400
15	Materialprüfung und Kontrolle	K	400
16	2 Krane	KR	800
17	Schlosserarbeit (4 Personen)	Sch	800

2. Lineare Optimierung

Über die Produktionskoeffizienten a_{ij}, d. h. die je Produktionseinheit j erforderlichen Einsätze der i Produktionsfaktoren (gemessen in Bearbeitungsstunden) gibt Tabelle 2 Auskunft.

In Tabelle 2 sind die Bearbeitungszeiten für die Produkte III_3 und III_4 bei sechs Maschinen eingeklammert. Damit soll gekennzeichnet werden, daß die Produkte bei drei Bearbeitungsgängen sowohl auf den kleinen Maschinen als auch auf den großen Maschinen hergestellt werden können. Die Zahl der möglichen Variationen ergibt sich durch n^v, wenn man mit n die zur Verfügung stehenden Maschinen einer Gruppe v bezeichnet.

Tabelle 2: Die Produktionskoeffizienten des untersuchten Industriebetriebes
(gemessen in Stunden/Produkt)

Produktionsfaktor i	Produkt j	1 I_1	2 I_2	3 I_3	4 II_1	5 II_2	6 II_3	7 III_3	8 III_4	9 III_6	10 IV_3	11 IV_4	12 IV_5	13 IV_6
1	S 1	0,5	0,5	0,5	1	1	1							
2	S 2							1,5	1,5	1,5	2	2	2	2
3	VD 1	4,5	6,5	9	6,5	9	12	(30)	(24)					
4	VD 2							(26)	(20)	36	30	24	50	55
5	FD 1	7	9	11	9	10	12	(20)	(22)					
6	FD 2							(18)	(20)	22	21	22	25	28
7	K 1	4,5	9	13,5	5,5	11	16,5							
8	K 2							18	24	36	21	28	35	42
9	SH	1,5	3	4,5	2	4	6	7,5	8	15	9	10	15	18
10	BM	2,5	3,5	5	3	4	6	6	8	12	7,5	10	12,5	15
11	SM 1	5	7	9	6	8	10,5	(12)	(15)					
12	SM 2							(12)	(15)	18	15	18	21	24
13	A	1,5	1,5	2,5	1,5	2	2,5	3	2	3,5	2	2,5	3,5	3,5
14	FM	2,5	2,5	2,5	3	3	3	3	3	3	3	3	3	3
15	K	1	1,5	2	1	1,5	2	2,5	2	3	2,5	2	3,5	3,5
16	KR	1	1	1,5	1	1,5	1,5	2	2	2	2	1,5	2	2
17	S	4,5	6	9	6	8	10	12	14	16	14	16	18	20

Hier ist n = 2 und v = 3, also $n^v = 2^3 = 8$.

Für die Produkte III_3 und III_4 liegen also jeweils acht verschiedene Bearbeitungsverfahren vor.

Es ist zweckmäßig, die auf verschiedenen Maschinen hergestellten physisch gleichen Produkte in unserem Modell als verschiedene Produkte zu behandeln, eben weil die Faktoreinsatzmengen und die Faktorpreise verschieden sind.

Damit unterscheiden wir statt 13 Verkaufsprodukte nunmehr 13 + 14 = 27 Fertigungsartikel oder Fertigungsprozesse.

2. Nebenbedingung: Absatzbeschränkung

Die Absatzmenge der Produkte ist nicht unbegrenzt, sondern bei der bestehenden Marktlage und dem gegenwärtigen Kundenkreis entsprechend gegeben durch Höchstabnahmemengen $x_j \leq h_j$:

j	1	2	3	4	5	6	7–14	15–22	23	24	25	26	27
Type	I_1	I_2	I_3	II_1	II_2	II_3	III_3	III_4	III_6	IV_3	IV_4	IV_5	IV_6
h_j	20	20	10	20	20	10	10	10	5	10	10	5	5

3. Nebenbedingung: Absatzverpflichtung

Aufgrund von langfristigen Verträgen ist die Firma verpflichtet, von einigen Produkten jeden Monat eine gewisse Mindestmenge $x_j \geq u_j$ zu produzieren.

j	2	4	26	27
Type	I_2	II_1	IV_5	IV_6
u_j	4	6	1	3

4. Nebenbedingung: Preisnachlaß

Aufgrund langfristiger Verträge muß die Firma einem Kunden für zwei Kurbelwellen Type IV_6 und vier Kurbelwellen Type II_1 pro Monat einen Preisnachlaß von 5 % vom Verkaufspreis gewähren, der nicht durch Kostensenkung ausgeglichen wird. Die Produktmengen t_j, für die Preisnachlaß gewährt wird, sind

j	28	29
Type	IV_6	II_1
t_j	2	4

Weil für diese Produkte der Deckungsbeitrag kleiner wird, ist es sinnvoll, sie getrennt zu betrachten und sie mit dem Index 2 zu versehen. Somit enthält das Modell nunmehr 29 verschiedene Artikel. Die von der Firma angegebenen Daten der j Produkte des möglichen Produktionsprogrammes sind in Tabelle 3 aufgeführt.

Tabelle 3. Preise, Kosten und Deckungsbeiträge. (Die Originalzahlen wurden selbstverständlich modifiziert.)

Produkt j	Produktbezeichnung	Verkaufspreis p_j	Variable Kosten k_j	Deckungsbeiträge a_{0j}
1	I_1	650	540	110
2	I_2	1020	830	190
3	I_3	1400	1190	210
4	II_{11}	1200	980	220
5	II_2	1450	1260	190
6	II_3	1800	1620	180
7	III_{31}	2850	2270	580
8	III_{32}	2850	2410	440
9	III_{33}	2850	2360	490
10	III_{34}	2850	2510	340
11	III_{35}	2850	2380	470
12	III_{36}	2850	2520	330
13	III_{37}	2850	2480	370
14	III_{38}	2850	2620	230
15	III_{41}	3500	3070	430
16	III_{42}	3500	3240	260
17	III_{43}	3500	3180	320
18	III_{44}	3500	3350	150
19	III_{45}	3500	3140	360
20	III_{46}	3500	3310	190
21	III_{47}	3500	3250	250
22	III_{48}	3500	3430	70
23	III_6	5500	5030	470
24	IV_3	4250	3800	450
25	IV_4	4300	3920	380
26	IV_5	5600	5100	500
27	IV_{61}	6400	5800	600
28	IV_{62}	6080	5800	280
29	II_{12}	1140	980	160

Die Faktormengen, über die man frei verfügen kann, erhält man, wenn man die insgesamt vorhandenen Faktormengen (Tabelle 1) vermindert um die Mengen, die zur Erfüllung der Absatzverpflichtungen (3. und 4. Nebenbedingung) benötigt werden. Sie sind aus Tabelle 4 zu ersehen:

2. Lineare Optimierung

Bei Erfüllung der Absatzverpflichtungen erzielt man einen Deckungsbeitrag von $z_0 = 3500$ DM.

j	Typ	x_j	a_{0j}	$z_0 = x_j a_{0j}$
2	I_2	4	190 DM	760 DM
4	II_1	2	220 DM	440 DM
29	II_1	4	160 DM	640 DM
26	IV_5	1	500 DM	500 DM
27	IV_6	1	600 DM	600 DM
28	IV_6	2	280 DM	560 DM
			Summe	3500 DM

Unter Berücksichtigung der Absatzverpflichtungen ergeben sich die nunmehr noch verbleibenden Höchstabnahmemengen wie folgt:

j	1	2	3	4	5	6	7–14	15–22	23	24	25	26	27
h_i	20	16	10	14	20	10	10	10	5	10	10	4	2

Tabelle 4. Ermittlung der frei verfügbaren Faktormengen

Durch Absatzverpflichtung bereits belegte Faktormengen								
u_j	4	2	4	1	1	2	Summe $\sum a_{ij} u_j$	insgesamt vorhandene a_{i0}	frei verfügbare a_{i0}
i \ j	2	4	29	26	27	28			
1	2	2	4				8	200	192
2				2	2	4	8	200	192
3	26	13	26				65	800	735
4				50	55	110	215	800	585
5	36	18	36				90	800	710
6				25	28	56	109	800	691
7	36	11	22				69	400	331
8				35	42	84	161	800	639
9	12	4	8	15	18	36	93	400	307
10	14	6	12	12,5	15	30	89,5	400	310,5
11	28	12	24				64	400	336
12				21	24	48	93	400	307
13	6	3	6	3,5	3,5	7	29	400	371
14	10	6	12	3	3	6	40	400	360
15	6	2	4	3,5	3,5	7	26	400	374
16	4	2	4	2	2	4	18	800	782
17	24	12	24	18	20	40	138	800	662

Mit den angegebenen Daten kann nunmehr die 1. Simplex-Tabelle aufgestellt werden.

Die erste und letzte Simplex-Tabelle ist im Computer-Protokoll festgehalten. Das Ergebnis der Optimierung lautet: Der Gesamtdeckungsbeitrag $z = 19140$ bei folgendem Programm

Produkt j	1	2	4	7	24	25
Menge x_j	4	16	14	10	10	6

Computer-Protokoll

SIMPLEX-METHODE-MAXIMUM

AUSGABE DER TABELLEN

TABELLE 1

	X 1	X 2	X 3	X 4	X 5	X 6	X 7	X 8	X 9	X 10	X 11	X 12	X 13	X 14	X 15	X 16	X 17	X 18	X 19	X 20	X 21	X 22	X 23	X 24	X 25	X 26	X 27
Z	0.00	-110.0	-190.0	-210.0	-220.0	-190.0	-180.0	-580.0	-440.0	-490.0	-340.0	-470.0	-330.0	-370.0	-230.0	-430.0	-260.0	-320.0	-150.0	-360.0	-190.0	-250.0	-70.0	-470.0	-150.0	-380.0	-500.0	-600.0
Y 1	192.00	0.5	0.5	0.5	1.0	0.0	1.0	1.5	1.5	1.5	1.5	1.5	1.5	1.5	1.5	1.5	1.5	1.5	1.5	1.5	1.5	1.5	1.5	1.5	1.5	2.0	2.0	2.0
Y 2	192.00	0.0	6.5	9.0	0.0	9.0	0.0	0.0	30.0	0.0	0.0	0.0	0.0	0.0	0.0	26.0	0.0	22.0	24.0	0.0	20.0	0.0	20.0	20.0	36.0	30.0	24.0	50.0	55.0
Y 3	735.00	4.5	6.5	6.5	6.5	10.0	12.0	0.0	0.0	0.0	0.0	0.0	0.0	0.0	0.0	0.0	0.0	0.0	0.0	0.0	0.0	0.0	0.0	0.0	0.0	0.0	0.0	0.0
Y 4	585.00	7.0	9.0	9.0	10.0	12.0	0.0	20.0	0.0	0.0	0.0	0.0	0.0	0.0	26.0	0.0	22.0	0.0	0.0	20.0	0.0	20.0	20.0	36.0	30.0	24.0	50.0	55.0
Y 5	710.00	4.5	11.0	5.5	11.0	16.5	0.0	0.0	18.0	0.0	18.0	18.0	20.0	18.0	18.0	0.0	22.0	0.0	20.0	22.0	0.0	22.0	0.0	22.0	0.0	22.0	25.0	28.0
Y 6	691.00	0.0	13.5	5.5	0.0	6.5	0.0	18.0	18.0	18.0	18.0	18.0	18.0	0.0	24.0	0.0	24.0	24.0	24.0	24.0	0.0	24.0	36.0	0.0	21.0	0.0	35.0	42.0
Y 7	331.00	0.0	4.5	2.0	4.0	6.0	0.0	7.5	7.5	7.5	7.5	7.5	7.5	7.5	0.0	8.0	0.0	8.0	8.0	8.0	0.0	8.0	8.0	15.0	9.0	0.0	15.0	18.0
Y 8	639.00	1.5	3.5	3.0	8.0	6.0	0.0	6.0	6.0	7.5	0.0	6.0	12.0	0.0	0.0	15.0	0.0	15.0	0.0	15.0	0.0	15.0	12.0	18.0	7.5	10.0	12.5	15.0
Y 9	367.00	2.5	9.0	6.0	8.0	10.5	0.0	12.0	6.0	0.0	0.0	12.0	0.0	12.0	12.0	0.0	15.0	0.0	15.0	0.0	15.0	0.0	15.0	0.0	0.0	18.0	21.0	24.0
Y 10	310.5	5.0	7.0	0.0	0.0	0.0	0.0	0.0	0.0	3.0	0.0	3.0	3.0	3.0	3.0	3.0	2.0	3.0	2.0	2.0	2.0	2.0	2.0	3.5	3.0	2.5	3.5	3.5
Y 11	336.00	1.5	2.5	1.5	2.0	2.5	0.0	3.0	3.0	3.0	3.0	3.0	3.0	3.0	0.0	3.0	0.0	3.0	3.0	3.0	0.0	3.0	3.0	3.5	3.0	2.5	3.5	3.5
Y 12	367.00	2.5	2.5	3.0	3.0	3.0	0.0	2.5	2.5	2.5	2.5	2.5	2.5	2.5	0.0	2.0	0.0	3.0	3.0	3.0	0.0	3.0	3.0	3.0	2.5	2.0	3.5	3.5
Y 13	360.00	1.0	1.0	1.0	1.5	2.0	0.0	2.5	2.5	2.5	0.0	2.5	2.5	2.5	0.0	0.0	0.0	3.0	0.0	3.0	0.0	3.0	3.0	3.0	2.5	2.0	3.5	3.0
Y 14	374.00	1.0	1.5	1.5	1.5	1.5	0.0	2.0	2.0	2.0	2.0	2.0	2.0	2.0	0.0	0.0	0.0	2.0	0.0	2.0	0.0	2.0	2.0	2.5	2.0	1.5	2.0	2.0
Y 15	782.00	4.5	6.0	6.0	8.0	10.0	0.0	12.0	12.0	12.0	12.0	12.0	12.0	12.0	12.0	0.0	14.0	0.0	14.0	0.0	14.0	0.0	14.0	16.0	14.0	16.0	18.0	20.0
Y 16	662.00	1.0	1.0	0.0	6.0	8.0	10.0	12.0	0.0	0.0	0.0	0.0	0.0	0.0	0.0	0.0	0.0	0.0	0.0	0.0	0.0	0.0	0.0	0.0	0.0	0.0	0.0	0.0
Y 17	20.00	1.0	1.0	0.0	0.0	0.0	0.0	0.0	0.0	0.0	0.0	0.0	0.0	0.0	0.0	0.0	0.0	0.0	0.0	0.0	0.0	0.0	0.0	0.0	0.0	0.0	0.0	0.0
Y 18	16.00	0.0	1.0	1.0	0.0	0.0	0.0	0.0	0.0	0.0	0.0	0.0	0.0	0.0	0.0	0.0	0.0	0.0	0.0	0.0	0.0	0.0	0.0	0.0	0.0	0.0	0.0	0.0
Y 19	10.00	0.0	0.0	1.0	1.0	0.0	0.0	0.0	0.0	0.0	0.0	0.0	0.0	0.0	0.0	0.0	0.0	0.0	0.0	0.0	0.0	0.0	0.0	0.0	0.0	0.0	0.0	0.0
Y 20	14.00	0.0	0.0	0.0	1.0	0.0	0.0	0.0	0.0	0.0	0.0	0.0	0.0	0.0	0.0	0.0	0.0	0.0	0.0	0.0	0.0	0.0	0.0	0.0	0.0	0.0	0.0	0.0
Y 21	20.00	0.0	0.0	0.0	0.0	1.0	0.0	0.0	0.0	0.0	0.0	0.0	0.0	0.0	0.0	0.0	0.0	0.0	0.0	0.0	0.0	0.0	0.0	0.0	0.0	0.0	0.0	0.0
Y 22	10.00	0.0	0.0	0.0	0.0	0.0	1.0	0.0	0.0	0.0	0.0	0.0	0.0	0.0	0.0	0.0	0.0	0.0	0.0	0.0	0.0	0.0	0.0	0.0	0.0	0.0	0.0	0.0
Y 23	10.00	0.0	0.0	0.0	0.0	0.0	0.0	1.0	0.0	0.0	0.0	0.0	0.0	0.0	0.0	0.0	0.0	0.0	0.0	0.0	0.0	0.0	0.0	0.0	0.0	0.0	0.0	0.0
Y 24	10.00	0.0	0.0	0.0	0.0	0.0	0.0	0.0	1.0	0.0	0.0	0.0	0.0	0.0	0.0	0.0	0.0	0.0	0.0	0.0	0.0	0.0	0.0	0.0	0.0	0.0	0.0	0.0
Y 25	5.00	0.0	0.0	0.0	0.0	0.0	0.0	0.0	0.0	1.0	0.0	0.0	0.0	0.0	0.0	0.0	0.0	0.0	0.0	0.0	0.0	0.0	0.0	0.0	0.0	0.0	0.0	0.0
Y 26	10.00	0.0	0.0	0.0	0.0	0.0	0.0	0.0	0.0	0.0	1.0	0.0	0.0	0.0	0.0	0.0	0.0	0.0	0.0	0.0	0.0	0.0	0.0	0.0	0.0	0.0	0.0	0.0
Y 27	10.00	0.0	0.0	0.0	0.0	0.0	0.0	0.0	0.0	0.0	0.0	1.0	0.0	0.0	0.0	0.0	0.0	0.0	0.0	0.0	0.0	0.0	0.0	0.0	0.0	0.0	0.0	0.0
Y 28	10.00	0.0	0.0	0.0	0.0	0.0	0.0	0.0	0.0	0.0	0.0	0.0	1.0	0.0	0.0	0.0	0.0	0.0	0.0	0.0	0.0	0.0	0.0	0.0	0.0	1.0	0.0	0.0
Y 29	4.00	0.0	0.0	0.0	0.0	0.0	0.0	0.0	0.0	0.0	0.0	0.0	0.0	0.0	0.0	0.0	0.0	0.0	0.0	0.0	0.0	0.0	0.0	0.0	0.0	0.0	1.0	0.0
Y 30	2.00	0.0	0.0	0.0	0.0	0.0	0.0	0.0	0.0	0.0	0.0	0.0	0.0	0.0	0.0	0.0	0.0	0.0	0.0	0.0	0.0	0.0	0.0	0.0	0.0	0.0	0.0	1.0

TABELLE 22

	X 15	X 3	Y 9	Y 21	X 5	X 6	Y 24	X 8	X 9	X 10	Y 11	X 12	X 13	X 14	X 23	X 16	X 17	X 18	X 27	X 20	X 21	X 22	X 11	Y 19	X 26	X 19	Y 27
Z	19939,96	33,0	56,4	38,0	80,4	46,9	159,3	167,3	12,3	90,0	112,8	10,6	122,8	210,0	222,8	100,0	44,0	143,0	154,0	84,0	114,0	213,0	234,0	110,0	1,8	70,0	103,0	168,0
Y 1	168,00	-1,5	-0,4	-0,2	-0,4	0,2	-0,3	1,2	1,2	1,2	1,2	-0,1	1,2	0,0	1,2	-1,5	-0,1	-1,5	-0,1	-1,6	-0,1	-1,5	0,0	0,0	0,2	-1,0	-1,5	0,0
Y 3	145,00	0,8	0,9	-0,2	-0,6	-0,3	-0,6	-0,7	-0,7	-0,7	-0,7	-0,1	-0,7	0,0	-0,7	0,0	0,0	0,8	0,0	0,0	0,0	0,8	-0,1	0,0	0,2	-1,0	0,8	-0,2
X 26	222,00	10,5	-1,6	0,0	-1,1	1,9	2,6	-19,2	10,8	0,0	10,8	-0,9	-19,2	-30,0	-19,2	1,0	24,0	10,5	24,0	0,0	0,0	-13,5	0,0	-30,0	-0,2	0,0	-13,5	0,0
Y 5	5,00	0,0	0,0	0,0	0,0	0,0	0,0	0,0	0,0	0,0	0,0	-1,4	0,0	0,0	0,0	0,0	0,0	0,0	0,0	0,0	0,0	0,0	0,0	0,0	0,8	0,0	0,0	0,0
Y 5	212,00	1,0	-1,6	-2,2	-1,2	-3,5	-2,7	-3,2	16,8	-20,0	-3,2	-0,7	16,8	-20,0	-3,2	1,0	22,0	-21,0	-11,6	22,0	-21,0	-21,0	0,0	0,0	2,0	0,0	1,0	-1,2
Y 6	349,00	-4,0	5,4	0,0	0,4	-1,2	-6,3	8,6	-7,9	10,1	-3,2	-0,9	-7,9	18,0	-3,2	-11,0	-17,6	12,3	2,4	-17,6	12,3	12,3	2,4	0,0	-2,7	-8,0	-7,7	0,0
Y 7	92,00	-1,6	5,4	-0,6	-0,1	3,8	7,1	10,9	13,8	10,1	10,8	-0,9	10,8	18,0	10,1	0,0	0,0	-13,5	-11,6	0,0	-13,5	-13,5	0,0	0,0	-1,4	0,3	-13,5	0,0
X 24	10,00	0,0	0,0	0,0	0,0	1,6	2,1	1,2	0,0	0,0	0,0	-0,7	0,0	0,0	0,0	0,0	0,0	0,0	0,0	0,0	0,0	0,0	0,0	0,0	-1,4	0,0	3,0	1,0
X 1	4,00	1,8	-2,3	-1,2	-3,8	-2,4	-7,1	-2,4	-2,4	0,0	-2,4	-0,2	-2,4	0,0	-2,4	-6,0	1,6	3,0	-8,4	1,6	3,0	3,0	1,6	0,0	2,5	-7,0	3,0	4,2
Y 8	81,00	-5,0	-2,4	0,6	4,5	-6,8	-8,3	-7,1	-10,1	0,0	-10,1	-0,8	-10,1	0,0	-10,1	-9,0	0,8	14,2	11,8	0,8	14,2	14,2	0,8	26,0	2,2	14,0	11,6	-8,4
Y 4	141,00	-4,3	-1,8	0,5	-3,8	-6,8	-9,4	-8,6	-8,6	0,0	-8,6	-0,7	17,4	26,0	17,4	0,0	-19,2	-8,4	-8,4	0,0	11,8	11,6	0,8	26,0	1,6	6,0	-6,3	1,2
Y 12	49,00	-3,2	-2,4	0,4	-4,5	-2,9	-5,1	7,0	5,5	0,0	5,5	-0,5	5,5	0,0	5,5	0,0	0,6	-6,3	-8,4	0,6	-6,3	-6,3	0,6	0,0	0,8	-0,2	-3,4	-0,8
Y 13	245,00	-5,6	-3,4	-0,3	-3,1	-1,8	-1,4	1,6	2,7	0,0	2,7	-0,2	2,7	0,0	2,7	-0,3	0,4	-5,6	-2,4	0,6	-5,6	-5,6	0,4	0,0	1,3	-1,5	-5,6	-0,3
Y 14	190,00	-2,5	-0,3	0,1	-1,5	-3,1	-3,1	4,2	4,9	0,0	4,9	-0,4	4,9	0,0	4,9	0,0	0,6	-3,4	-2,4	-2,4	0,6	-3,4	0,6	0,0	0,8	0,5	-3,4	-0,7
Y 15	270,00	-1,7	-0,2	0,2	-0,4	-1,0	-4,0	0,7	1,7	0,0	1,7	-0,1	1,7	0,0	1,7	-1,5	0,8	-1,7	-0,1	0,4	-1,7	-1,7	0,4	0,0	0,1	-1,5	-1,7	-0,7
Y 16	699,00	-1,5	-0,6	0,2	-0,3	-1,0	-1,0	1,0	1,9	0,0	1,9	-0,2	1,9	0,0	1,9	-0,2	0,8	-1,5	-0,7	1,2	-1,5	-1,5	0,8	0,0	0,5	-0,2	-5,1	-0,7
Y 17	168,00	-2,0	-1,6	-0,3	-1,8	-4,0	-2,1	-2,1	5,0	0,0	5,0	-0,4	5,0	0,0	5,0	-8,0	1,2	-5,1	-8,8	1,2	-5,1	-5,1	0,8	0,0	1,7	-6,0	-3,0	0,4
Y 18	16,00	-3,0	-1,0	1,2	1,2	-2,1	-2,1	2,4	2,4	0,0	2,4	-0,2	2,4	0,0	2,4	-3,0	0,6	-3,0	-3,0	-3,0	-3,0	-3,0	-3,0	0,0	1,4	-2,5	-3,0	1,5
Y 10	7,50	-1,3	-1,3	-1,0	-1,6	-1,6	-2,1	3,9	2,4	0,0	2,4	-0,2	2,4	0,0	2,4	0,0	0,0	-3,0	0,0	0,0	0,0	0,0	0,0	0,0	0,9	0,0	0,0	0,0
X 20	10,00	0,0	0,0	0,0	0,0	0,0	0,0	0,0	0,0	0,0	0,0	0,0	0,0	0,0	0,0	0,0	0,0	0,0	0,0	0,0	0,0	0,0	0,0	0,0	0,0	0,0	0,0	0,0
X 4	14,00	1,0	0,0	0,0	1,0	1,0	1,0	1,0	1,0	0,0	1,0	0,0	1,0	0,0	1,0	0,0	0,0	1,0	1,0	0,0	0,0	1,0	1,0	0,0	0,0	0,0	0,0	0,0
Y 22	20,00	0,0	-0,2	-0,2	0,2	0,0	0,0	0,0	0,0	0,0	0,0	0,0	0,0	0,0	0,0	0,0	0,0	0,0	0,0	0,0	0,0	0,0	0,0	0,0	0,0	0,0	0,0	0,0
X 23	10,00	0,0	0,0	0,0	0,0	0,0	0,0	0,0	0,0	0,0	0,0	0,0	0,0	0,0	0,0	0,0	0,0	0,0	0,0	0,0	0,0	0,0	0,0	0,0	0,0	0,0	0,0	0,0
X 7	10,00	1,0	0,0	0,0	1,0	1,0	1,0	1,0	1,0	0,0	1,0	0,0	1,0	0,0	1,0	0,0	0,0	1,0	1,0	0,0	0,0	1,0	1,0	1,0	0,0	1,0	1,0	0,0
Y 25	4,00	0,0	-0,2	-0,1	0,0	0,0	0,0	0,0	0,0	0,0	0,0	0,0	0,0	0,0	0,0	0,0	0,0	0,0	0,0	0,0	0,0	0,0	0,0	0,0	0,0	-1,5	0,0	0,0
X 29	10,00	0,0	0,0	0,0	0,0	0,0	0,0	0,0	0,0	0,0	0,0	0,0	0,0	0,0	0,0	0,0	0,0	0,0	0,0	0,0	0,0	0,0	0,0	0,0	0,0	1,5	0,0	0,0
Y 30	2,00	-0,4	-0,2	-0,1	-0,2	-0,2	-0,3	-0,4	-0,4	0,0	-0,4	0,0	-0,4	0,0	-0,4	0,0	-0,8	-0,4	-1,8	-0,8	-0,4	-0,4	-0,8	0,0	0,0	-1,5	-0,4	-0,9
X 28	4,00	-0,4	0,1	0,2	-0,4	0,2	-0,3	-0,4	-0,4	0,0	-0,4	0,0	-0,4	0,0	-0,4	-1,5	-0,8	-0,4	1,8	-0,8	-0,4	-0,4	-0,8	0,0	-0,1	1,5	0,4	-0,9
X 2	16,00	0,0	0,0	0,0	0,0	0,0	0,0	0,0	0,0	0,0	0,0	0,0	0,0	0,0	0,0	0,0	0,0	0,0	0,0	0,0	0,0	0,0	0,0	0,0	0,0	0,0	0,0	0,0

OPTIMALE LOESUNG MIT DER LETZTEN TABELLE ERREICHT

Einschließlich der zur Erfüllung der Absatzverpflichtungen bereits vorab ermittelten Produktion ergibt sich das optimale Produktionsprogramm:

Produkt j	1	2	4	7	24	25	26	27
Menge x_j	4	20	20	10	10	6	1	3

Dabei wird ein Deckungsbeitrag von 22 640 DM erzielt.
Anhand der durch dieses Programm noch nicht genutzten Kapazität kann die Kapazitätsausnutzung bestimmt werden.

Tabelle 5. Die Ausnutzung der Faktorkapazität bei zweischichtigem Betrieb

i	Faktor-Kurzzeichen	Faktormengen vorhandene Std./Monat	Faktormengen freie Std./Monat	Ausnutzungsgrad %
1	S 1	200	168	16,0
2	S 2	200	145	27,5
3	VD 1	800	222	72,3
4	VD 2	800	141	82,4
5	FD 1	800	212	73,5
6	FD 2	800	349	56,4
7	K 1	400	92	77,0
8	K 2	800	81	89,9
9	SH	400	–	100
10	BM	400	7,5	98,1
11	SM 1	400	–	100
12	SM 2	400	49	87,8
13	A	400	245	38,8
14	FM	400	190	52,5
15	K	400	270	32,5
16	KR	800	699	12,5
17	Sch	800	108	86,5

Aus Tabelle 5 geht hervor, daß die Sägen (i = 1, 2), die Anreißplatten (i = 13), die Materialprüfung und Kontrolle (i = 15) sowie die Krananlage (i = 16) keine knappen Faktoren darstellen; man hätte sie deshalb nicht in die Rechnung einzubeziehen brauchen. Während nur die Bohrmaschine (i = 10) zu mehr als 90 % ausgenutzt wird, ist die Produktion durch die Kapazität der kleinen Schleifmaschinen (i = 11) und des Schnellhoblers (i = 9) begrenzt.

Es erhebt sich nun die Frage, ob sich durch Beseitigung der Engpässe, d. h. durch Erhöhung der knappen Faktoren, ein wesentlich günstigeres Programm sowohl hinsichtlich des Deckungsbeitrages als auch hinsichtlich der Maschinenausnutzung ergibt.

Die vorhandenen Faktormengen in Tabelle 1 sind für den Zwei-Schicht-Betrieb angegeben. Es besteht also durchaus die Möglichkeit, die Engpaßkapazitäten (Ausnutzungsgrad $\geq 75\%$) durch Einführung von Überstunden bzw. einer dritten Schicht zu erhöhen. Ob es zweckmäßig ist, die Kapazität durch eine solche intensitätsmäßige oder zeitliche Anpassung an die Erfordernisse oder aber durch Erwerb von zusätzlichen Maschinen, d. h. durch quantitative Anpassung zu vergrößern, hängt im wesentlichen von der zu erwartenden Absatzentwicklung und der jeweiligen Finanzlage der Firma ab.

Es wird unterstellt, daß sich die Firma für die Einführung einer dritten Schicht bzw. von Überstunden entscheidet und somit die Kapazität der aufgeführten Maschinen erhöht:

2. Lineare Optimierung

i	Faktor-Kurzzeichen	Kapazitäts-erhöhung (Stunden)
4	VD 2	200
8	K 2	200
9	SH	200
10	BM	200
11	SM 1	200
12	SM 2	200
17	Sch	200

Mit einer solchen zeitlichen oder intensitätsmäßigen Anpassung der Kapazität können sich jedoch die Faktorpreise (Maschinenstundenkosten) und damit die Deckungsbeiträge der Produkte ändern; es ist also zu untersuchen, wie sich die Änderung auf die Faktorpreise auswirkt.

Die nunmehr dreischichte Nutzung der Maschinen bewirkt:

1. Erhöhung der Bedienungskosten (DM/Betriebsstunde) durch Überstunden- oder Nachtzuschläge.
2. Senkung der Zinsbelastung (DM/Betriebsstunde) und der Abschreibungsbelastung (die Nutzungsdauer ist nämlich nicht nur verschleiß-, sondern auch kalenderzeitabhängig).

Unter der Annahme, daß die Mehrkosten der Bedienung in etwa durch diese Einsparungen ausgeglichen werden oder aber vernachlässigbar gering sind und somit die Faktorpreise (Maschinenstundenkosten) als konstant angesehen werden können, ergeben sich bei erneuter Durchrechnung des Problems mit der Simplex-Methode folgende Ergebnisse.

Einschließlich der Erfüllung der Absatzverpflichtungen und der Überstunden auf sieben Maschinen ergibt sich ein Deckungsbeitrag von 29 117 DM mit folgendem optimalen Produktionsprogramm[1]):

Produkt j	1	2	4	5	7	9	15	24	25	26	27
Menge x_j	20	20	20	1,8	8	2	5,5	10	3,3	5	5

Dieses Programm garantiert einen Deckungsbeitrag von ca. 29 000 DM und bei neun Maschinen einen Kapazitätsausnutzungsgrad von mehr als 90 % und eine nahezu gleichmäßige Belastung aller Maschinen (s. Tabelle 6).

Tabelle 6. Die Kapazitätsausnutzung bei zusätzlicher dritter Schicht von sieben Maschinen

i	Faktor-Kurz-zeichen (Maschine)	Faktormengen		Ausnutzungs-grad %
		vorhandene Std./Monat	freie Std./Monat	
1	S 1	200	154	23,0
2	S 2	200	130	35,0
3	VD 1	800	–	100
4	VD 2	1000	97	90,3
5	FD 1	800	–	100
6	FD 2	800	217	72,9
7	K 1	400	–	100
8	K 2	1000	–	100
9	SH	600	56	90,7
10	BM	600	63	89,5
11	SM 1	600	22	96,3
12	SM 2	600	166	72,3
13	A	400	192	50,2
14	FM	400	118	70,5
15	K	400	238	40,5
16	KR	800	661	17,4
17	Sch	1000	79	92,1

---

[1]) Auf den Ausweis der entsprechenden Computer-Protokolle wird aus Platzgründen verzichtet.

Die Aufgabe der Programmplanung kann damit als beendet angesehen werden.

Sollte es nicht möglich sein, die Engpässe durch Überstunden oder eine dritte Schicht zu beseitigen, so daß nur das zuerst angegebene Programm verwirklicht wird, so kann man die in Tabelle 5 ausgewiesenen Ausnutzungsgrade durch Hereinnahme von zusätzlichen Aufträgen für die nicht ausgelasteten Maschinen verbessern. Dadurch würde selbstverständlich auch der Deckungsbeitrag vergrößert.

Andererseits könnte man die Engpässe auch durch Verlagerung solcher Arbeiten, durch Vergabe von Lohnaufträgen an andere Firmen, beseitigen und dadurch eine Programmausweitung ermöglichen.

Beispiel 2.9:

In einem Walzwerk ist ein Großauftrag über U-, T-, I- und V-Profile eingegangen, der schnellstmöglich abgewickelt werden soll.

Zur Herstellung dieser Profile stehen drei Walzenstraßen zur Verfügung. Aus der nachstehenden Tabelle sind die Auftragsmengen der Profile, die Kapazitäten der Walzenstraßen und die für die einzelnen Profile auf jeder Walzenstraße erforderlichen Bearbeitungszeiten pro Tonne zu ersehen.

Walzenstraße	Bearbeitungszeit (in Stunden/Tonne) für				Kapazität (in Stunden)
	U	T	I	V Profile	
A	2	3	5	4	400
B	4	5	5	3	400
C	3	4	6	5	400
Auftragsmenge (in Tonnen)	100	50	80	60	

Der Zeitverbrauch für den Großauftrag soll minimiert werden.

Wie in Abschnitt 2.3.5 erläutert, ist es sinnvoll ein Minimumproblem durch Umformung in ein Maximumproblem zu transformieren. Das Maximumproblem lautet:

Gesucht sind die Zeiten x_j, die auf den einzelnen Walzenstraßen verfahren werden müssen, damit der Gesamtausstoß maximiert wird. Der Ausstoß pro Zeiteinheit der einzelnen Profile auf den verschiedenen Walzenstraßen ist gleich dem Kehrwert der Bearbeitungszeiten pro Tonne

Walzenstraße	Ausstoß (in t/h)			
	U	T	I	V
A	1/2	1/3	1/5	1/4
B	1/4	1/5	1/5	1/3
C	1/3	1/4	1/6	1/5

Die gesuchten Zeiten x_j sollen wie folgt festgelegt werden

Walzenstraße	Fertigungszeiten für			
	U	T	I	V
A	x_1	x_4	x_7	x_{10}
B	x_2	x_5	x_8	x_{11}
C	x_3	x_6	x_9	x_{12}

Damit ergibt sich folgende mathematische Beschreibung des Problems

Ausstoß $\quad z = 1/2 x_1 + 1/4 x_2 + 1/3 x_3 + ... + 1/3 x_{11} + 1/5 x_{12} \Rightarrow $ Max

2. Lineare Optimierung

Auftragsmengen $1/2 x_1 + 1/4 x_2 + 1/3 x_3 = 100$
$1/3 x_4 + 1/5 x_5 + 1/4 x_6 = 50$
$1/5 x_7 + 1/5 x_8 + 1/6 x_9 = 80$
$1/4 x_{10} + 1/3 x_{11} + 1/5 x_{12} = 60.$

Kapazitäten: $\quad x_1 + x_4 + x_7 + x_{10} \leq 400$
$x_2 + x_5 + x_8 + x_{11} \leq 400$
$x_3 + x_6 + x_9 + x_{12} \leq 400.$

Daraus ergibt sich die erste Simplex-Tabelle; aus der Basis sind zunächst die gesperrten Variablen zu entfernen. (vgl. Abschnitt 2.3.3).

1. Tabelle z = 0	x_1 −1/2	x_2 −1/4	x_3 −1/3	x_4 −1/3	x_5 −1/5	x_6 −1/4	x_7 −1/5	x_8 −1/5	x_9 −1/6	x_{10} −1/4	x_{11} −1/3	x_{12} −1/5
$y_1(g) = 100$	(1/2)	1/4	1/3									
$y_2(g) = 50$				1/3	1/5	1/4						
$y_3(g) = 80$							1/5	1/5	1/6			
$y_4(g) = 60$										1/4	1/3	1/5
$y_5 = 400$	1			1			1			1		
$y_6 = 400$		1			1			1			1	
$y_7 = 400$			1			1			1			1

2. Tabelle z = 100	$y_1(g)$ 1	x_2 0	x_3 0	x_4 −1/3	x_5 −1/5	x_6 −1/4	x_7 −1/5	x_8 −1/5	x_9 −1/6	x_{10} −1/4	x_{11} −1/3	x_{12} −1/5
$x_1 = 200$	2	1/2	2/3									
$y_2(g) = 50$				(1/3)	1/5	1/4						
$y_3(g) = 80$							1/5	1/5	1/6			
$y_4(g) = 60$										1/4	1/3	1/5
$y_5 = 200$	−2	−1/2	−2/3	1			1			1		
$y_6 = 400$		1			1			1			1	
$y_7 = 400$			1			1			1			1

3. Tabelle z = 150	$y_1(g)$ 1	x_2 0	x_3 0	$y_2(g)$ 1	x_5 0	x_6 0	x_7 −1/5	x_8 −1/5	x_9 −1/6	x_{10} −1/4	x_{11} −1/3	x_{12} −1/5
$x_1 = 200$	2	1/2	2/3									
$x_4 = 150$				3	3/5	3/4						
$y_3(g) = 80$							1/5	1/5	1/6			
$y_4(g) = 60$										1/4	(1/3)	1/5
$y_5 = 50$	−2	−1/2	−2/3	−3	−3/5	−3/4	1			1		
$y_6 = 400$		1			1			1			1	
$y_7 = 400$			1			1			1			1

4. Tabelle z = 210	$y_1(g)$ 1	x_2 0	x_3 0	$y_2(g)$ 1	x_5 0	x_6 0	x_7 −1/5	x_8 −1/5	x_9 −1/6	x_{10} 0	$y_4(g)$ 1	x_{12} 0
x_1 = 200	2	1/2	2/3									
x_4 = 150				3	3/5	3/4						
$y_3(g)$ = 80							(1/5)	1/5	1/6			
x_{11} = 180										3/4	3	3/5
y_5 = 50	−2	−1/2	−2/3	−3	−3/5	−3/4	1			1		
y_6 = 220		1			1			1		−3/4	−3	−3/5
y_7 = 400			1			1			1			1

5. Tabelle z = 290	$y_1(g)$ 1	x_2 0	x_3 0	$y_2(g)$ 1	x_5 0	x_6 0	$y_3(g)$ 1	x_8 0	x_9 0	x_{10} 0	$y_4(g)$ 1	x_{12} 0
x_1 = 200	2	1/2	2/3									
x_4 = 150				3	3/5	3/4						
x_7 = 400							5	1	5/6			
x_{11} = 180										3/4	3	3/5
y_5 = −350	−2	−1/2	−2/3	−3	−3/5	−3/4	−5	(−1)	−5/6	1		
y_6 = 220		1			1			1		−3/4	−3	−3/5
y_7 = 400			1			1			1			1

Es liegt eine unzulässige Lösung vor; negative Werte darf die Basis nicht enthalten (vgl. Abschnitt 1.3.2).

6. Tabelle z = 290	$y_1(g)$ 1	x_2 0	x_3 0	$y_2(g)$ 1	x_5 0	x_6 0	$y_3(g)$ 1	y_5 0	x_9 0	x_{10} 0	$y_4(g)$ 1	x_{12} 0
x_1 = 200	2	1/2	2/3									
x_4 = 150				3	3/5	3/4						
x_7 = 50	−2	−1/2	−2/3	−3	−3/5	−3/4		1				
x_{11} = 180										3/4	3	3/5
x_8 = 350	2	1/2	2/3	3	3/5	3/4	5	−1	5/6	−1		
y_6 = −130	−2	1/2	−2/3	−3	2/5	−3/4	−5	1	(−5/6)	1/4	−3	−3/5
y_7 = 400			1			1			1			1

Tabelle 7 z = 290	$y_1(g)$ 1	x_2 0	x_3 0	$y_2(g)$ 1	x_5 0	x_6 0	$y_3(g)$ 1	y_5 0	y_6 0	x_{10} 0	$y_4(g)$ 1	x_{12} 0
x_1 = 200	2	1/2	2/3									
x_4 = 150				3	3/5	3/4						
x_7 = 50	−2	−1/2	−2/3	−3	−3/5	−3/4		1				
x_{11} = 180										3/4	3	3/5
x_8 = 220		1			1				1	−3/4	−3	−3/5
x_9 = 156	12/5	−3/5	4/5	18/5	−12/5	9/10	6	−6/5	−6/5	−3/10	18/5	18/25
y_7 = 244	−12/5	3/5	1/5	−18/5	12/25	1/10	−6	6/5	6/5	3/10	−18/5	7/25

Damit liegt die erste zulässige und optimale Lösung vor. Die 290 Tonnen werden wie folgt auf den Walzenstraßen gefertigt:

Walzenstraße	Fertigungszeiten (in Stunden)					Kapazität (in Stunden)
	U	T	I	V	Profile	
A	200	150	50			400
B			220	180		400
C			156			400

Auf Walzenstraße C verbleiben 244 Stunden freie Kapazität.
Durch Multiplikation der Fertigungszeiten (h) mit dem spezifischen Ausstoß (t/h) erhält man das gesuchte zeitminimale Produktionsprogramm.

Walzenstraße	Ausstoß (in Tonnen)					Summe
	U	T	I	V	Profile	
A	100	50	10			160
B			44	60		104
C			26			26
Summe	100	50	80	60		290

2.4.2. Mischungsoptimierung

Bei Mischungen geht es immer darum, daß die Mischungskomponenten, die verschiedene Eigenschaften und Preise haben, zu einer Mischung mit bestimmten gewünschten Eigenschaften und geringstmöglichen Kosten vereinigt werden sollen.

Solche Probleme treten auf bei allen Stoffen, die als Mischung gehandelt werden, wie z. B. Heizöl, Benzin, Stadtgas, Textilien, Kraftfutter, Diätnahrungsmittel usw.

Alle Probleme dieser Art können ohne weiteres mit der Simplex-Methode gelöst werden, wenn nicht, wie im folgenden Beispiel, die graphische Methode bereits zum Ziele führt.

Beispiel 2.10:

Drei Gase mit den in der Tabelle angeführten Konstanten sind in beliebiger Menge zu beschaffen und sollen so gemischt werden, daß ein möglichst billiges Mischgas mit einem Heizwert H von mindestens 3000 kcal/m³ und einem Schwefelgehalt S von weniger bzw. höchstens 3 g/m³ entsteht.

Gas Nr.	1	2	3	Einheit
Preis p_i	10	30	20	DM/1000 m³
Heizwert h_i	1000	3000	6000	kcal/m³
Schwefel s_i	8	1	2	g/m³

Bezeichnet man die Mengenanteile der einzelnen Gase pro m³ Mischgas mit x_i, so ist das Problem mathematisch wie folgt zu charakterisieren:

Minimiere die Funktion

$$z = 10x_1 + 30x_2 + 20x_3$$

unter folgenden Nebenbedingungen

$$x_1 + x_2 + x_3 = 1$$
$$1x_1 + 3x_2 + 6x_3 \geq 3$$
$$8x_1 + x_2 + 2x_3 \leq 3$$
$$0 \leq x_i \leq 1.$$

Da eine Nebenbedingung als Gleichung vorliegt, läßt sich x_1 durch $1 - x_2 - x_3$ ausdrücken, so daß man das Problem als „ebenes" Problem gut graphisch lösen kann. Es wird dann

$$z = 10 + 20x_2 + 10x_3 \qquad (1)$$
$$2x_2 + 5x_3 \geq 2 \qquad (2)$$
$$7x_2 + 6x_3 \geq 5 \qquad (3)$$
$$x_i \geq 0 \qquad (4)$$
$$x_i \leq 1 \qquad (5)$$

Die Gleichungen stellen sich im Kartesischen Koordinatensystem wie in Bild 2.6 gezeigt dar:

Es ergibt sich

$x_2 = 0$
$x_3 = 5/6$
$x_1 = 1 - x_2 - x_3 = 1/6$
$z = 10/6 + 100/6 = 18,33$ DM/1000 m³
$H_{Gemisch} = 1000/6 + 30\,000/6 = 5167$ kcal/m³
$S_{Gemisch} = 18/6 = 3$ g/m³.

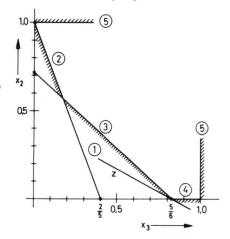

Bild 2.6 Graphische Lösung

Das gleiche Ergebnis ergäbe sich, wenn für die graphische Lösung nicht x_1 sondern x_2 oder x_3 eliminiert würden.

Beispiel 2.11:
(n. *Mertz, H. P. J.*: Einführung in die Wirtschaftstechnik. Verlag W. Postberg, Bottrop 1968, S. 179 f.)
In einem chemischen Betrieb werden drei Rohstoffe hergestellt und einzeln und als Mischung verkauft. Gegeben sind folgende Daten:

Produkte	Produktion (kg/h)	Preis (DM/kg)
Rohstoff I	100	25
Rohstoff II	50	10
Rohstoff III	150	15
Mischung	–	20

Gesucht ist die Menge der Rohstoffe, die man zur Maximierung des Umsatzes als Mischungskomponente verarbeitet, wenn die Mischung mindestens zu 10 % aus Rohstoff I und höchstens zu 50 % aus Rohstoff II bestehen soll.

Lösungsansatz für die lineare Optimierung:

Die Mengen x_1, x_2 und x_3 seien die in der Mischung enthaltenen Mengen der Rohstoffe I, II und III.
Zielfunktion:

$$z = 25(100 - x_1) + 10(50 - x_2) + 15(150 - x_3) + 20(x_1 + x_2 + x_3)$$
$$z = -5x_1 + 10x_2 + 5x_3 + 5250 \Rightarrow \text{Max.}$$

Restriktionen:

$x_1 \geq 0{,}1(x_1 + x_2 + x_3)$ → $-0{,}9x_1 + 0{,}1x_2 + 0{,}1x_3 \leq 0$
$x_2 \leq 0{,}5(x_1 + x_2 + x_3)$ → $-0{,}5x_1 + 0{,}5x_2 - 0{,}5x_3 \leq 0$
$x_1 \leq 100$
$x_2 \leq 50$
$x_3 \leq 150$.

Ausgangslösung

1. Tabelle z = 5250	X_1 5	X_2 −10	X_3 −5
$Y_1 = 0$	−0,9	0,1	0,1
$Y_2 = 0$	−0,5	0,5	−0,5
$Y_3 = 100$	1	0	0
$Y_4 = 50$	0	1	0
$Y_5 = 150$	0	0	1

Optimale Lösung

5. Tabelle z = 6389	Y_4 9,45	Y_5 4,45	Y_1 5,55
$X_3 = 150$	0	1	0
$X_2 = 50$	1	0	0
$Y_3 = 77{,}8$	−0,11	−0,11	1,11
$X_1 = 22{,}2$	0,11	0,11	−1,11
$Y_2 = 61{,}2$	−0,44	0,55	−0,55

Damit ergibt sich das optimale Mischungsverhältnis $x_1/x_2/x_3$ = 22,2/50/150.

2.4.3. Verschnittminimierung

Bei der Herstellung von Artikeln, die sich nur in der Länge, Fläche oder dem Rauminhalt voneinander unterscheiden, ansonsten aber aus dem gleichen Rohstoff zugeschnitten werden, tritt das Problem auf, die Artikel so zu kombinieren, daß der zwangsläufig entstandene Abfall minimiert wird.

Derartige Zuschneideprobleme (trim problems, cutting stock problems) treten z.B. in der Blech-, Kunststoff-, Holz- und Papierindustrie auf und wurden zuerst in der Papierindustrie untersucht.

Beim eindimensionalen Zuschneideproblem geht es um die Dimensionierung in einer Richtung, z. B. auch die Aufteilung der Bahnbreite einer als unendlich lang angesehenen Papierrolle in mehrere Teilbahnen.

Das zweidimensionale Zuschneideproblem befaßt sich mit der Dimensionierung in zwei Richtungen, z. B. der Aufteilung eines großen rechteckigen Bleches in kleinere nach Länge und Breite unterschiedlicher Rechtecke.

Dem dreidimensionalen Verschnittproblem sehr verwandt ist das Pack- und Beladeproblem; bei beiden geht es um die Minimierung des ungenutzten Volumen (vgl. *Isermann* [1987], *Dyckhoff* [1988], *Farley* [1988]).

Jedes Verschnittproblem wird in zwei Stufen gelöst:
a) Systematische Ermittlung aller realisierbaren Schnittkombinationen,
b) Ermittlung des optimalen Schnittprogrammes (mit der Simplex-Methode).

Beispiel 2.12:
Eine Firma stellt Leichtmetall-Fenster in jeder vom Kunden gewünschten Abmessung her. Für jedes Fenster werden vier längenmäßig unterschiedliche Stäbe benötigt. Als Rohmaterial stehen nur Stangen von 6 Meter Länge zur Verfügung.
Für einen speziellen Auftrag werden folgende Positionen gebraucht:

Stab	Länge	Stückzahl
A	181 cm	18
B	174 cm	150
C	155 cm	10
D	134 cm	100

Es ist der Zuschneideplan mit dem geringsten Verschnitt zu ermitteln.

Zunächst sind die möglichen Kombinationen der Stäbe A bis D auf die angelieferten Stangen von 6 m Länge zu überlegen. Die möglichen Kombinationen sind in Tabelle 7 angegeben, wobei das jeweils benötigte Material (Verbrauch) und der nicht zu verwendende Rest (Verschnitt) aufgeführt sind.

Aus diesen 20 möglichen Kombinationen sind diejenigen zu wählen, die den Verschnitt minimieren bzw. die Materialausnutzung maximieren. Die Lösung erfolgt mit der Simplex-Methode.

Tabelle 7. Ermittlung aller realisierbaren Schnittkombinationen (vgl. Flußdiagramm Bild 2.7)

Kombinationen j	a_{ij}-Stabanzahl/Stange				Verbrauch a_{0j} (cm)	Verschnitt r_j (cm)
	181 cm	174 cm	155 cm	134 cm		
1	3	0	0	0	543	57
2	2	1	0	0	536	64
3	2	0	1	0	517	83
4	2	0	0	1	496	104
5	1	2	0	0	529	71
6	1	1	1	0	510	90
7	1	1	0	1	489	111
8	1	0	2	0	491	109
9	1	0	1	1	470	130
10	1	0	0	3	583	17
11	0	3	0	0	522	78
12	0	2	1	0	503	97
13	0	2	0	1	482	118
14	0	1	2	0	484	116
15	0	1	1	2	597	3
16	0	1	0	3	576	24
17	0	0	3	1	599	1
18	0	0	2	2	578	22
19	0	0	1	3	557	43
20	0	0	0	4	536	64
Bedarf a_{i0}	18	150	10	100		

2. Lineare Optimierung

Gesucht ist das Maximum von z unter Einhaltung folgender Bedingungen:

$$z + \sum_{j=1}^{20} a_{0j}x_j = 0, \qquad y_i + \sum_{j=1}^{20} a_{ij}x_j = a_{i0}, \qquad x_j \geq 0.$$

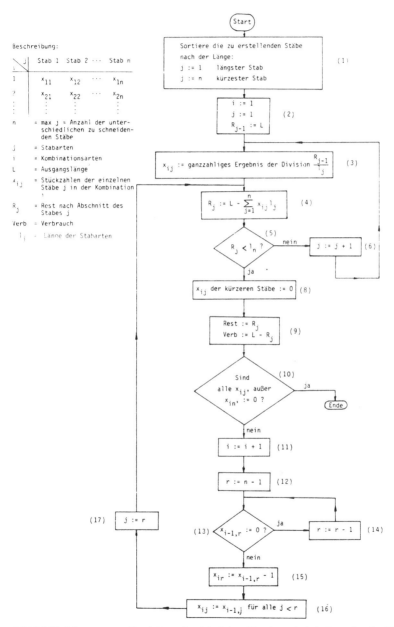

Bild 2.7 Flußdiagramm zur Ermittlung aller Schnittkombinationen bei eindimensionalen Verschnittproblemen

2. Lineare Optimierung

Ausgangslösung des Maximierungsproblemes

1. Tabelle z = 0	X_1 -543	X_2 -536	X_3 -517	X_4 -496	X_5 -529	X_6 -510	X_7 -489	X_8 -491	X_9 -470	X_{10} -583	X_{11} -522	X_{12} -503	X_{13} -482	X_{14} -484	X_{15} -597	X_{16} -576	X_{17} -599	X_{18} -578	X_{19} -557	X_{20} -536
Y_1 = 18	3																			
Y_2 = 150		2	2	2	1	1	1	1	1	1				1	1	1				
Y_3 = 10		1	1		2	1	1	2	1		3	2	2	2	1		3	2	1	
Y_4 = 100				1		1	1		1	3		1	1		2	3	1	2	3	4

Eine optimale Lösung ergibt sich bei manueller linearer Optimierung nach 4 Iterationen

5. Tabelle z = 44308	X_1 0	X_2 0	X_3 0	X_4 0	X_5 0	X_6 0	X_7 0	X_8 0	X_9 0	Y_1 181	Y_2 174	X_{12} 0	X_{13} 0	X_{14} 0	X_{15} 100	Y_4 134	Y_3 155	X_{18} 0	X_{19} 0	X_{20} 0
X_{10} = 18										1										
X_{11} = 1222/27	3	2	2	2	1	19/27	5/9	11/27	7/27	1/9	1/3	19/27	5/9	11/27	4/27	-1/9	1/27	-4/27	-8/27	-4/9
X_{17} = 10/3	1	1	1/3	5/9	1	1/3	-2/3	2/3	1/3		1/3	1/3	1/3	2/3	1/3	1/3	1/3	2/3	1/3	4/3
X_{16} = 128/9	-3		-19/9	-5/3	-1	-10/9	-2/3	-11/9	-7/9	-1		-1/9		-2/9	5/9	1/3	-1/9	4/9	8/9	

Ergebnis der Iteration

Kombination j	Stabanzahl/Stange				Verschnitt r_j (cm)
	A	B	C	D	
X_{10} = 18	1			3	17
X_{11} = 45 7/27		3		1	78
X_{17} = 3 1/3			3	1	1
X_{16} = 14 2/9		1		3	24
Bedarf a_{j0}	18	150	10	100	

Modifiziertes ganzzahliges Ergebnis

Kombination j	Stabanzahl insgesamt				Verschnitt r_j (cm)
	ΣA	ΣB	ΣC	ΣD	
X_{10} = 18	18			54	306
X_{11} = 45		135			3510
X_{17} = 3			9	3	3
X_{16} = 14		14		42	336
Σ Stangen = 80 zusätzlich 1	18	149 1	9 1	99 1	4155 137
Verbrauch 81	18	150	10	100	4292

Man benötigt insgesamt 81 Stangen Rohmaterial von je 6 m Länge (486 m), um die geforderte Menge der einzelnen Stäbe zu schneiden. Dabei fallen 42,92 m, d. h. 8,85 % Verschnitt an.

Man beachte weiter, daß mehrere gleich gute optimale Lösungen existieren; bekannt wurden

1. $x_{10} = 18,00$ $x_{11} = 45,26$ $x_{16} = 14,22$ $x_{17} = 3,33$
2. $x_1 = 6,00$ $x_{11} = 39,26$ $x_{16} = 32,22$ $x_{17} = 3,33$
3. $x_{10} = 18,00$ $x_{11} = 38,22$ $x_{12} = 10,00$ $x_{16} = 15,33$
4. $x_1 = 6,00$ $x_{11} = 37,78$ $x_{15} = 10,00$ $x_{16} = 26,66$
5. $x_{10} = 18,00$ $x_{11} = 43,78$ $x_{15} = 10,00$ $x_{16} = 8,66$
6. $x_{10} = 18,00$ $x_{11} = 29,33$ $x_{13} = 26,00$ $x_{15} = 10,00$

2.5. Aufgaben zur Linearen Optimierung

Die folgenden Aufgaben sind zur selbständigen Bearbeitung gedacht, der Leser soll dadurch angehalten werden, selbst zu überprüfen, inwieweit er den Wissensstoff verarbeitet hat. Zur Kontrolle der selbständig erarbeiteten Lösungen können die Ergebnisse auf Seite 416 eingesehen werden.

1. Ein Landwirt will auf 40 ha Lößboden, die er mit Zuckerrüben oder Weizen bestellen kann, den größtmöglichen Gewinn erwirtschaften. Er kann 2.400 DM und 312 Arbeitstage einsetzen, und er ist bereit, evtl. einen Teil des Bodens nicht zu bestellen. Erfahrungsgemäß weiß er, daß die Anbaukosten bei Rüben 40 DM und bei Weizen 120 DM pro ha betragen und für Rüben 7 und für Weizen 12 Arbeitstage benötigt werden. Der Reingewinn pro ha beträgt bei Rüben 100 DM und bei Weizen 250 DM.
Welche Fläche muß er mit Rüben, welche mit Weizen bebauen?

2. Eine Gießerei stellt unter anderem 2 Gußsorten A und B her, die aus hochwertigem Gußbruch und Roheisen gemischt werden. Für die Sorte A ist ein Mischungsverhältnis von 4 : 1 und für die Sorte B ein Mischungsverhältnis von 3 : 2 gefordert. Die Gußsorte A kann nur in speziellen Öfen hergestellt werden, deren Kapazität maximal 800 kg pro Stunde beträgt. Die übrige Ofenkapazität beträgt maximal 1100 kg pro Stunde. Der Deckungsbeitrag pro kg der Gußsorte A beträgt 0,60 DM, der für jedes kg der Gußsorte B 0,33 DM. Der zu den Mischungen benötigte Gußbruch steht nur in einer Menge von 1000 kg/h zur Verfügung. Weiterhin wird zur Bedingung gemacht, daß mindestens 400 kg Roheisen pro Stunde verarbeitet werden sollen. Schließlich fordert die Verkaufsleitung, daß pro Stunde mindestens 200 kg mehr von der Gußsorte B als von der Gußsorte A produziert werden müssen. Gesucht ist das Produktionsprogramm mit maximalem Deckungsbeitrag.

3. Ein Unternehmen benötigt 3 Mineralien zur Weiterbearbeitung. Diese Mineralien werden von dem Unternehmen selbst in einem Separationsprozeß aus den beiden Rohstoffen R1 und R2 gewonnen. Die Ausbeute der beiden Rohstoffe hinsichtlich der drei Mineralien ist in der folgenden Übersicht angegeben, wie auch die Rohstoffpreise und der monatliche Bedarf an Mineralien.

Ausbeute (t Min/t Rohst.)	M1	M2	M3	Preis/t Rohstoff
Rohstoff R1	0,03	0,125	0,4	250 DM/t
Rohstoff R2	0,6	0,25	0,05	200 DM/t
Monatlicher Mindest-Bedarf (t)	30	25	20	

Welche Rohstoffmengen soll das Unternehmen zur Separation der Mineralien kaufen, damit die Rohstoffkosten minimiert werden?

4. Ein Mineralölunternehmen kann in einer bestimmten Periode bis zu 9000 Mengeneinheiten eines Kraftstoffes mit einer Mindestoktanzahl von 90 zu einem Preise von DM 190 je Mengeneinheit absetzen. Zur Herstellung dieses Kraftstoffes stehen drei Mischungskomponenten zur Verfügung. Preise, Oktanzahlen und die maximal zur Verfügung stehenden Mengen dieser Komponenten sind gegeben.

Komponente	1	2	3
Preis DM/Mengeneinheit	180	210	140
Oktanzahl	87,5	100	75
Maximalmenge	4000	4000	

Gefragt ist nach der gewinnmaximalen Mischung?

5. Eine Papierfabrik hat folgende Aufträge: 500 m á 1,80 m breit, 800 m á 1,20 m breit und 600 m á 0,50 m breit. Die Längen können beliebig in Rollen aufgestellt werden. Die verschiedenen Breiten werden aus einer 3,00 m breiten Papierbahn geschnitten.

Welcher Schnittplan hat den geringsten Abfall?

6. Zur Erzeugung der Produkte A, B und C stehen 3 Maschinengruppen zur Verfügung. Über die Maschinengruppe I laufen alle 3 Produkte. Produkt B läuft anschließend außerdem noch über die Maschinengruppe II. Der zweite Arbeitsgang des Produktes C kann nur auf der Maschinengruppe III ausgeführt werden. Die Fertigbearbeitung des Produktes A kann wahlweise auf Maschinengruppe II oder III erfolgen. Die nachstehende Darstellung informiert über die wichtigsten Daten der Maschinengruppen.

Maschinengruppe I

Kapazität: 2 Maschinen je 5 h/d
Benötigte Fertigungszeit pro 10 Stück

Produkt	A	B	C
	1 h	2 h	3 h

Maschinengruppe II

Kapazität: 3 Maschinen je 3 h/d
zusätzlich 1 Maschine eine Überstunde pro Tag.
Benötigte Fertigungszeit pro 10 Stück:

Produkt	A	B	C
	2 h	3 h	–

Maschinengruppe III

Kapazität: 1 Maschine je 8 h/d
Benötigte Fertigungszeit pro 10 Stück:

Produkt	A	B	C
	3 h	–	4 h

Durch eine eingehende Analyse des Problems wurden folgende Daten gefunden:

Produktionsmöglichkeiten für	Produkt A			B		C	Kapazität der Masch.
	1	2	3	1	2		
Stundenbelastung Gruppe I	1	1	1	2	2	3	10 h
Stundenbelastung Gruppe II (ohne Überstunden)	2	–	–	3	–	–	9 h
Stundenbelastung Gruppe II (nur Überstunden)	–	2	–	–	3	–	1 h
Stundenbelastung Gruppe III	–	–	3	–	–	4	8 h
Gewinne pro 10 Stück	6	5	4	7	5	3	

Für Produkt B besteht eine Produktionsverpflichtung von 10 Stück. Man bestimme das optimale Produktionsprogramm.

7. Ein Bauunternehmer erwägt zwei Typen von Eigenheimen zu bauen. Er rechnet damit, daß das ganze Vorhaben 3 Jahre benötigt und daß sich sofort Käufer für die fertiggestellten Eigenheime finden.

   Folgende Daten wurden vom Bauunternehmer ermittelt:

Jahr	t_0	t_1	t_2	t_3
Eigenheim Typ A				
Baukosten (Ausgaben)	60 000	40 000	30 000	–
Finanzierungskosten (Zinsausgaben)	–	–	–	30 000
Verkaufserlöse (Einnahmen)	–	–	–	220 000
Gewinn (Einnahmen ./. Ausgaben)	–	–	–	60 000
Eigenheim Typ B				
Baukosten	30 000	30 000	50 000	–
Finanzierungskosten	–	–	–	20 000
Verkaufserlöse	–	–	–	170 000
Gewinn	–	–	–	40 000
Zur Verfügung stehendes Kapital	480 000	360 000	450 000	–

   Welcher Typ bzw. welches Bauprogramm (bestehend aus Typ A und Typ B) ist unter dem Gesichtspunkt der Gewinnmaximierung zu realisieren?

8. Ein Papierverarbeitender Betrieb bezieht Papierrollen in einer Standardbreite von 430 cm. Für einen speziellen Auftrag eines Kunden benötigt man

   18 000 m in einer Breite von 128 cm
   9 000 m in einer Breite von 120 cm
   9 000 m in einer Breite von 70 cm.

   Welcher Schnittplan hat den geringsten Abfall?

9. $z = 300x_1 + 500x_2 - 36000 \Rightarrow$ Max
   $$x_1 + 2x_2 \leq 170$$
   $$x_1 + x_2 \leq 150$$
   $$3x_2 \leq 180$$
   $$x_1 + 3x_2 \geq 210$$
   $$x_1 + x_2 \geq 110$$
   $$x_j \geq 0.$$

10. $z = 13x_1 + 16x_2 + 15x_3 + 17x_4 \Rightarrow$ Min
    $$5x_2 + 2x_3 + 4x_4 \geq 160$$
    $$4x_1 + 3x_2 + 5x_3 + 3x_4 \geq 160$$
    $$6x_1 + 2x_2 + 4x_3 + 4x_4 \geq 160$$
    $$x_1 + x_2 = 20$$
    $$x_3 + x_4 = 20$$
    $$x_j \geq 0.$$

11. In einem Krankenhaus besteht durchschnittlich folgender Personalbedarf:
    0 bis 4 Uhr . . . . 30 Personen
    4 bis 8 Uhr . . . . 50 Personen

8 bis 12 Uhr . . . . 100 Personen
12 bis 16 Uhr . . . . 80 Personen
16 bis 20 Uhr . . . . 100 Personen
20 bis 24 Uhr . . . . 50 Personen

Schichtbeginn ist jeweils um 0, 4, 8, 12, 16 bzw. 20 Uhr und die Schichtdauer jeweils 8 h. Mit welcher Mindestanzahl von Arbeitskräften kann der Schichtplan erfüllt werden?

12. Drei Rohstoffe enthalten je drei Komponenten in folgenden Mengeneinheiten

| | Rohstoffe | | |
	A	B	C
Komponente I	0,02	0,03	0,04
Komponente II	0,03	0,01	0,06
Komponente III	0,05	0,05	0,05

Aus den Rohstoffen soll eine Mischung hergestellt werden, die die Komponenten in folgenden Mengeneinheiten enthalten soll:

Komponente I   mindestens 0,01, höchstens jedoch 0,03
Komponente II   mindestens 0,045, höchstens jedoch 0,07
Komponente III   genau 0,05.

Der Gewinn, der bei Verwendung der verschiedenen Rohstoffe zur Herstellung der Mischung erreicht wird, beträgt in Geldeinheiten pro Mengeneinheit Rohstoff:

Rohstoff	A	B	C
Gewinn	2	5	4

Gesucht ist die Mischung, bei der der Gewinn pro Mengeneinheit möglichst groß wird.

13. Ein Unternehmen mischt Walnüsse, Haselnüsse und Erdnüsse zu drei verschiedenen Produkten. Dieses fiktive Unternehmen kauft Walnüsse zu einem Preis von 0,65 $ das Pfund, Haselnüsse zu 0,35 $ das Pfund und Erdnüsse zu 0,25 $ das Pfund ein. Diese verschiedenen Nüsse werden dann zu drei verschiedenen Produkten gemischt; die Kennzeichen der Produkte sind folgende: Produkt 1 muß zumindest 50 % Walnüsse und darf höchstens 25 % Erdnüsse enthalten. Produkt 2 muß zumindest 25 % Walnüsse und darf höchstens 50 % Erdnüsse enthalten. Schließlich kann Produkt 3 jede beliebige Mischung dieser verschiedenen Nüsse sein. Der Verkaufspreis für das erste Produkt beträgt 0,50 $ das Pfund, der des zweiten 0,35 $ das Pfund und der des dritten 0,25 $ das Pfund. Eine weitere Einschränkung ist die, daß nur beschränkte Mengen dieser Nüsse zur Verfügung stehen, nämlich 100 Pfund Walnüsse, 100 Pfund Haselnüsse und 60 Pfund Erdnüsse. Die Frage ist also, in welchem Verhältnis diese Nüsse gemischt werden sollen, um den Gewinn zu einem Maximum zu machen.

14. Ein Straßenhändler verfügt über folgende Vorräte:

10 kg Walnüsse (Kerne), Verkaufspreis 8 DM je kg
10 kg Erdnüsse (Kerne), Verkaufspreis 6 DM je kg
 5 kg Rosinen   Verkaufspreis 4 DM je kg.

Er kann die Waren einzeln verkaufen, er kann aber auch eine „Studentenfutter"-Mischung aus allen drei Bestandteilen zusammenstellen. Dieses Studentenfutter erbringt einen Verkaufspreis von 7 DM je kg; es darf laut Marktvorschrift höchstens 50 % Rosinen und muß mindestens 25 % Walnüsse enthalten.

In welchem Verhältnis muß der Händler das Studentenfutter zusammenstellen, um beim Gesamtverkauf seines Vorrates einen maximalen Erlös zu erzielen?

15. Eine Erdölgesellschaft hat 3 Bohrgebiete und 2 Raffinerien mit folgender Kapazität:

Bohrgebiet A   4 t/Zeiteinheit   Raffinerie I   7 t/Zeiteinheit
Bohrgebiet B   5 t/Zeiteinheit   Raffinerie II   6 t/Zeiteinheit
Bohrgebiet C   5 t/Zeiteinheit

Die Transportkosten für das Rohöl werden in DM/t angegeben:

von \ nach	I	II
A	16	17
B	18	21
C	19	20

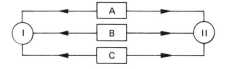

Der Deckungsbeitrag pro Tonne Erdöl beträgt 30 DM (ohne Transportkosten). Es ist zu bestimmen, in welcher Weise die geforderten Erdölmengen auf die Raffinerien zu verteilen sind, wenn der Gesamtdeckungsbeitrag maximiert werden soll!

16. Ein Betrieb kann die Produkte 1 und 2 fertigen, die unterschiedliche Deckungsbeiträge je t bringen. Bei ihrer Fertigung durchlaufen sie die Anlagen A, B und C, deren monatliche Kapazitäten (in h je Monat) begrenzt sind. Beide Produkte benötigen unterschiedliche Fertigungszeiten (in h je t) auf den Anlagen:

Produkt		1	2	Kapazität (h/Monat)
Deckungsbeitrag (DM/t)		300,00	800,00	
Fertigungszeit (h/t) auf der Anlage	A	2	4	180
	B	2,4	2,4	160
	C	0,7	3,5	140

Welche Mengen der Produkte würden sie monatlich fertigen, um einen möglichst hohen Gewinn zu erzielen? Wie hoch ist der maximale Gewinn, wenn die monatlichen Fixkosten 26 000,00 DM betragen?

17. Wie lautet das optimale Produktionsprogramm, wenn vom Produkt 1 in Aufgabe 16 mindestens 25 t und vom Produkt 2 mindestens 10 t hergestellt werden sollen und zusätzlich noch die Höchstmengen von 50 t des Produktes 1 und von 32 t des Produktes 2 vorgeschrieben sind?

18. Wie lautet das optimale Produktionsprogramm, wenn zusätzlich zu den Kapazitätsrestriktionen der Aufgabe 16 noch die knappen Rohstoffe P und Q zu berücksichtigen sind? Sie stehen mit monatlich 21 t (P) bzw. 26 t (Q) zur Verfügung. Für jede t des Produktes 1 werden 0,1 t von P und 0,5 t von Q, für jede t des Produktes 2 werden 0,6 t von P und 0,3 t von Q verbraucht. Außerdem sind noch die knappen Betriebsstoffe U und V zu berücksichtigen. Sie stehen mit 2 000 ME = Mengeneinheiten (U) bzw. 4400 ME(V) monatlich zur Verfügung. Für jede Fertigungsstunde auf der Anlage A werden 4,5 ME von U und 5 ME von V, für jede Fertigungsstunde auf der Anlage B werden 5 ME von U und 20 ME von V, für jede Fertigungsstunde auf C werden 40/7 = 5,7143 ME von U und 10 ME von V verbraucht.

19. $z = 20x_1 + 40x_2 \Rightarrow \text{Min}$
$6x_1 + x_2 \geq 18$
$x_1 + 4x_2 \geq 12$
$2x_1 + x_2 \geq 10$
$x_j \geq 0.$

20. $z = 12x_1 + 18x_2 \Rightarrow \text{Max}$
$x_1 + 3x_2 \leq 12$
$x_1 + 2x_2 \leq 10$
$2x_1 + 5x_2 \geq 30$
$x_j \geq 0.$

21. Der 24stündige Arbeitstag sei in 4 Schichten zu je 6 Stunden eingeteilt, wobei die erste Schicht um 0 Uhr beginnt. Die Mindestanzahl der Besetzung mit Arbeitskräften ist pro Schicht unterschiedlich, und zwar 4, 8, 8, 6. Jeder Arbeiter hat 2 Schichten, also 12 Stunden hintereinander zu arbeiten und darf nicht an zwei aufeinanderfolgenden Tagen eingesetzt werden. Mit welcher Mindestanzahl von Arbeitskräften kann dieser Schichtplan erfüllt werden?

22. Wahl zwischen Eigenfertigung und Fremdbezug für mehrere Produkte bei mehreren Kapazitätsengpässen. Gegeben sind folgende Daten:

Produkt	1	2	3	4	
Fremdbezugskosten DM/Stück	100	75	120	165	
Direkte Kosten DM/Stück bei Eigenfertigung	30	30	40	45	
Ersparnisse DM/Stück bei Eigenfertigung	70	45	80	120	
Fertigungsstunden h/Stück					Kapazität
Maschine I	2	1,2	1,8	0,5	1200 h
Maschine II	0,6	0,8	2,0	4,0	950 h
Bedarf an Produkten	350	300	150	100	

Wie groß ist die Bruttoersparnis bei Eigenfertigung?

23. Drei Gase mit unterschiedlichen Herstellungskosten K_i, Heizwerten H_i und Schwefelgehalten S_i (i = 1, 2, 3) seien wie folgt gegeben:

		1. Gas	2. Gas	3. Gas
K_i	DM/10^3m^3	13	36	10
H_i	kcal/m^3	1060	1800	5700
S_i	gS/m^3	7	1	2

Aus diesen drei Gassorten ist eine vorgegebene Menge Heizgas zu mischen, dessen Heizwert zwischen gewissen Schranken liegt, dessen Schwefelgehalt eine obere Schranke nicht übersteigt und das möglichst billig ist. Eines der drei Gase allein erfüllt nicht zugleich alle Bedingungen. Außerdem steht das dritte Gas nur in beschränkter Menge (bis 8000 m^3) zur Verfügung. Das geforderte Gas soll folgende Eigenschaften haben:

Geforderte Heizgasmenge	25 000 m^3
untere Heizwertschranke	2 200 kcal/m^3
obere Heizwertschranke	2 600 kcal/m^3
Schwefelschranke	3 gS/m^3.

24. Eine Mühle erhält als Abfallprodukt bei der Erzeugung von Diätmehl täglich vier Sorten von Rohkleie,

Sorte	A	B	C	D	
Menge	10	14	10	8	t/d

die zu hochwertigem Futtermittel I, II und III weiterverarbeitet werden.

Sorte	I	II	III
Verkaufspreis	220	130	110 DM/t

Die Umwandlungskoeffizienten (t Rohkleie/t Futtermittel) sind aus folgender Matrix zu ersehen:

Futtermittel	I	II	III
Rohkleie A	3	1	1,25
B	1	1,2	3
C	1,6	2	1
D	1,6	1	1,3

Wieviel Futtermittel der Sorten I, II und III muß die Mühle im Rahmen der gegebenen Informationen herstellen, um den Umsatz zu maximieren?

2.6. Empfohlene Literatur zur Linearen Optimierung

Einführung

Austin, L. M.; Burns, J. R.: Management Science – An Aid for Managerial Decisionmaking. Mcmillan Publishing Company, New York 1985.

Beisel, E.-P.; Mendel, M.: Optimierungsmethoden des Operations Research, Bd. 1. Vieweg Verlag, Braunschweig, 1987

Dantzig, G. B.: Lineare Programmierung und Erweiterungen. Springer Verlag, Berlin–Heidelberg– –New York 1966.

Domschke, W.; Drexl, A.: Einführung in Operations Research. Springer Verlag. Berlin–Heidelberg 1990.

Eiselt, H.; Pederzoli, G.; Sandblom, C.-L.: Operations Research (Theory, Technique, Application). Walter de Gruyter, Berlin, 1987

Gal, T.: Grundlagen des Operations Research, Bd. 1. Springer Verlag, Heidelberg 1987

Hillier, F. S.; Lieberman, G. J.: Operations Research-Einführung. Oldenbourg Verlag, München, 4. Aufl. 1988

Künzi, H. P.; Tzschach, H. G.; Zehnder, C. A.: Numerische Methoden der mathematischen Optimierung mit ALGOL- und FORTRAN-Programmen. Teubner, Stuttgart 1967.

Müller-Merbach, H.: Operations Research, Methoden und Modelle der Optimalplanung, Verlag Franz Vahlen, Berlin-Frankfurt 1973.

Neumann, K.: Operations Research Verfahren, Bd. I., Carl Hanser Verlag, München 1975.

Niemeyer, G.: Einführung in die lineare Planungsrechnung mit ALGOL- und FORTRAN-Programmen. W. d. Gruyter, Berlin 1968.

Ravindran, A.; Phillips, D. T.; Solberg, J.: Operations Research – Principles and Practice. John Wiley & Sons, New York, 2. Aufl. 1987.

Wiezorke, B.: Pivotalgorithmen. Eine Einführung in die Pivotmethodik. DGOR-Schrift Nr. 4, 1972, Beuth-Vertrieb.

Spezielle Anwendungen

Bialy, H.; Olbrich, M.: Optimierung, eine Einführung mit Anwendungsbeispielen. VEB-Fachbuch Verlag, Leipzig 1975

Desbazeille, G.: Unternehmensforschung. Übungen mit Aufgaben und Lösungen. Verlag Berliner Union und Kohlhammer, Stuttgart 1970.

Dück, W.; Blieferich, M.: Operationsforschung – Mathematische Grundlagen, Methoden und Modelle. VEB-Deutscher Verlag der Wissenschaften, Berlin 1973

Dyckhoff, H.; Gehring, H.: Vergleich zweier Modelle zur Lösung eines konkreten Verschnitt- und Lagerbestands-Planungsproblems. OR-Spektrum, Springer Verlag 1982, Heft 3, Seite 193–198

Dyckhoff, H.: Produktionstheoretische Fundierung industrieller Zuschneideprozesse. OR-Spektrum (1988) 10, Seite 77–96

Eversheim, W.; Hengesberg, G.: Entwicklung eines Systems zur optimalen zweidimensionalen Verschnittoptimierung in der Einzel- und Kleinserienfertigung mit Hilfe dialogfähiger Rechenanlagen. Westdeutscher Verlag 1977

Farley, A. A.: Practical Adaptions of the Gilmore-Gomory Approach to the Cutting Stock Problems. OR-Spektrum (1988) 10, Seite 113–123

Isermann, H.: Ein Planungssystem zur Optimierung der Palettenbeladung mit kongruenten, rechteckigen Versandgebinden. OR-Spektrum (1987) 9, Seite 235–249

Kilger, W.: Optimale Produktions- und Absatzplanung. Westdeutscher Verlag, Köln–Opladen 1973.

Laubenstein, T.; Schneeweiß, Chr.; Vaterrodt, H.-J.: Verschnittoptimierung im praktischen Einsatz. OR-Spektrum, Springer Verlag 1982, Heft 4, Seite 229–236

Littger, K.; zur Steege, R.: TRIMM – Ein Verfahren zur Behandlung des zweidimensionalen Verschnittproblems. IBM Form Nr. E12–6013 (1972).

Lorenzen, G.: Parametrische Optimierung und einige Anwendungen. Oldenbourg Verlag, München 1974

Späth, H. (Hrsg.): Ausgewählte Operations Research-Algorithmen in FORTRAN. Oldenbourg Verlag, München–Wien 1975.

Stadler, H.: A Comparison of two Optimization Procedures for 1- and 1 1/2-Dimensional Cutting Stock Problems. OR-Spektrum (1988) 10, Seite 97–111

Troßmann, E.: Verschnittoptimierung, dargestellt an Beispielen aus der Textilindustrie. Duncker & Humblot, Berlin–München 1983

Vetschera, R.: Das iterative Multikriteria-Verfahren von Fandel-Implementierungstechniken und Testergebnissen. OR-Spektrum (1986) 8, Seite 109–116

Weber, H. H.: Einige Erweiterungen der Linearen Programmierung. Akademische Verlagsgesellschaft, Frankfurt 1975

3. Transport- und Zuordnungsoptimierung

Standardprobleme der Linearen Optimierung, wie sie bei der Optimierung des Produktionsprogrammes, der Mischungsoptimierung und der Verschnittminimierung auftreten, können im allgemeinen nicht ohne die Simplex-Methode gelöst werden.

Einige Spezialprobleme der Linearen Optimierung haben jedoch eine solche Struktur, daß sie sich durch spezielle, auf diese Probleme zugeschnittene Lösungsverfahren behandeln lassen; hierzu gehören insbesondere die Transport- und Zuordnungsprobleme.[1]

3.1. Transportprobleme

3.1.1. Charakterisierung von Transportproblemen

Transport- oder Verteilungsprobleme, auch Distribution Problems genannt, sind dadurch gekennzeichnet, daß von mehreren Ausgangsorten A_i bestimmte Mengen eines Produktes – allgemein einer Transporteinheit – zu mehreren Bestimmungsorten B_j so zu transportieren sind, daß die Gesamttransportkosten minimiert werden.

Unterstellt man, daß jeder Bestimmungsort von jedem Ausgangsort beliefert werden kann, und bezeichnet man die vom Ausgangsort A_i zum Bestimmungsort B_j transportierten Mengen mit x_{ij} sowie die unterschiedlichen Transportkosten pro Mengeneinheit von den Orten A_i zu den Orten B_j mit c_{ij}, so läßt sich das Transportproblem mathematisch wie folgt formulieren:

Minimiere die Funktion

$$z = \sum_{j=1}^{n} \sum_{i=1}^{m} c_{ij} x_{ij}.$$

---

[1] Transportprobleme wurden erstmals untersucht von *Hitchcock* [1941], *Koopmans* [1949], *Dantzig* [1950], *Charnes/Cooper* [1954] *Ford/Fulkerson* [1956].

unter den Bedingungen

$$\sum_{j=1}^{n} x_{ij} = a_i \quad i = 1, 2 \ldots m \qquad \sum_{i=1}^{m} a_i = \sum_{j=1}^{n} b_j$$

$$\sum_{i=1}^{m} x_{ij} = b_j \quad j = 1, 2 \ldots n \qquad x_{ij} \geq 0,$$

wobei a_i das Angebot der Güter in den Ausgangsorten $i = 1, 2, \ldots m$; b_j der Bedarf der Güter in den Bestimmungsorten $j = 1, 2, \ldots n$.

Die einzelnen Informationen werden zweckmäßig in einer Tabelle angeordnet.

Ausgangs- ort i	Bestimmungsort j					Angebot a_i
	1	2	3	...	n	
1	c_{11}	c_{12}	c_{13}	...	c_{1n}	a_1
2	c_{21}	c_{22}	c_{23}	...	c_{2n}	a_2
⋮	⋮	⋮	⋮		⋮	⋮
m	c_{m1}	c_{m2}	c_{m3}	...	c_{mn}	a_m
Bedarf b_j	b_1	b_2	b_3	...	b_n	

Obwohl sich Probleme dieser Art grundsätzlich auch mit der Simplex-Methode lösen lassen, existiert hierfür eine spezielle Lösungsmethode, die sogenannte Distributionsmethode, die älter ist als die Simplex-Methode und leichter zu handhaben ist. Später stellte sich dann heraus, daß das Transportproblem in seiner mathematischen Struktur ein Spezialfall der Linearen Optimierung ist.

In Beispiel 3.1 soll gezeigt werden, wie ein Transportproblem mit der Simplex-Methode gelöst werden kann.

Beispiel 3.1:
Von drei Produktionsstätten (Ausgangsorten), an denen ein Produkt in den Mengen (Angebot) 40, 90 bzw. 80 hergestellt wird, sollen fünf Warenhäuser (Bedarfsorte) beliefert werden. Der Bedarf der Warenhäuser sei 30, 50, 40, 60 bzw. 30 Einheiten. Die Entfernungen und damit auch die Transportkosten sind unterschiedlich groß. Die Kosten pro Mengeneinheit c_{ij} sind wie folgt gegeben:

Kostenmatrix (DM/Mengeneinheit)

von \ zu	j = 1	2	3	4	5
i = 1	16	12	18	17	19
2	14	13	17	15	14
3	15	16	14	18	13

Das Problem besteht nun darin, die Stückzahlen auf den 15 möglichen Transportverbindungen so festzulegen, daß die Gesamttransportkosten minimiert werden.
Es empfiehlt sich zunächst einmal die Mengenmatrix aufzustellen.

Mengenmatrix (Mengeneinheiten)

Ausg.-O. \ Best.-O.	j = 1	2	3	4	5	Angebot a_i
i = 1	x_{11}	x_{12}	x_{13}	x_{14}	x_{15}	40
2	x_{21}	x_{22}	x_{23}	x_{24}	x_{25}	90
3	x_{31}	x_{32}	x_{33}	x_{34}	x_{35}	80
Bedarf b_j	30	50	40	60	30	210

Die Zielfunktion lautet dann

$$z = 16x_{11} + 12x_{12} + 18x_{13} + \ldots + 18x_{34} + 13x_{35} \to \text{Minimum}.$$

Als Restriktionen sind zu beachten

$$x_{11} + x_{12} + x_{13} + x_{14} + x_{15} = 40$$
$$x_{21} + x_{22} + x_{23} + x_{24} + x_{25} = 90$$
$$x_{31} + x_{32} + x_{33} + x_{34} + x_{35} = 80$$
$$x_{11} + x_{21} + x_{31} = 30$$
$$x_{12} + x_{22} + x_{32} = 50$$
$$x_{13} + x_{23} + x_{33} = 40$$
$$x_{14} + x_{24} + x_{34} = 60$$
$$x_{15} + x_{25} + x_{35} = 30$$
$$x_{ij} \geq 0.$$

Damit ergibt sich folgende 1. Simplex-Tabelle (Ausgangslösung):

1. Tabelle z = 0	x_{11}	x_{12}	x_{13}	x_{14}	x_{15}	x_{21}	x_{22}	x_{23}	x_{24}	x_{25}	x_{31}	x_{32}	x_{33}	x_{34}	x_{35}
	−16	−12	−18	−17	−19	−14	−13	−17	−15	−14	−15	−16	−14	−18	−13
$y_1(g) = 40$	1	1	1	1	1										
$y_2(g) = 90$						1	1	1	1	1					
$y_3(g) = 80$											1	1	1	1	1
$y_4(g) = 30$	1					1					1				
$y_5(g) = 50$		1					1					1			
$y_6(g) = 40$			1					1					1		
$y_7(g) = 60$				1					1					1	
$y_8(g) = 30$					1					1					1

Nach sieben Iterationen entsprechend dem Simplex-Algorithmus erhält man die Lösung

$z_{min} = 2890$ $x_{12} = 40$ $x_{21} = 20$ $x_{22} = 10$
$x_{24} = 60$ $x_{31} = 10$ $x_{33} = 40$.
$x_{35} = 30$ $x_{23} = 0$

Die Belieferung der fünf Warenhäuser durch die drei Produktionsstätten verursacht nur DM 2890,00 Transportkosten, wenn sie wie in folgender Matrix angegeben erfolgt:

Lösungsmatrix (Mengeneinheiten)

von \ nach	j = 1	2	3	4	5	Angebot a_i
i = 1		40				40
2	20	10		60		90
3	10		40		30	80
Bedarf b_j	30	50	40	60	30	210

3.1.2. Lösung von Transportproblemen mit der Distributionsmethode

Die Lösung von Transportproblemen mit der Simplex-Methode ist zwar möglich, aber – wie Beispiel 3.1 zeigt – sehr rechenaufwendig. Die Besonderheiten der Transportprobleme, nämlich Gleichungen als Restriktionen und nur Koeffizienten mit den Werten 0 und 1 in den Restriktionen, legen es nahe, eine besondere Lösungsmethode zu verwenden.

Im Folgenden soll die Vorgehensweise bei der speziell auf Transportprobleme zugeschnittenen Distributionsmethode beschrieben und an Beispielen erläutert werden; das Verfahren besteht aus vier Stufen.

Stufe 1: Ausgleichsprüfung

Es ist zu prüfen, ob die Angebotssumme $\sum_{i=1}^{m} a_i$ der Bedarfssumme $\sum_{j=1}^{n} b_j$ entspricht.

Falls Angebot und Bedarf nicht ausgeglichen sind, werden Ausgleichszeilen bzw. Ausgleichsspalten eingeführt. Eine Ausgleichsspalte (fiktiver Abnehmer) ist einzuführen, wenn $\Sigma a_i > \Sigma b_j$. Eine Ausgleichszeile (fiktiver Lieferant) ist einzuführen, wenn $\Sigma a_i < \Sigma b_j$. Die Kostenwerte in den fiktiven Spalten oder Zeilen werden sehr hoch gesetzt, da Belegungen dieser Spalten oder Zeilen unerwünscht sind.

Stufe 2: Matrizenreduktion

Insbesondere wenn die optimale Lösung mittels der Stepping-Stone-Methode manuell bestimmt werden soll, ist eine Reduktion der Kostenmatrix zu empfehlen, weil sich dadurch die Rechenarbeit und damit die Fehlermöglichkeit stark reduziert (vgl. Beispiel 3.2).

Nach einem Satz aus der Matrizen-Rechnung bleibt das Verteilungsproblem unverändert, wenn die Elemente in irgendeiner Zeile oder Spalte der Kostenmatrix um die gleiche Größe vermehrt oder vermindert werden.

Die Reduktion der Kostenmatrix kann in mehreren Schritten erfolgen:

a) Das kleinste Element der Matrix wird von allen anderen Elementen der Matrix subtrahiert.

b) Das kleinste Element aus jeder Spalte wird von allen Elementen dieser Spalte subtrahiert; dadurch verschwindet in jeder Spalte ein Koeffizient.

c) Wenn nicht in jeder Zeile wenigstens ein Koeffizient Null wird, ist in einer weiteren Reduktion das kleinste Element jeder Zeile der reduzierten Matrix von allen Elementen dieser Zeile zu subtrahieren.

Stufe 3: Festlegung einer Ausgangslösung

Wie bei der Lösung mit der Simplex-Methode muß zunächst auch hier eine zulässige Ausgangslösung bestimmt werden. Für die Aufstellung der Ausgangslösung existieren mehrere Verfahren:

a) *Nord-Westecken-Verfahren,*
b) *Bewertungsverfahren,*
c) *Vogelsches Approximations-Verfahren.*

Das Nord-Westecken-Verfahren wird bei der Lösung mit EDV-Anlagen bevorzugt, während das Bewertungsverfahren bei manueller Lösung insofern zweckmäßiger ist, als es zu einer besseren Ausgangslösung führt, d. h. zu einer Ausgangslösung, die näher bei der optimalen Lösung liegt; das Vogelsche Approximations-Verfahren führt sogar häufig direkt zur optimalen Lösung.

Zunächst soll der Algorithmus (Rechenvorschrift) dieser Verfahren verbal und im Ablaufdiagramm dargestellt werden, obwohl es für den Leser vielfach einfacher ist, diese Verfahren anhand der folgenden Beispiele zu studieren; für die Programmierung dieser Verfahren und maschinelle Lösung von Transportproblemen auf Datenverarbeitungsanlagen ist jedoch eine eingehende Analyse nicht zu umgehen.

Algorithmus für das Nord-Westecken-Verfahren (vgl. Bild 3.1)

Beginnend mit der Nord-Westecke der Mengenmatrix werden die Felder mit soviel Transporteinheiten belegt, daß weder die Begrenzung hinsichtlich der Angebotsmengen a_i noch hinsichtlich der Bedarfsmengen b_j überschritten wird.

Bei der manuellen Festlegung der Mengen x_{ij} wird wie folgt vorgegangen (vgl. Beispiel 3.2):

1. Ist $a_1 > b_1$, so wird $x_{11} = b_1$ gesetzt. Man schreitet dann waagerecht fort und legt die Menge x_{12} durch Vergleich von b_2 und $a_1 - x_{11}$ fest, usw. ...

2. Ist $a_1 < b_1$, so wird $x_{11} = a_1$ gesetzt. Man schreitet dann senkrecht weiter und bestimmt die Menge x_{21} durch Vergleich von a_2 und $b_1 - x_{11}$, usw. ...

3. Ist $a_1 = b_1$, so wird $x_{11} = a_1 = b_1$ gesetzt. Man schreitet dann waagerecht weiter, setzt $x_{12} = 0$, schreitet senkrecht weiter und legt x_{22} entsprechend Schritt 1 bis 3 fest.

    (Man kann auch zunächst senkrecht weiterschreiten, $x_{21} = 0$ setzen und dann waagerecht weiterschreiten um x_{22} festzulegen.)

    Die Belegung mit Null-Mengen wird erforderlich, um Degenerationen zu beseitigen, die nämlich auftreten, wenn weniger als $(m + n - 1)$ Felder festgelegt wurden.

4. Man verfahre nach 1 bis 3 solange, bis die Menge x_{mn} festgelegt ist.

Algorithmus für das sich am Matrixminimum orientierende Bewertungsverfahren (vgl. Bild 3.2)

Man trägt die Werte c_{ij} der Kostenmatrix in die rechten oberen Ecken der Felder der Mengenmatrix ein und beginnt mit der Festlegung der Mengen x_{ij} bei dem Feld mit dem kleinsten Wert c_{ij}; dabei ist es unerheblich, ob vorher eine Matrixreduktion vorgenommen wurde oder nicht.

Bei der Festlegung der Mengen x_{ij} wird wie folgt vorgegangen (vgl. Beispiel 3.2):

1. Ermittle das Feld i, j mit dem Wert $\min(c_{ij})$. Falls mehrere Felder mit gleichem $\min(c_{ij})$ existieren, wähle irgend eines der betreffenden Felder aus.

2. Ist für das gewählte Feld $a_i > b_j$, so wird $x_{ij} = b_j$ gesetzt. Man markiere diese Spalte als belegt (z.B. durch Streichung der c_{ij} oder durch *) und ersetze in diese Zeile a_i durch $a_i - x_{ij}$.

3. Ist für das gewählte Feld $a_i < b_j$, so wird $x_{ij} = a_i$ gesetzt. Man markiere diese Zeile als belegt und ersetze in dieser Spalte b_j durch $b_j - x_{ij}$.

4. Ist im gewählten Feld $a_i = b_j$, so wird $x_{ij} = a_i = b_j$ gesetzt. Man markiere Zeile und Spalte als belegt und ermittle das Feld mit dem nächsthöheren c_{ij} aus der betroffenen Zeile und setze hier $x_{ij} = 0$ ein. (Dies geschieht zur Verhinderung einer Degeneration, die auftritt, wenn weniger als $(m + n - 1)$ Felder belegt sind.)

5. Die Schritte 1 bis 4 werden für die Restmatrix — bestehend aus den noch nicht markierten Zeilen und Spalten — solange wiederholt, bis alle Zeilen und Spalten markiert sind.

3. Transport- und Zuordnungsoptimierung 95

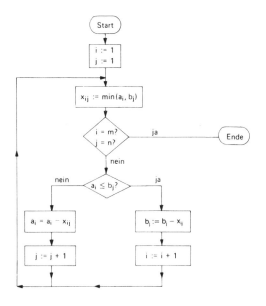

Bild 3.1
Ablaufdiagramm: Nord-Westecken-Verfahren zur Aufstellung einer Ausgangslösung

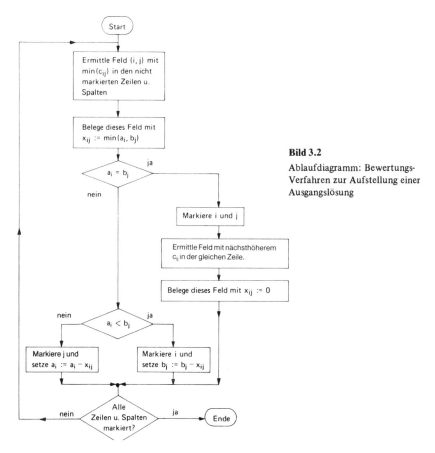

Bild 3.2
Ablaufdiagramm: Bewertungs-Verfahren zur Aufstellung einer Ausgangslösung

Algorithmus für das Vogelsche Approximationsverfahren

Bei diesem Verfahren erübrigt sich eine Matrixreduktion.

1. Man suche in jeder Zeile und Spalte der Kostenmatrix den niedrigsten und den nächsthöheren Kostensatz, bilde die Differenz d zwischen beiden und trage diese als letzte Spalte und letzte Zeile in die Kostenmatrix (vgl. Beispiel 3.2).
2. Man bestimme in der Spalte oder Zeile mit max(d) das Feld mit min(c_{ij}). Sind mehrere gleiche max(d) vorhanden, so wähle man die Zeile bzw. Spalte mit dem niedrigeren min(c_{ij}). Dieses Feld belege man mit x_{ij} = min(a_i, b_j).
3. Falls $x_{ij} = a_i$, so wird die zugehörige Zeile der Kostenmatrix gestrichen und der Bedarf in der zugehörigen Spalte korrigiert; $b_j := b_j - x_{ij}$.

   Falls $x_{ij} = b_j$, so wird die zugehörige Spalte der Kostenmatrix gestrichen und das Angebot in der zugehörigen Zeile korrigiert; $a_i := a_i - x_{ij}$.

   Falls $x_{ij} = a_i = b_j$, so wird trotzdem nur entweder die zugehörige Zeile oder Spalte gestrichen, um einer Entartung (d. h. weniger als n + m − 1 Felder sind belegt) vorzubeugen.
4. Mit der Rest-Kostenmatrix wird verfahren wie unter 1. bis 3. angegeben.

Man versuche auch für dieses Verfahren ein Ablaufdiagramm zu erstellen!

Stufe 4: Ermittlung der optimalen Lösung

Nach Festlegung einer zulässigen Ausgangslösung ist nunmehr zu prüfen, ob diese Ausgangslösung bereits die optimale Lösung ist bzw. wie man aus der Ausgangslösung die optimale Lösung, d. h. die Lösung mit minimalen Gesamtkosten ermittelt.

Für die Ermittlung der optimalen Lösung existieren zwei Verfahren:

a) die *Stepping-Stone-Methode (Zyklenmethode)*,
b) die *MODI-Methode (Modifizierte Distributionsmethode,* auch *u-v-Methode* bezeichnet).

Es ist zu empfehlen, die folgende Beschreibung der Algorithmen im Zusammenhang mit Beispiel 3.2. zu studieren.

Algorithmus der Stepping-Stone-Methode (Zyklenmethode)

Ausgehend von jedem noch nicht belegten Feld in der Matrix der Ausgangslösung sucht man den kürzesten Zyklus (kürzesten Pfad) der über belegte Felder zum Ausgangsfeld zurückführt; dieser Zyklus wird dahingehend geprüft, ob eine Verschiebung einer Mengeneinheit (zyklische Vertauschung) auf diesem Pfad zu einer Senkung der Gesamttransportkosten führt. Trifft dies zu, so wird durch eine solche Verschiebung die Lösung verbessert.

Der Algorithmus besteht aus folgenden Schritten (vgl. Beispiel 3.2):

1. Man belege ein noch freies Feld fiktiv mit x_{ij} = 1 und schreite zunächst waagerecht zu einem bereits belegten Feld weiter, das einen senkrechten Richtungswechsel zu einem ebenfalls belegten Feld erlaubt; reduziere die Menge x_{ij} des waagerecht angegangenen belegten Feldes um eine Mengeneinheit (fiktiv). (Dadurch wird die Zeile hinsichtlich der Beschränkung a_i korrigiert.)
2. Man schreite sodann vom mengenmäßig reduzierten Feld senkrecht zu einem belegten Feld weiter, das einen erneuten Wechsel in waagerechter Richtung – zum Ausgangsfeld zurück oder zu einem anderen belegten Feld – erlaubt; erhöhe die Menge x_{ij} des senkrecht angegangenen Feldes fiktiv um eine Einheit. (Dadurch wird die Spalte hinsichtlich der Beschränkung b_j korrigiert.)
3. Addiere die c_{ij} aller Felder, die um eine Mengeneinheit erhöht wurden (senkrecht angegangene Felder) und subtrahiere die c_{ij} der Felder, die um eine Mengeneinheit reduziert wurden (waagerecht angegangene Felder). Den so erhaltenen Wert Δz notiere in die rechte untere Ecke des Ausgangsfeldes.

3. Transport- und Zuordnungsoptimierung

4. Wiederhole die Schritte 1 bis 3 für jedes in der Ausgangslösung nicht belegte Feld der Mengenmatrix. (Sofern in der Ausgangslösung $m + n - 1$ Felder belegt waren, existiert für jedes freie Feld ein Zyklus (Pfad) aus nur belegten Feldern.)
5. Für Felder mit $\Delta z < 0$ ist eine Verbesserung der Lösung durch eine Mengenverschiebung auf dem in den Schritten 1 bis 2 gefundenen Zyklus möglich. Ermittle min(x_{ij}) der waagerecht angegangenen Felder diese Zyklus und belege das durch $\Delta z < 0$ gekennzeichnete Feld mit dieser Menge; korrigiere die anderen Mengen auf diesem Zyklus derart, daß die Beschränkungen a_i und b_j eingehalten werden.
6. Sind alle $\Delta z > 0$, so liegt die optimale Lösung vor.
7. Falls ein Feld mit $\Delta z = 0$ vorliegt, so existieren mehrere optimale Lösungen, die man durch Mengenverschiebungen auf dem zugehörigen, in den Schritten 1 bis 2 ermittelten Zyklus findet. Man findet diese alternativen optimalen Lösungen durch entsprechende Anwendung des Satzes 2 des Schrittes 5.

Algorithmus der MODI-Methode (u-v-Methode)

Ausgehend von der Ausgangslösung und der Kostenmatrix c_{ij} wird eine Zwischenmatrix z_{ij} erstellt. Durch Subtraktion der beiden Matrizen erhält man die für die Beurteilung einer Verbesserung der Ausgangslösung maßgebenden Werte $\Delta z_{ij} = c_{ij} - z_{ij}$ wesentlich leichter und schneller als bei der Stepping-Stone-Methode. Nur für die Felder mit $\Delta z < 0$ ist sodann ein Verschiebezyklus zu suchen und die Umverteilung der belegten Mengen vorzunehmen.

Der Algorithmus für die MODI-Methode besteht aus folgenden Schritten (vgl. Beispiel 3.2):

1. Die c_{ij} der in der Ausgangslösung belegten Felder werden in die z_{ij}-Matrix übernommen.
2. Die Werte u_i der Vorspalte und die v_j der Kopfzeile der z_{ij}-Matrix werden unter Berücksichtigung von $v_1 = 0$ und $u_i + v_j = c_{ij}$ (eingetragen) ermittelt.
3. Die übrigen Werte der z_{ij}-Matrix werden mit $z_{ij} = u_i + v_j$ ermittelt.
4. Subtraktion der z_{ij}-Matrix von der c_{ij}-Matrix, d. h. Ermittlung der Werte $\Delta z_{ij} = c_{ij} - z_{ij}$ für alle freien Felder.
5. Sind alle $\Delta z \geq 0$, so liegt eine optimale Lösung vor.
6. Für Felder mit $\Delta z < 0$ führt eine zyklische Vertauschung der Mengen (wie bei der Stepping-Stone-Methode) zu einer Verbesserung der Lösung. Falls mehrere Felder mit negativem Δz vorhanden sind, beginnt man mit dem Feld mit dem absolut kleinsten Δz.
7. Die so erhaltene neue Lösung ist wiederum entsprechend Schritt 1 bis 5 auf Optimalität zu prüfen.

Beispiel 3.2:

Das in Beispiel 3.1 beschriebene Transportproblem ist nun mit der Distributionsmethode zu lösen; dabei sollen alle dargestellten Verfahren zur Festlegung der Ausgangslösung und zur Ermittlung der optimalen Lösung verwendet werden.

Aufgabe:

Von drei Produktionsstätten (Ausgangsorten), an denen ein Produkt in den Mengen (Angebot) 40, 90 bzw. 80 hergestellt wird, sollen fünf Warenhäuser (Bedarfsorte) beliefert werden. Der Bedarf der Warenhäuser sei 30, 50, 40, 60 bzw. 30 Einheiten. Die Entfernungen und damit auch die Transportkosten sind unterschiedlich groß. Die Kosten pro Mengeneinheit c_{ij} sind wie folgt gegeben:

Kostenmatrix (DM/Mengeneinheit)

von \ nach	j = 1	2	3	4	5
i = 1	16	12	18	17	19
2	14	13	17	15	14
3	15	16	14	18	13

Das Problem besteht nun darin, die Stückzahlen auf den 15 möglichen Transportverbindungen so festzulegen, daß die Gesamttransportkosten minimiert werden.

1. Manuelle Festlegung der Ausgangslösung

a) Nord-Westecken-Verfahren nach vorheriger Matrixreduktion

Angebot und Bedarf sind ausgeglichen. Durch spaltenweise Reduktion erhält man folgende Kostenmatrix:

vor \ nach	j = 1	2	3	4	5
i = 1	2	0	4	2	6
2	0	1	3	0	1
3	1	4	0	3	0

Nach der Nord-Westecken-Methode erhält man folgende Ausgangslösung:

Ausgangslösung

	j = 1	2	3	4	5	a_i
i = 1	2 / 30	0 / 10	4	2	6	40
2	0	1 / 40	3 / 40	0 / 10	1	90
3	1	4	0	3 / 50	0 / 30	80
b_j	30	50	40	60	30	210

Die Zahlen rechts oben in jedem Feld sind die Elemente der Kostenmatrix. Die Zahlen mitten im Feld sind die zunächst gewählten x_{ij}.

Die Qualität dieser Ausgangslösung kann durch die Höhe der Transportkosten angegeben werden. Mit den reduzierten Kosten pro Mengeneinheit ergeben sich Gesamtkosten von

$$z = \sum_j \sum_i c_{ij} x_{ij} = 60 + 40 + 120 + 150 = 370.$$

b) Bewertungsverfahren ohne und mit vorheriger Matrixreduktion

Nachdem die c_{ij}-Werte in die Mengenmatrix übertragen sind, wird mit der Festlegung der Ausgangslösung begonnen; zum besseren Verständnis soll dies in mehreren Schritten dargestellt werden. (vgl. Algorithmus des Bewertungsverfahrens in Bild 3.2).

1. Schritt

	j = 1	2	3	4	5	a_i
i = 1	16	12 / 40	18	17	19	40 *[1]
2	14	13 / 10	17	15	14	90
3	15	16	14	18	13	80
b_j	30	50	40	60	30	210

*2

3. Transport- und Zuordnungsoptimierung   99

2. Schritt

	j = 1	2	3	4	5	a_i	
i = 1		40				40	*1
2	30 ⌐14	10	⌐17	⌐15	⌐14	90	
3	⌐15		⌐14	⌐18	30 ⌐13	80	
b_j	30	50	40	60	30	210	
	*4	*2			*3		

Ausgangslösung

x_{ij}	j = 1	2	3	4	5	a_i	
i = 1		40				40	*1
2	30	10	⌐17	50 ⌐15		90	*6
3			40 ⌐14	10 ⌐18	30	80	*7
b_j	30	50	40	60	30	210	
	*4	*2	*5	*7	*3		

Bemerkung:
Die Zahlen hinter den Markierungen * geben die Reihenfolge der Markierung an. Die c_{ij}-Werte der bereits markierten Spalten und Zeilen interessieren bei den folgenden Schritten zur Erstellung der Ausgangslösung nicht mehr.

Nach vorheriger Matrixreduktion erhält man mit der Bewertungsmethode die gleiche Ausgangslösung wie auch ohne die Reduktion.

	j = 1	2	3	4	5	a_i	
i = 1	⌐2	40 ⌐0	⌐4	⌐2	⌐6	40	*1
2	30 ⌐0	10 ⌐1	⌐3	50 ⌐0	⌐1	90	*4
3	⌐1	⌐4	40 ⌐0	10 ⌐3	30 ⌐0	80	*7
b_j	30	50	40	60	30	210	
	*2	*3	*6	*5	*7		

Die Kosten – mit Berücksichtigung der Matrizenreduktion – ergeben sich zu

$$z = \sum_j \sum_i c_{ij} x_{ij} = 10 + 30 = 40.$$

Es wird deutlich, daß diese Ausgangslösung wesentlich besser ist, als die mit dem Nord-Westecken-Verfahren ermittelte.

c) *Vogelsches Approximationsverfahren*[1]) *ohne Matrixreduktion*
Zum besseren Verständnis sollen die Schritte einzeln dargestellt werden

1. Schritt

	1	2	3	4	5	a_i	d_i
1	16	12	18	17	19	40	4
2	14	13	17	15	14	90	1
3	15	16	14	18	13	80	1
b_j	30	50	40	60	30		
d_j	1	1	3	2	1		

2. Schritt

	1	2	3	4	5	a_i	d_i
1	–	*40*	–	–	–	–	–
2	14	13	17	15	14	90	1
3	15	16	14	18	13	80	1
b_j	30	10	40	60	30		
d_j	1	3	3	3	1		

3. Schritt

	1	2	3	4	5	a_i	d_i
1	–	*40*	–	–	–	–	–
2	14	*10*	17	15	14	80	1
3	15	–	14	18	13	80	1
b_j	30	–	40	60	30		
d_j	1	–	3	3	1		

4. Schritt

	1	2	3	4	5	a_i	d_i
1	–	*40*	–	–	–	–	–
2	14	*10*	–	*60*	14	20	0
3	15	–	*40*	–	13	40	2
b_j	30	–	–	–	30		
d_j	1	–	–	–	1		

Ausgangslösung

	1	2	3	4	5	a_i
1	–	*40*	–	–	–	40
2	*20*	*10*	–	*60*	–	90
3	*10*	–	*40*	–	*30*	80
b_j	30	50	40	60	30	

Die kursiv eingetragenen Zahlen sind x_{ij}-Werte.

Die nebenstehende Ausgangslösung ist, wie aus Beispiel 3.1 bekannt, bereits eine Optimallösung.

---

[1]) *Reinfeld, N. V., Vogel, W. R.*: Mathematical Programming. Englewood Cliffs 1958.

2. Manuelle Ermittlung der optimalen Lösung

a) Stepping-Stone-Verfahren

Ausgehend von der Ausgangslösung nach dem Bewertungsverfahren mit vorheriger Matrixreduktion soll nunmehr die iterative Verbesserung nach dem Stepping-Stone-Verfahren erfolgen.

In der folgenden Tabelle wird untersucht, wie sich die Kosten durch Belegung des Feldes $i = 3, j = 1$ mit einer Einheit ändern.

	$j = 1$	2	3	4	5	a_i
$i = 1$	2	0 / 40	4	2	6	40
2	0 / 30 −1	1 / 10	3 / 50 +1	0	1	90
3	1 / +1 / −2	4	0 / 40	0 / 10 −1	3 / 30	80
b_j	30	50	40	60	30	210

Für den in der obigen Tabelle durchgeführten Zyklus ergibt sich $\Delta z = 1 - 3 + 0 - 0 = -2$, d. h. die Kosten würden bei Hereinnahme des Elementes x_{31} in das Programm um 2 Einheiten niedriger; aus diesem Grunde ist eine Änderung des Programms in dieser Richtung sehr sinnvoll.

Das Belegen eines bisher ungenutzten Elementes x_{ij} (Aktivieren eines unbenutzten Transportweges) nach dem Stepping-Stone-Verfahren verursacht also eine Reihe horizontaler und vertikaler Schritte; in einem Zyklus dürfen allerdings außer *einem* bisher unbenutzten Element nur bereits belegte Elemente herangezogen werden; so ergeben sich häufig Schleifen in einem Zyklus, wie aus der folgenden Tabelle zu ersehen ist:

	$j = 1$	2	3	4	5	a_i
$i = 1$	2 / +3	0 / 40 −1	4 / +1 / +8	2 / +3	6 / +10	40
2	0 / 30	1 / 10 +1 / +6	3 / 50 −1	0	1 / +4	90
3	1 / −2	4 / 0	0 / 40 −1	3 / 10 +1	0 / 30	80
b_j	30	50	40	60	30	210

Mit Hilfe solcher Stepping-Stone-Zyklen werden nacheinander alle nicht belegten Felder hinsichtlich einer Kostenverminderung betrachtet.

Es zeigt sich, daß nur die Belegung des Elementes x_{31} bei Benutzung des oben dargestellten Zyklus zu einer Kostenreduktion von $\Delta z = 2$ pro Transporteinheit führt. Deshalb wird in diesem Sinne eine Umdisponierung vorgenommen. Die verbesserte Lösung ist in der folgenden Tabelle wiedergegeben.

Die Kosten z – mit Berücksichtigung der Matrizenreduktion – ergeben sich zu $z = 20$.

Durch nochmalige Stepping-Stone-Betrachtung werden wiederum die Δz für die freien Felder bestimmt.

	$j = 1$	2	3	4	5	a_i
$i = 1$	2 / +3	0 / 40	4 / +6	2 / +3	6 / +8	40
2	0 / 20	1 / 10	3 / +4	0 / 60	1 / +2	90
3	1 / 10	4 / +2	0 / 40	3 / +2	0 / 30	80
b_j	30	50	40	60	30	210

Da keine Verbesserung mehr durch Programmänderung erzielt werden kann, ist das optimale Programm erreicht.
Die Gesamt-Transportkosten belaufen sich unter Berücksichtigung der ursprünglichen Kostenmatrix auf
$$z = z_{min} = 2890 \text{ DM}$$

b) MODI-Verfahren
Bei der Darstellung soll ausgegangen werden von der Ausgangslösung nach dem Bewertungsverfahren *ohne* vorherige Matrixreduktion; zum besseren Verständnis werden auch hier die einzelnen Schritte wieder erfaßt. (Gegebenenfalls ist der Algorithmus des MODI-Verfahrens erneut heranzuziehen.)

1. Schritt

u_i \ v_j					
		12			
	14	13		15	
			14	18	13

2. Schritt

u_i \ v_j	0	−1	−3	1	−4
13		12			
14	14	13		15	
17			14	18	13

Voraussetzung $v_1 = 0$ und $u_i + v_j = c_{ij}$

Zwischenmatrix Z_{ij}

u_i \ v_j	0	−1	−3	1	−4
13	(13)	12	(10)	(14)	(9)
14	14	13	(11)	15	(10)
17	(17)	(16)	14	18	13

$z_{ij} = u_i + v_j$ für alle in der Ausgangslösung nicht belegten Felder.

Nun erfolgt die Subtraktion der z_{ij}-Matrix von der c_{ij}-Matrix, d. h. die Errechnung der Werte $\Delta z_{ij} = c_{ij} - z_{ij}$ für alle in der Ausgangslösung nicht belegten Felder; so erhält man die Differenzmatrix

Differenzmatrix ΔZ_{ij}

ΔZ_{ij}	j = 1	2	3	4	5
i = 1	3		8	3	10
2			6		4
3	−2	0			

3. Transport- und Zuordnungsoptimierung

Da die Δz_{ij}-Matrix noch ein negatives Element enthält, ist eine Verbesserung der Ausgangslösung möglich; der Zyklus auf dem eine Verschiebung möglich ist, wurde in die Mengenmatrix der Ausgangslösung eingetragen.

Ausgangslösung

x_{ij}	j = 1	2	3	4	5	a_i
i = 1		40				40
2	30	10		50		90
3			40	10	30	80
b_j	30	50	40	60	30	210

Neue Lösung

x_{ij}	j = 1	2	3	4	5	a_i
i = 1		40				40
2	20	10		60		90
3	10		40		30	80
b_j	30	50	40	60	30	210

Diese neue Lösung ist durch Bildung der neuen Zwischenmatrix und Subtraktion von der c_{ij}-Matrix wiederum auf Optimalität zu prüfen. Da keine $\Delta z_{ij} < 0$ vorliegen, ist die gefundene Lösung die optimale Lösung.

Zwischenmatrix Z_{ij}

u_i \ v_j	0	−1	−1	1	−2
13	(13)	12	(12)	(14)	(11)
14	14	13	(13)	15	(12)
15	15	(14)	14	(16)	13

Differenzmatrix ΔZ_{ij}

ΔZ_{ij}	j = 1	2	3	4	5
i = 1	3		6	3	8
2			4		2
3		2		2	

3. Maschinelle Lösung

Immer dann, wenn derartige Aufgaben häufiger zu lösen sind, empfiehlt sich die Erstellung eines EDV-Programmes.

3.1.3. Sonderfälle

3.1.3.1. Liefer- und Abnahmeverpflichtungen

Falls für verschiedene Lieferanten bzw. Abnehmer besondere Liefer- bzw. Abnahmeverpflichtungen vorliegen, so werden diese vorab berücksichtigt. In das eigentliche Transportproblem gehen dann nur die korrigierten Angebots- und Bedarfsmengen ein.

3.1.3.2. Beschränkte Durchlässigkeit der Transportwege

Bei praktischen Aufgaben sind die Frachtmengen auf manchen Wegen nicht beliebig, sondern häufig beschränkt. Bei der Festlegung der Ausgangslösung als auch bei der Ermittlung der Optimallösung müssen deshalb diese Mengenbeschränkungen beachtet werden.

Falls einige Wege für den Transport grundsätzlich gesperrt sind, so wird dort $c_{ij} = \infty$ (oder M, d. h. eine sehr große Zahl) eingesetzt.

3.1.3.3. Mehrstufige Transportprobleme (Umladeprobleme)

Häufig muß ein Transport von einem Ausgangsort A_i (z. B. Hersteller) zu einem Bestimmungsort B_j (z. B. Verbraucher) über einen Zwischenort Z_k (z. B. Großhändler) geleitet und dort umgeladen werden.

Falls ein solches mehrstufiges Transportproblem dadurch gekennzeichnet ist, daß die Kapazitäten aller drei Ortsgattungen gleich ist, nämlich $\Sigma z_k = \Sigma a_i = \Sigma b_j$ so kann es gelöst werden, indem man es in zwei einstufige Transportprobleme aufteilt.

Falls sich die Kapazitäten jedoch nicht entsprechen, so führt eine getrennte Lösung der beiden Teilprobleme meist nicht zum Optimum. (Die Summe der Teiloptima ergibt eben nicht zwingend das Gesamtoptimum.)

Die Vorgehensweise bei der Lösung eines solchen allgemeinen Umladeproblemes ist im folgenden Beispiel gezeigt.

Beispiel 3.3:

Zwei Hersteller A_i beliefern drei Auslieferungsläger Z_k, die ihrerseits die Ware an vier Kaufhäuser B_j verteilen. Es ist das kostenminimale Lieferschema zu bestimmen, wenn die Transportkosten und die Kapazitäten gegeben sind.

	Z_1	Z_2	Z_3	B_1	B_2	B_3	B_4	Kapazität
A_1	2	3	4	∞	∞	∞	∞	80 ME
A_2	7	6	5	∞	∞	∞	∞	80 } 160
Z_1	0	∞	∞	1	2	3	4	50
Z_2	∞	0	∞	6	4	8	3	60
Z_3	∞	∞	0	5	3	1	3	40
Kapazität	50	60	40	40	30	20	50	
				_____ 140 _____				

Der rechte obere Block der Kostenmatrix zeigt an, daß die Hersteller die Kaufhäuser nicht direkt beliefern dürfen (Wege sind gesperrt).

Im linken unteren Block der Matrix wird zum Ausdruck gebracht, daß

1. der Transport von einem Lager zum anderen unsinnig ist und deshalb gesperrt ist, und
2. der Transport eines Lagerhauses „zu sich selbst" erlaubt ist; die „Null-Diagonale" nimmt die noch freien Kapazitäten des Lagers auf.

3. Transport- und Zuordnungsoptimierung 105

Lösung:

Die Ausgleichsprüfung ergibt, daß das Angebot der Hersteller den Bedarf der Kaufhäuser übersteigt; es wird ein fiktiver Abnehmer als zusätzliche Spalte eingeführt.

Bei der Festlegung der Ausgangslösung wird entweder zunächst der obere linke Block belegt und über das Ausfüllen der „Null-Diagonalen" zur Belegung des rechten unteren Blockes geschritten, oder aber es wird der umgekehrte Weg gegangen (vom rechten unteren Block rückwärts über die Nulldiagonale zum linken oberen Block). Man beachte, daß (m + n − 1) Felder belegt werden müssen; notfalls müssen Felder mit Null-Mengen belegt werden.

Durch Anwendung der Bewertungsmethode und beginnend mit dem linken oberen Block ergibt sich folgende Ausgangslösung:

	Z_1	Z_2	Z_3	B_1	B_2	B_3	B_4	Fikt. Abn.	Kapazität
A_1	50 ⌐2	30 ⌐3	+ ⌐4					⌐∞	80
A_2	+ ⌐7	20 ⌐6	40 ⌐5					20 ⌐∞	80
Z_1	⌐0			40 ⌐1	10 ⌐2	+ ⌐3	+ ⌐4		50
Z_2		10 ⌐0			0 ⌐6	⌐4	50 ⌐8	⌐3	60
Z_3			⌐0		+ ⌐5	20 ⌐3	20 ⌐1	+ ⌐3	40
Kapazität	50	60	40	40	30	20	50	20	310

Die Anwendung der Stepping-Stone-Methode zeigt, daß die Ausgangslösung bereits die optimale Lösung ist.

Hinweis:

Falls mehrere Felder der Null-Diagonalen in der Ausgangslösung belegt sind, können sich Stepping-Stone-Zyklen ergeben, die über die Nulldiagonalen aus einem Block in den anderen und wieder zurück laufen.

Die Gesamtkosten betragen $z = \Sigma c_{ij} x_{ij} = 800$ Geldeinheiten. Das Auslieferungslager Z_2 hat noch für 10 Mengeneinheiten freie Kapazität.

3.1.4. Praktische Anwendungen

Beispiel 3.4: (Aufgabenstellung nach *Hoffmann, W. G., Gülicher, H., Joksch, H. C.,* Studien zur wissenschaftlichen Verfahrensforschung (Operations Research), Köln-Opladen 1964, S. 81 ff.).

Eine Leerwagenverschiebung der Bundesbahn am 7. Mai 1958 ist durch folgende Angaben charakterisiert:

Versandorte \ Empfangsorte	Oldenburg	Rheine	Hamburg	Hagen	Angebot
Oberhausen	230 km	109 km	361 km	60 km	120 Wagen
Lippstadt	211 km	112 km	278 km	78 km	60 Wagen
Dortmund	215 km	94 km	325 km	30 km	120 Wagen
Rauxel	233 km	102 km	340 km	37 km	60 Wagen
Bedarf	60	120	120	60	360 Wagen

3. Transport- und Zuordnungsoptimierung

Die von Spezialisten der Bundesbahn ermittelte und tatsächlich durchgeführte Verschiebung erforderte 67 440 Leerwagen – km.

Es ist die objektiv-optimale Verschiebung zu ermitteln und die Verbesserung in % anzugeben. Nach einer spaltenweisen und zeilenweisen Matrix-Reduktion bringt der Ansatz nach dem Bewertungsverfahren folgende Ausgangslösung:

	j = 1	2	3	4	a_i	
i = 1	4 0	0 120	68	15 +16	120	*1
2		0	18 60	0	48	60	*2
3	4 60	0 0	47 60	0	120	*4
4	15	1 60	55	0 60	60	*5
b_j	60	120	120	60	360	
	*4	*1	*5	*3		

Anschließend wird das Stepping-Stone-Verfahren zur Optimierung angewendet.

Man beachte, daß alle Zyklen unmöglich sind, bei denen aus den Feldern mit $x_{ij} = 0$ irgendwelche Mengen herausgenommen werden müßten.

	j = 1	2	3	4	a_i
i = 1	4 0	0 120	68 –	15 –	120
2	0 +43	18 +65	0 60	48 95	60
3	4 60	0 ±0	47 60	0	120
4	15 +3	1 60 –7	55	0 60 –8	60
b_j	60	120	120	60	360

Nach der Belegung des Feldes 44 zeigt sich, daß zwei gleichgute optimale Lösungen existieren.

Die beiden gleichguten optimalen Lösungen:

	j = 1	2	3	4	
i = 1	60	60			120
2			60		60
3		60	60		120
4				60	60
	60	120	120	60	360

	j = 1	2	3	4	
i = 1		120			120
2			60		60
3	60		60		120
4				60	60
	60	120	120	60	360

erfordern z = 64 380 Leerwagen – km, d. h. 3 060 km = 4,5 % werden eingespart.

3. Transport- und Zuordnungsoptimierung

Beispiel 3.5: (Nach *Kreko* [1968, S. 272])
Einem Betrieb stehen drei Maschinen I, II und III mit einer Kapazität von je 40 Stunden/Zeitabschnitt zur Produktion von vier Artikeln A, B, C und D in unterschiedlichen Stückzahlen zur Verfügung. Diese Stückzahlen und die Produktivitäten (Stückzahl/Stunde) der Maschinen sind aus der folgenden Tabelle zu ersehen:

Maschine (alternativ)	Produkte				Kapazität
	A	B	C	D	
I	20	50	40	30	40 h
II	22	55	44	33	40 h
III	26	65	52	39	40 h
Geforderte Stückzahlen	500	1750	1200	1050	

Die Produktionskosten/Stück bei der Fertigung auf den einzelnen Maschinen sind folgende:

Maschine	Produkte			
	A	B	C	D
I	5,2	2,1	2,4	3,2
II	5,1	2,2	2,3	3,3
III	4,5	2,3	2,0	3,4

Beim Vergleich der Produktivitätsziffern der drei Maschinen (Artikelstückzahl/Stunde) stellt man eine Proportionalität I/II/III = 1/1,1/1,3 fest. Diese Proportionalität ermöglicht bei diesem Maschinenbelegungsproblem die Anwendung der Distributionsmethode.

Die Distributionsmethode kann bei Produktionsproblemen immer dann angewendet werden, wenn es sich um homogene Güter oder Produktionsfaktoren handelt; liegen dagegen verschiedene Produkte oder Produktionsfaktoren vor, kann die Lösung nur mit der Simplex-Methode erreicht werden.

Im vorliegenden Beispiel können die drei Maschinen wegen der bestehenden Proportionalität auf eine Standardmaschine zurückgeführt werden.

Die Maschine I wird als Standardmaschine angesehen: die Kapazitäten und herzustellenden Produktmengen werden in Standard-Stunden ausgedrückt, d. h. man gibt an, in wieviel Stunden die Maschine I ebensoviel leisten kann, wie die Maschine II und III in je 40 h, und in wieviel Stunden die Maschine I von den einzelnen Artikeln die geforderten Stückzahlen herstellen kann.

Maschine	Kapazität
I	$40 \cdot 1 \quad = 40$ Standard-Std.
II	$40 \cdot 1,1 = 44$ Standard-Std.
III	$40 \cdot 1,3 = 52$ Standard-Std.

Produkte	A	B	C	D
Benötigte Maschinenzeit in Standard-Std.	$\frac{500}{20}$ [1]) = 25	$\frac{1750}{50}$ = 35	$\frac{1200}{40}$ = 30	$\frac{1050}{30}$ = 35

---

[1]) Der Divisor ist die entsprechende Produktivität (Leistung) in Stückzahl/Stunde der Standardmaschine I.

Zur Ermittlung der Fertigungskosten/Standard-Std. werden die in der Kostenmatrix angegebenen Produktionskosten/Stück mit den in der Mengenmatrix angegebenen Leistungen (Stückzahl/h) für die Standardmaschine I multipliziert.

Die neue Kostenmatrix mit den Angaben über die Fertigungskosten/Standard-Std. ist wie folgt:

Maschine	Produkte			
	A	B	C	D
I	104	105	96	96
II	102	110	92	99
III	90	115	80	102

Ein Vergleich zeigt, daß Kapazität und Bedarf nicht übereinstimmen; es wird eine zusätzliche Spalte für die freie Kapazität eingeführt. Da die Belegung dieser Spalte unerwünscht ist, werden allen Feldern dieser Spalte unendlich hohe Kosten zugeordnet.

Nach einer spaltenweisen Matrix-Reduktion ergibt sich durch Ansatz des Bewertungs-Verfahrens folgende Ausgangslösung:

	A	B	C	D	Freie Kapazität	Gesamt-Kapazität
I	14 / +5	0 / 35	16 / +7	0 / 5	∞	40
II	12 / 0	5 / +2 / 3	12 / 30	3 / 11	∞	44
III	0 / 25	10 / +19 / 27	0 /	6 / +15	∞	52
Bedarf	25	35	30	35	11	136

Die Gesamtkosten ergeben sich bei diesem Programm, das nicht mehr verbessert werden kann, wie die positiven Veränderungskosten (rechts unten in den Feldern) zeigen, zu

$$z = 35 \cdot 105 + 5 \cdot 96 + 3 \cdot 92 + 30 \cdot 99 + 25 \cdot 90 + 27 \cdot 80 = 11\,811 \text{ DM}.$$

Es existieren zwei optimale Programme, wie die Null rechts unten im Feld (II, A) angibt.

	A	B	C	D	
I		35		5	40 h
II			3	30	33 h
III	25		27		52 h
	25	35	30	35	125 h

	A	B	C	D	
I		35		5	40 h
II	3			30	33 h
III	22		30		52 h
	25	35	30	35	125 h

Das Produktionsprogramm, ausgedrückt in Stückzahlen, erhält man durch spaltenweise Multiplikation des in Standard-Stunden ausgedrückten Produktionsprogrammes mit der Leistung (Stück/h) der Standardmaschine.

3. Transport- und Zuordnungsoptimierung

Die optimalen Programme sind dann:

	A	B	C	D	
I		1750		150	1900 Stück
II			120	900	1020 Stück
III	500		1080		1580 Stück
	500	1750	1200	1050	4500 Stück

	A	B	C	D	
I		1750		150	1900 Stück
II	60			900	960 Stück
III	440		1200		1640 Stück
	500	1750	1200	1050	4500 Stück

Auf der Maschine II können noch 11 Stunden freie Kapazität anderweitig verplant werden.

Beispiel 3.6:

Für den Fall eines (2 × 3)-Transport- oder Verteilungsproblemes, d. h. eines Problemes, das durch eine Matrix mit 2 Zeilen und 3 Spalten (oder umgekehrt) beschrieben werden kann, läßt sich die Lösung auch graphisch ermitteln, wie an Hand eines Beispieles gezeigt werden soll.

Das Transportproblem sei durch folgende Matrizen charakterisiert:

Mengenmatrix

	$j=1$	2	3	a_i
$i=1$	x_{11}	x_{12}	x_{13}	20
2	x_{21}	x_{22}	x_{23}	15
b_j	14	12	9	35

Kostenmatrix

	$j=1$	2	3
$i=1$	4	6	2
2	4	5	3

Die Mengenmatrix kann auch wie folgt geschrieben werden:

	$j=1$	2	3	a_i
$i=1$	x_{11}	x_{12}	$20 - x_{11} - x_{12}$	20
2	$14 - x_{11}$	$12 - x_{12}$	$x_{11} + x_{12} - 11$	15
b_j	14	12	9	35

Die Zielfunktion

$$z = \sum_i \sum_j c_{ij} x_{ij}$$

ergibt sich zu

$$z = 4x_{11} + 6x_{12} + 2(20 - x_{11} - x_{12}) + 4(14 - x_{11})$$
$$+ 5(12 - x_{12}) + 3(x_{11} + x_{12} - 11)$$
$$z = x_{11} + 2x_{12} + 123.$$

Damit ist das Transportproblem auf das allgemeine Problem der Linearen Optimierung zurückgeführt und kann wie folgt formuliert werden:

Bestimme die Variablen x_{11} und x_{12} damit die Zielfunktion

$$z = x_{11} + 2x_{12} + 123$$

minimiert wird unter den Restriktionen $x_{11} \geq 0 \quad x_{12} \geq 0$

$$20 - x_{11} - x_{12} \geq 0 \tag{1}$$
$$14 - x_{11} \geq 0 \tag{2}$$
$$12 - x_{12} \geq 0 \tag{3}$$
$$x_{11} + x_{12} - 11 \geq 0. \tag{4}$$

Die graphische Lösung wird – wie bereits bei der Linearen Optimierung gezeigt – im Kartesischen Koordinatensystem durchgeführt.

Als maximale Lösung ergibt sich

$x_{11} = 8$
$x_{12} = 12$
$z_{max} = 155.$

Als minimale Lösung ergibt sich

$x_{11} = 11$
$x_{12} = 0$
$z_{min} = 134.$

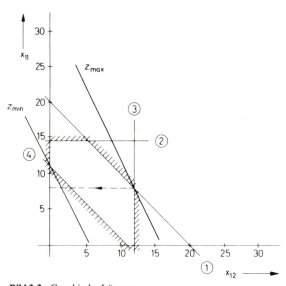

Bild 3.3. Graphische Lösung

Die Lösungsmatrix für das Kostenminimum ist somit

	j = 1	2	3	a_i
i = 1	11	0	9	20
2	3	12	0	15
b_j	14	12	9	35

3.2. Zuordnungsprobleme

3.2.1. Charakterisierung von Zuordnungsproblemen

Das Zuordnungsproblem – häufig auch als Ernennungs- oder Zuweisungsproblem (Assignment problem) bezeichnet – ist als Spezialfall des Transportproblems anzusehen, wie auch durch Vergleich der mathematischen Formulierung zu ersehen ist.

Mathematische Formulierung:

Bestimme die Variablen x_{ij}, welche die Zielfunktion

$$z = \sum_{j=1}^{n} \sum_{i=1}^{n} c_{ij} x_{ij}$$

unter folgenden Bedingungen minimieren:

$$\sum_{j=1}^{n} x_{ij} = 1$$

$$\sum_{i=1}^{n} x_{ij} = 1$$

$$x_{ij} = \begin{cases} 1 \\ 0 \end{cases}$$

Bei Zuordnungsproblemen geht es darum, n-Elemente (Mittel, Personen, Sachen) so auf n Aufgaben, Stellen oder Orte zu verteilen, daß die Gesamtwirksamkeit optimal wird. Das Zuordnungsproblem unterscheidet sich vom Transportproblem dadurch, daß alle Angebots- und Bedarfsmengen gleich 1 (Eins) sind und die Zahl der Anbieter gleich der Zahl der Nachfrager ist.

Derartige Probleme treten außer im Verkehr auch auf bei der Zuordnung von Personal auf Arbeitsplätze, sowie bei der Aufstellung von Personaldienstplänen und Stundenplänen in Schulen und Hochschulen.

Beim Stundenplanproblem handelt es sich um ein dreidimensionales Zuordnungsproblem (Zuordnung des Lehrers i zur Stunde j in der Klasse k). Da jedoch wohl noch kein Stundenplan streng analytisch aufgestellt wurde und bisher stets heuristische Elemente verwendet, besondere Prioritäten gesetzt und nur suboptimale Lösungen gesucht wurden, soll im Rahmen dieser Abhandlung nicht näher auf das Stundenplanproblem eingegangen werden; Interessenten werden auf spezielle Veröffentlichungen[1]) verwiesen.

---

[1]) *Rössler, M.*: Das Stundenplanproblem. In: Weinberg/Zehnder (Hrsg.) Heuristische Planungsmethoden. Springer-Verlag, Berlin–Heidelberg–New York 1969.

Lazak, D.: Algorithmen zur Bestimmung der Lösungsmannigfaltigkeit bei Job-Shop-Scheduling-Problemen vom Typ der Schulstundenzuteilung; in ed 12(1970) Heft 12 Seite 574–582.

Ibrahim, F. S.: Eine Methode zur optimalen Belegung eines Stundenplanes bei vorgegebenen Bedingungen. Angewandte Informatik 14 (1972) Seite 31–33. Verl. Friedr. Vieweg, Braunschweig.

Junginger, W.: Zurückführung des Stundenplanproblems auf ein dreidimensionales Transportproblem. Zeitschrift für Operations Research 16 (1972) Seite 11–25, Physica Verlag, Würzburg.

Krawczyk, R.: Eine Methode zur automatischen Erstellung von Schulstundenplänen. Angewandte Informatik 15 (1973) Heft 10, Seite 427–434.

Im allgemeinen sind die in der Praxis vorkommenden Zuordnungsprobleme derart groß, daß es unmöglich ist, zunächst alle möglichen Zuordnungen zu bestimmen und dann die optimale daraus zu ermitteln.

Für die Zuordnung von n Mittel auf n Aufgaben gibt es n! Permutationen (Möglichkeiten). Es leuchtet ohne weiteres ein, daß es bei großem n unmöglich ist, alle n! Möglichkeiten auf ihre Optimalität hin zu untersuchen.

Bei n = 20 sind n! = 20! = $20 \cdot 19 \cdot 18 \cdot 17 \cdot \ldots \cdot 4 \cdot 3 \cdot 2 \cdot 1$

= 2 432 902 008 176 640 000 Möglichkeiten vorhanden.

Selbst sehr schnelle Datenverarbeitungsanlagen würden Jahre zur Errechnung der optimalen Lösung benötigen. Diese Tatsache verdeutlicht die Notwendigkeit für spezielle Lösungsverfahren.

Zuordnungsprobleme können wie auch Transportprobleme mit der für Transportprobleme entwickelten Distributionsmethode gelöst werden, wie im folgenden Beispiel geschehen.

Beispiel 3.7:

Eine Transportfirma hat in fünf Städten je einen leeren Lastwagen übrig und benötigt in fünf anderen Städten je einen solchen Lastwagen. Wie muß man die Lastwagen dirigieren, damit die gesamte Kilometerzahl und damit der Transportkostenaufwand möglichst klein bleibt?

Gegeben ist die Entfernung der Orte voneinander:

Ausgangs-orte i	Bestimmungsorte j				
	1	2	3	4	5
1	8	3	11	13	16
2	2	8	17	2	7
3	12	9	4	4	6
4	5	11	9	7	14
5	6	8	9	3	13

Nach dem Bewertungsverfahren ohne Matrixreduktion ergibt sich folgende Ausgangslösung (Man beachte die vierfache Degeneration, die durch Ansatz von Nullstellen beseitigt wird.)

Ausgangslösung

	j = 1	2	3	4	5	a_i	
i = 1	8	3 / 1	11 / 0	13	16 / 1	1	* 2
2	2 / 1	8	17	2 / 0	7 / 1	1	* 1
3	12	9	4 / 1	4 / 0	6 / 1	1	* 4
4	5 / -4	11 / +	9 / -3	7 / +	14 / 1	1	
5	6	8 / 0	9 / 1	3	13 / 1	1	* 3
b_j	1	1	1	1	1	5	
	* 1	* 2	* 4	* 3			

3. Transport- und Zuordnungsoptimierung   113

Die Anwendung des Stepping-Stone-Verfahrens zeigt, daß eine Verbesserung der Zuordnung möglich ist. Die optimale Lösung ergibt sich bereits nach einer Verbesserung

Optimale Lösung mit z = 22 Kilometer

	j = 1	2	3	4	5	a_i
i = 1	8	3 1	11 0	13	16	1
2	2	8	17	2 1	7	1
3	12	9	4 1	4 0	6	1
4	5 1	11	9	7 0	14	1
5	6	8	9 0	3 1	13	1
b_j	1	1	1	1	1	5

3.2.2. Lösung von Zuordnungsproblemen mit der Ungarischen Methode

Obwohl Zuordnungsprobleme auch mit der Distributionsmethode gelöst werden können — es tritt hierbei jedoch mehrfache Degeneration auf — sind spezielle Lösungsverfahren entwickelt worden, die alle auf dem Prinzip einer Matrizenreduktion und -transformation beruhen; die Matrix wird so reduziert, daß kein Koeffizient negativ, aber genügend Koeffizienten gleich Null werden, bei denen dann die Zuordnung $x_{ij} = 1$ erfolgt.

Eine dieser speziellen Methoden, die sogenannte Ungarische Methode[1] soll im folgenden erläutert werden. Diese Methode besteht aus folgenden Lösungsstufen:

---

[1] *Kuhn, H. W.:* The Hungarian Method für Assignment Problems, Nav. Res. Log. Quart. 2 (1955), Washington, S. 83—98.
Kuhn, H. W.: Variants of the Hungarian Method for Assignment Problems, Nav. Res. Log. Quart. 3 (1956), S. 253—258.
Krekó, B.: Lehrbuch der linearen Optimierung. VEB-Deutscher Verlag der Wissenschaften, Berlin 1965
Die Bezeichnung erfolgte zu Ehren der Ungarn *König* und *Egervary* (*König, D.:* Theorie der endlichen und unendlichen Graphen, Akadem. Verlagsgesellschaft Leipzig 1936, Neudruck Chelsea Publ. Comp., New York 1950. *Egervary, J.:* Kombinatorische Eigenschaften von Matrizen (in ungarischer Sprache). In: Matematikai es Fizikai Lapok, 1931).

Stufe 1: Matrix-Reduktion

Wie bereits bei der Distributionsmethode beschrieben, erfolgt zunächst eine spaltenweise und zeilenweise Reduktion der Matrix; hierdurch entstehen mindestens n Null-Elemente.

Stufe 2: Ausgangs-Zuordnung

Die erste Zuordnung $x_{ij} = 1$ erfolgt auf die Null-Elemente derart, daß jede Spalte und jede Zeile nur eine Zuordnung erhält. Die Zuordnung wird in der Matrix üblicherweise durch Umrahmung oder Unterstreichung der Null gekennzeichnet. Man beginnt bei dieser ersten Zuordnung in solchen Spalten und Zeilen, in denen nur ein Null-Element existiert.

Falls bereits so n unabhängige Zuordnungen — d. h. in jeder Zeile und Spalte nur eine — möglich sind, ist die optimale bzw. eine optimale Lösung gefunden.

Stufe 3: Spezielle Matrix-Transformation

Sind weniger als n Zuordnungen gefunden, so beginnt die eigentliche Behandlung der Matrix nach der Ungarischen Methode

a) Belege Zeilen und Spalten mit Nullelementen derart mit Linien, daß alle Nullelemente durch die geringstmögliche Anzahl von Linien überdeckt ist (vgl. Beispiel 3.8)
   Dies erreicht man durch folgende Schritte:
   1. Markiere die Zeilen ohne Zuordnung (z. B. durch *).
   2. Markiere die noch nicht markierten Spalten, welche Null-Elemente in den bereits markierten Zeilen haben.
   3. Markiere die noch nicht markierten Zeilen, welche Zuordnungen in den markierten Spalten haben.
   4. Wiederhole die Schritte 2) und 3) solange, bis keine Markierungen mehr erfolgen.
   5. Belege alle nichtmarkierten Zeilen und alle markierten Spalten mit einer Linie (oder durch Schwärzung).

b) Reduziere die Matrix derart, daß das kleinste nicht-überdeckte Element von allen nicht-überdeckten Elementen subtrahiert und zu allen doppelt-überdeckten (auf dem Kreuzungspunkt zweier Linien liegender) Elemente addiert wird; die nur einmal überdeckten Elemente bleiben unverändert.

Stufe 4: Sekundär-Zuordnungen

Durch die Matrixtransformation entstehen in den bisher nicht zugeordneten Spalten und Zeilen weitere Null-Elemente, die nun als Zuordnung verwendet werden. Falls nach erneuter Zuordnung noch nicht alle n Zuordnungen erfolgen können, ist die Matrix so lange (entsprechend Stufe 3) zu transformieren, bis eine solche Zuordnung möglich ist.

Die Ungarische Methode soll nunmehr anhand einiger Beispiele dargestellt werden

Beispiel 3.8:
Das in Beispiel 3.7 mit der Distributionsmethode gelöste Zuordnungsproblem wird nunmehr mit der Ungarischen Methode angegangen.
Aufgabenstellung:
Eine Transportfirma hat in fünf Städten je einen leeren Lastwagen übrig und benötigt in fünf anderen Städten je einen solchen Lastwagen. Wie muß man die Lastwagen dirigieren, damit die gesamte Kilometerzahl und damit der Transportkostenaufwand möglichst klein bleibt?

Gegeben ist die Entfernung der Orte voneinander:

Ausgangsorte i	Bestimmungsorte j				
	1	2	3	4	5
1	8	3	11	13	16
2	2	8	17	2	7
3	12	9	4	4	6
4	5	11	9	7	14
5	6	8	9	3	13

Lösung:

Die Matrizenreduktion, bestehend aus Subtraktion des kleinsten Elementes jeder Zeile von den Elementen der Zeile und Subtraktion des kleinsten Elementes jeder Spalte von den Elementen der Spalte, führt zu einer neuen Matrix, bei der die Ausgangs-Zuordnung und die anschließende Matrix-Transformation zu folgendem Ergebnis führt:

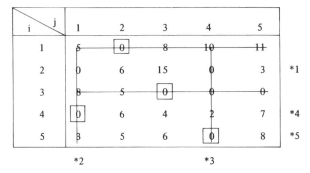

Das kleinste von einer Linie nicht gestrichene Element wird von allen nicht gestrichenen Elementen subtrahiert und zu allen auf einem Schnittpunkt der Linien liegenden Element addiert.

In der so entstehenden neuen Matrix wird erneut eine Zuordnung durchgeführt, wobei begonnen wird mit den Spalten und Zeilen, die nur eine Null enthalten.

i \ j	1	2	3	4	5
1	8	[0]	8	13	11
2	0	3	12	0	[0]
3	11	5	[0]	3	0
4	[0]	3	1	2	4
5	3	2	3	[0]	5

Das Ergebnis der Zuordnung wird in einer reinen Mengen-Matrix dargestellt.

i \ j	1	2	3	4	5
1		1			
2					1
3			1		
4	1				
5				1	

Diese Matrix bringt zum Ausdruck:

Ein Wagen wird vom Ausgangsort i = 1 dem Bestimmungsort i = 2,
ein Wagen wird vom Ausgangsort i = 2 dem Bestimmungsort j = 5,
ein Wagen wird vom Ausgangsort i = 3 dem Bestimmungsort j = 3
usw. zugewiesen.

Bei dieser Zuordnung werden insgesamt nur 22 km gefahren, um die Wagen vom Ausgangsort zum Bestimmungsort zu bringen.

Beispiel 3.9:

Ein Unternehmen hat für die Besetzung von vier Leitungspositionen vier Angestellte zur Verfügung, die für die einzelnen Positionen jedoch unterschiedlich geeignet sind. Die unterschiedlichen Qualifikationen, mit Punkten von 1 bis 8 bewertet (8 Punkte = am besten geeignet), sind aus folgender Tabelle zu ersehen:

	Position 1	2	3	4
1	1	8	4	1
2	5	7	6	5
3	3	5	4	2
4	3	1	6	3

Welche Zuordnung sollte vorgenommen werden?

Da hier eine Zuordnung nach dem höchsten Wert (Gewinnmaximum) vorgenommen werden müßte, das Lösungsverfahren für Zuordnungsprobleme jedoch nur für das umgekehrte Problem (Kostenminimierung) dargestellt wurde, empfiehlt sich die Umwandlung des gegebenen Problems in ein solches Minimumproblem.

Die Elemente der Matrix des Minimumproblems c_{ij} erhält man, indem man von dem größten Element der ursprünglichen Matrix $a_{ij,max}$ alle Elemente a_{ij} subtrahiert:

$$c_{ij} = a_{ij,max} - a_{ij}.$$

Die neue Matrix lautet dann:

	1	2	3	4
1	7	0	4	7
2	3	1	2	3
3	5	3	4	6
4	5	7	2	5

	1	2	3	4
1	4	[0]	2	4
2	0	1	0	[0]
3	[0]	1	0	1
4	2	7	[0]	2

Die spaltenweise und zeilenweise Reduktion dieser Matrix führt zu einer Ausgangszuordnung, die gleichzeitig die optimale Lösung (mit 22 Qualifikationspunkten) ist.

3.3. Aufgaben zur Transport- und Zuordnungsoptimierung

Die folgenden Aufgaben sind zur selbständigen Bearbeitung gedacht; der Leser soll dadurch angehalten werden, selbst zu prüfen, inwieweit er den Wissensstoff verarbeitet hat. Zur Kontrolle der selbständig erarbeiteten Lösungen können die Ergebnisse auf Seite 419 eingesehen werden.

3. Transport- und Zuordnungsoptimierung   117

1. Von drei Produktionsstätten (I bis III) sind vier Läger (A bis D) zu beliefern. Die Transportkosten (DM/t) sind an den einzelnen Strecken der Lageskizze angegeben. Gesucht ist die kostenminimale Mengenverteilung bei gegebenen Angebots- und Bedarfsmengen.

Produktionsorte	I	II	III
Angebotsmenge (t)	90	160	80

Lager	A	B	C	D
Bedarf (t)	70	60	70	130

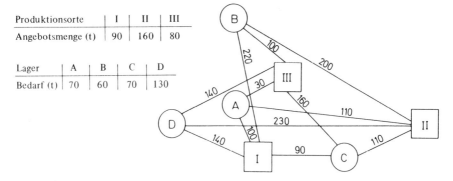

2. Auf 5 Baustellen steht je ein Kran. Die Kräne sollen, da sie an diesen Baustellen nicht mehr benötigt werden, an 5 andere Baustellen gebracht werden. Hierbei sollen die insgesamt auftretenden Transportkilometer ein Minimum sein. Die Entfernungen von den alten Baustellen zu den neuen Baustellen sind in folgender Tabelle angegeben:

	N1	N2	N3	N4	N5
A1	23	32	29	17	28
A2	30	31	31	21	34
A3	36	27	22	32	26
A4	25	26	33	22	28
A5	31	34	33	40	32

3. Der zwischenbetriebliche Transport zwischen 4 Lieferorten und 6 Abnahmeorten ist durch folgenden Umfang gekennzeichnet:
Die verfügbare Menge ist im Lieferort $L_1 = 80$ t, im Lieferort $L_2 = 30$ t, im $L_3 = 54$ t und im $L_4 = 66$ t, insgesamt also 230 t.
Die geplante Menge für den Abnahmeort ist $A_1 = 40$ t, $A_2 = 38$ t, $A_3 = 44$ t, $A_4 = 26$ t, $A_5 = 52$ t und $A_6 = 30$ t.
Die transportierten Güter (Rohstoffe, Erzeugnisse) aus den einzelnen Lieferorten sind technisch und ökonomisch völlig austauschbar, beziehungsweise gleich. Die Transportentfernungen sind im Bild gegeben. Gesucht ist der Transportplan, bei dem die insgesamt erforderlichen Transportkilometer ein Minimum werden.

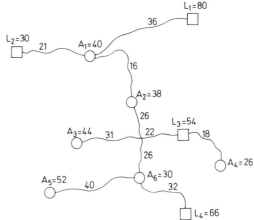

4. Oft hört man Klagen, wie umständlich und mit welchem Zeitverlust die Angestellten eines Autobus- und eines Bahnbetriebes vor Beginn und nach Beendigung ihrer Arbeit von ihrer Wohnung zur Arbeitsstelle und wieder nach Hause gelangen. Durch Ermittlung der optimalen Einteilung kann die Arbeit der Angestellten und Arbeiter von Verkehrsbetrieben rationeller gestaltet werden. Gegeben ist die Zahl der zu Verkehrsbeginn an den einzelnen Endstationen und Straßenbahn-Bahnhöfen benötigten Fahrer und Schaffner als Bedarf und die gleichen Personen nach ihrem Wohnort gegliedert, als zur Verfügung stehende personelle Kapazität. Der Einteilung legen wir den Gedanken zugrunde, daß die Gesamtheit der die Arbeit aufnehmenden Angestellten (auf den kürzesten Strecken und mit besonderen Dienstwagen) ihren Arbeitsplatz in minimaler Zeit erreicht. Als spezifische Charakteristik der Einteilung wird also jener Zeitbedarf angenommen, den jeder Berufstätige benötigt, um an seinen Arbeitsplatz zu gelangen; dieser Zeitbedarf ist in folgender Matrix gegeben:

Arbeits-stelle \ Wohnort	1	2	3	4	5	6	7	8	9	10	Arbeits-kräfte
I	41	61	53	57	17	10	98	8	13	79	3
II	20	65	23	38	74	24	19	97	50	14	2
III	91	53	3	64	66	39	98	24	81	28	1
IV	29	37	18	47	59	62	35	17	48	53	5
Arbeitskräfte	1	1	1	1	1	1	2	1	1	1	11

5. Es sollen die Fußballspiele um den Pokal so angesetzt werden, daß die zurückzulegenden Kilometer ein Minimum werden. Die Entfernungen sind in folgender Tabelle gegeben. Eine Anzahl von Mannschaften wird als Heimmannschaft ausgelost. Es handelt sich dabei um die Mannschaften der Städte A–G. Diese Mannschaften sind die Gegner aus den Städten H–O zuzuordnen. Dabei setzt man voraus, daß die Transportkosten den Entfernungen proportional sind.

	H	I	K	L	M	N	O
A	89	215	332	192	312	392	389
B	122	161	278	310	324	384	397
C	304	40	117	118	123	223	196
D	296	81	73	230	223	250	296
E	368	162	175	86	37	118	110
F	494	190	120	240	120	80	163
G	542	335	349	232	212	238	155

6. Es ist die optimale Planung des Erdtransports bei einer Geländeregulierung durchzuführen.

Es ist ein Gelände von 3 km² zu planieren; hierzu ist die Bewegung von 1 Million m³ Erde erforderlich.

Nach der Wahl der Ausgleichsebenen kann die Arbeit durch die Erdbewegung aus 7 Einschnitten nach 9 Dämmen gelöst werden. Es ist zu ermitteln, wieviel m³ Erde aus jedem einzelnen Abschnitt gewonnen und wieviel m³ für jede Aufschüttung benötigt wird.

Wenn es der Ausgleich erfordert, kann zwischen den Einschnitten eine Baugrube angelegt werden, oder auch eine Aufschüttung zwischen den Dämmen. Letztere und die Einschnitte denkt man sich durch die Schwerpunkte ersetzt und ihre Massen in diesen konzentriert.

Die Abbildung zeigt eine Skizze eines angenommenen Lageplans, in der die Quadrate die Schwerpunkte der Einschnitte und die Kreise die der Dämme bezeichnen. Die daneben stehenden Zahlen stellen die gewonnenen bzw. benötigten Erdmassen in 1000 m³ dar. Die Geraden, die die Schwerpunkte der einzelnen Einschnitte mit denen der Dämme verbinden, stellen mögliche Transportrouten dar. Die Transportlängen können der Tabelle entnommen werden. Es ist klar, daß auf diesen Routen der Massenausgleich in unendlich vielen Kombinationen durchgeführt werden kann. Unser Ziel ist es, jene Kombination auszuwählen, die wirtschaftlich am vorteilhaftesten ist, die also mit der geringsten Transportleistung abgewickelt werden kann.

3. Transport- und Zuordnungsoptimierung 119

☐ Einschnitt
○ Damm, Aufschüttung
Länge 1 cm ≙ 0,2 km

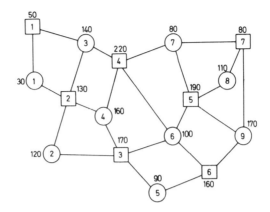

Transport- längen (cm)	Damm, Aufschüttung								
		1	2	3	4	5	6	7	8	9
Einschnitt	1	3,00	7,07	3,16	6,40	11,40	10,00	8,06	11,40	13,42
	2	2,24	3,16	3,16	2,24	7,07	6,32	6,71	9,06	10,20
	3	6,40	4,00	6,32	2,24	2,83	3,16	6,71	7,21	7,07
	4	5,10	6,40	2,24	3,16	7,28	5,00	3,16	6,08	8,06
	5	9,06	8,55	6,71	5,10	5,39	2,24	3,16	2,24	3,61
	6	11,18	9,06	9,90	6,71	3,16	2,83	7,28	5,10	2,83
	7	12,17	12,53	9,00	8,94	9,43	6,40	4,00	2,24	5,00

7. Eine Fliegereinheit, die aus 4 verschiedenen Typen besteht, wickelt auf 5 Fluglinien Personen- und Frachtverkehr ab. Auf dieser Grundlage und unter Berücksichtigung der Wartezeiten auf den Zwischenlandeplätzen kann der Transportbedarf eines jeden Flugzeuges in Tonnenkilometern ermittelt werden. Aus der Anzahl der Flugzeuge verschiedenen Typs, aus der auf eine Maschine entfallenden Stundenzahl und aus der Leistungsfähigkeit der Maschinen in tkm/Stunde (beide im Durchschnitt) kann die Transportkapazität der Gruppen verschiedenen Typs in Tonnenkilometern bestimmt werden.
Die Kapazität der Maschinen ist so auszunutzen, d. h., die Maschinen sind so einzuteilen, daß die volle Transportleistung bei minimalen Betriebskosten erreicht wird. Deshalb sind die den einzelnen Luftwegen zugeordneten, auf 1 tkm entfallenden spezifischen Betriebskosten der verschiedenen Maschinentypen in einer Einheit gegeben.

Kosten je 1 Mill. tkm	Einteilung von Flugzeugen Fluglinien					Transportkapa- zität insgesamt
	1	2	3	4	5	
Typ A	0,9	1,0	0,8	0,7	0,7	12,0
Typ B	2,1	–	2,0	1,8	2,0	4,6
Typ C	2,5	2,6	2,2	1,7	1,6	10,0
Typ D	–	–	3,0	2,8	3,0	6,4
Transport- bedarf insgesamt	10,0	8,0	6,0	4,0	3,0	

8. Ein König möchte seine vier Töchter Karin, Ingrid, Elke und Sigrid verheiraten. Es stehen vier heiratsfähige und bedingt heiratswillige Freier Oskar, Lothar, Emil und Helmut bereit. Sie sind insofern nur bedingt heiratswillig, als sie alle an den einzelnen Töchtern Mängel finden, die sie unterschiedlich stark bewerten, und dafür einen angemessenen Ausgleich verlangen. Die Mängel werden von ihnen in

den Antipathieziffern zwischen 0 (volle Sympathie) und 9 (volle Antipathie) ausgedrückt. Zur Heirat sind die Freier nur bereit, wenn die Mitgift so viele Millionen beträgt, wie die entsprechende Antipathieziffer angibt. Im übrigen ist es ihnen gleichgültig, welche Tochter sie bekommen, sofern die Mitgift stimmt. In der Tabelle sind diese Ziffern zusammengestellt:

Freier \ Tochter	Karin	Ingrid	Elke	Sigrid
Oskar	9	4	2	4
Lothar	7	5	0	3
Emil	6	4	5	7
Helmut	9	6	5	7

Da der Vater möglichst wenig von seinem Vermögen als Mitgift verlieren will und zweitens auch das Heiratsleid seiner Töchter minimieren will, sucht er nach einer solchen Zuordnung von Töchtern und Freiern, bei der die Summe der Antipathieziffern, d. h. die Summe der Mitgift am geringsten ist.

9. Man löse das durch folgende Matrix beschriebene Transportproblem:

Lieferant \ Abnehmer	I	II	III	IV	V	VI	Angebot in t
1	24	6	26	40	46	16	680
2	9	25	48	19	42	18	620
3	44	37	54	57	18	50	560
4	30	23	45	49	72	62	1300
Bedarf in t	450	710	680	320	240	760	

(Entfernungen in km)

10. Sechs Ingenieuren wird kurz vor dem Abschluß des Studiums eine Liste mit 6 Stellen angeboten. Aus verschiedenen Gründen (Gebirgslage, Küste, Familie, Großstadt) sind die Stellen nicht für alle Ingenieure gleich attraktiv. Da sie Stimmentscheidung als gewaltsame Methode ablehnen, verteilen sie eine Liste, auf der jeder nach seinen Gesichtspunkten die Attraktivität der Stellen durch Zahlen von 0 bis 20 bewerten kann. Das Ergebnis der Befragung ist in folgender Tabelle enthalten:

Ingenieur \ Stelle	A	B	C	D	E	F
1	4	8	16	20	12	0
2	16	20	8	0	4	12
3	0	12	4	16	20	8
4	4	0	16	12	20	8
5	12	16	0	8	20	4
6	20	16	12	0	4	8

Die Zuordnung soll so vorgenommen werden, daß die Befriedigungssumme maximal ist.

11. Bestimme den optimalen Transportplan für das im Schema skizzierte Problem:

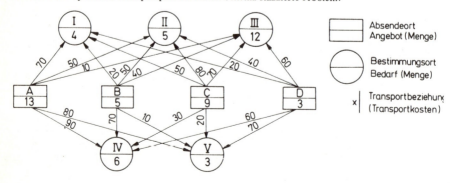

12. Ein Unternehmen habe die Rohstoffbetriebe A und B, in denen das gleiche Produkt zu Kosten von 50,00 bzw. 60,00 DM je ME hergestellt wird. Die Kapazitäten betragen 2000 bzw. 1500 ME pro Woche. In den Betrieben C, D und E wird das Produkt weiterbearbeitet, wobei die Kosten von 40,00, 55,00 bzw. 48,00 DM je ME entstehen. Die Kapazitäten sind mit 1000, 1200 und 1800 ME pro Woche begrenzt. Die Transportkosten von A zu C, D und E betragen 8,00, 4,00 bzw. 3,00 DM je ME und von B aus 4,00, 6,00 bzw. 7,00 DM je ME. Von den Betrieben C, D und E aus sind die Kunden I bis IV mit den Mengen von 800, 600, 500 bzw. 1200 ME zu beliefern. Die Transportkosten sind in der Tabelle enthalten.

Der Bedarf beträgt zusammen 3100 ME. Demgegenüber betragen die Kapazitäten der Rohstoffbetriebe 3500 ME und die der Verarbeitungsbetriebe 4000 ME. Gefragt ist, welche Mengen in welchen Rohstoffbetrieben erzeugt, in welchen Verarbeitungsbetrieben weiterbehandelt und von wo aus zu den Kunden geliefert werden sollen, so daß die Gesamtkosten minimal sind. Es ist also nicht nur nach der räumlichen Verteilung (Transport), sondern auch nach der sachlichen Verteilung gefragt, nämlich nach der Verteilung der Fertigungsmengen bzw. der Kapazitätsbelastung der einzelnen Betriebe.

von \ nach	Transportkosten			
	I	II	III	IV
C	28	44	20	50
D	16	20	10	20
E	15	22	24	23

Stellen Sie die Beziehungen in einer Skizze wie in Übung 11 dar und lösen Sie die Verteilung A, B → C, D, E und C, D, E → I bis IV in einer Transportmatrix.

13. Ein Unternehmen stellt nur ein Produkt her, das jedoch auf verschiedenen Maschinengruppen hergestellt werden kann.

Es sind 6 Aufträge so auf 4 Maschinengruppen zu verteilen, daß ein maximaler Ertrag erreicht wird.

Gegeben sind folgende Daten:

Verfügbare Maschinenkapazität	
Maschinengruppe	Verfügbare Vorgabestunden
I	320
II	180
III	280
IV	240
Summe	1020

Notwendige Stunden zur Auftragserfüllung	
Auftrag	Vorgabezeit in Stunden
1	220
2	130
3	70
4	160
5	240
6	200
Summe	1020

Ertrag je Vorgabestunde						
Maschinengruppe \ Auftrag	1	2	3	4	5	6
I	2,–	8,–	3,–	15,–	4,–	7,–
II	6,–	5,–	9,–	4,–	14,–	2,–
III	3,–	10,–	11,–	16,–	4,–	5,–
IV	7,–	8,–	10,–	12,–	5,–	7,–

14. Vier Ziegeleien haben fünf Baustellen mit Ziegelsteinen zu beliefern. Die Kapazitäten der Ziegeleien betragen:

Ziegelei	A_1	A_2	A_3	A_4
Kapazität	9	19	11	10

Der Bedarf der Baustellen ist:

Baustelle	B_1	B_2	B_3	B_4	B_5
Bedarf	12	8	15	7	7

Die Angaben beziehen sich auf 10^5 Stück.

Ferner ist die Entfernungstabelle gegeben. Die Kosten sind den Entfernungen proportional.

	B_1	B_2	B_3	B_4	B_5
A_1	6	3	9	5	2
A_2	11	7	5	10	5
A_3	9	5	9	6	8
A_4	5	4	10	8	6

Es sind das optimale Transportprogramm aufzustellen und die minimalen Kosten anzugeben.

Auf dem optimalen Programm aufbauend sind (unabhängig voneinander) folgende Probleme zu lösen:

a) Auf der Strecke A_3B_2 muß aus verkehrstechnischen Gründen der Transport eingestellt werden.
b) Auf der Strecke A_3B_1 wird die Entfernung um zwei Einheiten auf sieben heruntergesetzt.
c) Auf der Strecke A_2B_3 wird die Entfernung um zwei auf drei Einheiten heruntergesetzt.
d) Auf der Strecke A_4B_2 wird die Entfernung um drei auf sieben Einheiten erhöht.
e) Der Bedarf der Baustelle B_4 vermindert sich um zwei auf fünf Einheiten. Wo kann die Produktion vermindert werden?
f) Der Bedarf der Baustelle B_4 erhöht sich um sechs Einheiten, wobei drei Einheiten bei A_1 und drei Einheiten bei A_3 produziert werden.

Es sind jeweils die optimalen Pläne aufzustellen und die minimalen Kosten anzugeben.

15. Es ist der kostenminimale Transportplan für folgendes Problem zu bestimmen:

1. Entfernungsmatrix

Lieferort \ Abnehmerort	Entfernung (km)				Produktion (t)
	1	2	3	4	
1	96	84	108	222	1960
2	45	150	135	111	560
3	105	180	120	186	1120
Bedarf (t)	1260	980	700	700	3640

2. Transportvolumen – Begrenzung (wegen begrenzter Durchlässigkeit)

$x_{11} \leq 240$ t
$x_{12} \leq 800$ t
$x_{22} \leq 200$ t
$x_{24} \leq 400$ t
$x_{31} \leq 900$ t

Es ist

a) der Ansatz als Problem der linearen Optimierung und die Ausgangs-Simplex-Tabelle aufzustellen;
b) die optimale Lösung mit der Distributionsmethode zu bestimmen.

16. Lösen Sie das Zuordnungsproblem wenn folgende Kostenmatrix gegeben ist:

	A	B	C	D	E	F	G
A	∞	20	33	23	12	18	16
B	19	∞	24	31	20	14	20
C	35	25	∞	26	23	22	18
D	24	28	28	∞	16	16	11
E	13	23	22	17	∞	6	5
F	20	13	22	18	7	∞	6
G	19	19	17	12	6	6	∞

17. Lösen Sie das durch folgende Tabelle gegebene Transportproblem (Zahlen in der Matrix sind die Transportkosten pro Mengeneinheit; a_i = Mengenangebot im Ausgangsort i; b_j = Mengenbedarf im Bestimmungsort j):

i \ j	1	2	3	4	5	6	7	8	9	a_i
1	9	73	25	33	76	53	1	35	86	34
2	54	20	48	5	64	89	47	42	96	24
3	42	26	89	53	19	64	50	93	3	23
4	1	90	25	29	9	37	67	7	15	38
5	80	79	99	70	80	15	73	61	47	64
6	6	57	47	17	34	7	27	68	50	36
7	6	1	8	5	45	57	18	24	6	35
8	26	97	76	2	2	5	16	56	92	68
9	57	33	21	35	5	32	54	70	48	90
10	79	64	57	53	3	52	96	47	78	35
11	52	1	77	67	14	90	56	86	7	22
12	80	50	54	31	39	80	82	77	32	50
13	45	29	96	34	6	28	89	80	83	13
14	68	34	2	0	86	50	75	84	1	36
15	59	46	73	48	87	51	76	49	69	91
b_j	48	11	76	74	17	46	85	9	50	

3.4. Empfohlene Literatur zur Transport- und Zuordnungsoptimierung

Austin, L. M.; Burns, J. R.: Management Science – An aid for managerial decision making. Mcmillan Publishing Company, New York 1985

Burkard, R. E.: Heuristische Verfahren zur Lösung quadratischer Zuordnungsprobleme. Zeitschrift für Operations Research 19 (1975) S. 183–193

Domschke, W.: Logistik Bd. 1 (Grundlagen, lineare Transport- und Umladeprobleme) Oldenbourg Verl., München–Wien, 4. Aufl. 1995

Domschke, W.: Logistik Bd. 2 (Rundreisen und Touren). Oldenbourg Verlag, München–Wien, 4. Aufl. 1995

Domschke, W.; Drexl, A.: Logistik Bd. 3 (Standorte). Oldenbourg Verlag, München–Wien, 4. Aufl. 1997

Domschke, W.; Drexl, A.: Einführung in Operations Research. Springer Verlag. Berlin–Heidelberg, 2. Aufl. 1991

Dürr, W.; Kleibohm, K.: Operations Research. Lineare Modelle und ihre Anwendungen. Hanser Verlag, München–Wien, 3. Aufl. 1992

Engele, G.: Simultane Standort- und Tourenplanung. Carl Heymann Verlag, Köln, Berlin, Bonn, München 1980

Gal, T.: Grundlagen des Operations Research, Bd. 2. Springer, Heidelberg 1987

Golden, B. L.; Assad, A. A.: Vehicle Routing: Methods and Studies. North-Holland, Amsterdam–New York, 1988.

Gudehus, T.: Staueffekte vor Transportknoten, ZfOR 20 (1976) S. B 207–B 252

Hummeltenberg, W.: Optimierungsmethoden zur betrieblichen Standortwahl. Physica-Verlag, Würzburg 1981

Hansmann, K.-W.: Entscheidungsmodelle zur Standortplanung der Industrieunternehmen. Gabler Verlag, Wiesbaden 1974

Intrator, J.; Weiss, J.: Improving Techniques for Transportation Problems. OR-Spektrum (1986) 8, Seite 191–195

Kreuzberger, H.: Eine Methode zur Bestimmung mehrerer Lösungen für das Zuordnungsproblem, in: Angewandte Informatik 13 (1971) Heft 9, S. 407–414.

Leue, O.: Methoden zur Lösung dreidimensionaler Zuordnungsprobleme. Angewandte Informatik 14 (1972), S. 154–162.

Matthäus, Fr.: Tourenplanung-Verfahren zur Einsatzdisposition von Fuhrparks. S. Toeche-Mittler Verlag, Darmstadt 1978

Ravidran, A.; Phillips, D. T.; Solberg, J.: Operations Research – Principles and Practice. John Wiley & Sons, New-York 1987

Schön, B.: Bereichs-Zuordnungsprobleme und ihre Lösung mit Hilfe von Entscheidungsbaum-Verfahren (mit ALGOL-Programmen). In: Angewandte Informatik 13 (1971), Heft 11, S. 519–528 und Heft 12, S. 546ff.

Tempelmeier, H.: Standortoptimierung in der Marketing-Logistik. Verlag Anton Hain, Meisenheim 1980

Zimmermann, H. J.; Zielinski, J.: Lineare Programmierung, ein programmiertes Lehrbuch, Walter de Gruyter, Berlin 1971.

Klassiker:

Charnes, A./Cooper, W. W.: The stepping stone method of explaining linear programming calculations in transportation problems, in: Management Science 1 (1954), S. 49–69.

Dantzig, G. B.: Application of the simplex method to a transportation problem, in: Koopmans, T. C.: Activity analysis of production and allocation, New York–London 1951, S. 359–373.

Ford, JR. L. R./Fulkerson, D. R.: Maximal flow through a Network, in: Canadian. J. of Mathematics, 8 (1956), S. 399–404.

Hitchcock, F. L.: The distribution of a product from several sources to numerous localities, in: Journal of Mathematics and Physics 20 (1941), S. 244.

Koopmans, T. C.: Optimum utilization of the transportation system. Supplement to Econometrica 17 (1949), S. 136–146.

4. Ganzzahlige Optimierung

4.1 Vorbemerkungen

Die Methoden der Linearen Optimierung werden in großem Maße in der Praxis zur Bestimmung des optimalen Produktions- und Investitionsprogrammes sowie zur Mischungs- und Verschnittoptimierung eingesetzt.

Bei einer Reihe von praktischen Problemen werden jedoch zwingend ganzzahlige Lösungen verlangt; so lassen sich bei der Lösung eines Investitionsproblems nur *ganze* Maschinen oder Anlagen, nicht jedoch nur Bruchteile davon, einsetzen.

Man könnte zunächst vermuten, daß man durch Runden der Ergebnisse der „Linearen Optimierung ohne Ganzzahligkeitsbedingung" das optimale ganzzahlige Ergebnis erhalten könnte; dies trifft jedoch nicht zu. Meistens bestehen große Unterschiede zwischen einem durch Runden einer nichtganzzahligen optimalen Lösung erzeugten Ergebnis und dem speziell durch Ganzzahlige Optimierung gefundenen optimalen ganzzahligen Ergebnis.

In solchen Fällen ist der Einsatz der Ganzzahligen Optimierung zwingend erforderlich, die alle nichtganzzahligen Lösungen ausschließt.

Die Ganzzahlig-lineare Optimierung unterscheidet sich von der Normal-linearen Optimierung nur durch eine Zusatzbedingung; es müssen alle oder wenigstens einige der Variablen x_j ganzzahlig sein.

Falls die Variablen nur die Werte 0 oder 1 annehmen dürfen, handelt es sich um sogenannte „0−1-Probleme", zuweilen auch als „Boole'sche Probleme" bezeichnet.

4.2 Verfahren der Ganzzahligen Optimierung

Die wichtigsten Verfahren der ganzzahligen Optimierung sind
− Graphisches Verfahren
− Schnittebenen-Verfahren
− Entscheidungsbaum-Verfahren
− Heuristische Verfahren.

Die Verfahren sollen anhand von Beispielen näher erläutert werden.

4.2.1 Graphisches Verfahren

Die graphische Behandlung von Optimierungsproblemen ist nur möglich, wenn die Zahl der Variablen $n \leq 3$ ist. Doch schon bei $n = 3$ gibt es Schwierigkeiten in der Darstellung. Im folgenden Abschnitt wird auf ein einfaches Beispiel mit zwei Variablen zurückgegriffen, das bereits als Standardbeispiel bei der Normal-linearen Optimierung verwendet wurde. Die Vorgehensweise ist der dort dargestellten gleich; der einzige Unterschied besteht darin, daß nur die ganzzahligen Punkte zum Lösungsbereich gehören.

Beispiel 4.1:
Es ist das gewinnmaximale Produktionsprogramm für einen Kleinbetrieb zu ermitteln. Es können zwei Artikel 1 und 2 gefertigt werden.
Zur Produktion stehen nur zwei Maschinengattungen A und B zur Verfügung. Gelernte Montagekräfte sind ebenfalls nur in geringer Zahl vorhanden. Die speziellen technischen Daten sind in einer Tabelle zusammengefaßt.

	Artikel		Kapazität
	1	2	
Maschine A	5 Std./Stück	2 Std./Stück	24 Std./Tag
Maschine B	1 Std./Stück	5 Std./Stück	24 Std./Tag
Montagegruppe	6 Std./Stück	6 Std./Stück	36 Std./Tag
Gewinn	500 DM/Stück	800 DM/Stück	

Die Zahlen im mittleren Bereich der Tabelle geben die Belastung der Maschine durch die Artikel (in Stunden pro Stück) an. So benötigt man z.B. für die Herstellung eines Stückes des Artikels 1 fünf Stunden die Maschine A, eine Stunde die Maschine B und sechs Montagestunden. Gesucht sind die ganzzahligen Mengen x_1 und x_2 der Artikel 1 und 2, die gefertigt werden müssen, um den Gewinn pro Zeiteinheit zu maximieren.

Lösung:

Die mathematische Formulierung des Problems lautet:

Maximiere die Funktion:

$z = 500\,x_1 + 800\,x_2 \to \max$

unter folgenden Nebenbedingungen

$5\,x_1 + 2\,x_2 \leq 24$ \hfill (1)

$x_1 + 5\,x_2 \leq 24$ \hfill (2)

$6\,x_1 + 6\,x_2 \leq 36$ \hfill (3)

$x_j \geq 0$ und ganzzahlig \hfill (4)

Die Nebenbedingung (4) besagt, daß nur ganzzahlige Werte im ersten Quadranten des Koordinatensystems, nur die Gitterpunkte im nichtschraffierten Bereich, zulässig sind.
Zur Darstellung der Gewinngeraden wird zunächst ein fiktiver Gewinn angenommen, z.B. z = 4000 DM, sodaß die Neigung der Zielfunktion ebenfalls als eine schrägliegende gestrichelte Gerade in das Diagramm eingezeichnet werden kann (Bild 4.1).

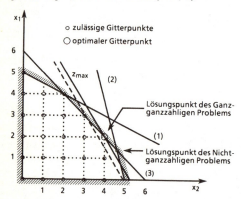

Bild 4.1 Graphische Darstellung des im Beispiel beschriebenen Problems

Die optimale ganzzahlige Lösung erhält man durch Parallelverschiebung der Zielfunktionsgeraden vom Nullpunkt des Systemes weg in Richtung höheren Gewinns bis zum letztmöglichen Gitterpunkt.
Die optimale ganzzahlige Lösung ist demnach gekennzeichnet durch $x_1 = 2$; $x_2 = 4$ und $z = 4200$.
Man erzielt also den größten Gewinn mit 4200 DM/Tag, wenn man 2 Stück des Artikels 1 und 4 Stück des Artikels 2 pro Tag fertigt.
Man beachte, daß die optimale nichtganzzahlige Lösung auf einem Eckpunkt des zulässigen Bereiches liegt und im allgemeinen einen höheren Zielfunktionswert besitzt.

Die optimale nichtganzzahlige Lösung lautet:
$x_1 = 1,5$; $x_2 = 4,5$ und $z = 4350$.

Obwohl das graphische Verfahren bei den in der Praxis auftretenden Problemen kaum anwendbar ist, wurde es hier wegen seiner Anschaulichkeit an einem Beispiel dargestellt. In der Praxis des Industriebetriebes treten Probleme mit wesentlich mehr Variablen auf, die nur mit numerischen Verfahren gelöst werden; zu diesen gehört das im nächsten Abschnitt behandelte Schnittebenen-Verfahren.[1])

4.2.2. Schnittebenen-Verfahren

Bei Schnittebenen-Verfahren werden systematisch zusätzliche Beschränkungen (Restriktionen) erzeugt, um dadurch den Bereich auf die zulässigen ganzzahligen Punkte einzuengen.

Im Jahre 1958 gelang es Gomory, ein brauchbares Verfahren zur Lösung diskreter linearer Optimierungsprobleme anzugeben. Gomory, ein Pionier auf dem Gebiet der Schnittebenen-Verfahren (Cutting Plane Verfahren), war stets bemüht, sein Verfahren zu verbessern. Daher läßt sich erklären, daß es heute mehrere verschiedene Gomory'sche Schnittebenen-Verfahren gibt, die aber trotzdem noch sehr rechen- und zeitaufwendig sind.

Es sind grundsätzlich zwei Schnittebenen-Verfahren zu unterscheiden:

- Verfahren, die bereits nichtganzzahlige Lösungen voraussetzen und
- Verfahren, die direkt auf eine ganzzahlige Lösung zusteuern.

Beim ersteren wird, ausgehend von einer ganzzahligen linearen Optimierungsaufgabe, zunächst unter Vernachlässigung der Ganzzahligkeitsbedingungen in der Regel mit dem Simplex-Verfahren eine Optimallösung errechnet.

Erfüllt dieses Ergebnis nicht die Ganzzahligkeitsforderungen, was wohl für die meisten Aufgabenstellungen angenommen werden kann, so wird eine neue Restriktion erzeugt, das heißt, ein Gomory-Schnitt durchgeführt.

Durch diese Restriktion erreicht man, daß die jeweilige nichtganzzahlige Lösung abgeschnitten wird. Der Schnitt erfolgt genau im Raum zwischen dem nichtganzzahligen Optimum und dem Lösungspunkt des ganzzahligen Optimums.

Nun wird mittels des Simplex-Verfahrens unter Berücksichtigung der letzten neuen Restriktion erneut eine Optimallösung errechnet, die wiederum auf Ganzzahligkeit zu überprüfen ist.

So nähert man sich iterativ, unter ständigem Wegschneiden der jeweils erzeugten nichtganzzahligen Lösungen, der ganzzahligen Lösung.

In der Praxis können Fälle auftreten, bei denen sich die neue Optimierungsaufgabe in irgendeiner Iterationsstufe als unlösbar erweist.

Auf diese Verfahren, die eine nichtganzzahlige optimale Lösung voraussetzen, soll hier nicht weiter eingegangen werden, da die Verfahren, welche ohne die vorherige Ermittlung der nichtganzzahligen Lösung direkt zu einer ganzzahligen Lösung führen, weniger rechenaufwendig sind. Zu letzteren gehört der *Primal-Ganzzahlige Algorithmus von Gomory,* der im Flußdiagramm dargestellt ist. (Bild 4.2)

---

[1]) Es empfiehlt sich, GO-Probleme zunächst mit der Simplex-Methode anzugehen. Falls gebrochene Variable auftreten (z.B. $x_2 = 4,5$), so wird einmal ein Ersatzproblem mit einer zusätzlichen Restriktion $x_2 \leq 4$ und einmal mit $x_2 \geq 5$ formuliert. Auf diese Weise wird die Nachbarschaft des NGO-Problems abgetastet.

128 4. Ganzzahlige Optimierung

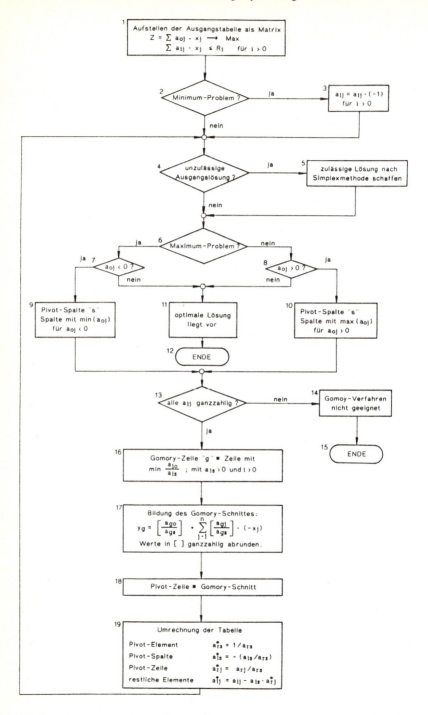

Bild 4.2 Flußdiagramm zur Umrechnung der Simplex-Tabellen mittels des Primal-Ganzzahligen Algorithmus von *Gomory*

Dieser Algorithmus besteht aus einem etwas erweiterten Simplex-Algorithmus; alle Koeffizienten der Ausgangstabelle müssen entweder ganzzahlig sein oder (z.B. durch Multiplikation mit 10, 100, usw.) ganzzahlig gemacht werden können. Sodann ist die Gomory-Zeile zur Bildung des Gomory-Schnittes auszuwählen.

Es ist vorteilhaft, als Gomory-Zeile g die Pivot-Zeile zu wählen, das heißt die Zeile mit min (a_{i0}/a_{is}) für $a_{is} > 0$. Es kann auch jede andere Zeile gewählt werden, jedoch kann dies zu einer Vergrößerung des Rechenaufwandes – durch steigende Zahl der erforderlichen Iterationen – führen.

Aus der Gomory-Zeile wird der Gomory-Schnitt gebildet, der als neue Zeile der Tabelle angefügt wird.

Die Quotienten in den eckigen Klammern müssen generell auf ganze Zahlen abgerundet werden, soweit sie nicht schon ganzzahlig sind. Auch negative Quotienten werden abgerundet; zum Beispiel $[-1/2] = -1$ oder $[-3/2] = -2$.

Der Gomory-Schnitt wird als Pivot-Zeile r verwendet, weil hier in der Pivot-Spalte generell eine 1 auftritt. Das Pivotelement muß 1 betragen, damit bei der Umrechnung keine nichtganzzahligen Werte entstehen. Die Umrechnung der Tabellen geschieht gemäß dem normalen Simplex-Algorithmus. Sind alle $a_{0j} > 0$, so ist die optimale Lösung erreicht. Ansonsten ist ein erneuter Zyklus notwendig.

Beispiel 4.2:
Das im Beispiel 4.1 graphisch gelöste Problem ist mit dem Schnittebenen-Verfahren zu lösen.
$z = 500 x_1 + 800 x_2 \rightarrow \max$

$\quad 5 x_1 + 2 x_2 \leq 24$ (1)

$\quad x_1 + 5 x_2 \leq 24$ (2)

$\quad 6 x_1 + 6 x_2 \leq 36$ (3)

$\quad x_j \geq 0$ und ganzzahlig

Lösung:
Aufstellung der Ausgangstabelle sowie Ermittlung der Pivotspalte s und der Gomoryzeile g

Tabelle 1 $z = 0$	x_1 -500	x_2 -800	a_{i0} / a_{is}	
$y_1 = 24$	5	2	$24/2 = 12$	
$y_2 = 24$	1	[5]	$24/5 = 4{,}8$	←g
$y_3 = 36$	6	6	$36/6 = 6$	
$y_{g1} = 4$	0	①		←r

Die Bildung des Gomoryschnittes, der als letzte Zeile in der obigen Tabelle bereits aufgenommen wurde, verläuft wie folgt (Tab. 1):
$y_{g1} = [24/5] + [1/5](-x_1) + [5/5](-x_2)$
$y_{g1} = 4 - 0 x_1 - x_2$ (= obere Zeile abgerundet)
Setzt man in die Funktion des Gomoryschnittes
$x_2 + y_{g1} = 4$
den Wert $y_{g1} = 0$, so ergibt sich $x_2 = 4$.
Die geometrische Bedeutung des Gomoryschnittes wird deutlich, wenn man ihn in das vom graphischen Verfahren her bekannte Lösungsfeld (Bild 4.3) einträgt.
Es wird deutlich, daß durch den Gomoryschnitt weitere Bereiche des Lösungsfeldes abgeschnitten werden und somit für die optimale ganzzahlige Lösung entfallen (Bild 4.3)

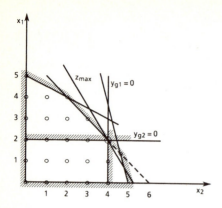

Bild 4.3 Darstellung der Gomoryschnitte im Lösungsfeld

Durch Umrechnung der Tabelle 1 entsprechend der Vorschrift im Flußdiagramm ergibt sich Tabelle 2

↓ s

Tabelle 2 z = 3200	x_1 −500	y_{g1} +800	
$y_1 = 16$	5	−2	16/5
$y_2 = 4$	1	−5	4
$y_3 = 12$	6	−6	2 ←g
$x_2 = 4$	0	1	∞
$y_{g2} = 2$	1	−1	←r

$y_{g2} = [12/6] + [6/6](-x_1) + [-6/6](-y_{g1})$
$y_{g2} = 2 - x_1 + y_{g1}$
$y_{g2} + x_1 - y_{g1} = 2$

Durch Umrechnung der Tabelle 2 ergibt sich Tabelle 3

Tabelle 3 z = 4200	y_{g2} 500	y_{g1} 300
$y_1 = 6$	−5	3
$y_2 = 2$	−1	−4
$y_3 = 0$	−6	0
$x_2 = 4$	0	1
$x_1 = 2$	1	−1

Da nur noch positive a_{0j} vorhanden sind, ist die optimale ganzzahlige Lösung mit $x_1 = 2$; $x_2 = 4$ und z = 4200 gefunden.

Auf die gleiche Art wie dieses kleine Problem (Beispiel 4.2) können auch die in der Praxis auftretenden durch eine Vielzahl von Variablen gekennzeichneten Probleme mit dem Schnittebenen-Verfahren angegangen werden; der Rechenaufwand steigt jedoch mit der Anzahl der Variablen, da mindestens (n+1) Tabellen erforderlich sind und jede neue Tabelle um eine Zeile länger wird. So ist es verständlich, wenn man nach Verfahren Ausschau hält, bei denen der Lösungsaufwand geringer ist. Ein solches Verfahren wird im nächsten Abschnitt dargestellt.

4.2.3. Entscheidungsbaum-Verfahren

Der Grundgedanke aller Entscheidungsbaum-Verfahren liegt darin, daß nicht alle möglichen Lösungen hinsichtlich des Optimums untersucht werden. Solche Äste eines Lösungsbaumes, bei denen, orientiert an bestimmten Kriterien, das Optimum ausgeschlossen werden kann, werden nicht weiter verfolgt (verworfen, abgehackt).

Entscheidungsbaumverfahren werden eingehend im Abschnitt Kombinatorische Optimierung behandelt.

Ein spezielles Entscheidungsbaum-Verfahren jedoch, das sogenannte *Branch-and-Bound-Verfahren,* ist für die Lösung von ganzzahligen Problemen gegenüber dem Schnittebenen-Verfahren deshalb besser geeignet, weil es rechentechnisch einfacher ist; es ist daher insbesondere zur Lösung von Ganzzahligen Problemen mit nur wenigen Variablen sowie für 0−1-Probleme von größerer Bedeutung als das Schnittebenen-Verfahren.

Der Ausgangspunkt des Branch-and-Bound-Verfahrens ist die Menge aller zulässigen Lösungen. Bei Maximumaufgaben versucht man zunächst, eine obere Schranke für den Zielfunktionswert (Bound) zu bestimmen, die mit Sicherheit von keiner Lösung überschritten wird.

Für Minimumprobleme ist entsprechend eine untere Schranke festzulegen; es besteht also kein prinzipieller Unterschied zwischen Minimum- und Maximum-Aufgaben.

Die als Branching bezeichnete Verzweigung der Äste (siehe Beispiel 4.3) erfolgt dadurch, daß man den Variablen verschiedene feste Werte − 0, 1, 2 − zuweist und hierfür den Zielfunktionswert ermittelt. Bei 0−1-Problemen können nur die Werte 0 und 1 auftreten.

Das Branch-and-Bound-Verfahren ist bei manueller Lösung von Aufgaben der Ganzzahligen Linearen Optimierung nur für Probleme mit weniger als 6 Variablen geeignet. Außerdem sollte der Wertevorrat von x_j nicht zu groß sein.

Bei 0−1-Problemen ist der Wertevorrat auf 0 und 1 begrenzt, so daß hier die Anzahl der Variablen x_j größer sein darf.

4.2.3.1. Das Maximumproblem

Die Grundprinzipien des Branch-and-Bound-Verfahrens wurden 1960 von Land und Doig in einer Arbeit über Ganzzahlige Optimierung entwickelt, während der heute gebräuchliche Name zum ersten Mal 1963 von J. Little im Zusammenhang mit der Lösung des Rundreise-Problems (Traveling-Salesman-Problem) eingeführt wurde.

Die Verfahrensweise des Branch-and-Bound-Verfahrens ist in Bild 4.41 als Flußdiagramm für die Lösung von Maximum-Problemen dargestellt und in Beispiel 4.3 am Grundbeispiel demonstriert.

Beispiel 4.3:

Das in Beispiel 4.1 beschriebene Produktionsproblem ist mit dem Entscheidungsbaum-Verfahren zu lösen.

Mathematische Beschreibung des Problems:

Zielfunktion $\quad z = 500 x_1 + 800 x_2 \to \text{Max}$
Restriktionen $\quad\quad 5 x_1 + 2 x_2 \leqq 24$
$\quad\quad\quad\quad\quad\quad\quad x_1 + 5 x_2 \leqq 24$
$\quad\quad\quad\quad\quad\quad 6 x_1 + 6 x_2 \leqq 36$
$\quad\quad\quad\quad\quad\quad\quad\quad\quad x_j \geqq 0 \text{ und ganzzahlig}$

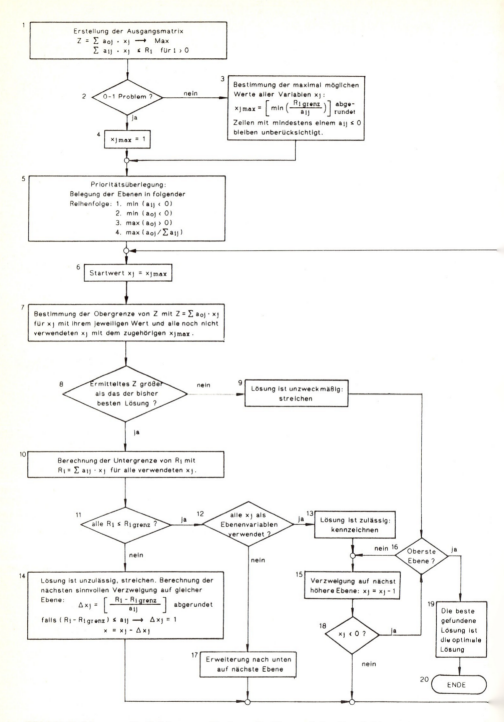

Bild 4.41 Flußdiagramm für die Lösung von *Maximum-Problemen* mit dem Entscheidungsbaum-Verfahren

4. Ganzzahlige Optimierung

Lösung anhand des in Bild 4.41 dargestellten Flußdiagrammes

Koeffizientenmatrix			Maximal mögliche Werte der Variablen	
x_1	x_2	R_{grenz}		
500	800		$R_{i\,grenz}/a_{i1}$	$R_{i\,grenz}/a_{i2}$
5	2	≤ 24	$24/5 = 4{,}8$	$24/2 = 12$
1	5	≤ 24	$24/1 = 24$	$24/5 = 4{,}8$
6	6	≤ 36	$36/6 = 6$	$36/6 = 6$
			$x_{1\,max} = 4$	$x_{2\,max} = 4$

Die Ebenenvariable der 1. Ebene in Bild 4.5 ist x_2, weil $a_{0j,\,max} = 800$.

In dem Entscheidungsbaum sind die einzelnen Äste in der Reihenfolge ihrer Entwicklung numeriert. Für den ersten Ast sind die Grenzen wie folgt bestimmt worden:

$z \;\;= 500 \cdot 4 + 800 \cdot 4 = 5200$
$R_1 \;= \;\;\;5 \cdot 0 + \;\;\;2 \cdot 4 = \;\;\;8 < 24$
$R_2 \;= \;\;\;1 \cdot 0 + \;\;\;5 \cdot 4 = \;20 < 24$
$R_3 \;= \;\;\;6 \cdot 0 + \;\;\;6 \cdot 4 = \;24 < 36$

Da $R_i < R_{i\,max}$, wird der Baum nach unten auf die nächste Ebene weiterentwickelt. Auf dieser Ebene ist die einzig übrigbleibende Variable x_1 als Ebenenvariable zu verwenden. z bleibt unverändert.

$R_1 = 5 \cdot 4 + 2 \cdot 4 = 28 > 24$

Da $R_1 > R_{1\,max}$, ist diese Lösung unzulässig.

Die wichtigsten Informationen sind im Entscheidungsbaum notiert. Das Ergebnis lautet also:

Das ganzzahlige Optimum wird für $x_1 = 2$ und $x_2 = 4$ mit dem Wert $z = 4200$ erreicht.

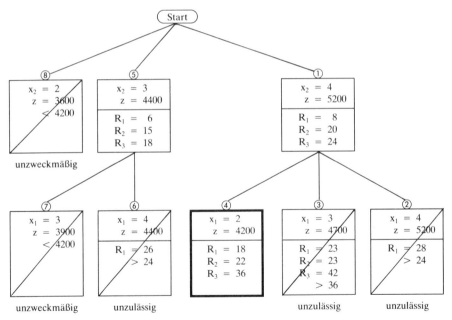

Bild 4.5 Entscheidungsbaum zur Lösung des in Beispiel 4.3 gegebenen Problems

4.2.3.2. Das Minimumproblem

Zur Lösung von Minimum-Problemen kann das Flußdiagramm Bild 4.41 mit einigen Änderungen ebenfalls verwendet werden. (Bild 4.42)

Insbesondere bei größerer Anzahl der Variablen lohnt sich eine sorgfältige Prioritätsanalyse. Es empfiehlt sich, dazu nicht nur die Zielfunktionskoeffizienten a_{0j}, sondern auch die Koeffizienten der Restriktionen heranzuziehen, da man auf diese Weise den Rechenaufwand erheblich vermindern kann; die Anzahl der erforderlichen Bauschritte im Baum wird erheblich reduziert.

Eine sorgfältigere Prioritätsanalyse hinsichtlich der Zuordnung der Variablen auf die einzelnen Ebenen ist anhand eines 0–1-Problems in Beispiel 4.4 demonstriert.

Beispiel 4.4

Aufgabenstellung: Ein Unternehmen kann an fünf potentiellen Standorten je eine Fabrik mit bestimmter Kapazität errichten. Die Herstellungskosten für ein Werk an den einzelnen Standorten sind gegeben.

Standort	Herstellungskosten in GE
1	7
2	8
3	3
4	6
5	2

Das Unternehmen plant, zwei Güter zu produzieren, die in den Fabriken in Parallelproduktion hergestellt werden sollen.

Die Kapazität der Fabriken an den einzelnen Standorten ist wie folgt gegeben:

Standort	Kapazität in ME/Periode für Produkt 1	Kapazität in ME/Periode für Produkt 2
1	15	10
2	20	12
3	10	8
4	18	10
5	6	4

Von Produkt 1 muß das Unternehmen eine Nachfrage in Höhe von 30 ME pro Periode unbedingt befriedigen. Der Bedarf an Produkt 2 beläuft sich auf 24 ME pro Periode.

Gesucht ist die Standortkombination, die die gesamten Herstellungskosten der errichteten Werke unter Beachtung der geforderten Absatzmengen minimiert.

Lösung: Da es nur zwei Alternativen für jeden Standort gibt – entweder er wird verwendet oder aber er wird nicht gebraucht –, liegt hier ein 0–1-Problem vor.

Mathematische Formulierung dieses 0–1-Problems:

Zielfunktion $\quad z = 7x_1 + 8x_2 + 3x_3 + 6x_4 + 2x_5 \rightarrow$ Min
Restriktion Produkt 1 $\quad 15x_1 + 20x_2 + 10x_3 + 18x_4 + 6x_5 \geq 30$
Restriktion Produkt 2 $\quad 10x_1 + 12x_2 + 8x_3 + 10x_4 + 4x_5 \geq 24$

0–1 Bedingung $\quad x_j = \begin{cases} 0 \\ 1 \end{cases}$

Koeffizientenmatrix und Prioritätsuntersuchung

Standort	x_1	x_2	x_3	x_4	x_5	Σ	R_{grenz}
Herstellkosten	7	8	3	6	2	26	
Kapazität Produkt 1	15	20	10	18	6	69	≥ 30
Kapazität Produkt 2	10	12	8	10	4	44	≥ 24
Summe Kapazität	25	32	18	28	10		
Herstellkosten pro Kapazitätseinheit	0,28	0,25	0,17	0,22	0,20		
Priorität orientiert an max. (HK/KE)	1	2	5	3	4		

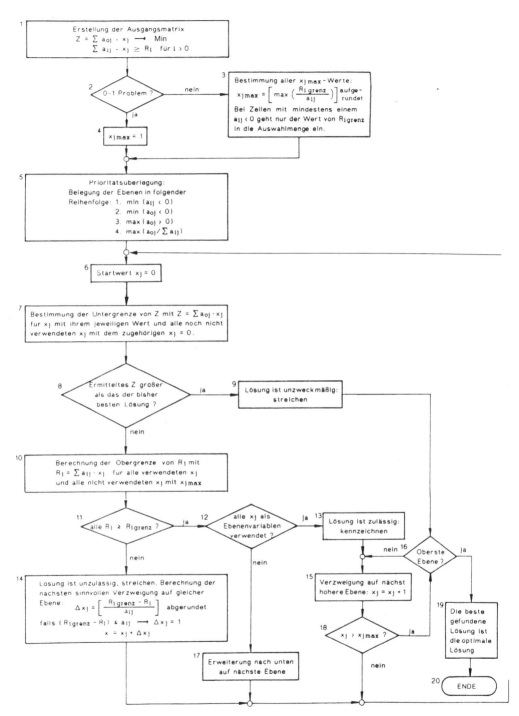

Bild 4.42: Flußdiagramm für die Lösung von *Minimum-Problemen* mit dem Entscheidungsbaum-Verfahren

Die Bestimmung der maximal möglichen Werte der Variablen entfällt, weil nur 0 und 1-Werte auftreten können.

Für die leichtere Lösung des Problems im Entscheidungsbaum empfiehlt es sich, alle Koeffizienten der Ebenenvariablen links neben dem Baum zu vermerken. (Bild 4.6)

Die Berechnung der z-Werte ist sehr einfach, da nur die Ebenenvariablen berücksichtigt zu werden brauchen.

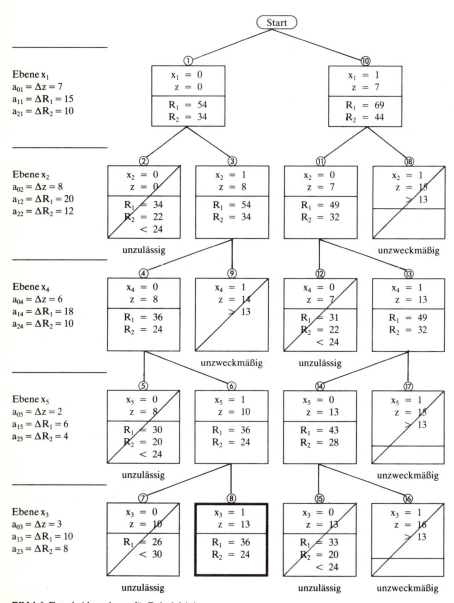

Bild 4.6 Entscheidungsbaum für Beispiel 4.4

Für die Bestimmung der R_j sind alle Variablen zu berücksichtigen, d.h. alle noch nicht als Ebenenvariablen genannten Werte gehen mit ihrem maximal möglichen Wert $x_j = 1$ ein.

Für den ersten Bauschritt mit $x_1 = 0$ wird mit
$R_1 = \Sigma a_{1j} x_j = 15 \cdot 0 + 20 \cdot 1 + 10 \cdot 1 + 18 \cdot 1 + 6 \cdot 1 = 54$
oder einfacher $\quad R_1 = \Sigma a_{1j} - a_{11} = 69 - 15 = 54$
Ebenso ist $\quad R_2 = \Sigma a_{2j} - a_{21} = 44 - 10 = 34$

Durch konsequente Anwendung des Flußdiagramms Bild 4.5 mit den oben angeführten Änderungen erhält man den Entscheidungsbaum (Bild 4.6)
Durch Rückverfolgung der dick umrandeten optimalen Lösung von unten nach oben erhält man die Werte für x_j.
Das Ergebnis lautet:
Die optimale Lösung mit $z = 13$ erhält man für $x_1 = 0$, $x_2 = 1$; $x_4 = 0$; $x_5 = 1$ und $x_3 = 1$.
Es wird also eine Kapazität von 36 ME für Produkt 1 und 24 ME für Produkt 2 durch Einsatz von 13 GE Herstellkosten geschaffen, wenn die Standorte 2, 3 und 5 für die Fabriken verwendet werden.

4.2.3.3 Das Knapsack-Problem

Beim Knapsack-Problem geht es um die optimale Verwendung eines knappen Gutes (z.B. Kapital), das je nach Einsatzart in unterschiedlichen Mengen benötigt wird und auch unterschiedlichen Nutzen (z.B. Rendite) bringt.

Solche Probleme werden auch als „Rucksack-Problem" bezeichnet, weil beim Füllen eines Rucksackes es auch darum geht, den begrenzten Raum nur mit den wichtigsten Dingen zu füllen.

Knapsack-Probleme sind meist in Form einer Zielfunktion mit nur einer – alle Strukturvariablen enthaltenden – Restriktion mit $\leq$ Zeichen und einer Obergrenze für jede Strukturvariable gegeben. Selten treten auch Knapsack-Probleme mit mehreren Restriktionen auf. Es ist leicht einzusehen, daß beim Füllen eines Rucksackes das Gewicht wie auch der Raum eine Restriktion darstellen kann.

Im folgenden Beispiel soll gezeigt werden, daß derartige Probleme sich auf 0–1-Probleme zurückführen lassen und mit dem bereits beschriebenen Branch-and-Bound-Verfahren gelöst werden können.

Beispiel 4.5:
Ein Fuhrunternehmen besitzt 20 LKW, die es langfristig wie folgt eingesetzt hat:

Auftraggeber	Anzahl der LKW	Fahrleistung pro Woche + Wagen
1. Steinbruch	6	1200
2. Straßenbau	6	1800
3. Baustoffhandel	4	1600
4. Kunststeinvertrieb	4	2400

Auf dem Markt werden leistungsfähigere LKW-Modelle angeboten. Die Finanzkraft des Fuhrunternehmens läßt nur den Einkauf von 9 LKW zu.
Außerdem verfolgt die Geschäftsführung folgende Prinzipien.
- Der Fahrzeugpark soll nicht vergrößert werden, d.h. es kommt nur Austausch der Fahrzeuge in Frage.
- Da den Auftraggebern die gefahrenen Kilometer berechnet werden, wird für den Ersatz der Wagenpark des Auftraggebers mit der höchsten km-Leistung bevorzugt.
- Aus speziellen betrieblichen Gründen sollen im Falle eines Austausches entweder alle der einem Auftraggeber überlassenen Wagen oder gar keiner ersetzt werden (Austausch also nur im Paket).

Lösung:

Mathematische Beschreibung des Problems
Zielfunktion $\quad z = 12x_1 + 18x_2 + 16x_3 + 24x_4 \to \text{Max}$
Restriktion $\quad\quad 6x_1 + 6x_2 + 4x_3 + 4x_4 \leq 9$

0–1-Bindung $\quad x_j = \begin{cases} 0 \\ 1 \end{cases}$

Lösung anhand des im Flußdiagramm Bild 4.41 beschriebenen Branch-and-Bound-Verfahrens in Bild 4.7

Koeffizientenmatrix

x_1	x_2	x_3	x_4	Σ	R_{grenz}
12	18	16	24	70	–
6	6	4	4	–	≤ 9

Die Bestimmung der maximal möglichen Werte der Variable entfällt, da diese nur 0 und 1 werden können.

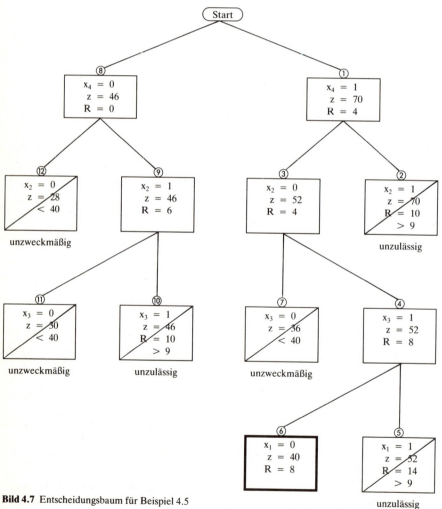

Bild 4.7 Entscheidungsbaum für Beispiel 4.5

Prioritätsfestlegung: x_4 auf die erste Ebene
x_2 auf die zweite Ebene
x_3 auf die dritte Ebene
x_1 auf die vierte Ebene

Entscheidungsbaum rechts orientiert erstellen (Bild 4.7)

Für z sind alle Variable zu berücksichtigen. Für R gehen nur die verwendeten Ebenenvariablen ein. Die optimale Lösung lautet

$x_1 = 0$ $x_3 = 1$ $z = 40$
$x_2 = 0$ $x_4 = 1$ $R = 8$

d.h. man sollte im Baustoffhandel und im Kunststeinvertrieb auf neue LKW umstellen; es sind dazu 8 neue LKW zu beschaffen.

4.2.4 Heuristische Verfahren

Trotz der beachtlichen Verfeinerung der Entscheidungsbaumverfahren und der großen Leistungssteigerung moderner EDV-Anlagen ist die exakte Lösung großer GO-Probleme auch heute noch mit einem nicht zu vertretenden Rechenaufwand verbunden. Dieser Aufwand rührt vor allem daher, daß in dem im Verlaufe des Lösungsprozesses entstehenden Entscheidungsbaum zahlreiche Zweige abgearbeitet werden, die ohne Nutzen für die eigentliche Bestimmung des Optimums sind. Je früher man die Nutzlosigkeit eines solchen Zweiges erkennt, desto geringer ist der Rechenaufwand. Es liegt daher nahe, Zweige des Entscheidungsbaumes schon dann abzuschneiden, wenn man ihre Nutzlosigkeit nur vermutet. An diese Überlegungen anknüpfend konnten entsprechende heuristische Modifikationen von Entscheidungsbaum-Verfahren entwickelt werden.

Andererseits birgt aber das Abschneiden von Zweigen des Entscheidungsbaumes aufgrund vermuteter Nutzlosigkeit die Gefahr in sich, daß dabei auch besonders gute Lösungen bzw. eine Optimallösung abgeschnitten werden. Hierauf ist beim Entwurf von heuristischen Verfahren besonders zu achten.

Sinnvolle und plausible Kriterien für ein solches „Kappen" von Entscheidungsbäumen beziehen sich u.a. auf die Beschränkung der Rechenzeit, auf die Festsetzung von Obergrenzen für die Zahl der zu entwickelnden Knoten im gesamten Baum bzw. innerhalb der einzelnen Zweige, auf die Beschränkung der insgesamt zu untersuchenden Zweige oder auf die Verschärfung einer unteren Grenze zum Verwerfen von Teillösungsmengen.

Zur Begründung für diese und ähnliche heuristische Kriterien zum vorzeitigen Abschneiden von Zweigen des Entscheidungsbaumes wird die häufig gemachte Rechenerfahrung angeführt, daß viele Entscheidungsbaumverfahren bereits vor Erreichen einer Optimallösung auf gute zulässige Lösungen führen. Ein weiteres Argument ist, daß vielfach eine Optimallösung relativ frühzeitig gefunden wird, der Optimalitätsbeweis dagegen eine umfangreiche Weiterentwicklung des Entscheidungsbaumes notwendig macht.

Derartige (indirekte) heuristische Modifikationen bestehender exakter Entscheidungsbaumverfahren können jedoch nicht als eigenständige heuristische Verfahren bezeichnet und nur in Ausnahmefällen zur heuristischen Lösung allgemeiner GO-Probleme empfohlen werden. Dies liegt vor allem daran, daß die zugrundeliegenden exakten Verfahren nicht in ihrer Grundstruktur geändert, sondern lediglich bestimmte Lösungsbereiche nicht oder nur unvollständig untersucht werden. Der mit jedem Verzweigungsschritt verbundene Rechenaufwand, der ursprünglich für die Bestimmung einer Optimallösung und weniger zum Aufsuchen einer guten zulässigen Lösung konzipiert wurde, erfährt dabei keine

Reduktion; diese Verfahren sind in rechentechnischer Hinsicht zu aufwendig, um auch als attraktive Verfahren gelten zu können.

Auf der Basis dieser Erfahrungen ist es interessant zu fragen, welche anderen Ansätze als die der Einbeziehung heuristischer Kriterien in bekannte Entscheidungsbaumverfahren sich zur Lösung allgemeiner GO-Probleme anbieten. Das Studium der Literatur zeigt, daß praktisch alle Lösungsvorschläge auf einen iterativen Suchprozeß hinauslaufen, in dem unter Berücksichtigung der Struktur der Nebenbedingungen und der Zielfunktion versucht wird, aus einer gegebenen Lösung jeweils direkt eine neue verbesserte Lösung zu bestimmen. Diese wohl wichtigste Gruppe heuristischer Verfahren zur Lösung allgemeiner GO-Probleme ist durch folgende Strategie gekennzeichnet:

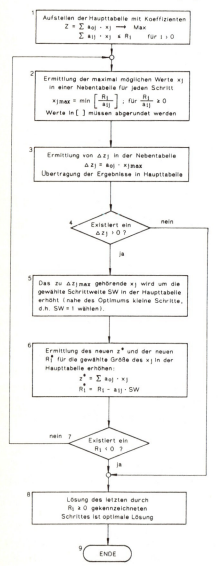

Bild 4.8 Flußdiagramm des Verfahrens der vorsichtigen Annäherung für Maximumproblem
(Für 0-1-Probleme und Probleme mit unzulässiger Ausgangslösung nicht geeignet)

Aufgabe:

Verbessere das Flußdiagramm derart, daß es auch für Probleme mit unzulässiger Ausgangslösung (vgl. Aufgabe 3, Seite 143) und für Probleme mit $\Delta z_j < 0$ (vgl. Aufgabe 5 und 6, Seite 144) eine Lösung ermöglicht.

1. eine erste (Ausgangs-)Bezugslösung zur Verfügung stellen,
2. den Übergang von einer Bezugslösung zur nächsten beschreiben,
3. auf der Basis einer Bezugslösung die in der Umgebung oder Nachbarschaft liegenden Lösungskandidaten zu explizieren,
4. für die Auswahl bzw. Beurteilung der Lösungskandidaten entsprechende Kriterien bereitzustellen und schließlich
5. die Endlichkeit des gesamten Suchprozesses zu garantieren.

Die verschiedenen in der Literatur vorgeschlagenen direkten Suchverfahren unterscheiden sich lediglich in der individuellen Realisierung dieser fünf Anforderungen; der generelle Verfahrensablauf ist dagegen in allen Fällen gleich. (Gallus [1976])

Stellvertretend soll hier das „Verfahren der vorsichtigen Annäherung" (Müller-Merbach [1973]) anhand des Flußdiagramms Bild 4.8 und des Beispieles 4.6 dargestellt werden, das jedoch zur Lösung von 0−1-Problemen nicht geeignet ist.

Bei den heuristischen Verfahren handelt es sich um systematische Probier- oder Suchverfahren, um bestimmte als sinnvoll und erfolgversprechend angesehene, auf die Lösung spezieller Problemstrukturen zugeschnittene Auswahlregeln und Vorgehensweisen, die jedoch nicht mit Sicherheit das Auffinden der optimalen Lösung garantieren.

Heuristische Verfahren werden nicht nur bei der ganzzahligen Optimierung, sondern auch bei der Linearen Optimierung zum Auffinden von Ausgangslösungen angewendet; so sind beispielsweise das Auswahlkriterium zum Bestimmen der Pivot-Zeile und der Pivot-Spalte bei der Simplex-Methode, die Vogel'sche Approximation und das sog. Nord-Westecken-Verfahren bei Transportproblemen heuristische Verfahren. Verfahren, die zunächst eine Ausgangslösung liefern, heißen Eröffnungsverfahren. Zum Verbessern der mit Hilfe eines Eröffnungsverfahrens ermittelten Ausgangslösung können u.U. heuristische Iterationsverfahren benutzt werden; solche Verfahren nennt man suboptimierende Iterationsverfahren.

Beispiel 4.6
Das bereits mehrfach betrachtete und in Beispiel 4.1 beschriebene Produktionsproblem ist mit dem Verfahren der vorsichtigen Annäherung zu lösen.
Mathematische Beschreibung
Zielfunktion $\quad z = 500 x_1 + 800 x_2 \to \text{Max}$
Restriktionen $\quad\quad 5 x_1 + 2 x_2 \leq 24$
$\quad\quad\quad\quad\quad\quad x_1 + 5 x_2 \leq 24$
$\quad\quad\quad\quad\quad\quad 6 x_1 + 6 x_2 \leq 36$
$\quad\quad\quad\quad\quad\quad\quad\quad\quad x_j \geq 0 \text{ und ganzzahlig}$

Haupttabelle:

Zunächst wird nur der dickumrandete Teil erstellt; nach jedem Schritt, d.h. nach jeder neuen Nebentabelle wird die Haupttabelle nach rechts hin erweitert und ergänzt.

x_1		x_2	R_i						
500		800	$z=0$	$z=800$	$z=1600$	$z=2100$	$z=2900$	$z=3400$	$z=4200$
5		2	24	22	20	15	13	8	6
1		5	24	19	14	13	8	7	2
6		6	36	30	24	18	12	6	0
Variablen	$x_1=$		0	0	0	1	1	2	2
Wert	$x_2=$		0	1	2	2	3	3	4
Änderung von z		x_1		2000	2000	2000*	1500	1000*	500	0
durch Erhöhung von		x_2		3200*	2400*	1600	1600*	800	800*	0
Schritt-Nr.				1	2	3	4	5	6	7

Nebentabelle für 1. Schritt

R_i/a_{i1}	R_i/a_{i2}
24/5	24/2
24/1	24/5
36/6	36/6
$x_{1\,max}=4$	$x_{2\,max}=4$
$\Delta z_1 = 2000$	$\Delta z_2 = 3200$

$\Delta z_{max} = \Delta z_2 = 3200$; deshalb Erhöhung des x_2 um eine Schrittweite. Hier wird die Schrittweite „1" gewählt. Bei größeren Schrittweiten kann man sich leicht in einer „nichtoptimalen Ecke verfangen". Nur wenn von Anfang an feststeht, daß die Werte für x_j über 10 oder sogar über 100 noch im zulässigen Bereich liegen, kann man zunächst mit einer größeren Schrittweite arbeiten, um den Rechenaufwand abzukürzen. (Man beachte, daß für jeden Schritt eine Nebentabelle erforderlich ist.)

$z^* \; = 500 \cdot 0 + 800 \cdot 1 = 800$
$R_1^* = \; 24 \; - \; 2 \cdot 1 = \; 22$
$R_2^* = \; 24 \; - \; 5 \cdot 1 = \; 19$
$R_3^* = \; 36 \; - \; 6 \cdot 1 = \; 30$

Da alle $R_i > 0$ sind, wird ein zweiter Schritt erforderlich.

Nebentabelle für 2. Schritt

R_i/a_{i1}	R_i/a_{i2}
22/5	22/2
19/1	19/5
30/6	30/6
$x_{1\,max}=4$	$x_{2\,max}=3$
$\Delta z_1 = 2000$	$\Delta z_2 = 2400$

4. Ganzzahlige Optimierung   143

$\Delta z_{max} = \Delta z_2 = 2400; x_2 = 2$ festgelegt

$z^* = 500 \cdot 0 + 800 \cdot 2 = 1600$
$R_1^* = 22 \; - \; 2 \cdot 1 = \; 20$
$R_2^* = 19 \; - \; 5 \cdot 1 = \; 14$
$R_3^* = 30 \; - \; 6 \cdot 1 = \; 24$

Nebentabelle für 3. Schritt

R_i/a_{i1}	R_i/a_{i2}
20/5	20/2
14/1	14/5
24/6	24/6
$x_{1\,max} = 4$	$x_{2\,max} = 2$
$\Delta z_1 = 2000$	$\Delta z_2 = 1600$

$\Delta z_{max} = \Delta z_1 = 2000; x_1 = 1$

$z^* = 500 \cdot 1 + 800 \cdot 2 = 2100$
$R_1^* = 20 \; - \; 5 \cdot 1 = \; 15$
$R_2^* = 14 \; - \; 1 \cdot 1 = \; 13$
$R_3^* = 24 \; - \; 6 \cdot 1 = \; 18$

Da immer noch nicht wenigstens ein $R_i < 0$ ist, sind weitere Schritte in gleicher Weise durchzuführen, bis daß nach dem 6. Schritt die optimale Lösung mit $x_1 = 2; x_2 = 4; z = 4200$ gefunden ist.

4.3 Aufgaben zur Ganzzahligen Optimierung

1. Maximiere $z = x_1 + x_2$ unter den Beschränkungen

$$3 x_1 + 11 x_2 \leq 38$$
$$x_1 + x_2 \leq 7$$
$$4 x_1 - 5 x_2 \leq 5$$
$$x_1; x_2 \geq 0 \text{ und ganzzahlig}$$

2. Maximiere $z = 3 x_1 + x_2$ unter den Beschränkungen

$$2 x_1 + 2 x_2 \leq 6$$
$$2 x_1 - 3 x_2 \leq 3$$
$$x_1; x_2 \geq 0 \text{ und ganzzahlig}$$

3. Maximiere $z = 500 x_1 + 800 x_2$ unter den Restriktionen

$$5 x_1 + 2 x_2 \leq 24$$
$$x_1 + 5 x_2 \leq 24$$
$$6 x_1 + 6 x_2 \leq 36 \qquad x_1 + x_2 \geq 3$$
$$x_1; x_2 \geq 0 \text{ und ganzzahlig}$$

4. Minimiere $z = 2x_1 + 4x_2 + 3x_3 + 10x_4 + 8x_5 + x_6$ unter den Restriktionen

$$8x_1 + 6x_2 + 7x_3 + 3x_4 + x_5 + 3x_6 \geq 10$$
$$2x_1 + x_2 + 3x_3 + 6x_4 + x_5 \geq 8$$
$$x_j = \begin{cases} 0 \\ 1 \end{cases}$$

5. Es ist das gewinnmaximale Produktionsprogramm für einen Kleinbetrieb zu ermitteln. Es können zwei Artikel 1 und 2 mit einem Deckungsbeitrag pro Stück von $d_1 = 500$ DM und $d_2 = 800$ DM gefertigt werden.

Zur Produktion stehen nur zwei Maschinengattungen A und B zur Verfügung. Gelernte Montagekräfte sind ebenfalls nur in geringer Zahl vorhanden. Die speziellen technischen Daten sind in einer Tabelle zusammengefaßt:

	Artikel 1	Artikel 2	Kapazität pro Tag
Maschinengruppe A	5	2	24 h
Maschinengruppe B	1	5	24 h
Montagegruppe	6	6	36 h
Deckungsbeitrag pro Stück in DM	500	800	

Die Zahlen im mittleren Bereich der Tabelle geben die Belastung der Maschinen durch die Artikel (in Stunden/Stück) an.

Das optimale Produktionsprogramm wurde durch Lineare Optimierung mit

$x_1 = 1,5$ (Stückzahl Artikel 1)
$x_2 = 4,5$ (Stückzahl Artikel 2)
$z = 4350$ (Deckungsbeitrag/Tag)
$y_1 = 7,5$ (Freie Kapazität auf Maschinengruppe A)

ermittelt.

Es erhebt sich nun die Frage, ob eine sprungweise Kapazitätserhöhung zu einer Erhöhung des Deckungsbeitrages führt. Überstunden und Mehrschichtbetrieb sind aus personellen Gründen nicht durchführbar. Aus Gründen des Kapital- und Platzbedarfs sind auch Grenzen für die Erweiterung gegeben.

Die durch die Erweiterung entstehenden zusätzlichen fixen Kosten, sowie die Kapazitätsgrenzen sind wie folgt gegeben:

	Maximal zusätzliche Kapazität pro Tag	Zusätzliche fixe Kosten
Maschinengruppe B	2 Maschinen à 8 Std.	100 DM/Maschine
Montagegruppe	4 Arbeiter à 8 Std.	30 DM/Arbeiter

Wieviele Maschinen sollten investiert werden und wieviele neue Montagearbeitsplätze sind bereitzustellen, um den Deckungsbeitrag pro Tag zu erhöhen? Welche Anzahl der Artikel 1 und 2 können dabei gefertigt werden? Man beachte, daß das Problem nunmehr als ganzzahliges Problem betrachtet werden muß, da keine Bruchteile von Maschinen investiert werden können.

6. Ein Unternehmen möchte ein Erzeugnis produzieren und in einem gegebenen Marktgebiet absetzen. An drei potentiellen Standorten (Index i) können Produktionsstätten mit

bestimmter Kapazität (K_i) errichtet werden. Die Herstellungs- und sonstigen standortfixen Kosten (F_i) der Produktionsstätten an den einzelnen Standorten sind vorgegeben. Weiterhin besitzt das Unternehmen Informationen über den erzielbaren Absatzpreis (p) und die variablen Produktionskosten (k_i), sowie über die Transportkosten pro Stück (t_i) von den einzelnen Standorten zum Marktgebiet. Gesucht ist die Standortkombination, die den Gesamtgewinn während des Planungszeitraums maximiert.

Lösungshilfe:

Bezeichnet man mit x_i die Produktionsmenge am Standort i, mit A die Absatzmenge auf dem Markt und führt eine 0–1 Standortvariable v_i ein, die nur dann den Wert 1 annimmt, wenn der Standort i gewählt wird, so läßt sich das folgende Modell aufstellen:

$z = \Sigma (p - k_i - t_i) x_i - \Sigma v_i F_i \to \text{Max}$

wobei $x_i \leq v_i K_i$
$\Sigma x_i \leq A$
$x_i \geq 0$
$v_i = 0 \text{ oder } 1$

Das Problem ist für folgenden Daten zu lösen:

Standort	k_i	t_i	F_i	K_i	p	A
1	3	2	50	12		
2	2	2	80	15	10	30
3	2	1	100	20		

7. Eine Unternehmung hat vier verschiedene Investitionsprojekte zur Auswahl, deren Kapitalwert bekannt ist. Für jedes Projekt ist ein bestimmter Bedarf an Kapital und Arbeitskräften vorgegeben. Das Kapitalbudget sowie die insgesamt für die Projekte verfügbaren Arbeitskräfte des Unternehmens sind beschränkt. Die Summe der Kapitalwerte soll maximiert werden. Die folgende Tabelle enthält die Einzelheiten.

Projekt	Kapitalwert DM	Kapitalbedarf DM	Arbeitskräftebedarf	
1	40 000	20 000	10	Verfügbares Kapital
2	60 000	18 000	20	= 35 000 DM
3	80 000	20 000	16	Verfügbare Arbeits-
4	50 000	10 000	25	kräfte = 40

8. Die Verkehrsbetriebe einer Stadt unterhalten 5 Omnibuslinien mit unterschiedlichen Streckenlängen und folgendem Wagenbedarf

Linie	1	2	3	4	5	Summe
Anzahl Wagen	17	16	21	8	12	74

Der Wagenpark beträgt 80 Fahrzeuge; es stehen also jeweils 6 Fahrzeuge außer Betrieb (Revisionen, Reparaturen, Reservierung für Sondereinsätze).
Erhebungen aus dem letzten Betriebsjahr ergaben folgende mittleren Zahlen von beförderten Passagieren pro Tag (Zahlen in 1 000)

Linie	1	2	3	4	5	Summe
Passagiere	11	14	16	8	7	56

Auf sämtlichen Linien verkehren Busse desselben Typus, die jedoch infolge langjährigen Gebrauchs im Betrieb sehr teuer geworden sind. Sie sind außerdem veraltet und genügen nicht mehr den Anforderungen an Bequemlichkeit, die der Fahrgast erwartet. Die Gesellschaft beschließt daher, ihren Wagenpark zu erneuern; in einer 1. Etappe steht ihr zu diesem Zwecke ein Kredit zur Verfügung, der es gestattet, höchstens 40 Fahrzeuge durch wirtschaftlichere, modernere und komfortablere zu ersetzen.

Der Austausch der Fahrzeuge soll nach folgenden Richtlinien vorgenommen werden:

- Auf allen Linien bleibt die gleiche Anzahl Fahrzeuge wie bisher im Einsatz;
- Die Linien mit den höheren Beförderungszahlen sollen als erste berücksichtigt werden, um möglichst viele Passagiere in den Genuß der größeren Bequemlichkeit zu bringen;
- Die Ersetzung soll linienweise erfolgen, d.h. am Schluß soll es keine Linie geben, auf der gleichzeitig neue und alte Wagen verkehren. (Dies mit Rücksicht auf die Wagenführer, die linienweise eingesetzt sind und umgeschult werden müssen, falls die Linie auf neue Omnibusse eingerichtet wird)
- Aus betrieblichen Gründen müssen von den neu bestellten Wagen wiederum 3 außer Betrieb in Reserve gehalten werden. Es können also höchstens 37 Wagen neuen Modells für den Einsatz verwendet werden.

Wieviel Fahrzeuge hat die Gesellschaft zu ersetzen und wie sollen die neuen Wagen auf die Linien verteilt werden, damit möglichst viele Passagiere in den Genuß des erhöhten Fahrkomforts gelangen?

9. Ein Schiff hat eine Ladekapazität von 10000 Tonnen. Zur Verschiffung stehen vier unterschiedlichen Ladegüter an, deren Tonnage und Wert aus folgender Tabelle zu ersehen ist.

Ladegut	1	2	3	4
Tonnage	5000	4000	3000	2000
Wert/ME	53	43	31	20

Welche Güter sollten bevorzugt transportiert werden, wenn

- die Vergütung proportional dem Wert der transportierten Güter ist und
- eine Aufteilung jedes Ladegutes nicht möglich ist, d.h. entweder alles aufeinmal oder gar nicht transportiert werden kann?

4.4. Empfohlene Literatur zur Ganzzahligen Optimierung

Beisel, E.-P.; Mendel, M.: Optimierungsmethoden des Operations Research, Bd. 1, Friedrich Vieweg, Braunschweig 1981, Bd. 2, Braunschweig 1990.

Burkard, R. E., Methoden der ganzzahligen Optimierung. Springer Verlag, Wien–New York, 1972

Dück, W., Diskrete Optimierung. Friedr. Vieweg + Sohn, Braunschweig, 1977

Domschke, W.; Drexl, A.: Einführung in Operations Research. Springer Verlag. Berlin–Heidelberg 1990.

Fischer, J.: Heuristische Investitionsplanung. Erich Schmidt Verlag, Bielefeld–Berlin 1981

Gal, T.: Grundlagen des Operations Research, Bd. 2. Springer, Heidelberg 1987

Gallus, G.: Heuristische Verfahren zur Lösung ganzzahliger linearer Optimierungsprobleme (Ein Überblick). Zeitschrift für Operations Research, Jahrg. 20 (1976) S. 89– 104, Physica-Verlag, Würzburg

Gomory, R. E.: Outline of an algorithm for integer solutions of linear programming. Bull. Amer. Math. Soc. 64 (1958)

Hansmann, K. W.: Das Branch-and-Bound-Verfahren. Das Wirtschaftsstudium (WISU) 1. Jahrg. (1972) S. 305–310

Hansmann, K. W.: Ganzzahlige Optimierung. Das Wirtschaftsstudium (WISU) 4. Jahrg. (1975) S. 6–10, 56–60, 105– 107

Hu Te Chiang, Ganzzahlige Programmierung und Netzwerkflüsse. Oldenbourg Verlag, München–Wien, 1972

Korbut, A. A./Finkelstein, J. J.: Diskrete Optimierung. Akademie-Verlag, Berlin 1971

Land, A. H./Doig, A. G., An automatic method of solving discrete programming problems. Econometrica 28 (1960) S. 497–520

Lüder, K., Zur Anwendung neuerer Algorithmen der ganzzahligen linearen Programmierung. Zeitschrift für Betriebswirtschaft, 39. Jahrg. (1969), S. 405–434

Müller-Merbach, H., Operations Research, Methoden und Verfahren der Optimalplanung. Franz Vahlen Verlag, München, 3. Auflage 1973, S. 391ff.

Piehler, J., Ganzzahlige lineare Optimierung. B. G. Teubner Verlagsgesellschaft, Leipzig 1970

Piehler, J.: Algebraische Methoden der Ganzzahligen Optimierung, Teubner – Texte zur Mathematik, Band 51, Leipzig 1982.

Terno, J.: Numerische Verfahren der diskreten Optimierung Teubner – Texte zur Mathematik, Band 36, Leipzig, 1981

Zimmermann, W./Müller, K.-H.: Verfahren der Ganzzahligen Optimierung, in: Blech-Rohre-Profile 27 (1980) S. 249–254 und 550–551, Verlag Meisenbach KG, Bamberg.

5. Kombinatorische Optimierung – Optimale Reihenfolge

5.1. Vorbemerkungen

Hängt der Wert einer Zielfunktion eines Optimierungsproblems von der Reihenfolge der einzelnen Operationen ab, dann muß ein Reihenfolgeproblem – häufig auch *kombinatorisches Optimierungsproblem* genannt – gelöst werden. Beim Bestimmen einer optimalen Reihenfolge (routing, sequencing) ist stets die in irgendeinem Sinne als optimal anzusehende Reihenfolge zu suchen, beispielsweise diejenige mit der kürzesten Durchlaufzeit, **den geringsten Kosten** oder einer gleichmäßigen Auslastung der Betriebsmittel.

Solche Reihenfolgeprobleme treten z. B. bei Ablaufplanungen auf, wie etwa bei einer *Fertigungsablaufplanung* und der entsprechenden *Maschinenbelegungsplanung*; hierbei ergibt sich die Aufgabe, für mehrere Aufträge, deren Bearbeitung verschiedene Maschinen erfordert, eine solche Reihenfolge zu finden, daß die Gesamtdurchlaufzeit oder die Gesamtumrüstkosten minimiert werden.

Nur sehr selten ist die optimale Reihenfolge so leicht zu bestimmen, wie z. B. beim Herstellen verschiedenfarbiger Kunststoff-Folien. Damit keine vermeidbaren Reinigungszeiten anfallen, werden bei diesem Vorgang zunächst die farblosen, danach die weißen, sodann die gelben und schließlich die **schwarzen Folien hergestellt**, weil man dann nur einmal nach jedem Zyklus die Anlage gründlich zu säubern braucht.

Auch das *Rundreiseproblem („traveling salesman"-Problem)* ist ein Reihenfolgeproblem. Es betrifft einen Handlungsreisenden, der eine bestimmte Anzahl von Städten zu besuchen hat und zum Ausgangsort zurückkehren will; er wird bestrebt sein, seine Reiseroute so zu wählen, daß deren Länge oder Dauer oder aber die aufzuwendenden Kosten ihren kleinstmöglichen Wert annehmen.

Das Reihenfolgeproblem ist eng verwandt mit dem Zuordnungsproblem. Allerdings umfaßt die Lösung eines Zuordnungsproblems meist zwei oder mehr als zwei in sich geschlossene Folgen (Schleifen); beim Reihenfolgeproblem hingegen wird zusätzlich verlangt, daß nur *eine einzige geschlossene Folge* existiert.

Bei dem ebenfalls bis zu einem bestimmten Grad ähnlichen Warteschlangenproblem ist die Reihenfolge jedoch vorab festgelegt, z. B. die Abfertigung des in einer Warteschlange befindlichen Elementes in der Reihenfolge des Eintreffens bei der Warteschlange. Bei einem Reihenfolgeproblem hingegen soll die in bezug auf ein vorgegebenes Kriterium günstigste Reihenfolge ausgewählt werden, wobei auch bestimmte Prioritäten, die Wartende oder Bedienungsstellen betreffen, berücksichtigt werden können.

5.2. Rundreiseplanung

Das Rundreise-Problem hat eine so große Bedeutung, daß die Begriffe „Reihenfolgeproblem" und Rundreise-Problem häufig synonym verwendet werden. Zum Lösen von solchen Problemen eignen sich mehrere Verfahren, die anhand von Beispielen dargestellt werden sollen.

1. Die vollständige Enumeration,
2. zwei heuristische Verfahren, und zwar
    a) das Verfahren des besten Nachfolgers sowie
    b) das Verfahren der sukzessiven Einbeziehung von Stationen und
3. zwei Entscheidungsbaum-Verfahren, und zwar
    a) die begrenzte Enumeration sowie
    b) das Verfahren „branching and bounding".

5.2.1. Vollständige Enumeration

Wie beim Zuordnungsproblem muß auch beim Lösen eines RR-Problems aus einer (n,n)-Matrix (n = Anzahl der Orte) eine Anzahl von Elementen so ausgewählt werden, daß die Summe der Elemente ein Minimum wird. Beim Zuordnungsproblem gibt es n! mögliche Zuordnungen. Beim RR-Problem hingegen existieren nur (n − 1)! mögliche Lösungen, da der Start- und der Zielort stets identisch sein müssen. Bei der vollständigen Enumeration (der vollständigen Beschreibung) werden diese (n − 1)! Lösungen alle ermittelt und danach die Lösung mit der kleinsten Elementensumme ausgewählt.

Es leuchtet ein, daß diese Vorgehensweise sehr rechenaufwendig ist und auch beim Einsatz von EDV-Anlagen sehr schnell auf Grenzen stößt. Bei manueller Lösung ist der Rechenaufwand bis n = 6 (d. h. 5! = 120 mögliche Lösungen) noch zu vertreten, während bei dem Einsatz von EDV-Anlagen bereits bei n = 15 mehrere Stunden Rechnerzeit benötigt werden.

Bei n = 15 existieren 14! = 87 178 291 200 mögliche Reihenfolgen. Falls 10^6 Bauschritte eine Sekunde benötigen, wären bei n = 15 Orten für die vollständige Enumeration 87 178 s = 1453 min = 24,2 h Rechenzeit erforderlich.

Ein Beispiel soll die Vorgehensweise bei der vollständigen Enumeration erläutern.

Beispiel 5.1:

In der Matrix nach Tabelle 5.1 sind die Kosten c_{ij} aufgeführt, die ein Handlungsreisender aufwenden muß, um von einem Ort i zu einem Ort j zu fahren. Diese Kosten c_{ij} könnten ebenso die zum Umrüsten einer Fertigungsanlage vom Produkt i auf ein anderes Produkt j erforderlichen Kosten sein. Gesucht werde die kostengünstigste Reiseroute bzw. der kostengünstigste Fertigungszyklus.

Tabelle 5.1. Kostenmatrix mit den Elementen c_{ij}

Zeile \ Spalte	j = 1	2	3	4	5
i = 1	0	18	17	20	21
2	18	0	21	16	18
3	16	98	0	19	20
4	17	16	20	0	17
5	18	18	19	16	0

In der Kostenmatrix werden zunächst alle unerwünschten Verknüpfungen „i −j" dadurch ausgeschlossen, daß man die zugehörigen Matrixelemente $c_{ij} = \infty$ setzt, beispielsweise alle Elemente der Hauptdiagonalen der Matrix, sowie das Element c_{32}, dem im Vergleich zu den anderen Elementen, außerordentlich hohe Kosten entsprechen.

Bevor die vollständige Enumeration durchgeführt wird, empfiehlt sich – insbesondere bei der manuellen Lösung der Aufgabe – eine vorherige Matrixreduktion, wie sie bei der Transportoptimierung bereits angewendet wurde.

Dies geschieht durch Subtrahieren des kleinsten Elements einer Zeile von jedem Element dieser Zeile und durch Ersetzen der einzelnen Elemente durch die sich jeweils ergebende Differenz; auf diese Weise erhält man in jeder Zeile mindestens ein Nullelement. (Die entsprechende Aussage gilt auch für Spalten der Matrix.) Bei dem beschriebenen Vorgehen ergibt sich Tabelle 5.2 mit den Elementen $c_{ij}^* = c_{ij} - \min c_{ij}$.

Tabelle 5.2. Reduzierte Kostenmatrix mit den Elementen c_{ij}^* (zeilenweise Reduktion)

Zeile \ Spalte	j = 1	2	3	4	5
i = 1	∞	1	0	3	3
2	2	∞	5	0	1
3	0	∞	∞	3	3
4	1	0	4	∞	0
5	2	2	3	0	∞

Die Summe über alle beim Reduktionsvorgang subtrahierten Elemente heißt Reduktionskonstante k_r; für die Matrix nach Tabelle 5.2 ist $k_r = 82$.

Nach dieser Vorbereitung wird die vollständige Enumeration, also das systematische Ermitteln aller möglichen Reihenfolgen zweckmäßigerweise tabellarisch vorgenommen.

Aus Tabelle 5.3 geht hervor, daß die vierte Lösung kostenoptimal ist; es ist die Reihenfolge

1 − 2 − 4 − 5 − 3 − 1

mit dem Minimalwert $\min (\Sigma c_{ij}^*) = 4$ aller Summen Σc_{ij}^*. Die bei der vierten Lösung insgesamt anfallenden Kosten sind gleich der Summe

$k_r + \min (\Sigma c_{ij}^*) = 86$.

Tabelle 5.3. Ermittlung der optimalen Reihenfolge nach der Methode der vollständigen Enumeration, ausgehend von der Matrix nach Tabelle 5.2.

Lfd. Nummer der Lösung	Reihenfolge	Σc_{ij}^*	
1	1–2–3–4–5–1	11	
2	1–2–3–5–4–1	10	
3	1–2–4–3–5–1	10	
4	1–2–4–5–3–1	4	Minimum
5	1–2–5–3–4–1	9	
6	1–2–5–4–3–1	6	
7	1–3–2–4–5–1	∞	
8	1–3–2–5–4–1	∞	
9	1–3–4–2–5–1	6	
10	1–3–4–5–2–1	7	
11	1–3–5–2–4–1	6	
12	1–3–5–4–2–1	5	
13	1–4–2–3–5–1	13	
14	1–4–2–5–3–1	7	
15	1–4–3–2–5–1	∞	
16	1–4–3–5–2–1	14	
17	1–4–5–2–3–1	10	
18	1–4–5–3–2–1	∞	
19	1–5–2–3–4–1	14	
20	1–5–2–4–3–1	9	
21	1–5–3–2–4–1	∞	
22	1–5–3–4–2–1	11	
23	1–5–4–2–3–1	8	
24	1–5–4–3–2–1	∞	

5.2.2. Heuristische Verfahren

Da die meisten Reihenfolgeprobleme in der Wirtschaftspraxis wegen der großen Anzahl der theoretisch möglichen Lösungen nur mit unverhältnismäßig großem Rechenaufwand oder gar nicht exakt zu lösen sind, ist man auf *Näherungsverfahren*, die sog. heuristischen Verfahren, angewiesen. Diese Verfahren liefern allerdings nicht mit Sicherheit ein absolutes Optimum, sondern vielleicht nur ein Suboptimum.

Bei den heuristischen Verfahren handelt es sich um *systematische Suchverfahren* — also um bestimmte als sinnvoll und erfolgversprechend angesehene, auf die Lösung spezieller Problemstrukturen zugeschnittene Auswahlregeln — die einen wesentlich kleineren Rechenaufwand als die exakten Verfahren (vollständige Enumeration und Entscheidungsbaum-Verfahren) erfordern, die zwar nicht mit Sicherheit das Auffinden einer optimalen Lösung garantieren, jedoch Lösungen liefern, die relativ zum Lösungsaufwand als zufriedenstellend empfunden werden.

Bei diesen Verfahren wirkt sich allerdings die Tatsache nachteilig aus, daß man nicht ohne weiteres erkennen kann, wie gut die jeweils gefundene Lösung ist, also um welchen Betrag sie vom (absoluten) Optimum abweicht.

Heuristische Verfahren werden nicht nur bei Reihenfolgeproblemen, sondern auch bei der linearen Optimierung zum Auffinden von Ausgangslösungen angewendet; so sind beispielsweise das Auswahlkriterium zum Bestimmen der Pivot-Zeile und der Pivot-Spalte bei der Simplex-Methode, die *Vogel*'sche Approximation und das sog. Nord-Westecken-Verfahren bei Transportproblemen heuristische Verfahren. Verfahren, die zunächst eine Ausgangslösung liefern, heißen Eröffnungsverfahren. Zum Verbessern der mit Hilfe eines Eröffnungsverfahrens ermittelten Ausgangslösung können u. U. heuristische Iterationsverfahren benutzt werden; solche Verfahren nennt man suboptimierende Iterationsverfahren.

Von den heuristischen Eröffnungsverfahren, die sich zum Lösen von RR-Problemen eignen, sind besonders bekannt das *Verfahren des besten Nachfolgers* und das *Verfahren der sukzessiven Einbeziehung von Stationen*.

5.2.2.1. *Verfahren des besten Nachfolgers*

Ausgehend von einem beliebigen Ausgangsort wird der diesem am nächsten gelegene – bzw. der bei kleinstem Kostenaufwand erreichbare – Ort in die Folge einbezogen. Der so ermittelte Ort ist der Nachfolger des Ausgangsorts. In bezug auf diesen Ort wird wiederum der nächstgelegene bzw. kostengünstigste Ort ausgewählt; diesen Vorgang wiederholt man bis zur Rückkehr zum Ausgangsort. Hierbei ist zu beachten, daß jeder der n Orte einmal als Ausgangsort angesetzt werden kann (vgl. Beispiel 5.2).

Dieses Verfahren liefert normalerweise keine besonders guten Ergebnisse. Der Grund hierfür ist die Tatsache, daß beim Bilden einer Folge durch Bestimmen der jeweils günstigen Nachfolger die Anzahl der möglichen Nachfolger und damit die Anzahl der Freiheitsgrade ständig abnimmt, bis beim „Anhängen" des letzten Orts überhaupt keine Alternative mehr existiert. Dies bedeutet aber, daß gegen Ende der Reihung auch „schlechte" Verknüpfungen (ungünstige Nachfolger) in Kauf genommen werden müssen.

5.2.2.2. *Verfahren der sukzessiven Einbeziehung von Stationen*

Ausgehend von einem beliebigen Anfangszyklus, der von einem Ausgangsort A über einen beliebigen Reiseort B wiederum zum Ausgangsort A hinführt, fügt man in diesen Zyklus einen zweiten Reiseort C so vorteilhaft wie möglich ein; dies bedeutet, daß von den beiden Teilzyklen A–B–C–A und A–C–B–A der jeweils ungünstigere ausgeschieden wird. Ausgehend von dem auf die beschriebene Weise ermittelten günstigsten Teilzyklus ist der Vorgang durch Einbeziehen eines dritten, vierten usw. Reiseorts so lange zu wiederholen, bis alle Reiseorte im Zyklus eingebaut sind.

Dieses Verfahren führt nach numerischen Erfahrungen zu besseren Ergebnissen als das Verfahren des besten Nachfolgers.

Beispiel 5.2:
Das im Beispiel 5.1 gegebene Problem sei mittels der beiden beschriebenen heuristischen Verfahren zu lösen.

a) Lösung mit dem Verfahren des besten Nachfolgers:
Beim Lösen der Aufgabe „von Hand" wird empfohlen, von der reduzierten Matrix auszugehen und das Bilden einer Folge mit einer solchen Spalte oder Zeile zu beginnen, die nur ein Nullelement enthält. Besonders einfach ist das Darstellen eines solchen Vorgangs in einem Graphen. Dabei sind in jeweils zwei aufeinanderfolgende Knoten (als Kreise dargestellt) eines solchen Graphen die Werte von i und j einzutragen (Ortsbezeichnung). Die zugehörigen Elemente c_{ij}^* der reduzierten Matrix werden an den Verbindungsstrecken (Kanten des Graphen) notiert. (Vgl. Bild 5.1).

Es wird bei der Entwicklung des „Baumes" nur jeweils der Ast mit der niedrigsten Kostensumme weiterverfolgt.

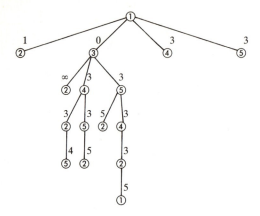

Bild 5.1. Graphische Ermittlung von Reihenfolgen nach dem Verfahren des besten Nachfolgers (ausgehend von der reduzierten Kostenmatrix)

Wie aus Bild 5.1 zu erkennen ist, wurde nur ein Suboptimum mit min $\Sigma c_{ij} = k_r + \min \Sigma c^*_{ij} = 82 + 5 = 87$ gefunden.

Die Chance bei Anwendung dieses Verfahrens das absolute Optimum zu finden nimmt zu, wenn man jeden Ort einmal als Ausgangsort verwendet und somit n-mal das Verfahren anwendet.

Tabelle 5.4. Tabellarische Ermittlung von Reihenfolgen nach dem Verfahren des besten Nachfolgers (ausgehend von der nicht-reduzierten Kostenmatrix)

lfd. Nr.	Bezugs-nummer	Teil- bzw. Reihenfolge	c_{ij}	$\min(\Sigma c_{ij})$
1		1−2	18	
2		1−3	17	17
3		1−4	20	
4		1−5	21	
5	2	1−3−2	98	
6		1−3−4	19	36
7		1−3−5	20	
8	6	1−3−4−2	16	52
9		1−3−4−5	17	
10	8	1−3−4−2−5	18	70
11	10	1−3−4−2−5−1	18	88

b) Lösung mit dem Verfahren der sukzessiven Einbeziehung von Stationen:

Auch bei diesem Verfahren kann man von der ursprünglichen Kostenmatrix (Tabelle 5.1) oder von der reduzierten Matrix (Tabelle 5.2) ausgehen; außerdem läßt sich ebenfalls jeder Ort einmal als Ausgangsort verwenden.

Die Vorgehensweise ist in Bild 5.2 für die ersten beiden Schritte dargestellt.

Die Zwischenergebnisse nach jedem Schritt sind in Tabelle 5.5 festgehalten; sobald man eine gewisse Übung erreicht hat, erübrigt sich eine graphische Analyse gemäß Bild 5.2.

Wie aus Tabelle 5.5 zu ersehen ist, wurde auch hier nur eine suboptimale Reihenfolge mit $\Sigma c_{ij} = 87$ gefunden.

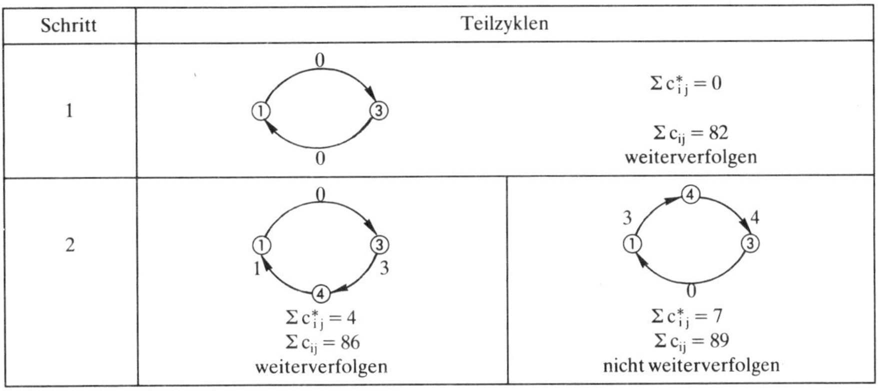

Schritt	Teilzyklen		
1	(1)→(3) mit 0 und 0; $\Sigma c^*_{ij} = 0$, $\Sigma c_{ij} = 82$, weiterverfolgen		
2	(1)-(3)-(4)-(1); $\Sigma c^*_{ij} = 4$, $\Sigma c_{ij} = 86$, weiterverfolgen		(1)-(4)-(3)-(1); $\Sigma c^*_{ij} = 7$, $\Sigma c_{ij} = 89$, nicht weiterverfolgen

Bild 5.2. Graphische Ermittlung von Reihenfolgen nach dem Verfahren der sukzessiven Einbeziehung von Stationen (dargestellt für die ersten beiden Schritte)

Tabelle 5.5. Tabellarische Ermittlung von Reihenfolgen nach dem Verfahren der sukzessiven Einbeziehung von Stationen.

lfd. Nr.	Bezugsnummer	Zyklen	Σc^*_{ij}	min $(k_r + \Sigma c^*_{ij})$
1		1–3–1	$c_{13} + c_{31} = 0$	82
2	1	1–3–4–1	$c_{34} + c_{41} - c_{31} = 4$	86
3		1–4–3–1	$c_{14} + c_{43} - c_{13} = 7$	
4	2	1–3–4–5–1	$c_{45} + c_{51} - c_{41} = 1$	
5		1–3–5–4–1	$c_{35} + c_{54} - c_{34} = 0$	86
6		1–5–3–4–1	$c_{15} + c_{53} - c_{13} = 6$	
7	5	1–3–5–4–2–1	$c_{42} + c_{21} - c_{41} = 1$	87
8		1–3–5–2–4–1	$c_{52} + c_{24} - c_{54} = 2$	
9		1–3–2–5–4–1	$c_{32} + c_{25} - c_{34} = \infty$	
10		1–2–3–5–4–1	$c_{12} + c_{23} - c_{13} = 6$	

5.2.3. Entscheidungsbaum-Verfahren

Das Verfahren der *vollständigen Enumeration*, das als exaktes Lösungsverfahren das absolute Optimum liefert, hat den großen Nachteil, daß es mit wachsendem n kaum handhabbar oder sogar überhaupt nicht mehr anwendbar wird. Die *heuristischen Verfahren* führen demgegenüber schneller zu einer Lösung; dabei weiß man allerdings nicht mit Sicherheit, ob die jeweilige Lösung auch tatsächlich das absolute Optimum darstellt.

Die *Entscheidungsbaum-Verfahren* vereinen nun die Vorteile der vollständigen Enumeration und der heuristischen Verfahren insofern, als sie einmal das absolute Optimum liefern und zum anderen der Rechenaufwand meist in vertretbaren Grenzen bleibt. Allerdings kann der Rechenaufwand auch bei den Entscheidungsbaum-Verfahren so groß werden, daß man auf die Anwendung dieser Verfahren verzichtet und sich mit einer suboptimalen Lösung zufrieden gibt, die mit einem heuristischen Verfahren gewonnen wird.

Für Rundreiseprobleme mit stark unsymetrischer Entfernungsmatrix sind bis zu n = 40 Orten die Entscheidungsbaum-Verfahren noch mit vertretbarem Aufwand maschinell lösbar. Diese Grenze liegt bei Problemen mit symetrischer Entfernungsmatrix bei ca. 25 Orten.

Die Grundidee der Entscheidungsbaum-Verfahren besteht darin, daß nicht die Gesamtheit aller (n−1)! Lösungen hinsichtlich des Optimums untersucht wird, sondern es werden solche Teilmengen von Lösungen, die das Optimum bestimmt nicht enthalten, nicht weiterverfolgt (verworfen, abgespalten) und das Optimum nur in den restlichen Teilmengen gesucht.

Das Verwerfen von Teilmengen stellt sich als Abspalten von Zweigen in einem Entscheidungsbaum dar; diese Zweige werden dann nicht weiter verfolgt; (vgl. Bilder 5.1 und 5.3).

Zu den Entscheidungsbaum-Verfahren zählen

- *Dynamische Optimierung,*
- *Begrenzte Enumeration* und
- *Branching and Bounding.*

Die dynamische Optimierung ist das älteste Entscheidungsbaum-Verfahren. Bei ihr werden die Lösungen auf jeder Stufe parallel zueinander ermittelt und unter den inhaltlich gleichen Teillösungen (d. h. Teilfolgen, welche die gleichen Orte, jedoch in unterschiedlicher Reihenfolge enthalten) nur die beste weiterverfolgt.

Da die dynamische Optimierung sich zur Lösung von Reihenfolgeproblemen wegen des größeren Rechenaufwandes weniger gut eignet, soll auf die Darstellung dieses Verfahrens an dieser Stelle verzichtet werden.

5.2.3.1. Begrenzte Enumeration

Es gibt mehrere Varianten der nicht-vollständigen, also der begrenzten Enumeration; hier sei jedoch nur eine spezielle Variante erörtert.

Wie auch bei der vollständigen Enumeration oder den heuristischen Verfahren empfiehlt es sich, die jeweils vorgegebene Matrix (z. B. eine „Entfernungs"- oder „Kosten"-Matrix) zeilen- und spaltenweise zu reduzieren. Anstatt jedoch — wie bei der vollständigen Enumeration — alle möglichen Reihenfolgen systematisch zu untersuchen, wird zunächst mit einem heuristischen Verfahren, z. B. dem Verfahren des besten Nachfolgers, eine relativ gute Ausgangslösung in einem Entscheidungsbaum aufgebaut. Die Kostensumme X dieser Ausgangslösung dient als anfängliche Obergrenze der Kosten. An *die* Zweige des Entscheidungsbaumes, deren Kostensumme niedriger als die Obergrenze sind, werden dann weitere Äste angebaut, mit dem Ziele so schnell wie möglich die kostengünstigste Gesamtreihenfolge zu erhalten. Falls dabei die einem neuen Zweig zugeordnete Kostensumme den Wert X erreicht oder überschreitet, wird der Verzweigungsvorgang abgebrochen. Auf diese Weise gelingt es, auch ohne den vollständigen Aufbau des jeweiligen Entscheidungsbaums mit Sicherheit das absolute Optimum zu finden.

Das Verfahren der begrenzten Enumeration besteht also aus einer *Kombination eines heuristischen Eröffnungsverfahrens mit einer nachfolgenden, nach bestimmten Regeln vorgenommenen Enumeration.* Die dabei zu vollziehenden Schritte — also der Algorithmus des Verfahrens der begrenzten Enumeration — sind noch einmal kurz zusammengefaßt:

Schritt 1: Reduziere die problemabhängige Kosten- bzw. Entfernungsmatrix.
Schritt 2: Notiere diejenigen Matrixelemente, die von einem Ausgangsort zu allen anderen Orten Verknüpfungen darstellen.

Schritt 3: Wähle das Minimum der unter Schritt 2 erhaltenen Verknüpfungen und addiere dazu das jeweils kleinste Streckenelement der übrigen.
Schritt 4: Wiederhole Schritt 3 so lange, bis eine geschlossene Gesamtreihenfolge und somit eine Ausgangslösung entstanden ist.
Schritt 5: Ergänze die Äste des Entscheidungsbaumes so lange durch Hinzufügen neuer Zweige, bis die Kostensumme, der aus Streckenelementen gebildeten Folge, gleich oder größer als die Kostensumme der Ausgangslösung ist.

Von entscheidender Bedeutung für den Aufwand bei der Lösung nach der begrenzten Enumeration sind die mit heuristischen Eröffnungsverfahren gefundenen anfänglichen Enumerationsgrenzen. Je besser die Ausgangslösungen, d. h. je niedriger die Enumerationsgrenze, umso schneller ist die optimale Lösung zu finden.

Man beachte, daß mehrere optimale Reihenfolgen existieren können; bei einer symmetrischen Matrix ergeben sich stets zwei optimale Reihenfolgen, wobei die eine die Umkehrung der anderen ist.

Eine Untersuchung mit Hilfe des Verfahrens der begrenzten Enumeration kann tabellarisch vorgenommen werden. Beim Aufsuchen einer Lösung „von Hand" ist es aber empfehlenswert, einen Entscheidungsbaum zu benutzen. Dies sei an einem Beispiel erläutert.

Beispiel 5.3:
Das im Beispiel 5.1 beschriebene Problem sei mit dem Verfahren der begrenzten Enumeration zu lösen. Ausgehend von der reduzierten Matrix nach Tabelle 5.2 ($k_r = 82$) wird der Entscheidungsbaum nach Bild 5.3 entwickelt. Dabei sind in jeweils zwei aufeinanderfolgende (durch Kreise dargestellte) Knoten die Werte von i und j eingetragen. Zwischen zwei aufeinanderfolgende Knoten wurde die Kostensumme Σc_{ij}^* eingetragen, die sich unter Berücksichtigung des jeweils letzten Elements einer Folge ergibt. So erhält man beispielsweise als Ausgangslösung die Folge 1–3–5–4–2–1 mit der Kostensumme $k_r + \Sigma c_{ij}^* = 87$.

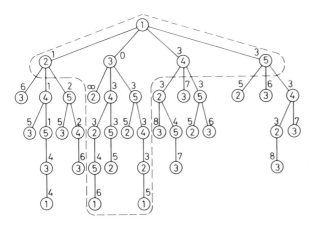

Bild 5.3. Das Ermitteln einer optimalen Reihenfolge nach dem Verfahren der begrenzten Enumeration, ausgehend von der reduzierten Matrix nach Tabelle 5.2.

Die „umrahmten" Folgen und Teilfolgen des Entscheidungsbaums dienten zum Bestimmen der Ausgangslösung. Die anderen Folgen werden zum Ermitteln der optimalen Reihenfolge benötigt. Im vorliegenden Fall ist die Folge 1–2–4–5–3–1 die optimale Reihenfolge; ihr entspricht die Kostensumme $k_r + \Sigma c_{ij}^* = 86$.

Da die manuelle Lösung insbesondere größerer Reihenfolgeprobleme mittels der begrenzten Enumeration anhand des Entscheidungsbaumes sehr aufwendig ist, sollte in jedem Falle der Einsatz von EDV-Anlagen vorgesehen werden.

Durch geeignete Programme kann der Lösungsaufwand z.B. bei 10-Orte-Problemen von $3,6 \cdot 10^5$ erforderlichen Bauschritten bei der vollständigen Enumeration auf nur $10^2 - 10^3$ Bauschritte bei Verwendung der unvollständigen Enumeration reduziert werden. Bei einem 20-Orte-Problem sind es sogar nur $10^3 - 10^4$ gegenüber $1,2 \cdot 10^{17}$ Bauschritten.

5.2.3.2. Branching and Bounding

Das Verfahren „branching and bounding" bzw. „branch and bound" ist seit dem Jahr 1963 bekannt (vgl. *Little* u. a. [1963]). Es gehört zur Klasse der Entscheidungsbaum-Verfahren und basiert auf mengentheoretischen Ansätzen. Dabei wird die Menge aller möglichen Lösungen eines Problems in Teilmengen aufgespalten mit dem Ziel, eine Teilmenge zu finden, die möglicherweise eine optimale Lösung enthält; dieses schrittweise Aufspalten der Lösungsmenge (ein Verzweigungsvorgang) nennt man „branching". Das Prüfen, ob zu einer Teilmenge möglicherweise eine gesuchte optimale Lösung gehört, geschieht mit Hilfe eines Kriteriums, das durch eine Schranke (bound) ausgedrückt wird. Das Bestimmen solcher Schranken heißt „bounding".

Das „branch and bound"-Verfahren umfaßt im wesentlichen vier Schritte:

- **1. Schritt**: Lösung des Zuordnungsproblems.

Das TS-Problem (Rundreiseproblem) ist ein spezielles Zuordnungsproblem, das sich dadurch auszeichnet, daß die Zuordnungen eine einzige geschlossene Folge (Schleife) bilden müssen. Deshalb empfiehlt es sich, zunächst das zugehörige Zuordnungsproblem zu lösen, und zwar – wie noch an einem Beispiel erläutert wird – durch Reduktion und durch Transformation (Ungarische Methode) der jeweils gegebenen Weg- oder Kostenmatrix. Eine sich dabei ergebende Folge umfaßt meist mehrere Schleifen bzw. mehrere in sich geschlossene Teilfolgen und ist deshalb unzulässig. Da aber die einer einzigen geschlossenen Folge zugeordnete Weglänge (Kostensumme) nicht kleiner sein kann als diejenige einer Folge, die sich beim Lösen des Zuordnungsproblems ergibt, kann letztere als Schranke (bound) der gesuchten optimalen Folge dienen.

- **2. Schritt**: Aufspalten der Lösungsmenge (branching).

Angestrebt wird eine Aufspaltung aller möglichen Folgen in zwei Teilmengen, von denen die eine Teilmenge eine bestimmte Verknüpfung i → j (Teilstrecke bzw. Verbindung zwischen Ort i und Ort j) enthält, die andere Teilmenge jedoch alle solchen Folgen, welche diese Verknüpfung i → j „gerade nicht" enthalten; letztere werden als Verknüpfungen „$\overline{i \to j}$" gekennzeichnet.

Bei der Aufspaltung ist man bestrebt, die günstigsten Verknüpfungen ausfindig zu machen, d. h. solche mit der kleinsten Weglänge (Kostensumme), also solche, die durch $c_{ij}^* = 0$ gekennzeichnet sind. Da jedoch in einer reduzierten Matrix – wie z. B. in der nach Tabelle 6.2 – mindestens n Nullelemente $c_{ij}^* = 0$ existieren, muß folgende Frage beantwortet werden: Welches der n Nullelemente erweist sich im Hinblick auf eine optimale Lösung als besonders günstig? Aus den Verknüpfungen mit $c_{ij}^* = 0$ wird diejenige ermittelt, die bei einer Sperrung (Blockierung) dieser Verknüpfung den größten (längsten) Mindestumweg verursachen würde.

Das Vorgehen beim Bestimmen der jeweils zurückzulegenden Mindestumwege läßt sich wie folgt erläutern: Wenn die Teilstrecke, die der Verknüpfung „i → j" und dem Matrixelement $c_{ij}^* = 0$ entspricht, gesperrt ist, wird man von dem durch i gekennzeichneten Ort aus denjenigen Ort anfahren, für den sich mit $j' \neq j$ die günstigste Verknüpfung (also die kürzestmögliche Teilstrecke) „i → j'" ergibt; da der durch j gekennzeichnete, nicht unmittelbar erreichbare Ort irgendwann während einer Rundreise einmal angefahren werden muß, ist auch dieser Ort von demjenigen Ort aus anzufahren, dem mit $i' \neq i$ die günstigste Verknüpfung „i' → j" entspricht. Um die Summe der Längen der Teilstrecken, die diesen beiden Verknüpfungen zugeordnet sind, wird die der Verknüpfung „$\overline{i \to j}$" entsprechende Teilstrecke mindestens länger sein als die durch die Verknüpfung „i → j" gekennzeichnete Teilstrecke.

Die jeweils zurückzulegenden Mindestumwege werden wie folgt bestimmt: Für jedes Nullelement $c_{ij}^* = 0$ in der reduzierten Matrix wird das jeweils nächstkleinere Element in der i-ten Zeile sowie der j-ten Spalte aufgesucht und die Summe dieser beiden Elemente gebildet. Von den sich dabei ergebenden Elementen hat man die Verknüpfung „i → j" mit dem „größten Mindestumweg" für das Aufspalten der Lösungsmenge (branching) zu verwenden. Die jeweils ermittelten Mindestumwege werden entweder in einem besonderen Schema oder aber unmittelbar in der reduzierten Matrix rechts über dem zugehörigen c_{ij}^* (als „Hochzahl") notiert (vgl. Tabellen 5.7 und 5.8 in Beispiel 5.4).

- **3. Schritt:** Begrenzen, Beschränken der Lösungsmengen (bounding).

Die der Verknüpfung „$\overline{i \to j}$" zugeordnete Schranke (bound) ergibt sich durch Addition des zum Element c_{ij}^* gehörenden größten Mindestumwegs zu der Schranke, des jeweils letzten (übergeordneten) Knotens im Entscheidungsbaum. Benötigt man im Entscheidungsbaum später noch anderere Verzweigungen, die von dem Knoten ausgehen, der zur Verknüpfung „$\overline{i \to j}$" gehört, so ist das Element $c_{ij}^* = \infty$ zu ersetzen und somit die entsprechende Teilstrecke zu sperren.

Zum Ermitteln der der Verknüpfung „i → j" zugeordneten Schranke hat man in der Ausgangsmatrix die i-te Zeile und die j-te Spalte zu streichen; auf diese Weise entsteht aus einer (n, n)-Matrix eine (n−1, n−1)-Matrix. Damit sich keine Kurzfolge (Schleife) „i−j−i" ergibt, ist das Element $c_{ji} = \infty$ zu setzen; diese Regel hat man auch bei nachfolgenden Schritten zu beachten, damit eine Schleife nicht vorzeitig geschlossen wird. Läßt sich eine Matrix nicht mehr reduzieren, dann ist die der Verknüpfung „i → j" zugeordnete Schranke gleich der Schranke, die dem jeweils letzten (übergeordneten) Knoten im Entscheidungsbaum entspricht. Kann man hingegen eine Matrix noch weiter reduzieren, so erhöht sich die Schranke um die zugehörige Reduktionskonstante.

- **4. Schritt:** Darstellung im Entscheidungsbaum.

Ausgehend von einem alle Teilstrecken der Folgen umfassenden Ausgangsknoten, in dem die Reduktionskonstante k_r der Ausgangsmatrix als Schranke notiert wird, zeichnet man den Entscheidungsbaum auf eine solche Weise, daß ein zur Verknüpfung „$\overline{i \to j}$" hinführender Zweig nach unten und ein zur Verknüpfung „i → j" hinführender Zweig nach oben verläuft. Nach insgesamt (n−2) Schritten entsteht eine (2,2)-Matrix, die zwei Nullelemente in einer der beiden Diagonalen und zwei „Unendlich"-Elemente in der anderen Diagonalen enthält. Die beiden Nullelemente bestimmen die beiden letzten Teilstrecken, mit denen die bereits gefundene Teilfolge sich zu einer schleifenlosen Gesamtfolge (Rundreise) ergänzt.

Ist dem letzten Knoten die kleinste Schranke zugeordnet, dann hat man die optimale Gesamtfolge gefunden. Gibt es jedoch beim Verzweigen noch nicht berücksichtigte Knoten mit niedrigeren Schranken, so ist von diesen Knoten aus das „branch and bound"-Verfahren fortzusetzen. Dieses Verfahren hat man dann abzubrechen, wenn die einem Zweig zugeordnete Schranke größer als die Schranke einer bereits gefundenen zulässigen Lösung wird; läßt sich aber ein Zweig des Entscheidungsbaums bis zum Ende hin verfolgen, dann hat man diejenige Lösung als die beste anzusehen, der die kleinste Schranke zugeordnet ist.

Nunmehr werde das „branch and bound"-Verfahren an der bereits mehrfach untersuchten Grundaufgabe erläutert.

Beispiel 5.4:

Das im Beispiel 5.1 beschriebene TS-Problem sei mit dem „branch and bound"-Verfahren zu lösen.

Ausgehend von der ursprünglich gegebenen Kostenmatrix nach Tabelle 5.1 erhält man durch zeilen- und spaltenweise Reduktion die reduzierte Matrix nach Tabelle 5.2 mit der Reduktionskonstanten $k_r = 82$, für die zunächst das Zuordnungsproblem gelöst werden soll.

Selbstverständlich kann das „branch and bound"-Verfahren auch ohne die vorherige Lösung des Zuordnungsproblemes angewendet werden; in vielen Fällen ist jedoch die Lösung des Zuordnungsproblems bereits die Lösung auch des Rundreiseproblems und dann könnte man sich das anschließende „branch and bound"-Verfahren ersparen.

Beim Lösen des Zuordnungsproblems nach der Ungarischen Methode werden in der Matrix nach Tabelle 5.2 die Nullelemente, die eine der Verknüpfung „i → j" entsprechende Zuordnung stiften, beispielsweise durch Umrahmen gekennzeichnet; bei diesem Vorgang ist in jeder Spalte und in jeder Zeile jeweils nur ein Nullelement zu erfassen. Beim Zuordnen beginnt man zweckmäßigerweise mit den Spalten oder Zeilen, die nur ein Nullelement enthalten.

Auf die beschriebene Weise ergeben sich nur vier Zuordnungen, denen nach Tabelle 5.6 die Verknüpfungen „1 → 3, 3 → 1, 4 → 2, 5 → 4" entsprechen. Mit dem Ziel, auch noch andere Zuordnungen zu finden, wird die Matrix nach Tabelle 5.6 schrittweise nach der sog. ungarischen Methode transformiert. Es gilt die Vorschrift:

a) Markiere in Tabelle 5.6, z. B. durch einen Stern, die Zeilen ohne Zuordnung.
b) Markiere die noch nicht markierten Spalten, die Nullelemente in den bereits markierten Zeilen haben.
c) Markiere die noch nicht markierten Zeilen, die Zuordnungen in den markierten Spalten haben.
d) Wiederhole die Schritte gemäß b und c so lange, bis keine Markierungen mehr vorgenommen werden können.
e) Kennzeichne alle nicht markierten Zeilen und alle markierten Spalten mit einer Linie (oder durch Schwärzung); auf diese Weise erhält man die minimale Anzahl der für das Streichen aller Nullelemente erforderlichen Linien.
f) Reduziere die Matrix dadurch, daß das kleinste nicht überdeckte Element von allen nicht überdeckten Elementen subtrahiert wird und zu allen zweifach überdeckten Elementen (die den Schnittpunkten von jeweils zwei Linien entsprechen) addiert wird; nur einmal überdeckte Elemente bleiben dabei unverändert.

5. Kombinatorische Optimierung – Optimale Reihenfolge

Tabelle 5.6. Lösen des Zuordnungsproblems, ausgehend von der reduzierten Kostenmatrix nach Tabelle 5.2

Zeile \ Spalte	j = 1	2	3	4	5	
i = 1	~~∞~~	~~1~~	⟦0⟧	~~3~~	~~3~~	
2	2	∞	5	~~0~~	1	*(1)
3	~~0~~	~~∞~~	~~∞~~	~~3~~	~~3~~	
4	~~1~~	⟦0⟧	~~4~~	~~∞~~	~~0~~	
5	2	2	3	⟦0⟧	∞	*(3)
				*(2)		

Nach dem Vollziehen der Schritte gemäß a bis e erhält man die Matrix nach Tabelle 5.6; den bei den Sternen in Klammern stehenden Zahlen entspricht die Reihenfolge der ersten drei Schritte.

Der Schritt gemäß der Vorschrift f führt zur Matrix nach Tabelle 5.7. Diese Matrix hat die Reduktionskonstante $k_r = (82 + 1 =) 83$. Sie enthält, im Vergleich zu Tabelle 5.6 zusätzliche Nullelemente, die bezüglich einer Zuordnung zu analysieren sind. Da der optimalen Zuordnung für $k_r = 83$ die beiden Schleifen „$1 \to 3 \to 1$" und „$2 \to 5 \to 4 \to 2$" entsprechen, ist das Reihenfolgeproblem noch nicht gelöst; deshalb muß eine Teilstrecke für den ersten Verzweigungsvorgang ausgewählt werden. Hierzu bestimmt man für jedes Nullelement in der Matrix nach Tabelle 5.7 die Mindestumwege; dies geschieht durch Addition der jeweils zweitkleinsten Elemente der zugehörigen Zeile und Spalte. Auf diese Weise ergibt sich z. B. für das Element in der Zeile i = 1 und der Spalte j = 3 der Mindestumweg zu $1 + 2 = 3$. Die Ergebnisse können entweder unmittelbar in die Matrix nach Tabelle 5.7 eingetragen oder nach einem bestimmten Schema wie etwa in dem nach Tabelle 5.8 erfaßt werden. Der größte Mindestumweg liegt vor bei Teilstrecke „$3 \to 1$"; auf sie bezieht sich deshalb der erste Verzweigungsschritt.

Tabelle 5.7. Matrix, die sich beim Schritt nach der Vorschrift f ergibt

Zeile \ Spalte	j = 1	2	3	4	5
i = 1	∞	1	⟦0⟧³	4	3
2	1	∞	4	0⁰	⟦0⟧⁰
3	⟦0⟧⁴	∞	∞	4	3
4	1	⟦0⟧¹	4	∞	0⁰
5	1	1	2	⟦0⟧¹	∞

Tabelle 5.8. Den Teilstrecken zugeordnete Mindestumwege

Teilstrecke i → j	1 → 3	2 → 4	2 → 5	3 → 1	4 → 2	4 → 5	5 → 4
Mindestumweg	1 + 2 = 3	0 + 0 = 0	0 + 0 = 0	1 + 3 = 4	0 + 1 = 1	0 + 0 = 0	1 + 0 = 1

Die der Teilstrecke „3 → 1" zugeordnete Schranke ergibt sich als Summe des zugehörigen Mindestumwegs und der Reduktionskonstanten der Matrix nach Tabelle 5.7 zu 4 + 83 = 87. Zum Bestimmen der Schranke der Teilstrecke „3 → 1" werden in der Matrix nach Tabelle 5.7 die dritte Zeile und die erste Spalte gestrichen, das Element $c_{13}^* = \infty$ gesetzt (also gesperrt, damit die Kurzfolge „3 → 1 → 3" nicht auftritt) und sodann die Matrix weiterhin reduziert. Auf diese Weise ergibt sich die Matrix nach Tabelle 5.9, aus der folgt, daß die der Teilstrecke „3 → 1" zugeordnete Schranke den Wert (83 + 3 =) 86 hat. Nach Tabelle 5.9, mit dem zugehörigen Entscheidungsbaum nach Bild 5.4, entspricht der Teilstrecke „1 → 2" der größte Mindestumweg; auf sie bezieht sich der nächste Verzweigungsschritt.

Tabelle 5.9. Matrix, die sich bei dem auf die Teilstrecke „3 → 1" bezogenen Verzweigungsschritt ergibt.

Zeile \ Spalte	j = 2	3	4	5
i = 1	0^2	∞	3	2
2	∞	2	0^0	0^0
4	0^0	2	∞	0^0
5	1	0^2	0^0	∞

$k_r = 3$

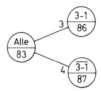

Bild 5.4.
Der Entscheidungsbaum zu Tabelle 5.9

Die der Teilstrecke „1 → 2" zugeordnete Schranke ist gleich der Summe des zugehörigen Mindestumwegs und der Schranke der Teilstrecke „3 → 1"; sie hat mithin den Wert 86 + 2 = 88. Durch Streichen der ersten Zeile und der zweiten Spalte der Matrix nach Tabelle 5.9 erhält man die Matrix nach Tabelle 5.10, wenn das Element $c_{23}^* = \infty$ gesetzt wird, damit die Kurzfolge „3 → 1 → 2 → 3" nicht auftritt. Da keine weitere Reduktion möglich ist, hat die der Teilstrecke „1 → 2" entsprechende Schranke den Wert 86. Damit ergibt sich der Entscheidungsbaum nach Bild 5.5. Für den nächsten Verzweigungsschritt wird die Teilstrecke „5 → 3" gewählt.

Tabelle 5.10. Matrix, die sich bei dem auf die Teilstrecke „1 → 2" bezogenen Verzweigungsschritt ergibt

Zeile \ Spalte	j = 3	4	5
i = 2	∞	0^0	0^0
4	2	∞	0^2
5	0^2	0^0	∞

$k_r = 0$

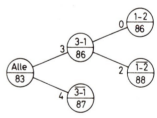

Bild 5.5
Der Entscheidungsbaum zu Tabelle 5.10.

Die der Teilstrecke „5 → 3" zugeordnete Schranke hat den Wert 86 + 2 = 88. Durch Streichen der fünften Zeile und der dritten Spalte in der Matrix nach Tabelle 5.10 erhält man die Matrix nach Tabelle 5.11, wenn das Element $c_{25}^* = \infty$ gesetzt wird, damit die Kurzfolge „5 → 3 → 1 → 2 → 5" nicht auftritt. Die der Teilstrecke „5 → 3" zugeordnete Schranke ist gleich der des übergeordneten Knotens nach Bild 5.5; sie hat also den Wert 86. Den Nullelementen der Matrix nach Tabelle 5.11 entsprechenden Teilstrecken „2 → 4" und „4 → 5" schließen die gesamte Folge zu einer Rundreise. Der vollständige Entscheidungsbaum ist in Bild 5.6 wiedergegeben. Bild 5.7 zeigt die der optimalen Rundreise entsprechenden Folge.

Tabelle 5.11. Matrix, die sich bei dem auf die Teilstrecke „5 → 3" bezogenen Verzweigungsschritt ergibt

Zeile \ Spalte	j = 4	5
i = 2	0	∞
4	∞	0

$k_r = 0$

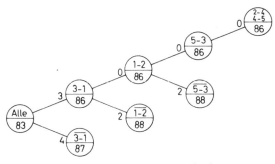

Bild 5.6. Vollständiger Entscheidungsbaum für das behandelte Problem

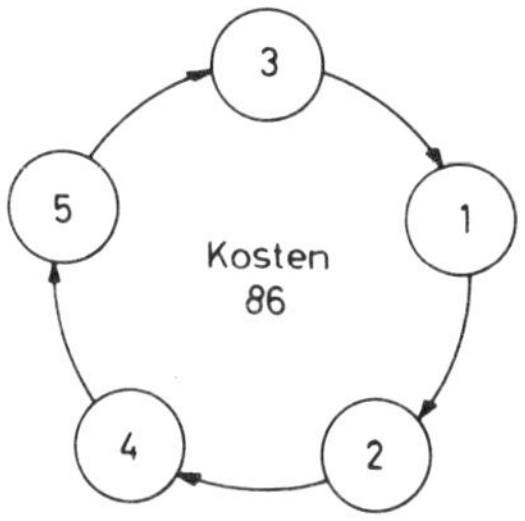

Bild 5.7. Die optimale Rundreise

Bei einer symmetrischen Matrix oder immer dann, wenn viele Elemente der Matrix unendlich sind, ist die begrenzte Enumeration dem „branch and bound"-Verfahren vorzuziehen, da der Rechenaufwand bei letzterem erheblich ist.

5.3. Fertigungs-Ablaufplanung

5.3.1. Vorbemerkungen

Die Fertigungsablaufplanung ist das zentrale Problem der Fertigungsplanung und der Fertigungssteuerung. Sie dient dazu, die Reihenfolge der Bearbeitung von n verschiedenen Aufträgen auf m verschiedenen Maschinen festzulegen und einen Maschinenbelegungsplan zu erstellen.

Bei der Fertigungsablaufplanung müssen zwei Fälle unterschieden werden.

- Bei gleicher Arbeitsgangfolge (Maschinenfolge) für alle Aufträge liegt Reihenfertigung vor; man spricht hier von Flow-Shop-Scheduling-Problems.
- Bei unterschiedlicher Arbeitsgangfolge der verschiedenen Aufträge arbeitet man nach dem Prinzip der Werkstattfertigung; es liegt in diesem Fall ein Job-Shop-Scheduling-Problem vor.

Das Scheduling-Problem besteht in der Bestimmung der optimalen Maschinenbelegung, d.h. der hinsichtlich der Durchlaufzeit günstigsten Reihenfolge der Bearbeitung der Aufträge. Streng genommen müßten alle möglichen Belegungskombinationen enumeriert und daraus die günstigste ausgewählt werden. Bei gleicher Maschinenfolge von n Aufträgen müßten n! Kombinationen untersucht werden. (Für n = 20 ergäben sich 2,43 · 10^{18} mögliche Kombinationen.)

Bei unterschiedlicher Maschinenfolge existieren sogar theoretisch $(n!)^m$ Kombinationen, wobei m = Anzahl der Maschinen. (Für n = 5 und m = 5 ergäben sich bereits 2,49 · 10^{10} theoretische Kombinationen.) Selbst wenn man berücksichtigt, daß die Anzahl der praktisch möglichen Ablaufpläne meist sehr viel kleiner ist, da technologische Erfordernisse zum Einhalten bestimmter Arbeitsgangfolgen zwingen (z.B. erst Welle drehen, danach Welle schleifen), so würden mittlere EDV-Anlagen zur Voll-Enumeration aller möglichen Maschinenbelegungspläne Jahre benötigen. Daraus leitet sich die Forderung ab, Rechenverfahren zur Lösung derartiger Probleme zu entwickeln, die in annehmbaren Rechenzeiten hinreichend gute Lösungen (für die Praxis ausreichende Näherungslösungen) liefern.

Die zum gegenwärtigen Zeitpunkt bekannten günstigsten Verfahren sollen getrennt für die Flow-Shop- und die Job-Shop-Problematik kurz dargelegt werden.

Da die Flow-Shop-Problematik nur ein Spezialfall der allgemeinen Jop-Shop-Problematik ist, können die bei letzterem verwendeten Lösungsverfahren auch für die Lösung von Flow-Shop-Problemen verwendet werden, obwohl sie rechenzeitaufwendiger sind.

5.3.2. Maschinenbelegung bei Reihenfertigung

5.3.2.1. Johnson-Verfahren für das Zwei-Maschinen-Problem

Erste systematische Lösungsversuche zur Flow-Shop-Poblematik gehen auf die Forschung der fünfziger Jahre zurück. *Johnson* (1954) gab eine Methode zur exakten Bestimmung optimaler Belegungspläne bei Problemen mit zwei Fertigungsmaschinen an, die bei Vorliegen bestimmter Voraussetzungen auch auf Drei-Maschinen-Probleme angewendet werden kann.

- **Bearbeiten von n Aufträgen auf zwei Maschinen**

Liegt jede Bearbeitungszeit t_{ij} fest, die beim Bearbeiten des Auftrags mit dem Index $j = 1, 2, \ldots, n$ auf der Maschine M_i mit dem Index $i = 1, 2$ anfällt, und ist die Arbeitsgangfolge „$M_1 \rightarrow M_2$" für jeden Auftrag gleich, so empfiehlt *S. M. Johnson* das folgende Verfahren zum Bestimmen der optimalen Bearbeitungsfolge:

1. Man ermittle zunächst das kleinste Element aller t_{ij}, also das Element

    $\min(t_{1j}; t_{2j})$

    der beiden Matrixzeilen t_{1j} und t_{2j} für $j = 1, 2, \ldots, n$.
2. Ist das kleinste Element aller t_{ij} ein Element der ersten Zeile (Maschine M_1), dann wird der zugehörige Auftrag auf den ersten Platz der Bearbeitungsfolge (Reihenfolge) gesetzt.

    Gehört das kleinste Element aller t_{ij} zu den t_{2j}, dann wird der zugehörige Auftrag auf den letzten Platz der Bearbeitungsfolge gesetzt.

    Haben zwei Elemente aller t_{ij} den gleichen Kleinstwert, gibt es also zwei kleinste Elemente, dann kann man über die beiden zugehörigen Aufträge beliebig, jedoch den gegebenen Regeln entsprechend, verfügen.
3. Die bereits in die Bearbeitungsfolge eingegliederten Aufträge sind in der Auftragsliste zu streichen; das Verfahren ist den vorstehend angegebenen Regeln entsprechend so lange fortzusetzen, bis alle Aufträge in die Reihenfolge eingeordnet wurden. Es empfiehlt sich jedoch, bei der Aufstellung der Reihenfolge möglichst abwechselnd vom Anfang und vom Ende her die Aufträge einzuordnen.

Beispiel 5.5:

Ein Unternehmen habe zehn Aufträge vorliegen, die zunächst auf der Maschine M_1 vorbereitet und danach auf der Maschine M_2 fertiggestellt werden sollen. Die Bearbeitungszeiten (Fertigungszeiten) t_{ij}

seien für alle Aufträge vorgegeben. Tabelle 5.12. Gesucht werde die Bearbeitungsfolge, für die die gesamte Durchlaufzeit, die beim Bearbeiten aller Aufträge auf zwei Maschinen anfällt, ihren Minimalwert annimmt.

Tabelle 5.12. Bearbeitungszeiten t_{ij} der Maschine M_i ($i = 1, 2$) am Auftrag A_j ($j = 1, 2, \ldots, 10$)

Maschine M_i	Auftrag A_j										$\sum_{j=1}^{10} t_{ij}$
	1	2	3	4	5	6	7	8	9	10	
M_1	5	9	7	9	4	3	5	10	6	8	66
M_2	6	3	7	5	2	3	5	4	2	10	47

Würden die Aufträge in der in Tabelle 5.12 angegebenen Folge bearbeitet, dann wäre nach dem Gantt-Diagramm in Bild 5.8 die Durchlaufzeit $t_D = 76$; die Stillstandszeiten t_{s1} und t_{s2} der Maschinen M_1 und M_2 ergäben sich zu $t_{s1} = 76 - 66 = 10$ und $t_{s2} = 76 - 47 = 29$.

Bild 5.8. Gantt-Diagramm für das Bearbeiten der Aufträge in einer Tabelle 5.12 entsprechenden Folge

Durch Anwenden der *Johnson*-Regel ergibt sich als optimale Auftragsfolge die Folge gemäß Bild 5.9, bei der die Durchlaufzeit $t_D = 68$ ist. Die Maschinen-Stillstandszeiten bestimmen sich zu $t_{s1} = 68 - 66 = 2$ und $t_{s2} = 68 - 47 = 21$.

Bild 5.9. Gantt-Diagramm einer optimalen Auftragsfolge

- **Bearbeiten von n Aufträgen auf drei Maschinen unter bestimmten einschränkenden Bedingungen**

Das im vorigen Abschnitt beschriebene Verfahren läßt sich so erweitern, daß es auf das „Dreimaschinen"-Problem angewendet werden kann, wenn eine der beiden folgenden Voraussetzungen oder beide Voraussetzungen zutreffen: Es muß

1. die kleinste Bearbeitungszeit $\min(t_{1j})$ mindestens so groß sein wie die größte Bearbeitungszeit $\max(t_{2j})$ gemäß

   $\min(t_{1j}) \geq \max(t_{2j})$,

   und bzw. oder es muß

2. die kleinste Bearbeitungszeit $\min(t_{3j})$ mindestens so groß sein wie die größte Bearbeitungszeit $\max(t_{2j})$ gemäß

   $\min(t_{3j}) \geq \max(t_{2j})$.

Ein „Dreimaschinen"-Problem, bei dem diese Bedingungen erfüllt sind, läßt sich auf ein äquivalentes „Zweimaschinen"-Problem zurückführen. Zu diesem Zweck werden den beiden fiktiven Maschinen M_I und M_{II} die Bearbeitungszeiten

$t_{Ij} = t_{1j} + t_{2j}$ und $t_{IIj} = t_{2j} + t_{3j}$

zugeordnet. Danach kann man das Problem auf die bereits beschriebene Weise lösen.

Beispiel 5.6:
Vorgegeben seien die Bearbeitungszeiten t_{ij} nach Tabelle 5.13. Zu bestimmen sei die Bearbeitungsfolge mit der kleinsten Durchlaufzeit. Da die genannten Voraussetzungen erfüllt sind, läßt sich das „Dreimaschinen"- auf ein „Zweimaschinen"-Problem zurückführen. Gemäß der angegebenen Bildungsvorschrift ergeben sich die fiktiven Bearbeitungszeiten nach Tabelle 5.14. Durch Anwendung der Johnson-Regel erhält man daraus die optimale Bearbeitungsfolge und Durchlaufzeit gemäß Bild 5.10 bzw. gemäß Bild 5.11. Bei diesen beiden optimalen Bearbeitungsfolgen ist die Durchlaufzeit $t_D = 171$.

Tabelle 5.13. Bearbeitungszeiten t_{ij} der Maschine M_i (i = 1, 2, 3) am Auftrag A_j (j = 1, 2, ... , 10)

Maschine M_i	Auftrag A_j										$\sum_{j=1}^{10} t_{ij}$
	1	2	3	4	5	6	7	8	9	10	
M_1	15	19	17	19	14	13	15	10	16	18	156
M_2	9	9	7	6	3	8	4	6	7	5	64
M_3	16	13	17	15	12	13	15	14	12	10	137
$\sum_{i=1}^{3} t_{ij}$	40	41	41	40	29	34	34	30	35	33	

Tabelle 5.14. Bearbeitungszeiten t_{Ij} und t_{IIj} der fiktiven Maschine M_I bzw. M_{II} beim Auftrag A_j (Werte für t_{ij} nach Tabelle 5.13)

Fiktive Maschine	Auftrag A_j									
	1	2	3	4	5	6	7	8	9	10
M_I	24	28	24	25	17	21	19	16	23	23
M_{II}	25	22	24	21	15	21	19	20	19	15

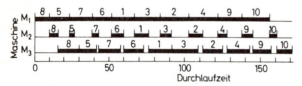

Bild 5.10. Gantt-Diagramm einer optimalen Auftragsfolge

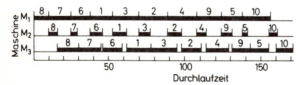

Bild 5.11. Gantt-Diagramm einer optimalen Auftragsfolge

Mit den Summen in der letzten Spalte nach Tabelle 5.13 ergeben sich damit die Stillstandszeiten

$$t_{S1} = t_D - \sum_{j=1}^{10} t_{1j} = 15; \qquad t_{S2} = t_D - \sum_{j=1}^{10} t_{2j} = 107; \qquad t_{S3} = t_D - \sum_{j=1}^{10} t_{3j} = 34;$$

sowie die Auslastungsgrade

$$\left(\sum_{j=1}^{10} t_{1j}\right)\bigg/t_D = 0{,}912; \qquad \left(\sum_{j=1}^{10} t_{2j}\right)\bigg/t_D = 0{,}374; \qquad \left(\sum_{j=1}^{10} t_{3j}\right)\bigg/t_D = 0{,}801$$

der Maschinen M_1, M_2 und M_3.

Das *graphische Bestimmen der Durchlaufzeit* mittels eines Gantt-Diagramms ist zeitaufwendig. Deshalb sei ein Verfahren beschrieben, das sich zum *tabellarischen bzw. maschinellen Ermitteln von Durchlaufzeiten* eignet.

Ausgehend von beispielsweise der dem Gantt-Diagramm nach Bild 5.10 entsprechenden Matrix nach Tabelle 5.15 werden die Fertigstellungszeitpunkte T_{ij} nach Tabelle 5.16 bestimmt.

Für die Elemente T_{ij}, die in der ersten Zeile bzw. der ersten Spalte stehen, gilt die Bildungsvorschrift

$$T_{1j} = \sum_{k=1}^{j} t_{1k} \qquad \text{bzw.} \qquad T_{i1} = \sum_{l=1}^{i} t_{l1},$$

mit den t_{ij} nach Tabelle 5.15. Beim Ermitteln der Fertigstellungszeitpunkte T_{ij} mit $i \neq 1$ und $j \neq 1$ hat man zu beachten, daß ein der j-ten Spalte zugeordneter Auftrag erst dann auf einer der i-ten Zeile entsprechenden Maschine bearbeitet werden kann, wenn

1. auf der Maschine i der Auftrag $j - 1$ und
2. auf der Maschine $i - 1$ der Auftrag j vollständig bearbeitet ist.

Dies führt für $i \neq 1$ und $j \neq 1$ zur Bildungsvorschrift

$$T_{ij} = t_{ij} + \max\left[T_{i(j-1)}; T_{(i-1)j}\right].$$

Das Ermitteln der T_{ij} scheint zunächst komplizierter zu sein als es tatsächlich ist: Weil die dabei jeweils zu beachtenden Elemente in der T_{ij}-Matrix stets gemäß

	$T_{(i-1)j}$
$T_{i(j-1)}$	T_{ij}

Tabelle 5.15. Bearbeitungszeiten t_{ij} der Maschine M_i ($i = 1, 2, 3$) beim Auftrag A_j ($j = 1, 2, ..., 10$) nach Beispiel 5.6

Maschine M_i	Auftragsfolge										$\sum_{j=1}^{10} t_{ij}$
	8	5	7	6	1	3	2	4	9	10	
M_1	10	14	15	13	15	17	19	19	16	18	156
M_2	6	3	4	8	9	7	9	6	7	5	64
M_3	14	12	15	13	16	17	13	15	12	10	137
$\sum_{i=1}^{3} t_{ij}$	30	29	34	34	40	41	41	40	35	33	

angeordnet sind, braucht man formal nur den Wert links neben und den Wert über dem Element mit dem Index „ij" miteinander zu vergleichen und zu dem größeren dieser beiden Werte den Wert des Elements t_{ij} zu addieren, um das gesuchte Element T_{ij} zu erhalten.

Tabelle 5.16. Fertigstellungszeitpunkte T_{ij}, Stillstandszeiten t_{Si} der Maschinen M_i und Wartezeiten t_{Wj} zwischen zwei aufeinanderfolgenden Aufträgen

Maschine M_i	Auftragsfolge										t_{Si}
	8	5	7	6	1	3	2	4	9	10	
M_1	10	24	39	52	67	84	103	122	138	156	15
M_2	16	27	43	60	76	91	112	128	145	161	107
M_3	30	42	58	73	92	109	125	143	157	$\boxed{171}$	34
t_{Wj}	0	3	0	0	0	1	0	0	0	0	

Die Gesamtdurchlaufzeit t_D ist identisch mit dem letzten ermittelten Fertigstellungszeitpunkt T_{mn}; für den in Tabelle 5.16 erfaßten Fall gilt also $t_D = T_{3;10} = 171$. Die Stillstandszeiten t_{Si} der Maschinen M_i für $i = 1, 2, \ldots$ sind aus

$$t_{Si} = T_{mn} - \sum_{j=1}^{n} t_{ij}$$

zu berechnen. Schließlich ergeben sich die einzelnen Wartezeiten der Aufträge t_{Wj} zu

$$t_{Wj} = T_{mj} - T_{1(j-1)} - \sum_{i=1}^{m} t_{ij};$$

diesen entsprechen die Wartezeiten zwischen zwei jeweils aufeinanderfolgenden Bearbeitungsvorgängen auf den Maschinen.

5.3.2.2. Heuristische Verfahren zur Lösung von Mehr-Maschinen-Problemen

Weitere analytische, die optimale Lösung direkt anstrebende, die Vollenumeration jedoch vermeidende Verfahren sind immer wieder entwickelt und erprobt worden. Ebenso wurden heuristische Verfahren, d.h. systematische Suchverfahren erprobt, die relativ schnell zu Näherungslösungen führen, von denen man allerdings nicht weiß, wie gut sie sind, d.h. wie dicht sie am Optimum liegen. Nähere Hinweise geben *Zimmermann/Gerhardt* (1984) und schlagen ein kombiniertes Lösungsverfahren vor, das aus drei Abschnitten besteht:

– Ermittlung einer Näherungslösung mittels heuristischem Verfahren (Ausgangslösung analog zu Johnson)
– Ermittlung der theoretisch kürzesten Durchlaufzeit (Optimaltest)
– Ermittlung der optimalen Lösung durch Begrenzte Enumeration.

Ausgehend von einer heuristisch ermittelten möglichst guten Ausgangslösung wird getestet, ob diese nicht etwa bereits die optimale Lösung ist. Ist dies nicht der Fall, so folgt die eigentliche begrenzte Enumeration. Für jede Aufbaustufe der Permutation werden die Bearbeitungstermine und die Summe der bisherigen Stillstandszeiten je Maschine berechnet; die Permutation wird abgebrochen, sobald sie den bis dahin besten Vergleichswert der Ausgangslösung für die Gesamtdurchlaufzeit erreicht. Wird während des Enumerierens eine Folge gefunden, die besser als die Ausgangslösung ist, so wird diese zum Bestimmen der neuen Obergrenze verwendet. Nach Abschluß der begrenzten Enumeration ist diejenige Lösung die optimale, welche zuletzt zum Bilden der neuen Obergrenze verwendet wurde.

Das kombinierte Lösungsverfahren wird im Beispiel 5.7 dargestellt.

Beispiel 5.7:

Jeder der fünf Aufträge mit den Bearbeitungszeiten t_{ij} nach Tabelle 5.17 soll auf den einzelnen Maschinen in einer „$M_1 - M_2 - M_3 - M_4$" entsprechenden Folge bearbeitet werden. Gesucht werde die optimale Auftragsfolge, also eine solche Folge, für die die gesamte Durchlaufzeit ihren Kleinstwert annimmt.

Tabelle 5.17. Bearbeitungszeiten t_{ij} der Maschine M_i ($i = 1, 2, 3, 4$) beim Auftrag A_j ($j = 1, 2, \ldots, 5$)

Maschine M_i	Auftrag A_j					$\sum\limits_{j=1}^{5} t_{ij}$
	1	2	3	4	5	
M_1	5	9	7	9	4	34
M_2	3	5	10	6	8	32
M_3	6	3	7	5	2	23
M_4	3	5	4	2	10	24
$\sum\limits_{i=1}^{4} t_{ij}$	17	22	28	22	24	

Wendet man die *Johnson*-Regel auf die erste und letzte Maschine an, so erhält man recht schnell eine Näherungslösung, deren Abweichung von der optimalen Lösung allerdings nicht bekannt ist. Auf diese Weise ergeben sich die beiden Auftragsfolgen „$5 \rightarrow 1 \rightarrow 3 \rightarrow 2 \rightarrow 4$" und „$5 \rightarrow 3 \rightarrow 2 \rightarrow 1 \rightarrow 4$". Die Durchlaufzeiten dieser Auftragsfolgen können entweder graphisch mit Hilfe des Gantt-Diagramms nach Bild 5.12 oder aber rechnerisch ermittelt werden. Tabelle 5.18 und 5.19. Das Ergebnis zeigt, daß sich diese beiden Auftragsfolgen bezüglich der Durchlaufzeit t_D, der Stillstandszeiten T_{Si} und der Wartezeiten t_{Wj} überhaupt nicht voneinander unterscheiden.

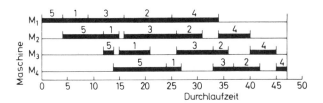

Bild 5.12. Gantt-Diagramm der Auftragsfolge „$5 - 1 - 3 - 2 - 4$", Werte für t_{ij} nach Tabelle 5.17

Tabelle 5.18. Fertigstellungszeitpunkte T_{ij}, Stillstandszeiten t_{Si} der Maschinen M_i und Wartezeiten t_{Wj} zwischen aufeinanderfolgenden Aufträgen für die Auftragsfolge „$5 - 1 - 3 - 2 - 4$"

Maschine M_i	Auftragsfolge					t_{Si}
	5	1	3	2	4	
M_1	4	9	16	25	34	13
M_2	12	15	26	31	40	15
M_3	14	21	33	36	45	24
M_4	24	27	37	42	$\boxed{47}$	23
t_{Wj}	0	6	0	4	0	$\Sigma t_{Wj} = 10$

Tabelle 5.19. Fertigstellungszeitpunkte T_{ij}, Stillstandszeiten t_{Si} der Maschinen M_i und Wartezeiten t_{Wj} zwischen aufeinanderfolgenden Aufträgen für die Auftragsfolge „5 – 3 – 2 – 1 – 4"

Maschine M_i	Auftragsfolge					t_{Si}
	5	3	2	1	4	
M_1	4	11	20	25	34	13
M_2	12	22	27	30	40	15
M_3	14	29	32	38	45	24
M_4	24	33	38	41	[47]	23
t_{Wj}	0	1	5	4	0	$\Sigma t_{Wj} = 10$

Wendet man die Johnson-Regel auf die ersten beiden und die letzten beiden Maschinen an, so ergibt sich zwar eine andere Auftragsfolge, jedoch keine kürzere Durchlaufzeit.

Werden für die beiden fiktiven Maschinen M_I und M_{II} mit den t_{ij} nach Tabelle 5.17 die Bearbeitungszeiten

$$t_{Ij} = t_{1j} + t_{2j}$$

und

$$t_{IIj} = t_{3j} + t_{4j}$$

gebildet, dann haben diese die Werte gemäß Tabelle 5.20. Hieraus ergibt sich die Auftragsfolge „1 – 5 – 3 – 2 – 4", zu der die Fertigstellungszeitpunkte nach Tabelle 5.21 gehören. In allen drei Fällen, die in Tabelle 5.18, 5.19 und 5.21 erfaßt sind, ist also die Durchlaufzeit $t_D = 47$.

Tabelle 5.20. Bearbeitungszeiten t_{Ij} und t_{IIj} der fiktiven Maschinen M_I und M_{II}

Fiktive Maschine	Auftrag A_j				
	1	2	3	4	5
M_I	8	14	17	15	12
M_{II}	9	8	11	7	12

Tabelle 5.21. Fertigstellungszeitpunkte T_{ij}, Stillstandszeiten t_{Si} der Maschinen M_i und Wartezeiten t_{Wj} zwischen aufeinanderfolgenden Aufträgen für die Auftragsfolge „1 – 5 – 3 – 2 – 4"

Maschine M_i	Auftragsfolge					t_{Si}
	1	5	3	2	4	
M_1	5	9	16	25	34	13
M_2	8	17	27	32	40	15
M_3	14	19	34	37	45	24
M_4	17	29	38	43	[47]	23
t_{Wj}	0	0	1	5	0	$\Sigma t_{Wj} = 6$

Nunmehr ist noch der sogenannte *Optimaltest* durchzuführen, d. h. es ist noch zu prüfen, ob die im Näherungsverfahren gefundene günstigste Lösung wirklich die optimale Lösung des Problems ist.

Dies geschieht durch die *Bestimmung des theoretisch frühesten Abschlußtermines*.

Für jede Maschine wird zunächst die Gesamtbearbeitungszeit

$$t_{Bi} = \sum_{j=1}^{n} t_{ij}$$

bestimmt.

Sodann ermittelt man die Mindeststillstandzeit jeder Maschine bis zum Arbeitsbeginn

$$t_{SAi} = \min_j \left\{ \sum_{k=1}^{i-1} t_{kj} \right\}$$

sowie die Mindeststillstandzeit jeder Maschine i nach Abschluß (Ende) des letzten Auftrages

$$t_{SEi} = \min_j \left\{ \sum_{k=i+1}^{m} t_{kj} \right\}.$$

Der theoretische Abschlußtermin jeder Maschine ohne Berücksichtigung der Stillstandzeiten zwischen den einzelnen Aufträgen ergibt sich aus

$$T_i = t_{Bi} + t_{SAi} + t_{SEi}.$$

Der theoretisch früheste Abschlußtermin des Auftragspaketes ist dann

$$T_{mind} = \max_i \{T_i\}.$$

Falls T_{mind} gleich der mit dem Näherungsverfahren gefundenen günstigsten Durchlaufzeit t_D ist, so ist der Optimaltest positiv, d. h. die mit dem Näherungsverfahren ermittelte Lösung ist die Optimallösung. Man beachte, daß der umgekehrte Schluß nicht möglich ist; die optimale Lösung kann durchaus ein $t_D > T_{mind}$ besitzen; bei größeren Problemen ist dies sogar die Regel, da normalerweise durch „Stillstandszeiten zwischen den Aufträgen" der Abschlußtermin des Auftragspaketes später als der theoretisch früheste Abschlußtermin liegt.

Im Folgenden ist der *Optimaltest* für die gefundene günstigste Lösung durchgeführt.

Tabelle 5.22. Bestimmung des theoretisch frühesten Abschlußtermines des Auftragspaketes

| t_{ij} | Auftrag A_j | | | | | t_{Bi} | t_{SAi} | t_{SEi} | T_i | T_{mind} |
	1	2	3	4	5					
M_1	5	9	7	9	④	34	–	☐12	46	46
M_2	3	5	10	6	8	32	④	☐7	43	
M_3	6	3	7	5	2	23	⑧	☐2	33	
M_4	3	5	4	☐2	10	24	⑭	–	38	
$\sum_{1}^{2} t_{kj}$	⑧	14	17	15	12					
$\sum_{1}^{3} t_{kj}$	14	17	24	20	⑭					
$\sum_{3}^{4} t_{kj}$	9	8	11	☐7	12					
$\sum_{2}^{4} t_{kj}$	☐12	13	21	13	20					

Da $T_{mind} < t_D$, ist nicht sicher, ob mit $t_D = 47$ bereits die Optimallösung gefunden ist.
Die deshalb durchzuführende begrenzte Enumeration erfolgt in Tabelle 5.24. Die vorletzte Spalte dieser Tabelle enthält die Stillstandszeit t_{SAZi} vor und zwischen der Bearbeitung der Aufträge.

Überschreitet dieser Wert eine bestimmte Obergrenze, so kann die Enumeration der gegenwärtigen Folge abgebrochen werden, da sie keine bessere als die bisherige Lösung liefert.

Die anfänglichen Obergrenzen werden unter Heranziehung der verwendeten Ausgangslösung und der Ergebnisse des Optimaltestes (vgl. Tabelle 5.22) in Tabelle 5.23 ermittelt.

Tabelle 5.23. Ermittlung der anfänglichen Obergrenzen für die begrenzte Enumeration

	Fertigstellungszeitpunkte T_{ij} der Auftragsfolge					$t_D - (t_{Bi} + t_{SEi}) = t_{SAZi}$
	5	1	3	2	4	
M_1	4	9	16	25	34	$47 - (34 + 12) = 1$
M_2	12	15	26	31	40	$47 - (32 + 7) = 8$
M_3	14	21	33	36	45	$47 - (23 + 2) = 22$
M_4	24	27	37	42	47	$47 - (24 + 0) = 23$

Der Aufwand bei der Lösung durch begrenzte Enumeration hängt sehr stark von der Ausgangslösung ab. Je näher die Ausgangslösung bei der optimalen Lösung liegt, umso geringer wird der Rechenaufwand, da weniger Verzweigungen des Entscheidungsbaumes verfolgt zu werden brauchen.

Erläuterungen zu Tabelle 5.24:

$TE_{i(j-1)}$ Verfügbarkeitstermin der Maschine i für Auftrag j (zugleich Endtermin der Belegung dieser Maschine durch den Auftrag $j-1$),

TA_{ij} tatsächlicher Anfangstermin für die Belegung der Maschine i durch Auftrag j,

t_{ij} Bearbeitungszeit des letzten Auftrages j auf der Maschine i,

$t_{SAZi} = \sum_j \{TA_{ij} - TE_{i(j-1)}\}$ Stillstandszeit der Maschine i vor und zwischen der Bearbeitung der Aufträge.

Tabelle 5.24. Begrenzte Enumeration

Teilfolge j	Maschine i	$TE_{i(j-1)}$	$TA_{ij} + t_{ij} = TE_{ij}$			t_{SAZi}	Bemerkung
1	1	0	0	5	5	0	
	2	0	5	3	8	5	
	3	0	8	6	14	8	
	4	0	14	3	17	14	
1 – 2	1	5	5	9	14	0	
	2	8	14	5	19	$5 + 6 = 11$	>8
	3	14	19	3	22	$8 + 5 = 13$	
	4	17	22	5	27	$14 + 5 = 19$	abbrechen
1 – 3	1	5	5	7	12	0	
	2	8	12	10	22	$5 + 4 = 9$	>8
	3	14	22	7	29	$8 + 8 = 16$	
	4	17	29	4	33	$14 + 12 = 26$	>23 abbrechen
1 – 4	1	5	5	9	14	0	
	2	8	14	6	20	$5 + 6 = 11$	>8
	3	14	20	5	25	$8 + 6 = 14$	
	4	17	25	2	27	$14 + 8 = 22$	abbrechen

5. Kombinatorische Optimierung – Optimale Reihenfolge

Teilfolge j	Maschine i	$TE_{i(j-1)}$	$TA_{ij} + t_{ij} = TE_{ij}$			t_{SAZi}	Bemerkung
1 – 5	1	5	5	4	9	0	
	2	8	9	8	17	5 + 1 = 6	
	3	14	17	2	19	8 + 3 = 11	
	4	17	19	10	29	14 + 2 = 16	
1 – 5 – 2	1	9	9	9	18	0	
	2	17	18	5	23	6 + 1 = 7	
	3	19	23	3	26	11 + 4 = 15	
	4	29	29	5	34	16	
1 – 5 – 2 – 3	1	18	18	7	25	0	
	2	23	25	10	35	7 + 2 = 9	>8
	3	26	35	7	42	15 + 9 = 24	>22
	4	34	42	4	46	16 + 8 = 24	>23 abbrechen
1 – 5 – 2 – 4	1	18	18	9	27	0	
	2	23	27	6	33	7 + 4 = 11	>8
	3	26	33	5	38	15 + 7 = 22	
	4	34	38	2	40	16 + 4 = 20	abbrechen
1 – 5 – 3	1	9	9	7	16	0	
	2	17	17	10	27	6	
	3	19	27	7	34	11 + 8 = 19	
	4	29	34	4	38	16 + 5 = 21	
1 – 5 – 3 – 2	1	16	16	9	25	0	
	2	27	27	5	32	6	
	3	34	34	3	37	19	
	4	38	38	5	43	21	
|1 – 5 – 3 – 2 – 4|	1	25	25	9	34	0	
	2	32	34	6	40	6 + 2 = 8	so gut wie
	3	37	40	5	45	19 + 3 = 22	Ausgangs-
	4	43	45	2	|47|	21 + 2 = 23	lösung
1 – 5 – 3 – 4	1	16	16	9	25	0	
	2	27	27	6	33	6	
	3	34	34	5	39	19	
	4	38	39	2	41	21 + 1 = 22	
|1 – 5 – 3 – 4 – 2|	1	25	25	9	34	0	
	2	33	34	5	39	6 + 1 = 7	so gut wie
	3	39	39	3	42	19	Ausgangs-
	4	41	42	5	|47|	22 + 1 = 23	lösung
1 – 5 – 4	1	9	9	9	18	0	
	2	17	18	6	24	6 + 1 = 7	
	3	19	24	5	29	11 + 5 = 16	
	4	29	29	2	31	16	
1 – 5 – 4 – 2	1	18	18	9	27	0	
	2	24	27	5	32	7 + 3 = 10	>8
	3	29	32	3	35	16 + 3 = 19	
	4	31	35	5	40	16 + 4 = 20	abbrechen
1 – 5 – 4 – 3	1	18	18	7	25	0	
	2	24	25	10	35	7 + 1 = 8	
	3	29	35	7	42	16 + 6 = 22	
	4	31	42	4	46	16 + 11 = 27	>23 abbrechen

Teilfolge j	Maschine i	$TE_{i(j-1)}$	$TA_{ij} + t_{ij} = TE_{ij}$			t_{SAZi}		Bemerkung
2	1	0	0	9	9	0		
	2	0	9	5	14	9		>8
	3	0	14	3	17	14		
	4	0	17	5	22	17		abbrechen
3	1	0	0	7	7	0		
	2	0	7	10	17	7		
	3	0	17	7	24	17		
	4	0	24	4	28	24		>22 abbrechen
4	1	0	0	9	9	0		
	2	0	9	6	15	9		>8
	3	0	15	5	20	15		
	4	0	20	2	22	20		abbrechen
5	1	0	0	4	4	0		
	2	0	4	8	12	4		
	3	0	12	2	14	12		
	4	0	14	10	24	14		
5-1	1	4	4	5	9	0		
	2	12	12	3	15	4		
	3	14	15	6	21	12 + 1 = 13		
	4	24	24	3	27	14		
5-1-2	1	9	9	9	18	0		
	2	15	18	5	23	4 + 3 = 7		
	3	21	23	3	26	13 + 2 = 15		
	4	27	27	5	32	14		
5-1-2-3	1	18	18	7	25	0		
	2	23	25	10	35	7 + 2 = 9		>8
	3	26	35	7	42	15 + 9 = 24		>22
	4	32	42	4	46	14 + 10 = 24		>23 abbrechen
5-1-2-4	1	18	18	9	27	0		
	2	23	27	6	33	7 + 4 = 11		>8
	3	26	33	5	38	15 + 7 = 22		
	4	32	38	2	40	14 + 6 = 20		abbrechen
5-1-3	1	9	9	7	16	0		
	2	11	16	10	26	4 + 1 = 5		
	3	21	26	7	33	13 + 5 = 18		
	4	27	33	4	37	14 + 6 = 20		
5-1-3-2	erübrigt sich, da bereits in der Ausgangslösung enthalten							
5-1-3-4	1	16	16	9	25	0		
	2	26	26	6	32	5		
	3	33	33	5	38	18		
	4	37	38	2	40	20 + 1 = 21		
5-1-3-4-2	1	25	25	9	34	0		
	2	32	34	5	39	5 + 2 = 7		so gut wie
	3	38	39	3	42	18 + 1 = 19		Ausgangs-
	4	40	42	5	47	21 + 2 = 23		lösung

5. Kombinatorische Optimierung – Optimale Reihenfolge

Teilfolge j	Maschine i	$TE_{i(j-1)}$	$TA_{ij} + t_{ij} = TE_{ij}$			t_{SAZi}	Bemerkung
5 - 1 - 4	1	9	9	9	18	0	
	2	15	18	6	24	4 + 3 = 7	
	3	21	24	5	29	13 + 3 = 16	
	4	27	29	2	31	14 + 2 = 16	
5 - 1 - 4 - 2	1	18	18	9	27	0	
	2	24	27	5	32	7 + 3 = 10	>8
	3	29	32	3	35	16 + 3 = 19	
	4	31	35	5	40	16 + 4 = 20	abbrechen
5 - 1 - 4 - 3	1	18	18	7	25	0	
	2	24	25	10	35	7 + 1 = 8	
	3	29	35	7	42	16 + 6 = 22	
	4	31	42	4	46	16 + 11 = 27	>23 abbrechen
5 - 2	1	4	4	9	13	0	
	2	12	13	5	18	4 + 1 = 5	
	3	14	18	3	21	12 + 4 = 16	
	4	24	24	5	29	14	
5 - 2 - 1	1	13	13	5	18	0	
	2	18	18	3	21	5	
	3	21	21	6	27	16	
	4	29	29	3	32	14	
5 - 2 - 1 - 3	1	18	18	7	25	0	
	2	21	25	10	35	5 + 4 = 9	>8
	3	27	35	7	42	16 + 8 = 24	>22
	4	32	42	4	46	14 + 10 = 24	>23 abbrechen
5 - 2 - 1 - 4	1	18	18	9	27	0	
	2	21	27	6	33	5 + 6 = 11	>8
	3	27	33	5	38	16 + 6 = 22	
	4	32	38	2	40	14 + 6 = 20	abbrechen
5 - 2 - 3	1	13	13	7	20	0	
	2	18	20	10	30	5 + 2 = 7	
	3	21	30	7	37	16 + 9 = 25	>22
	4	29	37	4	41	14 + 8 = 22	abbrechen
5 - 2 - 4	1	13	13	9	22	0	
	2	18	22	6	28	5 + 4 = 9	>8
	3	21	28	5	33	16 + 7 = 23	>22
	4	29	33	2	35	14 + 4 = 18	abbrechen
5 - 3	1	4	4	7	11	0	
	2	12	12	10	22	4	
	3	14	22	7	29	12 + 8 = 20	
	4	24	29	4	33	14 + 5 = 19	
5 - 3 - 1	1	11	11	5	16	0	
	2	22	22	3	25	4	
	3	29	29	6	35	20	
	4	33	35	3	38	19 + 2 = 21	
5 - 3 - 1 - 2	1	16	16	9	25	0	
	2	25	25	5	30	4	
	3	35	35	3	38	20	
	4	38	38	5	43	21	
5 - 3 - 1 - 2 - 4	1	25	25	9	34	0	
	2	30	34	6	40	4 + 4 = 8	so gut wie
	3	38	40	5	45	20 + 2 = 22	Ausgangs-
	4	43	45	2	47	21 + 2 = 23	lösung

5. Kombinatorische Optimierung – Optimale Reihenfolge

Teilfolge j	Maschine i	$TE_{i(j-1)}$	$TA_{ij} + t_{ij} = TE_{ij}$			t_{SAZi}	Bemerkung
5 – 3 – 1 – 4	1	16	16	9	25	0	
	2	25	25	6	31	4	
	3	35	35	5	40	20	
	4	38	40	2	42	21 + 2 = 23	
5 – 3 – 1 – 4 – 2	1	25	25	9	34	0	
	2	31	34	5	39	4 + 3 = 7	schlechter als
	3	44	40	3	43	20	die Ausgangs-
	4	42	43	5	48	23 + 1 = 24	lösung
5 – 3 – 2	1	11	11	9	20	0	
	2	22	22	5	27	4	
	3	29	29	3	32	20	
	4	33	33	5	38	19	
5 – 3 – 2 – 1	1	20	20	5	25	0	
	2	27	27	3	30	4	
	3	32	32	6	38	20	
	4	38	38	3	41	19	
5 – 3 – 2 – 1 – 4	1	25	25	9	34	0	
	2	30	34	6	40	4 + 4 = 8	so gut wie
	3	38	40	5	45	20 + 2 = 22	Ausgangs-
	4	41	45	2	47	19 + 4 = 23	lösung
5 – 3 – 2 – 4	1	20	20	9	29	0	
	2	27	29	6	35	4 + 2 = 6	
	3	32	35	5	40	20 + 3 = 23	> 22
	4	38	40	2	42	19 + 2 = 21	abbrechen
5 – 3 – 4	1	11	11	9	20	0	
	2	22	22	6	28	4	
	3	29	29	5	34	20	
	4	33	34	2	36	19 + 1 = 20	
5 – 3 – 4 – 1	1	20	20	5	25	0	
	2	28	28	3	31	4	
	3	34	34	6	40	20	
	4	36	40	3	43	20 + 4 = 24	> 23 abbrechen
5 – 3 – 4 – 2	1	20	20	9	29	0	
	2	28	29	5	34	4 + 1 = 5	
	3	34	34	3	37	20	
	4	36	37	5	42	20 + 1 = 21	
5 – 3 – 4 – 2 – 1	1	29	29	5	34	0	
	2	34	34	3	37	5	verbesserte
	3	37	37	6	43	20	Lösung
	4	42	43	3	46	21 + 1 = 22	
5 – 4	1	4	4	9	13	0	Neue
	2	12	13	6	19	4 + 1 = 5	Obergrenze
	3	14	19	5	24	12 + 5 = 17	mit verbesserter
	4	24	24	2	26	14	Lösung
5 – 4 – 1	1	13	13	5	18	0	0
	2	19	19	3	22	5	7
	3	24	24	6	30	17	21
	4	26	30	3	33	14 + 4 = 18	22
5 – 4 – 1 – 2	1	18	18	9	27	0	
	2	22	27	5	32	5 + 5 = 10	> 7
	3	30	32	3	35	17 + 2 = 19	
	4	33	35	5	40	18 + 2 = 20	abbrechen

5. Kombinatorische Optimierung – Optimale Reihenfolge 175

Teilfolge j	Maschine i	$TE_{i(j-1)}$	$TA_{ij} + t_{ij} = TE_{ij}$			t_{SAZi}	Bemerkung
5 – 4 – 1 – 3	1	18	18	7	25	0	
	2	22	25	10	35	5 + 3 = 8	>7
	3	30	35	7	42	17 + 5 = 22	>21
	4	33	42	4	46	18 + 9 = 27	>22 abbrechen
5 – 4 – 2	1	13	13	9	22	0	
	2	19	22	5	27	5 + 3 = 8	>7
	3	24	27	3	30	17 + 3 = 20	
	4	26	30	5	35	14 + 4 = 18	abbrechen
5 – 4 – 3	1	13	13	7	20	0	
	2	19	20	10	30	5 + 1 = 6	
	3	24	30	7	37	17 + 6 = 23	>21
	4	26	37	4	41	14 + 11 = 25	>22 abbrechen

Ergebnis: Optimale Reihenfolge 5 – 3 – 4 – 2 – 1 mit t_D = 46 in 57 Bauschritten ermittelt.

Es ist klar, daß die Lösung praktischer Probleme ohne EDV-Anlagen nicht möglich ist.
Das Ergebnis der Rechnung kann dann sogar als Balkendiagramm direkt ausgedruckt werden.

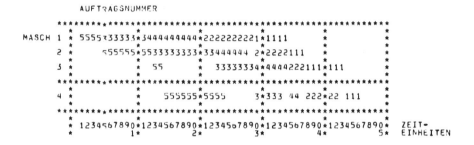

Bild 5.13. Gantt-Diagramm der optimalen Auftragsfolge des in Beispiel 5.7 dargestellten Problems (als Computer-Ausdruck)

Der verwendete Algorithmus ist in Kurzform noch einmal als Flußdiagramm in Bild 5.14 dargestellt.

Um sicherzustellen, daß nicht zu hohe Rechenzeiten entstehen, kann man die Rechnung auf eine vorgegebenen Anzahl von Bauschritten z.B. 100 000 begrenzen; man muß sich dann mit der bis dahin gefundenen suboptimalen Lösung zufrieden geben.

176 5. Kombinatorische Optimierung – Optimale Reihenfolge

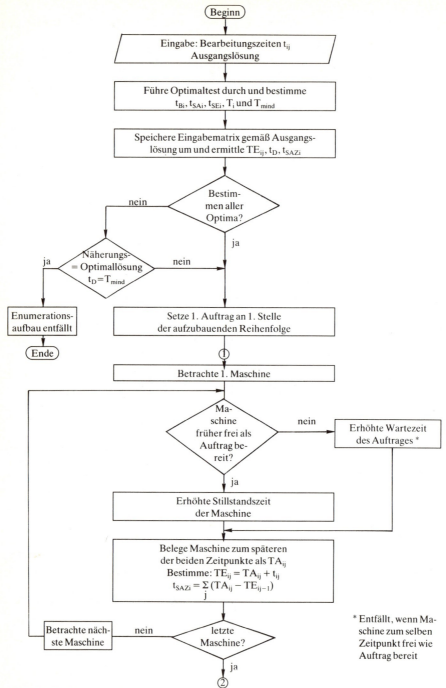

Bild 5.14. Flußdiagramm des Lösungsverfahrens

5. Kombinatorische Optimierung – Optimale Reihenfolge 177

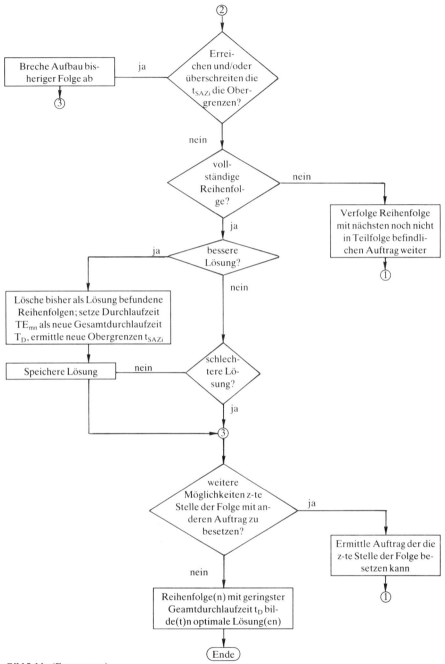

Bild 5.14. (Fortsetzung)

5.3.3. Maschinenbelegung bei Werkstattfertigung

5.3.3.1. Analytische Verfahren

Erste systematische Lösungsversuche zur Job-Shop-Problematik gehen auf die Forschung der fünfziger Jahre zurück. *Akers* (1956) gab ein grafisches Verfahren zur exakten Bestimmung optimaler Belegungspläne bei unterschiedlicher Arbeitsgangfolge der Aufträge für Probleme mit zwei Aufträgen und beliebig vielen Maschinen an. Dieses Verfahren wurde von *Mensch* (1968) und *Riedesser* (1971) verbessert.

Diese sogenannte Diagnonalmethode soll für ein Zwei-Auftrags-Problem anhand eines Beispiels erläutert werden.

Beispiel 5.8:

Die Aufträge A_1 und A_2 sollen auf fünf Maschinen M_i (i = 1, 2, ... , 5) bearbeitet werden. Nach Voraussetzung sei „$M_1-M_2-M_3-M_4-M_5$" die Arbeitsgangfolge bei dem Auftrag A_1, und „$M_4-M_2-M_1-M_5-M_3$" diejenige beim Auftrag A_2. Die zugehörigen Bearbeitungszeiten sind in Tabelle 5.25 eingetragen.

Tabelle 5.25. Bearbeitungszeiten t_{ij} der Maschine M_i (i = 1, 2, ..., 5) beim Auftrag A_j (j = 1, 2)

Maschine	Auftrag A_1	A_2
M_1	5	3
M_2	9	5
M_3	7	4
M_4	9	2
M_5	4	10
$\sum_{i=1}^{5} t_{ij}$	34	24

Zunächst werden in das Diagonal-Diagramm nach Bild 5.15, den vorgegebenen Arbeitsgangfolgen entsprechend, die Bearbeitungszeiten nach Tabelle 5.25 für den Auftrag A_1 auf der Abszisse und für den Auftrag A_2 auf der Ordinate aufgetragen. Da nicht beide Aufträge auf derselben Maschine gleichzeitig bearbeitet werden können, sind im Diagramm die zugehörigen Bereiche schraffiert. Nunmehr ist in den nicht schraffierten Bereich des Diagramms ein Polygonzug einzuzeichnen, und zwar auf eine solche Weise, daß ihm nach Möglichkeit eine von links unten nach rechts oben verlaufende Diagonale entspricht; eine solche Diagonale kennzeichnet die gleichzeitige Bearbeitung beider Aufträge, während horizontal oder vertikal gerichtete Strecken die Bearbeitung nur eines Auftrages anzeigen.

Es existieren viele mögliche Lösungen (Polygonzüge im Diagramm nach Bild 5.15); zu den zwei dargestellten Lösungen L_1 und L_2 sind die Gantt-Diagramme in Bild 5.16 angegeben. Da bei einer Bearbeitung gemäß der Lösung L_1 der Auftrag A_2 „früher" vollständig bearbeitet ist als bei der Lösung L_2, sollte man der Lösung L_1 den Vorzug geben.

5. Kombinatorische Optimierung – Optimale Reihenfolge 179

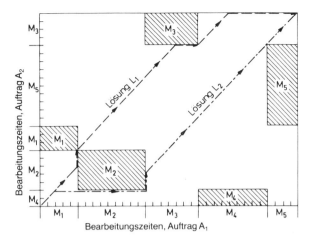

Bild 5.15. Diagonal-Diagramm für die im Beispiel 5.8 vorgegebenen Verhältnisse

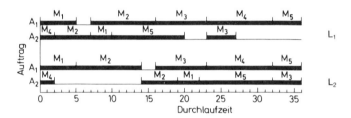

Bild 5.16. Gantt-Diagramm für die beiden im Diagonal-Diagramm nach Bild 5.15 angegebenen
Lösungen   Gantt-Diagramm für Lösung L_1
                      Gantt-Diagramm für Lösung L_2

Wie schon zuvor bei *Akers* und später bei *Siegel* [1974] wurde von *Schimpchen* [1984] der Lösungsraum mit zwei Aufträgen aufgespannt, sodann auf drei und schließlich auf eine beliebige Anzahl von Aufträgen erweitert. Aus diesem Lösungsansatz wurden die notwendigen mathematischen Beziehungen abgeleitet. Um zu einer programmierten Maschinenbelegungsplanung zu gelangen, wurden diese abgeleiteten Beziehungen in eine begrenzte Enumeration eingebettet.

Damit ist eine Verallgemeinerung des Diagonalverfahrens auf beliebige Anzahl von Aufträgen gelungen.

Auf die Darstellung des Lösungsalgorithmus wird hier verzichtet; Interessenten werden auf die angegebene Literatur verwiesen.

5.3.3.2. Heuristische Verfahren

Ebenso wie bei dem Flow-Shop-Problem wurde auch für das Job-Shop-Problem nach Näherungslösungen gesucht, die für praktische Anwendungen hinreichend gute Ergebnisse liefern sollen. Alle derartigen Verfahren verwenden entweder sinnvolle Prioritätsregeln, z.B. die KOZ-Regel (Die höchste Priorität erhält der Auftrag, dessen nächster auszuführender Arbeitsgang die kürzeste Operations- d.h. Bearbeitungszeit hat.), oder aber man probiert eine bestimmte Anzahl der maximal möglichen Belegungskombinationen durch und stellt den Maschinenbelegungsplan nach dem besten der erzielten Ergebnisse auf. Der Autor hat gute Erfahrungen gemacht mit einem Verfahren, das von *Seelbach* [1975] beschrieben, von *Huckert* und *Dupre* [1979] programmiert und von *Gerhardt* [1983] um das Gantt-Diagramm ergänzt wurde. Es handelt sich hierbei letztlich um die Erzeugung von zulässigen Maschinenbelegungsplänen mittels Zufallszahlengenerator, die hinsichtlich der Zielgröße (z.B. Zykluszeit = Durchlaufzeit des Auftragspaketes) untersucht werden. Der jeweils beste Plan wird gespeichert und nach Abbruch des Erzeugungsprozesses als Näherungslösung verwendet.

Zur Beurteilung der Güte der Näherungslösung empfiehlt es sich eine untere Schranke für den unbekannten optimalen Zielwert zu bestimmen. Als untere Schranke für die Zykluszeit verwendet man das Maximum folgender drei Summen:
- Spaltenmaximum der Bearbeitungszeitmatrix
- Zeilenmaximum der Bearbeitungszeitmatrix
- Maximum der Maschinenbelegungszeiten.

Als Abbruchkriterium des Erzeugungsprozesses wird verwendet:
- Erreichen oder Unterschreiten der gewählten prozentualen Abweichung (z.B. 10%) der gefundenen Lösung von der unteren Schranke.
- Erreichen der maximal vorgegebenen Anzahl zu generierender Maschinenbelegungspläne (z.B. 1000).

Durch Untersuchung an einer Vielzahl unterschiedlicher Beispiele wurde festgestellt, daß bereits bei 100 generierten Maschinenbelegungsplänen hinreichend gute Ergebnisse erzielt werden.

Bei 500 Plänen erhöht sich die Rechenzeit um das 5-fache, während nur Verbesserungen um 1–2% erzielt werden. Eine weitere Erhöhung auf 1000 Pläne bringt eine weitere Verbesserung von nur 0,5% bei einer Verdopplung der Rechenzeit.

Die benötigten Rechenzeiten steigen exponentiell mit der Problemgröße; die Rechenzeiten auf der CYBER 76 beträgt für eine 10×10 Matrix ca. 2–2,5 Sekunden, für eine 20×20 Matrix jedoch ca. 30 Sekunden.

Das speziell für Job-Shop-Probleme entwickelte Programm kann auch für Flow-Shop-Probleme verwendet werden. Die Rechenzeit ist bei Generierung von nur 100 Plänen pro Beispiel in etwa gleich, die erzielten Näherungslösungen sind jedoch um durchschnittlich 5% (maximal 15%) schlechter als die mit dem speziell für Flow-Shop-Probleme entwickelten Programme.

5.4. Aufgaben zur Rundreise- und Ablaufplanung

1. Für das in der Skizze dargestellte Straßennetz soll der kürzeste Rundweg von A durch alle anderen Orte B bis F und wieder zurück zu A ermittelt werden. (Entfernungen in Km sind in der Skizze eingetragen).

2. Gegeben ist folgende Rüstkosten-Matrix:

	A_1	A_2	A_3	A_4	A_5
A_1	∞	2	5	7	1
A_2	6	∞	3	8	2
A_3	8	7	∞	4	7
A_4	12	4	6	∞	5
A_5	1	3	2	8	∞

5. Kombinatorische Optimierung – Optimale Reihenfolge   181

Erläuterung zur Matrix:

Das Umrüsten der Maschinenanlage von Auftrag 2 auf Auftrag 3 verursacht einen Aufwand von 3 Kosteneinheiten. Das Auftragspaket wird in lückenloser Folge immer wieder produziert.

Man zeige, in welcher Reihenfolge die Produktion auszuführen ist, damit die Vorbereitungskosten pro Auftragspaket auf ein Minimum reduziert werden. (Man verwende alle bekannten Verfahren zur Lösung dieses Problems).

3. a) Ein Buchdrucker besitzt eine Druckmaschine, eine Maschine zum Binden und die Manuskripte einer Anzahl verschiedener Bücher. Man kennt die Zeiten, welche jedes Buch im Druck und beim Binden beansprucht. Es ist die Reihenfolge für das Drucken und Binden der Bücher zu finden, bei welcher der Zeitaufwand zur Fertigstellung aller Bücher minimal ist.

Buch	Druck-Zeit	Zeit für das Binden
1	30	80
2	120	100
3	50	90
4	20	60
5	90	30
6	110	10

b) Die Bücher müssen noch in einem weiteren Arbeitsvorgang verkaufsbereit gemacht werden. Wie verändert sich die Reihenfolge der Bücher bei der Verarbeitung?

Buch	Druck-Zeit	Zeit für das Binden	Zeit für die letzten Arbeiten
1	30	80	20
2	120	100	40
3	50	90	60
4	20	60	120
5	90	30	70
6	110	10	30

4. Für die in der Entfernungsmatrix angegebenen Orte soll der kürzeste Rundweg von A durch alle anderen Orte und wieder nach A zurück ermittelt werden. (Unter anderem soll das Branch and Bound-Verfahren angewendet werden).

	A	B	C	D	E	F
A	0	12	4	10	10	19
B		0	14	8	22	14
C			0	6	8	15
D				0	14	9
E					0	20
F						0

5. Eine Werkstatt besitzt sechs Maschinen (A, B, C, D, E und F). Zwei Werkstücke müssen auf diesen Maschinen bearbeitet werden. Die Zeit, während der jede der Maschinen beansprucht wird, und die Bearbeitungs-Reihenfolge sind gegeben:

Reihenfolge	1	2	3	4	5	6
Werkstück 1	A - 20	C - 10	D - 10	B - 30	E - 25	F - 15
Werkstück 2	A - 10	C - 30	B - 15	D - 10	F - 15	E - 20

Wie muß der Fertigungsablauf (Maschinenbelegung) erfolgen, wenn die total beanspruchte Zeit zur Ausführung der Arbeiten minimiert werden soll?

6. Lösen Sie das durch Skizze und Kostenmatrix beschriebene Traveling Salesman Problem:

	A	B	C	D	E	F	G
A	∞	5	9	6	3	5	9
B	8	∞	8	8	5	9	2
C	6	9	∞	1	6	7	3
D	7	11	4	∞	4	2	9
E	4	6	3	2	∞	2	8
F	5	2	2	8	4	∞	3
G	8	1	3	16	5	3	∞

Erwünscht ist die Lösung nach dem Verfahren der Begrenzten Enumeration und nach dem Branch and Bound-Verfahren.

7. Lösen Sie das durch folgende Kostenmatrix gegebene Rundreise-Problem:

	A	B	C	D	E
A	0	6	6	11	10
B	8	0	10	7	7
C	6	∞	0	10	9
D	7	4	9	0	6
E	8	7	8	7	0

8. Vier Aufträge sind in gleicher Arbeitsgangfolge auf drei Maschinen zu fertigen. Man bestimme die optimale Auftragsfolge, wenn die Durchlaufzeit minimiert werden soll.

Fertigungszeiten in Stunden

Maschine \ Auftrag	A1	A2	A3	A4	Summe
M1	5	8	4	4	21
M2	4	3	9	10	26
M3	7	1	3	6	17
Summe	16	12	16	20	64

9. Fünf Aufträge sollen bei gleicher Arbeitsgangfolge über zwei Maschinen geschickt werden. Bestimmen Sie die optimale Auftragsfolge.

Fertigungszeiten in Stunden

Maschine \ Auftrag	A1	A2	A3	A4	A5
M1	6	4	1	8	7
M2	3	7	2	5	9

10. Berechnen Sie den längsten Weg im gerichteten und schleifenfreien Netz.

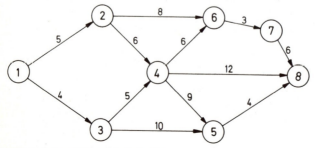

11. - 14. Aufgabenstellung siehe Seite 424.

5.5. Empfohlene Literatur zur Kombinatorischen Optimierung

Akers, S. B.: A Graphical Approach to Production Scheduling Problems. Operations Research, Vol. 4 (1956) p. 244 ff.

Brucker, P.: Scheduling. Akademische Verlagsgesellschaft, Wiesbaden 1981.

Domschke, W.; Drexl, A.: Einführung in Operations Research. Springer Verlag. Berlin – Heidelberg 1990.

Gerhardt, J.: Algorithmen zur Fertigungsablaufplanung bei Werkstattfertigung, Diplomarbeit, Institut für Systemtechnik der Universität-GH-Siegen, Prof. Dr.-Ing. W. Zimmermann, 1983.

Hauk, W.: Einplanung von Produktionsaufträgen nach Prioritätsregeln. Beuth, Berlin – Köln, Frankfurt 1973.

Haupt, R.: Reihenfolgeplanung im Sondermaschinenbau. Gabler Verlag, Wiesbaden, 1977.

Hartwig, A.; Terno, J.: Transformationen von Reihenfolgeproblemen auf Rundreiseprobleme. Wissenschaftliche Zeitschrift der TU Dresden 32 (1) 1983.

Hoch, P.: Betriebswirtschaftliche Methoden und Zielkriterien der Reihenfolgeplanung bei Werkstatt- und Gruppenfertigung. Deutsch-Verlag, Frankfurt/M. – Zürich, 1973.

Huckert, K.: Ein nichtlineares Optimierungsmodell für das Job-Shop-Problem, veröffentlicht in *Brockhoff, K.; Dinkelbach, W.; Kall, P.; Pressmar, D. B.; Spicher, K.* (Hrsg.) Proceedings in Operations Research VII, Physica-Verlag, Würzburg – Wien, 1978.

Huckert, K.; Dupre, R.: Ein Näherungsverfahren für Maschinenbelegungsprobleme, veröffentlicht in *Späth, H.* (Hrsg.): Ausgewählte Operations Research Software in FORTRAN. R. Oldenbourg Verlag, München – Wien, 1979.

Lawler, E. L.; Lenstra, J. K.; Rinnoy Kan, A. H. G.; Shmoys, D. P.: The Traveling Salesman Problem. A Guided Tour of Combinatorial Optimation. John Wiley & Sons, New York 1985

Liesegang, G.: Möglichkeiten zur wirkungsvollen Gestaltung von Branch-and-Bound-Verfahren, dargestellt an ausgewählten Problemen der Reihenfolgeplanung. Diss. Universität Köln, 1974.

Liesegang, G.; Schirmer, A.: Heuristische Verfahren zur Maschinenbelegungsplanung bei Reihenfertigung. Zeitschrift für Operations Research, Physika-Verlag, Würzburg – Wien, Band 19, Heft 5, 1975.

Mensch, G.: Ablaufplanung. Westdeutscher Verlag, Köln – Opladen, 1968.

Mensch, G.: Das Trilemma der Ablaufplanung. Zeitschrift für Betriebswirtschaft 42 (1972), S. 77 – 88.

Müller-Merbach, H.: Optimale Reihenfolgen. Springer Verlag, Berlin – Heidelberg 1970.

Müller-Merbach, H.: Operations Research. Franz Vahlen Verlag, München 1971, S. 290 – 365.

Niedereichholz, J.: Das Branch-and-Bound-Prinzip als Methode der Maschinenbelegungsplanung. Betriebswirtschaftliche Forschung und Praxis 21 (1969), Nr. 9, S. 481 – 492.

Niedereichholz, J.: Zur Simulation statischer Job-Shop-Modelle mit GPSS. Elektron. Datenverarbeitung Bd. 9 (1970), S. 394 – 400.

Riedesser, A.: Der Diagonalalgorithmus zur Ablaufplanung. Z. f. betriebswirtschaftliche Forschung 23 (1971), Nr. 9, S. 649 – 669.

Rieper, B.: Neuere Überlegungen zur Produktionsplanung und -steuerung in kleinen und mittleren Unternehmen. Zeitschrift: Betriebswirtschaftliche Forschung und Praxis 34 (1982) S. 427 – 441.

Schimpchen, P.: Ein Algorithmus zur Optimalen Maschinenbelegung bei Werkstattfertigung. Studienarbeit am Institut für Systemtechnik der Universität-GH-Siegen, Prof. Dr. W. Zimmermann, 1984

Seelbach, H.: Ablaufplanung. Physica Verlag, Würzburg 1975.

Siegel, Th.: Optimale Maschinenbelegung, Erich Schmidt Verlag, Berlin 1974.

Tangermann, H.-P.: Auftragsreihenfolgen und Losgrößen als Instrument der Fertigungsplanung, untersucht an einem praxisbezogenen Simulationsmodell. Diss. TU Braunschweig, 1973.

Wunderlich, F.-G.: Ein Dekompositionsverfahren zur Bestimmung optimaler Reihenfolgen bei Maschinenbelegungsproblemen der Werkstattfertigung. Dissertation Uni Mannheim 1977.

Zimmermann, W. und *Gerhardt, J.:* Algorithmus zur maschinellen Bestimmung des optimalen Fertigungsablauf- und Maschinenbelegungsplanes. Zeitschrift für wirtschaftliche Fertigung 79 (1984) Heft 7, S. 333 – 336.

6. Dynamische Optimierung

6.1. Vorbemerkungen

Der Dynamischen Optimierung kommt im Rahmen des Operations Research eine zentrale Bedeutung zu; sie gehört methodisch zu den Entscheidungsbaumverfahren.

Während bei der Linearen Optimierung ein Problem mit dem Ziel angegangen wird, das Optimum unter Berücksichtigung aller n Variablen und m Nebenbedingungen als Ganzes auf einmal zu lösen, wird bei der Dynamischen Optimierung ein Problem mit n Variablen in Teilprobleme mit nur jeweils einer Variablen zerlegt, die dann sequentiell, d. h. nacheinander Schritt für Schritt gelöst werden.

Das Besondere an der Dynamischen Optimierung liegt also in der sequentiellen Lösung eines in mehrere Stufen (Schritte, Intervalle) aufgeteilten Entscheidungsprozesses, wobei auf jeder Stufe des Prozesses nur die dort existierenden Entscheidungsalternativen betrachtet werden.

Dieses stufenweise Vorgehen hat zu der Bezeichnung „Dynamische Optimierung" geführt. Als *R. Bellman* und seine Mitarbeiter bei der RAND Corporation of America 1955 die Grundlagen dieser Optimierungsverfahren entwickelten und insbesondere zur Optimierung zeitabhängiger, d. h. dynamischer Prozesse einsetzten, gab man diesem Verfahren die Bezeichnung Dynamische Optimierung, obwohl es sich auch für räumlich oder anderweitig gestufte Probleme anwenden läßt. Da die Voraussetzung zur Anwendung des Verfahrens in einer irgendwie gearteten Stufenstruktur und in der sequentiellen Lösung des Problems liegt, wäre die Bezeichnung *Stufen-Optimierung* oder *Sequentielle Optimierung* eigentlich passender.

Unter Dynamischer Optimierung versteht man also ein spezielles Verfahren zur sequentiellen Analyse und Optimierung, das aus drei Phasen besteht:

1. Phase: **Dekomposition**

Das Originalproblem wird zunächst in mehrere (oder auch unendlich viele) zeitliche oder räumliche Stufen (Teilprobleme) zerlegt, die getrennt analysiert und später wieder zusammengefaßt werden sollen.

2. Phase: **Rückwärtsrechnung** (oder Vorwärtsrechnung)

Entscheidet man sich zunächst für die Rückwärtsrechnung, so wird ausgehend vom angestrebten Endzustand, beginnend mit der letzten Stufe des Prozesses und stufenweise rückwärts schreitend, die im Sinne der Zielfunktion relativ-optimale Entscheidung in jeder Stufe ermittelt.

3. Phase: **Vorwärtsrechnung** (oder Rückwärtsrechnung)

Wurde in Phase 2 die Rückwärtsrechnung durchgeführt, so ist nunmehr beginnend mit dem vorgegebenen Anfangszustand des Prozesses, unter Berücksichtigung der in der Rückwärtsrechnung ermittelten relativ-optimalen Entscheidungen die im Sinne der Zielfunktion endgültig-optimalen Entscheidungen zu bestimmen. (Vgl. Beispiel 6.1 und 6.5)

Falls in Phase 2 zunächst die Vorwärtsrechnung durchgeführt wird (vgl. Beispiel 6.2 und 6.3) ist in Phase 3 die Rückwärtsrechnung nachzuschalten.

6. Dynamische Optimierung   185

Besonders geeignet für die Behandlung mit der Dynamischen Optimierung sind natürlich dynamische Prozesse, d. h. Prozesse, die von Natur aus zeitabhängig sind oder aufgrund einer künstlichen Einteilung in Zeitperioden dynamisiert werden können, wie z. B. *Verkehrsprobleme, Investitionsprobleme, Lagerhaltungs- und Produktionsprobleme.* Da bei der Anwendung der Dynamischen Optimierung nur wenige Restriktionen zu beachten sind, kann diese Methode in einem breiten Spektrum von Anwendungsgebieten eingesetzt werden. Dabei ist es jedoch vom Geschick und der Erfahrung des Anwenders abhängig, die Anwendungsmöglichkeiten zu erkennen und das Problem entsprechend aufzubereiten. Hier liegt wohl auch die Ursache für die offensichtliche Diskrepanz zwischen Anwendungsmöglichkeiten und tatsächlicher Anwendung der Dynamischen Optimierung.

Dieser Sachverhalt wird von *Shamblin/Stevens* [1974] sehr treffend formuliert:

„Of all of the mathematical techniques employed in operations research, dynamic programming is perhaps the simplest in concept and yet one of the most difficult to apply."

In der Literatur findet sich einerseits eine Vielfalt von Einsatzfällen, welche mit Hilfe der Dynamischen Optimierung gelöst werden, andererseits wird aber auch oft darauf hingewiesen, daß sie im Vergleich zu anderen Optimierungsverfahren in der praktischen Anwendung noch nicht den ihr gebührenden Rang einnimmt.

6.2. Einführungsbeispiele

Beispiel 6.1: (nach *Wentzel, G.:* Elemente der Dynamischen Optimierung. Oldenbourg Verlag, München 1966)

Ein Flugkörper soll mit dem geringstmöglichen Treibstoffverbrauch von einer Höhe H = 0 und einer Geschwindigkeit v = 0 auf eine Höhe H = H_{end} und eine Geschwindigkeit v = v_{end} gebracht werden. Der Bewegungsprozeß wird zunächst in eine Folge von einzelnen Schritten ΔH und Δv zerlegt – *Dekomposition* – und der Treibstoffverbrauch bei diesen einzelnen Schritten bestimmt. (vgl. Bild 6.1).

Die größte Schwierigkeit liegt eigentlich in dieser Dekomposition, d. h. in der Unterteilung des Gesamtprozesses derart, daß sich die Stufen (oder Schritte) einfach numerieren lassen und sich eine klare Folge von Handlungen ergibt, bei der jeder Zustand Z_i nur vom vorherigen Zustand Z_{i-1} und nicht von der „ganzen Vorgeschichte" abhängt.

In der *Rückwärtsrechnung* wird ausgehend vom Endzustand nacheinander jeder Schritt untersucht, d. h. jeder Schritt wird zunächst unter Berücksichtigung aller möglichen Ergebnisse der bereits untersuchten vorhergehenden Schritte hinsichtlich des geringsten Kraftstoffverbrauches analysiert (vgl. Bild 6.2).

Es ist zweckmäßig den relativ-günstigsten Verbrauch in den Knoten zu notieren und durch einen Pfeil am Knoten zu vermerken, über welchen Schritt man diesen minimalen Verbrauch erreicht hat. Bei der Bewertung der einzelnen Schritte sollte man stufenweise vorgehen, d. h. jeweils die einer Stufe angehörenden Knoten zusammen behandeln.

Mit der Rückwärtsrechnung am Anfangsknoten angelangt, werden nunmehr alle Schritte, die durch einen Pfeil als relativ-günstigste markiert wurden, in einer *Vorwärtsrechnung* (Vorwärtsverfolgung) zu einem Weg zusammengefaßt und eventuell dick ausgezogen (vgl. Bild 6.3). Es existiert stets mindestens ein optimaler „Weg" durch das Raster.

186   6. Dynamische Optimierung

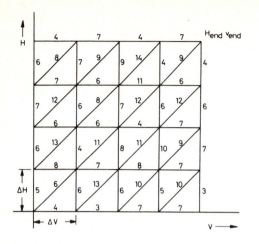

Bild 6.1
Kraftstoffverbrauch bei Erhöhung
von H um ΔH, von v um Δv

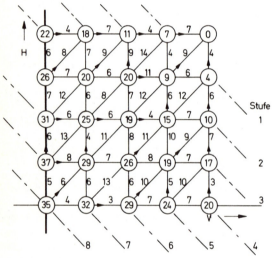

Bild 6.2
Ergebnis der Rückwärtsrechnung

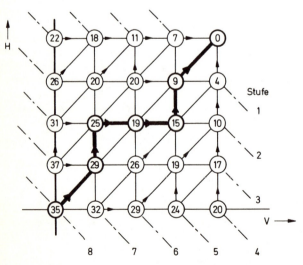

Bild 6.3
Ergebnis der Vorwärtsrechnung

6. Dynamische Optimierung   187

Würde man Höhen- und Geschwindigkeitszunahme des Flugkörpers entsprechend dem in Bild 6.3 dargestellten „Weg" steuern, so würde man mit dem geringstmöglichen Treibstoffverbrauch von nur 35 Einheiten die angestrebten Größen H_{end} und v_{end} erreichen.

Beispiel 6.2:

Gegeben ist ein gerichteter Graph; die Knoten des Graph sind Orte und die Kanten stellen die Verbindungswege zwischen den Orten dar; die Entfernung zwischen den Orten ist an den Kanten vermerkt.

Es ist der längste Weg zwischen den Orten A und Z zu bestimmen!

Entweder löst man die Aufgabe graphisch, indem man ähnlich wie in Beispiel 6.1 vorgeht, oder man wählt den tabellarischen Lösungsweg. Beide Lösungswege sollen demonstriert werden.

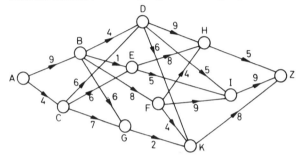

Bild 6.4
Orts- und Entfernungsnetz

Um zu zeigen, daß nicht zwingend stets zunächst die Rückwärtsrechnung und dann die Vorwärtsrechnung durchgeführt werden muß, wird hier einmal der umgekehrte Weg beschritten. Die Reihenfolge der Betrachtungen ist dem Anwender weitgehend überlassen.

a) Graphische Bestimmung des längsten Weges:

Der Graph wird deutlich in Stufen unterteilt dargestellt und in einer Vorwärtsrechnung die größte Entfernung jedes Ortes vom Ort A in die Knoten eingetragen. Falls ein Ort von mehreren Orten erreicht werden kann, wird der längste Weg durch einen Pfeil an den Knoten markiert. Man schreite bei der Bestimmung der Entfernungen von Stufe zu Stufe weiter. Am Zielort angekommen wird durch eine Rückwärtsverfolgung der markierten Kanten bis zum Ausgangsort A der längste Weg durch den Graph gefunden und dick ausgezogen; es ist der Weg A–B–F–I–Z mit 35 Entfernungseinheiten.

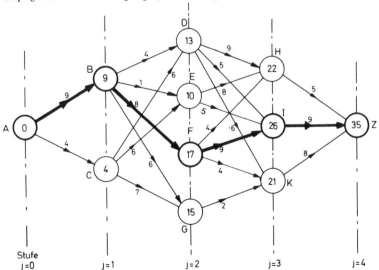

Bild 6.5. Ermittlung des längsten Weges im gerichteten Graphen (beginnend mit einer Vorwärtsrechnung)

b) Tabellarische Bestimmung des längsten Weges

In vielen Fällen ist die graphische Ermittlung der Optima mit erheblicher Zeichenarbeit verbunden; insbesondere dann, wenn man die Lösung mittels EDV-Anlagen beabsichtigt, empfiehlt es sich, eine auf die jeweiligen Probleme zugeschnittene Tabelle zu entwickeln.

Bei der tabellarischen Lösung wird deutlich, daß es sich bei der dynamischen Optimierung um eine stufenweise begrenzte Enumeration (wie bei den optimalen Reihenfolgen) handelt; dabei werden auf jeder Stufe solche Teilfolgen ausgeschieden, die nicht zu einer besseren Lösung führen, als eine andere bereits betrachtete Teilfolge.

Bei der Lösung des vorliegenden Falles soll ebenfalls wieder mit der Vorwärtsrechnung begonnen werden.

Bezeichnet man die längste Entfernung von Stufe 0 bis zum Punkt P auf Stufe j mit $f_j(P)$ und die Strecke von Stufe $j-1$ zum Punkt P auf Stufe j mit $x_j(P)$, so kann man den längsten Weg aus folgender Rekursionsformel ermitteln.

$$f_j(P) = \max \{f_{j-1} + x_j(P)\}$$

Man beachte, daß auf diese Weise für die Berechnung der Werte der j-ten Stufe nur die Ergebnisse der $(j-1)$-ten Stufe benötigt werden.

Die Rechnung ist in Tabelle 6.1 durchgeführt.

Tabelle 6.1. Bestimmung des längsten Weges (Vorwärtsrechnung)

Stufe j	Zielpunkt P	Teilstrecke	f_{j-1}	$x_j(P)$	$f_{j-1} + x_j(P)$	$f_j(P)$
1	B	A-B	0	9	9	9
	C	A-C	0	4	4	4
2	D	B-D	9	4	13	13
		C-D	4	6	10	
	E	B-E	9	1	10	10
		C-E	4	6	10	10
	F	B-F	9	8	17	17
	G	B-G	9	6	15	15
		C-G	4	7	11	
3	H	D-H	13	9	22	22
		E-H	10	8	18	
		F-H	17	4	21	
	I	D-I	13	5	18	
		E-I	10	5	15	
		F-I	17	9	26	26
	K	D-K	13	6	19	
		F-K	17	4	21	21
		G-K	15	2	17	
4	Z	H-Z	22	5	27	
		I-Z	26	9	35	35
		K-Z	21	8	29	

Der längste Weg ist mit 35 Einheiten gefunden. Durch eine Rückwärtsverfolgung des längsten Weges erhält man folgende Reihenfolge A-B-F-I-Z.

6.3. Anwendung in Produktion und Lagerhaltung

Bei der Produktionsplanung geht es meist darum, vorhandene Maschinen optimal zu nutzen (Maschinenbelegungsplanung) oder die optimale Reihenfolge für die Produktion verschiedener Artikel (Reihenfolgeproblem) zu finden. (Vgl. Kapitel 5)

Stehen mehrere Fertigungsverfahren mit unterschiedlichen, von der produzierten Menge abhängigen, variablen Kosten zur Verfügung, dann ist die optimale Verteilung der Stückzahlen auf die verschiedenen Verfahren in Abhängigkeit der zu produzierenden Menge gesucht. (Vgl. Beispiel 6.3).

Probleme der Produktionsplanung sind oft mit Lagerhaltungsproblemen verknüpft. Dies ist immer dann der Fall, wenn kein kontinuierlicher Absatz gewährleistet ist und eine Lagerhaltung des Fertigproduktes erforderlich wird. Dann geht es um die Bestimmung der optimalen, d.h. der hinsichtlich der Produktions- und Lagerkosten günstigen Fertigungsmengen und Fertigungszeitpunkte. (Vgl. Beispiel 6.4).

Beispiel 6.3:

Zur Produktion eines Erzeugnisses stehen einem Unternehmen drei unterschiedliche Fertigungsverfahren zur Verfügung. Die variablen Kosten der Verfahren sind unterschiedlich und variieren mit der Produktmenge (Tabelle 6.2).

Pro Zeiteinheit (ZE) können je Fertigungsverfahren maximal vier Mengeneinheiten (ME), insgesamt also maximal 12 ME/ZE gefertigt werden.

Es ist für jede beliebige Ausbringung zwischen 0 und 12 ME/ZE der kostengünstigste Einsatz der Fertigungsverfahren zu bestimmen.

Tabelle 6.2. Verfahrenskosten in Abhängigkeit von der Produktmenge

Produktmenge x_i (in ME/ZE)	Variable Kosten (in GE/ZE)		
	k_1	k_2	k_3
0	0	0	0
1	6	4	5
2	11	9	10
3	15	14	14
4	18	20	19

Lösung:

Das gegebene Problem läßt sich mathematisch wie folgt beschreiben:

Zielfunktion $z = K(x_1, x_2, x_3) = \min\{k_1(x_1) + k_2(x_2) + k_3(x_3)\}$.
Nebenbedingungen $X = x_1 + x_2 + x_3 \leq 12$
$\qquad\qquad\qquad 0 \leq x_i \leq 4$

Dies Optimierungsproblem mit drei Variablen wird nun aufgespalten in drei Teilprobleme mit je nur einer Variablen; diese Aufspaltung erfolgt nach der dynamischen Optimierung in Stufen. Es wird zunächst die Vorwärtsrechnung durchgeführt.

1. Stufe:

Es wird nur das erste Fertigungsverfahren berücksichtigt.

$\qquad K_{1.\,St.}(X) = \min\{k_1(x_1)\}$,

mit

$\qquad\qquad X = x_1$

Tabelle 6.3. Ergebnisse der 1. Stufe

X	$K_{1.\,St.}(X)$
0	0
1	6
2	11
3	15
4	18

Hier ist eigentlich noch keine Entscheidung hinsichtlich einer Minimierung zu treffen, da die entsprechenden Kosten bei den angegebenen Ausbringungen in der Aufgabe gegeben sind.

2. Stufe:

Es wird zusätzlich zum ersten auch das zweite Fertigungsverfahren berücksichtigt.

$$K_{2. St.}(X) = \min\{k_1(x_1) + k_2(x_2)\},$$

mit

$$X = x_1 + x_2$$

Führt man die Formulierung der ersten Stufe in die 2. Stufe ein, und ersetzt man x_1 durch $X - x_2$, so ergibt sich die nur noch von der Variablen x_2 abhängige Rekursionsbeziehung:

$$K_{2. St.}(X) = \min\{K_{1. St.}(X - x_2) + k_2(x_2)\},$$

mit

$$0 \leq x_2 \leq 4.$$

Mit Hilfe der Rekursionsbeziehung kann man, aufbauend auf den Ergebnissen der Stufe i die Minimierung hinsichtlich der Variablen der nächsten Stufe durchführen.

Eine solche Rekursionsbeziehung kann man für jede Stufe aufstellen, so daß eine Verkettung der Teilprobleme erreicht wird. In jeder Stufe wird nur hinsichtlich einer Variablen minimiert, wobei man auf den Ergebnissen der Vorstufe aufbaut. Da der Ausgangszustand vor der ersten Stufe bekannt ist, läßt sich das Problem sukzessiv lösen.

Die Rekursionsbeziehung für eine beliebige i-te Stufe lautet:

$$K_i(X) = \min[K_{i-1}(X - x_i) + k_i(x_i)] \text{ mit } 0 \leq x_i \leq X.$$

Die Ergebnisse der 2. Stufe sind in Tabelle 6.4 enthalten.

Tabelle 6.4. Ergebnisse der 2. Stufe

X	$X - x_2$ $= x_1$	x_2	$K_1(X-x_2)$ $= K_1(x_1)$	$k_2(x_2)$	$K_2(X)$	Bemerkung
0	0	0	0	0	0	
1	0	1	0	4	4	min
	1	0	6	0	6	
2	0	2	0	9	9	min
	1	1	6	4	10	
	2	0	11	0	11	
3	0	3	0	14	14	min
	1	2	6	9	15	
	2	1	11	4	15	
	3	0	15	0	15	
4	0	4	0	20	20	
	1	3	6	14	20	
	2	2	11	9	20	
	3	1	15	4	19	
	4	0	18	0	18	min
5	1	4	6	20	26	
	2	3	11	14	25	
	3	2	15	9	24	
	4	1	18	4	22	min
6	2	4	11	20	31	
	3	3	15	14	29	
	4	2	18	9	27	min
7	3	4	15	20	35	
	4	3	18	14	32	min
8	4	4	18	20	38	min

6. Dynamische Optimierung

Tabelle 6.5. Ergebnisse der 3. Stufe

X	$X - x_3$ $= x_1 + x_2$	x_3	min $\{K_2(X - x_3)\}$	$k_3(x_3)$	$K_3(X)$	Bemerkung
0	0	0	0	0	0	min
1	0	1	0	5	5	
	1	0	4	0	4	min
2	0	2	0	10	10	
	1	1	4	5	9	min
	2	0	9	0	9	min
3	0	3	0	14	14	min
	1	2	4	10	14	min
	2	1	9	5	14	min
	3	0	14	0	14	min
4	0	4	0	19	19	
	1	3	4	14	18	min
	2	2	9	10	19	
	3	1	14	5	19	
	4	0	18	0	18	min
5	1	4	4	19	23	
	2	3	9	14	23	
	3	2	14	10	24	
	4	1	18	5	23	
	5	0	22	0	22	min
6	2	4	9	19	28	
	3	3	14	14	28	
	4	2	18	10	28	
	5	1	22	5	27	min
	6	0	27	0	27	min
7	3	4	14	19	33	
	4	3	18	14	32	min
	5	2	22	10	32	min
	6	1	27	5	32	min
	7	0	32	0	32	min
8	4	4	18	19	37	
	5	3	22	14	36	min
	6	2	27	10	37	
	7	1	32	5	37	
	8	0	38	0	38	
9	5	4	22	19	41	min
	6	3	27	14	41	min
	7	2	32	10	42	
	8	1	38	5	43	
10	6	4	27	19	46	min
	7	3	32	14	46	min
	8	2	38	10	48	
11	7	4	32	19	51	min
	8	3	38	14	52	
12	8	4	38	19	57	min

3. Stufe:
Zusätzlich wird nun das dritte Fertigungsverfahren in die Analyse einbezogen.
Die Rekursionsbeziehung lautet:

$$K_{3.\,St.}(X) = \min[K_{2.\,St.}(X - x_3) + k_3(x_3)],$$

mit

$0 \leq x_3 \leq 4$ und $X = x_1 + x_2 + x_3$.

Es brauchen jetzt nur noch die kostengünstigsten Kombinationen der Tabelle 6.4 mit den Möglichkeiten des 3. Fertigungsverfahrens kombiniert zu werden (Tabelle 6.5).

Tabelle 6.6. Ergebnisse

X	min $K_3(X)$	x_3	x_2	x_1
1	4	0	1	0
2	9	0	2	0
3	14	0	3	0
4	18	0	0	4
5	22	0	1	4
6	27	0	2	4
7	32	0	3	4
8	36	3	1	4
9	41	4	1	4
10	46	4	2	4
11	51	4	3	4
12	57	4	4	4

In einer Art Rückwärtsrechnung (Rückwärtsverfolgung) werden nun die wichtigsten Informationen und Ergebnisse aus der Tabelle 6.5 in der Tabelle 6.6 zusammengefaßt.

Erläuterungen zu der Rückwärtsverfolgung:

Für $X = x_1 + x_2 + x_3 = 1$ findet man in Tabelle 6.5 die min $K_3(X) = 4$ bei $x_3 = 0$ und $X - x_3 = x_1 + x_2 = 1$. Aus Tabelle 6.4 findet man unter $X = x_1 + x_2 = 1$, daß die minimalsten Kosten für $x_2 = 1$ und $x_1 = 0$ entstehen. Auf diese Weise werden alle Produktionsvarianten $X \leq 12$ durch eine Rückwärtsverfolgung aufgefunden.

Bei mehreren gleichguten min $K_3(X)$ wurde willkürlich eine Variante ausgewählt.

Beispiel 6.4:

Ein Unternehmen plant die Produktion eines Erzeugnisses für einen Zeitraum von 3 Monaten im voraus. Es wird mit folgendem Monatsbedarf gerechnet:

Monat	1	2	3
Menge ME	3	4	3

Die Produktionskosten in Abhängigkeit von der produzierten Menge sind wie folgt angegeben:

Menge (ME)	0	1	2	3	4	5	6
Kosten (GE)	0	10	15	18	20	22	23

Die Produktionskapazität beträgt monatlich maximal 6 ME, die Lagerkapazität maximal 4 ME. Die Lagerkosten betragen monatlich 1 GE/ME; sie werden für alle am Monatsende auf Lager befindlichen Mengeneinheiten berechnet.

Bei Planungsbeginn ist 1 ME auf Lager; am Ende des vorgegebenen Planungszeitraumes sollen höchstens 2 ME auf Lager sein.

Die optimale Produktions- und Lagerplanung ist mit Hilfe der Dynamischen Optimierung durchzuführen!

Lösungsansatz:

Die für die Dynamische Optimierung kennzeichnende Stufung erfolgt hier so, daß man den gesamten Planungszeitraum durch Zwischenzeitpunkte in normalerweise gleichlange Planungsperioden (hier Monate) unterteilt.

In der ersten Stufe wird der erste Monat alleine betrachtet und gegenüber der Zukunft durch einen sogenannten Planungshorizont – d. h. den spätesten in der Planung erfaßten Zeitpunkt – abgegrenzt. In der zweiten Stufe der Optimierung wird der Planungshorizont um eine Zeitperiode weiter hinausgeschoben,

6. Dynamische Optimierung

d. h. es wird auch noch der zweite Monat in den Planungszeitraum einbezogen. So wird weiter verfahren, bis der gesamte vorgegebene und zu untersuchende Zeitraum erfaßt ist.

Es folgt zunächst eine Vorwärtsrechnung.

Symbolfestlegung:

- x_j Produktmenge im Monat j,
- b_j Bedarf im Monat j
- $B = \sum b_j$ = Gesamtbedarf vom Planungsbeginn bis zum Monat j einschließlich,
- l_j Lagerbestand am Ende des Monats j,
- k_l Lagerkosten pro ME und Monat,
- $k(x_j)$ Produktionskosten der Menge x_j,
- $X = \sum x_j$ = Gesamte Produktionsmenge vom Planungsbeginn bis zum Monat j einschließlich.

Zielfunktion:

$$K(X) = \min\{K_{Prod}(X) + K_{Lager}(X)\},$$

wobei

$$K_{Prod}(X) = k(x_1) + k(x_2) + k(x_3) = \text{Produktionskosten}$$

und

$$K_{Lager}(X) = k_l[X + l_0 - B] = \text{Lagerkosten.}$$

Nebenbedingungen:

Produktionskapazität:

$$x_j \leq 6 \text{ ME,} \tag{1}$$

Sicherung der Bedarfsdeckung:

$$x_1 \geq b_1 - l_0$$
$$x_1 + x_2 \geq b_1 + b_2 - l_0$$
$$x_1 + x_2 + x_3 \geq b_1 + b_2 + b_3 - l_0,$$

bzw. allgemein

$$X = \sum_{j=1}^{n} x_j \geq \sum_{j=1}^{n} b_j - l_0, \tag{2}$$

Lagerkapazität: $l_j \leq 4$ ME,

Jeweiliger Lagerbestand: $l_j = l_{j-1} + x_j - b_j,$

Sicherung gegen Lagerkapazitätsüberschreitung:

$$l_1 = l_0 + x_1 - b_1 \leq 4 \rightarrow x_1 \leq 4 - l_0 + b_1$$
$$l_2 = (l_0 + x_1 - b_1) + x_2 - b_2 \leq 4$$
$$\rightarrow x_1 + x_2 \leq 4 - l_0 + b_1 + b_2$$
$$l_3 = (l_0 + x_1 - b_1 + x_2 - b_2) + x_3 - b_3 \leq 4$$
$$\rightarrow x_1 + x_2 + x_3 \leq 4 - l_0 + b_1 + b_2 + b_3,$$

bzw. allgemein

$$X = \sum_{j=1}^{n} x_j \leq \text{Lagerkapazität} - l_0 + \sum_{j=1}^{n} b_j, \tag{3}$$

Lösung:

1. Planungshorizont: Ende des ersten Monats

nach (1) ist $x_1 \leq 6$,
nach (2) ist $x_1 \geq b_1 - l_0 = 3 - 1 = 2$,
nach (3) ist $x_1 \leq 4 - 1 + 3 = 6$.

Zielfunktion

$$K_1(X) = k(x_1) + k_l(x_1 + l_0 - b_1)$$
$$= k(x_1) + k_l(x_1 + 1 - 3)$$
$$= k(x_1) + k_l(x_1 - 2).$$

Tabelle 6.7. Rechenergebnisse zum 1. Planungshorizont

X	$k(x_1)$	$k_l(x_1-2)$	$K_1(X)$
2	15	0	15
3	18	1	19
4	20	2	22
5	22	3	25
6	23	4	27

2. Planungshorizont: Ende des zweiten Monats

Zielfunktion

$$K_2(X) = \min \{K_1(x_1) + k(x_2) + k_l(X + l_0 - \sum_{j=1}^{2} b_j)\}$$
$$= \min \{K_1(X - x_2) + k(x_2) + k_l(X + 1 - 7)\};$$

nach (1) ist $x_2 \leq 6$,

nach (2) ist $X = x_1 + x_2 \geq \sum_{j=1}^{2} b_j - l_0 = 7 - 1 = 6$,

nach (3) ist $X = x_1 + x_2 \leq 4 - 1 + 7' = 10$.

Tabelle 6.8. Rechenergebnisse zum 2. Planungshorizont

X	$X-x_2$	x_2	min $[K_1(X-x_2)]$	$k(x_2)$	$k_l(X-6)$	$K_2(X)$	Bemerkung
6	2	4	15	20	0	35	
	3	3	19	18	0	37	
	4	2	22	15	0	37	
	5	1	25	10	0	35	
	6	0	27	0	0	27	min
7	2	5	15	22	1	38	min
	3	4	19	20	1	40	
	4	3	22	18	1	41	
	5	2	25	15	1	41	
	6	1	27	10	1	38	min
8	2	6	15	23	2	40	min
	3	5	19	22	2	43	
	4	4	22	20	2	44	
	5	3	25	18	2	45	
	6	2	27	15	2	44	
9	3	6	19	23	3	45	min
	4	5	22	22	3	47	
	5	4	25	20	3	48	
	6	3	27	18	3	48	
10	4	6	22	23	4	49	min
	5	5	25	22	4	51	
	6	4	27	20	4	51	

3. Planungshorizont: Ende des dritten Monats

Zielfunktion
$$K_3(X) = \min \{K_2(X-x_3) + k(x_3) + k_l(X + l_0 - \sum_{j=1}^{3} b_j)\}$$
$$= \min \{K_2(X-x_3) + k(x_3) + k_l(X + 1 - 10)\};$$

nach (1) ist $x_3 \leq 6$.

nach (2) ist $X = x_1 + x_2 + x_3 \geq \sum_{j=1}^{3} b_j - l_0 = 10 - 1 = 9$.

nach (3) ist $X = x_1 + x_2 + x_3 \leq 4 - 1 + 10 = 13$.

Aus dem geforderten Lagerbestand am Ende des 3. Monats

$$l_3 = l_0 + X - \sum_{j=1}^{3} b_j \leq 2$$

ergibt sich

$$X \leq \sum_{j=1}^{3} b_j + 2 - l_0 = 10 + 2 - 1 = 11.$$

Tabelle 6.9. Rechenergebnisse zum 3. Planungshorizont; es werden nur noch die Kostenminima der Tabelle 6.8 berücksichtigt

X	$X-x_3$	x_3	min $[K_2(X-x_3)]$	$k(x_3)$	$k_l(X-9)$	$K_3(X)$	Bemerkung
9	6	3	27	18	0	45	min
	7	2	38	15	0	53	
	8	1	40	10	0	50	
	9	0	45	0	0	45	min
10	6	4	27	20	1	48	min
	7	3	38	18	1	57	
	8	2	40	15	1	56	
	9	1	45	10	1	56	
	10	0	49	0	1	50	
11	6	5	27	22	2	51	min
	7	4	38	20	2	60	
	8	3	40	18	2	60	
	9	2	45	15	2	62	
	10	1	49	10	2	61	

Nach Abschluß der Vorwärtsrechnung wird aus den kostenminimalen Strategien diejenige mit dem gewünschten Zustand am Ende der letzten Stufe (nämlich höchstens 2 ME auf Lager) in einer Rückwärtsrechnung ermittelt.

Für verschiedene Lagerbestände l_3 am Ende des 3. Monats ergeben sich folgende Optima

Tabelle 6.10. Ergebnis

l_3	X	min $K_3(X)$	x_3	x_2	x_1
0	9	45	3	0	6
0	9	45	0	6	3
1	10	48	4	0	6
2	11	51	5	0	6

Ablesehinweis:
Falls ein Lagerbestand von $l_3 = 1$ ME am Ende des 3. Monats gefordert wird, werden die Gesamtkosten $K_3(x) = 48$ GE betragen, wenn im ersten Monat $x_1 = 6$ ME gefertigt werden und im dritten Monat noch einmal 4 ME hergestellt werden.

6.4. Anwendung auf Ersatz-, Reihenfolge- und Stopp-Probleme

In der Investitions- und Ersatzplanung geht es u.a. auch um die Bestimmung des optimalen Ersatzzeitpunktes einer Anlage. Mit zunehmendem Alter der Anlagen steigen normalerweise die Betriebs- und Instandhaltungskosten an, während die Produktivität und der Liquidationswert abnehmen; es interessiert in diesem Zusammenhang die Ersatzpolitik mit den geringsten Gesamtausgaben bzw. mit dem maximalen Gewinn (Vgl. Beispiel 6.5).

Im Kapitel 5 wurden bereits einige Verfahren zur Ermittlung der optimalen Reihenfolgen dargelegt; dabei ging es z.B. um das Problem, eine bestimmte Anzahl von Orten nacheinander zu besuchen und dabei den in Bezug auf Kosten oder Reisezeit optimalen Reiseweg zu finden; als Lösungsverfahren wurden bisher neben der vollständigen Enumeration verschiedene Entscheidungsbaumverfahren empfohlen. An Beispiel 6.6 soll gezeigt werden, daß die Dynamische Optimierung hinsichtlich Zeitaufwand und Eleganz durchaus mit der Begrenzten Enumeration vergleichbar ist.

Stoppprobleme finden sich in der Literatur auch häufig unter dem Begriff „Sekretärinnenproblem".

Eine Firma will eine neue Sekretärin einstellen. Nach einem Zeitungsinserat melden sich nacheinander mehrere Damen. Der Personalchef hat nun jeweils die Möglichkeit, eine Dame einzustellen, d.h. den Prozeß zu stoppen, oder auf die nächste Bewerberin zu warten. Wichtig ist hierbei, daß einmal abgelehnte Bewerberinnen für die Stelle nicht mehr zur Verfügung stehen. Der Personalchef kennt also nur die Damen, die sich bereits bei ihm vorgestellt haben, er weiß aber nicht, welche Bewerberinnen mit welcher Qualifikation sich bei ihm noch vorstellen werden. Sein Problem besteht nun darin, gerade die Sekretärin einzustellen, die mit hoher Wahrscheinlichkeit die beste unter den Bewerberinnen ist.

Probleme dieser Art treten in Wirtschaft und Technik, aber auch im täglichen Leben in vielfältigen Versionen auf. Nur in den seltensten Fällen wird die Stopp-Theorie wirklich angewendet; meistens wird intuitiv, also nach Gefühl, ein Prozeß gestoppt. Ein Grund dafür ist sicher, daß die Theorie trotz vielfältiger Anwendungsmöglichkeiten erst in den letzten Jahren ausgebaut wurde und die Forschungen auf diesem Gebiet noch nicht abgeschlossen sind. Auch ist es vielfach noch nicht gelungen, die theoretischen Ergebnisse in die Praxis umzusetzen.

Bei der Anwendung der Dynamischen Optimierung auf Stopp-Probleme ist nicht wie bisher die Dauer eines Prozesses fest vorgegeben, sondern diese ist selbst Gegenstand der Optimierung. Dies ist ein prinzipieller Unterschied zu den bisher behandelten Problemgebieten und Anwendungen.

Im Rahmen dieser Ausführungen soll auf die eingehende Darstellung und Lösung von Stopp-Problemen verzichtet werden; Interessenten wurden verwiesen auf *Schneeweiss* 1974, *Bertesaks* 1976, *Putermann* 1978 und *Whittle* 1982, 1983.

6. Dynamische Optimierung

Beispiel 6.5:
Ein Unternehmen hat einen 2 Jahre alten PKW, der noch maximal drei Jahre genutzt werden kann. Die maximale Nutzungsdauer aller zukünftig beschafften PKW's sei 5 Jahre. Es ist bekannt, daß der PKW von jetzt ab nur noch 5 Jahre benötigt wird; der dann noch vorhandene PKW soll zum Restwert verkauft werden. Die jährlichen Einzahlungen sind unabhängig vom verwendeten PKW und von dessen Nutzungsdauer und brauchen deshalb nicht in die Rechnung einbezogen werden.

Gesucht ist die Ersatzpolitik mit minimaler Auszahlung, wobei die Zinsen unberücksichtigt bleiben sollen (also statische Betrachtungsweise).

Gegeben sind: Anschaffungsauszahlung für die Beschaffung des PKW DM 16 000,− (konstant während der nächsten 5 Jahre) sowie folgende Daten

Jahr	i	1	2	3	4	5
Betriebskosten	a_i	2.500	3.000	3.500	4.000	5.000
Wiederverkaufserlös	R_i	12.000	9.000	7.000	5.500	4.000

In den Jahren 0 bis 4 existieren jeweils 2 Entscheidungsalternativen: Entweder Ersatz (E) oder Nichtersatz (NE) des jeweils vorhandenen PKW. Die Darstellung der Entscheidungssituationen im Entscheidungsbaum ist zur Lösung nicht erforderlich, zum Verständnis der Lösungsmethode jedoch hilfreich.

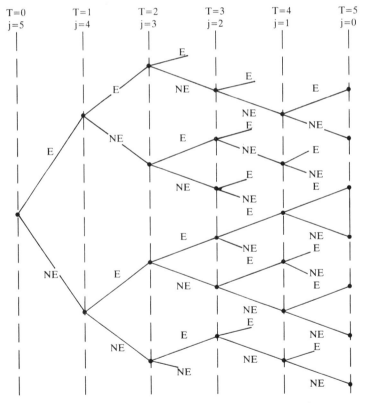

Bild 6.6. Entscheidungsbaum zu Beispiel 6.5 (nicht vollständig gezeichnet)

Mittels der dynamischen Optimierung wird beginnend mit dem letzten Jahr vor dem Planungshorizont stufenweise rückwärtsschreitend bis zur Gegenwart das Problem untersucht. Die Entscheidung auf jeder Stufe orientiert sich am Minimum der Auszahlung. Die Rekursionsbeziehung für die Auszahlung lautet

$$Z_j = \text{Min}^* \begin{cases} -A + R_i - a_i \pm Z_{j-1} & \text{bei Ersatz} \\ -a_i \pm Z_{j-1} & \text{bei Nichtersatz} \end{cases}$$

wobei A = Anschaffungsauszahlung des neuen PKW
  R = Wiederverkaufserlös des alten PKW
  a = Betriebskosten pro Jahr
  * = Minimum bei negativem Z_j; Maximum bei positivem Z_j

Die eigentliche Rechnung erfolgt wie immer in einer Tabelle.

Rückwärtsrechnung

Stufe j	Planungszeitpunkt T	Beschaffungszeitpunkt t	Nutzungsdauer n	Auszahlungssumme in 1000,– DM bei Ersatz				bei Nichtersatz			Bemerkung	
				$-A + R_i$	$-a_1 \pm Z_{j-1}$		$= Z_j$	$-a_i$	$\pm Z_{j-1}$	$= Z_j$	Min Z_j	
1	4	0	4	−16 + 5,5	−2,5 +12		= −1	−5	+ 4	= −1	−1	E/NE
		1	3	−16 + 7	−2,5 +12		= 0,5	−4	+ 5,5	= 1,5	1,5	NE
		2	2	−16 + 9	−2,5 +12		= 2,5	−3,5	+ 7	= 3,5	3,5	NE
		3	1	−16 +12	−2,5 +12		= 5,5	−3	+ 9	= 6	6	NE
2	3	−2	5	−16 + 4	−2,5 + 6		= −8,5	nicht möglich			−8,5	E
		0	3	−16 + 7	−2,5 + 6		= −5,5	−4	− 1	= −5	−5	NE
		1	2	−16 + 9	−2,5 + 6		= −3,5	−3,5	+ 1,5	= −2	−2	NE
		2	1	−16 +12	−2,5 + 6		= −0,5	−3	+ 3,5	= 0,5	0,5	NE
3	2	−2	4	−16 + 5,5	−2,5 + 0,5		= −12,5	−5	− 8,5	= −13,5	−12,5	E
		0	2	−16 + 9	−2,5 + 0,5		= −9	−3,5	− 5	= − 8,5	−8,5	NE
		1	1	−16 +12	−2,5 + 0,5		= −6	−3	− 2	= −5	−5	NE
4	1	−2	3	−16 + 7	−2,5 − 5		= −16,5	−4	−12,5	= −16,5	−16,5	E/NE
		0	1	−16 +12	−2,5 − 5		= −11,5	−3	− 8,5	= −11,5	−11,5	E/NE
5	0	−2	2	−16 + 9	−2,5 −11,5		= −21	−3,5	−16,5	= −20	−20	NE

Vorwärtsverfolgung:

Stufe j	5	4	3	2	1	0	Auszahlungssumme
Zeitpunkt T	0	1	2	3	4	5	
Optimale Entscheidung	NE	E / NE	NE / E	NE	NE	Verk. / Verk.	−20.000 DM / −20.000 DM

Zusammenfassung:
Der vor zwei Jahren beschaffte PKW sollte erst im nächsten oder im übernächsten Jahr (vom Planungszeitpunkt 0 aus betrachtet) ersetzt werden. Der dann beschaffte neue PKW wird bis zum Ende des Planungshorizontes gefahren.

Beispiel 6.6: (Aufgabenstellung: Bitz, M.: Entscheidungstheorie. Verlag Franz Vahlen, München 1981)
Eine Reederei überlegt, welche Transportaufträge ihr zur Zeit in Hamburg liegendes Schiff in den nächsten sechs Perioden ausführen soll. Pro Periode bewältigt das Schiff genau einmal die Strecke New York/Hamburg oder umgekehrt, wobei die Zeit für das Ein- und Ausladen enthalten ist. Am Ende der sechsten Periode (also im Zeitpunkt T=6) muß das Schiff unbedingt wieder in Hamburg sein. Als Entscheidungszeitpunkt T=0, 1, ..., 5 können also jeweils die Anfänge der ersten, zweiten, ..., sechsten Periode definiert werden.

6. Dynamische Optimierung

Die folgende Matrix gibt an, wie hoch der Gewinn jeweils sein würde, wenn das Schiff in dem jeweils angegebenen Zeitpunkt von Hamburg nach New York bzw. in entgegengesetzter Richtung starten würde.
Zusätzlich muß berücksichtigt werden, daß sofern das Schiff für eine Periode in einem Hafen liegen bleibt, Kosten von 10 Geldeinheiten auftreten.

T	Hamburg − New York	New York − Hamburg
0	20	−
1	83	16
2	23	37
3	10	76
4	87	102
5	−	39

Zu entscheiden ist, ob das Schiff in den Zeitpunkten T=0, 1, ..., 5 jeweils von New York oder Hamburg starten oder ob es für die betrachtete Periode in dem zuvor erreichten Hafen bleiben soll.

Eine Lösungsmöglichkeit ist die vollständige Enumeration aller Möglichkeiten im Entscheidungsbaum (vgl. Bild 6.7). Es soll jedoch jetzt gezeigt werden, wie sich der Lösungsaufwand durch Einsatz der Dynamischen Optimierung reduzieren läßt.

Das Charakteristikum der Dynamischen Optimierung liegt im stufenweisen Vorgehen, vorwiegend in einer Rückwärtsrechnung und anschließender Vorwärtsverfolgung.

Die letzte Entscheidung ist im Zeitpunkt T=4 zu treffen, denn in T=5 besteht keine Wahlfreiheit mehr, da für T=6 auf jeden Fall das Anlegen des Schiffes in Hamburg verlangt wird (vgl. Bild 6.8).

Liegt in T=4 das Schiff in Hamburg, so gibt es genau zwei weitere Verlaufsmöglichkeiten bis zum Endzeitpunkt T=6:
− Entweder das Schiff bleibt die ganze Zeit in Hamburg (Gewinnbeitrag für den Zeitraum von T=4 bis T=6: $\Delta G = (-10) + (-10) = -20$) oder
− es startet nach New York und in T=5 von dort zurück nach Hamburg (Gewinnbeitrag von T=4 bis T=6: $\Delta G = 87 + 39 = 126$).

Liegt das Schiff hingegen in T=4 in New York, so ist es günstiger
− sofort nach Hamburg zu starten und das Schiff von T=5 bis T=6 in Hamburg liegen zu lassen (Gewinnbeitrag hier: $\Delta G = 102 - 10 = 92$), als umgekehrt
− zunächst in New York bleiben und erst in T=5 nach New York zu starten (Gewinnbeitrag: $\Delta G = -10 + 39 = 29$).

Analog verfährt man rekursiv mit den folgenden Stufen und markiert (z.B. mit einem Pfeil) die günstigste Entscheidung auf jeder Stufe, d.h. diejenige, mit der maximalen Gewinnsumme.

Hat man schließlich die günstigste Entscheidung für den Zeitpunkt T=0 ermittelt, so zeigt eine Rückwärtsverfolgung der markierten Aktionen die optimale Gesamtstrategie.

200   6. Dynamische Optimierung

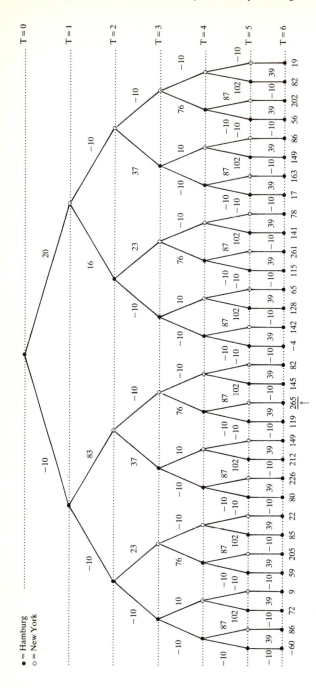

Bild 6.7: Vollständiger Entscheidungsbaum zu Beispiel 6.6 (Verfahren der Vollständigen Enumeration)

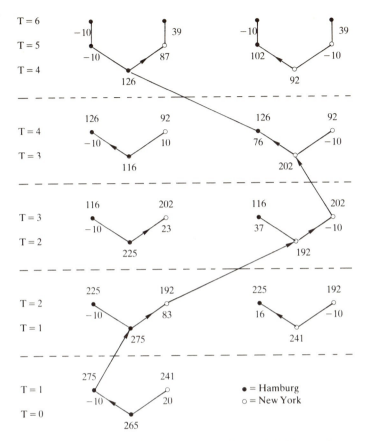

Bild 6.8: Dekomponierter Entscheidungsbaum zu Beispiel 6.6 (Dynamische Optimierung)

Zusatzaufgabe
Die graphisch-unterstützte Rechnung hat zwar Vorteile für die manuelle Lösung, ist jedoch für den Rechnereinsatz nicht geeignet. Entwickeln Sie ein Schema zur tabellarischen Bestimmung der optimalen Strategie!

6.5. Aufgaben zur Dynamischen Optimierung

1. Das in Beispiel 6.1 gegebene Problem ist grafisch zu lösen, wobei zunächst die Vorwärtsrechnung und dann die Rückwärtsrechnung angewendet werden soll.

2. Man bestimme für das in Beispiel 6.2 gegebene Orts- und Entfernungsnetz
   a) grafisch den längsten Weg beginnend mit der Rückwärtsrechnung,
   b) grafisch den kürzesten Weg beginnend mit der Rückwärtsrechnung,
   c) grafisch den kürzesten Weg beginnend mit der Vorwärtsrechnung,
   d) tabellarisch den kürzesten Weg beginnend mit der Vorwärtsrechnung.

3. Gegeben sind folgende Produktionsalternativen und die dabei anfallenden variablen Kosten:

Produktion x	0	10	30	Stück/Zeitperiode
Variable Kosten $K_V(x)$	0	400	900	DM/Zeitperiode

Die fixen Kosten betragen K_f = 300 DM/Zeitperiode. Verkauf, Produktion und Einlagerung (falls diese erforderlich) geschieht am Ende der Zeitperiode.

Die Lagerkosten betragen k_l = 10 DM/Stück und Zeitperiode und werden am Ende jeder Periode auf die während des ganzen Monats auf Lager befindlichen Stücke berechnet.

Der Lagerbestand soll zu Beginn der ersten Periode l_0 = 20 Stücke betragen.

Verkauft werden b_j = 20 Stück/Zeitperiode jeweils am Ende jeder Periode.

Gesucht ist das günstigste (kostenminimale) Produktionsprogramm bei einem Lagerbestand von 0, 10, 20 und 30 Stück am Ende der 4. Zeitperiode!

Vereinbarungen:

j = 1, 2, 3, 4.	Zeitperioden,
l_{j-1}	Lagerbestand am Ende der Vorperiode,
l_j	Lagerbestand am Ende der Periode j,
x_j	Produzierte Menge in der Periode j,
$K_f + K_v(x_j)$	Produktionskosten in der Periode j,
$K_L(l_{j-1})$	Lagerkosten in der Periode j,
$K_j(x_j, l_{j-1})$	Gesamtkosten in der Periode j,
$\sum_{j=1}^{n} K_j$	Gesamtkosten in den Perioden j = 1 ... n.

4. Ein Flugzeug soll von der Höhe H = H_0 und einer Geschwindigkeit v = v_0 mit dem geringsten Treibstoffverbrauch auf eine Höhe H = H_{end} und eine Geschwindigkeit v = v_{end} gebracht werden, wenn der Treibstoffverbrauch für verschiedene Höhenzunahme und Geschwindigkeitssteigerungen wie folgt gegeben ist:

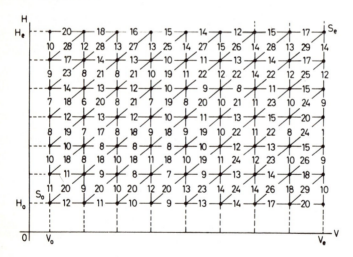

5. Durch den gegebenen Graph ist der kostenminimale Weg von A nach B, von A nach C und von A nach D zu ermitteln, wenn die an den Kanten notierten Zahlen die Strecken-Kosten angeben.

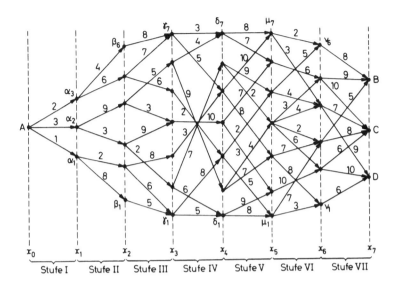

6. Einem Unternehmen, das ein Erzeugnis herstellt, stehen zur Produktion dieses Erzeugnisses drei funktionsgleiche Maschinen zur Verfügung. Die variablen Kosten sind für jede Maschine unterschiedlich, wie die folgende Aufstellung zeigt.

Produktions-menge (X) in ME	Maschine 1 variable Kosten in GE	Maschine 2 variable Kosten in GE	Maschine 3 variable Kosten in GE
0	0	0	0
1	3	4	6
2	8	7	9
3	15	16	14
4	22	25	21

Wie ist die kostenminimale Produktionsaufteilung, wenn insgesamt 0, 1, 2, ... , 12 ME hergestellt werden sollen und wie hoch sind die zugehörigen Gesamtkosten?

7. Ein Betrieb benötigt zur Durchführung seines Produktionsprogrammes während eines Jahres eine gewisse Menge eines Rohstoffes, der jeweils am Beginn von 6 aufeinanderfolgenden Zweimonatsperioden eingekauft wird. Die Preise des Rohstoffes sind in den einzelnen Zeitabschnitten verschieden.

Die Lagerkapazität beträgt 9 Mengeneinheiten. Zu Beginn des ersten Zeitabschnittes sind zwei Mengeneinheiten im Lager vorhanden; die eingekauften Rohstoffmengen werden vor der Verarbeitung zwischengelagert. Am Ende des sechsten Zeitabschnittes soll der Lagerbestand Null sein.

Man ermittle die zu Beginn der Zeitabschnitte einzukaufenden Mengen so, daß möglichst geringe Kosten entstehen.

Gegeben sind folgende Daten:

Zeitabschnitt n	1	2	3	4	5	6
Verbrauch im n-ten Zeitabschnitt d_n	8	5	3	2	7	4
Preis je Mengeneinheit p_n	11	18	13	17	20	10

Vereinbarung:

x_n einzukaufende Menge zu Beginn der Periode n,
l_n Lagerbestand am Ende der Periode n,
$p_n x_n$ Kosten für die zu Beginn der Periode n einzukaufende Menge
d_n Verbrauch in der Periode n
$K_n(l_n + x_n)$ aufsummierte Kosten von der n-ten Periode an, wenn zu Beginn der n-ten Periode der Lagerbestand l_{n-1} ist und während der n-ten Periode die Menge x_n eingekauft wird.

8. In einer chemischen Fabrik sollen täglich 6 Tonnen eines Farbstoffes erzeugt werden. Die Fabrik arbeitet in drei Schichten. In jeder Schicht können nur 0, 1, 2 oder maximal 3 Tonnen Farbstoff erzeugt werden. Die Herstellungskosten für den Farbstoff schwanken von Schicht zu Schicht und hängen von der pro Schicht produzierten Menge ab. Die Kosten in Einheiten von 1000 DM sind in folgender Übersicht zusammengestellt.

Produzierte Tonnen pro Schicht	0	1	2	3
Produktionskosten in der 1. Schicht	2	5	11	16
Produktionskosten in der 2. Schicht	2	5	8	14
Produktionskosten in der 3. Schicht	3	4	8	13

Wieviel Tonnen Farbstoff müssen in den einzelnen Schichten erzeugt werden, damit die Kosten für 6 Tonnen minimal werden?

9. Einem Unternehmen, das ein Erzeugnis herstellt, stehen zur Produktion dieses Erzeugnisses drei funktionsgleiche Maschinen zur Verfügung. Die variablen Kosten sind jedoch für jede Maschine verschieden hoch.

Produktions-menge in ME (= Mengen-einheiten)	Maschine 1 variable Kosten k_1 in GE	Maschine 2 variable Kosten k_2 in GE	Maschine 3 variable Kosten k_3 in GE
0	0	0	0
1	5	4	6
2	9	8	10
3	14	16	14
4	22	24	20

Es können also maximal vier Mengeneinheiten (ME) des Produktes auf jeder Maschine während des zugrunde gelegten Zeitraumes (z. B. ein Tag) produziert werden, d. h. die höchste Gesamtausbringung beträgt 12 ME. Für jede beliebige Gesamtausbringung zwischen Null und 12 ME soll nun die Maschinenbelegung ermittelt werden, die insgesamt die niedrigsten variablen Produktionskosten verursacht.

10. Man bestimme den kürzesten und den längsten Weg in dem gegebenen Vorgang-Pfeil-Netz!

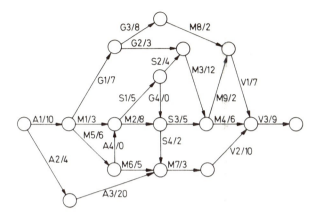

Darstellung des Ablaufes „Herstellung eines Motorprüfstandes" im Vorgang-Pfeil-Netz (Vor dem Schrägstrich ist die Vorgangbezeichnung vermerkt. Die Dauer der Vorgänge ist hinter dem Schrägstrich angegeben)

11. Eine Verkaufsorganisation verfügt über 4 Vertreter, die sie in 4 verschiedenen geographischen Gebieten einsetzen kann. Jenachdem wie viele Vertreter sie in einem Gebiet einsetzt, ergibt sich ein entsprechender Ertrag. Bezeichnet man mit dem Index n das geographische Gebiet und mit v_n die Anzahl der eingesetzten Vertreter, so können die verschiedenen Erträge $c_n(v_n)$ in folgender Tabelle abgelesen werden:

v_n \ n	1	2	3	4
0	0	0	0	0
1	45	41	25	33
2	78	65	50	48
3	102	80	73	56
4	123	88	90	60

Das Problem besteht nun darin, die Zuordnung zu finden, die den maximalen Ertrag ergibt. Ist es die Zuordnung Gebiet 1 vier Vertreter, übrige Gebiete keine; jedes Gebiet einen Vertreter; oder eine andere?

12. Ein Schiff hat eine Ladekapazität von 10000 Tonnen. Zur Verschiffung stehen vier unterschiedliche Ladegüter an, deren Tonnage und Wert aus folgender Tabelle zu ersehen ist:

Ladegut	1	2	3	4
Tonnage	5000	4000	3000	2000
Wert/ME	53	43	31	20

Welche Güter sollten bevorzugt transportiert werden, wenn
– die Vergütung proportional dem Wert der transportierten Güter ist und ganzzahlige Vielfache der Tonnagen möglich sind sowie
– eine Aufteilung jedes Ladegutes nicht möglich ist, d.h. entweder alles aufeinmal oder gar nicht **transportiert werden kann?**

13. Die Unternehmung verwendet ein Aggregat des Types AX. Das gegenwärtig betriebene Aggregat wurde vor zwei Jahren angeschafft und kann maximal weitere zwei Jahre genutzt werden. Auch die max. Nutzungsdauer aller in Zukunft beschafften Anlagen ist vier Jahre. – Es ist die optimale Ersatzpolitik für die nächsten sechs Jahre zu bestimmen. – Der Planungshorizont beträgt deshalb nur sechs Jahre, da zu T=6 die Produktion der Erzeugnisse, der das Aggregat AX dient, aufgegeben werden soll. Das zu T=6 noch vorhandene Aggregat AX wird zum Restwert verkauft werden. Die Daten des vorhandenen Aggregats und diejenigen der zu T=1 bis T=5 jeweils günstigsten neuen Aggregate sind in der nachstehenden Tabelle zusammengestellt. Da die Einzahlungen unabhängig vom verwendeten Aggregat bzw. dessen bisheriger Nutzungsdauer sind, brauchen sie nicht in die Berechnung einbezogen werden. Die Tabelle enthält daher neben den Anschaffungspreisen und den Restwerten der Aggregate nur die den Aggregaten zurechenbaren jährlichen Auszahlungen. Kalkulationszinsfuß 10%.

	Anschaffungszeitpunkt						
	vorhandenes Aggregat	jeweils günstigstes Neuaggregat					
Anschaffungspreis	$t = -2$	$t = 0$ 500	$t = 1$ 510	$t = 2$ 520	$t = 3$ 600	$t = 4$ 620	$t = 5$ 640
Auszahlungen im							
1. Nutzungsjahr		100	110	120	60	70	90
2. Nutzungsjahr		120	130	140	80	100	(120)
3. Nutzungsjahr	130	140	160	180	120	(140)	(160)
4. Nutzungsjahr	210	220	230	240	(150)	(170)	(200)
Restwert nach dem							
1. Nutzungsjahr		370	375	380	400	405	410
2. Nutzungsjahr		310	315	320	330	335	(340)
3. Nutzungsjahr	300	250	255	260	260	(265)	(270)
4. Nutzungsjahr	240	150	155	160	(160)	(165)	(170)
	140						

Die Zahlen der Tabelle dokumentieren die Auswirkungen sowohl von prognostizierten Preissteigerungen und Produktionsänderungen als auch eines zu T=3 wirksam werdenden technischen Fortschritts, der in einer Erhöhung des Anschaffungspreises und in einer Verminderung der jährlichen Betriebskosten des Aggregates resultiert. Die in Klammer gesetzten Zahlen werden nicht benötigt, da T=6 der Planungshorizont ist.

14. Ein Warenhaus plant den Einkauf eines bestimmten Produktes für die Monate Januar bis April 1972. Der monatliche Bedarf, der unbedingt gedeckt werden muß, ist nicht konstant; ebenso unterliegt der Einkaufspreis einer Saisonschwankung. In der folgenden Tabelle sind die verfügbaren Daten angegeben:

Monat	Januar	Februar	März	April
Bedarf (ME)	4	5	3	2
Einkaufspreis/ME	11	18	13	17

Die Lagerkapazität ist auf 5 ME beschränkt. Die eingekauften Mengen treffen zu Beginn jeden Monats ein. Lagerkosten bleiben unberücksichtigt. Der Lagerbestand am 1. Januar beträgt 2 ME; am 30. April soll das Lager vollständig geräumt sein. Mit Hilfe der Dynamischen Optimierung ist die kostenminimale Einkaufspolitik zu bestimmen.

6.6. Empfohlene Literatur zur Dynamischen Optimierung

Ackermann, A.: Analyse und Strukturierung dimensionsreduzierender Verfahren der dynamischen Programmierung. Dissertationsschrift, TU Berlin 1977
Austin, L. M.; Burns, J. R.: Management Science – An aid for managerial decision making. Macmillan Publishing Company, New York 1985
Autorenkollektiv: Mathematische Standardmodelle der Operationsforschung. Verlag „Die Wirtschaft", Berlin 1972, S. 589–612
Bellman, R.: Dynamic Programming. Princeton University Press, Princeton 1957
Bellman, R.; Dreyfus, S. E.: Applied Dynamic Programming. Princeton University Press, Princeton 1962
Bellman, R.: Dynamische Programmierung und selbstanpassende Regelprozesse, R. Oldenbourg Verlag, München–Wien 1967
Bertesaks, O. P.: Dynamic Programming and Stochastic Control. Academic Press. New York–San Francisco–London 1976
Danø, S.: Nonlinear and Dynamic Programming. Springer Verlag, Wien–New York 1975
Domschke, W.; Drexl, A.: Einführung in Operations Research. Springer Verlag. Berlin–Heidelberg 1990.
Dreyfus, S. E.: Art and Theory of Dynamic Programming. Academic Press, New York–San Francisco–London 1977
Gal, T.: Grundlagen des Operations Research, Bd. 3. Springer-Verlag, Heidelberg 1987
Gessner, P.; Wacker, H.: Dynamische Optimierung. Einführung – Modelle – Computerprogramme. Carl Hanser Verlag, München 1972
Hinrichs, P.: Die Formulierung und dynamische Optimierung von Entscheidungssequenzen. Verlag Anton Hain, Meisenheim 1974
Hillier, F. S.; Lieberman, G.J.: Operations Research. Holden-Day Inc., San Francisco 1974, S. 248–279
Kunze, M.: Dynamische Optimierung im Gerätebau. Akademische Verlagsgesellschaft, Leipzig 1981
Künzi, H. P.; Müller, O.; Nievergelt, E.: Einführungskursus in die dynamische Programmierung. Springer-Verlag, Berlin–Heidelberg–New York 1968
Langen, H.-J.: Approximation dynamischer Entscheidungsmodelle und die Phasenmethode bei der Optimierung von Wartesystemen. Dissertationsschrift, Bonn 1979
Larson, R. E.; Casti, J. L.: Principles of Dynamic Programming, Part I: Basic Analytic and Computational Methods, Marcel Dekker-Inc., New York–Basel 1981
Larson, R. E.; Casti, J. L.: Principles of Dynamic Programming, Part II: Advances Theory and Applications. Marcel Dekker Inc., New York–Basel 1982
Liu, P.-T.: Dynamic Optimization and Mathematical Economics. Plenum Press, New York–London 1980
Miller, R. E.: Dynamic Optimization and Economic Applications. McGraw-Hill Inc., New York u.a. 1979
Nemhauser, G. L.: Einführung in die Praxis der dynamischen Programmierung. R. Oldenbourg Verlag, München–Wien 1969
Neumann, K.: Operations Research Verfahren, Bd. II. Carl Hanser Verlag, München–Wien 1977
Puterman, M. L.: Dynamic Programming and its Applications. Academic Press, New York–San Francisco–London 1978
Riggs, J.L.; Inoue, M. S.: Introduction to Operations Research and Management Science. McGraw-Hill Book Company, New York 1975, S. 288–355
Schneeweiß, C.: Dynamisches Programmieren. Physica-Verlag, Würzburg–Wien 1974
Schirmer, A.: Dynamische Produktionsplanung bei Serienfertigung. Verlag Gabler, Wiesbaden 1980
Schneider, G.; Mikolcic, H.: Einführung in die Methode der dynamischen Programmierung. R. Oldenbourg Verlag, München–Wien 1972
Sebastian, H.-J.; Sieber, N.: Diskrete Dynamische Optimierung. Akademische Verlagsgesellschaft Leipzig 1981

Shamblim, J. E.; Stevens, G. T.: Operations Research. McGraw-Hill, Inc., Kogakusha 1974, S. 365–392

Thierauf, R. J.: An Introductory Approach to Operations Research. J. Wiley & Sons Inc., Santa Barbara – New York 1978, S. 249–268

Warschat, J.: Dynamische Optimierung technisch-ökonomischer Systeme. Springer Verlag, Berlin – Heidelberg – New York 1981

Weber, H. H.: Dynamische Programmierung. Akademische Verlagsgesellschaft, Frankfurt/Main 1974

White, D. J.: Finite Dynamic Programming. J. Wiley & Sons Inc., Chichester – New York – Brisbane – Toronto 1978

Whittle, P.: Optimization over Time – Dynamic Programming and Stochastic Control, Volume I. J. Wiley & Sons, Ltd. Chichester, 1982

Whittle, P.: Optimization over Time – Dynamic Programming and Stochastic Control. Volume II. J. Wiley & Sons Ltd., Chichester 1983

Zerrweck, E.: Dynamische Optimierung stationärer Entscheidungsmodelle mit rekursiver Gewinnstruktur. Dissertationsschrift, Bonn 1978

7. Nichtlineare Optimierung

7.1. Vorbemerkungen

In vielen Fällen können technische oder wirtschaftliche Probleme nicht mehr ausreichend genau durch lineare Modelle beschrieben werden.

Insbesondere bei Zielfunktionen, aber auch bei Restriktionen können oft nur nichtlineare Beziehungen die realen Verhältnisse entsprechend darstellen. Jedes Problem, bei dem die Zielfunktion und/oder mindestens eine Restriktion in ihren Variablen nicht linear ist, zählt zur Problemklasse der Nichtlinearen Optimierung.

Die allgemeine Darstellung eines solchen nichtlinearen Problems lautet wie folgt:

Man ermittle das Maximum oder Minimum einer Zielfunktion

$$z = f(x_1, x_2, \ldots, x_n)$$

wobei die Variablen $x_1, x_2, \ldots, x_n$ den Restriktionen

$$g_i(x_1, x_2, \ldots, x_n) - b_i \gtreqless 0; \quad i = 1, 2, \ldots, m$$

und den Nichtnegativitätsbedingungen

$$x_j \geq 0; \quad j = 1, 2, \ldots, n$$

genügen müssen.

Leider existiert kein Standard-Algorithmus, mit dem jedes beliebige NLO-Problem gelöst werden kann.

In den letzten zwanzig Jahren ist jedoch eine ganze Reihe von Methoden zur Lösung von speziellen nichtlinearen Optimierungsproblemen vorgeschlagen worden. Versucht man diese Methoden nach gemeinsamen Merkmalen zu ordnen, so kann man drei Klassen von Verfahren unterscheiden:

– Analytische Verfahren (Exakte Lösungsverfahren)
– Linearisierungsverfahren (Lineare Approximationen)
– Algorithmische Suchverfahren (Hill-Climbing-Methods).

7. Nichtlineare Optimierung

Analytische Verfahren zielen auf die direkte Lösung des Optimums. Derzeit existiert kein analytisches Verfahren, das die Bestimmung des Optimums bei beliebig nichtlinearen Problemen erlaubt. Alle praktisch einsetzbaren Verfahren dieser Art stellen relativ strenge Forderungen an die Art und die Anzahl nichtlinearer Funktionen. Selbst bei den wenigen so lösbaren Problemen kann in keinem Falle die Wirksamkeit der Simplex-Methode hinsichtlich Geschwindigkeit und zulässiger Problemgröße (Zahl der Variablen und Nebenbedingungen) erreicht werden.

Linearisierungsverfahren zielen darauf ab, durch sukzessive Linearisierung von Zielfunktion und Restriktionen die Lösung eines nichtlinearen Problems durch Lösung des linearen Ersatzproblems mit der Simplex-Methode zu approximieren.

Algorithmische Suchverfahren sind dadurch charakterisiert, daß, ausgehend von einer zulässigen Lösung, nach einer geeigneten Iterationsvorschrift eine Richtung (Suchpfad) bestimmt wird, entlang der man den Zielfunktionswert verbessern kann; die iterative Verbesserung wird durch ein geeignetes Abbruchkriterium beendet.

Auf eine ausführliche Darstellung aller bekannten Ansätze und Verfahren der nichtlinearen Optimierung soll hier verzichtet werden; ein kurzer Überblick über einige einfachere Probleme und die Grundideen einiger Lösungsmethoden wird dem Leser jedoch das Verständnis der oft schwierigen Speziallliteratur erleichtern.

Einige zweidimensionale Probleme, die aus Müller-Merbach (1973) Seite 173ff. entnommen wurden, sollen einleitend angeführt und interpretiert werden. (Vgl. Beispiel 7.1 bis 7.4)

Beispiel 7.1: Maximiere G mit
$$G = -(x-3)^2 - 2(y-2)^2 + 5$$
$$x + y \leq 3$$
$$x \leq 2$$
$$x, y \geq 0$$
Optimum: $x = \frac{5}{3}$, $y = \frac{4}{3}$, $G = \frac{7}{3}$

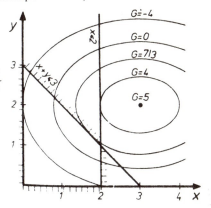

Bild 7.1. Beispiel 7.1

Beispiel 7.2: Maximiere G mit
$$G = x^2 + y$$
$$-e^x + y \leq 0$$
$$x^2 + y^2 \leq 20$$
$$x^2 - 2y \leq 5$$
$$x, y \geq 0$$
Optimum: $x = \sqrt{11}$
$y = 3$
$G = 14$

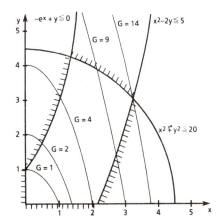

Bild 7.2. Beispiel 7.2

Beispiel 7.3: Maximiere G mit
$$G = x + y$$
$$(x - 3)^2 + (y - 2)^2 \leq 16$$
$$x \cdot y \leq 14$$
$$x, y \geq 0$$
Optimum: $x = 7$
$y = 2$
$G = 9$

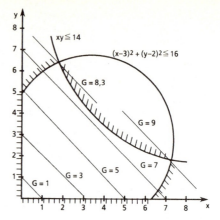

Bild 7.3. Beispiel 7.3

Beispiel 7.4: Maximiere G mit
$$G = (x - 3)^2 + (y - 3)^2$$
$$-x + 2y \leq 10$$
$$3x - 2y \leq 18$$
$$x + y \leq 10$$
$$x, y \geq 0$$
Optimum: $x = 7{,}6 \quad y = 2{,}4$
$G = 21{,}52$

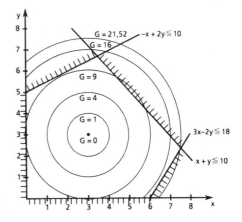

Bild 7.4. Beispiel 7.4

Stellt man sich die Zielfunktion als ein Dach über dem Lösungsbereich vor (die Koordinate G steht senkrecht auf der x-y-Fläche), so sind die in dem Bild 7.1 bis 7.4 dargestellten Iso-Gewinnlinien als Höhenlinien anzusehen; die Zielfunktion stellt im nichtlinearen Fall eine gewölbte Kuppel über dem Lösungsbereich dar, deren höchster Punkt (bei einem Maximierungsproblem) interessiert.

Immer dann, wenn von jedem Punkt im Lösungsbereich ein direkter Weg mit monotoner Steigung zum Optimum führt (d.h., wenn man einen Luftballon im Lösungsraum steigen läßt und dieser zwangsläufig zum höchsten Punkt der Kuppel findet und sich nicht etwa in einem Suboptimum verlieren kann) spricht man von *konvexen Problemen*.

Da der *Begriff der Konvexität* bei NLO-Problemen von erheblicher Bedeutung ist, soll darauf zunächst näher eingegangen werden.

Eine Funktion f (x) ist immer dann *konvex,* wenn die Verbindungsgerade zweier beliebiger Punkte x' und x" der Funktion *gänzlich oberhalb* oder auf dem Graphen der Funktion liegt; ihre Krümmung ist also *immer nach oben* gerichtet (vgl. Bild 7.5). Analog ist eine Funktion f (x) *konkav,* wenn die Verbindungsgerade zweier beliebiger Punkte x' und x" der Funktion *gänzlich unterhalb* oder auf dem Graphen der Funktion liegt; ihre Krümmung ist also *immer nach unten* gerichtet.

Man spricht von einem konvexen Restriktionsbereich, wenn die Verbindungsgerade zwischen zwei beliebigen Punkten des Bereiches gänzlich innerhalb dieses Bereiches liegt (vgl. Bild 7.1 und 7.4); andernfalls sind die Restriktionsbereiche nicht-konvex (vgl. Bild 7.2 und 7.3).

Spannt sich die zu maximierende Zielfunktion als konkave Kuppel über einem konvexen Restriktionsbereich auf, so existiert nur ein globales Maximum (vgl. Bild 7.1); wenn sich die zu minimierende Zielfunk-

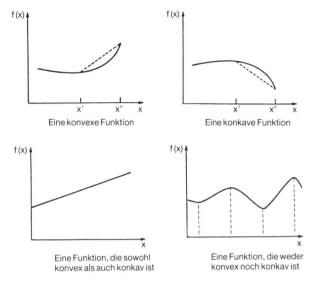

Bild 7.5. Konvexität und Konkavität einer Funktion

tion als konvexe Kuppel über einem konkaven Restriktionsbereich aufspannt, existiert analog nur ein globales Minimum; in diesen Fällen spricht man von *konvexen Optimierungsproblemen*.

In allen anderen Fällen können mehrere Suboptima (auch als relative oder lokale Optima bezeichnet) auftreten. Zur Bestimmung des globalen (absoluten) Optimums müssen die Funktionswerte aller Suboptima im Restriktionsbereich ermittelt und miteinander verglichen werden (vgl. Bild 7.3 und 7.4). Bei den meisten nicht-konvexen Optimierungsproblemen ist die Bestimmung des globalen Optimums wegen der Vielzahl der Suboptima praktisch unmöglich.

Zur Beurteilung eines gefundenen Optimalwertes dahingehend, ob es sich um das globale oder nur ein lokales Optimum handelt, ist es zweckmäßig, die Konvexität bzw. Konkavität von Zielfunktion und Restriktionsfunktionen analytisch zu überprüfen.

Funktion	Konvexitäts-Bedingungen	Konkavitäts-Bedingungen
$f(x)$	$\dfrac{\partial^2 f}{\partial x^2} \geq 0$	≤ 0
$f(x,y)$	$\dfrac{\partial^2 f(x,y)}{\partial x^2} \dfrac{\partial^2 f(x,y)}{\partial y^2} - \left[\dfrac{\partial^2 f(x,y)}{\partial x \partial y}\right]^2 \geq 0$	≥ 0
	$\dfrac{\partial^2 f(x,y)}{\partial x^2} \geq 0$	≤ 0
	$\dfrac{\partial^2 f(x,y)}{\partial y^2} \geq 0$	≤ 0

Nur dann, wenn es sich um ein konvexes Optimierungsproblem handelt, ist das gefundene Optimum das globale Optimum, da bei konvexen Problemen keine Suboptima existieren.

7.2. Analytische Lösungsverfahren für einfache Problemstellungen

7.2.1. Nichtlineare Optimierungsprobleme ohne Restriktionen

Aus der Mathematik ist bekannt, daß eine differenzierbare Funktion an der Stelle einen stationären Punkt besitzt, für den der Gradient der Funktion (die partielle Ableitung als Steigungsmaß an dieser Stelle) Null wird.

Das Optimalkriterium für eine Funktion z = f (x$_j$) ist also

$$\frac{\partial f}{\partial x_j} = 0 \quad \text{für} \quad x_j = x_{j,0}$$

Falls die Variablen x$_j$ mit einer Nichtnegativitätsbedingung x$_j \geq 0$ verbunden sind, lautet das Optimalitätskriterium

$$\frac{\partial f}{\partial x_j} \begin{cases} = 0 & \text{für } x_j = x_{j,0} \quad \text{falls} \quad x_{j,0} > 0 \\ \leq 0 & \text{für } x_j = x_{j,0} \quad \text{falls} \quad x_{j,0} = 0 \end{cases}$$

bzw. in anderer Schreibweise

$$\frac{\partial f}{\partial x_j} = 0 \qquad (1)$$

$$x_{j,0} \frac{\partial f}{\partial x_j} = 0 \qquad (2)$$

Da die so entstehenden Bestimmungsgleichungen meist ebenfalls nicht-linear sind, ist es unwahrscheinlich, größere Probleme auf diese Weise analytisch lösen zu können.

Beispiel 7.5:
Gesucht ist das Maximum der Zielfunktion aus Beispiel 7.1

$z = -(x-3)^2 - 2(y-2)^2 + 5 \to \max$

$\frac{\partial z}{\partial x} = -2(x-3) = 0 \to x_0 = 3$ $\qquad \frac{\partial^2 z}{\partial x^2} = -2 \qquad \frac{\partial^2 z}{\partial x \partial y} = 0$

$\frac{\partial z}{\partial y} = -4(y-2) = 0 \to y_0 = 2$ $\qquad \frac{\partial^2 z}{\partial y^2} = -4 \qquad z_{max} = 5$

Man beachte, daß man mit den Koordinaten x = 3 und y = 2 das Maximum als Mittelpunkt der Höhenlinien in Bild 7.1 gefunden hat.

7.2.2. Nichtlineare Optimierungsprobleme mit Gleichungen als Restriktionen

Derartige Probleme können mit Hilfe der **Methode der Lagrange'schen Multiplikatoren** gelöst werden.

Wenn in einer Funktion f (x$_j$) die j = 1, 2, ..., n Variablen durch i = 1, 2, ..., m Gleichungen g$_i$ (x$_j$) - b$_i$ = 0 verbunden sind, so bildet man zur Ermittlung der Extrema die partiellen Ableitungen der folgenden Lagrange'schen Funktion:

$$L(x_j, \lambda_i) = f(x_j) - \sum_{i=1}^{m} \lambda_i [g_i(x_j) - b_i]$$

Durch Nullsetzen der ersten Ableitungen

$$\frac{\partial L}{\partial x_j} = \frac{\partial f}{\partial x_j} - \Sigma \lambda_i \frac{\partial g}{\partial x_j} = 0$$

$$\frac{\partial L}{\partial \lambda_i} = g_i(x_j) - b_i = 0$$

erhält man ein System von n + m Gleichungen zur Bestimmung der stationären Punkte. Das ursprünglich beschränkte Problem wird also in ein nicht durch Restriktionen beschränktes Ersatzproblem umgewandelt, das dann leichter zu lösen ist. Die praktische Anwendbarkeit dieses Verfahrens ist jedoch begrenzt, da es häufig unmöglich ist, das Gleichungssystem zu lösen, oder aber wegen der großen Zahl der existierenden stationären Punkte das globale Optimum zu bestimmen.

Beispiel 7.6:
Man bestimme das Maximum der Zielfunktion aus Beispiel 7.1 in Verbindung mit der 1. Restriktion (als Gleichung)

$$z = f(x, y) = -(x-3)^2 - 2(y-2)^2 + 5$$
$$g(x, y) = x + y - 3 = 0$$
$$L(x, y, \lambda) = -(x-3)^2 - 2(y-2)^2 + 5 - \lambda(x + y - 3)$$

$$\frac{\partial L}{\partial x} = -2(x-3) - \lambda = 0 \to x_0 = 3 - \frac{\lambda}{2}$$

$$\frac{\partial L}{\partial y} = -4(y-2) - \lambda = 0 \to y_0 = 2 - \frac{\lambda}{4} \qquad \frac{\partial L}{\partial \lambda} = x + y - 3 = g$$

Durch Einsetzen von x_0 und y_0 in die Restriktion erhält man

$$(3 - \frac{\lambda}{2}) + (2 - \frac{\lambda}{4}) - 3 = 0$$

$$2 - \frac{3}{4} \lambda = 0$$

$$\lambda = \frac{8}{3}; \quad x_0 = \frac{5}{3}; \quad y_0 = \frac{4}{3}; \quad z_{max} = \frac{7}{3}$$

Man beachte, daß man hier die optimale Lösung des in Beispiel 7.1 gegebenen Problems gefunden hat, weil das Optimum auf der Restriktion x + y − 3 = 0 liegt.

7.2.3. Nichtlineare Probleme mit Ungleichungsrestriktionen und nichtnegativen Variablen

7.2.3.1. Karush-Kuhn-Tucker-Bedingung

Die Methode der Lagrange'schen Multiplikatoren wurde durch die Karush[1])-Kuhn-Tucker[2])-Bedingung verallgemeinert, so daß sie auch auf nichtlineare Probleme mit Ungleichungsrestriktionen und nichtnegativen Variablen angewendet werden kann.

---

[1]) *Karush, W.:* Minima of Functions of Several Variables with Inequalities as Side Conditions. M. S. Thesis, Department of Mathematics, University of Chicago. 1939.
[2]) *Kuhn, H. W.; Tucker, A. W.:* Nonlinear Programming; in: Jerzy Neyman (ed.), Proceedings of the Second Berkeley Symposium. University of California Press. Berkeley, 1951.

Bei Vorliegen einer zu maximierenden konkaven Zielfunktion mit konvexen Restriktionen

$$z = f(x_j) \to \max$$
$$g(x_j) - b_i \leq 0$$
$$x_j \geq 0$$

lautet die Karush-Kuhn-Tucker-Bedingung

$$\frac{\partial L}{\partial x_j} \begin{cases} = 0 & \text{für } x_j = x_{j,0} \quad \text{falls } x_{j,0} > 0 \\ \leq 0 & \text{für } x_j = x_{j,0} \quad \text{falls } x_{j,0} = 0 \end{cases}$$

$$\frac{\partial L}{\partial \lambda_i} \begin{cases} = 0 & \text{für } \lambda_i = \lambda_{i,0} \quad \text{falls } \lambda_{i,0} > 0 \\ \leq 0 & \text{für } \lambda_i = \lambda_{i,0} \quad \text{falls } \lambda_{i,0} = 0 \end{cases}$$

oder in anderer Schreibweise

$$\left. \begin{array}{r} \dfrac{\partial f}{\partial x_j} - \sum\limits_{i=1}^{m} \lambda_i \dfrac{\partial g_i}{\partial x_j} \leq 0 \\ x_{j,0} \left(\dfrac{\partial f}{\partial x_j} - \sum\limits_{i=1}^{m} \lambda_i \dfrac{\partial g_i}{\partial x_j} \right) = 0 \end{array} \right\} \text{an der Stelle } x_j = x_{j,0} \text{ für } j = 1, 2, \ldots, n \quad (1)(2)$$

$$\left. \begin{array}{r} g_i(x_{j,0}) - b_i \leq 0 \\ \lambda_i (g_i(x_{j,0}) - b_i) = 0 \end{array} \right\} \text{für } i = 1, 2, \ldots, m \quad (3)(4)$$

$$x_{j,0} \geq 0 \qquad j = 1, 2, \ldots, n \quad (5)$$
$$\lambda_i \geq 0 \qquad i = 1, 2, \ldots, m \quad (6)$$

Wenn alle diese Bedingungen für die optimale Lösung $(x_{j,0}; \lambda_{i,0})$ erfüllt sind, so ist das globale Optimum gefunden.

Für kleinere, insbesondere quadratische Probleme, kann die optimale Lösung direkt aus den KKT-Bedingungen abgeleitet werden (vgl. Beispiel 7.7). Bei größeren Problemen wird dies jedoch unmöglich; jedoch liefern diese Bedingungen eine wertvolle Hilfe bei der Überprüfung der durch andere Verfahren gefundenen Lösungen, insofern, als nur **die** Lösung ein globales Optimum sein kann, für die alle KKT-Bedingungen erfüllt sind.

Beispiel 7.7:
Man löse das Beispiel 7.1 durch direkte Ableitung aus den KKT-Bedingungen

$$z = -(x-3)^2 - 2(y-2)^2 + 5 \to \max$$
$$x + y - 3 \leq 0$$
$$x - 2 \leq 0$$
$$x \geq 0$$
$$y \geq 0$$

Der Nachweis der Konkavität der Zielfunktion erfolgte bereits in Beispiel 7.5. Die Restriktionen sind linear und damit sowohl konkav als auch konvex. Das nicht-restringierte Ersatzproblem lautet:

$$L(x, y, \lambda_i) = -(x-3)^2 - 2(y-2)^2 + 5 - \lambda_1(x+y-3) - \lambda_2(x-2)$$

7. Nichtlineare Optimierung

Die KKT-Bedingungen für dieses Problem sind:

$$\frac{\partial L}{\partial x} = -2(x-3) - \lambda_1 - \lambda_2 \leq 0 \tag{1a}$$

$$\frac{\partial L}{\partial y} = -4(y-2) - \lambda_1 \leq 0 \tag{1b}$$

$$x \frac{\partial L}{\partial x} = x[-2(x-3) - \lambda_1 - \lambda_2] = 0 \tag{2a}$$

$$y \frac{\partial L}{\partial y} = y[-4(y-2) - \lambda_1] = 0 \tag{2b}$$

$$x + y - 3 \leq 0 \tag{3a}$$
$$x - 2 \leq 0 \tag{3b}$$
$$\lambda_1(x + y - 3) = 0 \tag{4a}$$
$$\lambda_2(x - 2) = 0 \tag{4b}$$
$$x \geq 0 \tag{5a}$$
$$y \geq 0 \tag{5b}$$
$$\lambda_1 \geq 0 \tag{6a}$$
$$\lambda_2 \geq 0 \tag{6b}$$

Man beachte, daß zur Einhaltung der KKT-Bedingungen wegen (3b) $x \leq 2$ sein muß und wegen (5a) also

$$0 \leq x \leq 2 \tag{1}$$

Aus (3a) ergibt sich sodann

$$1 \leq y \leq 3 \tag{2}$$

Wegen $y > 0$ erkennt man aus (2b), daß $\lambda_1 = -4(y-2)$, und wegen $\lambda_1 \geq 0$ (vgl. (6a)) muß deshalb $(y-2) \leq 0$ und damit $y \leq 2$ sein. Damit wird jetzt

$$1 \leq y \leq 2 \tag{2neu}$$

und wegen (3a) nunmehr auch

$$1 \leq x \leq 2 \tag{1neu}$$

Aus (4b) wird wegen $x \leq 2$ nunmehr $\lambda_2 = 0$. Wegen $x > 0$ und $\lambda_2 = 0$ erkennt man aus (2a), daß $-2(x-3) - \lambda_1 = 0$ und damit

$$x = 3 - \frac{\lambda_1}{2} \tag{3}$$

Man beachte, daß sich $\lambda_1 > 0$ ergeben muß, weil $x \leq 2$ ist.
Aus (2b) ist wegen $y > 0$ zu ersehen, daß $-4(y-2) - \lambda_1 = 0$ und damit

$$y = 2 - \frac{\lambda_1}{4} \tag{4}$$

Aus (4a) wird wegen $\lambda_1 > 0$:

$$x + y - 3 = 0 \tag{5}$$

Durch Einsetzen von [3] und [4] in [5] ergibt sich (wie bereits aus Beispiel 7.1 und 7.6 bekannt):

$$\lambda_1 = \frac{7}{3} \; ; \; x = \frac{5}{3} \; ; \; y = \frac{4}{3} \; ; \; z_{max} = \frac{7}{3}$$

7.2.3.2. Penalty-Methode

Ähnlich wie bei der Methode der Lagrange'schen Multiplikatoren, hat es sich bewährt, Optimierungsprobleme mit Ungleichungsrestriktionen in Ersatzprobleme ohne Restriktionen umzuwandeln, indem man die Restriktionen in Straf- oder Barriere-Terms umwandelt und von der ursprünglichen Zielfunktion abzieht. Damit wird das Überschreiten der Restriktionsgrenze durch eine hohe Strafe (engl.: Penalty) oder durch Errichten einer Barriere verhindert.

Bei Vorliegen folgenden NLO-Problems

$$f(x_j) \to \max$$
$$g_i(x_j) - b_i \leq 0$$
$$x_j \geq 0$$

verwendet man folgenden Penalty-Term:

$$p(x_j) = \Sigma [\max\{0; g_i(x_j) - b_i\}]^2$$

Die Penalty-Funktion lautet dann beim Maximumproblem

$$P(x_j; r) = f(x_j) - r\, p(x_j)$$

Für diese Funktion ist die Stelle gesucht, an der der Gradient $\left(\dfrac{\partial P}{\partial x_j}\right)$ Null wird.

Beispiel 7.8:
Das in Beispiel 7.2 beschriebene Maximum-Problem soll unter Berücksichtigung nur einer Ungleichungsrestriktion mit der Penalty-Methode gelöst werden.

$$f(x, y) = x^2 + y \to \max$$
$$g(x, y) = x^2 + y^2 - 20 \leq 0$$
$$P(x, y, r) = x^2 + y - r[\max(0; x^2 + y^2 - 20)]^2$$

$$\frac{\partial P}{\partial x} = \left\{\begin{array}{ll} 2x & \text{für } x^2 + y^2 - 20 \leq 0 \\ 2x - 2r(x^2 + y^2 - 20)\,2x & \text{für } x^2 + y^2 - 20 > 0 \end{array}\right\} = 0 \quad (1)$$

Aus dem oberen der beiden Terme ergibt sich der Trivialpunkt $x = 0$; der untere Term gilt für den unzulässigen Bereich, wird aber trotzdem verwendet, weil man sich bei der Penalty-Methode aus dem unzulässigen Bereich der Grenze nähert.

$$\frac{\partial P}{\partial y} = \left\{\begin{array}{ll} 1 & \text{für } x^2 + y^2 - 20 \leq 0 \\ 1 - 2r(x^2 + y^2 - 20)\,2y & \text{für } x^2 + y^2 - 20 > 0 \end{array}\right\} = 0 \quad (2)$$

Aus dem 2. Term von (1) ergibt sich $x - 2rx(x^2 + y^2 - 20) = 0$

und damit $\quad r = \dfrac{1}{2(x^2 + y^2 - 20)}$

Durch Einsetzen von r in den 2. Term von (2) ergibt sich $1 - 2y = 0$ und damit $y = 0{,}5$.
Durch Einsetzen von $y = 0{,}5$ in die Restriktion $x^2 + y^2 = 20$
erhält man $\quad x^2 = 20 - 0{,}25 = 19{,}75$ und damit $x = 4{,}444$.
Durch Einsetzen von $y = 0{,}5$ und $x = 4{,}\bar{4}$ in die Zielfunktion wird das Maximum mit $f(x, y) = 20{,}25$ an der Stelle $x = 4{,}444$ und $y = 0{,}5$ gefunden.

Man beachte, daß an dieser Stelle

$$r = \frac{1}{2(x^2 + y^2 - 20)} = \infty \quad \text{sowie } x^2 + y^2 - 20 = 0$$

Bei Problemen mit mehreren Restriktionen kann die Auflösung der durch die partielle Differentiation erhaltenen nichtlinearen Bestimmungsgleichungen schon recht schwierig werden.

Zur analytischen Lösung derartiger Probleme werden folgende Verfahren empfohlen, auf deren Darstellung hier verzichtet werden soll:
– *Newton*-Verfahren (bestehend aus folgenden Schritten: Bestimmung des Gradientenvektors, der *Hesse*-Matrix und der *Jacobi*-Matrix)
– *Quasi-Newton*-Verfahren (z.B. Verfahren von *Davidson, Fletscher, Powel*, kurz DFP-Verfahren)
– *Newton-Raphson*-Verfahren

7.2.3.3. Barriere-Methode

Ähnlich wie bei der Penalty-Methode wird hier ein Barriere-Term so konstruiert, daß bei Annäherung aus dem Inneren des zulässigen Bereiches an dessen Rand eine starke Modifikation entgegen dem Optimierungsziel erreicht wird; die Barriere wirkt wie eine Gummiwand, die bei Auftreffen eines Balles diesen wieder zurückwirft, d.h. ihn am Verlassen des zulässigen Bereiches hindert.

Für ein gegebenes NLO-Problem

$$\begin{aligned} f(x_j) &\to \max \\ g_i(x_j) - b_i &\leq 0 \\ x_j &\geq 0 \end{aligned}$$

ist der Ansatz folgender Barriere-Terms üblich:

$$\text{Entweder} \quad b(x_j) = \Sigma \frac{1}{b_i - g_i(x_j)}$$

$$\text{oder} \quad b(x_j) = \Sigma \ln\{b_i - g_i(x_j)\}$$

Begründung für diese Ansätze: Da beim Maximierungsproblem

$$\begin{aligned} g_i(x_j) - b_i &\leq 0 \\ \text{bzw. } b_i - g_i(x_j) &\geq 0 \end{aligned}$$

den zulässigen Bereich bildet, wird mit zunehmender Annäherung an die Grenze des Bereiches der Wert $b_i - g_i(x_j)$ zunehmend kleiner und wird auf dem Rande des Bereiches gleich Null.

Damit wird $\quad \dfrac{1}{b_i - g_i(x_j)} \to -\infty$

Ebenso wird $\quad \ln\{b_i - g_i(x_j)\} \to -\infty$.

Die Barriere-Funktion lautet für das Maximum-Problem

$$B(x_j, r) = f(x_j) + \frac{1}{r} b(x_j)$$

Das folgende Beispiel zeigt, daß sowohl die Penalty- als auch die Barriere-Methode letztlich einen sehr ähnlichen Lösungsgang aufweisen. Man beachte jedoch, daß die Barriere-Methode für Probleme mit Gleichungsrestriktionen nicht geeignet ist!

Beispiel 7.9:
Das in Beispiel 7.8 gegebene Problem ist mit der Barriere-Methode zu lösen

$z = f(x, y) = x^2 + y \to \max$
$g(x, y) = x^2 + y^2 - 20 \leq 0$

$B(x, y, r) = x^2 + y + \left(\dfrac{1}{r} \ln(20 - x^2 - y^2) \right)$ oder $\left(\dfrac{1}{r} \dfrac{1}{20 - x^2 - y^2} \right)$

$\dfrac{\partial B}{\partial x} = 2x + \dfrac{1}{r} \dfrac{-2x}{20 - x^2 - y^2} = 0$

$(20 - x^2 - y^2) - \dfrac{1}{r} = 0$

$$r = \dfrac{1}{20 - x^2 - y^2} \tag{1}$$

$$\dfrac{\partial B}{\partial y} = 1 + \dfrac{1}{r} \dfrac{-2y}{20 - x^2 - y^2} = 0 \tag{2}$$

Durch Einsetzen von (1) in (2) ergibt sich $1 - 2y = 0$ und $y = 0{,}5$ \hfill (3)

Durch Einsetzen von (3) in die Restriktion $x^2 + y^2 = 20$

wird $x^2 = 20 - \dfrac{1}{4} = \dfrac{79}{4}$ und damit $x = 4{,}444$

Man beachte, daß für diesen Punkt $z = z_{max} = 20{,}25$ und $r \to \infty$ wird.

Auch hier versagt die analytische Lösung größerer Probleme wegen der Schwierigkeiten der Auflösung der durch die partielle Differentiation erhaltenen Bestimmungsgleichungen.

Sowohl bei der Penalty- als auch bei der Barriere-Methode kann es vorteilhaft sein, nicht alle Restriktionen zu beseitigen; die Nichtnegativitätsrestriktionen der Variablen x_j oder auch lineare Restriktionen können auch beim Ersatzproblem beibehalten werden; es wird also z.B. eine Verletzung nur eines Teils der Restriktionen mit Strafen belegt.

Ebenso können Penalty- und Barriere-Methode gemeinsam in Form einer kombinierten Methode verwendet werden; dann empfiehlt sich für Gleichungsrestriktionen der Penalty-Ansatz und für Ungleichungsrestriktionen der Barriere-Ansatz.

Bei Maximumproblemen: $\quad F(x_j, r) = f(x_j) - r\, p(x_j) + \dfrac{1}{r} b(x_j)$

Bei Minimumproblemen: $\quad F(x_j, r) = f(x_j) + r\, p(x_j) - \dfrac{1}{r} b(x_j)$

7.3. Approximation durch Linearisierung

7.3.1. Linearisierung der Zielfunktion bei linearen Restriktionen

Nichtlineare Optimierungsprobleme mit linearen Restriktionen lassen sich häufig recht gut lösen, wenn es gelingt, die nichtlineare Zielfunktion stückweise durch lineare Funktionen zu approximieren.

Die Linearisierung hat den Vorteil, daß dann die Simplex-Methode zur Bestimmung des Optimums einsetzbar ist. Besonders einfach ist die lineare Approximation wenn die Zielfunktion aus Summen von Funktionen mit je einer einzigen Variablen bestehen; in diesem Fall spricht man von *separablen* Funktionen.

$f(x_1, x_2, \ldots, x_n) = f(x_1) + f(x_2) + \ldots + f(x_n)$

Jede Funktion $f(x_j)$ wird durch einen linearen Streckenzug zwischen zwei Stützstellen x_j^u und x_j^0 approximiert.

Beispiel 7.10:
Das in Beispiel 7.1 gegebene nicht lineare Problem ist durch sukzessive Linearisierung der Zielfunktion approximativ zu lösen

$z = -(x_1 - 3)^2 - 2(x_2 - 2)^2 + 5 \Rightarrow \max$
$\quad x_1 + x_2 \leq 3$
$\quad x_1 \quad\quad \leq 2$
$\quad x_1 \text{ und } x_2 \geq 0$

Die Zielfunktion wird in zwei Funktionen gesplittet

$z = f(x_1) + f(x_2)$
wobei $f(x_1) = -(x_1 - 3)^2$
$\quad\quad f(x_2) = -2(x_2 - 2)^2 + 5$

Die stückweise Linearisierung dieser Funktionen ist in Bild 7.6 und 7.7 dargestellt.

x_1	$f(x_1)$
0	−9
1	−4
2	−1
3	0

$x_1 = x_{11} + x_{12} + x_{13}$
mit: $0 \leq x_{11} \leq 1$
$\quad\quad 0 \leq x_{12} \leq 1$
$\quad\quad 0 \leq x_{13} \leq 1$

Steigung der Geraden

$c_1 = \dfrac{-4 - (-9)}{1} = 5$

$c_2 = \dfrac{-1 - (-4)}{1} = 3$

$c_3 = \dfrac{0 - (-1)}{1} = 1$

Linearisierte Funktion $f(x_1) = 5x_{11} + 3x_{12} + 1x_{13} - 9$

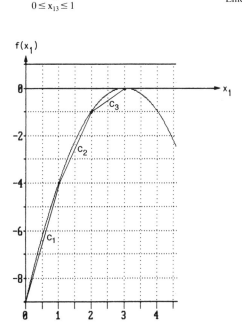

Bild 7.6 Stückweise Linearisierung von $f(x_1)$

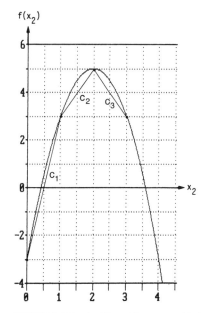

Bild 7.7 Stückweise Linearisierung von $f(x_2)$

x_2	$f(x_2)$
0	-3
1	3
2	5
3	3

$x_2 = x_{21} + x_{22} + x_{23}$
mit: $0 \leq x_{21} \leq 1$
$ 0 \leq x_{22} \leq 1$
$ 0 \leq x_{23} \leq 1$

Steigung der Geraden

$$c_1 = \frac{3-(-3)}{1} = 6$$

$$c_2 = \frac{5-3}{1} = 2$$

$$c_3 = \frac{3-5}{1} = -2$$

Linearisierte Funktion $f(x_2) = 6x_{21} + 2x_{22} - 2x_{23} - 3$

Es ergibt sich also folgendes Ersatzproblem mit linearer Zielfunktion:

$z = 5x_{11} + 3x_{12} + 1x_{13} + 6x_{21} + 2x_{22} - 2x_{23} - 12 \Rightarrow \text{Max}$
$ x_{11} + x_{12} + x_{13} + x_{21} + x_{22} + x_{23} \leq 3$
$ x_{11} + x_{12} + x_{13} \phantom{+ x_{21} + x_{22} + x_{23}} \leq 2$
$ 0 \leq x_{1j} \leq 1$
$ 0 \leq x_{2j} \leq 1 \quad (j = 1, 2, 3)$

Dieses lineare Optimierungsproblem kann nunmehr mit dem SIMPLEX-Verfahren gelöst werden:

1. Tabelle	x_{11}	x_{12}	x_{13}	x_{21}	x_{22}	x_{23}
$z = -12$	-5	-3	-1	-6	-2	2
$y_1 = 3$	1	1	1	1	1	1
$y_2 = 2$	1	1	1			
$y_3 = 1$	1					
$y_4 = 1$		1				
$y_5 = 1$			1			
$y_6 = 1$				1		
$y_7 = 1$					1	
$y_8 = 1$						1

6. Tabelle	y_3	y_4	x_{13}	y_6	y_1	x_{23}
$z = 2$	3	1	1	4	2	4
$y_7 = 1$	1	1	-1	1	-1	-1
$y_2 = 0$	-1	-1	1			
$x_{11} = 1$	1					
$x_{12} = 1$		1				
$y_5 = 1$			1			
$x_{21} = 1$				1		
$x_{22} = 0$					1	
$y_8 = 1$						1

Es ergibt sich folgende Optimallösung:
$x_1 = x_{11} + x_{12} + x_{13} = 1 + 1 + 0 = 2$
$x_2 = x_{21} + x_{22} + x_{23} = 1 + 0 + 0 = 1$
$z_{max} = 2$

Exakte Lösung (s. Beispiel 7.1) lautet jedoch
$x_1 = 5/3 = 1{,}67$; $x_2 = 4/3 = 1{,}33$; $z_{max} = 7/3 = 2{,}33$

Die Ursache für die Ungenauigkeit liegt in der zu groben Approximation der Zielfunktion.

Durch Verringerung der Stützstellen-Abstände läßt sich der Approximationsfehler beliebig verringern.

7.3.2. Linearisierung bei Vorhandensein von Variablenprodukten

Wenn in nichtlinearen Problemen in der Zielfunktion oder/und in den Restriktionen Variablenprodukte auftreten, so lassen sich diese innerhalb eines begrenzten Bereiches, der sogenannten „Black-Box", linear approximieren und anschließend mit Hilfe der Simplex-Methode lösen. Im Folgenden soll kurz auf die von *Wiezorke* (1969) vorgestellte **Black-Box-Methode** für den Fall von nur zwei Variablen x_r und x_s eingegangen werden.

Die *Grenzen der Black-Box* werden durch die Untergrenzen x'_r und x'_s sowie durch die Obergrenzen x''_r und x''_s festgelegt, so daß der Black-Box-Bereich durch

$$x'_r \leq x_r \leq x''_r$$
$$x'_s \leq x_s \leq x''_s$$

festgelegt ist.

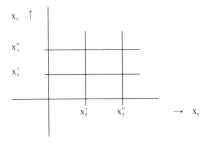

In diesem Bereich werden folgende Approximationen vorgenommen:

$$\overline{x_r \cdot x_s} = x'_r x'_s \lambda_1 + x'_r x''_s \lambda_2 + x''_r x'_s \lambda_3 + x''_r x''_s \lambda_4 \quad (1)$$
$$x_r = x'_r \lambda_1 + x'_r \lambda_2 + x''_r \lambda_3 + x''_r \lambda_4 \quad (2)$$
$$x_s = x'_s \lambda_1 + x''_s \lambda_2 + x'_s \lambda_3 + x''_s \lambda_4 \quad (3)$$
$$\text{mit } \sum_{k=1}^{4} \lambda_k = 1; \quad \lambda_k \geq 0 \quad (4)$$

Für die Wahl der Unter- und Obergrenzen der Black-Box gilt folgendes:

In vielen Fällen enthält schon das ursprüngliche Modell untere und obere Schranken für die Variablen x_r und x_s. Diese können zunächst als Black-Box-Grenzen gewählt werden.

Liegt die mit der Simplex-Methode gefundene Lösung des linearen Ersatzproblemes ganz nahe an einer Black-Box-Grenze, so ist der Fehler gegenüber dem ursprünglichen nichtlinearen Problem nur gering. Der Approximationsfehler wird umso größer, je weiter die gefundene Lösung in der Mitte der Black-Box liegt.

Eine Festlegung neuer Black-Box Grenzen kann bei kleineren Problemen (manuelle Rechnung) heuristisch erfolgen. Werden EDV-Anlagen benutzt, so empfiehlt sich die Festlegung nach einem Algorithmus.

Folgender Algorithmus hat sich als brauchbar erwiesen:

Für eine Näherungslösung x^*_r, x^*_s *im Inneren der Black-Box* wird der Bereich verkleinert.

Die neuen Grenzen $\bar{x}'_r$, $\bar{x}''_r$ und $\bar{x}'_x$, $\bar{x}''_s$ werden wie folgt festgelegt:

$$\bar{x}'_r = \alpha x'_r + (1-\alpha) x^*_r; \quad \bar{x}'_s = \alpha x'_s + (1-\alpha) x^*_s$$
$$\bar{x}''_r = \alpha x''_r + (1-\alpha) x^*_r; \quad \bar{x}''_s = \alpha x''_s + (1-\alpha) x^*_s$$
mit $0 < \alpha < 1$

Der Faktor α (linearer Verkleinerungsfaktor) bewirkt eine Verkleinerung des maximalen Fehlers um den Faktor $α^2$.

α wird zweckmäßigerweise zwischen 0,2 und 0,5 festgelegt. Wird α zu groß gewählt, konvergiert das Verfahren zu langsam. Wird zu stark verkleinert (α zu klein), liegt die exakte Lösung u.U. außerhalb des Bereiches, und es werden zu viele Iterationsschritte der zweiten Art (d.h. Verschieben der Box) notwendig.

Liegt die Näherungslösung exakt *auf dem Rand der Black-Box,* so wird ein gleich großer benachbarter Black-Box-Bereich zur Lösungsseite hin verschoben:

Bei $x_r^* = x_r'$ setze man $\bar{x}_r' = 2x_r' - x_r''$ sowie $\bar{x}_s' = x_s'$
$\bar{x}_r'' = x_r'$ $\bar{x}_s'' = x_s''$

Bei $x_r^* = x_r''$ setze man $\bar{x}_r' = x_r''$ sowie $\bar{x}_s' = x_s'$
$\bar{x}_r'' = 2x_r'' - x_r'$ $\bar{x}_s'' = x_s''$

Bei $x_s^* = x_s'$ setze man $\bar{x}_r' = x_r'$ sowie $\bar{x}_s' = 2x_s' - x_s''$
$\bar{x}_r'' = x_r''$ $\bar{x}_s'' = x_s'$

Bei $x_s^* = x_s''$ setze man $\bar{x}_r' = x_r'$ sowie $\bar{x}_s' = x_s''$
$\bar{x}_r'' = x_r''$ $\bar{x}_s'' = 2x_s'' - x_s'$

Liegt die Lösung *auf einem Eckpunkt,* werden jeweils die zwei entsprechenden Formelsätze angewandt.

An einem von Wizorke (1969) übernommenen Beispiel soll das Arbeiten mit der Black-Box erläutert werden.

Beispiel 7.11:
Gegeben sei folgendes Problem

$z = 2x_1 + x_2 + 0,1x_1x_2 \Rightarrow$ Max
$20x_1 + 22x_2 - 2\,x_1x_2 \leq 210$
$x_1 \leq 10$
$x_2 \leq 9$
$x_j \geq 0\,(j = 1, 2)$

Die Grenzen der Black-Box werden durch die beiden letzten Restriktionen und die Nichtnegativitätsbedingungen festgelegt:

$x_1' = 0$ $x_2' = 0$
$x_1'' = 10$ und $x_2'' = 9$

Damit ergeben sich folgende Approximationen nach (1) bis (4) für x_1, x_2 und $x_1 \cdot x_2$

$x_1 = 0\lambda_1 + 0\lambda_2 + 10\lambda_3 + 10\lambda_4$
$x_2 = 0\lambda_1 + 9\lambda_2 + 0\lambda_3 + 9\lambda_4$
$x_1 \cdot x_2 = 0\lambda_1 + 0\lambda_2 + 0\lambda_3 + 90\lambda_4$

Setzt man diese in das ursprünglich gegebene nichtlineare Problem ein, so erhält man das folgende lineare Approximationsmodell:

$z^* = 0\lambda_1 + 9\lambda_2 + 20\lambda_3 + 38\lambda_4 \Rightarrow$ Max
$198\lambda_2 + 200\lambda_3 + 218\lambda_4 \leq 210$
$10\lambda_3 + 10\lambda_4 \leq 10$
$9\lambda_2 + 9\lambda_4 \leq 9$
$\lambda_1 + \lambda_2 + \lambda_3 + \lambda_4 = 1$
$\lambda_k \geq 0\,(k = 1, ..., 4)$

7. Nichtlineare Optimierung

Lösung des Problems durch Anwendung des SIMPLEX-Algorithmus:

1. Tabelle	λ_1	λ_2	λ_3	λ_4
$z^* = 0$	0	−9	−20	−38
$y_1 = 210$	0	198	200	218
$y_2 = 10$	0	0	10	10
$y_3 = 9$	0	9	0	9
$(y_4)_g = 1$	1	1	1	1

3. Tabelle	y_1	λ_2	λ_3	$(y_4)_g$
$z^* = 36{,}606$	0,17	25,52	14,86	0
$\lambda_1 = 0{,}037$	−0,005	0,09	0,08	1
$y_2 = 0{,}367$	−0,05	−9,08	0,83	0
$y_3 = 0{,}330$	−0,04	−0,83	8,26	0
$\lambda_4 = 0{,}963$	0,005	0,91	0,92	0

Optimale Lösung:
$\lambda_1 = 0{,}037; \quad \lambda_2 = 0; \quad \lambda_3 = 0; \quad \lambda_4 = 0{,}963$
$x_1 = 9{,}63; \quad x_2 = 8{,}67; \quad z_{max} = 36{,}606$

Das Ergebnis der 1. Rechnung wird in die 1. Zeile der folgenden Tabelle eingetragen. Zu der exakten Lösung gelangt man durch iteratives Verkleinern und gelegentliches Verschieben der Blackbox. Für 9 Iterationen sind die Ergebnisse in der folgenden Tabelle eingetragen. Fettgedruckt sind die Werte, welche auf der Grenze der Black-Box liegen und eine Verschiebung der Box erfordern. (Vgl. Bild 7.8)

Iterations-Nr.	Grenzen der Black-Box				Näherungslösungen			Bemerkung zur Box ($\alpha = 0{,}2$)
	x_1'	x_1''	x_2'	x_2''	x_1^*	x_2^*	z^*	
1	0,00	10,00	0,00	9,00	9,63	8,67	36,61	verkleinern
2	7,70	9,70	7,00	8,80	8,88	8,06	32,98	verkleinern
3	8,64	9,04	**7,85**	8,21	8,67	**7,85**	31,99	verschieben
4	8,64	9,04	**7,49**	7,85	9,01	**7,49**	32,26	verschieben
5	8,64	**9,04**	7,13	7,49	**9,04**	7,44	32,24	verschieben
6	9,04	9,44	7,13	7,49	9,19	7,26	32,31	verkleinern
7	**9,16**	9,24	7,24	7,31	**9,16**	7,28	32,27	verschieben
8	9,08	9,16	7,24	**7,31**	9,14	**7,31**	32,27	verschieben
9	9,08	9,16	7,31	7,38	9,12	7,33	32,28	verkleinern

Auf eine weitere Verkleinerung der Black-Box wurde verzichtet und die Lösung mit $x_1 = 9{,}12; x_2 = 7{,}33$ und $z = 32{,}28$ als exakte Lösung angesehen.

Berechnung der Grenzen der 2. Box nach Anweisung für die Verkleinerung der Box
$x_1' = 0{,}2 \cdot 0 + 0{,}8 \cdot 9{,}63 = 7{,}7$
$x_1'' = 0{,}2 \cdot 10 + 0{,}8 \cdot 9{,}63 = 9{,}7$
$x_2' = 0{,}2 \cdot 0 + 0{,}8 \cdot 8{,}67 = 6{,}94 \approx 7{,}0$
$x_2'' = 0{,}2 \cdot 9 + 0{,}8 \cdot 8{,}67 = 8{,}74 \approx 8{,}8$

Berechnung der Grenzen der 4. Box nach Anweisung für die Verschiebung der Box

Da $x_2^* = x_2' = 7{,}85$

bleibt $x_1' = 8{,}64$ sowie $x_1'' = 9{,}04$

Es wird gesetzt
$x_2' = 2 \cdot 7{,}85 - 8{,}21 = 7{,}49$
$x_2'' = 7{,}85$

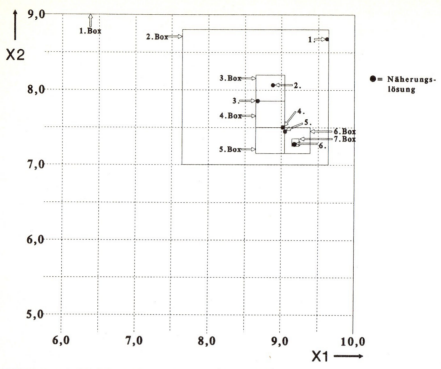

Bild 7.8 Lage der Black-Box im Lösungsdiagramm (Beispiel 7.11)

7.4. Algorithmische Suchverfahren

Bei allen Suchverfahren geht man von einem beliebigen Koordinatenpunkt im zulässigen Bereich, z.B. dem Nullpunkt, einen Schritt bestimmter Länge in eine bestimmte Richtung. Daraufhin untersucht man, ob sich der Wert der Zielfunktion erhöht. Ist dies der Fall, wird der Schritt durchgeführt. Tritt jedoch keine Verbesserung ein, versucht man einen Schritt in eine andere Richtung.

Diese Suchverfahren sind bei Verwendung von EDV-Anlagen elegant einsetzbar. Sie haben den Vorteil, daß sie sich sehr vielseitig anwenden lassen und nicht nur für eine Gruppe von konvexen Problemen geeignet sind.

Bei nicht-konvexen Problemen könnte man mehrere Durchläufe von verschiedenen Startpunkten aus hintereinanderschalten; wenn die Startpunkte durch Zufallsgenerator erzeugt werden und nur solche Punkte, die im Lösungsgebiet liegen, verwendet werden, müßte das globale Optimum durch endlich viele Neu-Starts gefunden werden können.

7.4.1. Eindimensionales Suchverfahren

Ausgehend von einem beliebigen Punkt $\bar{x}$ der Zielfunktion $z = f(x)$, führt man iterativ eine systematische Suche nach einer besseren Probierlösung durch.

Der Grundgedanke bei der Suchprozedur ist folgender:

Eine positive Steigung an der Probierstelle $\tilde{x}$ gibt zu erkennen, daß bei einem Maximumproblem die Koordinate des Maximalpunktes $x_0 > \tilde{x}$ sein muß.

Wird die optimale Lösung zwischen einer unteren Schranke x' und einer oberen Schranke x'' vermutet, so wird nach dem *Bolzano-Suchplan* (Mittelpunktregel) als Probierpunkt

$$\tilde{x} = \frac{x' + x''}{2}$$

gewählt.

Die iterative Suche verläuft dann wie folgt

1. Bestimme $\dfrac{dz}{dx}$ für $x = \tilde{x}$

2. Falls $\dfrac{dz}{dx} \geq 0$, so setze $x' = \tilde{x}$

   Falls $\dfrac{dz}{dx} \leq 0$, so setze $x'' = \tilde{x}$

3. Bestimme das neue $\tilde{x}$ aus $\tilde{x} = \dfrac{x' + x''}{2}$

4. Abbruch, wenn $x'' - x' < \varepsilon$, wobei ε eine beliebig festgelegte Größe (z.B. 0,1) ist.

Die Suchprozedur wird manuell tabellarisch festgehalten, wobei der Tabellenkopf wie folgt aussehen könnte:

Iteration	$\dfrac{dz}{dx}$	x'	x''	$\tilde{x}$	$z = f(\tilde{x})$

7.4.2. Gradientenverfahren

Alle algorithmische Suchverfahren unterscheiden sich im wesentlichen durch die Wahl einer geeignet erscheinenden Suchrichtung. Beim Gradientenverfahren (siehe *Hadley* (1969) und *Ellinger* (1985)) wird in einem beliebigen Punkt des Lösungsraumes der Gradient der Zielfunktion ermittelt; aus ihm erkennt man die Richtung des stärksten Anstiegs der Zielfunktion und sucht nach der verbesserten Lösung in Richtung des Gradienten. Als Gradient grad $z\,(x_1, ..., x_n)$ einer nach allen Variablen x_j ($j = 1, ..., n$) differenzierbaren Zielfunktion $z\,(x_1, ..., x_n)$ wird der Vektor mit der partiellen Ableitung

$$\frac{\partial z}{\partial x_j}(x_1, ..., x_n)$$

bezeichnet, also

$$\text{grad } z(x_1, \ldots, x_n) = \left(\frac{\partial z}{\partial x_1}; \ldots; \frac{\partial z}{\partial x_n}\right)$$

Beispiel 7.12:
Man bestimme den Gradienten der Zielfunktion in Beispiel 7.4

$$z(x;y) = (x-3)^2 + (y-3)^2$$

und stelle ihn für mehrere Punkte im zulässigen Bereich graphisch dar.
Umformung der Zielfunktion $\quad z(x;y) = x^2 - 6x + 9 + y^2 - 6y + 9$
$\quad\quad\quad\text{grad } z(x;y) = (2x-6; 2y-6)$
Für verschiedene Punkte sind die Gradienten in folgender Tabelle dargestellt (vgl. Bild 7.4)

P(x;y)	z(x;y)	grad z(x;y)
1; 1	8	−4; −4
4; 4	2	2; 2
6; 2	10	6; −2

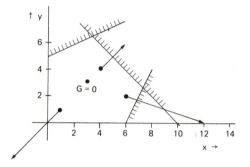

Wie aus dem Beispiel zu erkennen ist, gibt der Gradient die Richtung des stärksten Anstiegs der Zielfunktion nur in unmittelbarer Umgebung des gewählten Ausgangspunktes an; dem Gradienten kommt demnach nur lokale Bedeutung zu.

Die Anwendung des Gradientenverfahrens führt deshalb nur bei konvexen Problemen zum globalen Optimum. Bei nicht-konvexen Problemen, die neben dem globalen auch lokale Optima aufweisen, gewährleistet das Gradientenverfahren insofern lediglich das Aufspüren eines dieser Optima. Kennzeichnend für ein Optimum im Inneren des zulässigen Bereiches ist ein Gradient von Null, und für ein Optimum auf dem Rande des zulässigen Bereiches ein Gradient, der senkrecht auf der Begrenzung steht. Führt die Richtung des Gradienten in einem Randpunkt des zulässigen Bereichs aus diesem heraus, ohne senkrecht auf dem Rand zu stehen, so wird bei der von *Rosen* (1960) vorgeschlagenen Version die Richtung des auf die Grenze projizierten Gradienten als weitere Suchrichtung gewählt. (Die Version von *Zoutendijk* (1960) arbeitet etwas anders, soll aber hier nicht dargestellt werden).

Mit dem Gradientenverfahren erreicht man die Optimallösung auch bei einem konvexen Problem nicht in endlich vielen Schritten; vor allem in der Nähe eines Optimalpunktes im Inneren des zulässigen Bereiches ist der Gradient sehr klein und daher ändert sich der Zielfunktionswert von Schritt zu Schritt nur sehr wenig. Es ergibt sich deshalb im allgemeinen eine unendliche Folge zulässiger Lösungen, die dem Optimalpunkt beliebig nahe kommen; es ist deshalb in jedem Fall für ein Abbruchkriterium zu sorgen; z.B. Abbruch wenn $[z(x;y)_{j-1} - z(x;y)_j] \leq \varepsilon$, wobei ε eine vorgegebene Mindeständerung pro Schritt darstellt.

7. Nichtlineare Optimierung

Beispiel 7.13:
Man löse das in Beispiel 7.4 gegebene Problem mit dem Gradientenverfahren, beginnend mit dem Startpunkt $P_0(x_0; y_0) = (6; 2)$

$z(x; y) = (x - 3)^2 + (y - 3)^2$

$-x + 2y \leq 10$ \hfill (1)
$3x - 2y \leq 18$ \hfill (2)
$x + y \leq 10$ \hfill (3)
$x; y \geq 0$

$\operatorname{grad} z(x; y) = (\dfrac{\partial z}{\partial x} ; \dfrac{\partial z}{\partial y}) = (2x - 6; 2y - 6)$

Im Punkte $P_0(x_0; y_0) = (6; 2)$ wird

$\operatorname{grad} z(x_0; y_0) = (6; -2)$
$z(x_0; y_0) = 3^2 + 1^2 = 10$

Der Punkt P_0 liegt im Inneren des zulässigen Bereiches und ist wegen $\operatorname{grad} z \neq 0$ nicht optimal. Die Geradengleichung der durch den Gradienten gegebenen Such- bzw. Fortschrittsrichtung lautet allgemein

$y = ax + b$

wobei das Steigungsmaß $a = \dfrac{\partial z}{\partial y} : \dfrac{\partial z}{\partial x} = -\dfrac{1}{3}$

Da der Punkt P_0 selbst ein Punkt der Geraden ist, kann man b durch Einsetzen der Punktkoordinaten in die Geradengleichung bestimmen.

$y_0 = ax_0 + b$
$b = y_0 - ax_0 = 2 + \dfrac{1}{3} 6 = 4$

Die Gleichung der Fortschrittsrichtung lautet also

$y = -\dfrac{1}{3} x + 4$

Wird das Optimum in der Nähe des gewählten Punktes P_0 im Lösungsbereich vermutet, so ist zu untersuchen, ob und wo die Zielfunktion entlang der Fortschrittsgeraden einen Extremwert besitzt.
Hierzu setze man die Geradengleichung $y = 4 - \dfrac{1}{3} x$ in die Zielfunktion ein und bildet die erste und zweite Ableitung

$f(x) = (x - 3)^2 + (1 - \dfrac{1}{3} x)^2$

$\dfrac{df(x)}{dx} = 2(x - 3) + 2(1 - \dfrac{1}{3} x)(-\dfrac{1}{3}) = 0$

$\qquad\qquad 2x - 6 - \dfrac{2}{3} + \dfrac{2}{9} x = 0$

$\qquad\qquad\qquad\qquad \dfrac{20}{9} x = \dfrac{20}{3}$

$\qquad\qquad\qquad\qquad\qquad x = 3$

$\qquad\qquad\qquad\qquad\qquad y = 4 - \dfrac{1}{3} 3 = 3$

$\dfrac{d^2 f(x)}{dx^2} = 2 + \dfrac{2}{9} = \dfrac{20}{9}$

Da die 2. Ableitung positiv ist, besitzt die Zielfunktion auf der Fortschrittsgeraden ein Minimum an der Stelle P (3; 3) mit f (x) = 0. Da das Minimum nicht interessiert, wird hier abgebrochen.

Wird das Maximum der Zielfunktion außerhalb des Lösungsbereiches vermutet, so wird der Punkt auf der Fortschrittsgeraden gesucht, der auf dem Rande des zulässigen Bereiches liegt. Wenn nicht bekannt ist, welche Restriktion von der Fortschrittsgeraden zuerst geschnitten wird, müssen alle in Frage kommenden Restriktionen in die Untersuchung eingeschlossen werden.

Für den Schnittpunkt P_1 der Fortschrittsgeraden $y = 4 - \frac{1}{3} x$

mit der Restriktion $3x - 2y = 18$ (umgeformt $y = \frac{3}{2} x - 9$) gilt

$$4 - \frac{1}{3} x_1 = \frac{3}{2} x_1 - 9$$

$$x_1 = 13 \frac{6}{11} = 7{,}09$$

$$y_1 = 4 - \frac{1}{3} x_1 = 1{,}63$$

Die Zielfunktionswert ergibt sich an diesem Punkte P_1 zu

$$z(x_1; y_1) = (x_1 - 3)^2 + (y_1 - 3)^2 = 16{,}73 + 1{,}88 = 18{,}61$$

Für den Schnittpunkt P_2 der Fortschrittsgeraden mit der Restriktion $x + y = 10$ (umgeformt $y = 10 - x$) gilt

$$4 - \frac{1}{3} x_2 = 10 - x_2$$

$$x_2 = 6 \frac{3}{2} = 9$$

$$y_2 = 4 - \frac{1}{3} x_2 = 1$$

$$z(x_2; y_2) = (x_2 - 3)^2 + (y - 3)^2 = 36 + 4 = 40$$

Damit wird deutlich, daß die Restriktion $3x - 2y = 18$ von der Fortschrittsgeraden früher geschnitten wird ($z_1 < z_2$), und deshalb an der Stelle P_1 der Gradient zu ermitteln ist.

$$\text{grad } z(x_1; y_1) = (2x_1 - 6; 2y_1 - 6) = (8{,}18; -2{,}74)$$

Nur dann, wenn der Gradient senkrecht auf der Restriktionsgeraden liegt, ist er kennzeichnend für ein lokales (oder sogar globales) Maximum des Lösungsbereiches. Die Geraden stehen jedoch nur dann senkrecht aufeinander, wenn das Produkt der Steigungsmaße

$$a_{\text{Gradient}} \, a_{\text{Restriktion}} = -1$$

Hier ist $(-\frac{1}{3})(\frac{3}{2}) = -\frac{1}{2}$

Die beiden Geraden stehen also nicht senkrecht aufeinander. Falls das Steigungsmaß des Gradienten $a_{\text{Grad}} = -\frac{2}{3}$ (also steilerer Abfall als vorhanden) wäre, dann stünden die beiden Geraden senkrecht aufeinander. Die Projektion des Gradienten in P_1 auf die Restriktionsgerade zeigt also in Richtung steigender y (siehe Bild).

7. Nichtlineare Optimierung

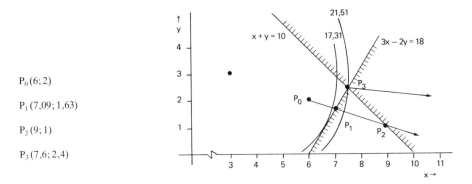

$P_0 (6; 2)$

$P_1 (7,09; 1,63)$

$P_2 (9; 1)$

$P_3 (7,6; 2,4)$

Als neue Fortschrittsrichtung zur Suche nach dem Maximum wird jetzt die Restriktionsgleichung $3x - 2y = 18$ (umgeformt $y = \frac{3}{2} x - 9$) gewählt.

Untersuchungen dahingehend, ob und wo die Zielfunktion entlang dieser Fortschrittsgeraden ein Maximum besitzt:

$$z(x; y) = (x - 3)^2 + (y - 3)^2$$

$$y = \frac{3}{2} x - 9$$

$$f(x) = (x - 3)^2 + (\frac{3}{2} x - 12)^2$$

$$\frac{df(x)}{dx} = 2(x - 3) + 2(\frac{3}{2} x - 12) \frac{3}{2} = 0$$

$$= 2x - 6 + \frac{9}{2} x - 36 = 0$$

$$\frac{13}{2} x = 42$$

$$x = 6,46$$

$$y = 0,69$$

$$\frac{d^2 f(x)}{dx^2} = positiv$$

Das Minimum an der Stelle $(x; y) = (6,46; 0,69)$ mit dem Funktionswert $f(x) = 17,31$ interessiert nicht. Die Berechnung des Schnittpunktes P_3 der beiden Restriktionsgeraden:

$$3x - 2y = 18 \rightarrow y = \frac{3}{2} x - 9$$

$$x + y = 10 \rightarrow y = 10 - x$$

$$\frac{3}{2} x_3 - 9 = 10 - x_3$$

$$\frac{5}{2} x_3 = 19$$

$$\Rightarrow x_3 = 7,6$$

$$y_3 = 2,4$$

Für den Punkt P_3 ergibt sich

$z(x_3; y_3) = 21,51$
$\text{grad } z(x_3; y_3) = (2 \cdot 7,6 - 6; 2 \cdot 2,4 - 6) = (9,2; -1,2)$

Da auch die Projektionen des Gradienten im Punkt P_3 auf die beiden Restriktionen in den unzulässigen Bereich zeigen, ist eine Verbesserung nicht möglich.

Außerdem ist ohne eine weitere Untersuchung (z.B. mehrere Durchläufe von verschiedenen zulässigen Startpunkten P_0 aus) nicht zu erkennen, ob das globale oder nur ein lokales Maximum gefunden wurde.

Das Gradientenverfahren in der von *Rosen* vorgeschlagenen Version wurde an einem Problem mit linearen Restriktionen dargestellt. Grundsätzlich ist es auch anwendbar bei Vorliegen nicht-linearer Restriktionen (vgl. Beispiel 7.2), jedoch wird der numerische Aufwand erheblich größer.

7.4.3. Iterative Straffunktionsverfahren

In Abschnitt 7.2 wurde der Einsatz der nicht-iterativen Penalty-Methode (als äußeres Straffunktionsverfahren) und der Barriere-Methode (als inneres Straffunktionsverfahren) zur Lösung einfacher Problemstellungen skizziert. Außerdem wurde schon erwähnt, daß bei Problemen mit mehreren Restriktionen die Auflösung der durch partielle Differentiation entstehenden Bestimmungsgleichungen erhebliche numerische Schwierigkeiten bereitet. Es hat sich als vorteilhaft erwiesen, beginnend mit einem beliebigen Startpunkt und anfänglich relativ kleinem r die Straffunktionsverfahren quasi-iterativ zu gestalten, wobei das r iterativ in Richtung $r \to \infty$ erhöht wird.

Im allgemeinen kommt es trotzdem generell zu Schwierigkeiten, die den Wert des Verfahrens und die Effektivität erheblich mindern. Für große r-Werte in Lösungsnähe am Rande des zulässigen Bereichs wird der jeweilige Strafterm $p(x_j)$ sehr klein, weil in Lösungsnähe $g_i \to 0$ strebt und somit $r \, p(x_j)$ (d.h. große Zahl mal kleine Zahl) extrem instabil wird. Die *Hesse*-Matrix im *Newton*-Verfahren wird sehr schlecht konditioniert und somit die Konvergenz des Verfahrens eingeschränkt, wodurch auch die Optimierung sehr instabil verläuft. Dies äußert sich in extremen Schwankungen der Lösungsvektoren und der Zielfunktionswerte.

Es empfiehlt sich daher, den r-Wert zunächst relativ klein zu halten und durch ein geeignetes Bildungsgesetz im Laufe der Optimierung zu vergrößern, so daß letztlich für größer werdende r eine recht gute Näherung entstehen kann. Dies verhindert zwar die Schwierigkeiten der numerischen Instabilität nicht, man hofft jedoch, vor dem Auftreten dieser durch zu große r-Werte verursachten Probleme eine ausreichend gute Näherung erhalten zu haben. Die Berechnung wird dann durch eine Genauigkeitsschranke (Abbruchkriterium) beendet. Auf dieser Basis arbeitet auch das Gummiwandverfahren, das seinem Charakter nach ein spezielles iteratives Barriere-Verfahren ist.

7.4.4. Gummiwand-Verfahren

Das Gummiwand-Verfahren ist eng verwandt mit der in Abschnitt 7.2.3 dargestellten Penalty- bzw. Barriere-Methode, anders als diese jedoch iterativ aufgebaut. Ähnlich wie bei den Barriere-Verfahren wird auch hier durch Subtrahieren der gewichteten Reziprokwerte der Ungleichungsrestriktionen von der Zielfunktion z eine Ersatzfunktion z^* gebildet, wodurch gewährleistet wird, daß das Verfahren den zulässigen Bereich nicht verläßt. Dies setzt natürlich voraus, daß im zulässigen Bereich gestartet wird; das Verfahren versagt bei Gleichungsrestriktionen.

Damit man zu Beginn nicht so stark in eine suboptimale Ecke gelangt, hat es sich bewährt, die Restriktionen wie flexible Gummiwände zu behandeln, welche am Anfang dick, später jedoch immer dünner werden.

Für ein gegebenes NLO-Problem

$z = f(x_j) \Rightarrow \max$
$g(x_j) - b_i \leq 0 \quad \text{bzw.} \quad b_i - g(x_j) \geq 0$
$\quad x_j \geq 0$

wird folgende Ersatzfunktion (Barrierefunktion) aufgestellt:

$$z^* = f(x_j) - \frac{1}{r} \; \Sigma \; \frac{1}{[b_i - g(x_j)]}$$

wobei $\frac{1}{r} = K = $ Gummiwandstärkenfaktor

$$[b_i - g(x_j)] = \left\{ \begin{array}{ll} b_i - g(x_j) & \text{wenn } b_i - g(x_j) > 0 \\ 0 & \text{wenn } b_i - g(x_j) \leq 0 \end{array} \right\}$$

Daraus folgt: Wird bei einer Restriktion die Grenze erreicht oder überschritten, nämlich $b_i - g(x_j) \leq 0$, so wird der Quotient (Barriere-Term) $1/[b_i - g(x_j)] = 1/0 = \infty$.

Dadurch erhält jede Lösung, die außerhalb des Lösungsbereichs liegt, den Wert $z^* = -\infty$. Man beachte, daß eine Lösung auf dem Rande (Grenze) des Lösungsbereiches eine zulässige Lösung ist.

Grundsätzlich besteht der erste Schritt des eigentlichen Suchverfahrens darin, vom innerhalb des Zulässigkeitsbereiches liegenden Startpunktes aus zunächst eine Variable x_1 in positiver Richtung um die Schrittweite Δ (zunächst $\Delta = 1$) zu erhöhen. Führt dies zu einer Verbesserung der Ersatzzielfunktion und wird der Lösungsbereich nicht verlassen, so kann die eingeschlagene Richtung beibehalten werden. Andernfalls ist eine andere Variable x_2 zu erhöhen. Man versucht immer erst eine positive Variablenänderung, und nur wenn dadurch keine Verbesserung mehr erzielt werden kann, geht man in negativer Richtung. Nach einer begrenzten Anzahl von Schritten gelangt man auf diese Weise mit Schrittweite Δ und Wandstärke $1/r$ zu einem optimalen Punkt. Beide Größen können nun weiter verringert werden – zuerst immer die Schrittweite, anschließend die Gummiwandstärke. Die Schrittweite wird herabgesetzt, wenn in jeder Richtung, in der die Zielfunktion wächst, der Abstand zum Rand des Zulässigkeitsbereiches zu klein ist. Ein Anzeichen für eine erforderliche Wandstärkenveränderung liegt immer dann vor, wenn durch weitere Schritte zwar die Zielfunktion zu verbessern wäre, aber gleichzeitig die Ersatzzielfunktion einen schlechteren Wert annimmt. Diese Vorgehensweise wird solange beibehalten, bis ein ausreichend genaues Ergebnis erreicht wurde.

Beispiel 7.14:
Das in Beispiel 7.2 gegebene Problem soll mittels Suchverfahren gelöst werden.

$G = x^2 + y \Rightarrow \text{Max}$
$\quad -e^x + y \leq 0$
$\quad x^2 + y^2 \leq 20$
$\quad x^2 - 2y \leq 5$
$\quad\quad x, y \geq 0$

Es ergibt sich folgende Ersatzzielfunktion, in der die Konstanten r zunächst 1 gesetzt ist:

$$G^* = x^2 + y - \frac{1}{r}\left\{\frac{1}{(e^x - y)} + \frac{1}{(20 - x^2 - y^2)} + \frac{1}{(5 - x^2 + 2y)}\right\}$$

Der anfängliche Wert von G^* für $x = y = 0$ beträgt $-1,25$.

Nun beginnt das eigentliche Suchverfahren. Dazu müssen zunächst die erlaubten Schrittrichtungen sowie die Schrittweiten festgelegt werden. Als Schrittweite sei anfänglich $\Delta = 1$ verwendet. Sie wird später nach Bedarf auf 0,1 und 0,01 usw. verringert. Als Schrittrichtungen sollen hier nur die Koordinatenrichtungen verwendet werden. Das bedeutet, daß man entweder nur x oder nur y in einem Schritt ändert. Es wird immer erst eine positive Variablenänderung versucht und erst beim Mißerfolg eine negative Änderung. Nach jeder Verkürzung der Schrittweite Δ und nach jeder Verringerung der Gummiwandkonstanten K wird immer erst eine Änderung von x, d.h. ein Schritt nach rechts versucht.

In der Tabelle 7.1 (entnommen aus Müller-Merbach [1973]) sind die einzelnen Schritte aufgetragen. Die letzte Spalte kennzeichnet, ob ein Schritt eine Verbesserung (B = Besser) oder eine Verschlechterung (S = Schlechter) bringt. Die Zeilennummern der mit S gekennzeichneten Schritte sind außerdem eingeklammert. Als Verbesserung wird jeder Schritt angesehen, der gegenüber der bisher besten Lösung eine Vergrößerung von G^* bringt. In den ersten beiden Schritten wird x erfolgreich auf 2 vergrößert. Ein weiteres Wachsen um $\Delta = 1$ würde die Nebenbedingung $(x^2 - 2y) \leq 5$ verletzen. Nun wird y in drei Schritten vergrößert. Es folgt eine Vergrößerung von x auf 3. Von diesem Punkt $(x; y) = (3; 3)$ aus ist mit der Schrittweite $\Delta = 1$ keine Verbesserung mehr möglich, da in jeder Richtung, in der G wächst, die Restriktionen zu eng sind. Erst mit $\Delta = 0,1$ kann x auf 3,1 erhöht werden. Im weiteren Schritt wäre zwar G zu vergrößern, ohne daß die Restriktionen verletzt würden, aber gleichzeitig würde G^* kleiner werden. Das

Lfd. Nr.	x	y	Δ	1/r	G	G^*	B/S
1	0	0	1	1	0	$-1,25$	–
2	1	0	1	1	1	0,33	B
3	2	0	1	1	4	2,8	B
(4)	3	0	1	1	9	$-\infty$	S
5	2	1	1	1	5	4,44	B
6	2	2	1	1	6	5,53	B
7	2	3	1	1	7	6,48	B
8	2	4	1	1	8	grenze (2)	B
9	3	3	1	1	12	10,94	B
(10)	4	3	1	1	19	$-\infty$	S
(11)	3	4	1	1	13	$-\infty$	S
(12)	3	2	1	1	11	$-\infty$	S
13	3,1	3	0,1	1	12,61	11,12	B
(14)	3,2	3	0,1	1	13,24	10,56	S
(15)	3,1	3,1	0,1	1	12,71	10,71	S
(16)	3,1	2,9	0,1	1	12,51	11,11	S
17	3,1	3	0,1	0,1	12,61	12,46	–
18	3,2	3	0,1	0,1	13,24	12,97	B
(19)	3,3	3	0,1	0,1	13,89	12,07	S
(20)	3,2	3,1	0,1	0,1	13,34	12,46	S
(21)	3,2	2,9	0,1	0,1	13,14	12,97	S
22	3,2	3	0,1	0,01	13,24	13,21	–
23	3,3	3	0,1	0,01	13,89	13,72	B
(24)	3,4	3	0,1	0,01	14,56	$-\infty$	S
(25)	3,3	3,1	0,1	0,01	13,99	$-\infty$	S
(26)	3,3	2,9	0,1	0,01	13,79	$-\infty$	S
(27)	3,31	3	0,01	0,01	13,96	13,5	S
⋮	⋮						
·	3,31662	3	·	·	14,00	·	·

Tab. 7.1. Die Schritte des Suchverfahrens

deutet darauf hin, daß die Gummiwandstärke verringert werden muß. In Zeile 17 ist 1/r auf 0,1 herabgesetzt und G erneut berechnet. Jetzt läßt sich x auf 3,2 erhöhen. Nach Verringerung von 1/r auf 0,01 erreicht man x = 3,3 und nach Verkürzung der Schrittweite auf Δ = 0,01 auch x = 3,31. Durch weiteres Herabsetzen von K und Δ kann man sich dem exakten Optimum von x = $\sqrt{11}$ = 3,31662 und y = 3 beliebig gut nähern.

In vielen Fällen führt das ausschließliche Suchen in Koordinatenrichtungen nur sehr langsam zum Ziel. Das trifft besonders dann zu, wenn man einen schmalen Grat heraufzusteigen hat. Hier ist eine schräg zu den Koordinaten verlaufende Suchrichtung oft vorteilhaft. (Zum Beispiel bei sogenannten „Bananenfunktionen").

7.4.5. Complex-Verfahren

Das in diesem Abschnitt dargestellte Verfahren ist eine von *Sattler* (1982) modifizierte Version des BOXschen Complex-Verfahrens; es versagt jedoch bei Gleichungsrestriktionen.

Das Complex-Verfahren gestattet die iterative Lösung beliebig nichtlinearer Probleme mit beliebigen Restriktionen folgender Art:

Zielfunktion $\quad$ f$(x_1, x_2 \ldots x_n) \Rightarrow$ Min oder Max

Explizite Restriktionen
$$x_j' \leq x_j \leq x_j'' \quad \text{für j} = 1, 2, \ldots, n$$

Implizite Restriktionen
$$x_j' \leq g_j(x_1, x_2, \ldots, x_n) \leq x_j''$$
$$\text{für j} = n+1, n+2, \ldots m$$

Die Werte x_j' und x_j'' sind die unteren und oberen Schranken der Restriktionen.

Ausgehend von einem Startpunkt $P_1(x_j)$, der die expliziten Restriktionen erfüllt, wird zunächst geprüft, ob dieser auch die impliziten Restriktionen erfüllt und somit ein zulässiger Punkt des Problems ist. Ist dies nicht der Fall, wird mit Hilfe von Zufallszahlen ein neuer Punkt erzeugt und untersucht.

Der verwendete Zufallszahlengenerator hat folgendes Bildungsgesetz:

r_i = Nachkomma-Teil von $(\pi + r_{i-1})^5$

Es handelt sich also um gleichverteilte Zufallszahlen im Intervall $0 \leq r \leq 1$

Ausgehend von dem zulässigen Startpunkt $P_1(x_j)$ im n-dimensionalen Raum werden weitere k$-$1 zulässige Punkte gemäß der Formel

$P_i(x_j) = x_j' + r_i(x_j'' - x_j') \quad$ für i = 2, 3, ..., k (wobei k = 2n empfohlen)

erzeugt. Die erzeugten k Punkte bilden die Eckpunkte eines von BOX als **Startcomplex** bezeichneten Gebildes.

Das Complex-Verfahren ersetzt sodann iterativ den hinsichtlich des Zielfunktionswertes „schlechtesten" Punkt durch einen „besseren" zulässigen Punkt; auf diese Weise bewegt sich das expandier- und kontraktionsfähige Complex auf die Lösung zu.

Das Ersetzen des „schlechtesten" Punktes $P_{i,alt}$ orientiert sich am Zentralpunkt (Mittelpunkt) der übrigen Punkte

$$\bar{P} = \frac{1}{k-1} \sum_{i=2}^{k} P_i$$

Der Ersatzpunkt wird nach folgender Anweisung bestimmt: $P_{i,neu} = \bar{P} + \alpha_{exp}(\bar{P} - P_{1,alt})$

Der alte Punkt wird damit am Zentralpunkt der verbleibenden Punkte reflektiert (vgl. Bild 7.9) wobei der Expansionskoeffizient $\alpha_{exp} > 1$ sein sollte; BOX empfiehlt $\alpha_{exp} = 1{,}3$.

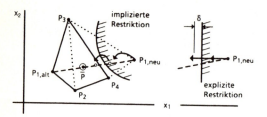

Bild 7.9 Expansion des Complexes

Verletzt der so gefundene neue Punkt die impliziten Restriktionen, so wird er um die halbe Entfernung zum Zentralpunkt zurückgenommen

$$P_{i,neu} = \frac{1}{2}(P_{i,neu,unzul.} + \bar{P})$$

Ist der neue Punkt dann immer noch unzulässig, so wird dieser Schritt wiederholt. Nach einer vorgegebenen Anzahl von erfolglosen Halbierungsschritten wird der neue Punkt gleich dem besten der bis dahin neu gefundenen Punkte gesetzt und die nächste Iteration durchgeführt.

Verletzt ein neuer Punkt eine explizite Restriktion so ersetzt man die entsprechende Komponente durch gerade noch zulässige Werte, also bei

Verletzung der unteren Schranke $\qquad x_j = x_j' + \delta$
Verletzung der oberen Schranke $\qquad x_j = x_j'' - \delta$

wobei z. B. $\delta = 10^{-4}$ verwendet wird.

Es kann der Fall eintreten, daß alle Punkte P_i des Complexes dieselbe explizite Grenze verletzen und durch die obige Regel in eine zulässige Position im Abstand δ von dieser Grenze gesetzt werden. Dann liegt auch der Zentralpunkt auf dieser Position und somit liegen alle neu erzeugten Punkte auf dieser Grenze. In diesem Fall kann man nur durch Neustart des Verfahrens aus dieser Ebene herauskommen.

Sind die Differenzen der Funktionswerte in einer vorgegebenen Anzahl γ (z.B. $\gamma = 5$) von aufeinanderfolgender Iterationen kleiner als eine vorgegebene Genauigkeitsschranke β (z.B. $\beta = 10^{-3}$) so wird das Verfahren abgebrochen (Stop-Kriterium).

Bei Existenz von Suboptima (lokalen Optimalstellen) ist es möglich, daß das Complex-Verfahren zu einem solchen Suboptimum findet. Aus diesem Grunde sollte man in jedem Falle bei Verdacht auf Suboptima beliebig viele Neustarts durchführen. *Sattler* empfiehlt den bisher gefundenen lokalen Optimalpunkt als neuen Startpunkt zu wählen; meines Erachtens ist ein beliebiger durch Zufallszahlen gefundener anderer zulässiger Startpunkt sicherer.

Kehrt der Algorithmus immer wieder zu der ursprünglich gefundenen Lösung zurück, so ist diese „mit großer Sicherheit" das gesuchte globale Optimum.

7. Nichtlineare Optimierung

Beispiel 7.15:
Das in Beispiel 7.3 gegebene Problem ist mit dem Complex-Verfahren zu lösen und anschließend der Suchweg (Lage der Zentralpunkte) graphisch darzustellen.

Problem
$$G = x_1 + x_2 \Rightarrow \text{Max}$$
$$(x_1 - 3)^2 + (x_2 - 2)^2 \leq 16$$
$$x_1 \cdot x_2 \leq 14$$
$$x_1; x_2 \geq 0$$

Ansatz der Grenzen für die Restriktionen:

Explizite Restriktionen: $0 \leq x_1 \leq 15$
$\phantom{\text{Explizite Restriktionen: }}0 \leq x_2 \leq 15$

Implizite Restriktionen: $13 \leq (x_1 - 3)^2 + (x_2 - 2)^2 \leq 16$
$\phantom{\text{Implizite Restriktionen: }}0 \leq x_1 \cdot x_2 \leq 14$

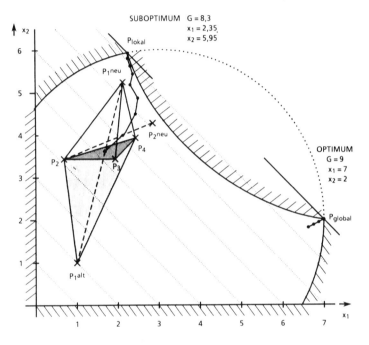

Bild 7.10 Graphische Darstellung des Lösungsweges

Die ersten Schritte des Algorithmus sollen manuell gerechnet werden. Startpunkt P_1 ($x_1 = 1$; $x_2 = 1$) vorgegeben. Funktionswert $G_1 = x_1 + x_2 = 2$

— Zufallszahlenerzeugung:

für Punkt	x_1-Koordinate	x_2-Koordinate
P_2	$(\pi + 0)^5 = -,0197$	$(\pi + 0,0197)^5 = -,7281$
P_3	$(\pi + 0,7281)^5 = -,6937$	$(\pi + 0,6937)^5 = -,8093$
P_4	$(\pi + 0,8093)^5 = -,6674$	$(\pi + 0,6674)^5 = -,7838$

— Koordinaten der Punkte berechnen mit

$P_i = x'_j + r_i (x''_j - x'_j)$

Koordinaten von Punkt P_2
$x_1 = 0 + 0,0197 \cdot 15 = 0,2959$
$x_2 = 0 + 0,7281 \cdot 15 = 10,9215$

Prüfung auf Einhaltung der Restriktionen:
Da implizite Grenzen verletzt, wird der Punkt korrigiert

$$P_{i,neu} = \frac{1}{2}(P_{i,alt} + \bar{P})$$

Da noch kein Zentralpunkt (Zentroid) existiert, tritt P_1 an die Stelle des $\bar{P}$.

Neuer Punkt P_2:
$x_1 = 0,5 (0,2959 + 1,0) = 0,6480$
$x_2 = 0,5 (10,9215 + 1,0) = 5,9608$

Auch dieser Punkt ist noch nicht zulässig.

Neuer Punkt P_2:
$x_1 = 0,5 (0,6480 + 1,0) = 0,8240$
$x_2 = 0,5 (5,9608 + 1,0) = 3,4804$

Dieser Punkt liegt im zulässigen Bereich.

Zugehöriger Funktionswert $G_2 = x_1 + x_2 = 4,3044$

Auf gleiche Weise sind die Punkte P_3 und P_4 zu ermitteln.

Es ergibt sich
für P_3: $x_1 = 2,0986$ für P_4: $x_1 = 2,3954$
            $x_2 = 3,4776$ $x_2 = 3,7907$
            $G_3 = 5,5761$ $G_4 = 6,1861$

- Der hinsichtlich der Zielfunktion schlechteste Punkt ist P_1.
- Bestimmung des Zentralpunktes für das Complex $P_2 P_3 P_4$

$$\bar{P} = \frac{1}{k-1} \sum_{i=2}^{k} P_i$$

$\bar{x}_1 = 1/3 (0,8238 + 2,0986 + 2,3954) = 1,7726$
$\bar{x}_2 = 1/3 (3,4803 + 3,4776 + 3,7907) = 3,5828$

- Bestimmung des Ersatzpunktes für P_1 durch Reflektion am Zentralpunkt.

$P_{i,neu} = \bar{P} + \alpha_{exp} (\bar{P} - P_{1,alt})$
$x_{1,neu} = \bar{x}_1 + 1,3 (\bar{x}_1 - x_1)$
$\quad\quad = 1,7726 + 1,3 (0,7726) = 2,77698$
$x_{2,neu} = 3,5828 + 1,3 (2,5828) = 6,94044$

Dieser Punkt verletzt die zweite Restriktion und ist deshalb zu korrigieren.

$x_{1,neu} = \frac{1}{2}(2,77698 + 1,7726) = 2,2747$ Zugehöriger Funktionswert

$x_{2,neu} = \frac{1}{2}(6,94044 + 3,5828) = 5,2616$ $G_{1,neu} = x_{1,neu} + x_{2,neu} = 7,5363$

Dieser Punkt liegt im zulässigen Bereich.

Nunmehr beginnt die Iteration 2 mit der Bestimmung des hinsichtlich der Zielfunktion schlechtesten Wertes und der Berechnung des Zentralpunktes des Complexes $P_{1,neu} P_3 P_4$.

- Die mit dem Computer durchgeführte Rechnung brachte folgende Ergebnisse:

Iteration	Neuer Punkt			Zentralpunkt-Koordinaten	
	x_1	x_2	G	$\bar{x}_1$	$\bar{x}_2$
2	2,7218	4,4029	7,1247	2,2562	4,1766
3	2,7015	5,1400	7,8416	2,4640	4,4851
4	2,6215	5,3067	7,9282	2,5660	4,9349
.					
.					
35	2,3550	5,9446	8,2997	2,3550	5,9445

Da die letzten 5 Iterationen keine Verbesserung des Zielfunktionswertes über 10^{-3} gebracht haben, wird die Rechnung nach 35 Iterationen abgebrochen.

7. Nichtlineare Optimierung   237

Die präsentierte Lösung ist ein Suboptimum, wie man aus Bild 7.10 ersehen kann.
Durch einige Neustarts wurde dann nach weiteren 40 Iterationen das globale Optimum mit G = 8,9980 bei x_1 = 7,0000 und x_2 = 1,9980 gefunden.

7.4.6. Verfahren von Jahn

Das 1978 von *Jahn* entwickelte Verfahren arbeitet nach der „Methode der zulässigen Richtung" und erlaubt die Lösung von Problemen mit Gleichungs- und Ungleichungsrestriktionen. Ein Vorteil des Verfahrens besteht darin, daß der Startpunkt auch außerhalb des Entwurfsraums liegen kann. Voraussetzung zur Anwendung des Verfahrens ist Stetigkeit und Differenzierbarkeit der Zielfunktion und der Restriktionen. Das Auffinden des Optimalpunkts erfolgt durch sequentielles Lösen von sogenannten „gestörten" Optimierungsproblemen. Diese entstehen durch eine Erweiterung des Entwurfsraums durch normal nicht zulässige Bereiche; in diesem erweiterten Entwurfsraum wird dann iterativ eine Lösung des gestörten Problems gesucht. Nachdem diese gefunden ist, wird die Erweiterung schrittweise zurückgenommen, so daß sich der gestörte Entwurfsraum im Laufe der Berechnung dem zulässigen Bereich angleicht und die ermittelten Lösungen der jeweiligen erweiterten Probleme gegen den Optimalpunkt des nicht gestörten Problems konvergieren. Diese Vorgehensweise ist genau gegenteilig der des Gummiwand-Verfahrens, bei dem die Gummiwand ein Verlassen des Entwurfsraums verhindert, wobei der Einfluß dieses „Puffers" immer weiter abnimmt. Hier jedoch wird die Lösung durch die Erweiterung des zulässigen Bereichs praktisch eine „Auslaufzone" geboten, die im Laufe der Berechnung immer kleiner wird.

7.4.7. Kombinations-Verfahren

Um den dargelegten Schwierigkeiten bei der Lösung mit den Straffunktions-Verfahren aus dem Wege zu gehen, bietet sich an, nach einigen wenigen (Quasi-)Iterationen das Verfahren zu beenden. Der bis dahin gefundene Näherungswert für die Optimallösung wird als Startpunkt der in 7.4.3 bis 7.4.6 beschriebenen Verfahren verwendet. Es hat sich erwiesen, daß bereits nach wenigen (2-5) Iterationen die Straffunktions-Verfahren der Optimallösung sehr nahe gekommen sind. Die dafür benötigte Rechenzeit hält sich noch in Grenzen. So finden die nachgeschalteten Verfahren einen sehr günstigen Startpunkt vor, der zudem oft bereits im Entwurfsraum liegt. Dadurch wird nur noch wenig Rechenzeit benötigt, um das exakte Optimum zu bestimmen.

Von *D. Zimmermann* wurde ein Programmsystem entwickelt, das es erlaubt, die vier wichtigsten iterativen Verfahren, das Gummiwand-, das Complex-, das Jahn- und die Straffunktions-Verfahren, einzeln oder auch kombiniert einzusetzen.

Ein allen Suchverfahren gemeinsam anhaftender Nachteil ist nämlich deren Unvermögen, nicht-optimale Ergebnisse vom globalen Optimum trennen zu können. Der Benutzer kann darum bei Einsatz nur eines Programmes nicht erkennen, ob das Optimum, ein Suboptimum oder gar ein Punkt außerhalb des Zulässigkeitsbereichs errechnet wurde. Als Ausweg bietet sich deshalb an, die vier Programme gemeinsam und kombiniert einzusetzen, um dadurch eine Entscheidungshilfe zu bekommen und sie mehr als „sich-ergänzende-Verfahren" aufzufassen, solange eine „Universalmethode" noch nicht existiert.

7.5. Aufgaben zur Nichtlinearen Optimierung

Aufgabe 1

$z = (x_1 - 4)^2 + (x_2 - 5)^2 \Rightarrow$ Minimum
$9x_1 + 3x_2 \leq 27$
$2x_1 + x_2 \leq 7$
$2x_1 + 2x_2 \leq 12$
$x_j \geq 0$

Aufgabe 2

$z = 0{,}5x_1^2 + 0{,}5x_2^2 - x_1 - 2x_2 \Rightarrow$ Minimum
$2x_1 + 3x_2 \leq 6$
$x_1 + 4x_2 \leq 5$
$x_j \geq 0$

Aufgabe 3

$z = 5x_1 + 0{,}5x_2^2 \Rightarrow$ Minimum
$x_1 + x_2 \geq 27$
$2x_1 + 5x_2 \geq 84$
$x_2 \leq 12$
$x_j \geq 0$

Aufgabe 4

$z = 2x_1 + 3x_2 \Rightarrow$ Maximum
$x_1 \cdot x_2 \leq 30$
$x_1 \leq 15$
$x_2 \leq 10$
$x_j \geq 0$

Aufgabe 5

$z = 100 + 2x_1 - 0{,}5x_1^2 - 0{,}5x_2^2 \Rightarrow$ Maximum
$2x_1 + 1x_2 = 10$
$x_j \geq 0$

7.6. Literaturhinweise

Blum, H.; Oettli, W.: Mathematische Optimierung. Springer Verlag, Heidelberg 1975

Bracken, J./Cormick, G. Mc.: Ausgewählte Anwendungen nichtlinearer Programmierung. Berliner Union/Kohlhammer-Verlag, Stuttgart 1979

Domschke, W.; Drexl, A.: Einführung in Operations Research. Springer Verlag. Berlin–Heidelberg 1990.

Elster/Reinhardt/Schäuble/Donath: Einführung in die nichtlineare Optimierung Teubner Verlag, Leibzig 1977

Hadley, G.: Nichtlineare und dynamische Programmierung. Physica-Verlag, Würzburg 1969

Horst, R.: Nichtlineare Optimierung. Carl Hanser Verlag, München-Wien, 1979

Jahn, J.: Sequentieller Innerer-Punkt-Algorithmus zur Lösung nichtlinearer Optimierungsprobleme. Dissertation TH Darmstadt, 1978

Jahn, J.: Lösung nichtlinearer Optimierungsprobleme mit Nebenbedingungen; in Späth, H. (Hrsg.), Ausgewählte OR-Software in FORTRAN, Oldenbourg Verlag, München 1979

Krabs, W.: Einführung in die lineare und nichtlineare Optimierung für Ingenieure. Teubner Verlag, Stuttgart 1983.

Luptycik, M.: Nichtlineare Programmierung mit ökonomischen Anwendungen. Äthenäum Verlag GmbH, Königstein/Taunus 1981

McCormick, G. P.: Nonlinear Programming – Theory, Algorithms and Applications. John Wiley, New York, 1983

Müller-Merbach, H.: Operations Research. Verlag Franz Vahlen, München 1973.

Müller, F.: Ein exakter Algorithmus zur nichtlinearen Optimierung für beliebige Polynome mit mehreren Veränderlichen. Verlag Anton Hain, 1978

Sattler, H. J.: COMBOX – Eine Erweiterung des COMPLEX-Verfahrens von M. J. Box. Bericht aus dem Institut für Mechanik und Regelungstechnik, UNI-GH-Siegen, 1980

Wiezorke, B.: „Black-Box", ein Verfahren zur Linearisierung von Produkten in Optimierungsmodellen. Ablauf und Planungsforschung 10 (1969) Seite 389–396.

Zimmermann, D.: Implementierung und Vergleich verschiedener Verfahren zur Lösung nichtlinearer Optimierungsprobleme. Diplomarbeit, Universität Siegen, 1987

8. Wahrscheinlichkeitstheoretische Grundlagen

8.1 Vorbemerkungen

Sehr häufig ist man vor Entscheidungen gestellt, deren Folgen und Ergebnisse unsicher bzw. ungewiß sind; bei solchen Entscheidungen bedient man sich der Wahrscheinlichkeit (Probability) als einem Maß für den Grad der Unsicherheit.

- Da die Wahrscheinlichkeit für gutes Wetter gering ist, beschließt man, die Gartenparty oder Bootsfahrt zu vertagen.
- Da man die Wahrscheinlichkeit für die Vergabe eines bestimmten Types von Aufgaben in der Klausur für sehr niedrig hält, beschließt man, sich nicht auf derartige Aufgaben vorzubereiten.
- Nur dann, wenn die Wahrscheinlichkeit für die Nachfrage nach einem bestimmten Artikel hoch ist, wird dieser Artikel produziert und bevorratet.

Die Wahrscheinlichkeit ist ein **numerischer Wert** für die Sicherheit bzw. Unsicherheit dafür, daß ein bestimmtes Ereignis eintritt. Sie gibt an, wie häufig ein Ereignis bei einer großen Zahl von Wiederholungen des Experimentes erwartet werden kann (Beispiel: Münze, Würfel).

Die **objektive Wahrscheinlichkeit** ist das Ergebnis von Langzeit-Experimenten oder logischer Überlegungen.

Subjektive Wahrscheinlichkeiten werden verwendet für Ereignisse, bei denen keine Langzeitexperimente möglich oder zu kostspielig sind.

Wenn z.B. ein Öl-Bohr-Spezialist bei einer bestimmten Bohrstelle von einer Wahrscheinlichkeit von 50% für das Fündigwerden spricht, so ist das eine subjektive Wahrscheinlichkeit. Falls jedoch bereits am gleichen Ort schon eine größere Anzahl von Bohrstellen niedergebracht wurde, von denen nur 50% trocken bleiben, so kann eine objektive Wahrscheinlichkeit definiert werden.

Die **Wahrscheinlichkeitsrechnung** wurde vor etwa 300 Jahren von **Blaise Pascal** (1623-1662) und **Jacob Bernoulli** (1654-1705, Ars Conjecturandi = Die Kunst des Vermutens, 1713) zunächst zur Ermittlung der Gewinnchancen bei Glücksspielen entwickelt.

„Bei ungewissen und zweifelhaften Dingen muß man sein Handeln hinausschieben, bis mehr Licht geworden ist. Wenn aber die zum Handeln günstige Gelegenheit keinen Aufschub duldet, so muß man von zwei Dingen immer das auswählen, welches passender, sicherer, vorteilhafter und wahrscheinlicher als das andere erscheint, wenn auch keines von beiden tatsächlich diese Eigenschaften hat."
Nach Jacob Bernoulli, Ars Conjecturandi, 1713; deutsch von R. Haussner, 1899, zitiert bei Menges, G. (1969)

Durch weitere Studien durch **Pierre Simon de Laplace** (1749-1827, Theorie Analytique de Probabilities) und **Simon Denis Poisson** (1781-1840) wurde die Wahrscheinlichkeitsrechnung weiter entwickelt. Dem russischen Mathematiker **A. N. Kolmogoroff** gelang 1933 dann eine axiometrisch einwandfreie Grundlegung der **Wahrscheinlichkeitstheorie** im Rahmen der sogenannten **Masstheorie**.

Als **Ereignis** bezeichnet man das Ergebnis eines **Zufallexperimentes**, eines Geschehens mit unsicherem Ausgang. Als **Elemente eines Ereignisses** bezeichnet man die verschiedenen Erscheinungsformen eines Ereignisses.

Beispiel 8.1
a) Mögliche Elemente beim Werfen mit zwei Münzen. Es existieren $2^2 = 4$ Elemente

Ereignistabelle:

Elemente	1	2	3	4	
1. Münze	K	K	Z	Z	K = Kopf
2. Münze	K	Z	K	Z	Z = Zahl

Ereignisbaum: 1. Münze 2. Münze Elemente

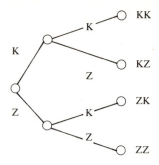

b) Mögliche Elemente beim Werfen mit drei Münzen. Anzahl der Elemente $2^3 = 8$.
Beschreibung der Elemente:

1. Münze	K	K	K	K	Z	Z	Z	Z
2. Münze	K	K	Z	Z	K	K	Z	Z
3. Münze	K	Z	K	Z	K	Z	K	Z

c) Mögliche Elemente beim Werfen mit zwei Würfeln. Anzahl der Elemente $6^2 = 36$.
Beschreibung der Elemente:
1. Würfel   1 1 1 1 1 1   2 2 2 2 2 2   3 3 3 . . .
2. Würfel   1 2 3 4 5 6   1 2 3 4 5 6   1 2 3 . . .

Die **wichtigsten Axiome** bezüglich des Rechnens mit Wahrscheinlichkeiten lauten:

- Die Wahrscheinlichkeit P(A) eines Ereignisses A bei einem Zufallsexperiment ist bestimmt durch

$$P(A) = \frac{h}{n}$$

wobei h = Anzahl der Fälle, in denen A eintrifft,
n = Anzahl der gleichmöglichen Fälle beim Experiment ist.

- Die Wahrscheinlichkeit P(A) kann nur Werte zwischen Null und Eins annehmen

$0 \leq P(A) \leq 1$

Für ein sicheres Ereignis A ist $P(A) = 1$
für ein unmögliches Ereignis A ist $P(A) = 0$

- Schließen sich zwei Ereignisse gegenseitig aus (z.B. gleichzeitig „Kopf" und „Zahl" beim Wurf mit einer Münze), so ist die Wahrscheinlichkeit des dem Ereignis A komplementären (entgegengesetzten) Ereignis Ā, d.h. „Nicht A"

$P(Ā) = 1 - P(A)$

Beispiel 8.2
Die Wahrscheinlichkeit beim Werfen einer Münze einen Kopf zu erhalten ist
P(K) = 1/2 = 50%.
Die Wahrscheinlichkeit, beim Werfen zweier Münzen zwei Köpfe zu erhalten ist P(K, K) = 1/4 = 25%
Die Wahrscheinlichkeit dafür, daß man beim Werfen zweier Münzen einen Kopf und eine Zahl erhält ist
P(K, Z) = 2/4 = 50%.

Die Wahrscheinlichkeit, beim Würfeln mit zwei Würfeln auf beiden Würfeln die 6 zu erhalten ist P (6, 6) = 1/36 = 2,78%.

Die Wahrscheinlichkeit, eine geradzahlige Augensumme beim Würfeln mit 2 Würfeln zu erhalten ist P (gradzahlig) = 18/36 = 1/2 = 50%.

Für die Berechnung von Wahrscheinlichkeiten kann es zweckmäßig und nützlich sein, die **Beziehungen** und **Verwandtschaften** zwischen den Ereignissen zu untersuchen. Die für die Wahrscheinlichkeit bedeutsamsten Beziehungen und Verwandtschaften sind die **Ereigniskombinationen** (vereinigte oder verbundene Ereignisse). Ereigniskombinationen können durch die logischen Verknüpfungen „ODER" und „UND" ausgedrückt werden, für die verschiedene Symbole gebräuchlich sind.

Anwendung in	Symbole für	
	(A ODER B)	(A UND B)
Mathematik	(A + B)	(A · B)
Statistik	(A ∪ B)	(A ∩ B)
Schaltalgebra	(A ∨ B)	(A ∧ B)
Bezeichnung in der Mengenlehre	Vereinigung, log. Summe	Durchschnitt log. Produkt

Definition der wichtigsten Begriffe:

Kombination (A ∪ B) = entweder A alleine
oder B alleine
oder A + B gemeinsam.

Es handelt sich hier um das nicht-exklusive ODER, d.h. **mindestens** eines der beiden Ereignisse A oder B muß zutreffen.

Kombination (A ∩ B) = sowohl A als auch B, d.h. beide gemeinsam.

Beispiel 8.3:
a) Beim Werfen zweier Münzen ist die Verbundwahrscheinlichkeit P ($K_{1.M.} \cup K_{2.M.}$) = 3/4
Von den 4 möglichen Ereignissen $\begin{Bmatrix} Z & K & Z & K \\ Z & Z & K & K \end{Bmatrix}$ sind die 3 letzten in der Kombination enthalten.
b) Beim Werfen zweier Würfel ist die Verbundwahrscheinlichkeit P ($6_{1.W.} \cup 6_{2.W.}$) = 5/36 + 5/36 + 1/36 = 11/36
Von den 36 möglichen Ereignissen sind folgende in der Kombination enthalten:
| 66666 | 12345 | 6
| 12345 | 66666 | 6
c) Beim Werfen zweier Münzen ist P ($K_{1.M.} \cap K_{2.M.}$) = 1/4
Von den 4 möglichen Ereignissen fällt nur das Ereignis $\begin{vmatrix} K \\ K \end{vmatrix}$ unter dieser Kombination.
d) Beim Werfen zweier Würfel ist P ($6_{1.W.} \cap 6_{2.W.}$) = 1/36 weil nur das Ergebnis $\begin{vmatrix} 6 \\ 6 \end{vmatrix}$ unter diese Kombination fällt.

Sich gegenseitig ausschließende Ereignisse sind solche, bei denen das Eintreffen des einen Ereignisses, das Eintreffen des anderen ausschließt. Das gemeinsame Eintreffen ist also unmöglich.

P (männlich und weiblich, bei Geburt eines Kindes) = 0
P (K und Z, beim Werfen einer Münze) = 0

Voneinander unabhängige Ereignisse sind solche, bei denen das Eintreffen des einen nicht abhängig ist von dem Eintreffen des anderen.

Beim Werfen zweier Münzen ist P (K der 1. Münze) unabhängig von P (K der 2. Münze)
Dagegen ist P (hohes Einkommen) sicherlich abhängig vom Ausbildungsniveau.

In diesem Abschnitt sollen die wahrscheinlichkeitstheoretischen Grundlagen nur insoweit dargestellt werden, wie sie für die **Entscheidungstheorie** (Abschnitt 9) benötigt werden.

8.2 Wahrscheinlichkeitssätze

Einige Wahrscheinlichkeitssätze können zur Bestimmung der Wahrscheinlichkeit komplexer Ereignisse (Ereigniskombination) wertvolle Hilfe leisten. Komplexe Wahrscheinlichkeitsprobleme werden aufgesplittet, die Einzelwahrscheinlichkeiten getrennt analysiert und anschließend wieder kombiniert.

8.2.1 Additionssatz

Der Additionssatz lautet für zwei Ereignisse A und B

$$P(A \cup B) = P(A) + P(B) - P(A \cap B)$$

Die Aussage dieses Satzes kann man sich an „sich überlappenden Flächen" in einem Venn-Diagramm verdeutlichen:

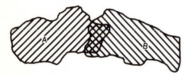

Bild 8.1 Venn-Diagramm für die Kombination zweier Ereignisse

Beweis:
Die Ereigniskombination $A \cup B$ trifft genau dann ein, wenn laut Definition eines der folgenden Ereignisse eintrifft:

Entweder	A alleine	d.h. $(A \cap \bar{B})$
oder	B alleine	d.h. $(\bar{A} \cap B)$
oder A und B gemeinsam		d.h. $(A \cap B)$.

Also ist $(A \cup B) = (A \cap \bar{B}) + (\bar{A} \cap B) + (A \cap B)$.
Man kann also sagen, die Kombination $(A \cup B)$ ist in diesen drei sich gegenseitig ausschließenden Formen realisierbar. Das gleiche gilt auch für die Wahrscheinlichkeit

$$P(A \cup B) = P(A \cap \bar{B}) + P(\bar{A} \cap B) + P(A \cap B) \qquad ①$$

Weiterhin ist A in den sich gegenseitig ausschließenden Formen $(A \cap B)$ und $(A \cap \bar{B})$ realisierbar

$$P(A) = P(A \cap B) + P(A \cap \bar{B}) \qquad ②$$

Ebenso gilt für B

$$P(B) = P(A \cap B) + P(\bar{A} \cap B) \qquad ③$$

Durch Addition dieser beiden letzten Ausdrücke erhält man:

$$P(A) + P(B) = 2 \cdot P(A \cap B) + P(A \cap \bar{B}) + P(\bar{A} \cap B)$$

oder

$$P(A) + P(B) - P(A \cap B) = P(A \cap B) + P(A \cap \bar{B}) + P(\bar{A} \cap B)$$

Durch Vergleich der rechten Seite dieses Ausdruckes mit ① ergibt sich:

$$P(A \cup B) = P(A) + P(B) - P(A \cap B)$$

8. Wahrscheinlichkeitstheoretische Grundlagen

Beispiel 8.4

a) Wie groß ist die Wahrscheinlichkeit beim Ziehen einer Karte aus einem Kartenspiel entweder ein **As** oder ein **Herz** zu erhalten?

$$P(As \cup Herz) = P(As) + P(Herz) - \underbrace{P(As \cap Herz)}_{Herz-As}$$

$$= 4/52 + 13/52 - 1/52 = 16/52$$

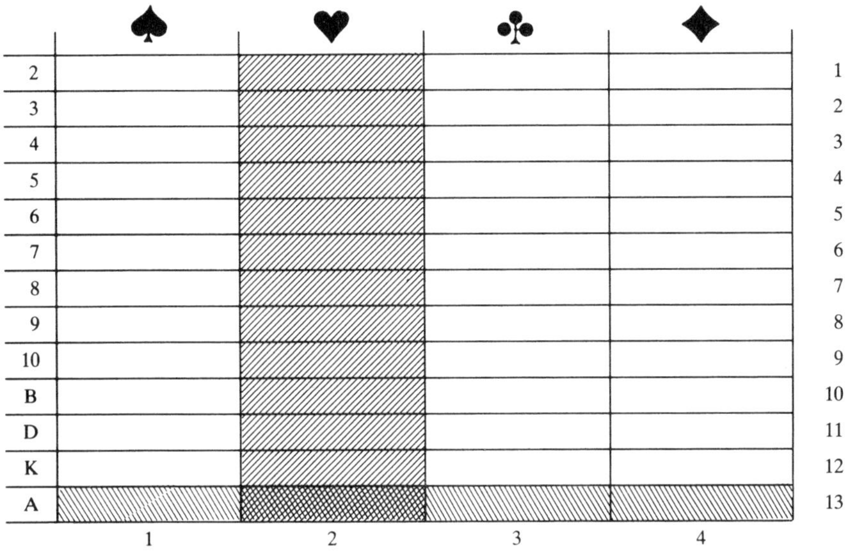

Bild 8.2 Schematische Darstellung der Ereigniselemente.

b) Die Wahrscheinlichkeit beim Werfen zweier Münzen (oder zweier Würfel) entweder beim 1. oder beim 2. Wurf einen Kopf (eine Sechs) zu erhalten ist:

$$P(K_{1.M.} \cup K_{2.M.}) = P(K_{1.M.}) + P(K_{2.M.}) - P(K_{1.M.} \cap K_{2.M.})$$
$$= 1/2 + 1/2 - 1/4 = 3/4$$

$$P(6_{1.W.} \cup 6_{2.W.}) = P(6_{1.W.}) + P(6_{2.W.}) - P(6_{1.W.} \cap 6_{.2.W.})$$
$$= 1/6 + 1/6 - 1/36 = 11/36$$

c) Die Ankünfte von Kunden beim Friseur in den ersten 10 Minuten nach der Öffnung seien wie folgt festgestellt:

Zahl der Ankünfte	Wahrscheinlichkeit
0	10% der Beobachtungen
1	20% der Beobachtungen
2	30% der Beobachtungen
3	30% der Beobachtungen
4	10% der Beobachtungen
5	0% der Beobachtungen

Wie groß ist die Wahrscheinlichkeit, daß man in den ersten 10 Minuten 2 oder 3 Personen, wenigstens 1 Person, höchstens 2 Personen antrifft?

$$P(2 \cup 3) = P(2) + P(3) - P(2 \cap 3) = 0{,}3 + 0{,}3 = 0{,}6$$
$$P(X \geq 1) = P(1) + P(2) + P(3) + P(4) = 0{,}9$$
$$P(X \leq 2) = P(0) + P(1) + P(2) = 0{,}6$$

Der Additionssatz kann ebenfalls sehr nützlich sein, wenn es sich um komplementäre (entgegengesetzte) **Ereignisse** handelt.

$P(A \cup \bar{A}) = P(A) + P(\bar{A}) = 1$ wobei $\bar{A}$ = nicht A

Wenn die Bestimmung von $P(\bar{A})$ einfacher ist als die Bestimmung $P(A)$, kann man sich dieses Satzes bedienen.

Beispiel 8.5:
a) Beim Werfen mit zwei Münzen ist
$P(K > 0) = 1 - P(K = 0)$

b) Beim Werfen zweier Würfel ist
$$\begin{aligned}P(\text{keine } 6) &= 1 - P(\text{wenigstens eine } 6) \\ &= 1 - P(6_{1.w.} \cup 6_{2.w.}) \\ &= 1 - [P(6_{1.w.}) + P(6_{2.w.}) - P(6_{1.w.} \cap 6_{2.w.})] \\ &= 1 - [1/6 + 1/6 - 1/36] = 25/36\end{aligned}$$

c) Im Beispiel Friseursalon ist:
$$P(\underbrace{\text{wenigstens 1 Person}}_{\text{jemand}}) = 1 - P(\underbrace{\text{keine Person}}_{\text{niemand}})$$
$$= 1 - P(0) = 1 - 0{,}1 = 0{,}9$$

Schließen sich zwei Ereignisse A und B gegenseitig aus, d.h. ist das gemeinsame Eintreffen von A und B unmöglich, so ist $P(A \cap B) = 0$ und damit $P(A \cup B) = P(A) + P(B)$

Der Additionssatz für drei Ereignisse lautet:
$$\begin{aligned}P(A \cup B \cup C) = \;&P(A) + P(B) + P(C) \\ &- P(A \cap B) - P(B \cap C) - P(A \cap C) \\ &+ P(A \cap B \cap C).\end{aligned}$$

8.2.2 Bedingte Wahrscheinlichkeit

Interessiert man sich bei einem Zufallsexperiment für die Wahrscheinlichkeit des Ereignisses B unter der Annahme oder sogar dem Wissen, daß ein bestimmtes Ereignis A eintritt oder bereits eingetreten ist, so ist das die bedingte Wahrscheinlichkeit $P(B|A)$. Man spricht das „B unter der Bedingung von A" oder „B unter der Voraussetzung von A".

Die bedingte Wahrscheinlichkeit kann entweder rein überlegungsmäßig z.B. anhand des Ereignisbaumes oder mit folgender Formel bestimmt werden:

$$P(B|A) = \frac{P(A \cap B)}{P(A)}$$

Beispiel 8.6:
a) Jemand zieht eine Karte aus dem Spiel. Man kann die Karte nicht richtig erkennen, meint jedoch festgestellt zu haben, daß es sich um ein Bild (Bube, Dame, König) gehandelt hat.
Wie groß ist die Wahrscheinlichkeit, daß die gezogene Karte ein König ist, unter der Voraussetzung, daß sie ein Bild zeigt?
$P(\text{König}) = 4/52; P(\text{Bild}) = 12/52$
Rein überlegungsmäßig $P(\text{König}|\text{Bild}) = 4/12 = 1/3$
Mit Formel
$$P(\text{König}|\text{Bild}) = \frac{P(\text{Bild} \cap \text{König})}{P(\text{Bild})} = \frac{4/52}{12/52} = 4/12 = 1/3$$

b) Eine Untersuchung über den Zusammenhang von Beschäftigungsdauer und Art der Wohnung ergab:

	Job-Dauer K kurz (<2 Jahre)	Job-Dauer L lang (>2 Jahre)	Summe
Eigenheim E	$P(E \cap K) = 0,10$	$P(E \cap L) = 0,20$	$P(E) = 0,30$
Mietwohnung M	$P(M \cap K) = 0,40$	$P(M \cap L) = 0,30$	$P(M) = 0,70$
Summe	$P(K) = 0,50$	$P(L) = 0,50$	

Man bestimme die bedingten Wahrscheinlichkeiten

$P(E|L) = \dfrac{P(E \cap L)}{P(L)} = \dfrac{0,20}{0,50} = 0,4$

$P(L|E) = \dfrac{P(E \cap L)}{P(E)} = \dfrac{0,20}{0,30} = 0,66$

$P(M|K) = ?$
$P(K|M) = ?$

8.2.3 Multiplikationssatz

Der Multiplikationssatz lautet in seiner allgemeinen Form

$P(A \cap B \cap C) = P(A) \cdot P(B|A) \cdot P(C|A \cap B)$

Man kann bei Vorliegen von nur zwei Ereignissen A und B leicht erkennen, daß der Multiplikationssatz sich aus der bedingten Wahrscheinlichkeit ableiten läßt.

Für den Fall, daß die Ereignisse voneinander unabhängig sind, gilt

$P(A \cap B \cap C) = P(A) \cdot P(B) \cdot P(C)$

In komplexeren Fällen empfiehlt sich die Ermittlung der Verbundwahrscheinlichkeiten $P(A \cap B)$ sowie der dazu erforderlichen bedingten Wahrscheinlichkeiten anhand der Ereignis- oder Wahrscheinlichkeitsbäume. (Vgl. Bild 8.3 und 8.4)

Beispiel 8.7:
a) Ein Kugellager besteht aus Außenring, Innenring und dem Kugelkäfig (incl. Kugeln). Wie groß ist die Wahrscheinlichkeit, daß ein Kugellager völlig einwandfrei ist, wenn die Ausschußwahrscheinlichkeit der zum Auftrag verwendeten Ringe je 2% und der Kugelkäfige je 6% beträgt? (OK = einwandfrei)

$\begin{aligned} P(\text{alles OK}) &= P(\text{Außenring OK} \cap \text{Innenring OK} \cap \text{Käfig OK}) \\ &= P(\text{Außenring OK}) \cdot P(\text{Innenring OK}) \cdot P(\text{Käfig OK}) \\ &= (1 - 0,02) \cdot (1 - 0,02) \cdot (1 - 0,06) \\ &= 0,98 \cdot 0,98 \cdot 0,94 = 0,90 \end{aligned}$

b) In einer Urne befinden sich 5 Kugeln, darunter 2 weiße und 3 schwarze. Es wird zweimal hintereinander eine Kugel entnommen. Wie groß sind die interessierenden Wahrscheinlichkeiten
   1. ohne Zurücklegen
   2. mit Zurücklegen?

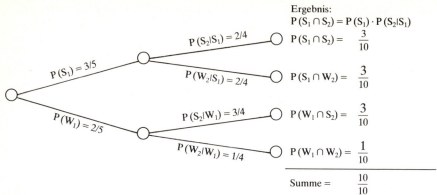

Bild 8.3. Wahrscheinlichkeit ohne Zurücklegen

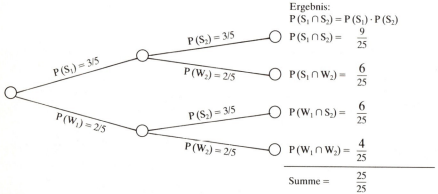

Bild 8.4. Wahrscheinlichkeit mit Zurücklegen

8.2.4 Satz von Bayes

Mittels des Bayes-Satzes können Wahrscheinlichkeiten überprüft und revidiert werden, wenn neue Informationen aus Stichproben vorliegen.

Eine Revision der Wahrscheinlichkeit liegt auch vor, wenn man morgens ohne Regenschirm aus dem Haus geht, weil man nur mit geringer Wahrscheinlichkeit mit Regen rechnet; ein Blick zum Himmel (Stichprobe) läßt uns jedoch dunkle Wolkenbänke erkennen; außerdem „riecht" es nach Regen. Man revidiert sein vorheriges Wahrscheinlichkeitsurteil und geht zurück, um einen Regenschirm zu holen.

Eine Stichprobe hat mehrere sich gegenseitig ausschließende Ereignisse $E_1 E_2 \ldots E_n$, deren Wahrscheinlichkeiten vor der Durchführung des Experimentes mit $P(E_1)$, $P(E_2)$ usw. vermutet werden; man nennt sie deshalb **Apriori-Wahrscheinlichkeiten**.

Das Experiment selbst möge mehrere mögliche Resultate R haben, die von den Ereignissen E_i abhängen. Die bedingten Wahrscheinlichkeiten $P(R|E_1)$, $P(R|E_2)$ usw. mögen ebenfalls bekannt sein. Die **Aposteriori-Wahrscheinlichkeiten** $P(E_1|R)$ $P(E_2|R)$ usw. können dann wie folgt berechnet werden:

$$P(E_i|R) = \frac{P(E_i) \cdot P(R|E_i)}{\sum_i P(E_i) \cdot P(R|E_i)}$$

Es handelt sich um die Revision von Wahrscheinlichkeiten im Lichte neuer Informationen. Anstelle der Bayes-Formel kann auch die in Abschnitt 9.4 dargestellte Technik zur Revision von Apriori-Wahrscheinlichkeiten und zur Bestimmung von Aposteriori-Wahrscheinlichkeiten herangezogen werden.

Beispiel 8.8:
Ein Becher enthält 5 Würfel, von denen einer so verändert ist, daß die Wahrscheinlichkeit eine „6" zu erhalten, gleich 2/3 ist. Ein Würfel wird gezogen und geworfen. Der Würfel zeigt eine „6".
Wie groß ist die Wahrscheinlichkeit, daß es sich um den unregelmäßigen Würfel handelt?

$E_1 \triangleq$ regelmäßiger Würfel
$E_2 \triangleq$ unregelmäßiger Würfel
$R \triangleq$ „6" Resultat des Wurfes

A priori-Wahrscheinlichkeit $P(E_1) = 4/5$ (4 von 5 Würfeln)
                                   $P(E_2) = 1/5$ (1 von 5 Würfeln)

Bedingte Wahrscheinlichkeit $P(R|E_1) = 1/6$
                                   $P(R|E_2) = 2/3$

A posteriori-Wahrscheinlichkeit, daß der geworfene Würfel der unregelmäßige war, $P(E_2|R)$, wird mit dem Satz von Bayes errechnet.

$$P(E_2|R) = \frac{P(E_2) \cdot P(R|E_2)}{P(E_1) \cdot P(R|E_1) + P(E_2) \cdot P(R|E_2)}$$

$$= \frac{1/5 \cdot 2/3}{4/5 \cdot 1/6 + 1/5 \cdot 2/3} = \frac{2/15}{4/30 + 4/30}$$

$$= \frac{4/30}{8/30} = 1/2$$

Man sieht, daß die Wahrscheinlichkeit den unregelmäßigen Würfel zu werfen, vom A priori-Wert von 1/5 (den man erhält, wenn keine weitere Information vorliegt) auf den A posteriori-Wert von 1/2 revidiert werden muß, nachdem wir wissen, daß der Wurf eine „6" zeigte.

Beispiel 8.9
Im Fachbereich X werden alle Bewerber ohne Rücksicht auf die Note in Mathematik im Reifezeugnis immatrikuliert.
Es stellt sich im Vorexamen heraus, daß 40% der Studenten die Fachprüfung Mathematik wiederholen müssen. 80% dieser Wiederholer hatten bereits im Reifezeugnis mangelhafte Kenntnisse in Mathematik vermerkt. Dagegen hatten nur 10% der Studenten, die die Vorexamensprüfung im Fach Mathematik ohne Wiederholung schafften, mangelhafte Kenntnisse in Mathematik im Reifezeugnis ausgewiesen. Wie groß ist die Wahrscheinlichkeit dafür, daß ein immatrikulierter Student mit mangelhaften Mathematik-Kenntnissen im Reifezeugnis das Vorexamen in Mathematik wiederholen muß?

$E_1 \triangleq$ Vorexamen ohne Wiederholung
$E_2 \triangleq$ Vorexamen mit Wiederholung
$R \triangleq$ Mangelhaft im Reifezeugnis

$P(E_1) = 60\%$ Vorexamen Mathematik ohne Wiederholung
$P(E_2) = 40\%$ Vorexamen Mathematik mit Wiederholung
$P(R|E_1) = 10\%$ ⎫
$P(R|E_2) = 80\%$ ⎭ Mangelhafte Kenntnisse bereits im Reifezeugnis vermerkt.

$$P(E_2|R) = \frac{P(E_2) \cdot P(R|E_2)}{P(E_1) \cdot P(R|E_1) + P(E_2) \cdot P(R|E_2)}$$

$$= \frac{0,4 \cdot 0,8}{0,6 \cdot 0,1 + 0,4 \cdot 0,8} = \frac{0,32}{0,38} = 0,84 \triangleq 84\%$$

8.3 Wahrscheinlichkeitsverteilung

Bei einem Zufallsexperiment (wie z.B. „Werfen von drei Münzen") ist die Anzahl bestimmter Ereignisse (z.B. Anzahl der „Köpfe") nicht im Einzelfall vorherbestimmbar. Derartige Variable, deren Wert vom Zufall abhängen, nennt man **Zufallsvariable** und bezeichnet sie mit Großbuchstaben (z.B. X).

Der einzelne Wert, den eine Zufallsvariable X annehmen kann, heißt **Ausprägung** oder **Realisation** der Zufallsvariable und wird mit kleinen Buchstaben bezeichnet. (Beim „Werfen von drei Münzen" besitzt die Zufallsvaribale X = „Anzahl Köpfe" die Ausprägungen $x_1 = 0, x_2 = 1, x_3 = 2, x_4 = 3$).

Solche Zufallsvariable, die nur abzählbar viele Ausprägungen besitzen, werden als **diskrete** Zufallsvariable bezeichnet. Demgegenüber können **stetige** Zufallsvariable jeden beliebigen Zahlenwert annehmen.

8.3.1 Wahrscheinlichkeitsfunktion und Verteilungsfunktion

Als **Wahrscheinlichkeitsfunktion f (x)** einer diskreten Zufallsvariablen X bezeichnet man die Funktion, die die Wahrscheinlichkeit dafür angibt, daß die Zufallsvaribale X den Ausprägungswert x annimmt.

$f(x) = P(X = x)$

Als **Verteilungsfunktion F (x)** einer diskreten Zufallsvariablen X bezeichnet man die Funktion, die die Wahrscheinlichkeit dafür angibt, daß die Zufallsvariable X höchstens den Ausprägungswert x annimmt.

$F(x) = P(X \leq x) = \sum_{x_j \leq x} f(x_j)$

Beispiel 8.10
a) Es sind die Wahrscheinlichkeits- und Verteilungsfunktionswerte beim „Werfen dreier Münzen" zu bestimmen. X = „Anzahl der Köpfe"

Wahrscheinlichkeit der Ereigniselemente	Ausprägungen x	$f(x) = P(X = x)$	$F(x) = P(X \leq x)$
$P(Z, Z, Z) = 1/8$	0	1/8	1/8
$P(Z, Z, K) = 1/8$ $P(Z, K, Z) = 1/8$ $P(K, Z, Z) = 1/8$	1	3/8	4/8
$P(Z, K, K) = 1/8$ $P(K, Z, K) = 1/8$ $P(K, K, Z) = 1/8$	2	3/8	7/8
$P(K, K, K) = 1/8$	3	1/8	8/8

b) Es sind die Wahrscheinlichkeits- und Verteilungsfunktionen beim „Werfen eines Würfels" zu formulieren und graphisch darzustellen.

$f(x) = \begin{cases} 1/6 & \text{für } 1 \leq x \leq 6 \\ 0 & \text{für alle anderen Werte von x} \end{cases}$

$F(x) = \begin{cases} 0 & \text{für } -\infty \leq x < 1 \\ 1/6x & \text{für } 1 \leq x \leq 6 \\ 1 & \text{für } 6 < x = +\infty \end{cases}$

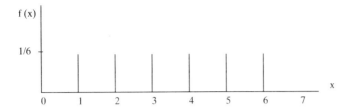

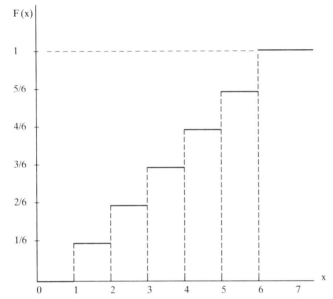

Bild 8.5 Graphische Darstellung der Wahrscheinlichkeitsfunktion f(x) und der Verteilungsfunktion F(x) beim Werfen mit einem Würfel.

Bei einer stetigen Zufallsvariablen X ist die Verteilungsfunktion keine Treppenfunktion sondern eine stetige Funktion (vgl. z.B. Bild 8.6).

$$F(x) = P(X \leq x) = \int_{-\infty}^{x} f(x)\,dx$$

Die Verteilungsfunktion hat folgende Eigenschaften

1. $0 \leq F(x) \leq 1$
2. $F(x)$ ist monoton wachsend und stetig
3. $\lim F(x) = 0$ für $x \to -\infty$
4. $\lim F(x) = 1$ für $x \to +\infty$

Die Ableitung der Verteilungsfunktion ist ebenfalls stetig und wird **Wahrscheinlichkeitsdichte** oder **Dichtefunktion** f(x) bezeichnet; sie entspricht der Wahrscheinlichkeitsfunktion im diskreten Fall.

Die Verteilungsfunktion ist sowohl im diskreten wie im stetigen Fall für die Berechnung von Wahrscheinlichkeiten von großer Bedeutung:

Die Wahrscheinlichkeit dafür, daß eine Zufallsvariable X einen Wert zwischen Intervallgrenzen a und b liegt, entspricht der Fläche unter der Dichtefunktion bzw. der Höhendifferenz der Verteilungsfunktion an den Intervallgrenzen

$$P(a < X \leq b) = \int_a^b f(x)\,dx = F(b) - F(a)$$

Beweis:
Die Ereignisse $X \leq a$ und $a < X \leq b$ schließen sich gegenseitig aus; die Summe dieser beiden Ereignisse ist das Ereignis $X \leq b$

$(X \leq b) = (X \leq a) + (a < X \leq b)$
$P(X \leq b) = P(X \leq a) + P(a < X \leq b)$
$P(a < X \leq b) = P(X \leq b) - P(X \leq a) = F(b) - F(a)$

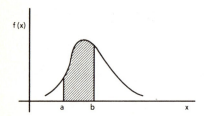

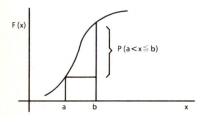

Bild 8.6 Wahrscheinlichkeitsdichte f(x) und Verteilungsfunktion F(x) einer stetigen Zufallsvariable.

Beispiel 8.11
a) Man bestimme folgende Wahrscheinlichkeiten

$P(X = 2 \text{ oder } 3)$
$P(X < 5)$
$P(X \geq 3)$

beim Würfeln mit einem Würfel, wenn F(x) als bekannt vorausgesetzt wird (vgl. Beispiel 8.10)

$P(a < X \leq b) = F(b) - F(a)$
$P(1 < X \leq 3) = F(3) - F(1) = 3/6 - 1/6 = 2/6$
$P(0 < X \leq 4) = F(4) - F(0) = 4/6 - 0 \quad = 4/6$
$P(2 < x \leq 6) = F(6) - F(2) = \ 1\ - 2/6 = 4/6$

b) Man ermittle und zeichne f(x) und F(x) der Variablen X = Anzahl der beim Wurf zweier regelmäßiger Würfel erzielten Zahlen.
Wie groß ist die Wahrscheinlichkeit
1. exakt 9 Augen,
2. wenigstens (mindestens) 9 Augen,
3. höchstens 9 Augen und
4. wenigstens 5, jedoch weniger als 10 Augen zu erhalten?

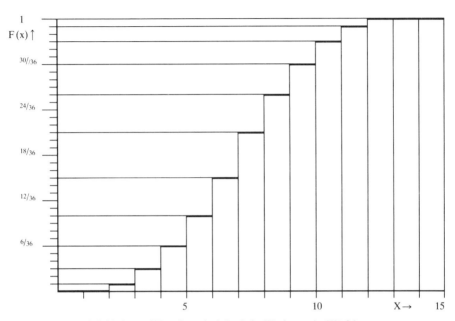

Bild 8.7 Wahrscheinlichkeits- und Verteilungsfunktion beim Werfen zweier Würfel.

$P(X = 9) = 4/36 = 1/9$
$P(X \geq 9) = P(8 < x \leq 12) = F(12) - F(8) = 1 - 26/36 = 10/36 = 5/18$
$P(X \leq 9) = P(0 < x \leq 9) = F(9) - F(0) = 30/36 - 0 = 5/6$
$P(4 < x \leq 9) = F(9) - F(4) = 30/36 - 6/36 = 24/36 = 2/3$

8.3.2 Binomialverteilung

Die Binomialverteilung geht als eine der ältesten statistischen Verteilungen auf **Jakob Bernoulli** (1654-1705) zurück, der sie in seiner erst 1713 veröffentlichten Schrift „Ars conjecturandi" abgeleitet hat. Mit ihr lassen sich die Wahrscheinlichkeiten für die Häufigkeit des Eintretens bestimmter Ereignisse bei sogenannten **Bernoulli-Experimenten** berechnen; derartige Experimente sind durch folgende 3 Bedingungen gekennzeichnet

- Es sind nur zwei komplementäre Ereignisse möglich (z.B. „Kopf" oder „Zahl" beim Münzenwerfen, „Erfolg" oder „Mißerfolg").
- Die Erfolgswahrscheinlichkeiten p oder $\bar{p} = q = 1 - p$ muß bei allen Experimenten gleicher Art auch gleich sein.
- Die Erfolgswahrscheinlichkeit bleibt während allen Ausführungen eines Experimentes konstant (z.B. muß p beim 5. Wurf genauso groß sein wie beim 1. Wurf.).

Die beiden letzten Bedingungen erfordern die Herstellung des ursprünglichen Zustandes vor jedem Experiment, wie beim Ziehen mit Zurücklegen im Urnenmodell.

Die **Wahrscheinlichkeitsfunktion der Binomialverteilung**, auch B (n; p)-Verteilung genannt, lautet

$$f_B(x/n;p) = \begin{cases} \binom{n}{x} p^x q^{n-x} & \text{für } x = 0, 1, 2, \ldots, n \\ 0 & \text{für alle anderen Werte von } x \end{cases}$$

wobei n = Anzahl der Ausführungen des Experimentes
  x = 0, 1, ..., n Anzahl der Erfolge
  p = Erfolgswahrscheinlichkeit bei einmaliger Durchführung des Experimentes
   = 1 − q

Beweis:
Bei n Ausführungen eines Experimentes ist die Wahrscheinlichkeit, daß das Erfolgsereignis (z.B. Sechs beim Würfeln) zunächst genau x-mal hintereinander eintrifft und dann (n−x)mal nur Mißerfolge zu verzeichnen sind (nach dem Multiplikationssatz):

$$\underbrace{p \cdot p \cdot p \cdots p}_{x\text{-mal}} \cdot \underbrace{q \cdot q \cdot q \cdots q}_{(n-x)\text{-mal}} = p^x q^{n-x}$$

Natürlich gibt es eine ganze Reihe anderer Folgen, bei denen ebenfalls genau x-mal das Erfolgsereignis eintritt, jedoch in einer anderen Reihenfolge. Mit Hilfe der Kombinatorik läßt sich ermitteln, wieviele verschiedene Möglichkeiten es gibt, bei n Versuchen x-mal das Erfolgsereignis zu erhalten; die Anzahl dieser Möglichkeiten entspricht der Anzahl der Kombinationen ohne Wiederholung und ohne Berücksichtigung der Anordnung, nämlich $\binom{n}{x}$. Jede dieser Folgen besitzt die gleiche Wahrscheinlichkeit nämlich $p^x q^{n-x}$. Da sich die einzelnen Folgen gegenseitig ausschließen, ergibt sich die gesuchte Wahrscheinlichkeit P (X = x) nach dem Additionssatz für sich gegenseitig ausschließende Ereignisse zu

$$P(X = x) = \binom{n}{x} p^x q^{n-x}$$

Die **Verteilungsfunktion** der Binomialverteilung gibt die Wahrscheinlichkeit an, mit der eine binomialverteilte Zufallsvariable X höchstens den Wert x annehmen, das Erfolgsereignis also (X ≤ x)-mal eintreffen kann.

$$F_B(x/n;p) = \sum_{k=0}^{x} \binom{n}{k} p^k q^{n-k}$$

Die praktische Berechnung der Funktionswerte mittels der Funktionen ist umständlich; deshalb ist die Tabelle 8.1 sehr wertvoll.

Der **Erwartungswert** der Binomialverteilung ist $E(X) = \mu = n \cdot p$

Die **Varianz** der Binomialverteilung: $Var(X) = \sigma^2 = n \cdot p \cdot q$

Berechnung der Binomialkoeffizienten

$$\binom{n}{x} = \frac{n!}{x!(n-x)!} = \frac{n(n-1)(n-2)\cdots(n-x+1)}{x!} \text{ für } \begin{cases} x \neq 0 \\ x \neq n \end{cases}$$

$$\binom{n}{x} = 1 \text{ für } \begin{cases} x = 0 \\ x = n \end{cases}$$

8. Wahrscheinlichkeitstheoretische Grundlagen

Tabelle 8.1 Binomialverteilung

n	x	p=0,05 f(x)	F(x)	p=0,10 f(x)	F(x)	p=0,15 f(x)	F(x)	p=0,20 f(x)	F(x)	p=0,25 f(x)	F(x)	p=0,30 f(x)	F(x)	p=0,35 f(x)	F(x)	p=0,40 f(x)	F(x)	p=0,45 f(x)	F(x)	p=0,50 f(x)	F(x)
1	0	0,9500	0,9500	0,9000	0,9000	0,8500	0,8500	0,8000	0,8000	0,7500	0,7500	0,7000	0,7000	0,6500	0,6500	0,6000	0,6000	0,5500	0,5500	0,5000	0,5000
	1	0,0500	1,0000	0,1000	1,0000	0,1500	1,0000	0,2000	1,0000	0,2500	1,0000	0,3000	1,0000	0,3500	1,0000	0,4000	1,0000	0,4500	1,0000	0,5000	1,0000
2	0	0,9025	0,9025	0,8100	0,8100	0,7225	0,7225	0,6400	0,6400	0,5625	0,5625	0,4900	0,4900	0,4225	0,4225	0,3600	0,3600	0,3025	0,3025	0,2500	0,2500
	1	0,0950	0,9975	0,1800	0,9900	0,2550	0,9775	0,3200	0,9600	0,3750	0,9375	0,4200	0,9100	0,4550	0,8775	0,4800	0,8400	0,4950	0,7975	0,5000	0,7500
	2	0,0025	1,0000	0,0100	1,0000	0,0225	1,0000	0,0400	1,0000	0,0625	1,0000	0,0900	1,0000	0,1225	1,0000	0,1600	1,0000	0,2025	1,0000	0,2500	1,0000
3	0	0,8574	0,8574	0,7290	0,7290	0,6141	0,6141	0,5120	0,5120	0,4219	0,4219	0,3430	0,3430	0,2746	0,2746	0,2160	0,2160	0,1664	0,1664	0,1250	0,1250
	1	0,1354	0,9927	0,2430	0,9720	0,3251	0,9392	0,3840	0,8960	0,4219	0,8438	0,4410	0,7840	0,4436	0,7182	0,4320	0,6480	0,4084	0,5747	0,3750	0,5000
	2	0,0071	0,9999	0,0270	0,9990	0,0574	0,9966	0,0960	0,9920	0,1406	0,9844	0,1890	0,9730	0,2389	0,9571	0,2880	0,9360	0,3341	0,9089	0,3750	0,8750
	3	0,0001	1,0000	0,0010	1,0000	0,0034	1,0000	0,0080	1,0000	0,0156	1,0000	0,0270	1,0000	0,0429	1,0000	0,0640	1,0000	0,0911	1,0000	0,1250	1,0000
4	0	0,8145	0,8145	0,6561	0,6561	0,5220	0,5220	0,4096	0,4096	0,3164	0,3164	0,2401	0,2401	0,1785	0,1785	0,1296	0,1296	0,0915	0,0915	0,0625	0,0625
	1	0,1715	0,9860	0,2916	0,9477	0,3685	0,8905	0,4096	0,8192	0,4219	0,7383	0,4116	0,6517	0,3845	0,5630	0,3456	0,4752	0,2995	0,3910	0,2500	0,3125
	2	0,0135	0,9995	0,0486	0,9963	0,0975	0,9880	0,1536	0,9728	0,2109	0,9492	0,2646	0,9163	0,3105	0,8735	0,3456	0,8208	0,3675	0,7585	0,3750	0,6875
	3	0,0005	1,0000	0,0036	0,9999	0,0115	0,9995	0,0256	0,9984	0,0469	0,9961	0,0756	0,9919	0,1115	0,9850	0,1536	0,9744	0,2005	0,9590	0,2500	0,9375
	4	0,0000	1,0000	0,0001	1,0000	0,0005	1,0000	0,0016	1,0000	0,0039	1,0000	0,0081	1,0000	0,0150	1,0000	0,0256	1,0000	0,0410	1,0000	0,0625	1,0000
5	0	0,7738	0,7738	0,5905	0,5905	0,4437	0,4437	0,3277	0,3277	0,2373	0,2373	0,1681	0,1681	0,1160	0,1160	0,0778	0,0778	0,0503	0,0503	0,0313	0,0313
	1	0,2036	0,9774	0,3280	0,9185	0,3915	0,8352	0,4096	0,7373	0,3955	0,6328	0,3601	0,5282	0,3124	0,4284	0,2592	0,3370	0,2059	0,2562	0,1563	0,1875
	2	0,0214	0,9988	0,0729	0,9914	0,1382	0,9734	0,2048	0,9421	0,2637	0,8965	0,3087	0,8369	0,3364	0,7648	0,3456	0,6826	0,3369	0,5931	0,3125	0,5000
	3	0,0011	0,9999	0,0081	0,9995	0,0244	0,9978	0,0512	0,9933	0,0879	0,9844	0,1323	0,9692	0,1811	0,9460	0,2304	0,9130	0,2757	0,8688	0,3125	0,8125
	4	0,0000	1,0000	0,0005	1,0000	0,0022	0,9999	0,0064	0,9997	0,0146	0,9990	0,0283	0,9976	0,0488	0,9947	0,0768	0,9898	0,1128	0,9815	0,1562	0,9687
	5	0,0000	1,0000	0,0000	1,0000	0,0001	1,0000	0,0003	1,0000	0,0010	1,0000	0,0024	1,0000	0,0053	1,0000	0,0102	1,0000	0,0185	1,0000	0,0312	1,0000
6	0	0,7351	0,7351	0,5314	0,5314	0,3771	0,3771	0,2621	0,2621	0,1780	0,1780	0,1176	0,1176	0,0754	0,0754	0,0467	0,0467	0,0277	0,0277	0,0156	0,0156
	1	0,2321	0,9672	0,3543	0,8857	0,3993	0,7765	0,3932	0,6554	0,3560	0,5339	0,3025	0,4202	0,2437	0,3191	0,1866	0,2333	0,1359	0,1636	0,0938	0,1094
	2	0,0305	0,9978	0,0984	0,9841	0,1762	0,9527	0,2458	0,9011	0,2966	0,8306	0,3241	0,7443	0,3280	0,6471	0,3110	0,5443	0,2780	0,4415	0,2344	0,3438
	3	0,0021	0,9999	0,0146	0,9987	0,0415	0,9941	0,0819	0,9830	0,1318	0,9624	0,1852	0,9295	0,2355	0,8826	0,2765	0,8208	0,3032	0,7447	0,3125	0,6563
	4	0,0001	1,0000	0,0012	0,9999	0,0055	0,9996	0,0154	0,9984	0,0330	0,9954	0,0595	0,9891	0,0951	0,9777	0,1382	0,9590	0,1861	0,9308	0,2344	0,8906
	5	0,0000	1,0000	0,0001	1,0000	0,0004	1,0000	0,0015	0,9999	0,0044	0,9998	0,0102	0,9993	0,0205	0,9982	0,0369	0,9959	0,0609	0,9917	0,0937	0,9844
	6	0,0000	1,0000	0,0000	1,0000	0,0000	1,0000	0,0001	1,0000	0,0002	1,0000	0,0007	1,0000	0,0018	1,0000	0,0041	1,0000	0,0083	1,0000	0,0156	1,0000
7	0	0,6983	0,6983	0,4783	0,4783	0,3206	0,3206	0,2097	0,2097	0,1335	0,1335	0,0824	0,0824	0,0490	0,0490	0,0280	0,0280	0,0152	0,0152	0,0078	0,0078
	1	0,2573	0,9556	0,3720	0,8503	0,3960	0,7166	0,3670	0,5767	0,3115	0,4449	0,2471	0,3294	0,1848	0,2338	0,1306	0,1586	0,0872	0,1024	0,0547	0,0625
	2	0,0406	0,9962	0,1240	0,9743	0,2097	0,9262	0,2753	0,8520	0,3115	0,7564	0,3177	0,6471	0,2985	0,5323	0,2613	0,4199	0,2140	0,3164	0,1641	0,2266
	3	0,0036	0,9998	0,0230	0,9973	0,0617	0,9879	0,1147	0,9667	0,1730	0,9294	0,2269	0,8740	0,2679	0,8002	0,2903	0,7102	0,2918	0,6083	0,2734	0,5000
	4	0,0002	1,0000	0,0026	0,9998	0,0109	0,9988	0,0287	0,9953	0,0577	0,9871	0,0972	0,9712	0,1442	0,9444	0,1935	0,9037	0,2388	0,8471	0,2734	0,7734
	5	0,0000	1,0000	0,0002	1,0000	0,0012	0,9999	0,0043	0,9996	0,0115	0,9987	0,0250	0,9962	0,0466	0,9910	0,0774	0,9812	0,1172	0,9643	0,1641	0,9375
	6	0,0000	1,0000	0,0000	1,0000	0,0001	1,0000	0,0004	1,0000	0,0013	0,9999	0,0036	0,9998	0,0084	0,9994	0,0172	0,9984	0,0320	0,9963	0,0547	0,9922
	7	0,0000	1,0000	0,0000	1,0000	0,0000	1,0000	0,0000	1,0000	0,0001	1,0000	0,0002	1,0000	0,0006	1,0000	0,0016	1,0000	0,0037	1,0000	0,0078	1,0000

Fortsetzung Tabelle 8.1

Binomialverteilung

n	x	p=0,05 f(x)	p=0,05 F(x)	p=0,10 f(x)	p=0,10 F(x)	p=0,15 f(x)	p=0,15 F(x)	p=0,20 f(x)	p=0,20 F(x)	p=0,25 f(x)	p=0,25 F(x)	p=0,30 f(x)	p=0,30 F(x)	p=0,35 f(x)	p=0,35 F(x)	p=0,40 f(x)	p=0,40 F(x)	p=0,45 f(x)	p=0,45 F(x)	p=0,50 f(x)	p=0,50 F(x)
8	0	0,6634	0,6634	0,4305	0,4305	0,2725	0,2725	0,1678	0,1678	0,1001	0,1001	0,0576	0,0576	0,0319	0,0319	0,0168	0,0168	0,0084	0,0084	0,0039	0,0039
	1	0,2793	0,9428	0,3826	0,8131	0,3847	0,6572	0,3355	0,5033	0,2670	0,3671	0,1977	0,2553	0,1373	0,1691	0,0896	0,1064	0,0548	0,0632	0,0313	0,0352
	2	0,0515	0,9942	0,1488	0,9619	0,2376	0,8948	0,2936	0,7969	0,3115	0,6785	0,2965	0,5518	0,2587	0,4278	0,2090	0,3154	0,1569	0,2201	0,1094	0,1445
	3	0,0054	0,9996	0,0331	0,9950	0,0839	0,9786	0,1468	0,9437	0,2076	0,8862	0,2541	0,8059	0,2786	0,7064	0,2787	0,5941	0,2568	0,4770	0,2188	0,3633
	4	0,0004	1,0000	0,0046	0,9996	0,0185	0,9971	0,0459	0,9896	0,0865	0,9727	0,1361	0,9420	0,1875	0,8939	0,2322	0,8263	0,2627	0,7396	0,2734	0,6367
	5	0,0000	1,0000	0,0004	1,0000	0,0026	0,9998	0,0092	0,9988	0,0231	0,9958	0,0467	0,9887	0,0808	0,9747	0,1239	0,9502	0,2119	0,7396	0,2188	0,6367
	5	0,0000	1,0000	0,0004	1,0000	0,0026	0,9998	0,0092	0,9988	0,0231	0,9958	0,0467	0,9887	0,0808	0,9747	0,1239	0,9502	0,1719	0,9115	0,2187	0,8555
	6	0,0000	1,0000	0,0000	1,0000	0,0002	1,0000	0,0011	0,9999	0,0038	0,9996	0,0100	0,9987	0,0217	0,9964	0,0413	0,9915	0,0703	0,9819	0,1094	0,9648
	7	0,0000	1,0000	0,0000	1,0000	0,0000	1,0000	0,0001	1,0000	0,0004	1,0000	0,0012	0,9999	0,0033	0,9998	0,0079	0,9993	0,0164	0,9983	0,0312	0,9961
	8	0,0000	1,0000	0,0000	1,0000	0,0000	1,0000	0,0000	1,0000	0,0000	1,0000	0,0001	1,0000	0,0002	1,0000	0,0007	1,0000	0,0017	1,0000	0,0039	1,0000
9	0	0,6302	0,6302	0,3874	0,3874	0,2316	0,2316	0,1342	0,1342	0,0751	0,0751	0,0404	0,0404	0,0207	0,0207	0,0101	0,0101	0,0046	0,0046	0,0020	0,0020
	1	0,2985	0,9288	0,3874	0,7748	0,3679	0,5995	0,3020	0,4362	0,2253	0,3003	0,1556	0,1960	0,1004	0,1211	0,0605	0,0705	0,0339	0,0385	0,0176	0,0195
	2	0,0629	0,9916	0,1722	0,9470	0,2597	0,8591	0,3020	0,7382	0,3003	0,6007	0,2668	0,4628	0,2162	0,3373	0,1612	0,2318	0,1110	0,1495	0,0703	0,0898
	3	0,0077	0,9994	0,0446	0,9917	0,1069	0,9661	0,1762	0,9144	0,2336	0,8343	0,2668	0,7297	0,2716	0,6089	0,2508	0,4826	0,2119	0,3614	0,1641	0,2539
	4	0,0006	1,0000	0,0074	0,9991	0,0283	0,9944	0,0661	0,9804	0,1168	0,9511	0,1715	0,9012	0,2194	0,8283	0,2508	0,7334	0,2600	0,6214	0,2461	0,5000
	5	0,0000	1,0000	0,0008	0,9999	0,0050	0,9994	0,0165	0,9969	0,0389	0,9900	0,0735	0,9747	0,1181	0,9464	0,1672	0,9006	0,2128	0,8342	0,2461	0,7461
	6	0,0000	1,0000	0,0001	1,0000	0,0006	1,0000	0,0028	0,9997	0,0087	0,9987	0,0210	0,9957	0,0424	0,9888	0,0743	0,9750	0,1160	0,9502	0,1641	0,9102
	7	0,0000	1,0000	0,0000	1,0000	0,0000	1,0000	0,0003	1,0000	0,0012	0,9999	0,0039	0,9996	0,0098	0,9986	0,0212	0,9962	0,0407	0,9909	0,0703	0,9805
	8	0,0000	1,0000	0,0000	1,0000	0,0000	1,0000	0,0000	1,0000	0,0001	1,0000	0,0004	1,0000	0,0013	0,9999	0,0035	0,9997	0,0083	0,9992	0,0176	0,9980
	9	0,0000	1,0000	0,0000	1,0000	0,0000	1,0000	0,0000	1,0000	0,0000	1,0000	0,0000	1,0000	0,0001	1,0000	0,0003	1,0000	0,0008	1,0000	0,0020	1,0000
10	0	0,5987	0,5987	0,3487	0,3487	0,1969	0,1969	0,1074	0,1074	0,0563	0,0563	0,0282	0,0282	0,0135	0,0135	0,0060	0,0060	0,0025	0,0025	0,0010	0,0010
	1	0,3151	0,9139	0,3874	0,7361	0,3474	0,5443	0,2684	0,3758	0,1877	0,2440	0,1211	0,1493	0,0725	0,0860	0,0403	0,0464	0,0207	0,0233	0,0098	0,0107
	2	0,0746	0,9885	0,1937	0,9298	0,2759	0,8202	0,3020	0,6778	0,2816	0,5256	0,2335	0,3828	0,1757	0,2616	0,1209	0,1673	0,0763	0,0996	0,0439	0,0547
	3	0,0105	0,9990	0,0574	0,9872	0,1298	0,9500	0,2013	0,8791	0,2503	0,7759	0,2668	0,6496	0,2522	0,5138	0,2150	0,3823	0,1665	0,2660	0,1172	0,1719
	4	0,0010	0,9999	0,0112	0,9984	0,0401	0,9901	0,0881	0,9672	0,1460	0,9219	0,2001	0,8497	0,2377	0,7515	0,2508	0,6331	0,2384	0,5044	0,2051	0,3770
	5	0,0001	1,0000	0,0015	0,9999	0,0085	0,9986	0,0264	0,9936	0,0584	0,9803	0,1029	0,9527	0,1536	0,9051	0,2007	0,8338	0,2340	0,7384	0,2461	0,6230
	6	0,0000	1,0000	0,0001	1,0000	0,0012	0,9999	0,0055	0,9991	0,0162	0,9965	0,0368	0,9894	0,0689	0,9740	0,1115	0,9452	0,1596	0,8980	0,2051	0,8281
	7	0,0000	1,0000	0,0000	1,0000	0,0001	1,0000	0,0008	0,9999	0,0031	0,9996	0,0090	0,9984	0,0212	0,9952	0,0425	0,9877	0,0746	0,9726	0,1172	0,9453
	8	0,0000	1,0000	0,0000	1,0000	0,0000	1,0000	0,0001	1,0000	0,0004	1,0000	0,0014	0,9999	0,0043	0,9995	0,0106	0,9983	0,0229	0,9955	0,0439	0,9893
	9	0,0000	1,0000	0,0000	1,0000	0,0000	1,0000	0,0000	1,0000	0,0000	1,0000	0,0001	1,0000	0,0005	1,0000	0,0016	0,9999	0,0042	0,9997	0,0098	0,9990
	10	0,0000	1,0000	0,0000	1,0000	0,0000	1,0000	0,0000	1,0000	0,0000	1,0000	0,0000	1,0000	0,0000	1,0000	0,0001	1,0000	0,0003	1,0000	0,0010	1,0000

Fortsetzung Tabelle 8.1

Binomialverteilung

n	x	p=0,10 f(x)	p=0,10 F(x)	p=0,20 f(x)	p=0,20 F(x)	p=0,30 f(x)	p=0,30 F(x)	p=0,40 f(x)	p=0,40 F(x)	p=0,50 f(x)	p=0,50 F(x)
11	0	0.3138	0.3138	0.0859	0.0859	0.0198	0.0198	0.0036	0.0036	0.0005	0.0005
	1	0.3835	0.6974	0.2362	0.3221	0.0932	0.1130	0.0266	0.0302	0.0054	0.0059
	2	0.2131	0.9104	0.2953	0.6174	0.1997	0.3127	0.0887	0.1189	0.0269	0.0327
	3	0.0710	0.9815	0.2215	0.8389	0.2568	0.5696	0.1774	0.2963	0.0806	0.1133
	4	0.0158	0.9972	0.1107	0.9496	0.2201	0.7897	0.2365	0.5328	0.1611	0.2744
	5	0.0025	0.9997	0.0388	0.9883	0.1321	0.9218	0.2207	0.7535	0.2256	0.5000
	6	0.0003	1.0000	0.0097	0.9980	0.0566	0.9784	0.1471	0.9006	0.2256	0.7256
	7	0.0000	1.0000	0.0017	0.9998	0.0173	0.9957	0.0701	0.9707	0.1611	0.8867
	8	0.0000	1.0000	0.0002	1.0000	0.0037	0.9994	0.0234	0.9941	0.0806	0.9673
	9	0.0000	1.0000	0.0000	1.0000	0.0005	1.0000	0.0052	0.9993	0.0269	0.9941
	10	0.0000	1.0000	0.0000	1.0000	0.0000	1.0000	0.0007	1.0000	0.0054	0.9995
	11	0.0000	1.0000	0.0000	1.0000	0.0000	1.0000	0.0000	1.0000	0.0005	1.0000
12	0	0.2824	0.2824	0.0687	0.0687	0.0138	0.0138	0.0022	0.0022	0.0002	0.0002
	1	0.3766	0.6590	0.2062	0.2749	0.0712	0.0850	0.0174	0.0196	0.0029	0.0032
	2	0.2301	0.8891	0.2835	0.5583	0.1678	0.2528	0.0639	0.0834	0.0161	0.0193
	3	0.0852	0.9744	0.2362	0.7946	0.2397	0.4925	0.1419	0.2253	0.0537	0.0730
	4	0.0213	0.9957	0.1329	0.9274	0.2311	0.7237	0.2128	0.4382	0.1208	0.1938
	5	0.0038	0.9995	0.0532	0.9806	0.1585	0.8821	0.2270	0.6652	0.1934	0.3872
	6	0.0005	0.9999	0.0155	0.9961	0.0792	0.9614	0.1766	0.8418	0.2256	0.6128
	7	0.0000	1.0000	0.0033	0.9994	0.0291	0.9905	0.1009	0.9427	0.1934	0.8062
	8	0.0000	1.0000	0.0005	0.9999	0.0078	0.9983	0.0420	0.9847	0.1208	0.9270
	9	0.0000	1.0000	0.0001	1.0000	0.0015	0.9998	0.0125	0.9972	0.0537	0.9807
	10	0.0000	1.0000	0.0000	1.0000	0.0002	1.0000	0.0025	0.9997	0.0161	0.9968
	11	0.0000	1.0000	0.0000	1.0000	0.0000	1.0000	0.0003	1.0000	0.0029	0.9998
	12	0.0000	1.0000	0.0000	1.0000	0.0000	1.0000	0.0000	1.0000	0.0002	1.0000
13	0	0.2542	0.2542	0.0550	0.0550	0.0097	0.0097	0.0013	0.0013	0.0001	0.0001
	1	0.3672	0.6213	0.1787	0.2336	0.0540	0.0637	0.0113	0.0126	0.0016	0.0017
	2	0.2448	0.8661	0.2680	0.5017	0.1388	0.2025	0.0453	0.0579	0.0095	0.0112
	3	0.0997	0.9658	0.2457	0.7473	0.2181	0.4206	0.1107	0.1686	0.0349	0.0461
	4	0.0277	0.9935	0.1535	0.9009	0.2337	0.6543	0.1845	0.3530	0.0873	0.1334
	5	0.0055	0.9991	0.0691	0.9700	0.1803	0.8346	0.2214	0.5744	0.1571	0.2905
	6	0.0008	0.9999	0.0230	0.9930	0.1030	0.9376	0.1968	0.7712	0.2095	0.5000
	7	0.0001	1.0000	0.0058	0.9988	0.0442	0.9818	0.1312	0.9023	0.2095	0.7095
	8	0.0000	1.0000	0.0011	0.9998	0.0142	0.9960	0.0656	0.9679	0.1571	0.8666
	9	0.0000	1.0000	0.0001	1.0000	0.0034	0.9993	0.0243	0.9922	0.0873	0.9539
	10	0.0000	1.0000	0.0000	1.0000	0.0006	0.9999	0.0065	0.9987	0.0349	0.9888
	11	0.0000	1.0000	0.0000	1.0000	0.0001	1.0000	0.0012	0.9999	0.0095	0.9983
	12	0.0000	1.0000	0.0000	1.0000	0.0000	1.0000	0.0001	1.0000	0.0016	0.9999
	13	0.0000	1.0000	0.0000	1.0000	0.0000	1.0000	0.0000	1.0000	0.0001	1.0000
14	0	0.2288	0.2288	0.0440	0.0440	0.0068	0.0068	0.0008	0.0008	0.0001	0.0001
	1	0.3559	0.5846	0.1539	0.1979	0.0407	0.0475	0.0073	0.0081	0.0009	0.0009
	2	0.2570	0.8416	0.2501	0.4481	0.1134	0.1608	0.0317	0.0398	0.0056	0.0065
	3	0.1142	0.9559	0.2501	0.6982	0.1943	0.3552	0.0845	0.1243	0.0222	0.0287
	4	0.0349	0.9908	0.1720	0.8702	0.2290	0.5842	0.1549	0.2793	0.0611	0.0898
	5	0.0078	0.9985	0.0860	0.9561	0.1963	0.7805	0.2066	0.4859	0.1222	0.2120
	6	0.0013	0.9998	0.0322	0.9884	0.1262	0.9067	0.2066	0.6925	0.1833	0.3953
	7	0.0002	1.0000	0.0092	0.9976	0.0613	0.9685	0.1574	0.8499	0.2095	0.6047
	8	0.0000	1.0000	0.0020	0.9996	0.0232	0.9917	0.0918	0.9417	0.1833	0.7880
	9	0.0000	1.0000	0.0003	1.0000	0.0066	0.9983	0.0408	0.9825	0.1222	0.9102
	10	0.0000	1.0000	0.0000	1.0000	0.0014	0.9998	0.0136	0.9961	0.0611	0.9713
	11	0.0000	1.0000	0.0000	1.0000	0.0002	1.0000	0.0033	0.9994	0.0222	0.9935
	12	0.0000	1.0000	0.0000	1.0000	0.0000	1.0000	0.0005	0.9999	0.0056	0.9991
	13	0.0000	1.0000	0.0000	1.0000	0.0000	1.0000	0.0001	1.0000	0.0009	0.9999
	14	0.0000	1.0000	0.0000	1.0000	0.0000	1.0000	0.0000	1.0000	0.0001	1.0000
15	0	0.2059	0.2059	0.0352	0.0352	0.0047	0.0047	0.0005	0.0005	0.0000	0.0000
	1	0.3432	0.5490	0.1319	0.1671	0.0305	0.0353	0.0047	0.0052	0.0005	0.0005
	2	0.2669	0.8159	0.2309	0.3980	0.0916	0.1268	0.0219	0.0271	0.0032	0.0037
	3	0.1285	0.9444	0.2501	0.6482	0.1700	0.2969	0.0634	0.0905	0.0139	0.0176
	4	0.0428	0.9873	0.1876	0.8358	0.2186	0.5155	0.1268	0.2173	0.0417	0.0592
	5	0.0105	0.9977	0.1032	0.9390	0.2061	0.7216	0.1859	0.4032	0.0916	0.1509
	6	0.0019	0.9997	0.0430	0.9819	0.1472	0.8689	0.2066	0.6098	0.1527	0.3036
	7	0.0003	1.0000	0.0138	0.9958	0.0811	0.9500	0.1771	0.7869	0.1964	0.5000
	8	0.0000	1.0000	0.0035	0.9992	0.0348	0.9848	0.1181	0.9050	0.1964	0.6964
	9	0.0000	1.0000	0.0007	0.9999	0.0116	0.9963	0.0612	0.9662	0.1527	0.8491
	10	0.0000	1.0000	0.0001	1.0000	0.0030	0.9993	0.0245	0.9907	0.0916	0.9408
	11	0.0000	1.0000	0.0000	1.0000	0.0006	0.9999	0.0074	0.9981	0.0417	0.9824
	12	0.0000	1.0000	0.0000	1.0000	0.0001	1.0000	0.0016	0.9997	0.0139	0.9963
	13	0.0000	1.0000	0.0000	1.0000	0.0000	1.0000	0.0003	1.0000	0.0032	0.9995
	14	0.0000	1.0000	0.0000	1.0000	0.0000	1.0000	0.0000	1.0000	0.0005	1.0000
16	0	0.1853	0.1853	0.0281	0.0281	0.0033	0.0033	0.0003	0.0003	0.0000	0.0000
	1	0.3294	0.5147	0.1126	0.1407	0.0228	0.0261	0.0030	0.0033	0.0002	0.0003
	2	0.2745	0.7892	0.2111	0.3518	0.0732	0.0994	0.0150	0.0183	0.0018	0.0021
	3	0.1423	0.9316	0.2463	0.5981	0.1465	0.2459	0.0468	0.0651	0.0085	0.0106
	4	0.0514	0.9830	0.2001	0.7982	0.2040	0.4499	0.1014	0.1666	0.0278	0.0384
	5	0.0137	0.9967	0.1201	0.9183	0.2099	0.6598	0.1623	0.3288	0.0667	0.1051
	6	0.0028	0.9995	0.0550	0.9733	0.1649	0.8247	0.1983	0.5272	0.1222	0.2273
	7	0.0004	0.9999	0.0197	0.9930	0.1010	0.9256	0.1889	0.7161	0.1746	0.4018
	8	0.0001	1.0000	0.0055	0.9985	0.0487	0.9743	0.1417	0.8577	0.1964	0.5982

Fortsetzung Tabelle 8.1 **Binomialverteilung**

n	x	p=0,10		p=0,20		p=0,30		p=0,40		p=0,50	
		f(x)	F(x)	f(x)	F(x)	f(x)	F(x)	f(x)	F(x)	f(x)	F(x)
16	9	0,0000	1,0000	0,0012	0,9998	0,0185	0,9929	0,0840	0,9417	0,1746	0,7728
	10	0,0000	1,0000	0,0002	1,0000	0,0056	0,9984	0,0392	0,9809	0,1222	0,8949
	11	0,0000	1,0000	0,0000	1,0000	0,0013	0,9997	0,0142	0,9951	0,0667	0,9616
	12	0,0000	1,0000	0,0000	1,0000	0,0002	1,0000	0,0040	0,9991	0,0278	0,9894
	13	0,0000	1,0000	0,0000	1,0000	0,0000	1,0000	0,0008	0,9999	0,0085	0,9979
	14	0,0000	1,0000	0,0000	1,0000	0,0000	1,0000	0,0001	1,0000	0,0018	0,9997
	15	0,0000	1,0000	0,0000	1,0000	0,0000	1,0000	0,0000	1,0000	0,0002	1,0000
17	0	0,1668	0,1668	0,0225	0,0225	0,0023	0,0023	0,0002	0,0002	0,0000	0,0000
	1	0,3150	0,4818	0,0957	0,1182	0,0169	0,0193	0,0019	0,0021	0,0001	0,0001
	2	0,2800	0,7618	0,1914	0,3096	0,0581	0,0774	0,0102	0,0123	0,0010	0,0012
	3	0,1556	0,9174	0,2393	0,5489	0,1245	0,2019	0,0341	0,0464	0,0052	0,0064
	4	0,0605	0,9779	0,2093	0,7582	0,1868	0,3887	0,0796	0,1260	0,0182	0,0245
	5	0,0175	0,9953	0,1361	0,8943	0,2081	0,5968	0,1379	0,2639	0,0472	0,0717
	6	0,0039	0,9992	0,0680	0,9623	0,1784	0,7752	0,1839	0,4478	0,0944	0,1662
	7	0,0007	0,9999	0,0267	0,9891	0,1201	0,8954	0,1927	0,6405	0,1484	0,3145
	8	0,0001	1,0000	0,0084	0,9974	0,0644	0,9597	0,1606	0,8011	0,1855	0,5000
	9	0,0000	1,0000	0,0021	0,9995	0,0276	0,9873	0,1070	0,9081	0,1855	0,6855
	10	0,0000	1,0000	0,0004	0,9999	0,0095	0,9968	0,0571	0,9652	0,1484	0,8338
	11	0,0000	1,0000	0,0001	1,0000	0,0026	0,9993	0,0242	0,9894	0,0944	0,9283
	12	0,0000	1,0000	0,0000	1,0000	0,0006	0,9999	0,0081	0,9975	0,0472	0,9755
	13	0,0000	1,0000	0,0000	1,0000	0,0001	1,0000	0,0021	0,9995	0,0182	0,9936
	14	0,0000	1,0000	0,0000	1,0000	0,0000	1,0000	0,0004	0,9999	0,0052	0,9988
	15	0,0000	1,0000	0,0000	1,0000	0,0000	1,0000	0,0001	1,0000	0,0010	0,9999
	16	0,0000	1,0000	0,0000	1,0000	0,0000	1,0000	0,0000	1,0000	0,0001	1,0000
18	0	0,1501	0,1501	0,0180	0,0180	0,0016	0,0016	0,0001	0,0001	0,0000	0,0000
	1	0,3002	0,4503	0,0811	0,0991	0,0126	0,0142	0,0012	0,0013	0,0001	0,0001
	2	0,2835	0,7338	0,1723	0,2713	0,0458	0,0600	0,0069	0,0082	0,0006	0,0007
	3	0,1680	0,9018	0,2297	0,5010	0,1046	0,1646	0,0246	0,0328	0,0031	0,0038
	4	0,0700	0,9718	0,2153	0,7164	0,1681	0,3327	0,0614	0,0942	0,0117	0,0154
	5	0,0218	0,9936	0,1507	0,8671	0,2017	0,5344	0,1146	0,2088	0,0327	0,0481
	6	0,0052	0,9988	0,0816	0,9487	0,1873	0,7217	0,1655	0,3743	0,0708	0,1189
	7	0,0010	0,9998	0,0350	0,9837	0,1376	0,8593	0,1892	0,5634	0,1214	0,2403
	8	0,0002	1,0000	0,0120	0,9957	0,0811	0,9404	0,1734	0,7368	0,1669	0,4073
	9	0,0000	1,0000	0,0033	0,9991	0,0386	0,9790	0,1284	0,8653	0,1855	0,5927
	10	0,0000	1,0000	0,0008	0,9998	0,0149	0,9939	0,0771	0,9424	0,1669	0,7597
	11	0,0000	1,0000	0,0001	1,0000	0,0046	0,9986	0,0374	0,9797	0,1214	0,8811
	12	0,0000	1,0000	0,0000	1,0000	0,0012	0,9997	0,0145	0,9942	0,0708	0,9519
	13	0,0000	1,0000	0,0000	1,0000	0,0002	1,0000	0,0045	0,9987	0,0327	0,9846
	14	0,0000	1,0000	0,0000	1,0000	0,0000	1,0000	0,0011	0,9998	0,0117	0,9962
	15	0,0000	1,0000	0,0000	1,0000	0,0000	1,0000	0,0002	1,0000	0,0031	0,9993

n	x	p=0,10		p=0,20		p=0,30		p=0,40		p=0,50	
		f(x)	F(x)	f(x)	F(x)	f(x)	F(x)	f(x)	F(x)	f(x)	F(x)
	16	0,0000	1,0000	0,0000	1,0000	0,0011	1,0000	0,0000	1,0000	0,0006	0,9999
	17	0,0000	1,0000	0,0000	1,0000	0,0000	1,0000	0,0000	1,0000	0,0001	1,0000
18		0,0000	1,0000	0,0000	1,0000	0,0000	1,0000	0,0000	1,0000	0,0000	1,0000
19	0	0,1351	0,1351	0,0144	0,0144	0,0011	0,0011	0,0000	0,0000	0,0000	0,0000
	1	0,2852	0,4203	0,0685	0,0829	0,0093	0,0104	0,0008	0,0001	0,0000	0,0000
	2	0,2852	0,7054	0,1540	0,2369	0,0358	0,0462	0,0055	0,0055	0,0000	0,0000
	3	0,1796	0,8850	0,2182	0,4551	0,0869	0,1332	0,0230	0,0230	0,0018	0,0022
	4	0,0798	0,9648	0,2182	0,6733	0,1491	0,2822	0,0696	0,0696	0,0074	0,0096
	5	0,0266	0,9914	0,1637	0,8369	0,1916	0,4739	0,0467	0,1629	0,0222	0,0318
	6	0,0069	0,9983	0,0955	0,9324	0,1916	0,6655	0,0933	0,3081	0,0518	0,0835
	7	0,0014	0,9997	0,0443	0,9767	0,1525	0,8180	0,1451	0,4878	0,0961	0,1796
	8	0,0002	1,0000	0,0166	0,9933	0,0981	0,9161	0,1797	0,6675	0,1442	0,3238
	9	0,0000	1,0000	0,0051	0,9984	0,0514	0,9674	0,1797	0,8139	0,1762	0,5000
	10	0,0000	1,0000	0,0013	0,9997	0,0220	0,9895	0,1464	0,9115	0,1762	0,6762
	11	0,0000	1,0000	0,0003	1,0000	0,0077	0,9972	0,0976	0,9648	0,1442	0,8204
	12	0,0000	1,0000	0,0000	1,0000	0,0022	0,9994	0,0532	0,9884	0,0961	0,9165
	13	0,0000	1,0000	0,0000	1,0000	0,0005	0,9999	0,0237	0,9969	0,0518	0,9682
	14	0,0000	1,0000	0,0000	1,0000	0,0001	1,0000	0,0085	0,9994	0,0222	0,9904
	15	0,0000	1,0000	0,0000	1,0000	0,0000	1,0000	0,0024	0,9999	0,0074	0,9978
	16	0,0000	1,0000	0,0000	1,0000	0,0000	1,0000	0,0005	1,0000	0,0018	0,9996
	17	0,0000	1,0000	0,0000	1,0000	0,0000	1,0000	0,0001	1,0000	0,0003	1,0000
20	0	0,1216	0,1216	0,0115	0,0115	0,0008	0,0008	0,0000	0,0000	0,0000	0,0000
	1	0,2702	0,3917	0,0576	0,0692	0,0068	0,0076	0,0005	0,0005	0,0000	0,0000
	2	0,2852	0,6769	0,1369	0,2061	0,0278	0,0355	0,0031	0,0036	0,0002	0,0002
	3	0,1901	0,8670	0,2054	0,4115	0,0716	0,1071	0,0123	0,0160	0,0011	0,0013
	4	0,0898	0,9568	0,2182	0,6297	0,1304	0,2375	0,0350	0,0510	0,0046	0,0059
	5	0,0319	0,9887	0,1746	0,8042	0,1789	0,4164	0,0746	0,1256	0,0148	0,0207
	6	0,0089	0,9976	0,1091	0,9133	0,1916	0,6080	0,1244	0,2500	0,0370	0,0577
	7	0,0020	0,9996	0,0545	0,9679	0,1643	0,7723	0,1659	0,4159	0,0739	0,1316
	8	0,0004	0,9999	0,0222	0,9900	0,1144	0,8867	0,1797	0,5956	0,1201	0,2517
	9	0,0001	1,0000	0,0074	0,9974	0,0654	0,9520	0,1597	0,7553	0,1602	0,4119
	10	0,0000	1,0000	0,0020	0,9994	0,0308	0,9828	0,1171	0,8725	0,1762	0,5881
	11	0,0000	1,0000	0,0005	0,9999	0,0120	0,9949	0,0710	0,9435	0,1602	0,7483
	12	0,0000	1,0000	0,0001	1,0000	0,0039	0,9987	0,0355	0,9790	0,1201	0,8684
	13	0,0000	1,0000	0,0000	1,0000	0,0010	0,9997	0,0146	0,9935	0,0739	0,9423
	14	0,0000	1,0000	0,0000	1,0000	0,0002	1,0000	0,0049	0,9984	0,0370	0,9793
	15	0,0000	1,0000	0,0000	1,0000	0,0000	1,0000	0,0013	0,9997	0,0148	0,9941
	16	0,0000	1,0000	0,0000	1,0000	0,0000	1,0000	0,0003	1,0000	0,0046	0,9987
	17	0,0000	1,0000	0,0000	1,0000	0,0000	1,0000	0,0000	1,0000	0,0011	0,9998
	18	0,0000	1,0000	0,0000	1,0000	0,0000	1,0000	0,0000	1,0000	0,0002	1,0000

Binomialverteilung

Fortsetzung Tabelle 8.1

n	x	p=0,10 f(x)	p=0,10 F(x)	p=0,30 f(x)	p=0,30 F(x)	p=0,50 f(x)	p=0,50 F(x)
21	0	0.1094	0.1094	0.0006	0.0006	0.0000	0.0000
	1	0.2553	0.3647	0.0050	0.0056	0.0000	0.0000
	2	0.2837	0.6484	0.0215	0.0271	0.0001	0.0001
	3	0.1996	0.8480	0.0585	0.0856	0.0006	0.0007
	4	0.0998	0.9478	0.1128	0.1984	0.0029	0.0036
	5	0.0377	0.9856	0.1643	0.3627	0.0097	0.0133
	6	0.0112	0.9967	0.1878	0.5505	0.0259	0.0392
	7	0.0027	0.9994	0.1725	0.7230	0.0554	0.0946
	8	0.0005	0.9999	0.1294	0.8523	0.0970	0.1917
	9	0.0001	1.0000	0.0801	0.9324	0.1402	0.3318
	10	0.0000	1.0000	0.0412	0.9736	0.1682	0.5000
	11	0.0000	1.0000	0.0176	0.9913	0.1682	0.6682
	12	0.0000	1.0000	0.0063	0.9976	0.1402	0.8083
	13	0.0000	1.0000	0.0019	0.9994	0.0970	0.9054
	14	0.0000	1.0000	0.0005	0.9999	0.0554	0.9608
	15	0.0000	1.0000	0.0001	1.0000	0.0259	0.9867
	16	0.0000	1.0000	0.0000	1.0000	0.0097	0.9964
	17	0.0000	1.0000	0.0000	1.0000	0.0029	0.9993
	18	0.0000	1.0000	0.0000	1.0000	0.0006	0.9999
	19	0.0000	1.0000	0.0000	1.0000	0.0001	1.0000
	20	0.0000	1.0000	0.0000	1.0000	0.0000	1.0000
	21	0.0000	1.0000	0.0000	1.0000	0.0000	1.0000
22	0	0.0985	0.0985	0.0004	0.0004	0.0000	0.0000
	1	0.2407	0.3392	0.0037	0.0041	0.0000	0.0000
	2	0.2808	0.6200	0.0166	0.0207	0.0001	0.0001
	3	0.2080	0.8281	0.0474	0.0681	0.0004	0.0004
	4	0.1098	0.9379	0.0965	0.1645	0.0017	0.0022
	5	0.0439	0.9818	0.1489	0.3134	0.0063	0.0085
	6	0.0138	0.9956	0.1808	0.4942	0.0178	0.0262
	7	0.0035	0.9991	0.1771	0.6713	0.0407	0.0669
	8	0.0007	0.9999	0.1423	0.8135	0.0762	0.1431
	9	0.0001	1.0000	0.0949	0.9084	0.1186	0.2617
	10	0.0000	1.0000	0.0529	0.9613	0.1542	0.4159
	11	0.0000	1.0000	0.0247	0.9860	0.1682	0.5841
	12	0.0000	1.0000	0.0097	0.9957	0.1542	0.7383
	13	0.0000	1.0000	0.0032	0.9989	0.1186	0.8569
	14	0.0000	1.0000	0.0009	0.9998	0.0762	0.9331
	15	0.0000	1.0000	0.0002	1.0000	0.0407	0.9738
	16	0.0000	1.0000	0.0000	1.0000	0.0178	0.9916
	17	0.0000	1.0000	0.0000	1.0000	0.0063	0.9978
	18	0.0000	1.0000	0.0000	1.0000	0.0017	0.9996
	19	0.0000	1.0000	0.0000	1.0000	0.0004	0.9999
	20	0.0000	1.0000	0.0000	1.0000	0.0001	1.0000
	21	0.0000	1.0000	0.0000	1.0000	0.0000	1.0000
	22	0.0000	1.0000	0.0000	1.0000	0.0000	1.0000
23	0	0.0886	0.0886	0.0003	0.0003	0.0000	0.0000
	1	0.2265	0.3151	0.0027	0.0030	0.0000	0.0000
	2	0.2768	0.5920	0.0127	0.0157	0.0000	0.0000
	3	0.2153	0.8073	0.0382	0.0538	0.0002	0.0002
	4	0.1196	0.9269	0.0818	0.1356	0.0011	0.0013
	5	0.0505	0.9774	0.1332	0.2688	0.0040	0.0053
	6	0.0168	0.9942	0.1712	0.4399	0.0120	0.0173
	7	0.0045	0.9988	0.1782	0.6181	0.0292	0.0466
	8	0.0010	0.9998	0.1527	0.7709	0.0585	0.1050
	9	0.0002	1.0000	0.1091	0.8799	0.0974	0.2024
	10	0.0000	1.0000	0.0655	0.9454	0.1364	0.3388
	11	0.0000	1.0000	0.0332	0.9785	0.1612	0.5000
	12	0.0000	1.0000	0.0142	0.9928	0.1612	0.6612
	13	0.0000	1.0000	0.0052	0.9979	0.1364	0.7976
	14	0.0000	1.0000	0.0016	0.9995	0.0974	0.8950
	15	0.0000	1.0000	0.0004	0.9999	0.0585	0.9534
	16	0.0000	1.0000	0.0001	1.0000	0.0292	0.9827
	17	0.0000	1.0000	0.0000	1.0000	0.0120	0.9947
	18	0.0000	1.0000	0.0000	1.0000	0.0040	0.9987
	19	0.0000	1.0000	0.0000	1.0000	0.0011	0.9998
	20	0.0000	1.0000	0.0000	1.0000	0.0002	1.0000
	21	0.0000	1.0000	0.0000	1.0000	0.0000	1.0000
	22	0.0000	1.0000	0.0000	1.0000	0.0000	1.0000
	23	0.0000	1.0000	0.0000	1.0000	0.0000	1.0000
24	0	0.0798	0.0798	0.0002	0.0002	0.0000	0.0000
	1	0.2127	0.2925	0.0020	0.0022	0.0000	0.0000
	2	0.2718	0.5643	0.0097	0.0119	0.0000	0.0000
	3	0.2215	0.7857	0.0305	0.0424	0.0001	0.0001
	4	0.1292	0.9149	0.0687	0.1111	0.0006	0.0008
	5	0.0574	0.9723	0.1177	0.2288	0.0025	0.0033
	6	0.0202	0.9925	0.1598	0.3886	0.0080	0.0113
	7	0.0058	0.9983	0.1761	0.5647	0.0206	0.0320
	8	0.0014	0.9997	0.1604	0.7250	0.0438	0.0758
	9	0.0003	0.9999	0.1222	0.8472	0.0779	0.1537
	10	0.0000	1.0000	0.0785	0.9258	0.1169	0.2706
	11	0.0000	1.0000	0.0428	0.9686	0.1488	0.4194
	12	0.0000	1.0000	0.0199	0.9885	0.1612	0.5806
	13	0.0000	1.0000	0.0079	0.9964	0.1488	0.7294
	14	0.0000	1.0000	0.0026	0.9990	0.1169	0.8463
	15	0.0000	1.0000	0.0008	0.9998	0.0779	0.9242
	16	0.0000	1.0000	0.0002	1.0000	0.0438	0.9680
	17	0.0000	1.0000	0.0000	1.0000	0.0206	0.9887
	18	0.0000	1.0000	0.0000	1.0000	0.0080	0.9967
	19	0.0000	1.0000	0.0000	1.0000	0.0025	0.9992
	20	0.0000	1.0000	0.0000	1.0000	0.0006	0.9999
	21	0.0000	1.0000	0.0000	1.0000	0.0001	1.0000
	22	0.0000	1.0000	0.0000	1.0000	0.0000	1.0000
	23	0.0000	1.0000	0.0000	1.0000	0.0000	1.0000
	24	0.0000	1.0000	0.0000	1.0000	0.0000	1.0000
25	0	0.0718	0.0718	0.0001	0.0001	0.0000	0.0000
	1	0.1994	0.2712	0.0014	0.0016	0.0000	0.0000
	2	0.2659	0.5371	0.0074	0.0090	0.0000	0.0000
	3	0.2265	0.7636	0.0243	0.0332	0.0001	0.0001
	4	0.1384	0.9020	0.0572	0.0905	0.0004	0.0005
	5	0.0646	0.9666	0.1030	0.1935	0.0016	0.0020
	6	0.0239	0.9905	0.1472	0.3407	0.0053	0.0073
	7	0.0072	0.9977	0.1712	0.5118	0.0143	0.0216
	8	0.0018	0.9995	0.1651	0.6769	0.0322	0.0539
	9	0.0004	0.9999	0.1336	0.8106	0.0609	0.1148
	10	0.0001	1.0000	0.0916	0.9022	0.0974	0.2122
	11	0.0000	1.0000	0.0536	0.9558	0.1328	0.3450
	12	0.0000	1.0000	0.0268	0.9825	0.1550	0.5000
	13	0.0000	1.0000	0.0115	0.9940	0.1550	0.6550
	14	0.0000	1.0000	0.0042	0.9982	0.1328	0.7878
	15	0.0000	1.0000	0.0013	0.9995	0.0974	0.8852
	16	0.0000	1.0000	0.0004	0.9999	0.0609	0.9461
	17	0.0000	1.0000	0.0001	1.0000	0.0322	0.9784
	18	0.0000	1.0000	0.0000	1.0000	0.0143	0.9927
	19	0.0000	1.0000	0.0000	1.0000	0.0053	0.9980
	20	0.0000	1.0000	0.0000	1.0000	0.0016	0.9995
	21	0.0000	1.0000	0.0000	1.0000	0.0004	0.9999
	22	0.0000	1.0000	0.0000	1.0000	0.0001	1.0000
	23	0.0000	1.0000	0.0000	1.0000	0.0000	1.0000

Beispiel 8.12
Es sind die Wahrscheinlichkeiten für die Ereignisse „Anzahl der Köpfe" = 0, 1, 2, ... 5 beim „Fünfmaligen Werfen einer Münze" unter Verwendung
a) des Ereignisbaumes
b) der Wahrscheinlichkeitsfunktion
c) der Tabelle 8.1
zu bestimmen.

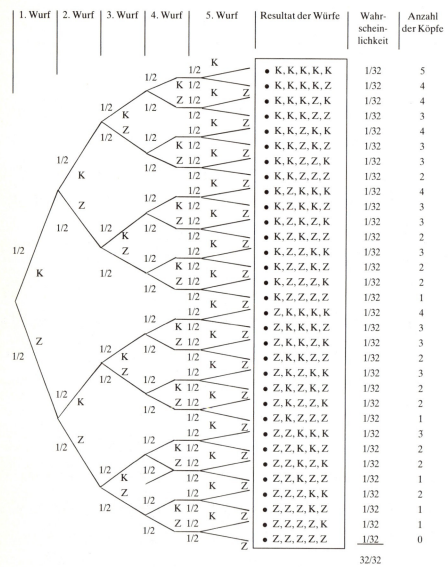

Bild 8.8 Ereignisbaum

8. Wahrscheinlichkeitstheoretische Grundlagen   259

Durch Auszählen der Ergebnisse im Ereignisbaum erhält man:
P(K = 0) = 1/32 = 0,03
P(K = 1) = 5/32 = 0,16
P(K = 2) = 10/32 = 0,31
P(K = 3) = 10/32 = 0,31
P(K = 4) = 5/32 = 0,16
P(K = 5) = 1/32 = 0,03
P(0 ≤ K ≤ 5) = 32/32 = 1,00

Die gewünschte Information über die Erfolgswahrscheinlichkeit kann man jedoch wesentlich einfacher ohne das Zeichnen eines Ereignisbaumes erhalten, wenn man die Binomialverteilung verwendet, wobei p = 0,5; n = 5 und x = 0,1, ..., 5 sind.

Errechneter Wert	Tabellenwert f(x)	F(x)
$P(X=0) = \frac{5!}{0!\,5!}\left(\frac{1}{2}\right)^0\left(\frac{1}{2}\right)^5 = \frac{1}{2^5} = \frac{1}{32}$	0,0313	0,0313
$P(X=1) = \frac{5!}{1!\,4!}\left(\frac{1}{2}\right)^1\left(\frac{1}{2}\right)^4 = 5 \cdot \frac{1}{32}$	0,1563	0,1875
$P(X=2) = \frac{5!}{2!\,3!}\left(\frac{1}{2}\right)^2\left(\frac{1}{2}\right)^3 = 10 \cdot \frac{1}{4} \cdot \frac{1}{8}$	0,3125	0,5000
$P(X=3) = \frac{5!}{3!\,2!}\left(\frac{1}{2}\right)^3\left(\frac{1}{2}\right)^2 = 10 \cdot \frac{1}{8} \cdot \frac{1}{4}$	0,3125	0,8125
$P(X=4) = \frac{5!}{4!\,1!}\left(\frac{1}{2}\right)^4\left(\frac{1}{2}\right)^1 = 5 \cdot \frac{1}{32}$	0,1563	0,9687
$P(X=5) = \frac{5!}{5!\,0!}\left(\frac{1}{2}\right)^5\left(\frac{1}{2}\right)^0 = \frac{1}{32}$	0,0313	1,0000

Beispiel 8.13
a) Es ist bekannt, daß eine Sendung 5% Ausschußteile enthält. Bei der Eingangskontrolle wird von 100 Stück je eine Stichprobe von 3 Stück mit Zurücklegen gezogen. Wie groß ist die Wahrscheinlichkeit, daß die Stichprobe 0, 1, 2 oder 3 Ausschußstücke enthält?

Binomialverteilung p = 0,05; n = 3; x = 0, 1, 2, 3

Errechneter Wert	Tabellenwert f(x)	F(x)
$P(X=0) = \frac{3!}{0!\,3!} \cdot 0,05^0 \cdot 0,95^3 = 0,05^0 \cdot 0,95^3$	0,8574	0,8574
$P(X=1) = \frac{3!}{1!\,2!} \cdot 0,05^1 \cdot 0,95^2 = 3 \cdot 0,05^1 \cdot 0,95^2$	0,1354	0,9927
$P(X=2) = \frac{3!}{2!\,1!} \cdot 0,05^2 \cdot 0,95^1 = 3 \cdot 0,05^2 \cdot 0,95^1$	0,0071	0,9999
$P(X=3) = \frac{3!}{3!\,0!} \cdot 0,05^3 \cdot 0,95^0 = 0,05^3 \cdot 0,95^0$	0,0001	1,0000

b) Wie groß ist die Wahrscheinlichkeit, mit 10 Schüssen aus einem Gewehr ein gegebenes Ziel keinmal, einmal, wenigstens einmal, zweimal, dreimal, mehr als dreimal zu treffen, wenn die Trefferwahrscheinlichkeit je Schuß 0,1 beträgt?

n = 10; p = 0,1; q = 0,9; µ = np = 1 Treffer

P(X = 0) = 0,3487
P(X = 1) = 0,3874
P(X ≥ 1) = P(0 < X ≤ 10) = F(10) − F(0) = 1 − 0,3487 = 0,6513
P(X = 2) = 0,1937
P(X = 3) = 0,0574
P(X > 3) = P(3 < X ≤ 10) = F(10) − F(3) = 1 − 0,9872 = 0,0128

c) In einer Maschinenhalle sind 25 Produktionsmaschinen installiert, die unabhängig voneinander arbeiten. Zum Werkstückwecksel benötigt jede Maschine ca. 6 Min. je Stunde einen Kran.
Es sind 3 Kräne vorhanden, so daß 3 Maschinen gleichzeitig bedient werden können. Wie groß ist die Wahrscheinlichkeit dafür, daß mehr als 3 Maschinen gleichzeitig einen Kran benötigen:

n = 25; p = 6/60 = 0,1; μ = np = 2,5

P (X > 3) = P (3 < X ≤ 25) = F (25) − F (3) = 1 − 0,7636 = 0,2364

d.h. es muß damit gerechnet werden, daß während einem viertel einer Stunde mehr als 3 Maschinen den Kran benötigen und deshalb mindestens eine Maschine warten muß.

8.3.3 Normalverteilung

Die Normalverteilung ist wohl die wichtigste stetige Verteilung. Nach **Carl Friedrich Gauss,** der in den Jahren 1809 und 1816 grundlegende Arbeiten über die Normalverteilung veröffentlichte, wird sie oft auch als **Gauss-Verteilung** bezeichnet; ihre Dichtefunktion nennt man auch Gauß'sche Glockenkurve.
Die **Dichtefunktion** lautet:

$$f_N(x/\mu; \sigma) = \frac{1}{\sigma\sqrt{2\pi}} e^{-\frac{1}{2}\left(\frac{x-\mu}{\sigma}\right)^2}$$

Für verschiedene μ und σ ist die Dichtefunktion in Bild 8.9 dargestellt.

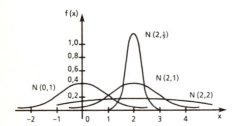

Bild 8.9 Dichte der N (μ; σ)-Verteilung für verschiedene Parameter

Die Dichtefunktion besitzt ein Maximum im Punkt x = μ sowie zwei Wendepunkte an den Stellen x − σ und x + σ. Demnach ist μ als Lageparameter und σ als Streuungsparameter zu interpretieren.

Erwartungswert $E(X) = \mu$
Varianz $Var(X) = \sigma^2$

Die Normalverteilung ist deshalb die wichtigste Verteilung, weil

1. viele Zufallsvariable bei Beobachtungen und Messungen in der Praxis normalverteilt oder aber annähernd normalverteilt sind und
2. viele andere Verteilungen durch die Normalverteilung approximiert werden können.

Zur Berechnung der Wahrscheinlichkeiten von Ereignissen, die bezüglich einer beliebigen N (μ; σ)-verteilten Zufallsvariablen gebildet werden, genügt die alleinige Kenntnis der sogenannten **Standard-Normalverteilung N (0; 1)** mit der **normierten Verteilungs-Funktion** Φ **(z)** wobei die standardisierte bzw. normierte Zufallsvariable z sich wie folgt ergibt

$$z = \frac{x - \mu}{\sigma}$$

Die Verteilungsfunktion F der N (µ; σ)-verteilten Zufallsvariablen X kann also durch die Verteilungsfunktion Φ der N (0; 1)-verteilten Zufallsvariablen Z ausgedrückt werden

$$F(x) = \Phi\left(\frac{x-\mu}{\sigma}\right) = \Phi(z)$$

Aus diesem Grunde braucht nur die Standardnormalverteilung Φ (z) vertafelt zu werden (Vgl. Tabelle 8.2 und Tabelle 8.3).

Von großer Bedeutung sind die Wahrscheinlichkeiten normalverteilter Zufallsvariablen.

Die Wahrscheinlichkeit, daß eine normalverteilte Zufallsvariable X irgendeinen Wert zwischen a und b annimmt, ist

$$P(a < X \leq b) = F(b) - F(a) = \Phi\left(\frac{b-\mu}{\sigma}\right) - \Phi\left(\frac{a-\mu}{\sigma}\right)$$

Für a = µ − σ und b = µ + σ wird z.B.

$$P[(\mu - \sigma) < X \leq (\mu + \sigma)] = \Phi(1) - \Phi(-1) = 68{,}3\%$$

d.h. die Wahrscheinlichkeit, daß alle Zufallswerte zwischen den Grenzen µ ± σ liegen, ist 68,3% bzw. anders ausgedrückt, es kann mit Sicherheit angenommen werden, daß 68,3% aller Zufallswerte innerhalb der Grenzen µ ± σ liegen.

Ebenso ist

$$P[(\mu - 2\sigma) < X \leq (\mu + 2\sigma)] = \Phi(2) - \Phi(-2) \approx 95{,}5\%$$
$$P[(\mu - 3\sigma) < X \leq (\mu + 3\delta)] = \Phi(3) - \Phi(-3) \approx 99{,}7\%$$
$$P[(\mu - 1{,}96\sigma) < X \leq (\mu + 1{,}96\sigma)] \approx 95\ \%$$
$$P[(\mu - 2{,}58\sigma) < X \leq (\mu + 2{,}58\sigma)] \approx 99\ \%$$
$$P[(\mu - 3{,}29\sigma) < X \leq (\mu + 3{,}29\sigma)] \approx 99{,}9\%$$

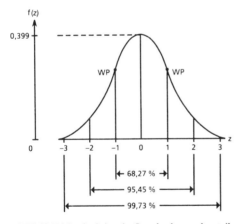

Bild 8.10 Dichtefunktion der Standardnormalverteilung mit ausgewählten Flächenanteilen

Tabelle 8.2

Normalverteilung ($\mu = 0; \sigma = 1$)
Verteilungsfunktion $D(z) = \Phi(z) - \Phi(-z)$
wobei $\Phi(-z) = 1 - \Phi(z)$

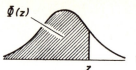
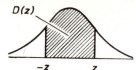

%	z (Φ)	z (D)	%	z (Φ)	z (D)	%	z (Φ)	z(D)
1	−2,326	0,013	41	−0,228	0,539	81	0,878	1,311
2	−2,054	0,025	42	−0,202	0,553	82	0,915	1,341
3	−1,881	0,038	43	−0,176	0,568	83	0,954	1,372
4	−1,751	0,050	44	−0,151	0,583	84	0,994	1,405
5	−1,645	0,063	45	−0,126	0,598	85	1,036	1,440
6	−1,555	0,075	46	−0,100	0,613	86	1,080	1,476
7	−1,476	0,088	47	−0,075	0,628	87	1,126	1,514
8	−1,405	0,100	48	−0,050	0,643	88	1,175	1,555
9	−1,341	0,113	49	−0,025	0,659	89	1,227	1,598
10	−1,282	0,126	50	0,000	0,674	90	1,282	1,645
11	−1,227	0,138	51	0,025	0,690	91	1,341	1,695
12	−1,175	0,151	52	0,050	0,706	92	1,405	1,751
13	−1,126	0,164	53	0,075	0,722	93	1,476	1,812
14	−1,080	0,176	54	0,100	0,739	94	1,555	1,881
15	−1,036	0,189	55	0,126	0,755	95	1,645	1,960
16	−0,994	0,202	56	0,151	0,772	96	1,751	2,054
17	−0,954	0,215	57	0,176	0,789	97	1,881	2,170
18	−0,915	0,228	58	0,202	0,806	98	2,054	2,326
19	−0,878	0,240	59	0,228	0,824	99	2,326	2,576
20	−0,842	0,253	60	0,253	0,842			
21	−0,806	0,266	61	0,279	0,860			
22	−0,772	0,279	62	0,305	0,878	99,1	2,366	2,612
23	−0,739	0,292	63	0,332	0,896	99,2	2,409	2,652
24	−0,706	0,305	64	0,358	0,915	99,3	2,457	2,697
25	−0,674	0,319	65	0,385	0,935	99,4	2,512	2,748
						99,5	2,576	2,807
26	−0,643	0,332	66	0,412	0,954	99,6	2,652	2,878
27	−0,613	0,345	67	0,440	0,974	99,7	2,748	2,968
28	−0,583	0,358	68	0,468	0,994	99,8	2,878	3,090
29	−0,553	0,372	69	0,496	1,015	99,9	3,090	3,291
30	−0,524	0,385	70	0,524	1,036			
31	−0,496	0,399	71	0,553	1,058			
32	−0,468	0,412	72	0,583	1,080	99,91	3,121	3,320
33	−0,440	0,426	73	0,613	1,103	99,92	3,156	3,353
34	−0,412	0,440	74	0,643	1,126	99,93	3,195	3,390
35	−0,385	0,454	75	0,674	1,150	99,94	3,239	3,432
						99,95	3,291	3,481
36	−0,358	0,468	76	0,706	1,175	99,96	3,353	3,540
37	−0,332	0,482	77	0,739	1,200	99,97	3,432	3,615
38	−0,305	0,496	78	0,772	1,227	99,98	3,540	3,719
39	−0,279	0,510	79	0,806	1,254	99,99	3,719	3,891
40	−0,253	0,524	80	0,842	1,282			

Tabelle 8.3

Normalverteilung ($\mu = 0$, $\sigma = 1$)
Verteilungsfunktion $D(z) = \Phi(z) - \Phi(-z)$
wobei $\Phi(-z) = 1 - \Phi(z)$

z	$\Phi(-z)$	$\Phi(z)$	$D(z)$	z	$\Phi(-z)$	$\Phi(z)$	$D(z)$	z	$\Phi(-z)$	$\Phi(z)$	$D(z)$
	0,	0,	0,		0,	0,	0,		0,	0,	0,
0,01	4960	5040	0080	0,51	3050	6950	3899	1,01	1562	8438	6875
0,02	4920	5080	0160	0,52	3015	6985	3969	1,02	1539	8461	6923
0,03	4880	5120	0239	0,53	2981	7019	4039	1,03	1515	8485	6970
0,04	4840	5160	0319	0,54	2946	7054	4108	1,04	1492	8508	7017
0,05	4801	5199	0399	0,55	2912	7088	4177	1,05	1469	8531	7063
0,06	4761	5239	0478	0,56	2877	7123	4245	1,06	1446	8554	7109
0,07	4721	5279	0558	0,57	2843	7157	4313	1,07	1423	8577	7154
0,08	4681	5319	0638	0,58	2810	7190	4381	1,08	1401	8599	7199
0,09	4641	5359	0717	0,59	2776	7224	4448	1,09	1379	8621	7243
0,10	4602	5398	0797	0,60	2743	7257	4515	1,10	1357	8643	7287
0,11	4562	5438	0876	0,61	2709	7291	4581	1,11	1335	8665	7330
0,12	4522	5478	0955	0,62	2676	7324	4647	1,12	1314	8686	7373
0,13	4483	5517	1034	0,63	2643	7357	4713	1,13	1292	8708	7415
0,14	4443	5557	1113	0,64	2611	7389	4778	1,14	1271	8729	7457
0,15	4404	5596	1192	0,65	2578	7422	4843	1,15	1251	8749	7499
0,16	4364	5636	1271	0,66	2546	7454	4907	1,16	1230	8770	7540
0,17	4325	5675	1350	0,67	2514	7486	4971	1,17	1210	8790	7580
0,18	4286	5714	1428	0,68	2483	7517	5035	1,18	1190	8810	7620
0,19	4247	5753	1507	0,69	2451	7549	5098	1,19	1170	8830	7660
0,20	4207	5793	1585	0,70	2420	7580	5161	1,20	1151	8849	7699
0,21	4168	5832	1663	0,71	2389	7611	5223	1,21	1131	8869	7737
0,22	4129	5871	1741	0,72	2358	7642	5285	1,22	1112	8888	7775
0,23	4090	5910	1819	0,73	2327	7673	5346	1,23	1093	8907	7813
0,24	4052	5948	1897	0,74	2296	7704	5407	1,24	1075	8925	7850
0,25	4013	5987	1974	0,75	2266	7734	5467	1,25	1056	8944	7887
0,26	3974	6026	2051	0,76	2236	7764	5527	1,26	1038	8962	7923
0,27	3936	6064	2128	0,77	2206	7794	5587	1,27	1020	8980	7959
0,28	3897	6103	2205	0,78	2177	7823	5646	1,28	1003	8997	7995
0,29	3859	6141	2282	0,79	2148	7852	5705	1,29	0985	9015	8029
0,30	3821	6179	2358	0,80	2119	7881	5763	1,30	0968	9032	8064
0,31	3783	6217	2434	0,81	2090	7910	5821	1,31	0951	9049	8098
0,32	3745	6255	2510	0,82	2061	7939	5878	1,32	0934	9066	8132
0,33	3707	6293	2586	0,83	2033	7967	5935	1,33	0918	9082	8165
0,34	3669	6331	2661	0,84	2005	7995	5991	1,34	0901	9099	8198
0,35	3632	6368	2737	0,85	1977	8023	6047	1,35	0885	9115	8230
0,36	3594	6406	2812	0,86	1949	8051	6102	1,36	0869	9131	8262
0,37	3557	6443	2886	0,87	1922	8078	6157	1,37	0853	9147	8293
0,38	3520	6480	2961	0,88	1894	8106	6211	1,38	0838	9162	8324
0,39	3483	6517	3035	0,89	1867	8133	6265	1,39	0823	9177	8355
0,40	3446	6554	3108	0,90	1841	8159	6319	1,40	0808	9192	8385
0,41	3409	6591	3182	0,91	1814	8186	6372	1,41	0793	9207	8415
0,42	3372	6628	3255	0,92	1788	8212	6424	1,42	0778	9222	8444
0,43	3336	6664	3328	0,93	1762	8238	6476	1,43	0764	9236	8473
0,44	3300	6700	3401	0,94	1736	8264	6528	1,44	0749	9251	8501
0,45	3264	6736	3473	0,95	1711	8289	6579	1,45	0735	9265	8529
0,46	3228	6772	3545	0,96	1685	8315	6629	1,46	0721	9279	8557
0,47	3192	6808	3616	0,97	1660	8340	6680	1,47	0708	9292	8584
0,48	3156	6844	3688	0,98	1635	8365	6729	1,48	0694	9306	8611
0,49	3121	6879	3759	0,99	1611	8389	6778	1,49	0681	9319	8638
0,50	3085	6915	3829	1,00	1587	8413	6827	1,50	0668	9332	8664

Fortsetzung Tabelle 8.3

z	Φ(-z)	Φ(z)	D(z)	z	Φ(-z)	Φ(z)	D(z)	z	Φ(-z)	Φ(z)	D(z)
	0,	0,	0,		0,	0,	0,		0,	0,	0,
1,51	0655	9345	8690	2,01	0222	9778	9556	2,51	0060	9940	9879
1,52	0643	9357	8715	2,02	0217	9783	9566	2,52	0059	9941	9883
1,53	0630	9370	8740	2,03	0212	9788	9576	2,53	0057	9943	9886
1,54	0618	9382	9764	2,04	0207	9793	9586	2,54	0055	9945	9889
1,55	0606	9394	8789	2,05	0202	9798	9596	2,55	0054	9946	9892
1,56	0594	9406	8812	2,06	0197	9803	9606	2,56	0052	9948	9895
1,57	0582	9418	8836	2,07	0192	9808	9615	2,57	0051	9949	9898
1,58	0571	9429	8859	2,08	0188	9812	9625	2,58	0049	9951	9901
1,59	0559	9441	8882	2,09	0183	9817	9634	2,59	0048	9952	9904
1,60	0548	9452	8904	2,10	0179	9821	9643	2,60	0047	9953	9907
1,61	0537	9463	8926	2,11	0174	9826	9651	2,61	0045	9955	9909
1,62	0526	9474	8948	2,12	0170	9830	9660	2,62	0044	9956	9912
1,63	0516	9484	8969	2,13	0166	9834	9668	2,63	0043	9957	9915
1,64	0505	9495	8990	2,14	0162	9838	9676	2,64	0041	9959	9917
1,65	0495	9505	9011	2,15	0158	9842	9684	2,65	0040	9960	9920
1,66	0485	9515	9031	2,16	0154	9846	9692	2,66	0039	9961	9922
1,67	0475	9525	9051	2,17	0150	9850	9700	2,67	0038	9962	9924
1,68	0465	9535	9070	2,18	0146	9854	9707	2,68	0037	9963	9926
1,69	0455	9545	9090	2,19	0143	9857	9715	2,69	0036	9964	9929
1,70	0446	9554	9109	2,20	0139	9861	9722	2,70	0035	9965	9931
1,71	0436	9564	9127	2,21	0136	9864	9729	2,71	0034	9966	9933
1,72	0427	9573	9146	2,22	0132	9868	9736	2,72	0033	9967	9935
1,73	0418	9582	9164	2,23	0129	9871	9743	2,73	0032	9968	9937
1,74	0409	9591	9181	2,24	0125	9875	9749	2,74	0031	9969	9939
1,75	0401	9599	9199	2,25	0122	9878	9756	2,75	0030	9970	9940
1,76	0392	9608	9216	2,26	0119	9881	9762	2,76	0029	9971	9942
1,77	0384	9616	9233	2,27	0116	9884	9768	2,77	0028	9972	9944
1,78	0375	9625	9249	2,28	0113	9887	9774	2,78	0027	9973	9946
1,79	0367	9633	9265	2,29	0110	9890	9780	2,79	0026	9974	9947
1,80	0359	9641	9281	2,30	0107	9893	9786	2,80	0026	9974	9949
1,81	0351	9649	9297	2,31	0104	9896	9791	2,81	0025	9975	9950
1,82	0344	9656	9312	2,32	0102	9898	9797	2,82	0024	9976	9952
1,83	0336	9664	9328	2,33	0099	9901	9802	2,83	0023	9977	9953
1,84	0329	9671	9342	2,34	0096	9904	9807	2,84	0023	9977	9955
1,85	0322	9678	9357	2,35	0094	9906	9812	2,85	0022	9978	9956
1,86	0314	9686	9371	2,36	0091	9909	9817	2,86	0021	9979	9958
1,87	0307	9693	9385	2,37	0089	9911	9822	2,87	0021	9979	9959
1,88	0301	9699	9399	2,38	0087	9913	9827	2,88	0020	9980	9960
1,89	0294	9706	9412	2,39	0084	9916	9832	2,89	0019	9981	9961
1,90	0287	9713	9426	2,40	0082	9918	9836	2,90	0019	9981	9963
1,91	0281	9719	9439	2,41	0080	9920	9840	2,91	0018	9982	9964
1,92	0274	9726	9451	2,42	0078	9922	9845	2,92	0018	9982	9965
1,93	0268	9732	9464	2,43	0075	9925	9849	2,93	0017	9983	9966
1,94	0262	9738	9476	2,44	0073	9927	9853	2,94	0016	9984	9967
1,95	0256	9744	9488	2,45	0071	9929	9857	2,95	0016	9984	9968
1,96	0250	9750	9500	2,46	0069	9931	9861	2,96	0015	9985	9969
1,97	0244	9756	9512	2,47	0068	9932	9865	2,97	0015	9985	9970
1,98	0239	9761	9523	2,48	0066	9934	9869	2,98	0014	9986	9971
1,99	0233	9767	9534	2,49	0064	9936	9872	2,99	0014	9986	9972
2,00	0228	9772	9545	2,50	0062	9938	9876	3,00	0013	9987	9973

8. Wahrscheinlichkeitstheoretische Grundlagen

Beispiel 8.14

1. Durch Versuche wurde festgestellt, daß Schriftsetzer im Mittel 150 Minuten brauchen, um 500 Zeilen zu setzen. Standardabweichung σ = 30 Minuten. Die Wahrscheinlichkeit, daß ein Setzer 150 bis 175 Min. für 500 Zeilen braucht ist

$$P(150 < X \leq 175) = \Phi\left(\frac{175-150}{30}\right) - \Phi\left(\frac{150-150}{30}\right)$$
$$= \Phi(0{,}83) - \Phi(0) = 0{,}7967 - 0{,}5$$
$$= 0{,}2967$$

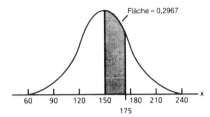

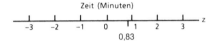

Bild 8.12 Graphische Darstellung

2. Man bestimme folgende Wahrscheinlichkeiten für Aufgabe 1

   a) $P(125 < X \leq 150) = \Phi\left(\frac{150-150}{30}\right) - \Phi\left(\frac{125-150}{30}\right) = \Phi(0) - \Phi(-0{,}83) = 0{,}5 - 0{,}2033$

   b) $P(0 < X \leq 185) = \Phi\left(\frac{35}{30}\right) - \Phi\left(\frac{-150}{30}\right) = \Phi(1{,}17) - \Phi(-5) = 0{,}879 - 0 = 0{,}879$

   c) $P(195 < X \leq \infty) = \Phi(\infty) - \Phi\left(\frac{45}{30}\right) = 1 - \Phi(1{,}5) = 1 - 0{,}9332 = 0{,}0668$

   d) $P(0 < X \leq 90) = ?$

   e) $P(85 < X \leq \infty) = ?$

   f) $P(140 < X \leq 170) = ?$

   g) $P(165 < X \leq 190) = ?$

3. Bei der Herstellung von Bolzen auf einem Automaten sei der Durchmesser X normalverteilt mit einem Mittelwert μ = 10 mm und einer Standardabweichung σ = 0,02 mm. Wieviel % Ausschuß sind zu erwarten, wenn

   a) der Bolzendurchmesser mindestens 9,95 mm betragen muß?
   b) der Bolzendurchmesser höchstens 10,05 mm betragen darf?
   c) die Abweichung vom Sollwert (10,00 mm) max. ± 0,03 mm betragen darf?
   d) Wie muß die Toleranzgrenze gewählt werden, wenn der Ausschuß max. 5% betragen soll?

   a) Die Ausschußwahrscheinlichkeit wird

   $$P(X \leq 9{,}95) = P(0 < X \leq 9{,}95) = \Phi\left(\frac{9{,}95-10{,}00}{0{,}02}\right) - \Phi\left(\frac{0-10{,}00}{0{,}02}\right) = \Phi(-2{,}5) - \Phi(-500)$$
   $$= 0{,}62\%$$

   Die Werte Φ(z) sind aus der Tabelle zu entnehmen.

   b) $P(X > 10{,}05) = P(10{,}05 < X \leq \infty) = \Phi\left(\frac{\infty - 10{,}00}{0{,}02}\right) - \Phi\left(\frac{10{,}05-10{,}00}{0{,}02}\right) = \Phi(\infty) - \Phi(2{,}5)$
   $= 1 - 0{,}9938 = 0{,}62\%$

   c) $P(9{,}969 < X \leq 10{,}03) = \Phi(1{,}5) - \Phi(-1{,}5) = 0{,}8664$
   Ausschuß $= 1 - 0{,}8664 \approx 13{,}4\%$

d) Wenn 95% aller Bolzen innerhalb der Toleranzgrenze liegen sollen, müssen diese so gewählt werden: $\mu \pm 1{,}96$
   d.h. obere Grenze $\quad 10{,}00 + 1{,}96 \cdot 0{,}02 = 10{,}039$ mm
   untere Grenze $\quad 10{,}00 - 1{,}96 \cdot 0{,}02 = 9{,}961$ mm.

4. Durch eine Vielzahl (n > 100) von Zeitaufnahmen wurde festgestellt, daß die Verwalzung einer bestimmten Tonnage zu Dynamo-Blech im Mittel

   $\mu = 50$ Minuten dauert, und zwar mit einer Standardabweichung von
   $\sigma = 3$ Minuten. (Die Walzzeiten sollen als normalverteilt angesehen werden).
   a) Wie groß ist die Wahrscheinlichkeit, daß Walzzeiten von weniger als 45 Min. vorkommen?
   b) Wie groß ist die Wahrscheinlichkeit, daß sich Walzzeiten von mehr als 58 Minuten ergeben?
   c) Wie häufig sind Walzzeiten zwischen 48 (inklusive) und 55 (inklusive) Min. zu erwarten?
   d) In welchem Zeitbereich liegen wohl 90% aller Walzungen?

   a) $P(X < 45) \; = P(0 < X \leq 44{,}99)$
   $\phantom{a) P(X < 45)} = \Phi\left(\dfrac{44{,}99 - 50}{3}\right) - \Phi\left(\dfrac{0 - 50}{3}\right)$
   $\phantom{a) P(X < 45)} = \Phi(-1{,}67) - \Phi(-16{,}6)$
   $\phantom{a) P(X < 45)} = 0{,}0475 - 0$
   $\phantom{a) P(X < 45)} \approx 4{,}75\%$

   b) $P(X > 58) \; = P(58 < X \leq \infty)$
   $ = \Phi\left(\dfrac{\infty - 50}{3}\right) - \Phi\left(\dfrac{58 - 50}{3}\right)$
   $ = \Phi(\infty) - \Phi(2{,}66) = 1 - 0{,}9961$
   $ \approx 0{,}39\%$

   c) $P(47{,}99 < X \leq 55) = \Phi\left(\dfrac{55 - 50}{3}\right) - \Phi\left(\dfrac{47{,}99 - 50}{3}\right)$
   $\phantom{c) P(47{,}99 < X \leq 55)} = \Phi(1{,}67) - \Phi(-0{,}67)$
   $\phantom{c) P(47{,}99 < X \leq 55)} = 0{,}9525 - 0{,}2514$
   $\phantom{c) P(47{,}99 < X \leq 55)} \approx 70{,}11\%$

   d) Bei einer Sicherheit von $P = 90\%$ ist der Beiwert $z = 1{,}645$
   Die Grenzen ergeben aus $\mu \pm z\sigma$
   Obere Grenze $50 + 1{,}645 \cdot 3 = 54{,}95$ Minuten
   Untere Grenze $50 - 1{,}645 \cdot 3 = 45{,}05$ Minuten

8.4 Aufgaben zur Wahrscheinlichkeitstheorie

1. Man bestimme die Wahrscheinlichkeit (relative Häufigkeit) für das Ereignis K = Kopf in der Ereignistabelle
   a) beim Werfen mit 2 Münzen
   b) beim Werfen mit 3 Münzen
   c) beim Werfen mit 5 Münzen

2. Man gebe die relative Häufigkeit der verschiedenen Augensummen in Form einer Tabelle an:
   a) beim Würfeln mit 2 Würfeln
   b) beim Würfeln mit 3 Würfeln.

3. In einer Urne sind 10 Kugeln, und zwar 3 schwarze (S), 5 weiße (W) und 2 rote (R).
   a) Welche Ereignise können eintreten, wenn nacheinander einzeln 3 Kugeln mit Zurücklegen nach jedem Ziehen entnommen werden? Man stelle die Verhältnisse im Wahrscheinlichkeitsbaum dar!
   b) **Man bestimme die Wahrscheinlichkeiten für das Ziehen mit Zurücklegen!**
   c) Wie ändern sich die Wahrscheinlichkeiten, wenn das Experiment **ohne** Zurücklegen durchgeführt wird?

4. Man bestimme die Wahrscheinlichkeit folgender Ereignisse:
   a) Zufallsauswahl eines „sehr guten" Studenten aus einer Gruppe von 10 Studenten, wenn die Gruppe zwei „sehr gute" enthält.
   b) Augenzahl > 2 beim einmaligen Würfeln mit einem Würfel.
   c) Augenzahl > 7 beim zweimaligen Würfeln mit einem Würfel.

5. Ein Verbrauchertest umfaßt 100 Personen, wobei 40 Frauen und 60 Männer befragt wurden; davon waren verheiratet 15 Frauen und 35 Männer.
   a) Man bestimme die Wahrscheinlichkeit dafür, daß eine zufällig aus dieser Gruppe ausgewählte Person

   ein Mann,   ein verheirateter Mann,
   eine Frau,   eine verheiratete Frau,
   verheiratet,   unverheirateter Mann,
   unverheiratet,   unverheiratete Frau
   ist.

   b) Unter Kenntnis der Antworten zu a) bestimme man die Wahrscheinlichkeiten folgender komplexer Ereignisse:
   (Frau ODER unverheiratet);   (Mann ODER verheiratet)
   (Frau ODER verheiratet);   (Mann ODER unverheiratet).

6. Ein Ersatzteillieferant für Oldtimer-Fahrzeuge schätzte die jährliche Nachfrage für Ölpumpen wie folgt:

Jährliche Nachfrage x	0	1	2	3	4	5	6	und mehr
Wahrscheinlichkeit P(x)	0,3	0,2	0,1	0,1	0,1	0,1	0,1	0

   Man bestimme $P(X < 4)$
   P (zwischen 2 und 6) inclusive
   P (mindestens 1 Nachfrage)
   P (maximal 2 Nachfragen)

7. Die Ereignisse A, B und C schließen sich gegenseitig aus und sind gegenseitig komplementär; jedes Ereignis hat eine Wahrscheinlichkeit von 1/3. Man bestimme: $P(A \cup B)$; $P(\bar{C})$; $P(\overline{A \cup B})$; $P(A \cup B \cup C)$

8. Einer Sendung von 100 Stück entnimmt der Empfänger dreimal hintereinander eine Stichprobe von je 1 Stück, um die Annahme oder Ablehnung der Sendung zu beurteilen. Vertragsgemäß darf eine Sendung 5% defekte Teile enthalten; enthält sie mehr, kann die Sendung vom Empfänger abgelehnt werden. Es sind die Wahrscheinlichkeiten aller möglichen Ereignisse anhand des Ereignisbaumes bei einer Vorgehensweise
   a) ohne Zurücklegen
   b) mit Zurücklegen
   zu ermitteln.

9. Gegeben sind 3 Urnen, die mit roten (R) und weißen (W) Kugeln wie folgt gefüllt sind:

Urne A	Urne B	Urne C
6 R	4 R	7 R
4 W	6 W	3 W

   2 Kugeln werden wie folgt zufällig entnommen:

   Die erste Kugel wird aus Urne A entnommen; ist es eine rote, so wird die zweite aus Urne B, ist es jedoch eine weiße, so wird die zweite aus Urne C entnommen.

   a) Man ermittle folgende Wahrscheinlichkeiten:
      P(R1); P(W1); P(R2|R1); P(R2|W1); P(W2|R1); P(W2|W1)
   b) Man bestimme folgende Wahrscheinlichkeiten:
      $P(R1 \cap R2); P(R1 \cap W2); P(W1 \cap R2); P(W1 \cap W2)$
   c) Wie groß ist die Wahrscheinlichkeit
      P (eine rote und eine weiße)

10. Auf einer Metallhobelmaschine werden Platten hergestellt. Durch die Maschine und das Material bedingt, weisen alle Stücke eine gewisse Variabilität auf, die wir als zufällig ansehen wollen. So läßt sich die Plattendicke x (mm) als Zufallsvariable auffassen, die von Platte zu Platte etwas andere Werte annimmt. x sei normalverteilt und habe bei einer bestimmten Maschinenstellung den Mittelwert $\mu = 10$ mm und die Standardabweichung $\sigma = 0{,}02$ mm. Wieviel Prozent Ausschuß sind dann zu erwarten, wenn die Platten
   a) mindestens 9,97 mm stark sein sollen,
   b) höchstens 10,05 mm stark sein dürfen,
   c) um maximal ± 0,03 mm vom Sollwert 10 mm abweichen dürfen,
   d) Wie muß man die Toleranzgrenzen $10 - c$ und $10 + c$ wählen, damit man nicht mehr als 5% Ausschuß erhält,
   e) Wie ändert sich der Ausschußprozentsatz für die in Frage d) bestimmten Toleranzgrenzen, wenn sich μ (z.B. infolge Abnutzung des Hobelstahls) nach 10,01 mm verschiebt?

11. Eine Firma stellt Luftpostbriefumschläge her, deren Gewicht erfahrungsgemäß normalverteilt ist mit dem Mittelwert $\mu = 1{,}95$ g und der Standardabweichung $\sigma = 0{,}05$ g. Wie viele Umschläge, die 2 g oder mehr wiegen, muß man dann bei einem Päckchen von 100 Umschlägen etwa in Kauf nehmen?

12. Es werden von einer Firma Glimmlämpchen in Kartons zu je 1.000 Stück geliefert. Wie groß ist die Wahrscheinlichkeit, daß ein solcher Karton nicht mehr als 1% Ausschuß enthält,
    a) wenn man den Produktionsvorgang als Bernoulli-Experiment mit $p = 1\%$ ansehen kann,
    b) wenn der Produktionsprozeß durch die Normalverteilung angenähert werden kann?

13. Es werde angenommen, daß eine Warenlieferung 10% schlechte Teile enthält.
    a) wie groß ist die Wahrscheinlichkeit, daß sich unter 5 zufällig mit Zurücklegen herausgegriffenen Teilen mindestens ein schlechtes befindet?
    b) Wieviele Teile muß man wenigstens mit Zurücklegen zufällig herausgreifen, damit man mit mindestens 90%iger Wahrscheinlichkeit wenigstens ein schlechtes Teil erhält?

14. Eine Münze wird 20 mal geworfen. Man bestimme die Wahrscheinlichkeit, daß die Zahl der Köpfe
    a) $X \leq 8$ d) $X \geq 12$
    b) $X = 10$ e) $X > 13$
    c) $X < 15$ f) $8 \leq X \leq 14$

15. Die Lebensdauer eines bestimmten Modells eines Stereo-Tonabnehmers ist normalverteilt mit einem Mittelwert $\mu = 1.000$ Stunden und einer Standardabweichung von $\sigma = 100$ Stunden. Man berechne die Wahrscheinlichkeit, daß ein Tonabnehmer
    a) zwischen 1.000 und 1.150 Stunden
    b) zwischen 950 und 1.000 Stunden
    c) weniger als 930 Stunden
    d) mehr als 1.250 Stunden
    e) weniger als 870 Stunden
    f) mehr als 780 Stunden
    g) zwischen 700 und 1.200 Stunden
    h) zwischen 750 und 850 Stunden
    hält.

16. Die Staatliche Gesundheitsbehörde sperrt den Strand, wenn die Konzentration von Coli-Bakterien zu hoch ist. An einem bestimmten Tag wurde bei mehreren Stichproben ein Mittelwert von $\mu = 160$ bei $\sigma = 20$ gemessen. (X = jeweilige Konzentration von Coli-Bakterien).
    Man bestimme die Wahrscheinlichkeit, daß
    a) $150 < X \leq 160$
    b) $X > 148$
    c) $X \leq 153$
    d) $165 < X \leq 170$
    e) $X > 162$

8.5. Empfohlene Literatur zur Wahrscheinlichkeitstheorie

Grassman, K. W.: Stochastic Systems for Management. Edw. Arnold, London 1981

Kreyszig, E.: Statistische Methoden und ihre Anwendung, Verlag Vandenhoeck & Ruprecht, Güttingen, 7. Aufl. 1979

Lapin, L.: Statistics for Modern Business Decisions. Harcourt Brance Jovanovich, Inc. New York 1978

Menges, G.: Grundriß der Statistik – Teil 1: Theorie, Westdeutscher Verlag, Opladen 1968

Menges, G.: Grundriß der Statistik – Teil 2: Daten, Westdeutscher Verlag, Opladen 1973

Meschkowski, H.: Wahrscheinlichkeitsrechnung, Bibliographisches Institut, Mannheim 1968

Basler, H.: Grundbegriffe der Wahrscheinlichkeitsrechnung und statistischen Methodenlehre, Physika Verlag Würzburg, 10. Aufl. 1989

Bamberg G./Baur, F.: Statistik, Oldenbourg Verlag, München–Wien, 10. Aufl. 1998

Weber, H.: Einführung in die Wahrscheinlichkeitsrechnung und Statistik für Ingenieure. B. G. Teubner, Stuttgart 1983

9. Entscheidungstheoretische Grundlagen

9.1 Entscheidungsbaum-Analyse

Während bei Entscheidungen bei **sicheren Erwartungen** das Ergebnis nur von der gewählten Aktion abhängt, ist bei **un-sicheren Erwartungen** das Ergebnis teilweise von der gewählten Aktion und teilweise vom Zufall bzw. vom zufälligen Eintreffen von Ereignissen abhängig.

Diese Abhängigkeit läßt sich entweder in einer **Entscheidungstabelle** oder in einem **Entscheidungsbaum** darstellen.

Beispiel 9.1
Regenschirm-Entscheidungsproblem

Tabelle 9.1 Entscheidungstabelle

Ereignis \ Aktion	Ergebnis bzw. Konsequenz der Aktion	
	Schirm mitnehmen	Schirm nicht mitnehmen
Regen	trocken, belastet + mittelmäßig zufrieden	naß + unzufrieden
kein Regen	unnötig belastet + deshalb nicht sehr zufrieden	sehr zufrieden + unbelastet

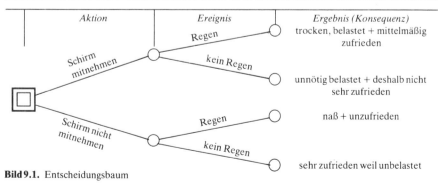

Bild 9.1. Entscheidungsbaum

Es stellt sich nun die Frage nach der Bestimmung der günstigsten Aktion.

Im Regenschirm-Entscheidungsproblem würde sich wohl jeder bei Verdacht auf Regen für das Mitnehmen eines Schirmes entscheiden, weil er nicht naß und unzufrieden werden will. Falls jedoch nicht mit Regen zu rechnen ist, wird man den Schirm nicht mitnehmen, um unbelastet und zufrieden den Spaziergang zu genießen.

Bei nicht 100%-iger Sicherheit bezüglich des Ereignisses braucht man zur Analyse des Problems zusätzliche numerische Angaben bezüglich der
- **Wahrscheinlichkeit der Ereignisse** und der
- **Attraktivität der Ereignisse**

Zur Ermittlung der Wahrscheinlichkeit wird auf Abschnitt 8 verwiesen.

Zur Ermittlung quantitativer Angaben über die Attraktivität oder Priorität der Ergebnisse sind die Zielvorstellungen des Entscheidenden von erheblicher Bedeutung.

Mögliche Zielvorstellungen können sein:
- Zufriedenheitsmaximierung
- Gewinnmaximierung
- Kostenminimierung
- Zeitminimierung
- Zuverlässigkeitsmaximierung
- Sicherheitsmaximierung.

Der Grad der durch eine gewählte Aktion unter Einfluß des Ereignisses erreichten Zielvorstellung muß numerisch angegeben werden, d.h., es muß angegeben werden, wie sich die Aktion für den Entscheidenden unter der gewählten Zielsetzung auszahlt.

Für die entscheidungstheoretische Analyse eines Problems ist das **Vorliegen einer Auszahlungsmatrix** oder aber von **Auszahlungsangaben im Entscheidungsbaum** erforderlich.

Im Schirm-Entscheidungs-Beispiel könnte man die unterschiedlichen Ergebnisse z.B. durch folgende Zufriedenheitszahlen bewerten:

Tabelle 9.2 Auszahlungsmatrix

Ereignis \ Aktion	S = Schirm mitnehmen	S̃ = Schirm nicht mitnehmen
R = Regen	+5	− 5
R̃ = kein Regen	+2	+10

Falls Sicherheit bezüglich des Eintreffens eines Ereignisses besteht, ist die Aktion mit der höchsten Auszahlung in der betreffenden Ereigniszeile zu wählen.

Bei mehreren gleichwahrscheinlichen Ereignissen könnte man sich für die Aktion entscheiden, bei der im Durchschnitt eine höhere Auszahlung zu erwarten ist; man würde sich also am maximalen Mittelwert orientieren.

Im Schirm-Entscheidungs-Beispiel würde man bei gleichwahrscheinlichen Ereignissen den Mittelwert zweckmäßig wie folgt errechnen:

Tabelle 9.3 Mittelwertbestimmung

Ereignis \ Aktion	Wahrscheinlichkeiten	S	S̃
R	0,5	$0,5 \cdot 5 = 2,5$	$0,5(-5) = -2,5$
R̃	0,5	$0,5 \cdot 2 = 1,0$	$0,5 \cdot 10 = 5$
Mittelwert		Summe = 3,5	Summe = 2,5

9. Entscheidungstheoretische Grundlagen

Maximaler Mittelwert = 3,5; d.h. bei gleichwahrscheinlichen Ereignissen ist die Aktion S (Schirm mitnehmen) zweckmäßig.

Die hier verwendete Auswahlregel ist die **Bayes-Regel**, die sich am **maximalen Erwartungswert der Auszahlung** orientiert; unter dem Erwartungswert versteht man hier den mit den Wahrscheinlichkeiten p_i gewogenen Mittelwert der Auszahlungen e_{ij}

$$\mu = \sum_i p_i e_{ij}$$

Weitere Auswahlregeln bzw. Entscheidungskriterien werden im nächsten Abschnitt dargestellt.

Im Schirm-Entscheidungs-Beispiel ist die Wahrscheinlichkeit für Regen mit 40% angegeben. Man ermittle die optimale Aktion.

Tabelle 9.4 Bestimmung des Erwartungswertes

Ereignis \ Aktion	p_i	S	$\bar{S}$
R	0,4	0,4 · 5 = 2,0	0,4 (−5) = −2
$\bar{R}$	0,6	0,6 · 2 = 1,2	0,6 · 10 = 6
$\mu = \Sigma p_i e_{ij}$		= 3,2	= 4

Maximaler Erwartungswert $\mu_{max} = 4$
Optimale Entscheidung also $\bar{S}$, d.h. Schirm nicht mitnehmen.

Die in diesem Abschnitt enthaltenen Verfahren und Beispiele sind weitgehend in Anlehnung an LAPIN [1976] dargestellt.

Beispiel 9.2 Herstellung von Drehzahlwandlern
Ein Hersteller von Drehzahlwandlern hat drei verschiedene alternative Bauweisen anzubieten: Mechanische, hydraulische und elektrische Drehzahlwandler. Eine Marktstudie ergab folgende Wahrscheinlichkeiten bezüglich der Nachfrage bzw. des Bedarfs:

10% Wahrscheinlichkeit für geringe Nachfrage
70% Wahrscheinlichkeit für mittlere Nachfrage
20% Wahrscheinlichkeit für große Nachfrage.

Der Hersteller strebt Gewinnmaximierung an und hat deshalb die Gewinne e_{ij} für jedes Produkt in Abhängigkeit von der unterschiedlichen Nachfrage ermittelt. Welche Drehzahlwandler sollten hergestellt werden, wenn jeweils nur eine Bauweise möglich ist (Alternativ, d.h. entweder – oder)

Tabelle 9.5 Bestimmung des Erwartungswertes

Marktereignis		Alternative Aktionen des Herstellers				
		Mech. Drehz.-Wandler		Hydr. Drehz.-Wandler		Elektr. Drehz.-Wandler
Nachfrage	p_i	e_{i1}	$p_i \cdot e_{i1}$	e_{i2}	$p_i \cdot e_{i2}$	e_{i3}	$p_i \cdot e_{i3}$
gering	0,1	25	2,5	−10	−1	−125	−12,5
mittel	0,7	400	280,0	440	308	400	280,0
stark	0,2	650	130,0	740	148	750	150,0
			$\mu_1 = 412,5$		$\mu_2 = 455$		$\mu_3 = 417,5$

$\mu_{max} = \mu_2 = 455$
Bei Orientierung am maximalen Erwartungswert des Gewinnes sollte bei der gegebenen Nachfrageverteilung der Hydraulische Drehzahlwandler hergestellt werden.

Einfache Entscheidungsprobleme lassen sich leicht anhand der Entscheidungstabelle analysieren. Komplexere Probleme, insbesondere solche, bei denen mehrmals hintereinander Entscheidungen zu treffen sind – man bezeichnet diese als **mehrstufige** oder **dynamische Entscheidungsprobleme** – werden besser mit Hilfe von Entscheidungsbäumen analysiert.

Hauptschritte der Entscheidungsbaumanalyse

1. Zeichnen des Entscheidungsbaumes.
2. Auszahlungen durch **Vorwärtsrechnung** entlang der Äste bestimmen.
3. Wahrscheinlichkeiten der Ereignisse ermitteln und an den Ästen vermerken.
4. Erwartungswerte durch **Rückwärtsrechnung** entlang der Äste bestimmen.
5. Abhacken der „unzweckmäßigen Äste" und Formulierung der Entscheidungsfolge.

Beispiel 9.3 Entscheidungsbaumanalyse eines Schallplattenherstellers
Ein Schallplattenhersteller steht vor der Entscheidung, von einer Musikveranstaltung eine Schallplatte
– entweder zu 50 000 Stück weltweit herauszubringen,
– oder zunächst 5 000 Stück zu pressen und auf einem begrenzten Markt zu testen, wobei bei positivem Ergebnis weitere 45 000 Stück nachgepreßt und weltweit verkauft werden,
– oder auf die Pressung zu verzichten.

Es bestehen praktisch folgende alternative Aktionen:
– Test-Verkauf
– weltweiter Verkauf
– Verzicht auf Pressung und Verkauf

Es gehört zur Eigenart des Plattengeschäftes, daß eine Platte entweder ein Hit wird oder ein totaler Mißerfolg bleibt, d.h.

Erfolg $\hat{=}$ Verkauf aller Platten
Mißerfolg $\hat{=}$ Verkauf ist praktisch Null

a) Man erstelle den Entscheidungsbaum! (siehe Bild 9.2)
b) Man ermittle die Auszahlungen, wenn folgende Informationen gegeben sind:
   Honorar für die Veranstalter, falls eine Pressung erfolgt DM 50 000,–
   Fixe Kosten der Pressung und des Vertriebs DM 50 000,–
   Variable Kosten je Platte DM 10,–
   Verkaufspreis je Platte DM 20,–

   Danach ergeben sich folgende Zahlungen:

Test-Verkauf	
Honorar	− 50 000,–
Fixe Kosten	− 50 000,–
Variable Kosten (5 000 Platten)	− 50 000,–
Ausgabensumme	−150 000,–
Bei Erfolg Einnahmen von	+100 000,–
Bei Mißerfolg Einnahmen von	± 0,–
Sofortiger, weltweiter Verkauf	
Honorar	− 50 000,–
Fixe Kosten	− 50 000,–
Variable Kosten (50 000 Platten)	−500 000,–
Ausgabensumme	−600 000,–
Bei Erfolg Einnahmen von	+1 000 000,–
Bei Mißerfolg Einnahmen von	± 0,–
Weltweiter Verkauf im Anschluß an Test-Verkauf	
Fixe Kosten	− 50 000,–
Variable Kosten (45 000 Platten)	−450 000,–
Ausgabensumme	−500 000,–
Bei Erfolg Einnahmen von	+900 000,–
Bei Mißerfolg Einnahmen von	± 0,–

9. Entscheidungstheoretische Grundlagen

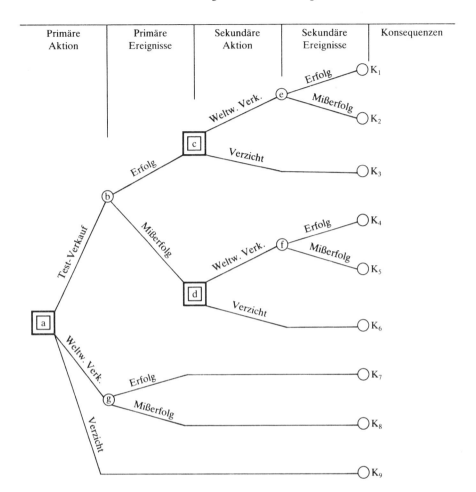

Bild 9.2. Entscheidungsbaum des Schallplattenproblems

Die Ausgaben und Einnahmen werden an den Ästen des Entscheidungsbaumes notiert.

Die Auszahlungen bei den einzelnen Ergebnissen (Konsequenzen) werden durch die Addition der Zahlungen entlang der Äste des Entscheidungsbaumes in einer **Vorwärtsrechnung** ermittelt (siehe Bild 9.3).

Falls der Erfolg als sicheres Ereignis angesehen werden kann, so wäre die Entscheidung „weltweiter Vertrieb" zu empfehlen, weil dies die größte Auszahlung erbringen würde. Wenn der Entscheidende sich am maximal zu erwartenden Gewinn orientieren will, so sind noch Wahrscheinlichkeitsangaben für die Ereignisse erforderlich. Es werden z.B. folgende Wahrscheinlichkeiten unterstellt:

50% für Erfolg beim Testverkauf und sofortigem weltweitem Verkauf.
80% für Erfolg bei weltweitem Verkauf, wenn bereits der Test-Verkauf erfolgreich war.
20% für Erfolg bei weltweitem Verkauf, wenn der Test-Verkauf ein Mißerfolg war.

Wenn man nun die Entscheidungssituation bei Punkt a) analysieren will, stellt man fest, daß der Erwartungswert der Auszahlungen bei primären Aktionen (primären Entscheidungen) nur dann ermittelt wer-

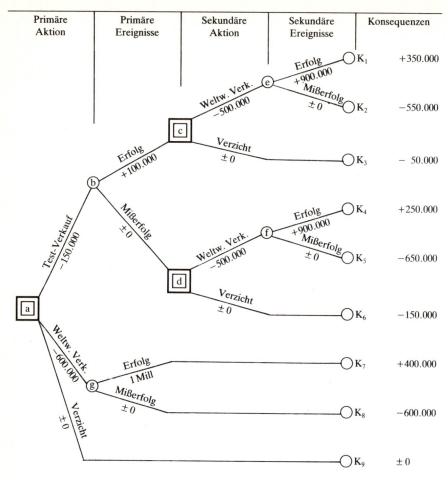

Bild 9.3. VORWÄRTSRECHNUNG im Entscheidungsbaum

den kann, wenn die entsprechenden Werte aller späteren (sekundären) Entscheidungen bestimmt worden sind.

Die Analyse muß also entgegen dem chronologischen Ablauf der Entscheidungen durchgeführt werden. Man spricht deshalb von einer **Rückwärtsrechnung**.

Berechnung des Erwartungswertes der Auszahlung $\mu = \Sigma\, p_i\, e_{ij}$

Ereignisknoten ⓔ $\mu_e = 0{,}8 \cdot 350\,000 + 0{,}2\,(-550\,000) \stackrel{!}{=} 170\,000$

Ereignisknoten ⓕ $\mu_f = 0{,}2 \cdot 250\,000 + 0{,}8\,(-650\,000) = -470\,000$

Diese Werte notiert man sich an den Knoten (siehe Bild 9.4).

Entscheidungssituation am Knoten ⌐c⌐:
Da der Erwartungswert bei „weltweitem Vertrieb" mit 170000 größer ist als bei „Verzicht" ($-50\,000$) wird der „Verzicht-Ast" abgehackt.

Entscheidungssituation am Knoten ⌐d⌐:
„Verzicht" ist hier günstiger als „weltweiter Vertrieb", deshalb wird letzterer abgehackt.

So werden alle Äste außer demjenigen mit dem höchsten Erwartungswert „abgehackt"; nur der maximale Erwartungswert der späteren Stufe wird auf die frühere Stufe übertragen.

9. Entscheidungstheoretische Grundlagen   275

Man beachte: **A**st-abhacken nur in **A**ktions-Bereichen
Erwartungswert-Berechnung nur in **E**reignis-Bereichen

Ereignisknoten (b) $\mu_b = 0{,}5 \cdot 170\,000 + 0{,}5\,(-150\,000) = +\;10\,000$
Ereignisknoten (g) $\mu_g = 0{,}5 \cdot 400\,000 + 0{,}5\,(-600\,000) = -100\,000$

Nach Abschluß der Rückwärtsrechnung ist die Entscheidungsfolge klar aus dem Rest-Baum (nichtabgehackte Äste) zu erkennen.

1. Entscheidung für Test-Vertrieb von 5000 Platten
2. Entscheidung für weltweiten Vertrieb, wenn Testvertrieb erfolgreich; andernfalls Verzicht auf weiteren Vertrieb.

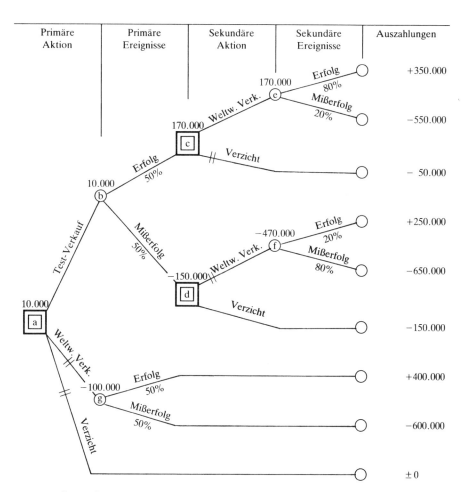

Bild 9.4. RÜCKWÄRTSRECHNUNG im Entscheidungsbaum

9.2 Entscheidungskriterien auf der Basis der Auszahlungen

Die Grundsätze, Richtlinien oder Zielgrößen von der sich der Entscheidende bei der Wahl der optimalen Aktion leiten läßt oder leiten lassen möchte, werden als Entscheidungskriterien, Entscheidungsregeln oder Entscheidungsprinzipien bezeichnet. Jenachdem wie viele Informationen im konkreten Fall vorliegen oder für die Beurteilung der möglichen Aktionen herangezogen werden, spricht man von Kriterien mit einem oder mehreren Parametern. Bei Ungewißheitssituationen ist nur die Auszahlungsmatrix nicht aber die Ereigniswahrscheinlichkeit bekannt; hier können nur Kriterien ohne Berücksichtigung der Ereigniswahrscheinlichkeiten, also **Ein-Parameter-Kriterien**, herangezogen werden.

Hier sind insbesondere zu nennen
- Maximax-Regel
- Maximin-Regel
- Hurwicz-Regel
- Laplace-Regel
- Minimax-Regret-Regel

9.2.1 Maximax-Regel

Als optimale Aktion wird diejenige mit maximalmöglicher Auszahlung angesehen; man orientiert sich dabei an der Auszahlung, die sowohl das Maximum der Zeilen als auch der Spalten ist.

$$A_{opt.} = \max_j (\max_i e_{ij})$$

wobei i = 1, 2, ... m   Anzahl der Ereignisse
       j = 1, 2, ... n   Anzahl der alternativen Aktionen
       e_{ij} Elemente der Auszahlungsmatrix.

Zur Illustration der Vorgehensweise der unterschiedlichen Regeln soll jeweils die Auszahlungsmatrix des bereits verwendeten Beispiels 9.2 (Wahl des zweckmäßigsten Drehzahlwandlers) herangezogen werden.

Aktion j Ereignis i		Drehzahlwandler		
		mechanisch	hydraulisch	elektrisch
geringe Nachfrage		25	-10	-125
mittlere Nachfrage		400	440	400
große Nachfrage		650	740	750
Aktions Maxima		650	740	750
Maximum der Aktions-Maxima		-	-	750

Optimale Aktion der Maximax Regel: Elektrische Wandler

Die Maximax-Regel unterstellt dem Entscheidenden eine extrem risikofreudige Haltung, insofern als sie sich am maximal möglichen Ergebnis orientiert. Nur im günstigsten Fall (hier: große Nachfrage) wird dieses Ergebnis erreicht. Abweichungen sind nur in Richtung schlechterer Ergebnisse möglich; nach Eintritt des Ereignisses sind also nur unangenehme Überraschungen möglich, falls das erwartete günstigste Ereignis nicht eingetreten ist.

9.2.2 Maximin-Regel

Hier wird das schlechteste Ergebnis (Minimum der Auszahlung) einer jeden Aktion zur Grundlage der Auswahl herangezogen und diejenige Aktion gewählt, welche noch die beste von diesen schlechten Ergebnissen (Maximum der Minima) aufweist.

9. Entscheidungstheoretische Grundlagen

$$A_{opt.} = \max_j (\min_i e_{ij})$$

Angewendet auf die Wahl des zweckmäßigsten Drehzahlwandlers ergibt sich:

Aktion j Ereignis i	mechanisch	Drehzahlwandler hydraulisch	elektrisch
geringe Nachfrage	25	−10	−125
mittlere Nachfrage	400	440	400
große Nachfrage	650	740	750
Aktions Minima	25	−10	−125
Maximum der Aktions-Minima	25	−	−

Optimale Aktion der Maximin Regel: MechanischerWandler

Die Maximin-Regel unterstellt dem Entscheidenden eine extrem risikoscheue Haltung, da sie sich an der Auszahlung im ungünstigsten Fall orientiert. Die Maximin-Regel ist auch in der Theorie der Spiele als Sattelpunktskriterium bekannt.

Nach Eintreffen des tatsächlichen Ereignisses sind Abweichungen nur in Richtung besserer Ergebnisse möglich; man kann also nur angenehme Überraschungen erwarten, falls das erwartete Ereignis nicht eintritt.

Ist anstatt der Auszahlungsmatrix eine Kostenmatrix gegeben, so wird anstelle der Maximin-Auszahlungs-Aktion die Minimax Kosten-Aktion gewählt.

Durch zwei weitere Beispiele soll die Wirkung einer strengen Orientierung an der Maximin-Regel näher erläutert werden.

Beispiel 9.4
Man wende die Maximin-Regel auf die folgende Auszahlungsmatrix an:

Aktionen Ereignisse	A 1	A 2
E 1	0	−10
E 2	10	1 000
Aktionsminima	0	−10
Maximum der Aktionsminima	0	−

Optimale Aktion nach der Maximin-Regel = A 1

Es ist jedoch ohne weiteres einzusehen, daß A 2 die günstigere Aktion ist, wenn wenigstens eine geringe Wahrscheinlichkeit für E 2 vorliegt. Derjenige, der sich an der Maximin-Regel orientiert, verzichtet auf die Möglichkeit DM 1 000,− zu gewinnen, nur weil er einen Verlust von DM 10,− vermeiden möchte; um einen Verlust von nur DM 10,− zu vermeiden, entscheidet er sich für eine Aktion, die ihm wenigstens den „Status quo" garantiert. Die Maximax-Regel würde hier zur Aktion A 2 führen.

Beispiel 9.5
Man wende die Maximin-Regel auf folgende Auszahlungsmatrix an:

Aktionen Ereignisse	A 1	A 2
E 1	100	100 000
E 2	−10	−10 000
Aktionsminima	−10	−10 000
Maximum der Aktionsminima	−10	−

Maximin-Aktion = A 1

Die Maximin-Aktion ist sicherlich eine gute Entscheidung für solche Geschäftsleute, die sich einen Verlust von DM 10000,— nicht leisten können, ohne Rücksicht darauf, wie wahrscheinlich oder unwahrscheinlich er ist. Es gibt sicherlich einige Geschäftsleute, die bei einem Verlust von DM 10000,— Bankrott anmelden müßten. Ein Geschäftsmann jedoch, der einen Verlust von DM 10000,— verkraften könnte, wird die Alternative A 2 günstiger finden, falls die Wahrscheinlichkeit E 2 wesentlich niedriger ist als E 1.

Die Beispiele zeigen den Nachteil des Maximin-Kriteriums. Es ist ein außerordentlich konservatives Entscheidungskriterium und kann zu sehr schlechten Entscheidungen führen, da es Aktionen mit höherem Risiko gegenüber vergleichsweise risikofreien, jedoch weitaus weniger attraktiven Aktionen, unterbewertet und vernachlässigt. Geschäftsleute, die sich ausschließlich und streng nach diesem Kriterium richten, würden sich aus dem Markt herausoperieren. Es würden keine Vorräte angelegt, weil man nicht sicher ist, daß einige zu Ladenhütern werden. Es würden keine neuen Produkte entwickelt, da man nie ganz sicher sein kann, daß sie auch vom Markt angenommen werden. Es würden keine Kundenkredite gewährt, da man stets damit rechnen muß, daß einige Kunden ihren Zahlungsverpflichtungen nicht nachkommen können.

9.2.3 Hurwicz-Regel

Während sich die Maximax-Regel an dem besten Ergebnis einer Aktion und die Maximin-Regel an dem schlechtesten Ergebnis einer Aktion orientiert, versucht die Hurwicz-Regel[1] den Optimismus der ersten und den Pessimismus der zweiten Regel dadurch abzumildern, daß sie beide Grenzwerte berücksichtigt und mittels einer Größe α ($0 \leq \alpha \leq 1$) eine lineare Mischung aus beiden bildet.

$$A_{opt.} = \max_{j} \{\alpha \max_{i} e_{ij} + (1 - \alpha) \min_{i} e_{ij}\}$$

Für $\alpha = 1$ geht die Regel in die Maximax-Regel über für $\alpha = 0$ ergibt sich die Maximin-Regel.

Durch geeignete Wahl von α kann man mehr oder weniger risikofreudige ($\alpha \to 1$) und risikoscheue ($\alpha \to 0$) Haltungen erzeugen.

Anwendung mit $\alpha = 0{,}5$ auf die Wahl des zweckmäßigsten Drehzahlwandlers

Ereignis i \ Aktion j	Drehzahlwandler		
	mechanisch	hydraulisch	elektrisch
geringe Nachfrage	25	-10	-125
mittlere Nachfrage	400	440	400
große Nachfrage	650	740	750
$\alpha \max_{i} e_{ij}$	325	370	375
$(1 - \alpha) \min_{i} e_{ij}$	12,5	-5	$-62,5$
Summe	337,5	365	312,5
Maximum der Summe	–	365	–

Optimale Aktion nach der Hurwicz-Regel: Hydraulischer Wandler

---

[1] Hurwicz, L.: Optimality Criteria for Decision Making under Ignorance, in Cowles Commission Discussion Papers, Statistics Nr. 370 (1951), zitiert in Luce, D./Raiffa, H.: Games and Decisions, New York–London–Sydney, 1957 S. 282ff.

Man beachte, daß die Hurwicz-Regel die gegebenen Informationen besser ausschöpft als die bisher betrachteten Kriterien. Wird $\alpha = 0{,}5$ gewählt, so hält der Entscheidende die zum besten und zum schlechtesten Ergebnis führenden Ereignisse für gleichwahrscheinlich. Durch die Wahl des α werden hier also subjektive Wahrscheinlichkeitswerte (Glaubwürdigkeitsangaben) für die beiden Extremfälle angesetzt (unterstellt).

9.2.4 Laplace-Regel

Diejenige Aktion, die im Durchschnitt die höchste Auszahlung erwarten läßt, wird hier als optimale angesehen.

$$A_{opt} = \max_{j} \left(\frac{1}{m} \sum_{i=1}^{m} e_{ij} \right)$$

Man bestimmt also für jede Aktion den einfachen Mittelwert der Auszahlungen bei den verschiedenen Ereignissen. Es werden somit alle Ereignisse für gleichwahrscheinlich gehalten und deshalb gleichgewichtig im Mittelwert berücksichtigt.

Anwendung auf die Wahl des zweckmäßigsten Drehzahlwandlers

Ereignis i \ Aktion j	mechanisch	Drehzahlwandler hydraulisch	elektrisch
geringe Nachfrage	25	-10	-125
mittlere Nachfrage	400	440	400
große Nachfrage	650	740	750
$\frac{1}{m} \sum_{i=1}^{m} e_{ij}$	358,33	390	341,61

Optimale Aktion nach der Laplace-Regel: Hydraulischer Wandler

9.2.5. Minimax-Regret-Regel

Niehans[1] und Savage[2] schlagen vor, das **nachträgliche Bedauern** (die nachträgliche Enttäuschung) über eine Fehlentscheidung als Maßstab für die Entscheidung heranzuziehen und diejenige Aktion zu wählen, bei der das **nachträgliche Bedauern** minimiert wird. Der **Regretbetrag**, der **Opportunitätsverlust** (loss of foregone opportunity) ist der Auszahlungsbetrag, der dem Entscheidenden dadurch entgangen ist, daß er nicht die Aktion mit der größten Auszahlung bei dem tatsächlich eingetretenen Ereignis gewählt hat.

Der Regretbetrag ist die Differenz zwischen dem Maximum der Auszahlung bei jedem möglichen Ereignis (Zeilenmaximum) und jeder Auszahlung in der Zeile.

$r_{ij} = \max_{j} e_{ij} - e_{ij}$

Als optimale Aktion wird diejenige mit dem niedrigsten oder aber dem niedrigsten durchschnittlichen Regretbetrag angesehen.

---

[1] Niehans, J.: Zur Preisbildung bei ungewissen Erwartungen. Schweizer Zeitschrift für Volkswirtschaft und Statistik, Bd. 84 (1948), S. 433–456.

[2] Savage, L. J.: The Theoriy of Statistical Decision. Journal of the American Statistical Association, Bd. 46 (1951) S. 55–67

$$A_{opt} = \min_j \sum_i (\max_j e_{ij} - e_{ij})$$

$$A_{opt} = \min_j \frac{1}{m} \sum_{i=1}^m (\max_j e_{ij} - e_{ij})$$

Anwendung auf die Wahl des zweckmäßigsten Drehzahlwandlers:

Aktion j Ereignis i	Drehzahlwandler			Zeilenmaximum
	mechanisch	hydraulisch	elektrisch	$\max e_{ij}$
geringe Nachfrage	25	−10	−125	25
mittlere Nachfrage	400	440	400	440
große Nachfrage	650	740	750	750
	$r_{ij} = \max_j e_{ij} - e_{ij}$			
geringe Nachfrage	25 − 25 = 0	25 + 10 = 35	25 + 125 = 150	
mittlere Nachfrage	440 − 400 = 40	440 − 440 = 0	440 − 400 = 40	
große Nachfrage	750 − 650 = 100	750 − 740 = 10	750 − 750 = 0	
$\sum (\max e_{ij} - e_{ij})$	140	45	190	
$\min_j \frac{1}{m} \sum (\max_j e_{ij} - e_{ij})$	46,6	15	63,3	

Optimale Aktion nach der Minimax-Regret-Regel: Hydraulischer Wandler

Bei Verwendung dieser Regel werden zwar alle gegebenen Informationen voll ausgeschöpft, jedoch kann bezweifelt werden, daß die Zielsetzung, das nachträgliche Bedauern zu minimieren, im Wirtschaftsleben wirklich im Vordergrund steht. Den entgangenen Erfolgschancen nachzutrauern hilft nicht weiter.

Ebenso wie die **Bedauernswerte** r_{ij}, die ja den Ärger über verpaßte Gewinnchancen ausdrücken, lassen sich die **Frohlockenswerte**

$$f_{ij} = e_{ij} - \max e_{ij}$$

formulieren, die die Freude darüber ausdrücken, daß es nicht ganz so schlimm gekommen ist, wie es schlimmstenfalls hätte kommen können. Man würde dann die Aktion bevorzugen, welche die Frohlockenswerte maximiert. Auch dieses Kriterium hat keine Bedeutung in der wirtschaftlichen Praxis.

Alle bisher angeführten Kriterien waren **Ein-Parameter-Kriterien** und finden Verwendung, wenn keine Wahrscheinlichkeitsangaben für das Eintreten der verschiedenen Ereignisse vorliegen und auch nicht ermittelt werden können.

Sind Wahrscheinlichkeitsangaben möglich, so können auch höherwertige Kriterien, sogenannte **Zwei-Parameter-Kriterien** herangezogen werden. Hier sind insbesondere zu nennen:
- Maximum-Likelihood-Regel
- Bayes-Regel

9.2.6 Maximum-Likelihood-Regel

Als optimale Aktion wird diejenige angesehen, die beim wahrscheinlichsten Ereignis die größte Auszahlung aufweist.

$$A_{opt} = \max_j (e_{ij} \text{ bei } \max_i p_i)$$

9. Entscheidungstheoretische Grundlagen   281

Anwendung auf die Wahl des zweckmäßigsten Drehzahlwandlers:

Ereignisse i		Aktionen j		
Nachfrage	Wahrscheinlich-keit p_i	mechanisch	hydraulisch	elektrisch
gering	0,10	25	−10	−125
mittel	0,70	400	440	400
groß	0,20	650	740	750
e_{ij} bei max p_i		400	440	400
max (e_{ij} bei max p_i)		−	440	−

$A_{opt.}$ = hydraulischer Wandler

Bei Verwendung dieser Entscheidungsregel werden die vorhandenen Informationen nur in bescheidenem Maße genutzt. Auszahlungen und Wahrscheinlichkeiten der weniger wahrscheinlichen Ereignisse werden gar nicht in die Betrachtung einbezogen. Selbst dann, wenn das wahrscheinlichste Ereignis weniger wahrscheinlich als die Summe der anderen Ereignisse ist, orientiert man sich nur an dem wahrscheinlichsten Einzelereignis.

Liegen z.B. 4 Ereignisse mit folgenden Wahrscheinlichkeiten vor:

Ereignis	Wahrscheinlichkeit
E 1	0,1
E 2	0,4
E 3	0,2
E 4	0,3

so interessiert bei der Maximum-Likelihood-Regel nur das Ereignis E 2 mit p = 0,4, obwohl die Summe der anderen Ereignisse mit p = 0,6 insgesamt wahrscheinlicher ist.

9.2.7 Bayes-Regel

Die Bayes-Regel vermeidet die begrenzte Auswahl nur einiger Werte aus der Anzahlungsmatrix durch Bildung des mit den Wahrscheinlichkeiten gewichteten Mittelwertes jeder Aktion, des sogenannten **Erwartungswertes der Auszahlung bei unvollständiger Information** ($\Sigma p_i\, e_{ij}$). Als optimale Aktion wird diejenige mit dem maximalen Erwartungswert der Auszahlung oder dem minimalen Erwartungswert der Kosten angesehen.

$$A_{opt.} = \max_j \left(\sum_i p_i\, e_{ij} \right)$$

Anwendung der Bayes-Regel auf die Wahl des zweckmäßigsten Drehzahlwandlers:

Ereignisse i		Aktionen j					
		mechanisch		hydraulisch		elektrisch	
Nachfrage	p_i	e_{i1}	$p_i e_{i1}$	e_{i2}	$p_i e_{i2}$	e_{i3}	$p_i e_{i3}$
gering	0,1	25	2,5	−10	−1	−125	−12,5
mittel	0,7	400	280,0	440	308	400	280,0
groß	0,2	650	130,0	740	148	750	150,0
$\Sigma p_i e_{ij}$			412,5		455		417,5

$A_{opt.}$ = hydraulischer Wandler

9.2.8 Erwartungswert der vollständigen Information – EWVI

Die Diskussion über Entscheidungen bei unvollkommener Information würde unvollständig sein, wenn man nicht nach Wegen suchen würde, die Unsicherheit zu reduzieren, ehe man die endgültige Entscheidung trifft.

So könnte man versuchen, durch Experimente oder eingehende Studien die Unsicherheit zumindest teilweise zu reduzieren. Derartige Bemühungen stoßen jedoch auf Grenzen: Weitere Informationen zu sammeln, kann unmöglich, zu zeitaufwendig oder zu teuer sein. Häufig ist es deshalb wirtschaftlicher, die Entscheidung unter Unsicherheit zu fällen, als den Aufwand für die Beschaffung weiterer Informationen in Kauf zu nehmen. Es ist also wichtig, die Wirtschaftlichkeit der Beschaffung weiterer oder aber vollständiger Informationen vor deren Beschaffung zu analysieren. Zu diesem Zweck dient der Erwartungswert der Vollständigen Information EWVI; er gibt den zu erwartenden Nutzen einer vollständigen Information an.

Wenn man bei Anwendung der Minimax-Regret-Regel statt des einfachen Mittelwertes den mit den Wahrscheinlichkeiten gewogenen Mittelwert – den **Erwartungswert des nachträglichen Bedauerns** – bestimmt, so erhält man den **Erwartungswert der vollständigen Information – EWVI** als Minimum dieses Erwartungswertes des nachträglichen Bedauerns.

$$\text{EWVI} = \min_j [\Sigma_i \, p_i (\max_j e_{ij} - e_{ij})]$$
$$= \min_j [\Sigma_i \, p_i \, r_{ij}] \text{ mit } r_{ij} = \max_j e_{ij} - e_{ij}$$

Sind die Erwartungswerte der Auszahlung bei unvollständiger Information bekannt, so kann man den EWVI-Wert einfacher bestimmen (vgl. Abschnitt 9.2.9)

$$\text{EWVI} = \Sigma \, p_i (\max_j e_{ij}) - \max_j \Sigma_i \, p_i \, e_{ij}$$

Bestimmung des EWVI für die Wahl des günstigsten Drehzahlwandlers: Die Regretbeträge $r_{ij} = \max e_{ij} - e_{ij}$ wurden bereits in Abschnitt 9.2.6 bestimmt.

Ereignisse i Nachfrage	p_i	Aktionen j mechanisch		hydraulisch		elektrisch	
		r_{ij}	$p_i r_{ij}$	r_{ij}	$p_i r_{ij}$	r_{ij}	$p_i r_{ij}$
gering	0,1	0	–	35	3,5	150	15
mittel	0,7	40	28	0	–	40	28
groß	0,2	100	20	10	2,0	0	–
$\Sigma p_i r_{ij}$			48		5,5		43

$\min_j \Sigma_i \, p_i \, r_{ij} = \text{EWVI} = 5,5$

9.2.9. Erwartungswert der Auszahlung bei vollständiger Information – EAVI

Addiert man zu dem „Erwartungswert der Auszahlung bei unvollständiger Information" jeder Aktion ($\Sigma p_i \, e_{ij}$) den „Erwartungswert des nachträglichen Bedauerns" jeder Aktion $\Sigma p_i (\max e_{ij} - e_{ij})$ so erhält man eine für jede Aktion gleiche Größe, nämlich den „Erwartungswert der Auszahlung bei vollständiger Information" jeder Aktion $\Sigma p_i (\max e_{ij})$.

$$\text{EAVI} = \sum_{i=1}^{m} p_i (\max_j e_{ij})$$

Es bestehen also zwei Möglichkeiten zur Bestimmung dieses Wertes, entweder durch Addition der beiden erstgenannten Erwartungswerte oder aber direkte Bestimmung bei Vorliegen vollständiger Information über die Ereignisse.

9. Entscheidungstheoretische Grundlagen   283

Bestimmung des Erwartungswertes der Auszahlung bei vollständiger Information für das Drehzahlwandler-Problem.
a) aus $\Sigma p_i e_{ij}$ und $\Sigma p_i (\max e_{ij} - e_{ij})$
b) aus $\Sigma p_i (\max e_{ij})$

Lösung a)

Erwartungswerte	Formeln	mech.	hydr.	elektr.
Erwartungswert der Auszahlung bei unvollständiger Information	$\sum_i p_i e_{ij}$	412,5	**455**	417,5
+ Erwartungswert des nachträglichen Bedauerns	$+ \sum_i p_i (\max_j e_{ij} - e_{ij})$	48,0	**5,5**	43,0
= Erwartungswert der Auszahlung bei vollständiger Information – EAVI	$= \sum_i p_i \max_j e_{ij}$	460,5	460,5	460,5

Lösung b)
Ereignisse

Nachfrage	p_i	mechanisch	hydraulisch	elektrisch	$\max e_{ij}$ der Ereignisse	$p_i (\max e_{ij})$
gering	0,1	**25**	−10	−125	25	2,5
mittel	0,7	400	**440**	400	440	308
groß	0,2	650	740	**750**	750	150
Erwartungswert der Auszahlung bei vollständiger Information – EAVI						460,5

Was ist nun die Bedeutung des EWVI-Wertes? Wenn man sich für die Aktion mit „Maximalem Erwartungswert der Auszahlung bei unvollständiger Information" oder (was auf dasselbe Ergebnis zielt) für die Aktion mit „Minimalem Erwartungswert des nachträglichen Bedauerns" entschieden hat (und dieses ohne Vorliegen vollständiger Information über das tatsächliche Eintreffen der Ereignisse), so ist der Wert einer zusätzlichen Marktuntersuchung zur Erlangung weiterer Informationen über den zukünftigen Eintritt der Ereignisse durch den EWVI-Wert angegeben.

Falls im obigen Beispiel der Aufwand zur Beschaffung weiterer Informationen 5,5 übersteigt, so sollte auf diese Marktstudie verzichtet werden.

Der EWVI gibt somit einen Anhaltspunkt dafür, ob kostspielige Stichproben zur weiteren Informationsgewinnung überhaupt in Betracht gezogen werden sollten.

9.3 Entscheidungen auf der Basis von Nutzenanalysen

Die schwerwiegende Bedeutung der persönlichen Einstellung hinsichtlich des Nutzens einer bestimmten Aktion kommt zum Ausdruck darin, daß mehrere Personen in der gleichen Situation unterschiedliche Entscheidungen treffen.

Die Situation im Regenschirm-Entscheidungsproblem (Beispiel 9.1) verdeutlicht diesen Sachverhalt recht gut. So kann man kaum verstehen, daß jemand ohne Regenschirm spazieren zu gehen wagt, wenn man selbst nicht ohne einen solchen Schutz spazieren gehen würde. Eine mögliche Erklärung wäre die Behauptung, daß nicht alle Personen das gleiche Entscheidungskriterium heranziehen. Sehr wesentlich jedoch ist auch die unterschiedliche Beurteilung der Konsequenzen der Handlungsweisen. So mag es Leute geben, die es interessant finden naß zu werden, während andere dies wegen der Erkältungsgefahr unter allen Umständen zu vermeiden versuchen. Einige Leute finden es vielleicht besonders elegant, mit dem Regenschirm in der Hand auch bei Sonnenschein spazieren zu gehen, während andere sich dadurch fast wie an Ketten gelegt vorkommen.

Selbst bei Personen mit gleicher persönlicher Einstellung hinsichtlich des Nutzens eines Schirmes kann es gelegentlich zu unterschiedlichen Entscheidungen kommen, wenn Unterschiede hinsichtlich der persönlichen Beurteilung der Wahrscheinlichkeit des Regens bestehen. Während der eine sich bei seiner persönlichen Beurteilung der Situation auf die Rundfunk-Wettervorhersage stützt, schwört der andere auf die Verläßlichkeit der Anzeichen auf einen Wetterumschwung in der früheren Bruchstelle seines Unterschenkels.

Während im letzten Abschnitt Entscheidungskriterien auf der Basis der Auszahlungsmatrix dargelegt wurden, soll hier zunächst gezeigt werden, daß in extrem risikobehafteten Situationen (wie sie z.B. bei Versicherungen vorliegen) die bisher favorisierte Bayes-Regel (auf der Basis der Auszahlungsmatrix) nicht zu einer sinnvollen Entscheidung verhilft, sondern daß hier eine Entscheidung auf der Basis des Nutzens der Auszahlungsergebnisse zweckmäßiger ist. In dem vorliegenden Abschnitt soll also auf die Rolle des Nutzens der Ergebnisse für die Beurteilung von Entscheidungssituationen näher eingegangen werden.

Beispiel 9.8: Feuerversicherungen
Entscheidung für oder gegen den Abschluß einer Feuerversicherung bei gegebener Auszahlungsmatrix aufgrund der Bayes-Regel:

Ereignis	Wahrscheinlichkeit p_i	Aktion A_1 Abschluß einer Versicherung Prämie e_{ij}	$p_i e_{ij}$	Aktion A_2 Verzicht auf Versicherungsschutz Schaden e_{ij}	$p_i e_{ij}$
Feuer	0,002	−100	− 0,2	−40 000	−80
kein Feuer	0,998	−100	− 99,8	0	0
$\Sigma p_i e_{ij}$			−100,0		−80

Optimale Aktion nach der Bayes-Regel: Verzicht auf Versicherungsschutz.

Demgegenüber wird sich jedoch fast jeder vernünftig denkende Mensch für einen Versicherungsschutz entscheiden, weil der Verlust des Hauses, in das man einen großen Teil seiner Ersparnisse investiert hat, eine zu schmerzliche Aussicht ist, daß man lieber eine als erträglich angesehene jährliche Prämie für das Gefühl der Sicherheit zu zahlen bereit ist. Man verspricht sich also von dem Abschluß einer Versicherung einen größeren Nutzen als vom Verzicht auf Versicherungsschutz. Es wäre also besser anstelle der Auszahlungen die Nutzenwerte für die Beurteilung heranzuziehen.

Der Mathematiker Daniel Bernoulli[1] hat im frühen 18. Jahrhundert bereits eine Formel für die Bestimmung des **Nutzenwertes** eingeführt. Er schlug vor, den Nutzenwert u (wahrer Wert für jemandes Nutzen) als Logarithmus der Auszahlung des Ergebnisses e zu bestimmen; das besagt, daß der Grenznutzen der Auszahlung ständig abnimmt.

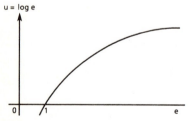

Bild 9.5 Nutzenfunktion nach Daniel Bernoulli

---

[1] Bernoulli, D.: Specimen theoriae novae de mensura sortis. Deutsche Übersetzung: Die Grundidee der modernen Wertlehre – Versuch einer neuen Theorie der Wertbestimmung von Glücksfällen. Leipzig 1896

In neuerer Zeit wurde von Neumann und Morgenstern[2] vorgeschlagen, je nach der persönlichen Einstellung für jeden Entscheidenden **individuelle Nutzenfunktionen** aufzustellen.

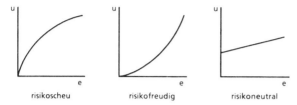

Bild 9.6 Nutzenfunktionen nach v. Neumann und Morgenstern

Die Grundidee dieser neuen Nutzentheorie ist die Festlegung eines numerischen Wertes für individuelle Präferenzen (Attraktivität für den Entscheidenden). Alle aus einer Entscheidungssituation erwachsenden Ergebnisse werden entsprechend den Präferenzen in eine Rangreihe geordnet, wobei der höchste Nutzenwert u_{max} dem wünschenswertesten Ergebnis von e_{max} zugeordnet und der niedrigste Nutzenwert u_{min} dem am wenigsten wünschenswerten Ergebnis e_{min} zugeordnet wird. Anschließend wird dann der Aktion mit dem **maximalen Erwartungswert des Nutzens** der Vorzug gegeben; dieses Entscheidungskriterium nennt man die **Bernoulli-Regel**.

$$A_{opt.} = \max_j \left[\sum_{i=1}^m p_i \, u \, (e_{ij}) \right]$$

Beispiel 9.9: Anwendung der Bernoulli-Regel auf die Feuerversicherung (Beispiel 9.8)
Entscheidung für oder gegen den Abschluß einer Feuerversicherung bei gegebener Auszahlungsmatrix und angenommener Nutzenfunktion
$u \, (e_{ij}) = \sqrt{e_{ij} + 40000} - 200$

Ereignis	Wahrscheinlichkeit p_i	Aktion Versicherungsschutz			Aktion Verzicht auf Versicherungsschutz		
		e_{ij}	$u(e_{ij})$	$p_i u(e_{ij})$	e_{ij}	$u(e_{ij})$	$p_i u(e_{ij})$
Feuer	0,002	−100	−0,25	−0,0005	−40.000	−200	−0,40
kein Feuer	0,998	−100	−0,25	−0,2495	0	0	0
$\Sigma p_i u(e_{ij})$				−0,25			−0,40

$A_{opt.} = \max [\Sigma p_i \, u \, (e_{ij})] =$ Versicherungsschutz
Das Bernoulli-Kriterium führt also zu einer sinnvolleren Entscheidung als das Bayes-Kriterium.

Beispiel 9.10 Anwendung der Bernoulli-Regel auf das Entscheidungsproblem des Schallplattenherstellers (Beispiel 9.3):

Das bereits mittels des Bayes-Kriteriums untersuchte Problem soll nunmehr mittels des Bernoulli-Kriteriums untersucht werden. Dabei ist folgende Nutzenfunktion vom Schallplattenhersteller aufgestellt worden:

---

[2] von Neumann, J.; Morgenstern, O.: Spieltheorie und wirtschaftliches Verhalten, Physica Verlag, Würzburg 1961

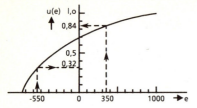

Bild 9.7 Gegebene Nutzenfunktion

Der ursprüngliche Entscheidungsbaum ist nochmals in Bild 9.8 aufgeführt und hinsichtlich der Nutzenwerte ergänzt. Die Ermittlung der Nutzenwerte ist für die Auszahlungen + DM 350 000,– und – DM 550 000,– in Bild 9.7 gezeigt. Die Rückwärtsrechnung, d.h., die Ermittlung der Erwartungswerte des Nutzens ist für den Ereignisknoten „e" gezeigt.

$\mu_e = 0{,}8 \cdot 0{,}84 + 0{,}2 \cdot 0{,}32 = 0{,}736$

Die Äste mit dem niedrigsten Nutzen werden hinter dem Aktionsknoten abgehackt. Es zeigt sich, daß der Verzicht auf Pressung und Verkauf der Schallplatte nach dem Bernoulli-Kriterium zu empfehlen ist.

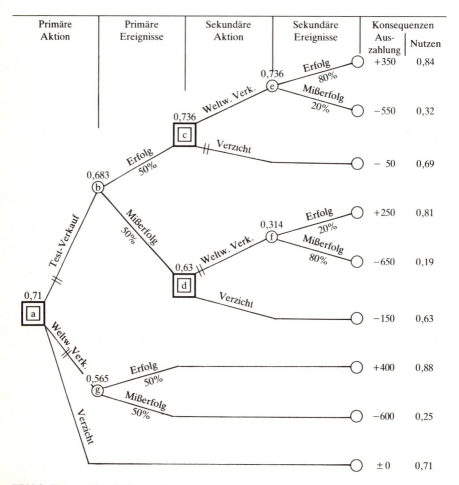

Bild 9.8. Nutzenanalyse im Entscheidungsbaum

9.4 Entscheidungen auf der Basis von Versuchsergebnissen

Durch Versuche (Experimente) kann man sich oft bessere Informationen über Abläufe und Zusammenhänge verschaffen als durch rationales Überlegen allein. Insbesondere bei Ungewißheit (Unsicherheit) werden in Naturwissenschaft und Technik mehr oder weniger subjektive Vermutungen (Hypothesen) durch experimentelle Untersuchungen entweder bestätigt oder widerlegt.

Ebenso lassen sich subjektive Wahrscheinlichkeiten durch Experimente überprüfen und revidieren. Man erhält somit aus **Apriori-Wahrscheinlichkeiten** die verbesserten **Aposteriori-Wahrscheinlichkeiten**.

Die Verfahrensweise bei dieser Revision der Wahrscheinlichkeiten sowie die anschließende **Posterior Analysis** soll an einem Beispiel erläutert werden.

Beispiel 9.11: Ölgesellschaft
Eine Ölgesellschaft vermutet an einer bestimmten Stelle Öl mit
P (Öl vorhanden)   = P (O) = 0,5
P (kein Öl vorhanden) = P ($\bar{O}$) = 0,5

Um mehr Informationen über das mögliche Vorhandensein von Öl zu erhalten, könnte die Ölgesellschaft einen Geologen mit einer Seismographischen Messung beauftragen. Der Geologe kann nachweisen, daß seine Vorhersagen hinsichtlich des Vorhandenseins von Öl zu 90% zutreffen und seine Vorhersagen hinsichtlich des Nichtvorhandenseins von Öl sich zu 80% bewahrheitet haben.

Daraus lassen sich hinsichtlich der Seismographischen Untersuchungsmethode folgende bedingte Wahrscheinlichkeiten formulieren:

P (Öl vorhergesagt, wenn auch Öl vorhanden)   = P (V|O) = 0,9 gegeben
P (kein Öl vorhergesagt, wenn Öl vorhanden)   = P ($\bar{V}$|O) = 0,1
P (Öl vorhergesagt, wenn kein Öl vorhanden)   = P (V|$\bar{O}$) = 0,2 } errechnet
P (kein Öl vorhergesagt, wenn auch kein Öl vorhanden) = P ($\bar{V}$|$\bar{O}$) = 0,8 gegeben

Mit dem Multiplikationssatz lassen sich aus den gegebenen Wahrscheinlichkeiten (Apriori und bedingte Wahrscheinlichkeit) sodann die kombinierten Wahrscheinlichkeiten anhand von Wahrscheinlichkeitsbäumen in einer **Vorwärtsrechnung** ermitteln. (Siehe Bild 9.9)

P (O $\cap$ V) = P (O) $\cdot$ P (V|O) = 0,5 $\cdot$ 0,9 = 0,45

usw.

Sodann werden die Wahrscheinlichkeiten für die Vorhersage in einer **Rückwärtsrechnung** ermittelt und an die Anfangsgabel in Bild 9.10 notiert.

P (V) = P (O $\cap$ V) + P ($\bar{O}$ $\cap$ V) = 0,45 + 0,10 = 0,55
P ($\bar{V}$) = P (O $\cap$ $\bar{V}$) + P ($\bar{O}$ $\cap$ $\bar{V}$) = 0,05 + 0,40 = 0,45

Schließlich werden die Aposteriori Wahrscheinlichkeiten bestimmt:

$$P(O|V) = \frac{P(O \cap V)}{P(V)} = \frac{0,45}{0,55} = \frac{9}{11}$$

Nach der Bestimmung der Aposteriori-Wahrscheinlichkeiten kann man den Entscheidungsbaum für die Ölgesellschaft darstellen. (Siehe Bild 9.11).

Folgende Auszahlungsdaten seien zusätzlich gegeben:
Einnahmen durch Ausbeute einer fündigen Ölquelle + DM 250 000,–
Bohrkosten – DM 100 000,–
Kosten für eine Seismographische Untersuchung – DM 25 000,–

Setzt man diese Zahlungen an den Ästen des Entscheidungsbaumes ein, so lassen sich in einer Rückwärtsrechnung die Erwartungswerte der Zahlungen bestimmen.

Da man hierzu die Aposteriori-Wahrscheinlichkeiten verwendet, nennt man das Verfahren **Posterior Analysis**.

μ = $\Sigma p_i e_{ij}$
μ_d = 9/11 $\cdot$ (125 000) + 2/11 $\cdot$ (–125 000) = + 79 545,–
μ_e = 1/9 $\cdot$ (125 000) + 8/9 $\cdot$ (–125 000) = – 97 222,–

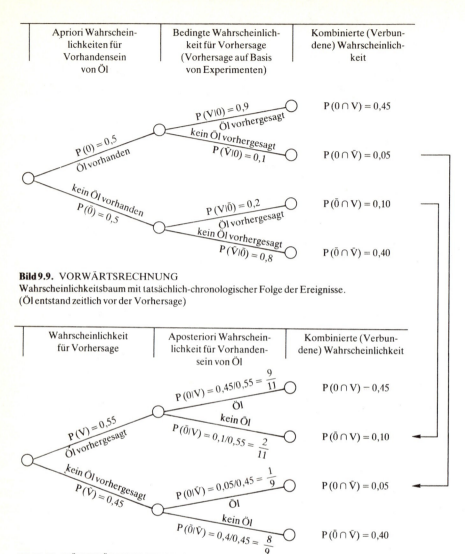

Bild 9.9. VORWÄRTSRECHNUNG
Wahrscheinlichkeitsbaum mit tatsächlich-chronologischer Folge der Ereignisse.
(Öl entstand zeitlich vor der Vorhersage)

Bild 9.10. RÜCKWÄRTSRECHNUNG
Wahrscheinlichkeitsbaum mit informatiell-chronologischer Folge der Ereignisse.
(Reihenfolge in der der Entscheidende die Information erhält)

Die benötigten Wahrscheinlichkeiten lassen sich auch ohne die Verwendung der Wahrscheinlichkeitsbäume (Bild 9.9 und 9.10) tabellarisch bestimmen.

Prognose	Apriori-W. $P(0)$	$P(\bar{0})$	Kombinierte Wahrsch. $P(0 \cap V), ...$		Vorhersage Wahrsch. $P(V), ...$	Aposteriori Wahrscheinl. $P(0\|V), ...$	
V	0,9	0,2	0,45	0,10	0,55	0,45/0,55	0,10/0,55
$\bar{V}$	0,1	0,8	0,05	0,40	0,45	0,05/0,45	0,40/0,45

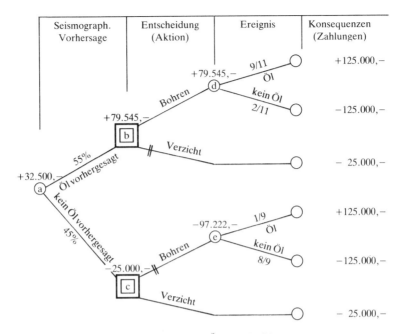

Bild 9.11. Entscheidungsbaum für die Posterior Analysis des Öl-Bohr-Problems

Abhacken der Aktionsäste mit den niedrigern Erwartungswerten
$\mu_a = 0{,}55 \cdot (79\,545) + 0{,}45 \cdot (-25\,000) = +32\,500$
Bei Vorliegen der Ergebnisse des Versuches (Seismographische Untersuchung) sollte die Entscheidung lauten:
Bei positivem Ergebnis der Untersuchung → Bohren
Bei negativem Ergebnis der Untersuchung → Verzicht auf Bohren

Nachdem gezeigt wurde, wie Versuchsergebnisse für Entscheidungen nutzbar gemacht werden können, soll noch die zusätzliche Entscheidung, ob eine Seismographische Untersuchung überhaupt durchgeführt werden soll oder nicht, in die Analyse eingeschlossen werden. Es entsteht hierdurch ein zweistufiges Entscheidungsproblem; der Entscheidung „Bohren bzw. Verzicht auf Bohren" wird eine weitere Entscheidung, „Seismographische Voruntersuchung bzw. Verzicht auf diesen Versuch" vorgelagert. Man nennt deshalb diese Verfahrensweise auch **Preposterior Analysis**.

Der Entscheidungsbaum (Bild 9.12) zeigt die Entscheidungsstruktur von Beispiel 9.11, wenn die Entscheidung auf vorherige Seismographische Untersuchung mit analysiert werden soll. Man beachte, daß bei Verzicht auf eine Voruntersuchung DM 25 000,– eingespart werden.

Die am maximalen Erwartungswert der Auszahlung orientierte Entscheidungsfolge lautet also:
– Voruntersuchung durchführen.
– Falls Voruntersuchung positiv, dann Bohrung durchführen.
– Falls Voruntersuchung negativ, dann Projekt aufgeben.

In vielen Fällen kann man sich die Posterior und Preposterior Analysis dadurch ersparen, daß man zunächst den Erwartungswert der vollständigen Information EWVI ermittelt und mit den Kosten für die zusätzliche Untersuchung vergleicht. Wenn letztere mehr kostet als sie wert ist, sollte man auf ihre Durchführung verzichten.

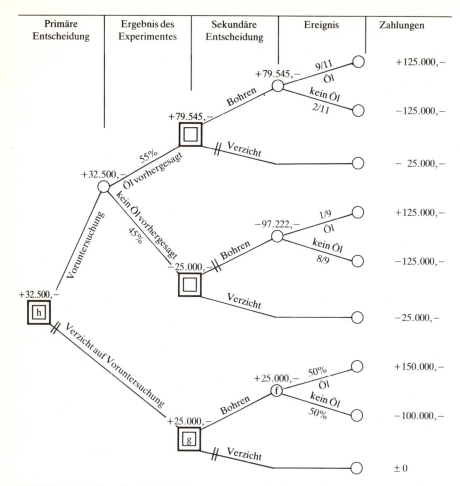

Bild 9.12. Entscheidungsbaum für die Preposterior Analysis des Öl-Bohr-Problems

Der EWVI für das Öl-Bohr-Problem wird wie folgt errechnet:

$$EWVI = \Sigma\, p_i (\max_j e_{ij}) - \max \Sigma\, p_i e_{ij}$$

Ereignis	p_i	Bohren e_{ij}	Verzicht e_{ij}	$\max_j e_{ij}$	$p_i (\max_j e_{ij})$	Bohren $p_i e_{ij}$	Verzicht $p_i e_{ij}$
O	0,5	150 000	0	150 000	75 000	75 000	0
Ō	0,5	−100 000	0	0	0	−50 000	0
				Σ	75 000	25 000	0

EWVI = 75 000 − 25 000 = 50 000

Würde die Seismographische Untersuchung mehr als DM 50 000,− kosten, so sollte die Ölgesellschaft auf eine solche verzichten. Der Ast „Voruntersuchung" im Entscheidungsbau (Bild 9.12) würde praktisch abgehackt werden, ohne daß die Notwendigkeit für die dargestellte Posterior und Preposterior Analyse besteht.

Immer dann also, wenn die Kosten für die Information den EWVI übersteigen, vereinfacht sich das Entscheidungsproblem sehr stark. Da im vorliegenden Beispiel die Kosten der Voruntersuchung mit DM 25 000,− niedriger sind als der EWVI mit DM 50 000,−, war die vollständige Analyse in der dargestellten Form erforderlich.

9.5 Entscheidungen auf der Basis von Stichproben-Ergebnissen

Bei Stichproben müssen zwei unterschiedliche Arten unterschieden werden:
- **Zählstichproben**
  Hier werden die Stichprobenelemente hinsichtlich ihrer qualitativen Unterschiede klassifiziert.
  z.B. Personen in männlich oder weiblich, Produkte in gut oder schlecht, bzw. innerhalb der Toleranz oder außerhalb der Toleranz.
  Für derartige Zählstichproben ist zur Bestimmung der Wahrscheinlichkeiten die Binomialverteilung von Bedeutung.
- **Meß-Stichproben**
  Hier werden die Stichprobenelemente hinsichtlich ihrer quantitativen Unterschiede klassifiziert.
  z.B. Personen hinsichtlich ihres Einkommens, Produkte hinsichtlich ihres Gewichtes, Volumens, Menge.
  Hier ist die Normalverteilung zur Beurteilung bzw. Auswertung der Wahrscheinlichkeiten heranzuziehen.

9.5.1 Anwendung der Binomialverteilung bei Zählstichproben

Wenn man bei Vorliegen einer Vermutung über den Sachverhalt diese Vermutung durch eine Stichprobe überprüfen will und die Stichprobe kann nur zwei entgegengesetzte Ergebnisse (z.B. brauchbar oder unbrauchbar) aufweisen, so kann die Apriori-Wahrscheinlichkeit mit den Stichprobenergebnissen zur Aposteriori-Wahrscheinlichkeit verbessert werden.

Beispiel 9.12: Wareneingangskontrolle
Ein Händler kauft, lagert und verkauft Stereo-Tonabnehmer. Er kauft diese zu jeweils 100-Stück-Packungen von verschiedenen Herstellern. Es ist bekannt, daß bei derartigen Produkten große Ausschußprozentsätze existieren.
Der Händler möchte deshalb gerne herausfinden, was für ihn hinsichtlich seiner Gewinnmaximierung günstiger ist:
– Ablehnen (Zurückweisen) einer Sendung oder
– Annehmen einer Sendung bei der er einen zu großen Ausschußprozentsatz vermutet.
Bei einer abgelehnten Sendung wird jeder Tonabnehmer einzeln geprüft (100%ige Prüfung der Sendung) und die defekten Stücke dem Händler vom Hersteller ersetzt.
Eine angenommene Sendung geht ungeprüft ins Lager; erst nach dem Verkauf stellt der Kunde fest, ob das Stück evtl. defekt ist; defekte Stücke werden vom Händler dem Kunden kostenlos ersetzt, aber der Hersteller ist nicht bereit, die bereits vom Kunden benutzten Tonabnehmer zurückzunehmen oder die Kosten zu ersetzen, selbst dann nicht, wenn glaubhaft gemacht werden kann, daß sie von ihm bereits defekt geliefert wurden. (Er kann mit Recht Mißbrauch des Kunden unterstellen.)
Ein Angestellter des Händlers hat nun vorgeschlagen, jeder eingehenden Sendung (jeweils eine 100-Stück-Packung) eine Stichprobe zu entnehmen und das Stichprobenergebnis als Entscheidungsgrundlage für die Annahme oder Ablehnung heranzuziehen. Der Händler ist bezüglich der Stichproben insofern skeptisch, als man selbst nach einer Stichprobe keine gesicherten Information bezüglich des Prozentsatzes der fehlerhaften Teile der gesamten Sendung erhalte.
Der Angestellte verspricht, die Angelegenheit und die Folgen der Entscheidung (Annahme – Ablehnung) näher zu analysieren. Aus den Aufschreibungen der Vergangenheit stellt er die Wahrscheinlichkeiten (Häufigkeiten) der Fehlerprozentsätze fest.

Apriori-Wahrscheinlichkeit	Fehlerprozentsatz p
40% aller Sendungen enthalten	10% defekte Teile
30% aller Sendungen enthalten	20% defekte Teile
30% aller Sendungen enthalten	30% defekte Teile

Es bestehen zunächst zwei mögliche primäre Aktionen:
- Stichprobenprüfung oder
- Verzicht auf Stichprobenprüfung

Für die Stichprobe wurde ein Stichprobenumfang von 2 Stück aus jeder Sendung (d.h. aus jeder 100-Stück-Packung) festgelegt.

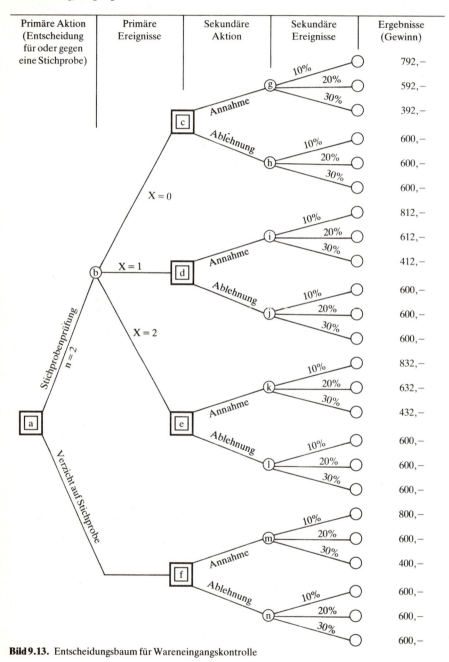

Bild 9.13. Entscheidungsbaum für Wareneingangskontrolle

9. Entscheidungstheoretische Grundlagen

Es sind bei einer Stichprobenprüfung folgende drei primäre Ereignisse denkbar:

X = 0 defekte Teile oder
X = 1 defektes Teil oder
X = 2 defekte Teile

Abhängig von dem Stichprobenergebnis bestehen zwei sekundäre Aktionen:
– Annahme der Sendung und Abwarten der Kundenreklamation oder
– Ablehnung der Sendung mit anschließender 100%iger Prüfung.

Es sollen nunmehr drei sekundäre Ereignisse möglich sein:

10% defekte Teile oder
20% defekte Teile oder
30% defekte Teile.

Die vorliegende Entscheidungs- und Ereignisstruktur ist in nebenstehendem Entscheidungsbaum dargestellt. (Vgl. Bild 9.13)

Das Ergebnis der verschiedenen Aktionen und Ereignisse, d.h., der sich in all diesen Fällen einstellende Gewinn kann aufgrund folgender Informationen errechnet werden.

Rohgewinn: DM 1000/100 Stück: DM 10,–/Stück.
Kosten für 100%ige Prüfung und Rücksendung: DM 4,–/Stück.
Verluste durch Kundenreklamation: DM 20,–/defektem Stück.

Für die verschiedenen Fälle kann nun der Gewinn ermittelt werden.

– Keine Stichprobe und Annahme der Sendung:
  $G = 1000 - 100\,p \cdot 20$
  $G_{p=0,10} = 800$
  $G_{p=0,20} = 600$
  $G_{p=0,30} = 400$
– Keine Stichprobe und Ablehnung der Sendung (d.h. 100%ige Prüfung)
  $G = 1000 - 100 \cdot 4 = 600$
– Stichprobenentnahme (2 Stück) und Annahme der Sendung
  $G = 1000 - 2 \cdot 4 - \underbrace{(100\,p - X)}_{} \cdot 20$

  In der Stichprobe nicht gefundene aber später von den Kunden reklamierte Stücke.
– Stichprobenentnahme (2 Stück) und Ablehnung der Sendung (100%ige-Prüfung)
  $G = 1000 - 2 \cdot 4 - (100 - 2) \cdot 4$
  $= 1000 - 100 \cdot 4 = 600$

Nunmehr sind die Ereigniswahrscheinlichkeiten zu bestimmen. Im Wahrscheinlichkeitsbaum mit tatsächlichen chronologischer Folge der Ereignisse (vgl. Bild 9.14) sind im ersten Sektor die gegebenen Apriori-Wahrscheinlichkeiten für den Fehleranteil der Sendungen angeführt.

Im zweiten Sektor von Bild 9.14 sind die Bedingten Wahrscheinlichkeiten für die Anzahl der defekten Teile in der Stichprobe angegeben, die mit Hilfe der Binomialverteilung bestimmt werden. (Man benutze hierzu die im Abschnitt 8.3.2 behandelten Tabellen).

Fehleranteil p	Stichprobenumfang n	Anzahl der defekten Teile X	Bedingte Wahrscheinlichkeit f(x)
0,10	2	0	0,81
		1	0,18
		2	0,01
0,20	2	0	0,64
		1	0,32
		2	0,04
0,30	2	0	0,49
		1	0,42
		2	0,09

Im dritten Sektor des Wahrscheinlichkeitsbaumes sind die kombinierten (verbundenen) Wahrscheinlichkeiten nach dem Multiplikationssatz

$P(A \cap B) = P(A) \cdot P(B|A)$

berechnet.

z.B. $P[(p=0{,}10) \cap (X=0)] = 0{,}4 \cdot 0{,}81 = 0{,}324$
$P[(p=0{,}10) \cap (X=1)] = 0{,}4 \cdot 0{,}18 = 0{,}072 \ldots$ usw.

Im Wahrscheinlichkeitsbaum mit informatiell chronologischer Folge der Ereignisse (s. Bild 9.15) werden zunächst die kombinierten Wahrscheinlichkeiten aus Bild 9.14 (zwar in etwas anderer Anordnung) im dritten Sektor übernommen. Ihre Summe ergibt die Wahrscheinlichkeit für die Anzahl der defekten Teile (siehe erster Sektor). Schließlich werden die Aposteriori-Wahrscheinlichkeiten nach dem Satz der

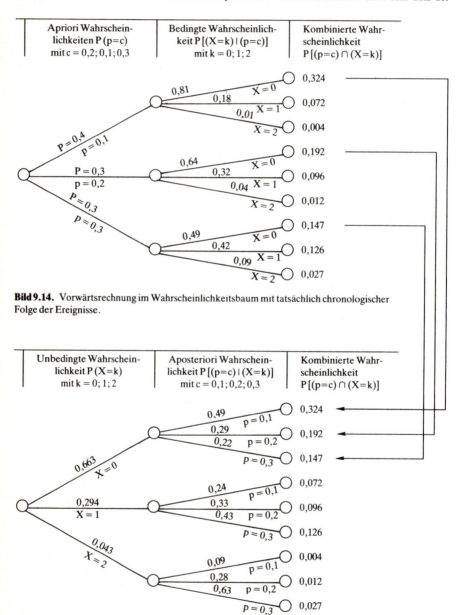

Bild 9.14. Vorwärtsrechnung im Wahrscheinlichkeitsbaum mit tatsächlich chronologischer Folge der Ereignisse.

Bild 9.15. Rückwärtsrechnung im Wahrscheinlichkeitsbaum mit informatiell chronologischer Folge der Ereignisse.

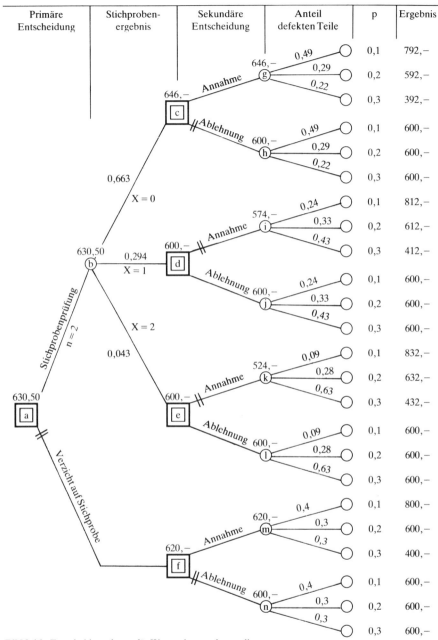

Bild 9.16. Entscheidungsbaum für Wareneingangskontrolle

Bedingten Wahrscheinlichkeiten $P(B|A) = \dfrac{P(A \cap B)}{P(A)}$ bestimmt.

z.B. $P(p = 0{,}10 | X = 0) = \dfrac{0{,}324}{0{,}663} = 0{,}49$

$P(p = 0{,}20 | X = 0) = \dfrac{0{,}192}{0{,}663} = 0{,}29$

$P(p = 0{,}30 | X = 0) = \dfrac{0{,}147}{0{,}663} = 0{,}22$

$P(p = 0{,}10 | X = 1) = \dfrac{0{,}072}{0{,}294} = 0{,}24 \ldots$ usw.

Die so errechneten Aposteriori-Wahrscheinlichkeiten werden dann für die Rückwärtsrechnung im vollständigen Entscheidungsbaum benötigt (vgl. Bild 9.16)

Es zeigt sich, daß im Beispiel eine Stichprobenentnahme den höchsten Erwartungswert für den Rohgewinn bringt. Die Entscheidungsregel lautet in unserem Falle:

Annahme, wenn $\qquad X = 0$
Ablehnung, wenn $\qquad X > 0$

Wird die Annahmezahl (größte Zahl defekter Stücke in der Stichprobe, bei der noch eine Annahme der Sendung erfolgen soll) als C bezeichnet, so lautet die Entscheidungsregel:

Annahme, wenn $\qquad X \leq C$
Ablehnung, wenn $\qquad X > C$

9.5.2. Ermittlung des optimalen Stichprobenumfanges bei Zählstichproben

In dem bisher betrachteten Beispiel wurde eine Stichprobe von n = 2 Stück entnommen. Vielleicht wird jedoch eine Stichprobenentnahme von mehr als 2 Stück andere Wahrscheinlichkeiten und damit evtl. einen höheren Gewinn-Erwartungswert liefern. Es erhebt sich also die Frage nach dem Stichprobenumfang, bei dem der Erwartungswert der Auszahlung maximal wird. Genauso wie man die Frage „Stichprobenprüfung oder Verzicht auf Stichprobenprüfung" anhand der Wahrscheinlichkeits- und Entscheidungsbäume untersucht und entschieden hat, kann auch die Frage nach dem **optimalen Stichprobenumfang** analysiert und entschieden werden.

Der bisher konstruierte Entscheidungsbaum (Bild 9.16) muß noch für weitere n ausgebaut werden (vgl. Bild 9.17). Man beachte, daß die für die Wahrscheinlichkeitsbäume erforderlichen bedingten Wahrscheinlichkeiten nach der Binomialverteilung berechnet werden und somit vom Umfang der Stichprobe n abhängen; damit ändern sich auch die Aposteriori-Wahrscheinlichkeiten.

9.5.3 Verfahren bei ganzzahligen Mittelwerten von Meßstichproben

Analog zu der Vorgehensweise bei Zählstichproben (Anwendung der Binomialverteilung) kann auch verfahren werden, wenn bei einer Meßstichprobe nur der **ganzzahlige Mittelwert** vorliegt.

Beispiel 9.13: Auswahl eines zweckmäßigen Extern-Speichers
Ein Rechenzentrum steht vor der Frage, welches von zwei auf Laser-Technik basierenden Speichersystemen zum Ersatz des bisher benutzten Magnetspeichersystems verwendet werden sollte. Zur Auswahl stehen zwei kapazitätsgleiche Systeme, von denen das eine nach dem Prinzip der Photographie (Verwendung eines Spezialfilmes zur Speicherung der Daten) und das andere nach dem Prinzip der Holographie (Verwendung einer dreidimensionalen Abbildung) arbeitet.

9. Entscheidungstheoretische Grundlagen   297

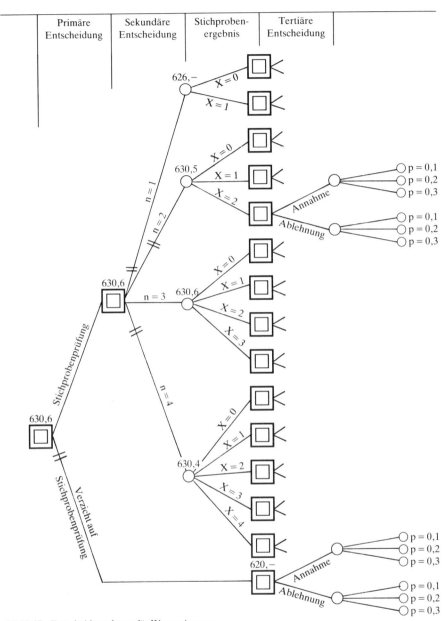

Bild 9.17. Entscheidungsbaum für Wareneingangskontrolle für mehrere Stichprobenumfänge

Die Jahreskosten der beiden Systeme sowie die Einsparungen gegenüber dem bisher verwendeten Magnetspeichersystem sind wie folgt gegeben:

Speicherart	Jahreskosten		Jährliche Einsparungen	
	fix	variabel	fix	variabel
Magnetisch	900 000,–	180 000,–	–	–
Photographisch	300 000,–	122 500,–	600 000,–	57 500,–
Holographisch	450 000,–	60 000,–	450 000,–	120 000,–

Fixe Kosten: = Jahresmiete (in DM)
Variable Kosten: = Kosten der Nichtverwendbarkeit der Zentralanlage während der Abspeicherung der Daten auf Externspeicher bzw. Abrufung der Daten aus dem Externspeicher in die Zentraleinheit; diese Kosten sind angegeben in DM pro Gigabit (10^9 Bits) pro Tag.

Die jährlichen Einsparungen der beiden neuen gegenüber dem vorhandenen System hängen vom durchschnittlichen Bedarf an Externspeicherkapazität pro Tag ab. Obwohl der Leiter des Rechenzentrums annimmt, daß der tägliche Bedarf zwischen Null und maximal 18 Gigabits schwanken kann, will er die Analyse für zwei **gleichwahrscheinliche** Erwartungswerte, nämlich $\mu = 2$ und $\mu = 3$ Gigabits pro Tag durchführen.

Ohne eine vorherige Stichprobe bezüglich der Erwartungswerte durchzuführen, stellt sich das Entscheidungsproblem wie folgt dar: (siehe Bild 9.18)

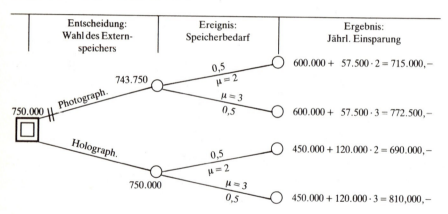

Bild 9.18. Entscheidungsbaumanalyse ohne vorherige Stichprobe (Apriori Analyse)

Die Entscheidung ohne vorherige Stichprobe lautet: Man wähle das Holographische Speichersystem.
Unterstellt man, der Leiter des Rechenzentrums könnte für einige 100 DM pro Tag zusätzlich den täglichen Bedarf an Externspeicherkapazität durch eine 9 Tage umfassende Stichprobe prüfen, so ergibt sich der Stichprobenmittelwert $\bar{x}$ aus den Meßwerten der neun Tage wie folgt:

$$\bar{x} = \frac{1}{9} \sum_{j=1}^{9} x_j$$

Ein größerer Stichprobenmittelwert $\bar{x}$ wird den größeren Erwartungswert $\mu = 3$, ein kleineres $\bar{x}$ dagegen den kleineren Erwartungswert $\mu = 2$ unterstützen.
Für die Analyse sollen in Abhängigkeit von dem auftretenden Mittelwert $\bar{x}$ die Wahrscheinlichkeiten für die Erwartungswerte μ wie folgt unterstellt werden:

Mögliche Mittelwerte $\bar{x}$	Bedingte Wahrscheinlichkeiten für	
	$\mu = 2$	$\mu = 3$
1	0,35	0,05
2	0,35	0,25
3	0,25	0,35
4	0,05	0,35

9. Entscheidungstheoretische Grundlagen   299

Bei Verwendung der Informationen aus der Stichprobe ergibt sich der in Bild 9.20 dargestellte Entscheidungsbaum.

Die Bruttoergebnisse sind wie in Bild 9.18 ermittelt. (Es wird hier von „Bruttoergebnissen" gesprochen, weil die Kosten für die Durchführung der Stichprobe noch nicht bekannt und deshalb noch nicht berücksichtigt sind.)

Die zur Entscheidungsbaumanalyse unter Verwendung der Stichprobeninformationen benötigten Wahrscheinlichkeiten
- Unbedingte Wahrscheinlichkeit $P(\bar{x}=k)$ mit $k = 1; 2; 3; 4$
- Aposteriori-Wahrscheinlichkeit $P[(\mu=c)|(\bar{x}=k)]$ mit $c = 2; 3$

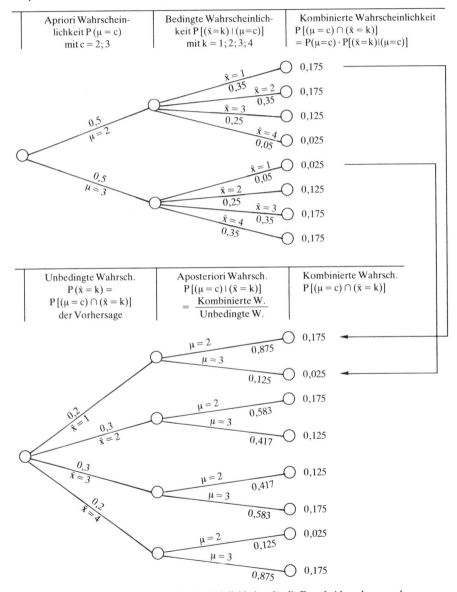

Bild 9.19. Ermittlung der A posteriori-Wahrscheinlichkeiten für die Entscheidungsbaumanalyse in Bild 9.20

9. Entscheidungstheoretische Grundlagen

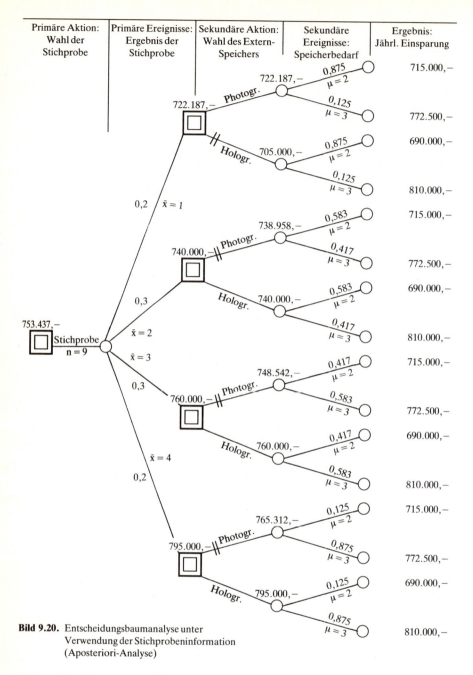

Bild 9.20. Entscheidungsbaumanalyse unter Verwendung der Stichprobeninformation (Aposteriori-Analyse)

werden, wie bereits am Beispiel „Ölbohrung" und „Wareneingangskontrolle" gezeigt, in Bild 9.19 ermittelt.

Die Rückwärtsrechnung in Bild 9.20 ergibt, daß man die maximalen jährlichen Einsparungen erwarten kann, wenn man bei einem erhaltenen Mittelwert $\bar{x}=1$ das photographische System und bei jedem höheren Mittelwert das holographische System wählt.

Die Entscheidungsregel lautet demnach:
Wähle das photographische System, wenn $\bar{x} \leq 1$
Wähle das holographische System, wenn $\bar{x} > 1$

Es sei daran erinnert, daß

EWVI = „Erwartungswert der Auszahlung bei vollständiger Information"
minus
„Erwartungswert der Auszahlung bei unvollständiger Information", also

EWVI = $\Sigma p_i (\max e_{ij}) - \max \Sigma p_i e_{ij}$

Bestimmung des EWVI für das Speicher-Auswahl-Problem:

Ereignis	p_i	Photographisch		Holographisch		$\max e_{ij}$	$p_i (\max e_{ij})$
		e_{i1}	$p_i e_{i1}$	e_{i2}	$p_i e_{i2}$		
$\mu = 2$	0,5	715 000	357 500	690 000	345 000	715 000	357 500
$\mu = 3$	0,5	772 500	386 250	810 000	405 000	810 000	405 000
		$\Sigma p_i e_{i1} =$	743 750	$\Sigma p_i e_{i2} =$	750 000	$\Sigma p_i (\max e_{ij})$	= 762 500

EWVI = 762 500 − 750 000 = 12 500

Dieser Betrag ist die Obergrenze für zusätzliche Aufwendungen für die Beschaffung von Informationen bezüglich der Höhe von μ auf der Basis von Versuchsergebnissen.

In gleicher Weise kann der **Erwartungswert von Stichprobeninformationen EWSI** definiert werden:

EWSI = „Erwartungswert der Auszahlung unter Verwendung von Stichprobenergebnissen"
minus
„Erwartungswert der Auszahlung ohne vorherige Stichprobe"

Bei dem vorliegenden Speicher-Auswahl-Problem wird (vgl. Bild 9.18 und 9.20)
EWSI = 753 437 − 750 000 = 3 437,−

Dieser Betrag gibt an, um wieviel besser der Nutzen für den Computer-Manager bei vorheriger Stichprobe wird.

Dieser Betrag ist die Obergrenze für zusätzliche Aufwendungen für die Stichprobenprüfung; sind die Aufwendungen für eine Stichprobe niedriger als EWSI, so handelt es sich um eine lohnende Stichprobe.

9.5.4 Anwendung der Normalverteilung bei Meßstichproben

Bisher wurde unterstellt, daß die Variablen nur diskrete (ganzzahlige) Werte annehmen (z.B. $\bar{x} = 1, 2, 3$ und 4 sowie $\mu = 2$ und 3 in Beispiel 9.13). Deshalb wurde eine diskrete Verteilung, die Binomialverteilung, zur Lösung herangezogen.

Die Annahme der Ganzzahligkeit für $\bar{x}$ und μ ist jedoch unrealistisch. Für beide Variable treten normalerweise beliebig gebrochene Werte auf, für die die Normalverteilung herangezogen werden muß.

Das in Abschnitt 9.5.3 betrachtete und analysierte Speicher-Auswahl-Problem muß bei Unterstellung der Normalverteilung für alle Variable, wie in Bild 9.21 dargestellt, gesehen werden.

Ebenso sind auch für die Apriori-Wahrscheinlichkeiten $P(\mu_0)$, die Bedingten Wahrscheinlichketien $P(\bar{x}|\mu_0)$ als auch für die Apostriori-Wahrscheinlichkeiten $P(\mu|\bar{x})$ Normalverteilungen zu unterstellen.

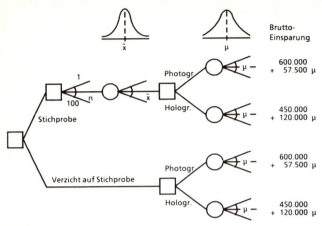

Bild 9.21 Struktur des Entscheidungsbaumes des Computer-Managers bei Unterstellung der Normalverteilung für alle Variablen

Die Bestimmung der Aposteriori-Wahrscheinlichkeiten als auch die für das Abhacken der Äste im Entscheidungsbaum erforderliche Rückwärtsrechnung ist wegen der normalverteilten Wahrscheinlichkeiten sehr kompliziert; aus diesem Grunde wird die bisher stets angewendete Entscheidungsbaum-Analyse nicht durchgeführt, sondern eine vereinfachte, sogenannte **Normalform-Analyse** angewendet.

Beispiel 9.14: Normalform-Analyse für das Speicher-Auswahl-Problem
Hierzu werden die Bruttoeinsparungen der beiden alternativen neuen Speicher gegenüber dem bisher eingesetzten Magnetspeicher in Bild 9.22 in Abhängigkeit von μ dargestellt.
μ = mittlerer täglicher Externspeicher-Bedarf in Gigabits pro Tag.

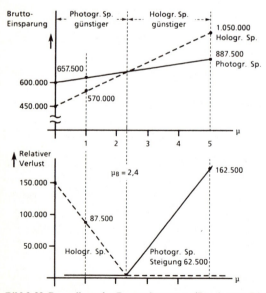

Bild 9.22 Darstellung der Bruttoeinsparung (Break-even-Diagramm) und des Relativen Verlustes (V-Diagramm) für die Auswahl des zweckmäßigsten Externspeichers.

Der Break-even-Punkt im oberen Teil des Bildes 9.22 läßt sich wie folgt berechnen
$600\,000 + 57\,500\,\mu_B = 450\,000 + 120\,000\,\mu_B$

$$\mu_B = \frac{150\,000}{62\,500} = 2{,}4$$

Für alle $\mu < \mu_B$ bringt der Photographische Speicher höhere jährliche Einsparungen, für alle $\mu > \mu_B$ ist der Holographische Speicher besser.

Die Unterschiede beider Speicher lassen sich besser aus dem unteren Teil des Bildes 9.22 ersehen.

Man beachte, daß die V-Form symetrisch ist, mit einer Steigung, die gleich der Differenz der Steigungen im oberen Bildteil ist.

Apriori-Analyse (Analyse ohne Stichprobeninformation): Man beachte, daß die Apriori-Wahrscheinlichkeit eine normalverteilte Zufallsvariable ist, deren Verteilung durch den Mittelwert μ_0 und die Standardabweichung σ_0 beschrieben werden kann. Sind μ_0 und σ_0 gegeben, so ist die Entscheidung einfach, da die Normalverteilungskurve für μ nur über die Darstellung des relativen Verlustes zu zeichnen ist.

Die optimale Entscheidung (Entscheidung mit dem minimalen Erwartungswert des relativen Verlustes) richtet sich nach der Lage des μ_0 hinsichtlich des Break-even-Punktes μ_B.

Im vorliegenden Beispiel ist
der Photographische Speicher optimal falls $\mu_0 < \mu_B$ und
der Holographische Speicher optimal falls $\mu_0 > \mu_B$ sowie
beide Speicher gleich gut, falls $\mu_0 = \mu_B$

Unter der Annahme, daß der Leiter des Rechenzentrums mit einer Apriori-Wahrscheinlichkeit $\mu_0 = 2{,}5$ Gigabits pro Tag rechnet, wird er sich wegen $\mu_0 > \mu_B$ für den Holographischen Speicher entscheiden.

Falls man keine Stichprobe zu nehmen gedenkt, ist damit die Entscheidung getroffen. Für eine sehr wichtige Entscheidung sollte man jedoch zusätzlich das Ergebnis einer Stichprobe heranziehen, falls diese nicht zu teuer ist. Aus diesem Grunde empfiehlt es sich, zunächst den EWVI als Obergrenze für die Kosten einer Stichprobe zu bestimmen.

Der Erwartungswert der vollständigen Information (ohne vorherige Stichprobe) kann wie folgt bestimmt werden (nach Lapin):

EWVI = |Steigung im V-Diagramm| $\sigma_0 \cdot V(D_0)$

wobei $V(D_0)$ die Verlustfunktion bei Verwendung einer Normalverteilung ist und aus der Tabelle 9.1 entnommen werden kann.

$$D_0 = \frac{|\mu_B - \mu_0|}{\sigma_0}$$

Unter der Annahme, daß der Leiter des Rechenzentrums die Apriori-Wahrscheinlichkeit mit $\mu_0 = 2{,}5$ und $\sigma_0 = 1$ schätzt, wird

$D_0 = \frac{|2{,}4 - 2{,}5|}{1} = 0{,}1$

$V(D_0) = V(0{,}1) = 0{,}3509$ (vgl. Tab. 9.1, Seite 305)
EWVI = $62\,500 \cdot 1 \cdot 0{,}3509 = 21\,931$

Eine vollkommene Vorhersage für μ ist also DM 21 931,– wert. Damit ist die Obergrenze des Betrages festgelegt, den der Entscheidende für eine weniger-als-vollkommene Stichprobeninformation auszugeben bereit sein darf.

Dieser Wert unterscheidet sich von dem EWVI-Wert von 12 500,– im letzten Abschnitt, weil dort eine Binomialverteilung unterstellt wurde, mit $\mu_0 = 2$ und $\mu_0 = 3$ mit einer Wahrscheinlichkeit von jeweils 50%.

Aposteriori Analyse (Analyse mit Stichprobeninformation): Man beachte, daß sich der Informationsgehalt (Informationsmenge) der Aposteriori-Information (Index 1) ergibt aus demjenigen der Apriori-Information (Index 0) plus dem Gehalt der Stichprobeninformation (Index $\bar{x}$). Die Apostriori-Information enthält also die Summe beider Informationen und ist deshalb informativer (gehaltvoller) als die Einzelinformationen.

Der Informationsgehalt ist nach
R. A. Fisher $J = 1/\sigma^2$.

$$\frac{1}{\sigma_1^2} = \frac{1}{\sigma_0^2} + \frac{1}{\sigma_{\bar{x}}^2}$$

Der mit dem Informationsgehalt gewichtete Mittelwert ergibt sich somit aus

$$\frac{\mu_1}{\sigma_1^2} = \frac{\mu_0}{\sigma_0^2} + \frac{\bar{x}}{\sigma_{\bar{x}}^2}$$

wobei $\bar{x}$ = Stichprobenmittelwert

$\sigma_{\bar{x}} = \dfrac{\sigma}{\sqrt{n}}$ Standardfehler des Mittelwertes

n = Stichprobenumfang

Daraus wird:
$$\mu_1 = \frac{\mu_0/\sigma_0^2 + \bar{x}/\sigma_{\bar{x}}^2}{1/\sigma_0^2 + 1/\sigma_{\bar{x}}^2}$$

$$\sigma_1^2 = \frac{\sigma_0^2 \cdot \sigma_{\bar{x}}^2}{\sigma_0^2 + \sigma_{\bar{x}}^2}$$

Im vorliegenden Beispiel wurde die Apriori-Wahrscheinlichkeit als normalverteilt mit $\mu_0 = 2,5$ und $\sigma_0 = 1$ geschätzt. Durch eine Stichprobe während $n = 25$ Tagen hat sich der Leiter des Rechenzentrums weitere Informationen bezüglich des Externspeicherbedarfes beschafft. Ergebnis der Stichprobe sei $\bar{x} = 2,65$; $\sigma = 3$ (Standardabweichung der Grundgesamtheit, deren Mittelwert gesucht ist.)

Daraus errechnet man:

$\sigma_{\bar{x}} = \dfrac{3}{\sqrt{25}} = 0,6$ $\mu_1 = \dfrac{2,5/1^2 + 2,65/0,6^2}{1/1^2 + 1/0,6^2} = 2,61$

$\sigma_1^2 = \dfrac{1^2 \cdot 0,6^2}{1^2 + 0,6^2} = 0,265$ $\sigma_1 = \sqrt{0,265} = 0,51$

Man beachte, daß der Aposteriori-Mittelwert $\mu_1 = 2,61$ zwischen dem Apriori-Mittelwert $\mu_0 = 2,5$ und dem Stichprobenmittelwert $\bar{x} = 2,65$ liegt, er liegt dichter bei $\bar{x}$ als bei μ_0, weil der Informationsgehalt der Stichprobe größer ist als derjenige der Apriori-Information.

Informationsgehalt der Stichprobe $\qquad\qquad\qquad\qquad 1/\sigma_{\bar{x}}^2 = 1/0,36 = 2,78$
Informationsgehalt der Apriori-Information $\qquad\qquad\quad 1/\sigma_0^2 = 1/1 = 1$
Informationsgehalt der Aposteriori-Information $\qquad\qquad 1/\sigma_1^2 = 1/0,265 = 3,78$

Man beachte weiter, daß die Standardabweichung $\sigma_1 = 0,51$ niedriger als $\sigma_0 = 1$ und $\sigma_{\bar{x}} = 0,6$ ist. Dies muß in jedem Falle so sein, da die Aposteriori-Information sowohl die Apriori-Informaiton als auch die Stichprobeninformation enthält.

Die Entscheidungsregel der Aposteriori-Analyse lautet:

Photographischer Speicher günstiger, $\qquad$ falls $\mu_1 < \mu_B$
Holographischer Speicher günstiger, $\qquad$ falls $\mu_1 > \mu_B$
Beide Speicher gleich gut, $\qquad\qquad\qquad$ falls $\mu_1 = \mu_B$

Da $\mu_1 = 2,61 > \mu_B = 2,4$, wird der Holographische Speicher empfohlen.

Falls das μ_1 nicht erst – wie oben geschehen – errechnet wird, kann man es auch durch $\bar{x}$ ausdrücken:

$$\frac{\bar{x}}{\sigma_{\bar{x}}^2} = \frac{\mu_1}{\sigma_1^2} - \frac{\mu_0}{\sigma_0^2}$$

Setzt man $\mu_1 = \mu_B$ und

$$\frac{1}{\sigma_1^2} = \frac{1}{\sigma_0^2} + \frac{1}{\sigma_{\bar{x}}^2}$$

(in diesem Fall sind die Speicher gleich gut) ein, so erhält man:

$$\bar{x}_B = [\mu_B (\frac{1}{\sigma_0^2} + \frac{1}{\sigma_{\bar{x}}^2}) - \mu_0 \frac{1}{\sigma_0^2}] \sigma_{\bar{x}}^2$$

Tabelle 9.1 Verlust-Funktion für Entscheidungen bei Unterstellung von normalverteilten Wahrscheinlichkeiten.

V(D)

D	.00	.01	.02	.03	.04	.05	.06	.07	.08	.09
.0	.3989	.3940	.3890	.3841	.3793	.3744	.3697	.3649	.3602	.3556
.1	.3509	.3464	.3418	.3373	.3328	.3284	.3240	.3197	.3154	.3111
.2	.3069	.3027	.2986	.2944	.2904	.2863	.2824	.2784	.2745	.2706
.3	.2668	.2630	.2592	.2555	.2518	.2481	.2445	.2409	.2374	.2339
.4	.2304	.2270	.2236	.2203	.2169	.2137	.2104	.2072	.2040	.2009
.5	.1978	.1947	.1917	.1887	.1857	.1828	.1799	.1771	.1742	.1714
.6	.1687	.1659	.1633	.1606	.1580	.1554	.1528	.1503	.1478	.1453
.7	.1429	.1405	.1381	.1358	.1334	.1312	.1289	.1267	.1245	.1223
.8	.1202	.1181	.1160	.1140	.1120	.1100	.1080	.1061	.1042	.1023
.9	.1004	.09860	.09680	.09503	.09328	.09156	.08986	.08819	.08654	.08491
1.0	.08332	.08174	.08019	.07866	.07716	.07568	.07422	.07279	.07138	.06999
1.1	.06862	.06727	.06595	.06465	.06336	.06210	.06086	.05964	.05844	.05726
1.2	.05610	.05496	.05384	.05274	.05165	.05059	.04954	.04851	.04750	.04650
1.3	.04553	.04457	.04363	.04270	.04179	.04090	.04002	.03916	.03831	.03748
1.4	.03667	.03587	.03508	.03431	.03356	.03281	.03208	.03137	.03067	.02998
1.5	.02931	.02865	.02800	.02736	.02674	.02612	.02552	.02494	.02436	.02380
1.6	.02324	.02270	.02217	.02165	.02114	.02064	.02015	.01967	.01920	.01874
1.7	.01829	.01785	.01742	.01699	.01658	.01617	.01578	.01539	.01501	.01464
1.8	.01428	.01392	.01357	.01323	.01290	.01257	.01226	.01195	.01164	.01134
1.9	.01105	.01077	.01049	.01022	$.0^2 9957$	$.0^2 9698$	$.0^2 9445$	$.0^2 9198$	$.0^2 8957$	$.0^2 8721$
2.0	$.0^2 8491$	$.0^2 8266$	$.0^2 8046$	$.0^2 7832$	$.0^2 7623$	$.0^2 7418$	$.0^2 7219$	$.0^2 7024$	$.0^2 6835$	$.0^2 6649$
2.1	$.0^2 6468$	$.0^2 6292$	$.0^2 6120$	$.0^2 5952$	$.0^2 5788$	$.0^2 5628$	$.0^2 5472$	$.0^2 5320$	$.0^2 5172$	$.0^2 5028$
2.2	$.0^2 4887$	$.0^2 4750$	$.0^2 4616$	$.0^2 4486$	$.0^2 4358$	$.0^2 4235$	$.0^2 4114$	$.0^2 3996$	$.0^2 3882$	$.0^2 3770$
2.3	$.0^2 3662$	$.0^2 3556$	$.0^2 3453$	$.0^2 3352$	$.0^2 3255$	$.0^2 3159$	$.0^2 3067$	$.0^2 2977$	$.0^2 2889$	$.0^2 2804$
2.4	$.0^2 2720$	$.0^2 2640$	$.0^2 2561$	$.0^2 2484$	$.0^2 2410$	$.0^2 2337$	$.0^2 2267$	$.0^2 2199$	$.0^2 2132$	$.0^2 2067$
2.5	$.0^2 2004$	$.0^2 1943$	$.0^2 1883$	$.0^2 1826$	$.0^2 1769$	$.0^2 1715$	$.0^2 1662$	$.0^2 1610$	$.0^2 1560$	$.0^2 1511$
2.6	$.0^2 1464$	$.0^2 1418$	$.0^2 1373$	$.0^2 1330$	$.0^2 1288$	$.0^2 1247$	$.0^2 1207$	$.0^2 1169$	$.0^2 1132$	$.0^2 1095$
2.7	$.0^2 1060$	$.0^2 1026$	$.0^3 9928$	$.0^3 9607$	$.0^3 9295$	$.0^3 8992$	$.0^3 8699$	$.0^3 8414$	$.0^3 8138$	$.0^3 7870$
2.8	$.0^3 7611$	$.0^3 7359$	$.0^3 7115$	$.0^3 6879$	$.0^3 6650$	$.0^3 6428$	$.0^3 6213$	$.0^3 6004$	$.0^3 5802$	$.0^3 5606$
2.9	$.0^3 5417$	$.0^3 5233$	$.0^3 5055$	$.0^3 4883$	$.0^3 4716$	$.0^3 4555$	$.0^3 4398$	$.0^3 4247$	$.0^3 4101$	$.0^3 3959$
3.0	$.0^3 3822$	$.0^3 3689$	$.0^3 3560$	$.0^3 3436$	$.0^3 3316$	$.0^3 3199$	$.0^3 3087$	$.0^3 2978$	$.0^3 2873$	$.0^3 2771$
3.1	$.0^3 2673$	$.0^3 2577$	$.0^3 2485$	$.0^3 2396$	$.0^3 2311$	$.0^3 2227$	$.0^3 2147$	$.0^3 2070$	$.0^3 1995$	$.0^3 1922$
3.2	$.0^3 1852$	$.0^3 1785$	$.0^3 1720$	$.0^3 1657$	$.0^3 1596$	$.0^3 1537$	$.0^3 1480$	$.0^3 1426$	$.0^3 1373$	$.0^3 1322$
3.3	$.0^3 1273$	$.0^3 1225$	$.0^3 1179$	$.0^3 1135$	$.0^3 1093$	$.0^3 1051$	$.0^3 1012$	$.0^4 9734$	$.0^4 9365$	$.0^4 9009$
3.4	$.0^4 8666$	$.0^4 8335$	$.0^4 8016$	$.0^4 7704$	$.0^4 7413$	$.0^4 7127$	$.0^4 6852$	$.0^4 6587$	$.0^4 6331$	$.0^4 6085$
3.5	$.0^4 5848$	$.0^4 5620$	$.0^4 5400$	$.0^4 5188$	$.0^4 4984$	$.0^4 4788$	$.0^4 4599$	$.0^4 4417$	$.0^4 4242$	$.0^4 4073$
3.6	$.0^4 3911$	$.0^4 3755$	$.0^4 3605$	$.0^4 3460$	$.0^4 3321$	$.0^4 3188$	$.0^4 3059$	$.0^4 2935$	$.0^4 2816$	$.0^4 2702$
3.7	$.0^4 2592$	$.0^4 2486$	$.0^4 2385$	$.0^4 2287$	$.0^4 2193$	$.0^4 2103$	$.0^4 2016$	$.0^4 1933$	$.0^4 1853$	$.0^4 1776$
3.8	$.0^4 1702$	$.0^4 1632$	$.0^4 1563$	$.0^4 1498$	$.0^4 1435$	$.0^4 1375$	$.0^4 1317$	$.0^4 1262$	$.0^4 1208$	$.0^4 1157$
3.9	$.0^4 1108$	$.0^4 1061$	$.0^4 1016$	$.0^5 9723$	$.0^5 9307$	$.0^5 8908$	$.0^5 8525$	$.0^5 8158$	$.0^5 7806$	$.0^5 7469$
4.0	$.0^5 7145$	$.0^5 6835$	$.0^5 6538$	$.0^5 6253$	$.0^5 5980$	$.0^5 5718$	$.0^5 5468$	$.0^5 5227$	$.0^5 4997$	$.0^5 4777$
4.1	$.0^5 4566$	$.0^5 4364$	$.0^5 4170$	$.0^5 3985$	$.0^5 3807$	$.0^5 3637$	$.0^5 3475$	$.0^5 3319$	$.0^5 3170$	$.0^5 3027$
4.2	$.0^5 2891$	$.0^5 2760$	$.0^5 2635$	$.0^5 2516$	$.0^5 2402$	$.0^5 2292$	$.0^5 2188$	$.0^5 2088$	$.0^5 1992$	$.0^5 1901$
4.3	$.0^5 1814$	$.0^5 1730$	$.0^5 1650$	$.0^5 1574$	$.0^5 1501$	$.0^5 1431$	$.0^5 1365$	$.0^5 1301$	$.0^5 1241$	$.0^5 1183$
4.4	$.0^5 1127$	$.0^5 1074$	$.0^5 1024$	$.0^6 9756$	$.0^6 9296$	$.0^6 8857$	$.0^6 8437$	$.0^6 8037$	$.0^6 7655$	$.0^6 7290$
4.5	$.0^6 6942$	$.0^6 6610$	$.0^6 6294$	$.0^6 5992$	$.0^6 5704$	$.0^6 5429$	$.0^6 5167$	$.0^6 4917$	$.0^6 4679$	$.0^6 4452$
4.6	$.0^6 4236$	$.0^6 4029$	$.0^6 3833$	$.0^6 3645$	$.0^6 3467$	$.0^6 3297$	$.0^6 3135$	$.0^6 2981$	$.0^6 2834$	$.0^6 2694$
4.7	$.0^6 2560$	$.0^6 2433$	$.0^6 2313$	$.0^6 2197$	$.0^6 2088$	$.0^6 1984$	$.0^6 1884$	$.0^6 1790$	$.0^6 1700$	$.0^6 1615$
4.8	$.0^6 1533$	$.0^6 1456$	$.0^6 1382$	$.0^6 1312$	$.0^6 1246$	$.0^6 1182$	$.0^6 1122$	$.0^6 1065$	$.0^6 1011$	$.0^7 9588$
4.9	$.0^7 9096$	$.0^7 8629$	$.0^7 8185$	$.0^7 7763$	$.0^7 7362$	$.0^7 6982$	$.0^7 6620$	$.0^7 6276$	$.0^7 5950$	$.0^7 5640$

(Quelle: Lapin, L.: Quantiative Methods for Business Decisions, New York 1976, S. 738)

Für $\mu_B = 2{,}4$ $\mu_0 = 2{,}5$
$\sigma_{\bar{x}} = 0{,}6$ $\sigma_0 = 1$

wird $\bar{x}_B = [2{,}4(1 + \frac{1}{0{,}6^2}) - \frac{2{,}5}{1^2}]0{,}6^2 = 2{,}36$

Die Entscheidungsregel bei der Aposteriori-Analyse, d.h. bei Verwendung von zusätzlichen Stichprobeninformationen aus einer Stichprobe mit n = 25 für das Auswahlproblem des Rechenzentrums kann demnach auch wie folgt formuliert werden:

Photographischer Speicher günstiger,   falls $\bar{x} < 2{,}36$
Holographischer Speicher günstiger,   falls $\bar{x} > 2{,}36$
Beide Speicher sind gleichgut,   falls $\bar{x} = 2{,}36$

Bei dem vorliegenden Stichprobenergebnis von $\bar{x} = 2{,}65$ sollte man sich also für den Holographischen Speicher entscheiden.

Der Erwartungswert der Stichprobeninformation EWSI kann in Analogie zum EWVI-Wert berechnet werden.

EWSI = |Steigung im V-Diagramm| $\sigma_I \cdot V(D_I)$

mit $\sigma_I = \sigma_0^2 \sqrt{\dfrac{1}{\sigma_0^2 + \sigma_{\bar{x}}^2}}$

und $D_I = \dfrac{|\mu_B - \mu_0|}{\sigma_I}$

Man beachte, daß σ_1 und σ_I unterschiedlichen Verteilungen angehören.

σ_1 = Standardabweichung der mit dem Stichprobenmittelwert $\bar{x}$ errechneten Aposteriori-Verteilung $(\mu_1; \sigma_1)$

σ_I = Standardabweichung der ohne Stichprobe zu erwartenden Aposteriori-Verteilung; $\bar{x}$ und damit μ_1 sind noch nicht bekannt.

Im vorliegenden Beispiel ist $\mu_B = 2{,}4; \mu_0 = 2{,}5; \sigma_0 = 1$ und $\sigma_{\bar{x}} = 0{,}6$.
Damit ergibt sich $\sigma_I = 0{,}86; D_I = 0{,}12; V(D_I) = 0{,}3418$ (aus Tabelle 9.1) und EWSI = 18370.
Immer dann, wenn die Stichprobenuntersuchung weniger als DM 18370,– kostet, ist die Entscheidung für eine Stichprobe günstiger, als der Verzicht auf eine Stichprobe.

9.6 Aufgaben zur Entscheidungstheorie

1. Gegeben ist folgende Auszahlungsmatrix (Zahlen in 1 000 DM):

Ereignis	Wahrscheinlichkeit	Aktion		
E	P(E)	A 1	A 2	A 3
E 1	30%	10	20	5
E 2	50%	5	−10	10
E 3	20%	15	10	10

Man bestimme den Erwartungswert jeder Aktion.
Welche Aktion sollte nach dem Bayes-Kriterium gewählt werden?

2. Ein Hersteller eines bestimmten Erzeugnisses hat drei Produktionsverfahren zur Auswahl (Investition ist noch nicht durchgeführt)

Verfahren	Fixe Kosten DM/Jahr	Variable Kosten DM/Stück
A	100 000	20
B	50 000	35
C	200 000	10

Der Verkaufspreis des Erzeugnisses beträgt 50 DM/Stück.

9. Entscheidungstheoretische Grundlagen   307

Folgende Verkaufsstückzahlen sind gleichwahrscheinlich (d.h. 33,3% Wahrscheinlichkeit für jede Stückzahl): 4000, 8000, 12000 Stück. Man erstelle die Entscheidungstabelle und den Entscheidungsbaum. Welche Aktion sollte nach dem Kriterium „Maximaler Erwartungswert der Auszahlung (Erlös ∕ Kosten)" gewählt werden?

3. Für das im folgenden Entscheidungsbaum dargestellte Problem ist die Strategie mit dem maximalen Erwartungswert der Auszahlung zu bestimmen!
(Klammerzahlen sind Wahrscheinlichkeiten).

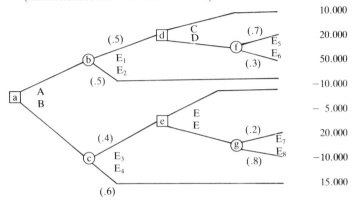

4. Man bestimme die optimale Strategie des Schallplattenherstellers (siehe Beispiel 9.3), wenn folgende Wahrscheinlichkeiten gegeben sind:

P (Erfolg bei weltweitem Vertrieb|Erfolg bei Test-Vertrieb) = 0,9
P (Mißerfolg bei weltweitem Vertrieb|Mißerfolg bei Test-Vertrieb) = 0,6
P (Erfolg bei weltweitem Vertrieb) = 0,7
P (Erfolg bei Test-Vertrieb) = 0,75

5. Ein Unternehmen steht vor folgendem Auswahlproblem

Anlage	A	B
Anschaffungsauszahlung (DM)	50 000	50 000
Nutzungsdauer (Jahre)	2	2
Jährliche Einzahlung (DM)		
bei Konjunktur	100 000	80 000
bei Rezession	10 000	40 000

Welche Anlage sollte man empfehlen, wenn man sich an dem maximalen Erwartungswert der Differenz zwischen Ein- und Auszahlung orientiert und folgende Wahrscheinlichkeiten für die Wirtschaftslage gegeben sind:

Jahr	1	2
Konjunktur	60%	40%
Rezession	40%	60%

6. Gegeben ist folgende Auszahlungsmatrix:

Ereignis	Aktion A1	A2
E1	1	−2
E2	−1	100

a) Welche Aktionen werden nach den verschiedenen Kriterien favorisiert?
b) Wie sieht es aus, wenn für Ereignis E1 eine Wahrscheinlichkeit von 99% existiert?
c) Für Ereignis E1 sei eine Wahrscheinlichkeit von 50% gegeben.
d) Man bestimme den EWVI-Wert und den Erwartungswert der Auszahlung bei vollständiger Information.

7. Man untersuche folgende Auszahlungsmatrix hinsichtlich der unterschiedlichen Kriterien:

Ereignis	p_i	Aktionen		
		A1	A2	A3
E1	0,3	10	15	20
E2	0,4	15	20	15
E3	0,3	25	15	15

8. Ein Absolvent der GH Siegen, FB Maschinentechnik, steht vor der Frage, ob er eine beamtete, angestellte oder selbständige Ingenieurtätigkeit aufnehmen soll. Was würden Sie ihm raten, wenn mit folgendem Durchschnittsmonatsverdienst im Alter von 40 Jahren gerechnet werden kann:

Wirtschaftsentwicklung	Wahrscheinlichkeit	Ø-Monatsverdienst		
		beamtet	angestellt	selbständig
Hochkonjunktur	0,3	4000	7000	10000
Normal	0,5	4000	5000	6000
Rezession	0,2	4000	3000	1000

9. Man untersuche folgende Auszahlungsmatrix hinsichtlich der unterschiedlichen Kriterien:

Ereignis	Wahrscheinlichkeit	Aktionen		
		A1	A2	A3
E1	1/3	10	20	30
E2	1/3	40	−10	20
E3	1/3	20	50	20

10. Eine Papierfabrik plant eine Investition.
    Maschine I hat Anschaffungskosten von DM 400000,− und produziert zu variablen Kosten von 40 DM/t (Material- und Lohnkosten).
    Maschine II kostet 2 Mill. DM und produziert zu 20 DM/t variable Kosten. Der Marktpreis beträgt 80 DM/t.
    Die Nachfrage nach Papier in den nächsten 5 Jahren ist nicht bekannt.
    a) Wieviele Tonnen müssen verkauft werden, bis daß sich die Anlage I amortisiert (bezahlt gemacht) hat?
       Wieviele sind es bei Anlage II?
    b) Bei welcher Tonnenzahl sind die beiden Anlagen gleich gut?
    c) Man unterstellt folgende Ausbringungen als gleichwahrscheinlich: 50000 t und 100000 t. Man erstelle die Auszahlungsmatrix.
    d) Man untersuche die Auszahlungsmatrix hinsichtlich der unterschiedlichen Kriterien.

11. Sie erhalten von einem Mitspieler folgendes Angebot:
    Zeigt nach dem Werfen einer Münze die Kopfseite nach oben, so erhalten Sie von ihrem Mitspieler DM 10000,−. Liegt die Zahl jedoch oben, so müssen Sie ihrem Partner DM 5000,− zahlen. Sollten Sie das Angebot annehmen?
    a) Orientierung an der Bayes-Regel.
    b) Orientierung an der Bernoulli-Regel.

12. Wie würde die Situation in Aufgabe 11, wenn die Zahlungen statt DM 10000,− und − DM 5000,− nur DM 1 und − DM 0,5 betragen würden?

13. Würden Sie für den Abschluß einer Unfallversicherung plädieren, wenn Sie für eine Versicherungssumme von DM 40000,− eine jährliche Prämie von DM 500,− zahlen müßten und die Wahrscheinlichkeit für einen Unfall 0,001 beträgt?

14. Ein Unternehmer steht vor der Frage, ob er eine für einen speziellen Auftrag benötigte Maschine kaufen oder mieten soll. Unglücklicherweise ist die Entscheidung zu treffen, ehe der Auftrag erteilt ist. (Wahrscheinlichkeit für die Erteilung des Auftrages 50%).

Beim Kauf der Maschine ergeben sich folgende Zahlungen:
DM 120000,– Gewinn, falls Auftrag erteilt wird,
DM 40000,– Verlust, falls Auftrag nicht erteilt wird.

Bei Anmietung der Maschine sieht es wie folgt aus:
DM 50000,– Gewinn bei Auftragserteilung,
± 0   falls Auftrag nicht erteilt wird.

Welche Entscheidung soll getroffen werden

a) bei Orientierung am maximalen Erwartungswert der Zahlungen
b) bei Orientierung am maximalen Erwartungswert des Nutzens, wenn folgende Nutzenfunktion gegeben ist $u = \sqrt{e + 40000} - 200$?

15. Die Entscheidungsstruktur einer Bootswerft ist in dem Entscheidungsbaum dargestellt. Man ermittle die optimale Strategie nach der Bayes-Regel!

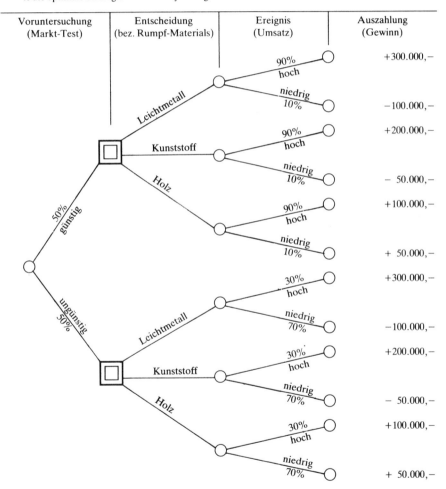

16. In bezug auf die in Aufgabe 15 dargestellte Boots-Werft-Entscheidung sei unterstellt, daß Kosten in Höhe von DM 50000,– eingespart werden können, wenn auf einen vorausgehenden Markt-Test verzichtet werden kann (dieser Betrag ist in den Zahlen der Aufgabe 15 berücksichtigt).

a) Man ermittle über den EWVI, ob der vorherige Markt-Test zweckmäßig ist.

b) Der Entscheidungsbaum ist um eine Stufe hinsichtlich der Entscheidung für oder gegen den Markt Test zu erweitern. Ergänze die Auszahlungen für die dadurch hinzukommenden Äste des Baumes, wenn die Wahrscheinlichkeit für hohen Umsatz ohne vorherigen Test mit 50% angenommen werden kann.

c) Man ermittle durch Rückwärtsrechnung die Strategie mit dem maximalen Erwartungswert der Auszahlung.

17. Der Chef-Geologe einer kleinen Erdölbohrgesellschaft hat zu entscheiden, ob auf einer bestimmten Parzelle eines gepachteten Landstriches nach Öl gebohrt oder ob die Pacht gekündigt werden soll. Eine seismographische Untersuchung wird DM 30000,– kosten, die Bohrkosten werden auf DM 200000,– geschätzt und die Gesellschaft wird, im Falle daß man Öl findet, die Bohrstelle zur Ausbeute für DM 500000,– weiterverpachten. Der Chef-Geologe vermutet Öl mit einer Wahrscheinlichkeit (Apriori-Wahrscheinlichkeit) von 30%. Seine Vorhersagen bezüglich des Vorhandenseins von Öl trafen zu 90% zu, während hinsichtlich einer „trockenen Bohrung" (kein Öl) seine Vorhersagen sich nur zu 70% bewahrheiteten.

a) Man bestimme den EWVI und vergleiche diesen mit den Kosten der seismographischen Messung. Sollte man eine solche Messung grundsätzlich ablehnen?

b) Man konstruiere den Entscheidungsbaum und bestimme die zugehörigen Auszahlungen.

c) Man ermittle die Aposteriori-Wahrscheinlichkeiten mit Hilfe der Wahrscheinlichkeitsbäume mit tatsächlicher und informatiell chronologischer Folge der Ereignisse.

d) Man bestimme die optimale Strategie bei Orientierung am maximalen Erwartungswert der Zahlungen.

18. Gegeben ist folgender Entscheidungsbaum bezüglich der Annahme oder Ablehnung einer Sendung. Man bestimme die optimale Entscheidung auf der Basis der Bayes-Regel.

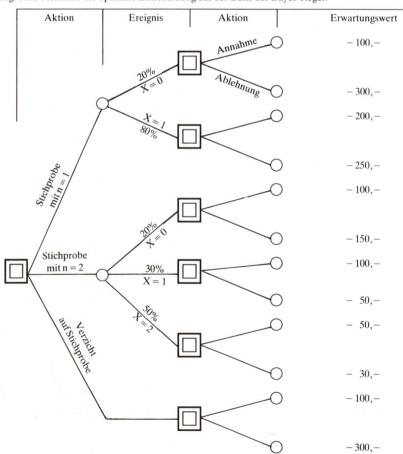

9. Entscheidungstheoretische Grundlagen 311

19. Das in Beispiel 9.13 dargestellte Speicher-Auswahl-Problem wird wie folgt modifiziert:
    Die Wahrscheinlichkeit für μ = 2 ist 30% und für μ = 3 ist 70%.
    a) Wie ändern sich hierdurch die dargelegten Ergebnisse?
    b) Wie groß ist EWVI und EWSI?
    c) Wie groß ist der Vorteil der Stichprobe, wenn diese DM 900,– kostet?

20. In jeder der folgenden 4 Situationen sei die Apriori-Wahrscheinlichkeit normalverteilt. Falls diese niedriger ist als die Break-even-Wahrscheinlichkeit, so sei die Alternative A vorteilhaft; im anderen Fall sei B vorteilhaft.

Situation	1	2	3	4
μ_0	50	100	60	40
σ_0	10	10	20	10
μ_B	55	90	62	38
Steigung	1 000	5 000	5 000	10 000

    Man ermittle a) die günstigste Alternative
    b) die EWVI-Werte
    für alle Situationen.

21. Das im Beispiel 9.13 beschriebene Problem „Bestimmung des günstigsten Externspeichers" wird wie folgt geändert:
    Bruttoeinsparung
    beim Photographischen Speicher 500 000 + 65 000 μ
    beim Holographischen Speicher   330 000 + 150 000 μ
    Apriori-Wahrscheinlichkeit $\mu_0 = 2{,}3$ $\sigma_0 = 2$
    Standardabweichung der Stichprobe $\sigma = 2$
    Man bestimme:
    a) Günstigste Anlage nach der Apriori-Analyse
    b) EWVI
    c) Günstigste Anlage nach der Aposteriori-Analyse, wenn das Stichprobenergebnis $\bar{x} = 1{,}75$ bei n = 16 lautet.
    d) EWSI
    e) Welcher Stichprobenumfang 4, 9, 16,25 oder 100 Tage ist optimal, wenn die Stichprobe DM 250,–/Tag kostet?

22. Die Seefix Reederei überlegt, welche Transportaufträge ihr zur Zeit in Hamburg liegendes Schiff „Fixfracht" in den nächsten sechs Perioden ausführen soll. Pro Periode bewältigt die „Fixfracht" genau einmal die Strecke New York/Hamburg oder umgekehrt, wobei die Zeit für das Ein- und Ausladen inbegriffen ist. Am Ende der sechsten Periode (also im Zeitpunkt t = 6) muß die „Fixfracht" unbedingt wieder in Hamburg sein. Als Entscheidungspunkt t = 0,1, ..., 5 können also jeweils die Anfänge der ersten, zweiten, ..., sechsten Periode definiert werden.

    Die folgende Matrix gibt an, wie hoch der Gewinn jeweils sein würde, wenn die Fixfracht in dem jeweils angegebenen Zeitpunkt von Hamburg nach New York bzw. in entgegengesetzter Richtung starten würde.

    Zusätzlich muß berücksichtigt werden, daß, sofern das Schiff für eine Periode in einem Hafen liegen bleibt, Kosten von 10 Geldeinheiten auftreten.

t	Hamburg – New York	New York – Hamburg
0	20	–
1	83	16
2	23	37
3	10	76
4	87	102
5	–	39

    Zu entscheiden ist, ob das Schiff in den Zeitpunkten t = 0,1, ..., 5 jeweils von New York oder Hamburg starten oder ob es für die betrachtete Periode in dem zuvor erreichten Hafen liegen bleiben soll.

23. Die Produktionsabteilung eines Unternehmens stellt das Gut X mit variablen Kosten von DM 7,−/ Stück her. Die monatliche Maximalproduktion beträgt 400 Stück. Am letzten Tag vor Beginn des Planungsmonats liegen von der Verkaufsabteilung folgende Informationen über die Auftragslage vor.

- Nachfrager A möchte bis zum Monatsende 400 Stück zum Preis von DM 12,− je Stück beziehen; die Entscheidung über Annahme oder Ablehnung dieses Auftrages müßte sofort erfolgen.
- Nachfrager B möchte bis zur Monatsmitte 200 Stück zum Preis von DM 11,40 je Stück beziehen; die Entscheidung über Annahme oder Ablehnung dieses Auftrags müßte ebenfalls sofort erfolgen.
- Nachfrage C möchte bis zum Monatsende 200 Stück zum Preis von DM 11,90 je Stück beziehen; die Entscheidung über Annahme oder Ablehnung dieses Auftrages müßte bis zum 5. des Planungsmonats getroffen werden.
- Mit Nachfrager D wird von der Verkaufsabteilung noch über den Preis eines 200 Stück-Auftrags (lieferbar bis zum Monatsende) verhandelt. Der Einfachheit halber sei angenommen, daß bei Fortsetzung der Verhandlungen nur eine Preisvereinbarung von DM 15,−/Stück oder von DM 10,−/Stück in Betracht zu ziehen ist. Welches Verhandlungsergebnis letztlich erreicht wird, ist noch unsicher und wird auch am 5. des Monats noch nicht genau feststehn; die Prognosemöglichkeiten werden dann jedoch besser sein:
  1. Ergibt sich bis zu dem angegebenen Zeitpunkt ein positiver Verlauf der Verhandlungen, so kann mit 90%iger Wahrscheinlichkeit mit einer Einigung auf DM 15,− gerechnet werden, während die Wahrscheinlichkeit, daß es trotz des bis dahin guten Verhandlungsverlaufs noch zu einem Preis von DM 10,− kommt, nur noch mit 10% anzusehen ist.
  2. Ergibt sich hingegen bis zum 5. ein schlechter Verhandlungsverlauf, so ist gerade von den entgegengesetzten Wahrscheinlichkeiten auszugehen.

Die Aussichten für einen guten oder schlechten Verhandlungsverlauf, werden im Planungszeitpunkt gerade auf 50 : 50 eingeschätzt.

Angesichts dieser ungewissen Situation schlägt der Leiter der Produktionsabteilung vor, Auftrag A anzunehmen, die Aufträge B und C hingegen abzusagen und die Verhandlungen mit D abzubrechen. Der Leiter der Verkaufsabteilung hingegen schlägt vor, die Aufträge A und B abzusagen, Auftrag C sofort anzunehmen, die Verhandlungen mit D fortzuführen und den Auftrag dann auf jeden Fall auch anzunehmen. Die Chancen zwischen DM 10,− und DM 15,− stünden 50 : 50, also könne im Augenblick als Durchschnitt mit DM 12,50 gerechnet werden.

Wie soll der verantwortliche Direktor nun entscheiden? (Annahme: Als Zielfunktion wird einfach die Maximierung des erwarteten Deckungsbeitrages unterstellt, Auswirkungen der gegenwärtigen Auftragspolitik auf die Auftragslage in späteren Perioden können vernachlässigt werden.)

9.7. Empfohlene Literatur zur Entscheidungstheorie

Bamberg, G. und *Coenenberg, A. G.*: Betriebswirtschaftliche Entscheidungstheorie. Verlag Franz Vahlen, München, 7. Aufl. 1992

Bitz, M.: Entscheidungstheorie, Franz Vahlen Verlag, München 1981

Borch, K. H.: Wirtschaftliches Verhalten bei Unsicherheit. Oldenbourg Verlag, Wien−München, 1969

Bühlmann, H.; Loeffel, H.; Nievergelt, E.: Einführung in die Theorie und Praxis der Entscheidungen bei Unsicherheit. Springer-Verlag, Berlin, Heidelberg, New York, 1969

Dinkelbach, W.: Entscheidungsmodelle. Walter de Gruyther, Berlin−New York, 1982

Ferschl, Fr.: Nutzen- und Entscheidungstheorie. Westdeutscher Verlag, Wiesbaden 1975

Gäfgen, G.: Theorie der wirtschaftlichen Entscheidungen. JCB Mohr, Tübingen 1974

Grassman, W. K.: Stochastic Systems for Management. Edward Arnold, London 1981

Hauf, H.: Entscheidungslehre. R. Oldenbourg Verlag, München 1986

Hax, H.: Entscheidungsmodelle in der Unternehmung. Rowohlt-Verlag, Reinbeck bei Hamburg

Jaglow, A. M.; Jaglow, J. M.: Wahrscheinlichkeit und Information, VEB-Verlag der Wissenschaft, Berlin 1965

Kofler, E.; Menges, G.: Entscheidungen bei unvollständiger Information. Springer Verlag 1976

Krelle, W.: Präferenz- und Entscheidungstheorie. Tübingen 1968

Kuhn, A.: Entscheidungskriterien bei Ungewißheit, in WISU (1974) Seite 513–517 und 569–572

Lapin, L.: Quantitative Methods for Business Decisions. Harcourt Brace Jovanovich, Inc. New York 1976

Laux, W.: Entscheidungstheorie, Band 1: Grundlagen. Springer-Verlag, Berlin–Heidelberg 1982

Laux, W.: Entscheidungstheorie, Band 2: Erweiterung und Vertiefung. Springer-Verlag, Berlin–Heidelberg 1988

Mag, W.: Entscheidungen und Information, Verlag Franz Vahlen, München 1977

Menges, G.: Grundmodelle wirtschaftlicher Entscheidungen – Eine Einführung in moderne Entscheidungstheorien. Düsseldorf, 2. Aufl. 1974

Pfohl, H.-Chr.; Braun, G. E.: Entscheidungstheorie. Normativ eund deskriptive Grundlagen des Entscheidens. Verlag Moderne Industrie, Landsberg/Lech 1981.

Raiffa, H.: Einführung in die Entscheidungstheorie. Oldenbourg-Verlag, München 1973

Schneeweiss, H.: Entscheidungskriterien bei Risiko. Springer-Verlag 1967

Sieben G.; Schildbach, T.: Betriebswirtschaftliche Entscheidungstheorie. Tübingen–Düsseldorf, 1975

Streitferdt, L.: Grundlagen und Probleme der betriebswirtschaftlichen Risikotheorie. Gabler Verlag, Wiesbaden 1973

Tribus, M.: Planungs- und Entscheidungstheorie ingenieurwissenschaftlicher Probleme. Friedrich-Vieweg + Sohn, Braunschweig 1973

Szyperski, N.; Winand, U.: Entscheidungstheorie. W. d. Gruyter, Berlin 1974

Marinell, G.: Statistische Entscheidungsmodelle. R. Oldenbourg Verlag, München–Wien 1985

10. Theorie der Spiele

Die Spieltheorie kann als ein Teilgebiet der Entscheidungstheorie aufgefaßt werden. Immerdann, wenn Entscheidungen gefällt werden müssen, ohne daß Angaben über die Wahrscheinlichkeit des Eintreffens von Ereignissen vorliegen, werden in der Entscheidungstheorie Ein-Parameter-Kriterien herangezogen. Als eine dieser Regeln wurde die Maximin-Regel im Abschnitt 9.2.2 behandelt. die gleiche Entscheidungsphilosophie liegt auch der Spieltheorie zugrunde.

Man unterscheidet im wesentlichen drei Arten von Entscheidungssituationen:
- *Entscheidungen unter Gewißheit:* Die Ereignisse, Zustände und Abläufe werden als determiniert vorausgesetzt, d.h. es besteht weitgehende Gewißheit bzw. Sicherheit hinsichtlich der Daten und Parameter
- *Entscheidungen unter Risiko:* Der Entscheidende kann Wahrscheinlichkeiten für das Eintreffen von Ereignissen angeben, so daß der Erwartungswert der Auszahlung jeder Entscheidung bestimmt werden kann.
- *Entscheidungen unter Ungewißheit bzw. Unsicherheit:* Dem Entscheidenden liegen keinerlei Informationen über die Wahrscheinlichkeiten des Eintreffens der Ereignisse vor. Dieser Tatbestand ist kennzeichnend für Spielsituationen.

10.1. Charakterisierung von strategischen Spielen

Mittels der Theorie der Spiele werden Konflikt- und Konkurrenzsituation betrachtet, bei denen Entscheidungen zu fällen sind, ohne daß das Verhalten des Gegenspielers bekannt ist; allerdings müssen die Entscheidungsalternativen des Gegners und deren Auswirkungen auf die eigene Situation bekannt sein.

Bei Brettspielen und Ballspielen ist jede Situation während des Spieles jedem Spieler bekannt, während dies bei Kartenspielen und Wettbewerbssituationen in der wirtschaftlichen Praxis nicht der Fall ist.

Solche Entscheidungen unter Ungewißheit sind charakteristisch für Wettbewerbssituationen in der freien Wirtschaft.

Obwohl die Theorie der Spiele in der wirtschaftlichen Praxis bis heute kaum für direkte Entscheidungsfindung angewendet wird, ist sie hinsichtlich des Denkens in Modellen und zur allgemeinen Schulung im Treffen von Entscheidungen so interessant und lehrreich, daß sie im Rahmen einer Abhandlung über Operations Research nicht fehlen sollte.

Man muß grundsätzlich unterscheiden zwischen *Glücksspielen* und *Strategischen Spielen* (rationale Spiele wie z. B. Schach).

Das Studium der *Glücksspiele* ist alt und hat zur Entstehung der Wahrscheinlichkeitstheorie geführt. Während für Glücksspiele keine Verhaltenspläne für die Spieler formuliert werden können und die Aufgabe der Mathematik nur in der Abschätzung der Wahrscheinlichkeit der Spielereignisse liegt, ist bei Strategischen Spielen der Spielausgang sehr stark vom Verhalten d.h. von der gewählen Strategie der Spieler abhängig, so daß man einen Spielplan ausarbeiten kann, der die optimale Strategie aufzeigt.

Für *Strategische Spiele* — und nur solche interessieren im Rahmen der Theorie der Spiele — wurde erstmals in diesem Jahrhundert eine Lösungsmethode von *v. Neumann* (1928) veröffentlicht; das grundlegende Konzept der Spieltheorie wurde dann von *v. Neumann* und *Morgenstern* (1944) erarbeitet.

Als Spiele bezeichnet man in der Theorie der Spiele die nach festen Regeln durchgeführten Aktionen von Personen oder Parteien, die miteinander in Wettbewerb stehen. Solche Spiele bestehen aus einer zeitlichen *Folge von Zügen*, bei denen jeder Spieler eine Entscheidung ohne Kenntnis der Aktionen des Gegenspielers zu treffen hat.

Die von einem Spieler gewählte Aktion zur Erreichung eines bestimmten Zieles nennt man seine *Strategie*.

Ziel der Spieltheorie ist die Ermittlung der für den einzelnen Spieler optimalen Strategie. Hierzu wird das sogenannte *Maximin-Prinzip* herangezogen, d.h. man unterstellt, daß jeder Spieler seinen Mindest-Vorteil (Gewinn, Auszahlung) zu maximieren versucht bzw. den maximal möglichen Vorteil des Gegners zu minimieren versucht.

Der einfachste Fall ist ein *Zweipersonen-Nullsummen-Spiel*, ein Spiel zwischen zwei Personen (oder Parteien), bei dem der eine Spieler stets soviel verliert, wie der andere gewinnt; die Summe aus Gewinn des einen Spielers und Verlust des anderen ist stets Null.

Mehrpersonen-Nullsummen-Spiele sind wesentlich komplizierter; bei 3 Spielern liegt z. B. nicht zwingend ein Interessengegensatz aller gegen alle vor, denn zwei Spieler werden es häufig als vorteilhaft ansehen eine Koalition zu bilden und eine gemeinsame Strategie zu verabreden. Man spricht dann von einem Kooperativen Mehrpersonen-Spiel. (Vgl. *Luckenbach*[1972]).

In der Wirtschaftspraxis trifft die Einschränkung auf eine Nullsumme meist nicht zu; es kann jedoch gezeigt werden, daß jedes n-Personen-Spiel mit einer von Null verschiedenen Summe einem (n+1)-Personen-Nullsummen-Spiel gleichgesetzt werden kann. Es wird ein fiktiver Spieler eingeführt, der die Verluste trägt, die den Gewinnen der wirklichen Spieler entsprechen (Vgl. *v. Neumann/Morgenstern* [1961]).

Jeder Spieler hat eine gewisse Anzahl von Strategien (Verhaltensmöglichkeiten) bei deren Einsatz er unterschiedliche Spielergebnisse (Gewinne, Auszahlungen) erhält. Diese möglichen Spielergebnisse bei Einsatz unterschiedlicher Strategien müssen durch systematische Analyse oder durch Versuch ermittelt werden, ehe man spieltheoretische Verfahren zur Lösung einer Konkurrenzsituation anwenden kann.

Die verschiedenen alternativen Spielergebnisse werden in einer sogenannten *Auszahlungsmatrix* oder *Entscheidungsmatrix* angegeben.

In der Auszahlungs- oder Entscheidungsmatrix werden die Auszahlungen (Gewinne) z. B. des Spielers X festgehalten, die gleichzeitig die Einzahlungen (Verluste) des Spielers Y sind; positive Zahlen stellen die Auszahlungen (Gewinne) des Spielers X und die negativen die Einzahlungen (Verluste) des Spielers X dar.

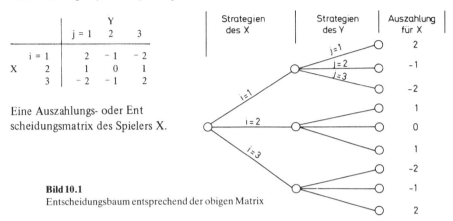

Eine Auszahlungs- oder Entscheidungsmatrix des Spielers X.

Bild 10.1
Entscheidungsbaum entsprechend der obigen Matrix

Die in der Auszahlungs- oder Entscheidungsmatrix dargestellten Verhältnisse lassen sich auch in einem Entscheidungsbaum darstellen.

Als *Wert des Spieles* bezeichnet man den durchschnittlichen Auszahlungsbetrag (Gewinn) pro Spiel. Ist der Wert des Spieles gleich Null, so spricht man von einem fairen Spiel.

Der auf der Basis des Maximin-Kriteriums errechnete Wert des Spieles unterstellt einen intelligenten Spieler und einen ebensolchen Gegner. Ist der Gegenspieler nicht intelligent, d. h. versucht er das Abweichen des Gegners von seiner optimalen Strategie nicht zu seinem Vorteil auszunutzen, so gibt der errechnete Wert des Spieles nur die untere Grenze für den tatsächlich zu erreichenden Wert des Spieles an, also nur den Mindestgewinn (die Mindestauszahlung).

Die verschiedenen Vorgehensweisen bei der Lösung von Problemen mit Hilfe spieltheoretischer Methoden sollen im Folgenden anhand von Beispielen erläutert werden.

10.2 Statische Spiele

Unter *statischen Spielen* werden Wpiele verstanden, bei denen jeder Spieler zur Erreichung eines optimalen Spielergebnisses zweckmäßig stets immer wieder nur eine der ihm zur Verfügung stehenden Strategien verwendet. In der Literatur werden derartige Spiele auch als

- *streng determinierte Spiele,*
- *Spiele mit reiner Strategie* oder als
- *Spiele mit Sattelpunkt* bezeichnet.

Die Verwendung von jeweils nur einer Strategie ist nur dann optimal, wenn die Auszahlungsmatrix einen sogenannten Sattelpunkt besitzt.

Ein Sattelpunkt ist ein Element einer Matrix, das sowohl das kleinste Element der Zeile als auch das größte der Spalte ist; ebenso ist dieses Element der Matrix *das Maximum der Zeilenminima und das Minimum der Spaltenmaxima* (Vgl. Bild 10.2 und Beispiel 10.1).

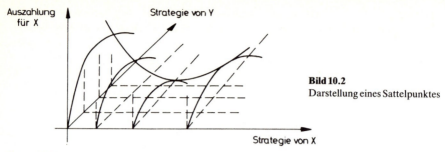

Bild 10.2
Darstellung eines Sattelpunktes

Beispiel 10.1:
In der folgenden Tabelle sind die Gewinne für X, die gleichzeitig die Verluste von Y sind, in einer Matrix in Abhängigkeit von den verschiedenen Strategien für ein bestimmtes Spiel zusammengestellt:

		Y			
		j = 1	2	3	4
	i = 1	3	4	4	5
X	2	7	5	6	9
	3	2	3	10	4

Spieler X verfügt in diesem Spiel über drei Strategien und Y über vier. X will natürlich seinen Gewinn maximieren, Y hingegen, als der Verteidiger, den Verlust minimieren. Wählt z. B. X seine Strategie i = 1, so reagiert Y vernünftigerweise ebenfalls mit seiner ersten Strategie j = 1, weil ihm diese von allen Verlustmöglichkeiten in der Zeile i = 1 den geringsten Verlust bringt.

Für X ist es also klug, diese Reaktion des Gegners einzukalkulieren und die Strategie zu wählen, bei der er trotz der Tendenz des Gegners, auf das Verlustminimum auszuweichen, den Gewinn maximiert.

Es empfiehlt sich also für X bei jeder ihm zur Verfügung stehenden Strategie (Zeile i = 1, 2, 3) zunächst die kleinsten Verluste des Gegners zu markieren (Kreise) und dann die Strategie zu wählen, in der das Maximum der markierten Minima liegt; dieses Maximum der Minima ist dem Spieler X als Gewinn in jedem Fall sicher, auch wenn der Gegner Y ebenfalls vernünftig, d. h. mit dem Ziel des geringsten Verlustes spielt.

Immer dann, wenn die Entscheidungen von X und Y simultan gefällt werden müssen und Y mit seiner Entscheidung nicht etwa abwarten kann bis er erkennt, welche Strategie X gewählt hat, ist es sinnvoll für Y, seinerseits eine umgekehrte Überlegung anzustellen. Er unterstellt mit Recht, daß es der Angreifer auf Gewinnmaximierung abgesehen hat und deshalb markiert Y die größten Gewinne des Angreifers (Rechtecke) und wählt seine Strategie j derart, daß der Angreifer X günstigenfalls das Minimum dieser Maxima erreichen kann.

Wegen dieser Zielsetzung des Verteidigers, die maximalmöglichen Verluste zu minimieren, wird in der Spieltheorie von Minimax-Verlust-Prinzip bzw. vom Maximin-Gewinn-Prinzip gesprochen.

Nach diesem Vorgehen müssen sich die beiden Spieler in dem vorliegenden Beispiel jeweils für ihre Strategie Nummer 2 entschließen, denn für diese gilt:

Maximum der Zeilenminima = Minimum der Spaltenmaxima = 5
Mathematisch ausgedrückt: max min$_j a_{ij}$ = min max$_j a_{ij}$.

X \ Y	j = 1	2	3	4	min$_j a_{ij}$
i = 1	③	4	4	5	3
2	7	⑤	6	⑨	5
3	②	3	⑩	4	2
max$_j a_{ij}$	7	5	10	9	

Erläuterung:
○ = Zeilenminimum
□ = Spaltenmaximum

10. Theorie der Spiele   317

Wird so gespielt, so ist es dem Verteidiger Y nicht möglich, den Gewinn des Angreifers X zu verkleinern, andererseits kann X den Verlust des Y auch nicht mehr vergrößern.

Beispiel 10.2: (nach *Vorobjoff* [1967])
Jemand möchte an einem sonnigen Sommer-Sonntagmorgen einen Spaziergang unternehmen und bewertet das damit verbundene Vergnügen mit der Wertzahl 10. Da der Wetterbericht an diesem Morgen von aufkommender Niederschlagsneigung spricht, muß der Spaziergänger damit rechnen, daß der Natur (als seinem unintelligenten[1]) Gegenspieler) zwei Strategien, nämlich „Regen" und „Trockenheit" zur Verfügung stehen.
Der Spaziergänger überdenkt seine eigenen Strategien und das damit verbundene Vergnügen.
1. Verzicht auf den Ausflug; hierbei ist das Vergnügen am Ausflug in jedem Falle Null.
2. Mitnehmen einer leichten Regenhaut; die mit dem Tragen der Regenhaut verbundene Unannehmlichkeit verringert das Vergnügen bei trockenem Wetter nur in geringem Maße z. B. auf Wertzahl 8, jedoch kann ein Sparziergang bei leichtem Regen im Schutze einer Regenhaut auch gewisse Reize haben; der Spaziergänger veranschlagt in diesem Falle das Vergnügen mit der Wertzahl 5.
3. Weggehen ohne Mantel und dadurch zwar ungetrübtes Vergnügen bei trockenem Wetter (also Wertzahl 10), jedoch bei Einsetzen von Regen mit Unannehmlichkeiten verbunden, die der Spaziergänger mit einer Wertzahl − 3 ansetzt.

Welche Strategie sollte der Spaziergänger einsetzen, um das Mindestvergnügen zu maximieren?
Zunächst ist die Auszahlungsmatrix aufzustellen, und auf Sattelpunkt hin zu untersuchen.

Natur Spaziergänger	Regen	trocken	$\min_j a_{ij}$
Verzicht auf Ausflug	⓪	0	0
Mitnehmen einer Regenhaut	⑤	8	5
Weggehen ohne Regenhaut	−3	⑩	−3
$\max_i a_{ij}$	5	10	

Das Minimum der Spaltenmaxima fällt mit dem Maximum der Zeilenminima zusammen; es liegt also ein Sattelpunkt vor. Der Einsatz der Strategie „Mitnehmen einer Regenhaut" ist für den Spaziergänger optimal, da er hierbar ein garantiertes Mindestvergnügen von „5" erhält.

Beispiel 10.3: (nach *Henn, R./Künzi, H. P.:* Einführung in die Unternehmensforschung Bd. II, Springer Verlag, Berlin 1968, Seite 70-83)
Zwei Warenhäuser I und II (wobei I das größere ist) beabsichtigen in einer der 4 Städte A, B, C und D je eine Filiale zu errichten. Lage, Entfernung und Käuferzahl gehen aus Bild 3.3 hervor

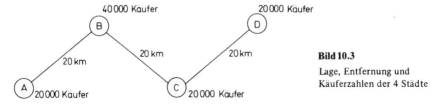

Bild 10.3

Lage, Entfernung und Käuferzahlen der 4 Städte

---
[1]) Unintelligent bedeutet hier, daß die Natur nicht etwa ihre Entscheidung von der mutmaßlichen Entscheidung des Spaziergängers abhängig macht.

Eine Markterkundung ergab folgendes:
1. Liegt das Warenhaus I näher an der Stadt als II, so erhält I 80 % des Gesamtumsatzes.
2. Liegen I und II in der gleichen Stadt bzw. gleich weit von dieser entfernt, so entfällt auf I insgesamt 60 % des Gesamtumsatzes.
3. Liegt das Warenhaus I weiter von der Stadt entfernt als II, so entfallen auf I nur 40 % des Gesamtumsatzes.

Es sollen die optimalen Standorte der Filialen ermittelt werden, wenn jedes Warenhaus an jedem Käufer pro Woche eine DM verdient (1 DM Gewinn pro Woche und Käufer).

In einer Matrix ist zunächst der Gewinn von I in Abhängigkeit von den Handlungsweisen (Strategien) von I und II darzustellen und zu untersuchen, ob ein Sattelpunkt existiert.

Existiert kein Sattelpunkt, so bedeutet das, daß mehrere Standorte vorteilhaft wären, z. B. zwei Filialen unterschiedlicher Größe an zwei verschiedenen Orten.

Die Werte der Gewinnmatrix für I werden wie folgt systematisch ermittelt:

Standort Warenhaus I	II	Gewinn für Warenhaus I aus Stadt A (20000)	Stadt B (40000)	Stadt C (20000)	Stadt D (20000)	Summe in 1000 DM
A	A	60 % = 12	60 % = 24	60 % = 12	60 % = 12	60
A	B	80 % = 16	40 % = 16	40 % = 8	40 % = 8	48
A	C	80 % = 16	60 % = 24	40 % = 8	40 % = 8	56
A	D	80 % = 16	80 % = 32	40 % = 8	40 % = 8	64
B	A	40 % = 8	80 % = 32	80 % = 16	80 % = 16	72
B	B	60 % = 12	60 % = 24	60 % = 12	60 % = 12	60
⋮	⋮	⋮	⋮	⋮	⋮	⋮

I in \ II in	A	B	C	D	$\min_i a_{ij}$
A	60	(48)	56	64	48
B	[72]	([60])	[64]	68	60
C	64	(56)	60	[72]	56
D	56	52	(48)	60	48
$\max_j a_{ij}$	72	60	64	72	

Ergebnis:
I sollte sich als Standort die Stadt B aussuchen, weil dann der Gewinn pro Woche nicht unter 60.000 fallen kann. Ebenso sollte II die Stadt B als Standort wählen.

10.3. Dynamische Spiele

Hat eine Auszahlungsmatrix keinen Sattelpunkt, so existiert keine optimale reine Strategie, d. h. das optimale Spielergebnis wird nicht durch die Verwendung nur einer Strategie, nicht durch ein statisches Spiel erreicht werden.

In einem solchen Fall muß mit gemischter Strategie gespielt werden, d. h. man wählt die Strategie bei jedem Spiel oder Zug neu aber in einem vorher bestimmten Anteil an der Gesamtzahl der Spiele oder Züge.

Solche *Spiele ohne Sattelpunkt* bezeichnet man auch als

Spiele mit gemischter Strategie,
nicht-streng determinierte Spiele oder als
dynamische Spiele.

Bei solchen Spielen kommt es auf die Häufigkeit an mit der die einzelnen Strategien zur Anwendung gelangen sollten, um ein optimales Spielergebnis zu erhalten; gesucht ist hier die sogenannte *optimale gemischte Strategie*.

Je nach der Größe der Auszahlungsmatrix sind unterschiedliche Lösungsverfahren zu empfehlen.

10.3.1. Dynamische Spiele mit (2×2)-Auszahlungsmatrix

Die Vorgehensweise läßt sich am besten anhand eines Beispieles darstellen.

Beispiel 10.4:
Zwei Spieler legen jeder eine Münze verdeckt auf den Tisch. Nach Offenlegen der Münzen soll je nach ihrer Lage (Kopf oder Zahl nach oben) die Auszahlung für Spieler X nach folgendem Schema erfolgen:

		Spieler Y	
		Kopf (1)	Zahl (2)
Spieler X	Kopf (1)	1/2	0
	Zahl (2)	− 3/4	1/4

Wie muß X spielen, wenn er seinen Gewinn maximieren will und wie hoch wird sein Gewinn mindestens sein?

Da die Auszahlungsmatrix keinen Sattelpunkt besitzt, handelt es sich um ein Spiel mit gemischter Strategie.

Obwohl die im Folgenden dargestellte Lösungsmethode nicht die schnellste ist, soll des besseren Verständnisses für spieltheoretische Vorgehensweise dennoch nicht auf sie verzichtet werden.

Bezeichnet man die Häufigkeit, mit der X seine beiden Strategien spielt, d. h. den prozentualen Anteil der beiden Strategien an den Spielen mit x_1 und x_2 und entsprechend die Häufigkeit, mit denen der Gegner Y seine beiden Strategien einsetzt mit y_1 und y_2, so kann der Erwartungswert der Auszahlungen an X d. h. der Wert des Spieles für X, nämlich $z = f(x_i, y_j)$ errechnet werden.

1. Fall
Entschließt sich Y nur seine Strategie „Kopf" einzusetzen, d. h. $y_1 = 1$ und $y_2 = 0$, so ist der Erwartungswert für X

$$z(x_i, y_1) = \frac{1}{2} x_1 - \frac{3}{4} x_2.$$

a) Falls sich X seinerseits entschließt, seine beiden Strategien z. B. mit einer Häufigkeit von je 50 % zufällig verteilt zu spielen, so würde sich folgender Erwartungswert für X ergeben:

$$z(x_i, y_1) = \frac{1}{2} \cdot \frac{1}{2} - \frac{3}{4} \cdot \frac{1}{2} = -\frac{1}{8}.$$

b) Würde sich X für einen anderen Einsatz seiner beiden Strategien, z. B. im Verhältnis 3:1, d. h. $x_1 = 3/4$, $x_2 = 1/4$ entschließen, so wäre mit folgendem Erwartungswert zu rechnen:

$$z(x_i, y_1) = \frac{1}{2} \cdot \frac{3}{4} - \frac{3}{4} \cdot \frac{1}{4} = \frac{3}{16}.$$

2. Fall
Entschließt sich Y ausschließlich seine Strategie „Zahl" (d. h. $y_1 = 0$ und $y_2 = 1$) zu verwenden, so wird der Erwartungswert der Auszahlung für X (bzw. der Einzahlung für Y):

$$z(x_i, y_2) = 0 \cdot x_1 + \frac{1}{4} x_2 = \frac{1}{4} x_2.$$

3. Fall

Entschließt sich Y sinnvollerweise für den Einsatz einer gemischten Strategie (d. h. $0 < y_1 < 1$ und $0 < y_2 < 1$), so würde der Erwartungswert der Auszahlung für X (bzw. der Einzahlung für Y)

$$z(x_i, y_j) = (\tfrac{1}{2} x_1 - \tfrac{3}{4} x_2) y_1 + (0 \cdot x_1 + \tfrac{1}{4} x_2) y_2.$$

Da X damit rechnen muß, daß der intelligente Gegenspieler Y dynamisch spielt, d. h. beide Strategien gemischt einsetzt, möchte er gerne wissen, in welchem Verhältnis er seine eigenen Strategien einsetzen soll.

Die optimale gemischte Strategie für die untere Grenze der Auszahlung g, die er unabhängig von der Strategie des Gegners mindestens erwarten darf,

wobei $g \leq z(x_i, y_1)$

und $g \leq z(x_i, y_2)$

ergibt sich aus

$$z(x_i, y_1) = z(x_i, y_2)$$

$\tfrac{1}{2} x_1 - \tfrac{3}{4} x_2 = \tfrac{1}{4} x_2$ und außerdem $x_1 + x_2 = 1$

Daraus ergibt sich

$x_1 = \tfrac{2}{3}$

$x_2 = \tfrac{1}{3}$

$g = \tfrac{1}{12}$.

Spielt X seine Strategien zufällig verteilt mit den Häufigkeiten $x_1 = 2/3$ und $x_2 = 1/3$ so ist seine Auszahlung (Gewinn) mindestens g = 1/12 gleichgültig wie Y spielt.

Spielt Y z. B. mit $y_1 = \tfrac{1}{2}$, so wird

$$z(x_i, y_j) = \tfrac{1}{2} \left[\tfrac{1}{2} \cdot \tfrac{2}{3} + (-\tfrac{3}{4}) \tfrac{1}{3} \right] + \tfrac{1}{2} \left[0 \cdot \tfrac{2}{3} + \tfrac{1}{4} \cdot \tfrac{1}{3} \right]$$
$$= \tfrac{1}{2} \left[\tfrac{1}{3} - \tfrac{1}{4} + \tfrac{1}{12} \right] = \tfrac{1}{12}.$$

Oder wählt Y als gemischte Strategie $y_1 = \tfrac{1}{5}$ und $y_2 = \tfrac{4}{5}$ so wird

$$z(x_i, y_j) = \tfrac{1}{5} \cdot \tfrac{1}{12} + \tfrac{4}{5} \cdot \tfrac{1}{12} = \tfrac{1}{12}.$$

Ebenso wie man die optimale gemischte Strategie für X bestimmt hat, läßt sich auch die optimale gemischte Strategie für Y bestimmen, dessen Bestreben es ist, seine Einzahlungen zu minimieren.

Die untere Grenze seines Verlustes v ist

$v \leq z(x_1, y_j) = \tfrac{1}{2} y_1 + 0(1 - y_1) = \tfrac{1}{2} y_1$

$v \leq z(x_2, y_j) = -\tfrac{3}{4} y_1 + \tfrac{1}{4}(1 - y_1) = \tfrac{1}{4} - y_1$.

Die gemischte Strategie für diese Grenze ergibt sich aus

$z(x_1, y_j) = z(x_2, y_j)$

$\tfrac{1}{2} y_1 = \tfrac{1}{4} - y_1$

$y_1 = \tfrac{1}{6}$

$y_2 = \tfrac{5}{6}$

$v = \tfrac{1}{12} = |g|$.

10. Theorie der Spiele

Für ein Zwei-Personen-Nullsummen-Spiel, das durch eine (2×2)-Matrix ohne Sattelpunkt gekennzeichnet ist, empfiehlt es sich, die optimale gemischte Strategie und den Erwartungswert ohne die in Beispiel 10.4 angestellten Überlegungen rein schematisch aus den im Folgenden abgeleiteten Formeln zu bestimmen.

Gegeben ist die Auszahlungsmatrix für X

		Y	
		y_1	y_2
X	x_1	a_{11}	a_{12}
	x_2	a_{21}	a_{22}

Entscheidet sich Y für y_1 so ist $z(x_i, y_1) = a_{11} x_1 + a_{21} x_2$ (1)

Entscheidet sich Y für y_2 so ist $z(x_i, y_2) = a_{12} x_1 + a_{22} x_2$ (2)

Entscheidet sich X für x_1 so ist $z(x_1, y_j) = a_{11} y_1 + a_{12} y_2$ (3)

Entscheidet sich X für x_2 so ist $z(x_2, y_j) = a_{21} y_1 + a_{22} y_2$ (4)

$$\text{wobei} \quad x_1 + x_2 = 1 \quad (5)$$
$$y_1 + y_2 = 1. \quad (6)$$

Durch Gleichsetzen von (1) und (2) erhält man

$$\frac{x_1}{x_2} = \frac{a_{22} - a_{21}}{a_{11} - a_{12}}$$

und unter Berücksichtigung von (5)

$$x_1 = \frac{a_{22} - a_{21}}{(a_{11} + a_{22}) - (a_{12} + a_{21})} \quad (7)$$

$$x_2 = \frac{a_{11} - a_{12}}{(a_{11} + a_{22}) - (a_{12} + a_{21})} = 1 - x_1. \quad (8)$$

Damit wird aus (1) (7) und (8)

$$|g| = |v| = \frac{a_{11} a_{22} - a_{21} a_{12}}{(a_{11} + a_{22}) - (a_{12} + a_{21})} . \quad (9)$$

Ebenso läßt sich aus (3) und (4) ableiten, daß

$$\frac{y_1}{y_2} = \frac{a_{22} - a_{12}}{a_{11} - a_{21}}$$

und mit (6)

$$y_1 = \frac{a_{22} - a_{12}}{(a_{11} + a_{22}) - (a_{12} + a_{21})} \quad (10)$$

$$y_2 = \frac{a_{11} - a_{21}}{(a_{11} + a_{22}) - (a_{12} + a_{21})} = 1 - y_1. \quad (11)$$

Für Beispiel 10.4 ergibt sich damit

$$x_1 = \frac{\frac{1}{4} + \frac{3}{4}}{(\frac{1}{2} + \frac{1}{4}) - (0 - \frac{3}{4})} = \frac{1}{\frac{3}{4} + \frac{3}{4}} = \frac{2}{3}$$

$$x_2 = 1 - x_1 = \frac{1}{3}$$

$$y_1 = \frac{\frac{1}{4} - 0}{\frac{6}{4}} = \frac{1}{6}$$

$$y_2 = 1 - y_1 = \frac{5}{6}$$

$$g = |v| = \frac{\frac{1}{2} \cdot \frac{1}{4}}{\frac{6}{4}} = \frac{1}{12}$$

10.3.2. Dynamische Spiele mit (2×n) bzw. (m×2)-Auszahlungsmatrix

Spiele mit nur zwei Zeilen oder nur zwei Spalten lassen sich recht einfach graphisch lösen, wie in folgendem Beispiel gezeigt wird

Beispiel 10.5:
Es ist die optimale Lösung des Spieles mit folgender Gewinnmatrix für A zu suchen:

		V		
	j = 1	2	3
A	i = 1	3	5	13
	2	10	7	4

Wenn die Mischungen x_i des Spielers A gesucht sind, die seinen Mindest-Gewinn g maximieren, so sind folgende Nebenbedingungen (auch Restriktionen genannt) zu erfüllen

$$x_1 + x_2 = 1 \qquad (1) \qquad 5x_1 + 7x_2 \geq g \qquad (3)$$
$$3x_1 + 10x_2 \geq g \qquad (2) \qquad 13x_1 + 4x_2 \geq g \qquad (4)$$

Aus Gleichung (1) folgt $x_2 = 1 - x_1$. Eingesetzt in die Un-Gleichungen (2) bis (4) werden diese umgeformt

$$-7x_1 + 10 \geq g \text{ oder } 7x_1 + g \leq 10 \qquad (2)$$
$$-2x_1 + 7 \geq g \text{ oder } 2x_1 + g \leq 7 \qquad (3)$$
$$9x_1 + 4 \geq g \text{ oder } -9x_1 + g \leq 4. \qquad (4)$$

Diese Ungleichungen lassen sich im Grenzfall als Geraden darstellen

	Werte für g aus Ungleichung		
	(2)	(3)	(4)
für $x_1 = 1$	3	5	13
für $x_1 = 0$	10	7	4

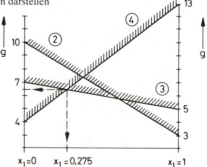

Bild 10.4. Graphische Lösung

Aus dem Diagramm ist zu ersehen, daß der größte Wert für g bei den bestehenden Ungleichungen bei $x_1 = 0{,}275$ liegt und den Wert $g = 6{,}45$ hat.

Die optimale gemischte Strategie für A ist also,

27,5 % der Spielzeit nach Strategie 1
72,5 % der Spielzeit nach Strategie 2

zu spielen. Dabei wird sein Gewinn $g = g_{min} = 6{,}45$ sein, wenn der Gegner ebenfalls seine optimale Strategie benutzt.

10.3.3. Dynamische Spiele mit einer (m×n)-Auszahlungsmatrix

Der allgemeine Fall eines Spieles ist der mit einer (m×n)-Matrix ohne Sattelpunkt

	j →	Y		
i ↓		y_1	y_2 ...	y_n
	x_1	a_{11}	a_{12} ...	a_{1n}
	x_2	a_{21}	a_{22} ...	a_{2n}
X	⋮	⋮	⋮	
	x_m	a_{m1}	a_{m2} ...	a_{mn}

Die Häufigkeit x_i mit der die einzelnen Strategien optimal einzusetzen sind und die untere Grenze der Auszahlung g für den Spieler X lassen sich wie folgt berechnen:

Es ist

$$x_1 + x_2 + \ldots + x_m = 1,$$

bei

$$a_{1j}x_1 + a_{2j}x_2 + \ldots + a_{mj}x_m = g_j \qquad \text{für alle } j = 1, 2, \ldots n$$
$$x_i \geq 0 \qquad \text{für alle } i = 1, 2, \ldots m.$$

Es sei $g_{min} > 0$ eine untere Grenze von g_j; setzt man g anstelle der g_j in die Restriktionen ein, dividiert durch g und setzt $x_i/g = p_i$ so erhält man

$$p_1 + p_2 + \ldots + p_m = \frac{1}{g}$$
$$a_{1j}p_1 + a_{2j}p_2 + \ldots + a_{mj}p_m \geq 1 \qquad \text{für alle } j = 1, 2, \ldots n$$
$$p_i \geq 0 \qquad \text{für alle } i = 1, 2, \ldots m.$$

Unter Berücksichtigung der Zielsetzung des Spielers X, die untere Grenze der Auszahlung g zu maximieren, liegt hier folgendes Problem der linearen Optimierung vor:

$$z = \frac{1}{g} = \sum_{i=1}^{m} p_i \Rightarrow \min,$$

wobei

$$\sum_{i=1}^{m} a_{ij} p_i \geq 1 \qquad \text{für alle } j = 1, 2, \ldots n$$
$$p_i \geq 0 \qquad \text{für alle } i = 1, 2, \ldots m.$$

Es handelt sich um ein Minimum-Problem, das nach Einführung von Schlupfvariablen q_j mit der Simplex-Methode gelöst werden kann, und zwar entweder durch Ansatz des dualen Maximum-Problems oder aber nach der Umwandlung des $\geq$-Zeichens in den Restriktionen als Minimumproblem. Das Simplex-Verfahren liefert die Werte für z, p_i und q_j; anschließend werden daraus g, x_i und y_j bestimmt.

Die Vorgehensweise ist anhand einiger Beispiele dargestellt.

Beispiel 10.6:

Zwei militärische Kampfgruppen, die rote und die blaue Einheit, liegen sich im Gefecht gegenüber. Durch Spionage hat Blau erfahren, daß Rot beim erwarteten Angriff auf Blau vier verschiedene Arten von Panzerungen seiner Panzer verwendet, nämlich I, II, III, IV. Blau kennt aber den Einsatzplan von Rot nicht und weiß deshalb nicht in welcher Anzahl die verschiedenen Panzertypen eingesetzt werden. Für die Panzerabwehr stehen Blau vier verschiedene Abwehrgranaten 1, 2, 3, 4 zur Verfügung.

Es ist eine der wichtigsten Aufgaben für Blau festzustellen, nach welcher Strategie die Granaten einzusetzen sind. Zu diesem Zwecke wurde eine Reihe von Schießversuchen durchgeführt; die Ergebnisse dieser Versuche sind in der folgenden Gewinntabelle für Blau angegeben.

Strategien von		Rot			
		j = I	II	III	IV
Blau	i = 1	0,20	0,10	0,10	0,15
	2	0,05	0,25	0,08	0,30
	3	0,10	0,07	0,15	0,10
	4	0,15	0,05	0,08	0,20

Die Werte in der Matrix sind die Wahrscheinlichkeiten für die Zerstörung der verschiedenen Panzerungen bei Verwendung der verschiedenen Abwehrgranaten.

Wenn man unterstellt, daß Rot wiederum durch Spionage von den Ergebnissen der Versuche erfahren hat, kann man sicher sein, daß Rot seine Panzerung IV nicht einsetzen wird, weil II dieser überlegen ist. Man sagt: Die Strategie II ist gegenüber IV dominant. Dominanz bedeutet, daß eine klare Bevorzugung vorliegt.

Man kann deshalb die Strategie IV streichen und erhält dadurch eine reduzierte Matrix.

Ebenso ist für Blau die Abwehrgranate 1 dominant gegenüber der Granate 4, da der Erfolg bei der Verwendung der Granate 1 in jedem Fall größer ist als bei Verwendung der Granate 4.

Durch Streichung der Strategie 4 wird die Matrix noch einmal reduziert und der Aufwand für die Lösung des Problems geringer.

Strategien von		Rot		
		j = I	II	III
Blau	i = 1	0,20	0,10	0,10
	2	0,05	0,25	0,08
	3	0,10	0,07	0,15

Blau muß nunmehr die optimale Mischung x_1, x_2, x_3 der Granatentypen 1, 2, 3 berechnen, die bei einer unbekannten Mischung der angreifenden Panzer den größten Zerstörungserfolg erwarten läßt.

Das Problem läßt sich mathematisch folgendermaßen formulieren:

Bestimme die Mischungskomponenten

$$0 \leq x_i \leq 1 \text{ wobei hier i} = 1, 2, 3$$

so, daß der zu erwartende Mindestgewinn maximal wird und die folgenden Nebenbedingungen erfüllt sind:

$$x_1 + x_2 + x_3 = 1$$
$$0,20 x_1 + 0,05 x_2 + 0,10 x_3 = g_1$$
$$0,10 x_1 + 0,25 x_2 + 0,07 x_3 = g_2$$
$$0,10 x_1 + 0,08 x_2 + 0,15 x_3 = g_3$$

10. Theorie der Spiele

Durch Einführung einer unteren Grenze g für die Auszahlungen g_j und durch Einführung von $p_i = \dfrac{x_i}{g}$ erhält man

$$z = \frac{1}{g} = p_1 + p_2 + p_3 \Rightarrow \min,$$

bei

$0{,}20 p_1 + 0{,}05 p_2 + 0{,}10 p_3 \geq 1$
$0{,}10 p_1 + 0{,}25 p_2 + 0{,}07 p_3 \geq 1$
$0{,}10 p_1 + 0{,}08 p_2 + 0{,}15 p_3 \geq 1$.

Nach Einführung von q_j als Schlupfvariable wird das duale Maximumproblem mit der Simplexmethode gelöst.

Bei Spielen dieser Art empfiehlt sich, anstelle des ursprünglichen, normalen Ansatzes des Minimum-Problems stets der Ansatz des dualen Maximum-Problems, da hier alle Elemente der 1. Simplextabelle in Vorzeichen und Anordnung der gegebenen Auszahlungsmatrix entsprechen.

Der Lösungsgang mit den einzelnen Simplex-Tabellen bei dem Ansatz des dualen Maximumproblems soll im Folgenden gezeigt werden:

1. Tabelle $z = 0$	q_1 -1	q_2 -1	q_3 -1
$p_1 = 1$	(0,20)	0,10	0,10
$p_2 = 1$	0,05	0,25	0,08
$p_3 = 1$	0,10	0,07	0,15

2. Tabelle $z = 5$	p_1 5	q_2 $-0{,}5$	q_3 $-0{,}5$
$q_1 = 5$	5	0,5	0,5
$p_2 = 0{,}75$	$-0{,}25$	(0,225)	0,055
$p_3 = 0{,}5$	$-0{,}5$	0,02	0,10

3. Tabelle $z = 6{,}67$	p_1 4,445	p_2 2,22	q_3 $-0{,}3775$
$q_1 = 3{,}33$	5,555	$-2{,}22$	0,3775
$q_2 = 3{,}33$	$-1{,}11$	4,45	0,245
$p_3 = 0{,}433$	$-0{,}4778$	$-0{,}089$	(0,0951)

4. Tabelle $z = 8{,}39$	p_1 2,55	p_2 1,87	p_3 3,97
$q_1 = 1{,}61$			$-3{,}97$
$q_2 = 2{,}22$			$-2{,}58$
$q_3 = 4{,}56$	$-5{,}01$	$-0{,}935$	10,5

Aus der 4. Tabelle ist die Lösung für Blau zu ersehen

$g = \dfrac{1}{z} = \dfrac{1}{8{,}39} = 0{,}119$

$x_1 = g \cdot p_1 = 0{,}119 \cdot 2{,}55 = 0{,}304$
$x_2 = g \cdot p_2 = 0{,}119 \cdot 1{,}87 = 0{,}223$
$x_3 = g \cdot p_3 = 0{,}119 \cdot 3{,}97 = 0{,}473.$

Man beachte, daß $\sum x_i = 1$.

Die Berechnung ergibt also, daß Blau auf 1000 Granaten 304 vom Typ 1, 223 vom Typ 2 und 473 vom Typ 3 einzusetzen sind und zwar in zufälliger Weise. Damit kann mit einem Mindesterfolg $g = 0{,}119$ d. h. mit 12 % Panzerabschüssen gerechnet werden, wenn Rot ebenfalls eine optimale Strategie verwendet. Der Vernichtungsprozentsatz ist noch größer, wenn Rot keine optimale Strategie verwendet.

Rot muß also seinerseits alles daran setzen, die optimale Mischung der angreifenden Panzer (die sich äußerlich nicht voneinander unterscheiden) zu berechnen, damit der geschilderten Tendenz des Gegners (Blau), die Zerstörungsrate zu maximieren, wirkungsvoll begegnet werden kann. Das Rechenproblem für Rot kann ebenfalls mathematisch wie oben formuliert werden:

Das Problem für Rot ist das sogenannte duale Problem von Blau.

Dieses duale Problem wurde jedoch bereits mit der Simplexmethode gelöst.

Aus der 4. Tabelle im obigen Simplex-Algorithmus ist zu entnehmen, daß

$q_1 = 1{,}61, q_2 = 2{,}22, q_3 = 4{,}56.$

Da $|v| = |g|$ und $q_j = v_j/v$, wird

$y_1 = gq_1 = 0{,}193$ d.h. 193 von 1000 sollten Panzerung I haben
$y_2 = gq_2 = 0{,}264$ d.h. 264 von 1000 sollten Panzerung II besitzen
$y_3 = gq_3 = 0{,}543$ d.h. 543 von 1000 sollten Panzerung III aufweisen.

Man beachte, daß $\Sigma y_j = 1$.

Beispiel 10.7:

Ein Kinderspiel heißt „Stein–Papier–Schere". Dabei deuten zwei Spieler durch Gebärden gleichzeitig einer der drei in der Bezeichnung des Spieles angeführten Gegenstände an. Hierbei dient die Faust als das Symbol für den Stein, das Papier wird durch die flache Hand wiedergegeben und die Schere wird durch Auseinanderspreizen von Zeigefinger und Mittelfinger dargestellt.

Falls beide Spieler die gleichen Gegenstände anzeigen, ist der Gewinn eines jeden von ihnen gleich Null. In den übrigen Fällen gewinnt „Stein" gegenüber „Schere" eine Einheit (der Stein zertrümmert die Schere) und verliert gegenüber „Papier" eine Einheit (Papier wickelt den Stein ein). „Papier" verliert seinerseits gegenüber der „Schere" eine Einheit (die Schere schneidet Papier).

Es ist die Auszahlungsmatrix für die Spieler aufzustellen und die optimale Strategie für beide Spieler zu bestimmen!

Lösung:

Die Auszahlungsmatrix für den Spieler A lautet

	$\rightarrow j$ $\downarrow i$	Spieler B		
		Stein	Schere	Papier
Spieler A	Stein	0	1	−1
	Schere	−1	0	1
	Papier	1	−1	0

Da die Auszahlungsmatrix keinen Sattelpunkt enthält, existiert keine reine optimale Strategie; es ist also die optimale gemischte Strategie zu bestimmen und dazu wird die Simplex-Methode verwendet.

Bestimme $g \Rightarrow \max$

bei

$\begin{aligned} x_1 + x_2 + x_3 &= 1 \\ -x_2 + x_3 &\geq g \\ x_1 \quad\quad - x_3 &\geq g \\ -x_1 + x_2 \quad\quad &\geq g. \end{aligned}$

oder nach Einführung von $p_i = x_i/g$,

$z = 1/g = p_1 + p_2 + p_3 \Rightarrow \min$

bei

$\begin{aligned} -p_2 + p_3 &\geq 1 \\ p_1 \quad\quad - p_3 &\geq 1 \\ -p_1 + p_2 \quad\quad &\geq 1. \end{aligned}$

Der Ansatz des dualen Maximum-Problems bringt folgende Simplex-Tabellen:

1. Tabelle z = 0	q_1 -1	q_2 -1	q_3 -1
$p_1 = 1$	0	①	-1
$p_2 = 1$	-1	0	1
$p_3 = 1$	1	-1	0

2. Tabelle z = 1	q_1 -1	p_1 1	q_3 -2
$q_2 = 1$	0	1	-1
$p_2 = 1$	-1	0	①
$p_3 = 2$	1	1	-1

3. Tabelle z = 3	q_1 -3	p_1 1	p_2 2
$q_2 = 2$	-1	1	1
$q_3 = 1$	-1	0	1
$p_3 = 3$	-1	1	1

Da in der Pivotspalte (Spalte mit $a_{0j} < 0$) alle $a_{is} < 0$ sind, existiert keine begrenzte Lösung.

Der Grund dafür, daß die Simplex-Methode hier keine endliche Lösung liefert, liegt darin, daß es sich bei diesem Spiel um ein faires Spiel handelt, einem Spiel, bei dem beide Spieler gleiche Gewinnchancen haben. Der Wert des Spieles ist $g = 0$ (bzw. $z = \infty$).

Man erkennt ein faires Spiel bereits an der Struktur der Auszahlungsmatrix; diese enthält gleich viel negative und positive Elemente, deren Summe Null wird.

Um auch solche Spiele mit der Simplex-Methode lösen zu können, werden alle Elemente der Auszahlungsmatrix um eine Konstante (z. B. „1" oder „2") erhöht, damit $z < \infty$ und damit der Wert des Spieles $g > 0$.

Erhöht man die Elemente der Ausgangsmatrix des Beispieles um zwei Einheiten, so ergibt sich folgende Lösung:

1. Tabelle z = 0	q_1 -1	q_2 -1	q_3 -1
$p_1 = 1$	2	③	1
$p_2 = 1$	1	2	3
$p_3 = 1$	3	1	2

2. Tabelle $z = \frac{1}{3}$	q_1 $-\frac{1}{3}$	p_1 $\frac{1}{3}$	q_3 $-\frac{2}{3}$
$q_2 = \frac{1}{3}$	$\frac{2}{3}$	$\frac{1}{3}$	$\frac{1}{3}$
$p_2 = \frac{1}{3}$	$-\frac{1}{3}$	$-\frac{2}{3}$	$\boxed{\frac{7}{3}}$
$p_3 = \frac{2}{3}$	$\frac{7}{3}$	$-\frac{1}{3}$	$\frac{5}{3}$

3. Tabelle $z = \frac{3}{7}$	q_1 $-\frac{3}{7}$	p_1 $\frac{1}{7}$	p_2 $\frac{2}{7}$
$q_2 = \frac{2}{7}$	$\frac{5}{7}$	$\frac{3}{7}$	$-\frac{1}{7}$
$q_3 = \frac{1}{7}$	$-\frac{1}{7}$	$-\frac{2}{7}$	$\frac{3}{7}$
$p_3 = \frac{3}{7}$	$\boxed{\frac{18}{7}}$	$\frac{1}{7}$	$-\frac{5}{7}$

4. Tabelle $z = \frac{1}{2}$	p_3 $\frac{1}{6}$	p_1 $\frac{1}{6}$	p_2 $\frac{1}{6}$
$q_2 = \frac{1}{6}$	$-\frac{5}{18}$		
$q_3 = \frac{1}{6}$	$\frac{1}{18}$		
$q_1 = \frac{1}{6}$	$\frac{7}{18}$	$\frac{1}{18}$	$-\frac{5}{18}$

Damit wird

$$g = \frac{1}{z} = 2 \qquad x_2 = gp_2 = \frac{1}{3}$$

$$x_1 = gp_1 = \frac{1}{3} \qquad x_3 = gp_3 = \frac{1}{3}.$$

Selbstverständlich muß von dem so errechneten Wert des Spieles die vorher zu allen Elementen der Auszahlungsmatrix hinzuaddierte Konstante (hier „2") wieder abgezogen werden. Der Wert eines fairen Spieles ist immer Null. Man zeige, daß das gleiche Ergebnis mit einer nur um eine Einheit erhöhten Auszahlungsmatrix erreicht wird.

10.3.4. Lösung dynamischer Spiele mittels Simulation

Bei Spielen mit umfangreicher Auszahlungsmatrix ohne Sattelpunkt kann die Lösung mit der Simplex-Methode bei manueller Rechnung mühsam werden. Hier empfiehlt sich eine Näherungsmethode, die es ermöglicht, die interessierenden Größen beliebig genau zu berechnen.

Die Näherungsmethode besteht in der Simulation des Spielablaufes mit der Unterstellung, daß jeder Spieler die Spielergebnisse der Vergangenheit für die Entscheidung hinsichtlich der zu wählenden Strategie heranzieht, wobei natürlich wie bisher davon ausgegangen wird, daß Spieler X seine Auszahlung zu maximieren, während Spieler Y seine Einzahlung zu minimieren sucht.

Die Vorgehensweise bei der Simulation soll an einem Beispiel erläutert werden.

Beispiel 10.8:
Die Matrix eines bestimmten Zwei-Personen-Nullsummen-Spieles ohne Sattelpunkt sei gegeben, es ist die Näherungslösung durch Simulation zu bestimmen; die Iteration soll nach 20 Zügen unterbrochen werden.

		Y							
		a	b	c	d	e	f	g	h
	1	1	2	3	5	5	4	3	4
	2	4	3	5	4	3	4	4	5
	3	4	3	2	6	6	4	3	4
	4	3	6	2	1	4	2	6	2
X	5	2	4	2	3	1	1	2	2
	6	3	3	3	2	3	2	3	3
	7	5	4	2	3	4	5	1	3
	8	4	3	4	4	5	4	5	2

Zunächst wird geprüft, ob wirklich kein Sattelpunkt existiert. Sodann wählt Spieler X willkürlich (oder weil er dort die größte Chance sieht) seine Strategie 3 und schreibt sie unter die Matrix. Spieler Y untersucht diese Zeile und markiert den kleinsten Wert dieser Zeile (z. B. durch einen Kreis). Er möchte seine Einzahlung minimieren und wählt deshalb die dem markierten Wert entsprechende Spalte c.

Diese Spalte notiert er rechts neben der Matrix.

Der Spieler X untersucht jetzt diese von Y gewählte Strategie, markiert den größten Wert dieser Spalte (z. B. durch rechteckige Umrahmung) und wählt seine Strategie so, daß er seine Auszahlung maximiert; er wählt also die der Markierung entsprechende Zeile 2. Diese Zeile wird zu der zuletzt gewählten Zeile addiert und die Summe der beiden Zeilen darunter geschrieben.

Der Spieler Y wählt dann wieder die Spalte, die der kleinsten Zahl der neuen Zeile entspricht und addiert diese Spalte zu der zuletzt gewählten Spalte. usw.

Da die Genauigkeit der Ergebnisse von der Zahl der Iterationen abhängt, darf nicht zu früh abgebrochen werden.

10. Theorie der Spiele

Nach 20 Iterationen wird hier auftragsgemäß abgebrochen. Die Anzahl der Markierungen gibt dann angenähert die Häufigkeiten an, mit denen die Strategien gewählt werden sollten bzw. wählt man die Häufigkeiten entsprechend der Anzahl der Markierungen, so erhält man angenähert das Optimum. Die zuletzt markierte Zahl dividiert durch die Anzahl der Iterationen gibt den Wert des Spieles an. (Manuelle Lösung siehe Seite 330 und 331)

Iterationsvorschrift für die im Beispiel dargestellte Simulationsmethode: (vgl. Bild 10.5)
1. Irgendeine Zeile wird ausgewählt und unter die Matrix geschrieben.
2. Das kleinste Element dieser Zeile wird mit O markiert und die zugehörige Spalte rechts neben die Matrix geschrieben.
3. Das größte Element dieser Spalte wird mit □ markiert und die Elemente der zugehörigen Zeile zu den Elementen der letzten Zeile unter der Matrix addiert.
4. Das kleinste Element dieser Zeile wird wiederum markiert und die Elemente der zugehörigen Spalte zu den Elementen der letzten Spalte rechts neben der Matrix addiert.
5. Die Schritte 3 und 4 werden beliebig lange wiederholt.

Falls mehrere gleiche kleinste Elemente in einer Zeile oder mehrere gleiche größte Elemente in einer Spalte existieren, so kann

a) willkürlich irgendeine der Elemente markiert werden oder
b) die Strategie, welche auch zuletzt eingesetzt war, bevorzugt werden (Der Mensch ist ein Gewohnheitstier) oder aber
c) gerade eine neue, im letzten Zug nicht verwendeten Strategie bevorzugt werden (Von neuen Besen erwartet man, daß sie besser fegen).

Insbesondere bei großer Auszahlungsmatrix empfiehlt es sich für die Simulation mit mehr als 20 Iterationen eine andere Darstellungs- bzw. Notierungsweise zu verwenden; durch vertikale Anordnung der bisher rechts neben der Matrix notierten Werte kann die Simulation länger fortgesetzt werden, wie aus folgender Tabelle zu ersehen ist:

n	Zeile i	a	b	c	d	e	f	g	h	φ min$_i$	Spalte j	1	2	3	4	5	6	7	8	φ max$_j$
1	3	4	3	(2)	6	6	4	3	4	2	c	3	[5]	2	2	2	3	2	4	5
2	2	8	(6)	7	10	9	8	7	9	3	b	5	[8]	5	8	6	6	7	7	4
3	2	12	(9)	12	14	12	12	11	14	3	b	7	11	8	[14]	10	9	10	10	4,66
4	4	15	15	(14)	15	16	14	17	16	3,5	c	10	16	10	[16]	12	12	12	14	4
5	4	18	21	(16)	16	20	16	23	18	3,2	c	13	[21]	12	18	14	15	14	18	4,2
6	2	22	24	21	(20)	23	20	27	23	3,33	d	18	[25]	18	19	17	17	17	22	4,16
7	2	26	27	26	(24)	26	24	31	28	3,43	d	23	[29]	24	20	20	19	20	26	4,14
8	2	30	30	31	(28)	29	28	35	33	3,5	d	28	[33]	30	21	23	21	23	30	4,13
9	2	34	33	36	(32)	32	32	39	38	3,56	d	33	[37]	36	22	26	23	26	34	4,11
10	2	38	36	41	36	(35)	36	43	42	3,5	e	38	40	[42]	26	27	26	30	39	4,2
⋮	⋮									⋮										
20	abs %	9 45	6 30	4 20	1 5					3,45 <z	abs %		11 55	6 30	3 15					3,8 >z
				Strategie Y										Strategie X						

Da die manuelle Simulation von Spielen, insbesondere wenn höhere Genauigkeiten extrem hohe Iterationszahlen erfordern, recht aufwendig sind, empfiehlt sich die Simulation mittels EDV-Anlagen.

	a	b	c	d	e	f	g	h	c	b	b	c	c	d	d	d	d	e
1	(1)	2	3	5	5	4	3	4	3	5	7	10	13	18	23	28	33	38
2	4	(3)	[5]	4	(3)	4	4	[5]	[5]	[8]	11	16	[21]	[25]	[29]	[33]	[37]	40
3	4	3	(2)	[6]	[6]	4	3	4	2	5	8	10	12	18	24	30	36	[42]
4	3	[6]	2	(1)	4	2	[6]	2	2	8	[14]	[16]	18	19	20	21	22	26
5	2	4	2	3	(1)	(1)	2	2	2	6	10	12	14	17	20	23	26	27
6	3	3	3	(2)	3	(2)	3	3	3	6	9	12	15	17	19	21	23	26
7	[5]	4	2	3	4	[5]	(1)	3	2	6	10	12	14	17	20	23	26	30
8	4	3	4	4	5	4	5	(2)	4	7	10	14	18	22	26	30	34	39

3	4	3	(2)	6	6	4	3	4
2	8	(6)	7	10	9	8	7	9
2	12	(9)	12	14	12	12	11	14
4	15	15	(14)	15	16	14	17	16
4	!8	21	(16)	16	20	16	23	18
2	22	24	21	(20)	23	20	27	23
2	26	27	26	(24)	26	24	31	28
2	30	30	31	(28)	29	28	35	33
2	34	33	36	(32)	32	32	39	38
2	38	36	41	36	(35)	36	43	42
3	42	(39)	43	42	41	40	46	46
3	46	(42)	45	48	47	44	49	50
3	50	(45)	47	54	53	48	52	54
3	54	(48)	49	60	59	52	55	58
3	58	(51)	51	66	65	56	58	62
3	62	54	(53)	72	71	60	61	66
2	66	(57)	58	76	74	64	65	71
4	69	63	(60)	77	78	66	71	73
2	73	66	(65)	81	81	70	75	78
2	77	(69)	70	85	84	74	59	83

b	b	b	b	b	c	b	c	c	b
40	42	44	46	58	51	53	56	59	61
43	46	49	52	55	60	63	68	73	76
45	48	51	54	57	59	62	64	66	69
32	38	44	50	56	58	64	66	68	74
31	35	39	43	47	49	53	55	57	61
29	32	35	38	41	44	47	50	53	56
34	38	42	46	50	52	56	58	60	64
42	45	48	51	54	58	61	65	69	72

Näherungswerte für die optimale Strategie für X

Strategie 2 $\frac{11}{20} = 55\%$

Strategie 3 $\frac{6}{20} = 30\%$

Strategie 4 $\frac{3}{20} = 15\%$.

Näherungswerte für die optimale Strategie für Y

Strategie b $\frac{9}{20} = 45\%$

Strategie c $\frac{6}{20} = 30\%$

Strategie d $\frac{4}{20} = 20\%$

Strategie e $\frac{1}{20} = 5\%$.

Näherung für den Wert eines Spieles

$\frac{69}{20} < g < \frac{76}{20}$

$3,45 < g < 3,8$.

332 10. Theorie der Spiele

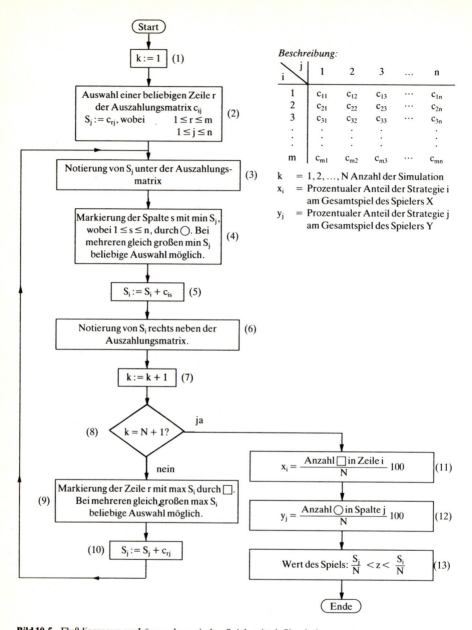

Bild 10.5. Flußdiagramm zur Lösung dynamischer Spiele mittels Simulation

10.4. Aufgaben zur Theorie der Spiele

1. Zu folgenden Auszahlungsmatrizen sind die optimalen Strategien und die Werte der Spiele zu bestimmen.
   Von den Matrizen a) bis f) ermittle man die Lösungen analytisch und mittels Simulation. Von den Matrizen g) und h) nur mittels Simulation.

a)

	Y				
X	9	3	1	8	0
	6	5	4	6	7
	2	4	3	3	8
	5	6	2	2	1

b)

	Y			
X	1	3	4	6
	2	4	3	2
	3	2	3	5
	6	2	1	4

c)

	Y			
X	3	-5	0	6
	-4	-2	1	2
	5	4	2	3

d)

	Y		
X	-1	2	1
	1	-2	2
	3	4	-3

e)

	Y		
X	3	4	-2
	-1	2	-2
	-1	1	1

f)

	Y		
X	1	0	2
	3	0	0
	0	2	1

g)

	Y						
X	2	3	0	-1	-2	4	-3
	0	2	-1	3	4	-3	-2
	5	-3	-2	0	-1	-2	3
	-4	1	0	-2	-3	2	1
	-2	3	1	2	0	1	-1

h)

	Y					
X	1	-3	-4	1	2	-3
	3	8	2	2	4	3
	2	3	1	5	-1	2
	-3	4	-1	-2	3	-1
	1	5	-2	-1	1	1
	-1	2	-2	4	2	-1

2. Zwei Warenhäuser I und II (wobei I das größere ist) beabsichtigen in einer der 4 Städte A, B, C und D je eine Filiale zu errichten. Lage, Entfernung und Käuferzahl gehen aus folgendem Bild hervor.

A = 20 000 Käufer   a = 40 km
B = 40 000 Käufer   b = 10 km
C = 20 000 Käufer   c = 30 km
D = 20 000 Käufer   d = 20 km
                    e = 40 km
                    f = 50 km.

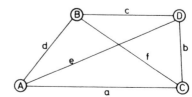

Eine Markterkundung ergab folgendes:
1. Liegt das Warenhaus I näher an der Stadt als II, so erhält I 80 % des Gesamtumsatzes.
2. Liegen I und II in der gleichen Stadt bzw. gleich weit von dieser entfernt, so entfällt auf I insgesamt 60 % des Gesamtumsatzes.
3. Liegt das Warenhaus I weiter von der Stadt entfernt als II, so entfallen auf I nur 40 % des Gesamtumsatzes.

Es sollen die optimalen Standorte der Filialen ermittelt werden, wenn jedes Warenhaus an jedem Käufer pro Woche eine DM verdient (1 DM Gewinn pro Woche und Käufer).

3. Ein Sportclub A stellt drei Varianten A_1, A_2 und A_3 für die Mannschaftsaufstellung auf. Der Club B hat ebenfalls drei Varianten B_1, B_2 und B_3. Bei der Abgabe der Meldungen zu einem Wettkampf weiß noch keiner der Clubs, welche Aufstellung der Gegner aufbieten wird. Die Wahrscheinlichkeit für einen Gewinn des Clubs A bei den verschiedenen Mannschaftsaufstellungen sei beispielsweise aus vergangenen Vergleichskämpfen bekannt und durch folgende Matrix gegeben:

	B_1	B_2	B_3
A_1	0,8	0,2	0,4
A_2	0,4	0,5	0,6
A_3	0,1	0,7	0,3

Es ist zu ermitteln, mit welcher Häufigkeit die Clubs bei Vergleichskämpfen die verschiedenen Mannschaftsaufstellungen aufbieten müssen, um im Mittel die größte Anzahl der Siege zu erringen.

4. Ein Kinderspiel heißt „Stein–Schere–Brunnen–Papier". Dabei deuten zwei Spieler durch Gebärden gleichzeitig einen der vier in der Bezeichnung des Spieles angeführten Gegenstände an. Hierbei dient die Faust als das Symbol für den Stein, die Schere wird durch Auseinanderspreizen von Zeigefinger und Mittelfinger dargestellt, der Brunnen durch einen Kreis aus Daumen und Zeigefinger und das Papier wird durch die flache Hand wiedergegeben.

Falls beide Spieler die gleichen Gegenstände anzeigen, ist der Gewinn eines jeden von ihnen gleich Null. In den übrigen Fällen gewinnt „Stein" gegenüber „Schere" eine Einheit (der Stein zertrümmert die Schere) und verliert gegenüber „Papier" eine Einheit (Papier wickelt den Stein ein) „Papier" verliert seinerseits gegenüber der „Schere" eine Einheit (Die Schere zerschneidet Papier), der „Brunnen" gewinnt gegenüber dem „Stein" eine Einheit (Stein fällt hinein), außerdem gewinnt der „Brunnen" gegenüber der „Schere" eine Einheit (fällt ebenfalls hinein) und verliert gegenüber dem „Papier" eine Einheit (Papier überdeckt den Brunnen).

Folgende Auszahlungsmatrix läßt sich daraus ermitteln:

	Stein	Schere	Brunnen	Papier
Stein	0	1	-1	-1
Schere	-1	0	-1	1
Brunnen	1	1	0	-1
Papier	1	-1	1	0

Es ist die optimale Strategie für die beiden Spieler zu bestimmen!

5. Oberst BLOTTO hat mit drei Kampfverbänden an der Gebirgsfront zwei Gebirgspässe P_I und P_{II} zu verteidigen. Dem angreifenden Feind stehen zwei Verbände zur Verfügung. Bei den bevorstehenden Gefechten an den beiden Pässen wird jeweils solange gekämpft, bis eine der beiden Parteien die ihr gegenüberstehenden feindlichen Verbände völlig besiegt hat.

Bei Paß P_I ist davon auszugehen, daß das Verlustverhältnis zwischen Angreifern und Verteidigern gerade 1:1 ist, d.h. treffen etwa zwei Einheiten BLOTTOS auf eine feindliche Einheit so wird BLOTTO zur völligen Besiegung des Gegeners selbst Verluste in Höhe einer Einheit hinnehmen müssen (und umgekehrt). Stehen sich auf beiden Seiten Einheiten in gleicher Anzahl gegenüber, so werden sie sich wechselseitig völlig aufreiben.

Bei Paß$_{II}$ beträgt das Verlustverhältnis demgegenüber 1:2 zugunsten BLOTTOS, d.h. unter Verlust einer halben eigenen Einheit kann er eine ganze Einheit des Gegners besiegen; stehen hingegen zwei gegnerische Einheiten einer eigenen gegenüber, so reiben sie sich wechselseitig völlig auf.

Oberst BLOTTO strebt als Ziel seiner Operationen einen möglichst hohen „Nettogewinn" an, wobei er als Nettogewinn die Differenz zwischen den vernichteten gegnerischen Einheiten und den verlorenen eigenen Einheiten wertet. Außerdem wertet er den Fall, daß nach dem Abschluß der Gefechte ein Paß von gegnerischen Truppen besetzt ist, wie den Verlust von zwei eigenen Einheiten.

Wie soll BLOTTO seine drei Verbände auf die beiden Pässe verteilen, wenn er im voraus nicht weiß, in welcher Stärke der Gegner die beiden Pässe angreifen wird?

6. Zwei Spieler X und Y legen abwechselnd jeweils eine oder zwei Glasperlen in eine Schale, wobei X den ersten Zug macht. Sobald vier oder mehr Perlen in der Schale liegen, endet das Spiel und es wird abgerechnet, und zwar nach folgendem Modus:
   – Liegen am Ende vier Perlen in der Schale, so erhält Y einen Gewinn von 4 DM, während X zunächst nichts erhält.
   – Liegen am Ende hingegen fünf Perlen in der Schale, so erhält X einen Gewinn von 5 DM und Y geht zunächst leer aus.
   – Außerdem erhält der Spieler, der die letzte Perle in die Schale gelegt hat, auf jeden Fall zusätzlich soviel DM wie das Spiel insgesamt Züge gehabt hat.

   Man beachte, daß beide Spieler jederzeit voll über den jeweils erreichten Spielzustand informiert sind und sich bei ihren folgenden Zügen daran orientieren können.

   Es ist die Auszahlungs- bzw. Gewinnmatrix für die Spieler aufzustellen!

7. Die Rahmenbedingungen seien wie bei Beispiel 6., jedoch mit folgenden Modifikationen:
   – Spieler X legt, wenn er am Zuge ist, seine Glasperlen jeweils verdeckt in die Schale. Anschließend muß Spieler Y die von ihm gewählte Zahl von Perlen setzen, ohne daß er weiß, wieviel Perlen X zuvor gesetzt hat.
   – Erst wenn beide Spieler gesetzt haben, wird die Schale aufgedeckt und beide Spieler können sich über den dann erreichten Spielzustand informieren.
   – Sofern die Anzahl von vier Kugeln noch nicht erreicht ist, müssen X und Y wiederum verdeckt setzen, usw.
   – Das Spiel endet wiederum, sobald bei dem Aufdecken der Schale vier oder mehr Perlen in der Schale liegen. Dabei gilt als Abrechnungsregel jetzt, daß X von Y soviel DM erhält, wie sich Perlen in der Schale befinden, sofern sich eine gerade Anzahl von Perlen ergibt. Befindet sich hingegen eine ungerade Zahl von Perlen in der Schale, hat X einen entsprechenden DM-Betrag zu zahlen.

   Man erstelle die Auszahlungs- bzw. Gewinnmatrix für Spieler X.

10.5. Empfohlene Literatur zur Theorie der Spiele

Bitz, M.: Entscheidungstheorie. Franz Vahlen, München 1981

Burger, E.: Einführung in die Theorie der Spiele. W. d. Gruyter, Berlin 1966.

Bühler, W.: Zur Theorie dynamischer nicht-kooperativer Zwei-Personenspiele. Zeitschrift für Operations Research (ZfOR) 17 (1973), S. 143–156.

Domschke, W.; Drexl, A.: Einführung in Operations Research. Springer Verlag. Berlin–Heidelberg 1990.

Gal, T.: Grundlagen des Operations Research, Bd. 3. Springer Verlag, Heidelberg 1987

Henn, R.: Spieltheorie und Anwendungen in der Wirtschaft. Wirtschaftswissenschaftliches Studium (WiSt) 1 (1971), Heft 12, S. 536–540.

Luckenbach, H.: Spieltheorie und Koalition. Das Wirtschaftsstudium (WISU) 1 (1972), Heft 11, S. 522–528.

Morgenstern, O.: Spieltheorie und Wirtschaftswissenschaft. Oldenbourg München–Wien 1963.

von Neumann, J.: Zur Theorie der Gesellschaftsspiele, in: Mathematische Annalen 100 (1928) S. 295–320.

von Neumann, J. u. Morgenstern, O.: Spieltheorie und wirtschaftliches Verhalten. Physica Verlag. Würzburg 1961.

Rauhut, B.; Schmitz, N.; Zuchow, E. W.: Spieltheorie. Teubner Verlag, Stuttgart 1979

Vajda, St.: Einführung in die Linearplanung und die Theorie der Spiele. Oldenbourg München–Wien 1961.

Vajda, St.: Theorie der Spiele und Linearprogrammierung. W. d. Gruyter, Berlin 1962.

Vorobjoff, N. N.: Grundlagen der Spieltheorie und ihre praktische Bedeutung. Physica-Verlag Würzburg–Wien 1976.

Wentzel, J. S.: Elemente der Spieltheorie, Harri Deutsch, Frankfurt, 3. Aufl. 1976.

11. Simulationstechnik

11.1. Zielsetzung und Verfahren

Viele Probleme und Abläufe der Wirtschafts- und Industriepraxis sind so komplex, daß sie weder experimentell untersucht noch mathematisch exakt gelöst werden können, sei es, daß eine experimentelle Untersuchung (Objekt- oder Realexperiment) technisch nicht möglich oder mit unerwünschten Folge- oder Begleiterscheinungen verbunden ist oder sei es, daß kein analytisches, d. h. mathematisch-formelmäßiges Lösungsverfahren existiert oder ein solches Verfahren zu aufwendig (kostspielig oder zeitraubend) ist.

In solchen Fällen greift man zu *Näherungsverfahren*, sogenannten heuristischen Verfahren, d. h. zu Verfahren, die letztlich auf systematischem Probieren, planmäßigem Suchen und modellmäßigem, numerischem Experimentieren beruhen (Modell- oder Systemexperiment).

Zu diesen heuristischen Verfahren zählt auch die Simulation. Simulieren heißt „so tun als ob"; die Anwendung von Simulationsverfahren werden durch das Sprichwort „Wenn man nicht mehr weiter kann, fängt man zu simulieren an" sehr treffend gekennzeichnet.

Bei der Simulation werden die komplexen technischen oder wirtschaftlichen Abläufe vereinfacht, d. h. modellhaft nachgebildet und die Eigenschaften der Abläufe an der Nachbildung, dem sogenannten Simulationsmodell studiert.

„Simulation means driving a modell of a system with suitable inputs and observing the corresponding outputs" (Brathy/Fox/Schrage [1983])

Zweck der Simulation

- Schaffung von leicht modifizierbaren Modellen für Konzepterprobungen,
- Realisierung von Erprobungsbedingungen, die sonst nur unter hohem Kosten- oder Zeitaufwand möglich wären,
- Studium des Verhaltens von Systemen bei Änderung der Einflußgrößen.

Vorteile der Simulation:

- Neben den geringen Kosten für die Untersuchung großer Probleme, insbesondere der geringe Zeitaufwand für die Durchführung der Experimente (Zeitraffer-Effekt)
- Simulationsmodelle sind anschaulicher als mathematisch-analytische Modelle; sie lassen sich leichter durchschauen, da das Systemverhalten im Zeitablauf direkt beobachtet werden kann.
- Das Modell kann in einer Weise verändert und manipuliert werden, wie es beim wirklichen Ablauf unmöglich wäre. Aus dem Verhalten des Simulationsmodelles können dann Schlüsse auf das Verhalten des realen Systemes gezogen werden.

- Es wird die Zustandsgeschichte des realen Systems im Zeitraffer „durch Nachahmung" erstellt.

11.1.1. Arten und Anwendungsgebiete der Simulation

Die wichtigsten Arten und Anwendungsgebiete der Simulation sind:

- *Simulation zu Anschauungszwecken*

  z. B. Modellbau zur Darstellung von Funktionsabläufen, Simulation einer kernphysikalischen Kettenreaktion.

- *Simulation zu Schulungs- und Übungszwecken*

  z. B. Flugsimulator zum Training von Piloten, Unternehmensspiele zur Ausbildung von Führungskräften, Simulation militärischer Operationen im Sandkasten.

- *Simulation by Computation, d. h. System-Simulation mit mathematisch-numerischen Modellen*

  Bei der Simulation mit mathematischen Modellen müssen zwei wichtige Anwendungsgebiete unterschieden werden:

  a) Anwendung zur Bearbeitung und Lösung technischer Probleme, z. B. bei aerodynamischen Versuchen im Windkanal, hydrodynamische Versuche durch wasserbauliche Nachbildung.

  b) Anwendung zur Analyse und Lösung von Problemen aus dem Gebiet des Operations Research

Hier sind wiederum zwei Gruppen von Problemen zu unterscheiden:

aa) *Deterministische Simulation*

zur Analyse und Lösung von deterministischen Problemen, d. h. von Problemen, bei denen alle eingehenden Daten determiniert (bekannt, bestimmt) sind, z. B. Simulation von determinierten Abläufen in der Lagerhaltung und bei der Erstellung von Fahr- und Schichtplänen durch Simulation.

bb) *Stochastische Simulation (Monte-Carlo-Simulation)*

zur Analyse und Lösung von stochastischen Problemen, d. h. von Problemen, bei denen der Ablauf von zufälligen Einflüssen abhängt; z. B. Lösung von

- *Warteschlangenproblemen*

  (Untersuchung der Auswirkung der Verteilung der Zugänge zu einer Warteschlange auf die durchschnittliche Wartezeit in einer Schlange) oder von

- *Lagerhaltungsprobleme*

  mit stochastischen Einflüssen (Untersuchung der Auswirkung einer Senkung des Sicherheitsbestandes auf die Lieferbereitschaft) oder von

- *Wartungs- und Instandhaltungsproblemen*

  (Untersuchung der Auswirkung von Reparaturen auf die Nutzungsdauer von Anlagen) oder zur Lösung von

- *Reihenfolgeproblemen*

  bei der Maschinenbelegung unter Berücksichtigung von Prioritäten oder unterschiedlicher Arbeitsgangfolgen bei den Aufträgen (vgl. Abschnitt 5)

Eine Möglichkeit, die stochastischen Eigenschaften eines solchen Ablaufes zu studieren, besteht darin, den Prozeß bis zu einem bestimmten Zeitpunkt zu simulieren und das sich so einstellende Ergebnis zu analysieren. Man beobachtet also gewissermaßen eine Momentaufnahme eines kontinuierlich ablaufenden Prozesses. Werden solche Momentaufnahmen in gewissen zeitlichen Abständen gemacht, so erhält man ein Bild von dem zeitlichen Ablauf des Prozesses.

Die Simulation by Computation – wenn im folgenden von Simulation gesprochen wird, so ist immer an eine Simulation in diesem Sinne gedacht – galt zunächst als unexakt und unwissenschaftlich. Erst seit Mitte der sechziger Jahre erlebte die Simulation mit dem steigenden Einsatz elektronischer Datenverarbeitungsanlagen einen Aufschwung in Wirtschaft und Industrie und ist heute ein allgemein anerkanntes Instrument des Operations Research.

Bei der Simulation kann man drei Phasen unterscheiden

- Problem- und Systemanalyse,
- Entwurf und Konzipierung eines Modells,
- Untersuchung und Lösung des Problems anhand des Modells.

Unter Simulation versteht man also die zum Zwecke der Erklärung und Analyse der Zusammenhänge dienende Konstruktion und Auswertung von Modellen, die die Struktur von Systemen und Abläufen darstellen; durch systematische Veränderung der Einflußgrößen (Parameter) des Modells, Beobachtung der Wirkung dieser Veränderung auf die Zielgröße und Vergleich der so erhaltenen Werte der Zielgröße können die Bedingungen für eine näherungsweise optimale Zielgröße ermittelt werden.

Die Variation der im Modell enthaltenen Einflußgrößen ist grundsätzlich auch manuell, d.h. mit Bleistift und Papier möglich – man spricht dann von *manueller Simulation* –, jedoch ermöglicht erst der Einsatz numerischer Datenverarbeitungsanlagen eine beliebig häufige Wiederholung des Rechenprozesses. Dabei programmiert man eine EDV-Anlage so, daß die in das Modell eingehenden Faktoren variiert werden und so nach relativ kurzer Zeit umfangreiches „Erfahrungsmaterial" durch sogenannte *digitale Simulation* gewonnen wird.

Insbesondere bei Beobachtung des zeitlichen Ablaufes eines Prozesses kann man auf diese Weise die Entwicklung des Geschehens für einen beliebig langen Zeitraum „im Zeitraffer" verfolgen, kritische Situationen rechtzeitig erkennen und geeignete Gegenmaßnahmen vorbereiten.

11.1.2. Simulationsprogramme für digitale Simulation

Bei der Simulation unterschiedlicher Systeme stellte man fest, daß dabei einige charakteristische Elemente immer wiederkehren. Es lag deshalb nahe, diese Elemente zu standardisieren und als Blöcke (Makro-Befehle, Prozeduren) zur Konstruktion von Simulationsprogrammen bzw. Simulationssteuerungssystemen zu verwenden. Die Benutzung dieser Simulationsprogramme vereinfacht die digitale Simulation insofern, als man das Problem nicht jeweils in ALGOL, FORTRAN oder COBOL zu programmieren braucht. Nachteilig ist jedoch, daß die Simulationsprogramme meist nur auf bestimmte Computertypen und auf spezielle Probleme zugeschnitten sind und nicht ohne weiteres für sämtliche Probleme verwendet werden können.

Die Simulationsprogramm- und -steuerungssysteme bestehen jeweils aus vier Komponenten

- der maschinenunabhängigen, problemorientierten Simulationssprachen zur Beschreibung der Modelle,
- der Programmbibliothek mit vorprogrammierten Systembausteinen,

- dem Organisationsprogramm für die organisatorische und zeitliche Ablaufsteuerung und
- dem Compiler, d. h. dem streng anlagegebundenen Übersetzungsprogramm.

Einige der Simulationsprogramme sollen kurz angeführt werden

GPSS: General Purpose Systems Simulator, entwickelt von *G. Gordon* u.a. in der Advanced System Development Division of IBM. Dieses Programm wird wohl am häufigsten verwendet und ist abgestellt auf IBM System /360 Modell 30, 64K-256K,

SIMSCRIPT: Simulation Scriptum, entwickelt von *H. Markowitz* u.a. bei der RAND-Corporation, aufgebaut auf FORTRAN-Basis,

SIMULA: Simulation Language, entwickelt von *O. J. Dahl* u.a. im Norwegischen Rechenzentrum in Zusammenarbeit mit der UNIVAC-Abteilung, der SPERRY-RAND-Corporation, aufgebaut auf ALGOL-Basis.

DYNAMO: Dynamic Model, entwickelt von *A. L. Pugh* u.a. im Rahmen des Industrial Dynamics Project am MIT.

11.2. Stochastische Simulation mit der Monte Carlo-Technik

Das Schwergewicht der Simulation liegt im Operations Research auf der stochastischen Simulation, bei der die Monte Carlo-Methode herangezogen wird.

Die Idee der Monte Carlo-Technik ist nicht neu; die Statistiker haben schon seit langem künstliche Stichproben zur Untersuchung ihrer Probleme verwendet. Außerhalb der Statistik wird die MC-Technik erst seit dem zweiten Weltkrieg verwendet.

Nach der Legende wurde die MC-Technik von einem Mathematiker erfunden, der die Fortbewegung eines Betrunkenen beobachtete (vgl. Beispiel 11.3.); der Betrunkene wollte sich von einer Laterne entfernen, wobei er bei jedem Schritt in eine andere Richtung schwankte. Der Mathematiker wollte herausfinden, wie weit sich ein Betrunkener nach einer bestimmten Anzahl von Schritten normalerweise von der Laterne entfernt. Statt eine große Zahl von Betrunkenen zu beobachten, versuchte der Mathematiker den Weg des Betrunkenen zu simulieren.

In Analogie zu Wahrscheinlichkeitsexperimenten werden bei der Monte Carlo-Methode unter Verwendung von sogenannten Zufallszahlen (random numbers) künstliche, zufällige (stochastische) Stichproben erzeugt und hiermit Zusammenhänge simuliert, bei denen die Größen als zufällige Variable auftreten.

Die Genauigkeit des Simulationsergebnisses hängt davon ab, wieviel Stichproben gezogen werden, d. h. wieviele Simulationsdurchläufe getätigt werden. Man darf die Simulation nicht zu früh abbrechen, da die Genauigkeit nur mit der Wurzel aus der Zahl der Simulationsdurchläufe wächst, d. h. man muß die Zahl der Durchläufe verhundertfachen, wenn man die Genauigkeit verzehnfachen will. Hier wird die Bedeutung des Einsatzes von EDV-Anlagen ersichtlich, mit denen man Simulationen beliebig langer Dauer durchführen kann.

Da den Zufallszahlen bei der Monte Carlo-Methode eine zentrale Bedeutung zukommt, soll etwas näher auf ihre Erzeugung eingegangen werden.

11.2.1. Zufallszahlen bei manueller Simulation

a) Für die manuelle Simulation können Zufallszahlen durch Würfeln erzeugt werden, da die Zahlen von 1 bis 6 gleichwahrscheinlich sind.

b) Durch Verwendung der AWF-Zufallswürfel kann man für die manuelle Simulation Zufallszahlen zwischen 0 und 1295 erzeugen. Bei den AWF-Zufallswürfeln handelt es sich um vier Würfel, deren Flächen folgende Zahlen tragen:

Würfel 1 =
0, 1, 2, 3, 4, 5 (Vielfache v. 1)

Würfel 2 =
0, 6, 12, 18, 24, 30 (Vielfache v. 6)

Würfel 3 =
0, 36, 72, 108, 144, 180 (Vielfache v. 36)

Würfel 4 =
0, 216, 432, 648, 864, 1080 (Vielfache v. 216).

c) Die älteste Methode zur mechanischen Erzeugung von Zufallszahlen ist die sogenannte Urnenmethode. Es werden Kärtchen mit den Ziffern 0 bis 9 beschriftet und in eine Urne (Behälter) gelegt, gut durchgemischt und jeweils ein Kärtchen blind gezogen, abgelesen und zurückgelegt. Nach diesem Verfahren können beliebige diskrete Zufallsvariable simuliert werden; man braucht nur deren Wahrscheinlichkeitsverteilung als entsprechende Häufigkeitsverteilung in der Urne nachzubilden.

d) Die manuelle Simulation kann wesentlich erleichtert werden, wenn man sich einer Zufallszahlen-Tabelle bedient (vgl. Tabelle 11.2: Dreistellige Zufallszahlen und Tabelle 11.3: Normalverteilte Zufallszahlen).

In der Tabelle 11.2 findet man die Ziffern 0 bis 9 in Zweier- oder Vierergruppen so angeordnet, daß jede Ziffer mit gleicher Häufigkeit (Wahrscheinlichkeit) 1/10 vorkommt und keine Regelmäßigkeiten zwischen den Folgegliedern bestehen, diese vielmehr rein zufällig aufeinander folgen.

In Tabelle 11.3 sind die Parameter z der Gaußverteilung $\mu = 0$, $\sigma = 1$ in zufälliger Folge aufgelistet.

11.2.2. Zufallszahlen bei digitaler Simulation

Bei digitaler Simulation, d. h. beim Einsatz von EDV-Anlagen, müßte man diese Tabellen abspeichern oder aber jeweils bei Bedarf Zufallszahlen erzeugen. Das Problem bei der maschinellen Erzeugung von Zufallszahlen liegt darin, daß die Zahlen zwar stochastisch (zufällig) sein sollen, ihre Erzeugung jedoch streng deterministisch sein muß; solche deterministisch erzeugten stochastischen Zahlen sind streng genommen keine echten Zufallszahlen; man nennt sie deshalb *Pseudo-Zufallszahlen*. In der Schnelligkeit der Erzeugung (300–9000 pro Sekunde) und in der beliebigen Reproduzierbarkeit liegt der Vorteil der mathematisch erzeugten gegenüber den mechanisch erzeugten Zufallszahlen.

Es sollen hier einige Methoden zur Erzeugung von gleichverteilten Pseudo-Zufallszahlen kurz angeführt werden.

a) Quadrieren einer vierstelligen Zahl und Abschneiden der ersten und letzten beiden Stellen (Mid-Square-Methode nach *J. v. Neumann*, ältestes Verfahren)

Bildungsgesetz:
1. Wahl einer vierstelligen Ausgangszahl (Samen),
2. Quadrieren und Streichen der ersten und letzten beiden Stellen der Quadratzahl,
3. diese so entstandene Zahl ist gleichzeitig Zufallszahl und neuer Samen.

Beispiel:

i	x	x^2	Pseudo-Zufallszahl
1	6543	42810849	8108
2	8108	65739664	7396
3	7396	54700816	7008
4	7008	49112064	1120
5	1120	1254400	2544
6	2544	6471936	4719

Man beachte, daß solche Zahlenfolgen normalerweise eine Periode besitzen, nach der sich die Ziffern in der gleichen Reihenfolge wiederholen; außerdem kann die Zahlenfolge entarten, d. h. eine Nullserie entstehen, z. B.

x	25	62	84	05	02	00
x^2	0625	3844	7056	0025	0004	0000

Man sollte deshalb bei jedem verwendeten Zufallszahlen-Generator die Gleichverteilung (evtl. durch χ^2-Test), die Regellosigkeit (evtl. durch Autokorrelation) und ihre Zykluslänge (Anzahl der ohne Wiederholung vorkommenden Dezimalstellen) prüfen, ehe man ihn einsetzt.

b) Kongruenzmethode nach *Lehmer* (Lehmer-Generator)

Bildungsgesetz:

Z_{i+1} = Rest der Division $\frac{a\, Z_i}{m}$.

Nach Gauß wird das wie folgt symbolisch ausgedrückt:

$Z_{i+1} \equiv a\, Z_i \pmod{m}$

(gesprochen Z_{i+1} ist kongruent

a Z_i modulo m).

Die Qualität der Pseudo-Zufallszahl hängt stark ab von der Wahl der Größen Z, a und m.

Für $Z_0 = 5$, a = 7 und m = 16 ergibt sich folgende Zahlenfolge: 5,3,5,3,5,3,... (Periodenlänge 2).

Für $Z_0 = 3$, a = 5 und m = 32 ergibt sich die Zahlenfolge 3, 15, 11, 23, 19, 31, 27, 7, 3, 15, ... (Periodenlänge 8).

Es wird empfohlen:

$m = 2^k$ mit k = 40 bis 50

$a \approx \sqrt{m}$

$Z_0 \ll m$.

c) Modifizierte Kongruenzmethode nach *Greenberger*.

Bildungsgesetz:

$$Z_{i+1} \equiv a\, Z_i + b \pmod{m}.$$

Nach diesem Bildungsgesetz wurden die in Tabelle 11.2 angegebenen Pseudo-Zufallszahlen mit

$$Z_0 = 6543, \quad a = 33, \quad b = 101 \text{ und } m = 2^{18}$$

auf einer EDV-Anlage erzeugt. Der χ^2-Test ergab $\chi^2 = 4{,}44$ bei $\chi^2_{95\% \text{ zul.}} = 16{,}9$.

d) Weitere Verfahren und solche zur Erzeugung und Prüfung von Pseudo-Zufallszahlen mit spezieller Verteilung werden von *Grube, A.* [1975] angegeben. Normalverteilte Zufallszahlen kann man manuell erzeugen, indem man einer Tabelle mit gleichverteilten Zufallszahlen Werte entnimmt und diese in einer $\Phi(z)$-Tabelle aufsucht; die zugehörigen z-Werte sind dann normalverteilte Zufallszahlen.

11.2.3. Beispiele zur manuellen stochastischen Simulation

Beispiel 11.1:

Der Flächeninhalt einer unregelmäßig begrenzten, in der Form jedoch bekannten Fläche ist zu bestimmen!

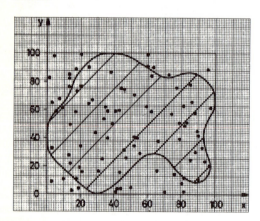

Bild 11.1
Bestimmung des Flächeninhaltes

Um die gegebene unregelmäßige Fläche A (schraffiert) wird ein Rechteck B mit bekanntem Flächeninhalt gelegt.

Man wählt ein beliebiges Koordinatensystem (x, y) und ordnet die letzten beiden Stellen der Zufallszahlen der Tabelle 11.2 (z.B. beginnend mit Spalte 1 und 2) diesen Koordinaten zu. Auf diese Weise erhält man eine Reihe von Punkten, deren Lage hinsichtlich ihrer Zugehörigkeit zu den Flächen A und B man z. B. in einer Tabelle vermerkt (+ bedeute „liegt auf der Fläche").

Bezeichnet man die Zahl der Punkte auf der Fläche B mit n und die Zahl der Punkte auf der Fläche A mit m, so verhält sich Fläche A/Fläche B = m/n.

Tabelle 11.1. Bestimmung des Flächeninhaltes

Koordinaten		Lage im Feld		Koordinaten		Lage im Feld	
y	x	B	A	y	x	B	A
24	94	+	+	86	38	+	+
01	41	+	−	12	10	+	−
98	20	+	−	16	31	+	+
63	81	+	+	76	20	+	+
48	82	+	+	43	29	+	+
00	98	+	−	67	07	+	−
90	63	+	−	97	04	+	−
59	62	+	+	84	62	+	+
12	90	+	+	32	46	+	+
88	95	+	−	29	55	+	+
26	47	+	+	82	13	+	−
58	05	+	+	42	90	+	+
34	20	+	+	59	36	+	+
04	42	+	−	82	01	+	−
19	20	+	+	62	35	+	+

(Jeweils nach 30 Punkten wird in der Zufallszahlentabelle zwei Spalten weiter nach rechts gegangen.)

Bei der Untersuchung des an-und-für-sich deterministischen Problems mittels eines stochastischen Experimentes ergibt sich folgendes Ergebnis:

Bei der Untersuchung der Lage von

a) 30 Punkten wird mit n = 30 und m = 19 die Fläche A = 0.633 B.
b) 60 Punkten wird mit n = 60 und m = 42 die Fläche A = 0.7 B.
c) 90 Punkten wird mit n = 90 und m = 60 die Fläche A = 0.667 B.

Tabelle 11.2. Dreistellige gleichverteilte Pseudo-Zufallszahlen (nach der modifizierten Kongruenzmethode, Bildungsgesetz $Z_{i+1} = aZ_i + b \pmod{m}$ mit $Z_0 = 6543$, $a = 33$, $b = 101$, $m = 2^{18}$)

	1	2	3	4	5	6	7	8	9	10	11	12	13	14	15	16	17	18	19	20
1	824	194	405	350	550	149	917	247	161	301	938	967	906	901	720	759	36	197	511	873
2	801	441	562	559	451	883	123	68	235	771	444	649	405	357	774	552	209	890	364	27
3	898	620	464	325	721	798	324	695	929	673	194	387	773	495	323	652	500	514	962	738
4	363	981	361	897	602	870	721	799	374	340	217	149	905	882	97	195	447	746	612	189
5	248	182	12	381	559	441	546	19	629	772	465	355	710	425	19	638	50	650	458	118
6	900	698	32	46	510	818	990	671	129	256	446	719	719	715	603	902	756	934	832	469
7	490	163	384	672	171	652	508	759	50	650	454	981	376	408	468	451	875	886	254	371
8	259	562	549	114	778	685	604	930	682	505	669	67	220	273	993	777	643	233	690	785
9	912	90	964	803	502	581	184	81	665	958	602	868	651	469	467	415	708	365	29	972
10	88	895	535	652	516	21	687	658	704	219	223	361	901	739	394	11	359	832	450	858
11	326	747	641	153	53	734	217	145	789	43	427	84	786	925	522	221	292	629	752	805
12	558	405	366	86	833	503	616	314	369	174	750	740	414	667	19	613	219	232	672	183
13	34	120	961	700	109	580	134	415	693	862	442	577	37	216	134	436	391	893	462	243
14	4	142	674	246	128	213	21	697	11	356	753	846	904	822	119	941	56	860	371	234
15	719	720	757	974	141	652	519	137	525	328	815	880	44	451	870	695	948	271	934	833
16	486	38	259	543	909	3	93	75	467	415	687	679	410	524	291	606	987	580	155	100
17	312	310	238	866	589	425	19	642	187	174	748	677	358	808	673	223	351	577	46	528
18	416	731	116	843	804	519	134	417	763	192	349	501	545	0	10	345	400	193	370	199
19	576	20	676	313	325	733	180	936	896	580	131	319	540	811	779	712	505	678	375	365
20	43	429	167	527	403	315	408	450	836	586	345	382	591	492	229	573	918	282	311	275
21	67	207	840	736	288	517	67	207	832	462	241	938	948	291	611	178	887	255	430	179
22	897	604	945	189	230	588	408	459	135	457	68	238	862	460	175	778	662	848	980	327
23	784	862	457	88	899	660	765	234	711	466	394	14	471	533	596	680	428	110	621	480
24	832	446	717	665	933	792	136	484	982	398	127	180	953	465	361	909	5	168	542	898
25	629	755	921	396	75	477	747	654	593	584	270	922	434	325	741	450	847	952	409	487
26	82	713	524	285	390	859	336	91	19	639	96	158	221	305	53	735	246	105	457	71
27	342	290	558	417	761	109	607	23	752	814	853	138	565	653	546	14	451	877	936	899
28	659	736	274	44	439	479	809	698	41	357	791	113	716	620	471	537	713	518	98	221
29	282	301	922	414	673	218	193	368	137	520	162	331	923	457	77	554	281	278	190	287
30	462	235	751	779	714	576	9	281	289	552	213	44	437	413	616	315	406	408	465	347
31	448	788	12	388	812	803	506	689	749	703	197	500	507	737	335	71	338	157	171	651
32	491	211	954	491	217	150	935	841	764	223	362	951	384	681	487	70	326	775	559	450
33	841	752	828	339	178	865	545	987	587	362	955	509	794	205	761	106	511	870	702	151
34	988	607	27	889	338	142	698	23	763	188	191	292	636	993	756	946	202	670	120	944
35	164	424	993	765	261	621	489	135	453	964	811	764	218	192	330	903	805	554	297	802
36	464	302	961	710	445	684	572	879	999	951	380	548	100	305	57	876	907	918	306	88
37	910	42	377	435	361	925	520	167	510	818	986	533	605	962	750	737	319	514	968	950
38	355	701	134	423	963	773	497	406	393	979	308	148	892	433	291	611	162	338	160	271
39	941	66	163	378	481	865	551	183	30	987	574	934	831	407	433	304	39	282	303	996
40	882	104	424	987	562	544	944	158	204	727	997	908	980	354	673	199	578	79	595	648
41	381	563	590	481	881	58	908	949	328	812	797	302	972	76	509	781	789	52	713	544
42	937	913	116	815	906	908	965	847	948	288	512	888	312	303	6	189	249	203	697	0
43	7	237	835	571	838	657	671	151	991	711	454	983	442	602	851	86	825	213	19	639
44	92	21	697	15	493	277	135	463	280	230	583	233	701	130	290	576	7	227	507	741
45	448	772	484	978	273	14	463	263	686	624	599	753	858	307	119	941	40	311	275	75
46	481	888	315	407	433	288	490	186	144	759	50	663	865	553	245	86	846	919	324	707
47	337	107	539	775	587	368	138	541	847	951	371	254	367	106	490	164	396	83	743	521
48	186	133	381	575	985	505	654	573	907	925	522	217	155	105	462	245	100	295	724	909
49	992	744	559	449	808	656	637	21	703	202	662	854	171	633	885	196	461	199	554	298
50	823	149	921	409	507	734	236	781	764	204	747	662	843	809	706	303	994	799	362	945

Tabelle 11.3. Normalverteilte Zufallszahlen ($\mu = 0$ $\sigma = 1$)

	(1)	(2)	(3)	(4)	(5)	(6)	(7)
1	0,464	0,137	2,455	−0,323	−0,068	0,296	−0,288
2	0,060	−2,526	−0,531	−1,940	0,543	−1,558	0,187
3	1,486	−0,354	−0,634	0,697	0,926	1,375	0,785
4	1,022	−0,472	1,279	3,521	0,571	−1,851	0,194
5	1,394	−0,555	0,046	0,321	2,945	1,974	−0,258
6	0,906	−0,513	−0,525	0,595	0,881	−0,934	1,579
7	1,179	−1,055	0,007	0,769	0,971	0,712	1,090
8	−1,501	−0,488	−0,162	−0,136	1,033	0,203	0,448
9	−0,690	0,756	−1,618	−0,445	−0,511	−2,051	−0,457
10	1,372	0,225	0,378	0,761	0,181	−0,736	0,960
11	−0,482	1,677	−0,057	−1,229	−0,486	0,856	−0,491
12	−1,376	−0,150	1,356	−0,561	−0,256	0,212	0,219
13	−1,010	0,598	−0,918	1,598	0,065	0,415	−0,169
14	−0,005	−0,899	0,012	−0,725	1,147	−0,121	−0,096
15	1,393	−1,163	−0,911	1,231	−0,199	−0,246	1,239
16	−1,787	−0,261	1,237	1,046	−0,508	−1,630	−0,146
17	−0,105	−0,357	−1,384	0,360	−0,992	−0,116	−1,698
18	−1,339	1,827	−0,959	0,424	0,969	−1,141	−1,041
19	1,041	0,535	0,731	1,377	0,983	−1,330	1,620
20	0,279	−2,056	0,717	−0,873	−1,096	−1,396	1,047
21	−1,805	−2,008	−1,633	0,542	0,250	0,166	0,032
22	−1,186	1,180	1,114	0,882	1,265	−0,202	0,151
23	0,658	−1,141	1,151	−1,210	−0,927	0,425	0,290
24	−0,439	0,358	−1,939	0,891	−0,227	0,602	0,973
25	1,398	−0,230	0,385	−0,649	−0,577	0,237	−0,289
26	0,199	0,208	−1,083	−0,219	−0,291	1,221	1,119
27	0,159	0,272	−0,313	0,084	−2,828	−0,439	−0,792
28	2,273	0,606	0,606	−0,747	0,247	1,291	0,063
29	0,041	−0,307	0,121	0,790	−0,584	0,541	0,484
30	−1,132	−2,098	0,921	0,145	0,446	−2,661	1,045
31	0,768	0,079	−1,473	0,034	−2,127	0,665	0,084
32	0,375	−1,658	−0,851	0,234	−0,656	0,340	−0,086
33	−0,513	−0,344	0,210	−0,736	1,041	0,008	0,427
34	0,292	−0,521	1,266	−1,206	−0,899	0,110	−0,528
35	1,026	2,990	−0,574	−0,491	−1,114	1,297	−1,433
36	−1,334	1,278	−0,568	−0,109	−0,515	−0,566	2,923
37	−0,287	−0,144	−0,254	0,574	−0,451	−1,181	−1,190
38	0,161	−0,886	−0,921	−0,509	1,410	−0,518	0,192
39	−1,346	0,193	−1,202	0,394	−1,045	0,843	0,942
40	1,250	−0,199	−0,288	1,810	1,378	0,584	1,216

Quelle: *Churchman-Ackoff-Arnoff*, Operations Research, Eine Einführung in die Unternehmensforschung, Oldenbourg Verlag München 1961, S. 173

Beispiel 11.2:

Ein Zeitungsverkäufer interessiert sich für den durchschnittlichen Absatz während eines 10-Stunden-Tages.

Zielsetzung: Er will möglichst alle Kunden bedienen, aber auch nicht unnötig viele Zeitungen mit sich herumschleppen.

Folgende Informationen liegen vor:

Verkaufte Zeitungen pro Minute x_j	0	1	2	3	4	5
Wahrscheinlichkeit p_j	$\frac{1}{3}$	$\frac{1}{3}$	$\frac{1}{6}$	$\frac{1}{6}$	0	0

Als Mittelwert der verkauften Zeitungen pro Minute läßt sich errechnen

$$\bar{x} = \Sigma x_j p_j = 0 \times \frac{1}{3} + 1 \times \frac{1}{3} + 2 \times \frac{1}{6} + 3 \times \frac{1}{6} + 4 \times 0 + 5 \times 0 = \frac{1}{3} + \frac{2}{6} + \frac{3}{6} = \frac{7}{6}.$$

Der durchschnittliche Absatz während 10 Minuten beträgt demnach

$$\frac{70}{6} = 11{,}67 \text{ Zeitungen.}$$

Das Problem läßt sich auch näherungsweise mittels Simulation lösen. Bei Verwendung eines Würfels könnten die Augenzahlen den Verkäufen pro Minute wie folgt zugeordnet werden

Würfelseite	1	2	3	4	5	6
Verkäufe/Minute	0	0	1	1	2	3
Wahrscheinlichkeit	$\frac{1}{3}$		$\frac{1}{3}$		$\frac{1}{6}$	$\frac{1}{6}$

Eventuell könnte man die Zahlen der zweiten Zeile (Verkäufe/Minute) auf die entsprechenden Würfelseiten aufkleben. Die Summe der bei 10 Würfen erhaltenden Augenzahlen stellt dann den Absatz in 10 Min. dar. Diese Stichprobe wird beliebig häufig wiederholt. Der Mittelwert aller $i \to \infty$ Stichproben müßte ebenfalls 11,7 Zeitungen ergeben.

Bei Verwendung der letzten beiden Stellen der Zufallszahlen-Tabelle 11.2 müßte man ebenfalls eine den angegebenen Wahrscheinlichkeiten entsprechende Zuordnung der Zufallszahlen vornehmen, z.B.

Zufallszahlen	01–33	34–66	67–83	84–00
Verkäufe/Minute	0	1	2	3
Wahrscheinlichkeit	$\frac{33}{100}$	$\frac{33}{100}$	$\frac{17}{100}$	$\frac{16}{100}$
	$= \frac{1}{3}$	$= \frac{1}{3}$	$\approx \frac{1}{6}$	$\approx \frac{1}{6}$

Beginnend mit den ersten zehn Zufallszahlen in Spalte 1, 2, 3 ... usw. könnte die Durchführung der Simulation etwa wie folgt beschrieben werden (Vgl. Tabelle 11.4):

Tabelle 11.4. Bestimmung der durchschnittlich verkauften Zeitungen

Stich-probe	Häufigkeit f_j Verkäufe/min x_j				Anzahl der Zeitungen $f_j \cdot x_j$ pro Stichprobe				Anzahl der Zeitungen	Kumulativer Mittelwert
i	0	1	2	3	1	2	3	$\Sigma f_j x_j$	insgesamt	$\bar{x} = \frac{1}{n} \sum_{i=1}^{n} f_j x_j$
1	III	III		IIII	3	0	12	15	15	15
2	I	III	II	IIII	3	4	12	19	34	17
3	III	ɫɫɫɫ I		I	6	0	3	9	43	14,3
4	III	IIII	II	I	4	4	3	11	54	13,5
5	ɫɫɫɫ	III	II		3	4	0	7	61	12,2
6	II	III	III	II	3	6	6	15	76	12,7
7	ɫɫɫɫ I	I		III	1	0	9	10	86	12,3
8	II	III	III	II	3	6	6	15	101	12,6
9	IIII	IIII	II		4	4	0	8	109	12,1
10	III	IIII	III		4	6	0	10	119	11,9

Selbstverständlich kann aus einem Stichprobenumfang von nur i = 10 noch kein repräsentativer Schluß gezogen werden.
Es ist mit den Stichproben so lange fortzufahren, wie der kumulative Mittelwert $\bar{x}$ noch wesentliche Änderungen erfährt. Erst dann, wenn sich $\bar{x}$ bei weiteren Stichproben nur noch unwesentlich ändert, kann mit der Simulation abgebrochen werden.
Im vorliegenden Beispiel könnte die Simulation bei i = 100 Stichproben abgebrochen werden, wie aus folgender Übersicht zu ersehen ist:

Stichprobe i	10	20	40	60	80	100
Mittelwert $\bar{x}$	11,9	11,7	11,2	11,4	11,6	11,6

Beispiel 11.3:
(Aufgabenstellung in: *Churchman-Ackoff-Arnoff*: Introduction to Operations Research, John Wiley & Sons, New York 1957. Operations Research. Eine Einführung in die Unternehmensforschung, Oldenbourg Verlag, München 1961. S. 167–171).
In der Mitte eines großen Platzes steht ein Betrunkener an einen Baum gelehnt. Er entschließt sich zum Gehen, ohne ein bestimmtes Ziel anzustreben. Wie groß ist die durchschnittliche Entfernung vom Ausgangspunkt nach n nicht vorhersehbaren Zickzack-Schritten?

Ohne eine große Zahl von Betrunkenen in ähnlicher Situation beobachtet zu haben, ist eine Aussage mit der Monte Carlo-Methode möglich. Die hierzu benötigten Zufallszahlen werden der Tabelle 11.2 entnommen. Die Situation nach n = 5 Schritten ist in Bild 11.2 dargestellt, wobei wie folgt vorgegangen wurde:

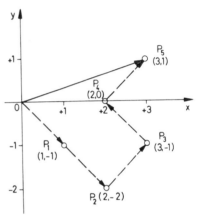

Bild 11.2. Darstellung des Zufallsweges

Der Ausgangspunkt des Betrunkenen wird durch den Nullpunkt des Koordinatensystems dargestellt.
Die erste Stelle der aus der Tabelle ausgewählten Zufallszahl gibt die Richtung des Schrittes entlang der X-Achse an: positiv, wenn gerade oder Null; negativ, wenn ungerade Zahl.
Die zweite Stelle der gleichen zweistelligen Zahl gibt die Richtung des Schrittes entlang der Y-Achse an.
Die Entfernung des Betrunkenen vom Ausgangspunkt nach n Schritten ist nach dem Satz von Pythagoras aus der Position des Betrunkenen nach n Schritten zu ermitteln.
Beginnt man mit der Zufallszahl 67 (Spalte 1, Zeile 21) und geht in dieser Spalte nach rechts, so erhält man die in Bild 2 dargestellte Bewegung des Betrunkenen.

Schritte	n	1	2	3	4	5
Zufallszahlen		67	07	40	36	88
Koordinaten	X_n	+1	+2	+3	+2	+3
	Y_n	-1	-2	-1	0	+1

Bei dieser ersten Stichprobe erhält man einen Abstand vom Ausgangspunkt von

$$d_5 = \sqrt{x_5^2 + y_5^2} = \sqrt{9 + 1} = 3,16$$

Weitere Stichproben mit anderen Zufallszahlen führen selbstverständlich zu anderen Entfernungen. Der Durchschnittswert mehrerer Stichproben ist der gesuchte Schätzwert; dieser wird mit zunehmender Stichprobenzahl genauer.

Tabelle 11.5. Ermittlung der durchschnittlichen Entfernung

Stichprobe i	Zufallszahlen bei n Schritten					Koordinaten		Entfernung		
	n = 1	2	3	4	5	X_5	Y_5	d_5	Σd_5	$\bar{d}_5$
1	67	07	40	36	88	+3	+1	3,16	3,16	3,16
2	97	04	45	89	30	+1	−1	1,41	4,57	2,28
3	84	62	57	88	99	+1	+1	1,41	5,98	1,99
4	32	46	17	65	33	−1	−1	1,41	7,39	1,84
5	29	55	21	06	75	−1	−3	3,16	10,45	2,09

Bei Abbruch der Simulation betrug der kumulative Mittelwert $\bar{d}_5 = 2{,}09$.

Man untersuche die Veränderung dieses Wertes bei weiteren 10, 20 oder 40 Simulationen!

Beispiel 11.4:

(Aufgabenstellung in: *Sasieni-Yaspan-Friedman*: Operations Research, Methods and Problems John Wiley & Sons, New York 1959. Methoden und Probleme der Unternehmensforschung, Physica Verlag, Würzburg 1962, S. 64–67).

Ein Flugzeug soll 10 Bomben auf ein Zielgebiet von 250 m Breite und 500 m Länge, das in Längsrichtung angeflogen wird, aus großer Höhe mit dem Ziel auf das geometrische Zentrum abwerfen. Ermittle die Anzahl der Treffer auf das Zielgebiet unter der Annahme, daß die Treffer normalverteilt mit einem Mittelwert $\mu = 0$ und einer Streuung $\sigma = 200$ m in beiden Richtungen um das geometrische Zentrum liegen.

In das geometrische Zentrum wird ein Koordinatensystem gelegt. Wird die Abweichung in Längsrichtung mit u und die in Querrichtung mit v bezeichnet, so liegt immer dann ein Treffer vor, wenn im jeweiligen Fall

$-250 \leq u \leq 250$
$-125 \leq v \leq 125$

Damit die Tabelle der normalverteilten Zufallszahlen (Tabelle 11.3) verwendet werden kann, muß die Streuung noch auf den Wert 1 gebracht werden; dies geschieht durch Einführung eines neuen Maßstabes

$x = (u - \mu)/\sigma = u/200$
$y = (v - \mu)/\sigma = v/200$

Damit lautet die Bedingung für einen Treffer

$-1{,}250 \leq x \leq 1{,}250$
$-0{,}625 \leq y \leq 0{,}625$.

Zur Abschätzung der Anzahl der zu erwartenden Treffer mit Hilfe der Monte Carlo-Methode werden in mehreren Stichproben die Zufallszahlen der Tabelle 11.3 z.B. in den Spalten (1), (3), (5) als x-Werte und in den Spalten (2), (4), (6) als y-Werte deklariert. Liegt ein Wert innerhalb der oben angegebenen Grenzen, so ist dies durch ein „+" in der Tabelle 11.6 dargestellt; liegt der Wert außerhalb der Grenzen, so ist dies durch ein „−" angezeigt. Nur dann, wenn x- und y-Werte innerhalb des Zielgebietes liegen, ist ein Treffer „T" vorhanden.

Der kumulative Mittelwert aus diesen 12 Stichproben, die in Tabelle 11.6 zusammengefaßt sind, ergibt sich wie folgt:

Stichprobe	1	2	3	4	5	6	7	8	9	10	11	12
Mittelwert	3,00	3,00	3,33	3,75	3,60	3,15	3,15	3,51	3,34	3,50	3,64	3,66.

Die Anzahl der Treffer liegt nach der Monte Carlo-Methode also zwischen 3,6 und 3,7 oder anders ausgedrückt: Die Treffwahrscheinlichkeit liegt zwischen 36 und 37 %.

Man untersuche die Veränderung des Mittelwertes bei weiteren 12 Stichproben. (Man fahre fort mit Spalte (7), (1), (2) usw. der Tabelle 11.3).

Tabelle 11.6. Die simulierte Stichprobe (Monte Carlo) in 12-facher Ausführung

i	(1)	(2)		(3)	(4)		(5)	(6)	
1	+	+	T	−	+		+	+	T
2	+	−		+	−		+	−	
3	−	+		+	−		+	−	
4	+	+	T	−	−		+	−	
5	−	+		+	+	T	−	−	
6	+	+	T	+	+	T	+	−	
7	+	−		+	−		+	−	
8	−	+		+	+	T	+	+	T
9	+	−		−	+		+	−	
10	−	+		+	−		+	−	
11	+	−		+	−		+	−	
12	−	+		−	+		+	+	T
13	+	+	T	+	−		+	+	T
14	+	−		+	−		+	+	T
15	−	−		+	−		+	+	T
16	−	+		−	−		+	−	
17	+	+	T	−	+		+	+	T
18	−	−		+	+	T	+	−	
19	+	+	T	+	−		+	−	
20	+	−		+	−		+	−	
21	−	−		−	+		+	+	T
22	+	−		+	−		−	+	
23	+	−		+	−		+	+	T
24	+	+	T	−	−		+	+	T
25	−	+		+	−		+	+	T
26	+	+	T	+	+	T	+	−	
27	+	+	T	+	+	T	−	+	
28	−	+		+	−		+	−	
29	+	+	T	+	−		+	+	T
30	+	−		+	+	T	+	−	
31	+	+	T	−	+		−	−	
32	+	−		+	+	T	+	+	T
33	+	+	T	+	−		+	+	T
34	+	+	T	−	−		+	+	T
35	+	−		+	+	T	+	−	
36	−	−		+	+	T	+	+	T
37	+	+	T	+	+	T	+	−	
38	+	−		+	+	T	−	+	
39	−	+		+	+	T	+	−	
40	+	+	T	+			−	+	

11.3. Digitale Simulation mit GPSS

GPSS – General Purpose System Simulator – ist ein von IBM entwickeltes und im deutschen Sprachbereich weit verbreitetes Simulationsprogramm für EDV-Anlagen.

11.3.1. Systemkomponenten

Bei GPSS sind verschiedene Systemkomponenten – Elemente des Simulationsmodelles – zu unterscheiden: (nach *Niemeyer* [1972], *Rösmann* [1978])

TRANSACTIONS: Verkehrseinheiten, die sich durch das System bewegen und den Zustand des Systems laufend verändern,

FACILITIES: Bedienungs- oder Bearbeitungsstationen, die von den TRANSACTIONS belegt, eine gewisse Zeit beschäftigt und anschließend wieder freigegeben werden. Diese Stationen haben meist eine Kapazität von eins und lassen sich programmtechnisch leicht durch einfache Speicherfelder darstellen, die z. B. die Werte „1" für „belegt" und „0" für „frei" annehmen. Für die Zeit der Belegung haben nachfolgende TRANSACTIONS keinen Zutritt; sie ordnen sich in eine Warteschlange vor der FACILITY ein,

STORAGE: Speicher, die von einer bestimmten Anzahl von TRANSACTIONS belegt oder verlassen werden können. Die Belegung ist bis zu einer definierten Kapazitätsgrenze möglich; darüber hinaus ankommende TRANSACTIONS ordnen sich in eine Warteschlange ein,

QUEUES: Warteschlangen von TRANSACTIONS können sich vor jeder FACILITY oder jedem STORAGE bilden. Für jede Warteschlange interessieren als Ergebnis der Simulation insbesondere die mittlere Wartezeit je TRANSACTION und die mittlere Schlangenlänge (vgl. Abschnitt Warteschlangensysteme),

Programmtechnisch werden für jede Warteschlange acht Felder zur Speicherung folgender Informationen benötigt:

(1) laufende Länge der Warteschlange
(2) maximale Länge der Warteschlange
(3) Summe der Zugänge
(4) Summe der Abgänge
(5) Summe der Nulldurchgänge (Durchgänge ohne Wartezeit)
(6) Summe der Zeitmengen (Summe aller Bestände mal Zeit bis zur Veränderung) ohne Berücksichtigung der Anfangs- und Endbestände
(7) Summe der Zeitmengen mit Berücksichtigung der Anfangs- und Endbestände
(8) Zeitpunkt der letzten Bestandsveränderung

Aus diesen Informationen lassen sich alle interessierenden Größen berechnen, z. B.

mittlere Wartezeit aller durch die Warteschlange hindurchgegangenen TRANSACTIONS

$t_W = (6)/(4)$

mittlere Schlangenlänge

$n = (7)/\text{Zahl der simulierten Zeiteinheiten}$

GATES: Verkehrsleitstellen, an denen der Fluß der TRANSACTIONS in Abhängigkeit vom Zustand der FACILITIES, STORAGES und QUEUES gesteuert wird. Die programmtechnische Steuerung geschieht durch Vergleichs- oder Verzweigungsoperationen. Je nachdem ob die Vergleichsbedingung erfüllt ist oder nicht, wird die im GATE befindliche TRANSACTION blockiert, weiter- oder umgeleitet,

CHANNELS: Verkehrswege, sind die Verbindungen zwischen den einzelnen FACILITIES, STORAGES, QUEUES und GATES, auf denen die TRANSACTIONS sich durch das System bewegen.

Veränderungen in den beschriebenen Systemkomponenten werden im GPSS-Ablaufplan durch besondere Bezeichnungen und Sinnbilder wiedergegeben (vgl. Tabelle 11.7).

Falls kein GPSS-Compiler zur Verfügung steht, lassen sich die einzelnen Systemkomponenten auch durch PASCAL- oder FORTRAN-Unterprogramme nachbilden.

Tabelle 11.7. Bezeichnung und Sinnbilder für Veränderungen in der Systemkomponente bei GPSS

System-komponente	Veränderungen Beschreibung	Sinnbild
TRANSACTION	GENERATE – Erzeugung von TRANSACTIONS	GENER.
	TERMINATE – Vernichtung von TRANSACTIONS	TERM.
FACILITY	SEIZE – Belegung von FACILITIES	SEIZE
	ADVANCE – Zeitverzögerung in FACILITIES	ADVANCE
	RELEASE – Freisetzung von FACILITIES	RELEASE
STORAGE	ENTER – Belegung von STORAGES	ENTER
	ADVANCE – Zeitverzögerung in STORAGES	ADVANCE
	LEAVE – Freigabe von STORAGES	LEAVE
QUEUE	QUEUE – Registrierung eines Zuganges zu einer QUEUE	QUEUE
	DEPART – Registrierung eines Abganges von einer QUEUE	DEPART
GATE	TEST or TRANSFER – Stochastische Aufspaltung eines Stromes von Transactions	TEST

In den rechts an die Rechtecke angehängten Feldern sind die Nummern der FACILITIES, STORAGES oder QUEUES zu notieren.

11.3.2. Simulationsablauf

Zum Simulationsablauf gehören Erzeugung, Weiterleitung, Blockierung und Vernichtung der TRANSACTIONS sowie die Registrierung der durch die TRANSACTIONS in den verschiedenen Systemkomponenten hervorgerufenen Zustandsänderungen.

Der Simulationsablauf geschieht unter Kontrolle eines speziellen *Zeit- oder Ereignismechanismus*. Alle Ereignisse innerhalb einer simulierten Zeitspanne, z. B. die Weiterleitung einer TRANSACTION, erhalten innerhalb des Zeitablaufes bestimmte Fälligkeitszeitpunkte, die ständig mit dem Stand der *Simulationsuhr (Zeitzähler)* verglichen werden; sobald Übereinstimmung vorliegt, simuliert das Programm den Eintritt des Ereignisses, z.B. die Weiterleitung der TRANSACTION. Sobald alle zu einem Zeitpunkt fälligen Ereignisse eingetreten bzw. durchgeführt sind, wird die Simulationsuhr weitergestellt; der Vergleichsvorgang beginnt nun von neuem.

Nach jeder Bewegung einer TRANSACTION wird sofort der nächste Bewegungszeitpunkt bestimmt und in der Ereignisliste vermerkt.

So ist z. B. beim Eintritt einer TRANSACTION in einen zeitverbrauchenden Bedienungs- oder Bearbeitungsvorgang sogleich der Austrittszeitpunkt zu bestimmen. Ebenso wird bei der Erzeugung einer TRANSACTION gleichzeitig der Termin für die Erzeugung der nächsten TRANSACTION bestimmt.

Nach jeder Bewegung der TRANSACTION ist zu prüfen ob in den verschiedenen Stationen des Systems eventuell Blockierungsbedingungen entfallen sind, so daß hier bisher blockierte TRANSACTIONEN nunmehr wieder starten können.

Die *Erzeugung (Generierung) von TRANSACTIONEN* geschieht dadurch, daß der TRANSACTIONS-Zähler um eine Einheit erhöht wird; diese erfolgt entweder in bestimmten deterministisch oder aber stochastisch festgelegten Zeitintervallen. Stochastische Zeitintervalle werden mittels Zufallszahlen-Generatoren bestimmt. Nach der Erzeugung einer TRANSACTION wird sofort der Zeitpunkt für die nächste Erzeugung festgelegt.

Die Bewegung von TRANSACTIONEN durch das System ist durch ständige Veränderung des Aufenthaltsortes gekennzeichnet. Nach dem Start wird eine TRANSACTION so lange bewegt, bis sie durch eine Station blockiert, zeitverzögert oder vernichtet wird.

Beim Einsatz von GPSS werden 3 Phasen durchlaufen:

— Das Ergebnis der Problem- und Systemanalyse wird in Form eines Blockdiagramms dargestellt.
— Die Informationen des Blockdiagramms werden in Anweisungen der Simulationssprache für den Rechner umgewandelt. (Codierung.)
— Das Ergebnis der Simulation liefert die EDV-Anlage als Simulationsbericht.

Vorgehensweise und Handhabung bei der digitalen Simulation mit GPSS soll an einem Beispiel erläutert werden.

Beispiel 11.5:

(Quelle: *Urmes, N. M.:* Operations Research — Modelle — Methoden — Anwendungen), IBM Fachbibliothek, Form 81551.568, Seite 17–21.

Jemand beabsichtigt, einen Bootsverleih zu eröffnen und möchte durch Simulation feststellen, ob 20 Boote ausreichen bzw. zuviel oder zuwenig sind. Es handelt sich um ein Warteschlangenproblem, denn abgesehen von dem Sonderfall, daß die Boote alle gerade besetzt sind, warten entweder Interessenten auf die Boote oder aber umgekehrt, Boote liegen am Landungssteg und warten auf Interessenten.

Wenn man diesen Fall durch Simulation untersuchen will, muß man einige zusätzliche Informationen über die Randbedingungen einholen. Nehmen wir an, der „Bootsverleiher in spe" hat sich bei einem Berufskollegen erkundigt und rechnet nun mit folgendem Ablauf beim Bootsverleih-Betrieb:

Öffnungszeiten 10.00–18.00 Uhr. Im Abstand von 2 ± 1 Minuten betreten Interessenten den Bootsverleih. Die Zwischenankunftszeiten betragen also 1 bis 3 Minuten, wobei jede Zeit in diesem Intervall gleichwahrscheinlich ist. Falls die Interessenten mehr als 10 Personen, die bereits eine Bootskarte gelöst haben, am Landungssteg warten sehen, verzichten sie auf die Bootsfahrt und verlassen den Bootsverleih; andernfalls begeben sie sich zur Lösung einer Bootskarte an die Kasse. Die Abfertigung an der Kasse beträgt genau eine Minute.

70 % der Interessenten wünschen eine „Kleine Bootsfahrt" (Typ 1) von einer Stunde, 30 % kaufen dagegen eine „Große Bootsfahrt" (Typ 2) von zwei Stunden. Nach Verlassen der Kasse gehen die Interessenten zum Landungssteg und warten, bis ein Boot frei wird.

Der Vorgang ist noch einmal im *Ablaufdiagramm* (Bild 11.3) dargestellt; die erste Aufgabe ist nun die Übersetzung dieses Ablaufes in ein *Blockdiagramm* (Bild 11.4).

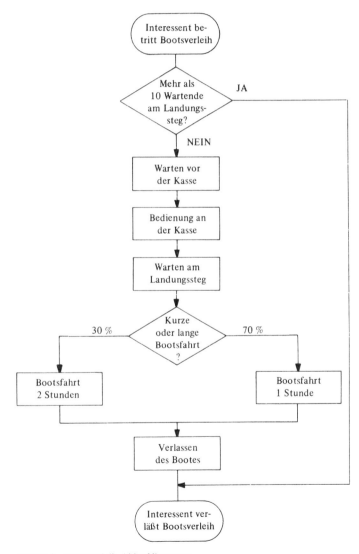

Bild 11.3. Bootsverleih-Ablaufdiagramm

Typisch für GPSS ist der Blockcharakter der Befehle, d.h. ein Befehl ist ein starrer Block von vorprogrammierten Rechenschritten; dadurch entfällt ein Großteil der Programmierarbeit, die bei der Formulierung von Simulationsaufgaben in einer allgemeinen Programmiersprache anfiele.

Die Programmierung eines Problems in GPSS geschieht in folgender Weise: Der Benutzer prüft, welche GPSS-Systemkomponente (FACILITY, STORAGE usw.) sich für die Darstellung des Problems am besten eignet, wählt die entsprechenden Blöcke aus und baut sie zu einem Programm zusammen. (Vgl. Bild 11.4.)

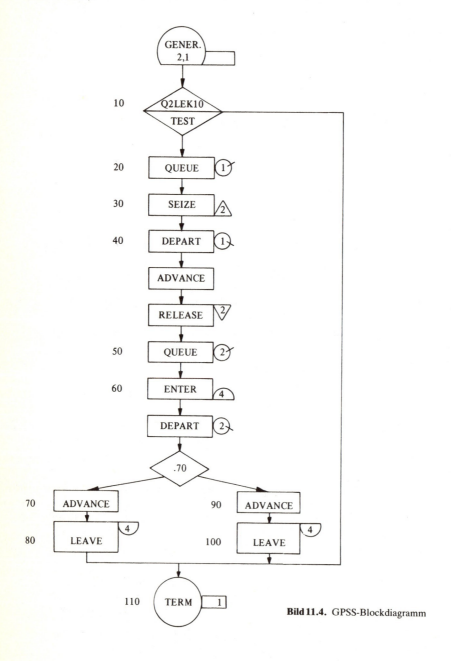

Bild 11.4. GPSS-Blockdiagramm

Die Blöcke in Bild 11.4 haben folgende Bedeutung:

GENERATE:	Zufallszahlengenerator, der die Transaktionen (Zugänge von Interessenten in den Bootsverleih) mit gleichverteilten Zwischenankunftszeiten von 2 ± 1 Minute erzeugt,
TEST:	Wenn > 10 Interessenten am Landungssteg (Schlange 2) warten, verläßt die Transaktion das System über TERMINATE. Falls der Test jedoch ergibt, daß Queue 2 (Schlange Nr. 2) Less or Equal (kleiner oder gleich) dem konstanten Wert 10 ist (deshalb „Q 2 LEK 10"), wird das Blockdiagramm weiter durchlaufen,
QUEUE:	Interessent stellt sich an die Warteschlange 1 (die Kasse) an. Die Transaktionen, die wegen des Belegtseins der folgenden Station nicht weitergeleitet werden können, werden in eine Verzögerungskette nach Prioritäten und in der Reihenfolge des Eintreffens eingereiht und müssen warten bis der Folgeblock frei wird.. Bei gleicher Priorität werden die Transaktionen nach dem FIFO-Prinzip abgearbeitet.
SEIZE:	Falls keine Schlange vor der Kasse vorhanden ist, belegt der Interessent die Kasse (Nr. 2),
DEPART:	Wenn der Interessent die Kasse belegt, verläßt er gleichzeitig die Warteschlange 1,
ADVANCE:	Die Bedienungszeit an der Kasse (eine Minute) wird hier simuliert (Verzögerungszeit),
RELEASE:	Die Transaktion (Interessent) gibt die Kasse (Nr. 2) frei und die nächste Transaktion kann dort bedient werden,
QUEUE:	Anstellen an Schlange 2 (am Bootssteg),
ENTER:	Jede Transaktion entnimmt ein Boot. Die 20 Boote werden als ein Speicher (Nr. 4) betrachtet. Ist der Speicher leer, d. h. sind alle Boote belegt, so verbleibt die Transaktion in der Schlange 2,
DEPART:	Hat die Transaktion (Interessent) ein Boot „geentert", so verläßt sie die Schlange 2,
TRANSFER:	Es wird eine zufällige Aufteilung der Interessenten vorgenommen, so daß 30 % den linken Zweig (Typ 2) und 70 % den rechten Zweig (Typ 1) durchlaufen,
ADVANCE:	Einbau einer Verzögerung von 120 Minuten im linken Zweig und von 60 Minuten im rechten Zweig,
LEAVE:	Eine Transaktion verläßt den Speicher Nr. 4, dessen Bestand gleichzeitig um eine Einheit (Boot) anwächst,
TERMINATE:	Die dort ankommende Transaktion wird aus dem System herausgenommen.

Die Informationen des Block-Diagrammes sind nun zu codieren. Bei GPSS entspricht jedem Block des Diagrammes eine Anweisung, die außer der Operationsangabe noch die charakteristischen Daten des Ablaufes enthält; jede Anweisung umfaßt eine Zeile im Codierschema für den Rechner.

Das Ergebnis der Simulation auf einer EDV-Anlage der UNI Siegen ist in Tabelle 11.8 enthalten.
Die Ergebnisse im vorliegenden Beispiel können am Ablaufdiagramm vermerkt werden (vgl. Bild 11.5).

Die wichtigsten Ergebnisse der Simulation mit 20 Booten sind:

46 % der Interessenten verlassen den Bootsverleih, weil ihnen die Schlange vor dem Landungssteg zu lange ist.
Die Boote sind zu 95 % ausgelastet.
Die durchschnittliche Schlangenlänge am Landungssteg beträgt 9 Personen.
Die mittlere Wartezeit am Landungssteg beträgt 34 Minuten.
Die Kasse ist zu 27 % ausgelastet.

Tabelle 11.8. Ergebnisbericht über den Simulationsablauf in Abhängigkeit von der Simulationszeit

Ergebnisse nach:	60	120	180	240	300	360	420	480	Minuten
1. Kunden insgesamt	28	57	87	123	155	182	212	243	Personen
2. Kartenverkauf insgesamt	28	43	61	76	88	101	117	132	Stück
3. Kunden mit Bedienung	1	12	30	44	57	70	86	101	Personen
4. Kunden ohne Bedienung	0	14	26	47	67	81	95	111	Personen
5. Bedienungsrate	100	75	70	62	57	55	55	54	Prozent
6. Maximale Schlange vor der Kasse	0	0	0	0	0	0	0	0	Person(en)
7. Durchschn. Schlange vor der Kasse	0	0	0	0	0	0	0	0	Person(en)
8. Mittlere Wartezeit vor der Kasse	0	0	0	0	0	0	0	0	Minuten
9. Mittlere Auslastung der Kasse	47	36	34	32	29	28	28	27	Prozent
10. Schlangenlänge am Landungssteg	7	11	11	12	11	11	11	11	Personen
11. Maximale Schlange am Landungssteg	7	12	12	12	12	12	12	12	Personen
12. Durchschn. Schlange am Landungssteg	1	6	7	8	9	9	9	9	Personen
13. Mittlere Wartezeit am Landungssteg	0	8	19	24	28	32	33	34	Minuten
14. Boote auf kleiner Bootsfahrt	10	8	11	8	7	10	12	6	Boote
15. Kleine Bootsfahrten insgesamt	1	12	21	33	42	50	61	74	Fahrten
16. Boote auf großer Fahrt	10	12	9	12	13	10	8	14	Boote
17. Große Bootsfahrten insgesamt	0	0	9	11	15	20	25	27	Fahrten
18. Mittlere Auslastung der Boote	63	81	88	91	93	94	95	95	Prozent
19. Mittlere Verweilzeit der Boote	115	90	78	76	74	70	67	70	Minuten

Da 46 % der Interessenten „unbedient" bleiben, gehen dem Bootsverleiher „in spe" durch die zu geringe Anzahl der Boote potentielle Kunden verloren. Deshalb möchte er untersuchen, ob und wie sich die Situation bei Einsatz von 30, 40 und 50 Booten ändert.

Zur Untersuchung der Verhältnisse bei veränderter Bootskapazität bedarf es jeweils nur eines Simulationsdurchlaufes; die Ergebnisse sind aus Tabelle 11.9 zu ersehen.

Tabelle 11.9. Ergebnisbericht über die Simulation mit unterschiedlicher Bootskapazität. (Die wichtigsten Informationen sind eingerahmt)

Bootskapazität:	20	30	40	50	Boote
Ergebnisse nach:	480	480	480	480	Minuten
1. Kunden insgesamt	243	243	243	243	Personen
2. Kartenverkauf insgesamt	132	176	218	243	Stück
3. Kunden mit Bedienung	101	137	168	183	Personen
4. Kunden ohne Bedienung	111	67	25	0	Personen
5. Bedienungsrate	54	72	90	100	Prozent
6. Maximale Schlange vor der Kasse	0	0	0	0	Person(en)
7. Durchschn. Schlange vor der Kasse	0	0	0	0	Person(en)
8. Mittlere Wartezeit vor der Kasse	0	0	0	0	Minuten
9. Mittlere Auslastung der Kasse	27	37	45	51	Prozent
10. Schlangenlänge am Landungssteg	11	10	10	10	Personen
11. Maximale Schlange am Landungssteg	12	12	12	11	Personen
12. Durchschn. Schlange am Landungssteg	9	8	6	1	Personen
13. Mittlere Wartezeit am Landungssteg	34	22	13	2	Minuten
14. Boote auf kleiner Bootsfahrt	6	13	16	23	Boote
15. Kleine Bootsfahrten insgesamt	74	100	126	136	Fahrten
16. Boote auf großer Fahrt	14	16	23	26	Boote
17. Große Bootsfahrten insgesamt	27	37	42	47	Fahrten
18. Mittlere Auslastung der Boote	95	93	89	83	Prozent
19. Mittlere Verweilzeit der Boote	70	68	69	70	Minuten

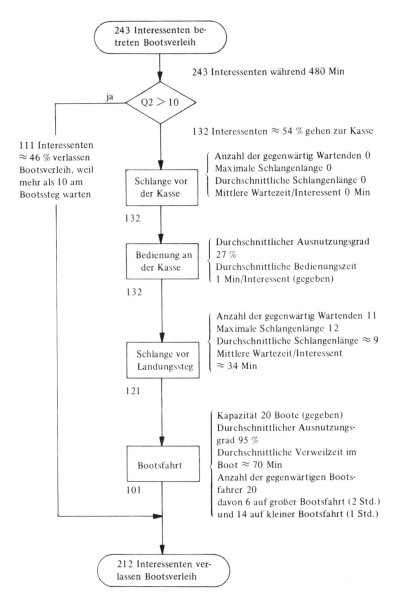

Bild 11.5. Ablaufdiagramm mit Ergebnisbericht (Zustand nach 480 Minuten)

Würde man bestimmte Annahmen über Bootsbeschaffungskosten, Lohnkosten und Mietpreise unterstellen, könnte man eine Wirtschaftlichkeitsrechnung über die gewinnmaximale Bootskapazität erstellen.

Ebenso könnten durch erneute Simulationsdurchläufe die Auswirkung z. B. einer Änderung der Zugangs- oder Bedienungscharakteristik untersucht werden.

11.4. Erfahrungen bei der Simulation

11.4.1. Zeitführung

Es existieren zwei Methoden, den Zeitablauf zu steuern, d. h. die Simulationsuhr weiterzudrehen:

- Zeitfolge-Simulation,
- Ereignisfolge-Simulation.

Bei der *Zeitfolge-Simulation* wird die Simulationsuhr stets um gleiche, konstante Zeitintervalle (z. B. eine Minute) weitergedreht. In jedem Zeitintervall wird dann geprüft, ob ein Ereignis eintritt oder nicht.

Diese Methode ist vorteilhaft, wenn die Ereignisse in regelmäßiger Folge eintreten. Außerdem ist der programmtechnische Aufwand zur Steuerung der Simulation gegenüber der Ereignisfolge-Simulation sehr gering.

Die Zeitfolge-Simulation ist jedoch besonders unvorteilhaft, wenn die Ereignisse stark unregelmäßig eintreten und zwischen den Ereignissen lange Zeitspannen liegen. Einmal erfolgen dann viele „nutzlose" Simulationsdurchläufe. Zum anderen wird so getan, als träten die Ereignisse nur zum Zeitpunkt t_i auf, während die exakten Zeitpunkte der Ereignisse, die in ein Zeitintervall fallen, ignoriert werden. Das kann zu starken Verfälschungen führen, insbesondere dann, wenn die Ereignisse voneinander abhängen.

Bei der *Ereignisfolge-Simulation* wird nach Eintritt eines Ereignisses jeweils sofort der Eintritt des nächsten Ereignisses bestimmt und die Simulationsuhr bis zu diesem Zeitpunkt weitergestellt.

Diese Methode ist vorteilhaft, wenn die Ereignisse sehr unregelmäßig auftreten oder mit langen Zeitspannen zwischen den Ereignissen gerechnet werden muß. Sie ist formal das sauberste Verfahren, jedoch programmtechnisch aufwendiger und bei dichter Ereignisfolge auch hinsichtlich der Rechenzeit aufwendiger als die Zeitfolge-Simulation.

11.4.2. Simulationsumfang und Anfangsbedingungen

Unter *Simulationsumfang* versteht man die Zahl der erforderlichen Simulationsdurchläufe um den Gleichgewichtszustand, zu erhalten, d. h. den Zustand, von dem ab weitere Simulationsdurchläufe keine Änderung des Simulationsergebnisses mehr bringen.

Man bricht die Simulation in der Praxis dann einfach ab, wenn das Ergebnis durch den letzten Simulationsablauf weniger als eine vorgegebene Größe (z. B. 0,5 %) abweicht.

Von sehr großem Einfluß auf den Simulationsumfang sind die *Anfangsbedingungen* bei der Simulation. Während einer sogenannten Anlaufphase (Einschwingphase, „warm-up-period") laufen die Transaktionen in ein „leeres" System und haben praktisch keine oder nur geringe Wartezeiten in einer Schlange. (vgl. Bootsbeispiel). Insbesondere dann, wenn die Zahl der Simulationsdurchläufe relativ gering ist, sind unterschiedliche Simulationsergebnisse auf unterschiedliche Anfangsbedingungen zurückzuführen.

Es ist deshalb zweckmäßig, nicht stets vom „Nullzustand" auszugehen, sondern einen erwarteten Gleichgewichtszustand als Ausgangszustand zu wählen. Diesen vorläufigen Gleichgewichtszustand kann man in einem Vorlauf bestimmen, dessen Ergebnis bei der endgültigen Simulation nicht mit berücksichtigt wird.

11.5. Aufgaben zur Simulationstechnik

1. (Aufgabenstellung: *Churchman/Ackoff/Arnoff*: Operations Research, eine Einführung in die Unternehmensforschung, Oldenbourg Verlag 1961).

Es soll der Wagenpark einer Handelsfirma für die Auslieferung der Waren an die Kunden so ausgelegt werden, daß er einerseits nicht zu schlecht ausgelastet ist, andererseits aber auch die Gewähr gegeben ist, jeden Kunden am Tage der Auftragserteilung beliefern zu können.

Da es zu kostspielig ist, den optimalen Wagenpark im praktischen Versuch zu ermitteln, ist die Monte Carlo-Methode anzuwenden.

Es liegt hier ein Warteschlangen-Problem vor, das durch folgende Daten charakterisiert ist:
Im Mittel fallen pro Tag 1000 Auslieferungen normalverteilt an, d. h. $\lambda = 1000/d$, mit einer Standardabweichung von $\sigma_1 = 100$. Pro Lieferwagen sind im Mittel täglich 100 Zustellungen möglich, also $\mu = 100/d$, mit einer Standardabweichung von $\sigma_2 = 10$. Jeder Lieferwagen ist normalerweise 8 Stunden pro Tag im Einsatz. Die Kosten eines Lieferwagens werden mit 100 DM/d angegeben; pro Überstunde muß mit zusätzlichen Kosten von 20 DM/h gerechnet werden.

In einer Tabelle sind die Verhältnisse für einen Wagenpark von 9 Wagen simuliert; wobei folgende Abkürzungen verwendet wurden:

n	Anzahl der Wagen,
m	Woche,
d	Wochentag,
k_1	Normalverteilte Zufallszahlen (vgl. Tabelle 11.3) zur Simulation der vorliegenden Auslieferungen,
k_2	Normalverteilte Zufallszahlen zur Simulation der tatsächlichen Zustellungen,
$N_1 = \lambda + k_1 \sigma_1$	Anzahl der vorliegenden Auslieferungen,
$N_2 = n(\mu + k_2 \sigma_2)$	Anzahl der tatsächlichen Zustellungen (ohne Überstunden),
$N_1 - N_2$	Anzahl der in Überstunden zu erledigenden Auslieferungen,
$N_2/8n$	Anzahl der auf jeden Wagen pro Stunde entfallenden Lieferungen,
$(N_1 - N_2)/(N_2/8n)$	Anzahl der notwendigen Überstunden pro Tag und Wagen
$C_{\ddot{u}} = 20(N_1 - N_2) \dfrac{8n}{N_2}$	Durch Überstunden verursachte Kosten pro Tag,
$C_m = \sum\limits_{d} C_{\ddot{u}} + 100\,nd$	Gesamtkosten pro Woche,
$\phi C = \dfrac{1}{m} \sum\limits_{m} C_m$	Kumulativer Mittelwert der Gesamtkosten pro Woche.

n	m	d	k_1	N_1	k_2	N_2	N_1-N_2	$C_{\ddot{u}}$	C_m	$\emptyset C$
9	1	1	0,464	1.046	0,137	912	134	212		
		2	0,060	1.006	-2,526	673	333	714		
		3	1,486	1.149	-0,354	868	280	465		
		4	1,022	1.102	-0,472	858	245	411		
		5	1,394	1.139	-0,555	850	289	490	6.791	6.791
	2	1	2,455	1.246	-0,323	871	375	619		
		2	-0,531	947	-1,940	725	222	440		
		3	-0,634	937	0,697	963	-26	-		
		4	1,279	1.128	3,521	1.217	-89	-		
		5	0,046	1.005	0,321	929	76	117	5.676	6.234
	3	1	-0,068	993	0,296	927	67	103		
		2	0,543	1.054	-1,558	760	295	558		
		3	0,926	1.093	1,375	1.024	69	97		
		4	0,571	1.057	-1,851	733	324	636		
		5	2,945	1.295	1,974	1.078	217	290	6.184	6.217

Auf die gleiche Art und Weise sind die Verhältnisse bei 10 und 11 Wagen zunächst für jeweils drei Wochen zu simulieren und der günstigste Wagenpark zu bestimmen.

Sodann ist zu untersuchen, ob das Ergebnis sich ändert, wenn die Simulation über 6, 10 und 15 Wochen durchgeführt wird.

2. Eine Fertigungsstraße besteht aus drei Maschinen. Die Straße erhält die zu bearbeitenden Teile aus einem Rohlager (mit unendlichem Vorrat); die bearbeiteten Teile werden in ein nachgeschaltetes Fertigteillager (mit ebenfalls unendlicher Kapazität) geliefert.

Die normale Bearbeitungszeit eines Teiles beträgt pro Maschine eine Minute; bei 15 % der Teile tritt jedoch eine Störung von 4 Minuten auf, so daß die gesamte Bearbeitungszeit eines Teiles dann 5 Minuten pro Maschine beträgt. Es ist zu untersuchen, ob es zweckmäßig ist, die drei Maschinen zu entkoppeln und zwischen den Maschinen ein Pufferlager einzurichten.

Lager → | M1 | → | M2 | → | M3 | → Lager

Der Fertigungsprozeß ist über 180 Minuten zu simulieren

a) ohne Puffer (feste Kopplung) zwischen den Maschinen,
b) mit Pufferlager zwischen den Maschinen.

Als Ergebnis interessiert insbesondere:

Ausstoß (gefertigte Stückzahl)
Stillstandzeit von M 1 (nur verursacht durch Störungen auf den Nachfolgemaschinen),
Stillstandzeit von M 2 (verursacht durch Störung auf Vorgänger- und Nachfolgemasch.),
Stillstandzeit von M 3 (verursacht durch Störungen auf den Vorgängermaschinen),
Auslastung der drei Maschinen (Belegungszeit/180 Minuten),
Durchschnittliche Bearbeitungszeit eines Teiles auf der Fertigungsstraße.

3. Die Produktion eines Eiskrem-Herstellers beträgt pro Woche im Mittel 100 000 Portionen mit einer Streuung von 2000 Portionen. Der Bruttogewinn der verkauften Eiskrem beträgt 0,30 DM pro Portion. Die wöchentliche Nachfrage schwankt bedingt durch Wettereinflüsse sehr stark; Mittelwert 110 000, Streuung 20 000 (Normalverteilung unterstellt). Da die mittlere Nachfrage größer ist als die Produktion ergibt sich die Frage, ob man Überstunden- bzw. Sonderschichten einlegen soll. Die durchschnittliche zusätzliche Produktion pro Schicht beträgt 10 000 Portionen mit einer Streuung von 200 Portionen. Infolge der Überstundenzuschläge entstehen jedoch 0,10 DM Mehrkosten pro Portion; andererseits wird jede nicht verkaufte Eiskrem ungenießbar und kostet 0,50 DM. Es ist zu untersuchen, ob die Überstunden – Sonderschicht sinnvoll ist!

11.6 Empfohlene Literatur zur Simulationstechnik

Bauknecht, K.; Kohlas, J.; Zehnder, C. A.: Simulationstechnik. Springer Verlag Berlin–Heidelberg –New York, 1976

Bratley, P.; Fox, B. L.; Schrage, L. E.: A Guide to Simulation. Springer Verlag Berlin–Heidelberg –New York, 2. Aufl. 1987

Biethahn, J.: Ergebnisse der Anwendung verschiedener Tests auf bestehende Zufallsgeneratoren. Angewandte Informatik (1976) Seite 419–428.

Biethahn, J.: Optimierung und Simulation. Gabler Verlag, Wiesbaden 1978

Emshoff, J. R.; Sisson, R. L.: Simulation mit dem Computer. Verlag Moderne Industrie, München 1972

Ermakow, S. M.: Die Monte-Carlo-Methode und verwandte Fragen. Oldenbourg Verlag, München –Wien 1975

Ferstl, O. K.: Konstruktion und Analyse von Simulationsmodellen, Verlag Anton Hain, Königstein 1979

Gal, T.: Grundlagen des Operations Research, Bd. 3. Springer Verlag, Heidelberg 1987

Gordon, G.: Systemsimulation. Oldenbourg Verlag, München–Wien 1972

Grube, A.: Moderne Erzeugung von Zufallszahlen. Toeche-Mittler-Verlag, Darmstadt 1975

Kamp, A.-W.: Ein Beitrag zur Ablaufplanung bei flexiblen Fertigungssystemen. VDI-Verlag, Düsseldorf 1978

Köcher, P.; Matt, E.; Oertel, C.; Schneeweiß, H.: Einführung in die Simulationstechnik. Hrsg. DGOR, Beuth-Vertrieb 1972

Kohlas, J.: Monte Carlo Simulation im Operations Research. Springer Verlag, Berlin−Heidelberg −New York 1972

Kohlas, J.: Stochastische Methoden des Operations Research. Teubner Verlag, Stuttgart 1977

Krüger, S.: Simulation (Grundlagen, Techniken, Anwendungen), W. de Gruyter, Berlin−New York 1975

Liebl, F.: Simulation. Oldenbourg Verlag, München, 2. Aufl. 1995.

Niemeyer, G.: Die Simulation von Systemabläufen mit Hilfe von FORTRAN IV (GPSS auf FORTRAN-Basis). W. d. Gruyter, Berlin 1972

Piehler, J.; Zschiesche, H.-U.: Simulationsmethoden. Verlag Harri Deutsch, Frankfurt, 4. Aufl. 1990

Ravindran, A.; Phillips, D. T.; Solberg, J.: Operations Research − Principles and Practice. John Wiley & Sons, New York, 2. Aufl. 1987

Rechenberg, P.: Die Simulation kontinuierlicher Prozesse mit Digitalrechnern. Friedr. Vieweg + Sohn, Braunschweig 1972

Ripley, B. D.: Stochastic Simulation. John Wiley & Sons, New York 1987

Röder, W.; Hueck, D.: Analyse der Einsatzstrategie der ADAC-Straßenwacht auf Bundesautobahnen mittels Simulation. Zeitschrift für Operations Research 19 (1975), S. B215−B225.

Rösmann, H.: Simulation mit GPSS. Oldenbourg Verlag, München−Wien 1978

Schmidt, B.: Dr Simulator GPSS-FORTRAN, Version 3. Springer Verlag, Berlin−Heidelberg−New York 1984

Steinhausen, D.: Simulationstechniken. Oldenbourg Verlag, München 1994

Todt, H.: Programm zur Simulation von Materialflußsystemen MASIM Beuth Vertrieb, Köln 1974

Wegner, N.: Simulation von Einplanungs- und Abfertigungsstrategien bei der Werkstattfertigung. Diss. TU Hannover 1978

Witte, T.: Simulationstheorie und ihre Anwendung auf betriebliche Systeme. Gabler Verlag, Wiesbaden 1973

12. Warteschlangensysteme

12.1. Vorbemerkungen

Warteschlangen treten immer dann auf, wenn vor einer oder mehreren Abfertigungsstationen in einer bestimmten Zeiteinheit mehr Einheiten eintreffen als im gleichen Zeitraum abgefertigt werden können.

Solche Warte-Situationen treten z. B. auf bei:
- Bedienung von Personen an Schaltern bei Behörden, Banken, Tankstellen usw.
- Warten von Fahrzeugen vor Verkehrsampeln, Zollstationen usw.
- Warten von Fahrzeugen, Schiffen und Flugzeugen auf Be- oder Entladen,
- Bedienung und Reparatur von ausgefallenen Produktionsmaschinen durch das dafür vorgesehene Personal (Mehrmaschinenbedienung).
- Warten von Aufträgen in Fertigungsabteilungen auf Erledigung.

Warteschlangen und Stauungen werden als unangenehm empfunden, weil die Wartezeit in einer Schlange als sinnlos vergeudete Zeit angesehen wird und meist mit Kosten verbunden ist. Anderseits sind aber auch die Bereitstellung und Unterhaltung von Bedienungskapazitäten mit Kosten verbunden. Man ist deshalb daran interessiert, ein ausgewogenes Verhältnis zwischen Wartekosten und Bedienungskosten zu erhalten. Daher versucht man die

Warteschlangensysteme dahingehend zu beeinflussen, daß insbesondere die Schlangenlänge, die Wartezeit je Einheit, aber auch die Bedienungskapazität reduziert wird.

Hierzu bedient man sich der *Bedienungs- o. Warteschlangentheorie,* die erstmals durch die erfolgreiche Anwendung im Nachrichtenwesen bei der optimalen Dimensionierung von Telefonnetzen (A. K. Erlang, 1908) bekannt wurde.

Bei Warteschlangenproblemen spielt der Zufall eine wesentliche Rolle; einmal kann die Ankunft der Einheiten (Kunden) in der Schlange in unregelmäßigen Abständen, also stochastisch, erfolgen und zum anderen ist die Abfertigungszeit in der Regel ebenfalls von zufällig unterschiedlicher Dauer.

Wenn man also etwa die Frage nach der Länge der Schlange, nach der durchschnittlichen Wartezeit oder der notwendigen Anzahl von Bedienungsstellen zur Verhinderung von Störungen stellt, so muß man zur Beantwortung dieser Fragen die Wahrscheinlichkeitsrechnung bzw. die mathematische Statistik hinzuziehen.

Von *Warteschlangensystemen* spricht man immer dann, wenn Ankunft und/oder Abfertigung der Einheiten im System stochastisch verteilt sind. Bei Prozessen, bei denen Ankunft und Abfertigung streng determiniert sind, wie z. B. bei der Fließbandfertigung, handelt es sich nicht um Warteschlangensysteme.

Ein Warteschlangensystem besteht aus einem *Kanal (Bedienungs- oder Abfertigungsstation),* der dadurch gekennzeichnet ist, daß er jeweils nur genau eine Einheit aufnehmen kann. Eine ankommende Einheit wird sofort bedient, wenn der Kanal leer ist; andernfalls wartet sie in der Schlange vor dem Kanal (Vgl. Bild 12.1).

Die Zwischenankunftszeiten (der zeitliche Abstand zwischen zwei Ankünften) und die Bedienungszeiten im Kanal sind zufällige Veränderliche, deren Verteilung bekannt sein müssen, wenn man mit der Warteschlangentheorie die Wahrscheinlichkeitsverteilung der Zustände im System berechnen will.

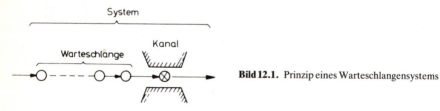

Bild 12.1. Prinzip eines Warteschlangensystems

12.2. Charakteristik von Warteschlangensystemen

Voraussetzung zum Studium und der mathematischen Analyse von Warteschlangensystemen ist die Kenntnis des Systemcharakters, der durch folgende Merkmale gekennzeichnet ist:

- Zugangs-Charakteristik,
- Abgangs-Charakteristik,
- Zahl und Anordnung der Kanäle,
- Warteraum-Charakteristik,
- Schlangendisziplin.

12.2.1. Zugangs-Charakteristik

Da der Zugang der Einheiten zum System nicht in gleichmäßigen Abständen erfolgt, sondern die Zwischenankunftszeiten stochastisch schwanken, ist die *mittlere Ankunftsrate* λ als kennzeichnende Größe zu bestimmen.

λ = durchschnittliche Anzahl der Zugänge (Ankünfte) je Zeiteinheit

Wird bei den Zugängen zu einer Warteschlange unterstellt, daß die Ankünfte rein zufällig und voneinander unabhängig sind, die Wahrscheinlichkeit des Eintreffens zu allen Zeitpunkten gleich bleibt und ein gleichzeitiges Eintreffen mehrerer Einheiten ausgeschlossen ist, so kann das Verhalten der Ankünfte durch die Poisson-Verteilung beschrieben werden. Diese Unterstellung wird den Verhältnissen in der Praxis in vielen Fällen gerecht.

In diesem Falle ist die Wahrscheinlichkeit, daß in einer bestimmten Zeit t genau n = 0, 1, 2, 3 .., Ankünfte erfolgen

$$P(n) = \frac{(\lambda t)^n}{n!} e^{-\lambda t}$$

wobei λ die bekannte mittlere Ankunftsrate und e = 2,7183 die Grundzahl des natürlichen Logarithmus.

Bei derart Poisson-verteilten Ankünften gilt außerdem, daß die Zwischenankunftszeiten durch die Exponentialverteilung beschrieben werden können.

Die Wahrscheinlichkeit, daß die Zwischenankunftszeit genau t_A = 1, 2 ... beträgt, ist

$$P(t_A) = \lambda e^{-\lambda t_A},$$

wobei λ die bekannte mittlere Ankunftsrate gleich dem Kehrwert der mittleren Zwischenankunftszeit $\bar{t}_A$ ist

$$\lambda = 1/\bar{t}_A.$$

Die Aussagen, „Poisson-verteilte Ankünfte" und „Exponentialverteilte Zwischenankunftszeiten" sind also identisch.

Die mittlere Ankunftsrate kann durch eine Häufigkeitsuntersuchung der Ankünfte oder der Zwischenankunftszeiten an einer Bedienungsstation ermittelt werden (vgl. folgende Beispiele).

Beispiel 12.1:
Während 3 Stunden hat man die Ankünfte an einer Bedienungsstelle registriert, um die mittlere Ankunftsrate λ zu bestimmen.

Ankünfte/min. n_i	Häufigkeit f_i	relative Häufigkeit p_i	$n_i\, p_i$
0	30	0,167	—
1	50	0,278	0,278
2	40	0,223	0,446
3	30	0,166	0,498
4	20	0,111	0,444
5	10	0,055	0,275
6	0	—	—
	180	1,000	1,941

$$\lambda = \sum_i n_i\, p_i = 1{,}94 \text{ pro Minute.}$$

Beispiel 12.2:

Es wurden die Zwischenankunftszeiten bei 360 Ankünften an einer Bedienungsstelle registriert, um die mittlere Zwischenankunftszeit (mittlerer zeitlicher Abstand) $\overline{t_A}$ zu bestimmen.

Zwischen-ankunftszeit t_i (s)	$\overline{t_i}$	Häufigkeit f_i	relative Häufigkeit p_i	$\overline{t_i} p_i$
0 – 10	5	150	0,417	2,08
11 – 20	15	80	0,222	3,33
21 – 30	25	60	0,167	4,17
31 – 40	35	30	0,083	2,92
41 – 50	45	20	0,055	2,50
51 – 60	55	10	0,028	1,53
61 – 120	90	10	0,027	2,50
		360	1,000	19,03

$$\overline{t_A} = \sum_i \overline{t_i} p_i = 19{,}03 \text{ s} = 0{,}32 \text{ min}$$

$$\lambda = \frac{1}{\overline{t_A}} = \frac{1}{0{,}32} = 3{,}15 \text{ pro Minute.}$$

12.2.2. Abgangs-Charakteristik

Ebenso wie bei den Ankünften wird auch bei den Abgängen aus dem Warteschlangensystem mit einer konstanten, von der Zeit und der Schlangenlänge unabhängigen *mittleren Abfertigungsrate* μ gerechnet, die sich ähnlich wie λ ermittelt.

μ = mittlere Anzahl der Einheiten, die pro Zeiteinheit abgefertigt werden können.

Unterstellt man, daß auch die Abfertigung (Bedienung) rein zufällig ist, so lassen sich die Abfertigungen ebenfalls durch die Poisson-Verteilung und die Bedienungszeiten t_B entsprechend durch die Exponentialverteilung beschreiben.

Es gelten die oben angegebenen Wahrscheinlichkeitsfunktionen, wobei jedoch statt λ nunmehr μ und statt t_A nunmehr t_B stehen.

Die Unterstellung exponentiell-verteilter Bedienungszeiten ist nicht unproblematisch, obwohl diese Annahme in einer Reihe von Fällen den realen Gegebenheiten entspricht. Man sollte jedoch in Zweifelsfällen jeweils prüfen, ob diese Unterstellung in dem zu untersuchenden Fall auch gerechtfertigt ist. Hierzu kann man sich des χ^2-Test bedienen oder aber wenigstens prüfen, ob $\mu \approx \sigma^2$ ist (Kriterium für Poisson-Verteilung).

Das Verhältnis $\varrho = \lambda/\mu$ wird *Verkehrsdichte* bezeichnet. Die Verkehrsdichte ist bei Ein-Kanal-Systemen ein Maß für die *mittlere Auslastung* der Bedienungsstelle.

Für $\lambda = 3$ und $\mu = 4$ wird $\rho = 0{,}75$. Die Maßeinheit ist „Erlang" (zu Ehren von *A. K. Erlang*). Die mittlere Auslastung beträgt 75 %. Da die Auslastung niemals 100 % überschreiten kann, folgert hieraus, daß $\lambda < \mu$ sein muß. Falls $\lambda > \mu$ ist, wird die Schlange ständig länger. Selbst bei $\lambda = \mu$, d. h. es kommen durchschnittlich soviel Einheiten an wie auch durchschnittlich bedient werden, wird die Schlange ständig länger, falls nicht Ankünfte und Abgänge im gleichen Rhythmus erfolgen, wie etwa bei der Fließbandfertigung.

12.2.3. Zahl und Anordnung der Kanäle

Die Zahl der Kanäle (Bedienungsstellen) ist für das Warteschlangensystem und für die interessierenden Größen wie Schlangenlänge und Wartezeit von erheblichem Einfluß.
Je nach der Anzahl der Kanäle unterscheidet man

- *Ein-Kanal-Systeme,*
- *Mehr-Kanal-Systeme,*
  a) mit *parallel* liegenden Kanälen,
  b) mit *seriell* (hintereinander) liegenden Kanälen.

Bei Mehr-Kanal-Systemen wird allgemein unterstellt, daß jeder Kanal die gleiche Abfertigungsrate besitzt.
Bei parallel liegenden Kanälen benutzen die ankommenden Einheiten irgendeinen der freien Kanäle; wenn alle Kanäle belegt sind, bilden die Einheiten eine einzige Schlange, von der die vorderste Einheit immer dann in Abfertigung geht, sobald irgendeiner der Kanäle frei wird. Solche Systeme liegen vor bei der Bedienung von Kunden in einem Laden, Fahrzeuge auf einem Parkplatz, Flugzeuge beim Landen.

Mehr-Kanal-Systeme mit seriell liegenden Kanälen treten auf bei Montagefließbändern, die aus einer Reihe von Stationen bestehen, in Selbstbedienungsrestaurants, wo der Kunde entlang der Theke wandert um sich ein individuelles Gericht zusammenzustellen.

12.2.4. Schlangendisziplin

Zur Beschreibung einer Warteschlange gehören auch Angaben folgender Art:

- Ist überhaupt die Möglichkeit des Wartens gegeben? (Verlustsysteme, wenn keine Möglichkeit besteht)
- Liegt für die ankommenden Einheiten ein Zwang zum Warten vor oder kann auf das Warten verzichtet werden, falls die erforderliche Wartezeit oder auch die schon bestehende Schlangenlänge zu groß erscheint? (Ungeduld des Kunden)
- Erfolgt die Bedienung in
  - der Reihenfolge des Anstellens (FIFO-Prinzip),
  - der umgekehrten Reihenfolge (LIFO-Prinzip),
  - zufälliger Reihenfolge (SIRO-Prinzip),
  - oder unter Berücksichtigung besonderer Prioritäten (PRI-Prinzip).
- Erfolgt das Anstellen in einer geordneten Reihe (englische Schlange) oder geschieht es in ungeordneten Haufen (deutsche Schlange)?

Bei den in der Warteschlangentheorie untersuchten Problemen wird vereinbart:

- Es besteht die Möglichkeit des Wartens.
- Es liegt Wartezwang vor.
- Wer zuerst kommt, wird auch zuerst bedient (FIFO).
- Das Anstellen erfolgt in geordneten Reihen.

Systeme, für die diese Vereinbarungen getroffen worden sind, werden als reine Wartesysteme bezeichnet. Liegt jedoch ein System vor, in dem nicht gewartet werden kann, in dem die ankommenden Einheiten das System also sofort wieder verlassen, falls sie alle Kanäle besetzt vorfinden, so spricht man von Verlustsystemen.

In anderen Systemen ist es möglich, das System wieder zu verlassen, falls die Schlange oder die zu erwartende Wartezeit zu lang erscheint. Hier handelt es sich um sogenannte Ungeduldsysteme.

12.2.5. Warteraum-Charakteristik

Je nachdem, ob die Anzahl der sich an die Schlange anstellenden Einheiten unbegrenzt oder begrenzt ist, unterscheidet man

- *Warteschlangensysteme mit unendlichem Warteraum,*
- *Warteschlangensysteme mit begrenztem Warteraum.*

Beim System mit unendlichem Warteraum kommen die Einheiten aus einer sehr großen Grundgesamtheit, bilden eine Schlange und verschwinden nach der Bedienung wieder in der Anonymität. Die Schlangenlänge kann jede beliebige Größe annehmen. Man spricht hier auch vom offenen System.

Beim System mit begrenztem Warteraum existiert nur eine begrenzte, endliche Zahl von Einheiten im System. Man spricht hier auch vom geschlossenen System. Die Zahl der Ankünfte ist abhängig von der Zahl der bereits im Warteraum befindlichen Einheiten und die maximal mögliche Schlangenlänge ist gleich der Warteraumkapazität. Dieser Fall tritt auf z. B. bei Mehrmaschinenbedienung, in Reparatursystemen und an Taxiständen.

12.2.6. Klassifizierung von Warteschlangensystemen

Zur Klassifizierung der verschiedenen möglichen Systeme hat der englische Mathematiker *D. G. Kendall* bereits 1951 eine bestimmte Kennzeichnung eingeführt, nämlich A/B/s; von diesen drei Größen gibt die erste die Wahrscheinlichkeitsverteilung der Zwischenankunftszeiten, die zweite Größe die Wahrscheinlichkeitsverteilung der Bedienungszeiten und die dritte Größe die Anzahl der Kanäle an. Zur Kennzeichnung der Wahrscheinlichkeitsverteilungen werden folgende Buchstaben verwendet:

M Exponentialverteilung der Zeiten (M steht für Markow),
G allgemeiner Fall d.h. keine Einschränkung, (G steht für general distribution),
E Erlang-Verteilung,
D konstante Zeiten (D steht für deterministisch).

So kennzeichnet die Abkürzung M/M/1 ein Ein-Kanal-System mit exponentiell verteilten Ankunftsintervallen und Bedienungszeiten.

Eine Erweiterung dieser Klassifizierung auf alle fünf oben angeführten Merkmale hat *Lee* im Jahre 1966 in der Form A/B/s:(d/e) vorgeschlagen, wobei d die maximale Anzahl der Einheiten in der Schlange (im Warteraum) und e die Abfertigungsregel (Schlangendisziplin) ist, z. B. M/M/1:(∞/FIFO).

12.3. Analyse verschiedener Warteschlangensysteme

Bisher lassen sich nur solche Warteschlangenprobleme lösen, die auf einige besonders einfache Systeme zurückgeführt und dann analytisch, d. h. streng formelmäßig, behandelt werden können.

Alle anderen Warteschlangenprobleme können jedoch durch Simulation angegangen und gelöst werden.

Die Fragen, welche man mittels Analyse der Warteschlangensysteme oder Simulation beantworten kann bzw. zu beantworten sucht, zielen auf:

- Wahrscheinlichkeit für das Auftreten einer Schlange,
- Mittlere Schlangenlänge,
- Mittlere Wartezeit einer Einheit,
- Mittlere Auslastung der Bedienungsstation,
- Erforderliche Anzahl der Bedienungsstationen zur Herstellung vertretbarer Wartezeiten.

12.3.1. Systeme mit exponential-verteilten Ankunftsintervallen und Bedienungszeiten

Falls man bei einem Warteschlangenproblem exponential-verteilte Ankunftsintervalle (d. h. Poisson-verteilte Ankünfte) und exponential-verteilte Bedienungszeiten unterstellen kann, was bei vielen praktischen Fällen in erster Näherung möglich ist, so können die Probleme auf relativ einfach zu behandelnde Systeme zurückgeführt werden.

12.3.1.1. *Ein-Kanal-System bei unendlichem Warteraum – M/M/1:(∞/FIFO)*

Dies ist das einfachste und auf viele praktische Fälle anwendbare Warteschlangensystem. Die Formeln für die wichtigsten Größen sollen im Folgenden ohne Ableitung angeführt werden, da die Ableitungen für den Anwender weniger interessant sind. (Ableitungen siehe Standardliteratur für Warteschlangentheorie).

Die angeführten Formeln gelten selbstverständlich nur für Gleichgewichtszustände (stationäre Verhältnisse) nach Abschluß des Einpendelvorganges nach der Öffnung eines Systems. Außerdem werden nur Wahrscheinlichkeiten und Mittelwerte geliefert, nicht jedoch Auskünfte über das Schicksal einer einzelnen, bestimmten Einheit im System.

Wahrscheinlichkeit, daß das System (Warteschlange und Kanal) leer ist, d. h. daß sich keine Einheit im System befindet

$$P_0 = 1 - \rho \qquad \text{wobei } \rho = \frac{\lambda}{\mu} < 1$$

Wahrscheinlichkeit, daß sich Einheiten im System befinden

$$P(x > 0) = \rho = \text{Mittlere Auslastung des Kanals,}$$

Wahrscheinlichkeit, daß das System genau n Einheiten enthält

$$P_n = \rho^n (1 - \rho),$$

Wahrscheinlichkeit, daß das System höchstens n Einheiten enthält

$$P(x \leq n) = 1 - \rho^{n+1},$$

Wahrscheinlichkeit, daß das System mehr als n Einheiten enthält,

$$P(x > n) = \rho^{n+1},$$

mittlere Anzahl der Einheiten im System (Schlange und Kanal)

$$N = \frac{\rho}{1 - \rho} = \frac{\lambda}{\mu - \lambda},$$

mittlere Schlangenlänge bezogen auf alle Einheiten, d.h. durchschnittliche Anzahl der Einheiten in der Schlange, wenn alle ankommenden Einheiten berücksichtigt werden

$$L_q = \frac{\rho^2}{1 - \rho} = \frac{\lambda^2}{\mu(\mu - \lambda)},$$

mittlere Länge der nicht-leeren Schlange, d. h. bei der Mittelwertbildung werden nur die Einheiten berücksichtigt, die tatsächlich warten müssen

$$L_n = N = L_q + \rho = \frac{\rho}{1 - \rho} = \frac{\lambda}{\mu - \lambda},$$

mittlere Verweilzeit einer Einheit im System (Schlange und Kanal)

$$V = \frac{N}{\lambda} = \frac{1}{\mu - \lambda},$$

mittlere Wartezeit einer Einheit in der Schlange bezogen auf alle Einheiten

$$W_q = \frac{L_q}{\lambda} = \frac{\lambda}{\mu(\mu - \lambda)},$$

mittlere Wartezeit einer Einheit in der nicht-leeren Schlange, d. h. bezogen auf die Einheiten, die tatsächlich warten müssen

$$W_n = V = \frac{L_n}{\lambda} = \frac{1}{\mu - \lambda}.$$

In der folgenden Übersicht sind einige charakteristische Größen einer Schlange in Abhängigkeit von λ und μ gegeben:

λ	μ	ρ	L_n	W_n
0,9	1	0,9	9	10
0,75	1	0,75	3	5
0,5	1	0,5	1	2
0,25	1	0,2	0,3	1,33
1,8	2	0,9	9	5
1,5	2	0,75	3	2
1	2	0,5	1	1
0,5	2	0,25	0,3	0,67
0,45	0,5	0,9	9	20
0,375	0,5	0,75	3	10
0,25	0,5	0,5	1	4
0,125	0,5	0,25	0,3	2,67

Es überrascht immer wieder, wie unerwartet groß die Schlangenlänge und Wartezeiten bei einer mittleren Auslastung von nur 75 % bereits werden. Man sollte daraus folgern, bei der Einrichtung von Bedienungsstationen stets dann nur eine mittlere Auslastung von 50...60 % vorzuplanen, wenn den Einheiten keine längere Wartezeit zugemutet werden kann.

Beispiel 12.3
In einem Produktionsunternehmen ist das Verkaufslager von nur einem Herrn besetzt. Der Verkäufer ist seiner Meinung nach überbelastet und die Kunden klagen über lange Wartezeiten. Wie sind diese Klagen zu beurteilen, wenn folgende Informationen vorliegen:
Es treffen durchschnittlich 15 Kunden/Stunde ein.
Die Bedienungszeit beträgt durchschnittlich 3 Minuten/Kunde.
Die Ankünfte können als nach Poisson verteilt und die Bedienungszeiten als exponentiell verteilt angenommen werden.
Man berechne alle interessierende Größen!

Lösung:
Mittlere Ankunftsrate $\qquad\qquad \lambda = 15/h = 0,25/\text{min},$
mittlere Abfertigungsrate $\qquad\qquad \mu = 20/h = 0,33/\text{min},$
mittlere Verkehrsdichte (Auslastung) $\qquad \rho = 0,75,$

Wahrscheinlichkeit, daß niemand anwesend ist

$\qquad P(x = 0) = 0,25,$

Wahrscheinlichkeit, daß jemand anwesend ist

$\qquad P(x > 0) = 0,75,$

Wahrscheinlichkeit, daß ein Kunde anwesend ist

$\qquad P(x = 1) = 0,187,$

Wahrscheinlichkeit, daß zwei Kunden anwesend sind

$P(x = 2) = 0,141$,

Wahrscheinlichkeit, daß drei Kunden anwesend sind

$P(x = 3) = 0,105$,

Wahrscheinlichkeit für die Anwesenheit von höchstens 3 Kunden

$P(x \leq 3) = 0,684$,

Wahrscheinlichkeit für die Anwesenheit von mehr als drei Kunden

$P(x > 3) = 0,316$,

mittlere Schlangenlänge $L_q = 2,25$,

mittlere Schlangenlänge der nicht-leeren Schlange

$L_n = 3,0$,

mittlere Wartezeit $W_q = 9$ min,

mittlere Wartezeit in der nicht-leeren Schlange

$W_n = 12$ min,

mittlere Verweilzeit $V = 12$ min.

Beispiel 12.4

Die Maschinenausfälle in einer Automatenhalle seien nach Poisson verteilt mit einer Durchschnittszeit von 10 Minuten, d. h. im Mittel fällt alle 10 Minuten einer der vielen Automaten aus und muß neu eingestellt, gefüllt oder repariert werden. Die Dauer der erforderlichen Bedienung wird als exponentiell verteilt mit einem Mittel von 6 Minuten pro Maschine angenommen.

a) Wie groß ist die durchschnittliche Länge der Schlange, die sich von Zeit zu Zeit bildet?
b) Wie groß ist die durchschnittliche Wartezeit einer ausfallenden Maschine in einer nicht-leeren Schlange?
c) Die Betriebsleitung wird einen zweiten Mann zur Bedienung der Maschinen einstellen, sobald eine Maschine mindestens durchschnittlich 30 Minuten auf Bedienung warten muß. Um wieviel müßten die Ausfälle ansteigen, damit eine zweite Bedienungsstation gerechtfertigt ist?

Lösung:

Mittlere Ankunftsrate $\quad\quad\quad\quad \lambda = 0,1$ /min,
mittlere Abfertigungsrate $\quad\quad\quad \mu = 0,167$/min,
mittlere Verkehrsdichte (Auslastung) $\quad \rho = \lambda/\mu = 0,6$,

mittlere Schlangenlänge der nicht-leeren Schlange

$$L_n = \frac{\lambda}{\mu - \lambda} = 1,5,$$

Durchschnittliche Wartezeit in der nicht-leeren Schlange

$$W_n = \frac{1}{\mu - \lambda} = 15 \text{ min},$$

Mittlere Ankunftsrate, wenn ein zweiter Mann zur Bedienung der Maschinen erforderlich werden sollte

$$\lambda = \frac{\mu W_n - 1}{W_n} = 0,133,$$

d. h. wenn die Ausfälle um 33 % ansteigen, wäre die Einstellung einer weiteren Bedienungsperson gerechtfertigt.

Beispiel 12.5.: (Aufgabenstellung nach *Shamblin/Stevens* [1974])
Eine Vervielfältigungsmaschine wird von allen Mitarbeitern eines Unternehmens benutzt. Sowohl die Seitenzahl der Originale als auch die Anzahl der Kopien schwankt rein zufällig; es kann weiterhin mit exponential-verteilten Bedienungszeiten gerechnet werden. Die mittlere Bedienungsrate beträgt 10 Aufträge pro Stunde. Die Ankunftsrate sei durchschnittlich 5 Ankünfte pro Stunde. Da häufiger eine Warteschlange vor der Maschine beobachtet wurde, sollen die Verhältnisse näher untersucht werden. Man bestimme

a) Mittlere Auslastung der Maschine,
b) Wahrscheinlichkeit für die Anwesenheit von 0, 1, 2 und 3 Mitarbeitern an der Maschine,
c) mittlere Schlangenlänge einer nicht-leeren Schlange,
d) mittlere Wartezeit in der nicht-leeren Schlange,
e) durchschnittliche Personalkosten (Warten und Bedienung) pro Tag für das Unternehmen, wenn ein Mitarbeiter durchschnittlich 10 DM/h kostet.

Lösung:

a) $\rho = \frac{\lambda}{\mu} = \frac{5}{10} = 0,5,$

b) $P_0 = 1 - \rho = 0,5$
   $P_1 = \rho(1 - \rho) = 0,25$
   $P_2 = \rho^2(1 - \rho) = 0,125$
   $P_3 = \rho^3(1 - \rho) = 0,0625,$

c) $L_n = \frac{\rho}{1 - \rho} = 1,$

d) $W_n = \frac{L_n}{\lambda} = 0,2 \text{ h},$

e) Personalkosten/Tag = Aufträge/Tag × Wartezeit/Auftrag × Mitarbeiterkosten =
   $= 8 \cdot \lambda \cdot 0,2 \cdot 10 \text{ DM/d} = 80 \text{ DM/d},$

12.3.1.2. Mehr-Kanal-System mit parallelen Kanälen bei unendlichem Warteraum – M/M/s:(∞/FIFO)

Wird *eine* Schlange von mehreren parallel angeordneten Stationen bedient, deren mittlere Abfertigungsrate μ bei allen $s > 1$ Stationen gleich ist, so gelten folgende Beziehungen:

Wahrscheinlichkeit für ein leeres System

$$P_0 = \frac{1}{\left[\sum_{n=0}^{s-1} \frac{1}{n!} \left(\frac{\lambda}{\mu}\right)^n\right] + \frac{1}{s!} \left(\frac{\lambda}{\mu}\right)^s \frac{s\mu}{s\mu - \lambda}}$$

wobei μ Abfertigungsrate *einer* Station; bei allen Stationen wird die gleiche Abfertigungsrate unterstellt,
   s Anzahl der Stationen,
   $s\mu$ Abfertigungsrate aller Stationen.

Wahrscheinlichkeit, daß gewartet werden muß, d. h. Wahrscheinlichkeit, daß s oder mehr Einheiten im System sind

$$P(x \geq s) = \frac{1}{s!} \left(\frac{\lambda}{\mu}\right)^s \frac{s\mu}{s\mu - \lambda} P_0,$$

mittlere Schlangenlänge bezogen auf alle Einheiten

$$L_q = \frac{\lambda}{s\mu - \lambda} \; P(x \geq s),$$

mittlere Anzahl der Einheiten im System

$$N = L_q + \frac{\lambda}{\mu},$$

mittlere Wartezeit in der Schlange

$$W_q = \frac{L_q}{\lambda},$$

mittlere Verweilzeit im System

$$V = W_q + \frac{1}{\mu},$$

mittlere Länge der nicht-leeren Schlange

$$L_n = N = L_q + \frac{\lambda}{\mu},$$

mittlere Wartezeit in der nicht-leeren Schlange

$$W_n = V = \frac{L_q}{\lambda} + \frac{1}{\mu}.$$

Beispiel 12.6:
Im Auslieferungslager einer Firma stehen drei Herren zur Abfertigung der Kunden zur Verfügung. Man hat festgestellt, daß durchschnittlich mit 20 Kunden pro 8-Stunden-Tag gerechnet werden muß; jeder Verkäufer wird durchschnittlich 40 Minuten lang von einem Kunden in Anspruch genommen. Es soll unterstellt werden, daß die Ankünfte Poisson-verteilt und die Bedienungszeiten exponentiellverteilt sind und die Kunden in der Reihenfolge ihres Eintreffens von dem jeweils gerade freien Herrn bedient werden.
Es ist die Wahrscheinlichkeit für das Auftreten einer Schlange, die durchschnittliche Schlangenlänge und die durchschnittliche Wartezeit einer Einheit in der Schlange zu ermitteln.

Lösung:

Ankunftsrate $\lambda = \frac{20}{8} = \frac{5}{2}$ Ankünfte pro Stunde,

mittlere Bedienungszeit $\bar{t}_B = \frac{40}{60} = \frac{2}{3}$ Stunde pro Kunde,

Bedienungsrate $\mu = \frac{1}{\bar{t}_B} = \frac{3}{2}$ Abfertigungen pro Stunde und Verkäufer,

Wahrscheinlichkeit für das Auftreten einer Schlange

$$P(x \geq 3) = \frac{1}{2 \cdot 3} \left(\frac{5}{3}\right)^3 \frac{\frac{9}{2}}{\left(\frac{9}{2} - \frac{5}{2}\right)} \cdot \frac{1}{\left[1 + \frac{5}{3} + \frac{1}{2}\left(\frac{5}{3}\right)^2\right] + \frac{1}{2 \cdot 3}\left(\frac{5}{3}\right)^3 \frac{9}{2} \cdot \frac{2}{4}} = 0{,}3$$

mittlere Schlangenlänge

$$L_q = \frac{\lambda}{s\mu - \lambda} \; P(x \geq s) = \frac{5}{2 \cdot 2} \cdot 0{,}3 = 0{,}375 \text{ Kunden,}$$

mittlere Anzahl der Kunden im System

$$N = L_q + \frac{\lambda}{\mu} = 2{,}04 \text{ Kunden,}$$

mittlere Wartezeit eines Kunden in der Schlange

$$W_q = \frac{L_q}{\lambda} = 9 \text{ Minuten,}$$

mittlere Verweilzeit eines Kunden im System

$$V = W_q + \frac{1}{\mu} = 9 \text{ Minuten} + 40 \text{ Minuten} = 49 \text{ Minuten.}$$

Beispiel 12.7:
Die in Beispiel 12.5 (Vervielfältigungsmaschine) gegebene Siutation ist unbefriedigend. Es ist zu untersuchen, ob die Anmietung einer zweiten Maschine oder die Installation einer größeren Anlage zu einer Senkung der Gesamtkosten führen würde.
Gegeben sind folgende Daten:

	Bedienungsrate	Miete DM/d
Vorhandene Maschine	10 Aufträge/Stunde	20 DM/d
Größere Anlage	15 Aufträge/Stunde	40 DM/d

Lösung:
Fall 1: Vorhandene Situation (vgl. Beipsiel 12.5)

Gesamtkosten/Tag = Miete/Tag + Personalkosten/Tag
= 20 DM   + 80 DM = 100 DM.

Fall 2: Situation bei Einsatz einer größeren Anlage

$$\rho = \frac{\lambda}{\mu} = \frac{5}{15} = 0{,}3\overline{3},$$

$$W_n = \frac{1}{\mu - \lambda} = \frac{1}{15 - 5} = 0{,}1 \text{ Stunde/Auftrag,}$$

Personalkosten/Tag = 8 × 5 Aufträge/Tag × 0,1 Stunde/Auftrag
× 10 DM/Stunde
= 40 DM,

Gesamtkosten/Tag = Miete/Tag + Personalkosten/Tag
= 40 DM   + 40 DM = 80 DM.

Fall 3: Situation bei Einsatz einer zusätzlichen (zweiten) kleinen Maschine im Zwei-Kanal-System

$$P(x \geq s) = \frac{1}{s!} \left(\frac{\lambda}{\mu}\right)^s \frac{s\mu}{s\mu - \lambda} \cdot \frac{1}{\left[\sum_{n=0}^{s-1} \frac{1}{n!} \left(\frac{\lambda}{\mu}\right)^n\right] + \frac{1}{s!} \left(\frac{\lambda}{\mu}\right)^s \frac{s\mu}{s\mu - \lambda}}$$

$$P(x \geq 2) = \frac{1}{2} \left(\frac{5}{10}\right)^2 \frac{20}{20 - 5} \cdot \frac{1}{\left[1 + \frac{5}{10}\right] + \frac{1}{2} \left(\frac{5}{10}\right)^2 \frac{20}{20 - 5}}$$

$$= \frac{0{,}5 \cdot 0{,}25 \cdot 1{,}33}{1 + 0{,}5 + 0{,}5 \cdot 0{,}25 \cdot 1{,}33} \approx 0{,}1,$$

$$L_q = \frac{\lambda}{s\mu - \lambda} P(x \geq s)$$

$$= \frac{5}{20-5} \cdot 0{,}1 = 0{,}0\overline{33},$$

$$W_n = \frac{L_q}{\lambda} + \frac{1}{\mu}.$$

$$= \frac{0{,}0\overline{33}}{5} + \frac{1}{10} = 0{,}107 \text{ Stunde},$$

Personalkosten/Tag = $8 \cdot 5 \cdot 0{,}107 \cdot 10 = 42{,}67$ DM/Tag,
Gesamtkosten/Tag = Miete/Tag + Personalkosten/Tag
$\qquad\qquad\qquad\;\; = 2 \cdot 20$ DM + $42{,}67$ DM = $82{,}67$ DM.

Fall 4: Situation bei Einsatz einer zusätzlichen (zweiten) kleinen Maschine, die an anderer Stelle aufgestellt wird (2 Ein-Kanal-Systeme)

Gesamtkosten/Tag = Miete/Tag + Personalkosten/Tag
Miete/Tag = $2 \cdot 20$ DM/d = 40 DM/d
Personalkosten/Tag = $2 \cdot 8$ h/d $\cdot \lambda \times V \times 10$ DM/h
$\qquad \lambda = 5/2\text{h} = 2{,}5/\text{h}$

$$V = \frac{1\,\text{h}}{10-2{,}5} = 0{,}1333\,\text{h}$$

Personalkosten/Tag = $2 \cdot 8\text{h/d} \cdot 2{,}5/\text{h} \times 0{,}1333\text{h} \times 10$ DM/d
$\qquad\qquad\qquad\;\; = 53{,}34$ DM/d
Gesamtkosten/Tag $= 40$ DM/d + $53{,}34$ DM/d = $93{,}34$ DM/d

Ergebnis: Der Fall 2 (Einsatz einer größeren Anlage) ist den anderen Alternativen vorzuziehen, da er zu den geringsten Gesamtkosten/Tag führt.

Beispiel 12.8

Bei einer Werkzeugausgabe kommt durchschnittlich alle 35 Sekunden ein Arbeiter an. Die durchschnittliche Bedienungszeit beträgt 50 Sekunden. Es werden für die Ankünfte die Poisson-Verteilung und für die Bedienungszeiten die Exponentialverteilung unterstellt. Es soll bestimmt werden, wieviel Bedienungspersonal für die Werkzeugausgabe vorgesehen werden sollen, damit die Gesamtkosten (Maschinenstillstand durch Wartezeiten der Arbeiter und Leerzeiten beim Bedienungspersonal) minimiert werden. Die Maschinenstunde möge durchschnittlich $k_M = 15$ DM/h und das Bedienungspersonal $k_B = 5$ DM/h kosten.

Lösung:

Ankunftsrate $\lambda = \frac{60}{35} = \frac{12}{7}$ Ankünfte pro Minute,

Bedienungsrate $\mu = \frac{60}{50} = \frac{6}{5}$ Abfertigungen pro Minute,

$$\rho = \frac{\lambda}{\mu} = \frac{10}{7}.$$

Da $\rho > 1$ ist, wird die Schlange bei nur $s = 1$ Bedienungsperson gegen unendlich anwachsen.

Es wird im folgenden für verschiedene s untersucht:

- Wahrscheinlichkeit für das Auftreten einer Schlange $P(n \geq s)$,
- durchschnittliche Anzahl der Einheiten in der Schlange L_q,
- durchschnittliche Wartezeit pro Einheit W_q,
- mittlere Auslastung der Bedienung

$$\overline{a} = \lambda/\mu\,s,$$

- Leerzeiten des Bedienungspersonals während eines 8-Stunden-Tages

$$\overline{t_L} = (1 - \overline{a}) \cdot 8 \cdot s,$$

- Leerkosten der Bedienung: $K_L = k_B \cdot \overline{t_L}$,
- Maschinenstillstandzeiten durch Warten der Arbeiter in der Schlange während eines 8-Stunden-Tages $\overline{t_s} = 8 \cdot W_q \cdot \lambda$,
- Stillstandkosten durch Warten der Arbeiter,

$$K_S = k_M \cdot \overline{t_s}$$

- Gesamtkosten $K = K_L + K_S$.

Die Ergebnisse der Rechnung sind tabellarisch für verschiedene Bedienungsstärke s zusammengefaßt:

s	$P(n \geq s)$	L_q	W_q	$\overline{a}$	$\overline{t_L}$	K_L	$\overline{t_s}$	K_S	K
Personen	%	Personen	Min./Pers.	%	Std./Tag	DM/Tag	Std./Tag	DM/Tag	DM/Tag
2	59	1,46	0,855	71	4,6	23	11,8	176	199
3	21	0,195	0,113	48	12,6	63	1,50	23	86
4	7	0,036	0,021	36	20,6	103	0,27	4,6	108

Ergebnis: bei s = 3 Personen in der Werkzeugausgabe werden die Gesamtkosten ein Minimum.

12.3.1.3. Ein-Kanal-System bei begrenztem Warteraum – M/M/1:(m/FIFO)

Wahrscheinlichkeit, daß das System leer ist

$$P_0 = \frac{1}{\sum_{n=0}^{m} \left[\frac{m!}{(m-n)!} \left(\frac{\lambda}{\mu} \right)^n \right]},$$

wobei

m Anzahl der Einheiten, die der Warteraum maximal aufnehmen kann,
n Anzahl der im System bereits befindlichen Einheiten,

Wahrscheinlichkeit, daß n Einheiten im System sind

$$P_n = \frac{m!}{(m-n)!} \left(\frac{\lambda}{\mu} \right)^n P_0,$$

mittlere Anzahl der Einheiten im System

$$N = m - \frac{\mu}{\lambda} (1 - P_0),$$

mittlere Schlangenlänge bezogen auf alle Einheiten

$$L_q = m - \frac{\lambda + \mu}{\lambda} (1 - P_0).$$

12.3.1.4. Mehr-Kanal-System bei begrenztem Warteraum – M/M/s:(m/FIFO)

Wahrscheinlichkeit, daß das System leer ist

$$P_0 = \frac{1}{\sum_{n=0}^{s-1}\left[\frac{m!}{(m-n)!\,n!}\left(\frac{\lambda}{\mu}\right)^n\right] + \sum_{n=s}^{m}\left[\frac{m!}{(m-n)!\,s!\,s^{n-s}}\left(\frac{\lambda}{\mu}\right)^n\right]},$$

Wahrscheinlichkeit, daß sich n Einheiten im System befinden

$$P_n = \frac{m!}{(m-n)!\,n!}\left(\frac{\lambda}{\mu}\right)^n P_0 \qquad \text{wenn } 1 \leq n \leq s$$

$$P_n = \frac{m!}{(m-n)!\,s!\,s^{n-s}}\left(\frac{\lambda}{\mu}\right)^n P_0 \qquad \text{wenn } s \leq n \leq m,$$

mittlere Anzahl der Einheiten im System

$$N = \sum_{n=0}^{s-1} n P_n + \sum_{n=s}^{m}(n-s)P_n + s\left(1 - \sum_{n=0}^{s-1} P_n\right),$$

mittlere Schlangenlänge

$$L_q = \sum_{n=s}^{m}(n-s)P_n.$$

Beispiel 12.9: (Aufgabenstellung: *Shamblin/Stevens*/1974)

Ein Einrichter bedient 4 Maschinen. Das mittlere Einrichtungsintervall der Maschinen beträgt 10 Stunden. Die Einrichtezeit ist durchschnittlich 2 Stunden. Die beiden Zeiten folgen der Exponentialverteilung. Der Einrichter kostet 150 DM/Tag. Der Maschinenstillstand kostet pro Maschine 80 DM/Stunde.

a) Wie hoch sind durchschnittlich die Gesamtkosten/Tag (Maschinenstillstand und Bedienung)?
b) Wäre es vorteilhaft, zwei Einrichter einzusetzen, von denen jeder nur zwei Maschinen bedient? (Zwei getrennte Ein-Kanal-Systeme mit je einem Warteraum von 2 Einheiten)?
c) Wäre es vorteilhaft, zwei Einrichter einzusetzen, von denen jeder alle vier Maschinen bedienen muß? (Ein Zwei-Kanal-System mit einem Warteraum von 4 Einheiten)?

Lösung:

a) $m = 4$ Einheiten
$\lambda = 0{,}1$ Einheiten/Stunde,
$\mu = 0{,}5$ Einheiten/Stunde,

$$N = m - \frac{\mu}{\lambda}(1 - P_0),$$

$$P_0 = \frac{1}{\sum_{n=0}^{4}\frac{4!}{(4-n)!}\left(\frac{0{,}1}{0{,}5}\right)^n} = \frac{1}{1 + 4 \cdot 0{,}2 + 4 \cdot 3 \cdot 0{,}2^2 + 4 \cdot 3 \cdot 2 \cdot 0{,}2^3 + 4 \cdot 3 \cdot 2 \cdot 0{,}2^4} = 0{,}4,$$

$N = 4 - 5(1 - 0{,}4) = 1$ Maschine,
Gesamtkosten/Tag = Bedienungskosten + Stillstandkosten (8 Stundentag)
$= 150$ DM $+ 8 \cdot 1 \cdot 80$ DM $= 790$ DM.

b) m = 2 Einheiten,

$$P_0 = \frac{1}{\sum_{n=0}^{2} \frac{2!}{(2-n)!} \left(\frac{0,1}{0,5}\right)^n} = \frac{1}{1 + 2 \cdot 0,2 + 2 \cdot 1 \cdot 0,2^2} = 0,68,$$

N = 2 − 5(1 − 0,68) = 0,4 Maschine,
Gesamtkosten/Tag = 2 · 150 DM + 8 · 2 · 0,4 · 80 DM = 812 DM.
Die Einrichtung von zwei getrennten Ein-Kanal-Systemen ist also unvorteilhaft.

c) s = 2 Kanäle,
m = 4 Einheiten im Warteraum,

$$N = \sum_{n=0}^{1} n \cdot P_n + \sum_{n=2}^{4} (n-2) P_n + 2\left(1 - \sum_{n=0}^{1} P_n\right)$$

$$= 0 \cdot P_0 + 1 P_1 + (2-2) P_2 + (3-2) P_3 + (4-2) P_4 + 2(1 - P_0 - P_1),$$

$$P_0 = \frac{1}{\sum_{n=0}^{1} \left[\frac{4!}{(4-n)!\, n!} \left(\frac{0,1}{0,5}\right)^n\right] + \sum_{n=2}^{4} \left[\frac{4!}{(4-n)!\, 2!\, 2^{n-2}} \left(\frac{0,1}{0,5}\right)^n\right]}$$

$$= \frac{1}{\frac{4!}{4!\,0!} 0,2^0 + \frac{4!}{3!\,1!} 0,2 + \frac{4!}{2!\,2!\,2^0} 0,2^2 + \frac{4!}{1!\,2!\,2} 0,2^3 + \frac{4!}{0!\,2!\,2^2} 0,2^4} = 0,48,$$

$$P_1 = \frac{4!}{3!\,1!}\, 0,2 \cdot 0,48 = 0,38 \quad \text{aus Formel für } P_n \text{ bei } n \leq s,$$

$$P_2 = \frac{4!}{2!\,2!}\, 0,2^2 \cdot 0,48 = 0,12,$$

$$P_3 = \frac{4!}{1!\,2!\,2} \cdot 0,2^3 \cdot 0,48 = 0,02 \quad \text{aus Formel für } P_n \text{ bei } s < n \leq m,$$

$$P_4 = \frac{4!}{0!\,2!\,2^2} \cdot 0,2^4 \cdot 0,48 = 0,002,$$

N = 0,38 + 0,02 + 2 · 0,002 + 2(1 − 0,48 − 0,38) = 0,68,
Gesamtkosten/Tag = 2 · 150 DM + 8 · 0,68 · 80 DM = 735,20 DM.
Die Einführung eines Zwei-Kanal-Systems ist vorteilhaft, da die Kosten bei diesem System am geringsten sind.

12.3.2. Ein Kanal-System mit exponentiell-verteilten Ankunftsintervallen und Erlangverteilten Bedienungszeiten – M/E/1

Bei den bisher betrachteten Warteschlangenproblemen wurde von der Voraussetzung ausgegangen, daß die Zwischenankunftszeiten t_A und die Bedienungszeiten t_B entsprechend der Exponentialverteilung verteilt sind. Bei der Untersuchung von realen Warteschlangensituationen trifft man vielfach Häufigkeitsverteilungen mit linksschiefer Form, die sich nicht an eine Exponentialverteilung anpassen lassen. Die Exponentialverteilung zeigt nämlich die Eigenschaft, daß größere Bedienungszeiten weniger wahrscheinlich sind als die kleineren. Dies kann in bestimmten Zeitabschnitten zutreffen, aber für die Dauer eines Vorgangs trifft es nur selten zu. So sind z.B. die kürzesten Telefongespräche („falsch verbunden") sicher nicht die häufigsten. In solchen Fällen wird auf eine von Erlang gefundene Dichtefunktion zurückgegriffen, die es erlaubt, durch geeignete Wahl der Parameter, empirische Verteilungen anzunähern, deren Form einen Übergang zwischen Exponential- und Einpunktverteilung (Konstanz) darstellt.

Die Theorie der Warteschlangen basiert weitgehend auf den Arbeiten des dänischen Ingenieurs *A. K. Erlang* in der Zeit von 1908 bis 1922. *Erlang* unterstellte in seinem Ansatz, daß sich die Bedienung eines Kunden in mehreren Phasen (Schritten, Abschnitten) abspielt; er stellte sich jede Bedienungszeit als die Summe von k unabhängigen gleichartig exponentiell-verteilten Phasenzeiten vor. So kann man sich z. B. die Inspektion eines Autos aus Teiluntersuchungen auf mehreren Prüfständen vorstellen. Falls die Bedienungszeit bei jeder Phase unabhängig von der Dauer der anderen Phasen ist, so ist die Gesamtbedienungszeit nach Erlang verteilt.

Bei k = 1 geht die Erlang-Verteilung in die Exponentialverteilung über; bei k = ∞ liegt eine konstante Gesamtbedienungszeit vor.

Es gelten in diesem Fall folgende Formeln:

mittlere Schlangenlänge

$$L_q = \frac{1 + 1/k}{2} \cdot \frac{\lambda^2}{\mu(\mu - \lambda)} = \frac{1 + 1/k}{2} \cdot \frac{\rho^2}{1 - \rho},$$

mittlere Länge der nicht-leeren Schlange

$$L_n = L_q + \rho,$$

mittlere Wartezeit in der Schlange

$$W_q = \frac{L_q}{\lambda},$$

mittlere Verweilzeit im System

$$V = W_q + \frac{1}{\mu}.$$

Beispiel 12.10:
Ein Friseur hat sich selbständig gemacht und arbeitet noch alleine. Für einen Haarschnitt benötigt er genau 15 Minuten. Es sind die interessierenden Größen zu bestimmen, wenn die Kunden nach *Poisson* im durchschnittlichen Abstand von 20 Minuten eintreffen!

Lösung:
λ = 3 Kunden/Stunde; μ = 4 Kunden/Stunde.
Für konstante Bedienungszeiten ist k = ∞. Damit wird

$$L_q = \frac{\lambda^2}{2\mu(\mu - \lambda)} = \frac{9}{2 \cdot 4 \cdot 1} = 1,125$$

$$L_n = L_q + \frac{\lambda}{\mu} = 1,125 + 0,75 = 1,875,$$

$$W_q = \frac{L_q}{\lambda} = 1,125/3 = 0,375 \text{ Stunden} = 22,5 \text{ Minuten},$$

$$V = W_q + \frac{1}{\mu} = 37,5 \text{ Minuten}.$$

Beispiel 12.11:

Die Inspektion eines Pkw besteht aus 5 unterschiedlichen Arbeitsgängen, die nacheinander durchgeführt werden. Für jeden Arbeitsgang werden durchschnittlich 10 Minuten benötigt. (Die Ausführungszeit jedes Arbeitsganges wird als exponentiell verteilt und unabhängig von den anderen Arbeitsgängen angesehen.) Wie lange müssen die Kunden durchschnittlich warten (Verweilzeit), wenn die Kunden nach einer *Poisson*-Verteilung mit einem mittleren zeitlichen Abstand von 1 Stunde ihre Wagen zur Inspektion bringen und im Erfrischungsraum auf ihre Wagen warten?

Es handelt sich um k = 5 unterschiedliche Zeitphasen.

Lösung:

$\lambda = 1$ Kunde/Stunde $\mu = \frac{60}{50} = 1{,}2$ Kunden/Stunde,

$$W_q = \frac{L_q}{\lambda} = \frac{(1 + 1/k)}{2} \cdot \frac{\lambda}{\mu(\mu - \lambda)} = \frac{6}{10} \cdot \frac{1}{0{,}24} = 2{,}5 \text{ Stunden,}$$

$V = W_q + \frac{1}{\mu} = 200$ Minuten = 3 Stunden 20 Minuten.

Eine Verkürzung der Arbeitszeit an jedem Arbeitsplatz um 10 % bringt eine Verkürzung der Wartezeit um fast 50 %, wie leicht zu errechnen ist:

$$\mu = \frac{60}{45} = 1{,}33,$$

$$W_q = \frac{6}{10} \cdot \frac{1}{0{,}44} = 1{,}36 \text{ Std.}$$

12.3.3. Lösung von Warteschlangen-Problemen durch stochastische Simulation

Bei vielen praktischen Problemen treffen die im vorigen Abschnitt gemachten Annahmen über die Art der Verteilung für Ankünfte (*Poisson*-Vert.) und Bedienungszeit (Exponential- oder *Erlang*-Vert.) nicht zu.

Weiter können Prozesse auftreten, die keinen stationären Zustand erreichen (nur kurzfristige Öffnungen der Bedienungsstation) oder bei denen die FIFO-Regel nicht zutrifft. Auch die Lösung von Warteschlangenproblemen mit mehreren Bedienungsstationen in serieller Anordnung ist neben den oben angeführten Fällen formelmäßig oft nur sehr schwierig zu handhaben.

In solchen Fällen empfiehlt sich die Lösung mittels der Monte-Carlo-Methode der stochastischen Simulation, sofern die Ankünfte und/oder Bedienungszeiten irgendwie stochastisch verteilt sind.

Der Ablauf der Simulation eines Warteschlangensystems mit einer Bedienungsstation bei gegebener Verteilung für Ankünfte und Bedienungszeiten ist im Flußdiagramm dargestellt (Bild 12.2).

Dabei wurden folgende Vereinbarungen getroffen:

a_t Anzahl der Ankünfte in der Minute t = 1, 2, ... T,

n_t Anzahl der Einheiten in der Schlange während der Minute t,

b_t Bedienungsdauer falls eine Bedienung beginnt,

$a_{ges} = \sum_t a_t$ Gesamtzahl der Ankünfte bis zur Minute t,

$w_{ges} = \sum_t n_t$ Gesamtwartezeit, d. h. von allen angekommenen Einheiten gewartete Zeit,

12. Warteschlangensysteme

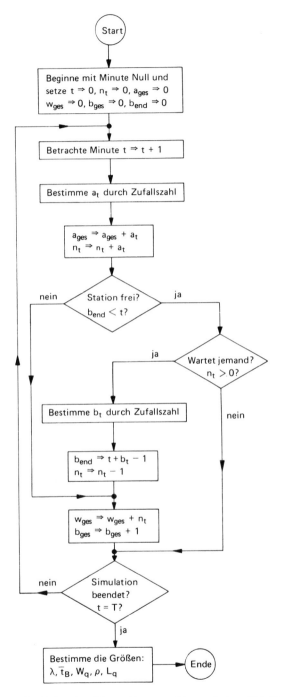

Bild 12.2. Flußdiagramm zur Simulation eines Warteschlangenproblems mit einer Abfertigungsstation bei gegebener Verteilung für Ankünfte und Bedienungszeiten.

$b_{ges} = \sum_t b_t$ Gesamtbedienungszeit,

b_{end} Bedienungsendzeitpunkt, d. h. Zeitpunkt bis zu der die Bedienungsstation (einschließlich) belegt ist.

Nach Abschluß des Simulationsprozesses werden die eigentlichen interessierenden Größen bestimmt:
- Mittlere Ankunftsrate $\lambda = a_{ges}/T$,
- Mittlere Bedienungszeit pro Einheit $\bar{t}_B = b_{ges}/a_{ges}$,
- Verkehrsdichte (mittlere Auslastung der Bedienung) $\rho = \lambda \bar{t}_B = b_{ges}/T$,
- Mittlere Wartezeit pro Einheit $W_q = w_{ges}/a_{ges}$,
- Mittlere Anzahl der Einheiten in der Schlange $L_q = \lambda W_q = w_{ges}/T$.

Beispiel 12.12:
Gegeben sind folgende Angaben für ein Ein-Kanal-Warteschlangen-Problem:

Ankünfte pro Minute x	0	1	2
Wahrscheinlichkeit p_x	0,6	0,3	0,1
Bedienungszeit (Minuten) t	1	2	3
Wahrscheinlichkeit p_t	0,5	0,3	0,2

Bestimmt werden sollen: Auslastung des Kanales, mittlere Schlangenlänge und durchschnittliche Wartezeit pro Einheit.

Da hier weder die Ankünfte *Poisson*-verteilt noch die Bedienungszeiten exponentiell bzw. *Erlang*-verteilt sind, ist man bei der Lösung des Problems auf stochastische Simulation angewiesen.

Lösung:
Zur manuellen Simulation wird eine Zufallszahlentabelle herangezogen (siehe Tabelle 11.2). Beginnend mit der Zeile 1 dieser Tabelle für dreistellige Zufallszahlen werden die Zahlen entnommen und dementsprechend die Ankünfte und Bedienungszeiten in den simulierten Zeitabschnitten angesetzt, wobei die Zuordnung entsprechend den gegebenen Wahrscheinlichkeiten aus folgender Übersicht zu ersehen ist:

Zufallszahlen	p_x	Ankünfte x pro Minute	Zufallszahlen	p_t	Bedienungszeit t
00 − 59	0,6	0	00 − 49	0,5	1
60 − 89	0,3	1	50 − 79	0,3	2
90 − 99	0,1	2	80 − 99	0,2	3

Es empfiehlt sich, den Ablauf der Simulation von Minute zu Minute sowie die Simulationsergebnisse tabellarisch zu erfassen, etwa so, wie es für die ersten 30 Minuten in der Tabelle geschehen ist.

12. Warteschlangensysteme

Tabelle: Simulation des gegebenen Warteschlangen-Problems für 30 Minuten.

Zeit-punkt t	Simulation der Ankünfte				Simulation der Bedienung				$W_{ges} = \Sigma n_t$	$b_{ges} = \Sigma b_t$
	Zufalls-zahl	a_t	Σa_t	vorläu-figes n_t	Zufalls-zahl	b_t	b_{end}	end-gültiges n_t		
1	24	0	0	0	0	0	0	0	0	0
2	94	2	2	2	05	1	2	1	1	1
3	50	0	2	1	50	2	4	0	1	2
4	49	0	2	0	–	–	–	0	1	3
5	17	0	2	0	–	–	–	0	1	3
6	47	0	2	0	–	–	–	0	1	3
7	61	1	3	1	01	1	7	0	1	4
8	38	0	3	0	–	–	–	0	1	4
9	67	1	4	1	06	1	9	0	1	5
10	01	0	4	0	–	–	–	0	1	5
11	20	0	4	0	–	–	–	0	1	5
12	59	0	4	0	–	–	–	0	1	5
13	36	0	4	0	–	–	–	0	1	5
14	97	2	6	2	11	1	14	1	2	6
15	73	1	7	2	01	1	15	1	3	7
16	41	0	7	1	62	2	17	0	3	8
17	59	0	7	0	–	–	–	0	3	9
18	51	0	7	0	–	–	–	0	3	9
19	83	1	8	1	23	1	19	0	3	10
20	68	1	9	1	35	1	20	0	3	11
21	71	1	10	1	44	1	21	0	3	12
22	49	0	10	0	–	–	–	0	3	12
23	05	0	10	0	–	–	–	0	3	12
24	57	0	10	0	–	–	–	0	3	12
25	74	1	11	1	52	2	26	0	3	13
26	09	0	11	0	–	–	–	0	3	14
27	90	2	13	2	64	2	28	1	4	15
28	27	0	13	1	–	–	–	1	5	15
29	98	2	15	3	20	1	29	2	7	17
30	64	1	16	3	25	1	30	2	9	18

Ergebnis bei 30 simulierten Minuten:

mittlere Ankunftsrate

$$\lambda = \frac{a_{ges}}{T} = \frac{16}{30} = 0{,}5\bar{3} \text{ pro Minute,}$$

mittlere Bedienungszeit

$$\bar{t}_B = \frac{b_{ges}}{a_{ges}} = \frac{18}{16} = 1{,}125 \text{ Minuten pro Ankunft,}$$

mittlere Auslastung

$$\varrho = \lambda \bar{t}_B = 60\%,$$

mittlere Wartezeit

$$W_q = \frac{w_{ges}}{a_{ges}} = \frac{9}{16} = 0{,}563 \text{ Minuten pro Ankunft,}$$

mittlere Schlangenlänge

$$L_q = \lambda w_q = 0{,}3 \text{ Einheiten.}$$

Um festzustellen, inwieweit das Ergebnis von der Dauer der Simulation abhängt, wurde die Simulation über insgesamt 10^5 Minuten fortgesetzt. Das Ergebnis ist aus folgender Übersicht zu ersehen:

Bezeich-nung	Simulation von					
	30	100	10^3	10^4	10^5	Minuten
λ	0,5$\bar{3}$	0,53	0,472	0,492	0,495	Ankünfte pro Minute
$\bar{t}_B$	1,125	1,132	1,271	1,260	1,262	Minuten pro Person
ϱ	0,6	0,6	0,6	0,62	0,625	Auslastung der Bedienung
W_q	0,563	0,358	0,485	0,481	0,500	Minute pro Person
L_q	0,3	0,19	0,229	0,237	0,248	Personen

12.4. Aufgaben zu Warteschlangenproblemen

1. An einer Zollstation kommen die PKW mit einer mittleren Ankunftsrate von λ = 1,2 pro Minute an. Die mittlere Abfertigungszeit beträgt 20 Sekunden, also μ = 3 pro Minute. Man berechne
   a) Verkehrsdichte,
   b) Wahrscheinlichkeit, daß sich kein Fahrzeug in der Zollstation befindet,
   c) Wahrscheinlichkeit, daß sich 1, 2 oder 3 Fahrzeuge an der Zollstation befinden,
   d) mittlere Zahl der Fahrzeuge im System,
   e) mittlere Schlangenlänge,
   f) mittlere Verweilzeit der Fahrzeuge im System,
   g) mittlere Wartezeit eines Fahrzeuges in der Schlange.

2. Ein Unternehmen läßt seine Produkte durch firmeneigene und fremde Fahrzeuge zu den Verbrauchern transportieren. Die unabhängigen Spediteure beklagen sich darüber, daß die Verladerampe zu klein ausgelegt ist und sie zu lange Wartezeiten vor der Verladerampe in Kauf nehmen und dadurch Verluste hinnehmen müßten. Sie forderten vom Unternehmen, entweder die Verladerampe zu vergrößern oder aber eine entsprechende Vergütung der Wartezeit. Die Verhältnisse sind zu untersuchen, wenn folgende Daten gegeben sind:

   50 % der Transporte wurden von unabhängigen Spediteuren übernommen, mittlere Ankunftsrate 2 pro Stunde, mittlere Abfertigungsrate 3 pro Stunde, Abfertigungszeit und Ankunftsintervalle seien exponential-verteilt.

   Man bestimme für das Ein-Kanal-System:
   a) Wahrscheinlichkeit, daß Fahrzeuge warten müssen,
   b) mittlere Wartezeit eines Fahrzeuges in der nicht-leeren Schlange,
   c) mittlere Wartezeit eines Fahrzeuges,
   d) Gesamtwartezeit der Fahrzeuge der Spediteure während eines 8-Stunden-Tages.

   Wie ändern sich die unter a bis d gefragten Größen durch die Einrichtung einer weiteren Verladerampe?

3. Für die Wartung einer Maschinenanlage soll ein Monteur angestellt werden. Es fallen durchschnittlich 3 Reparaturen pro Stunde an: diese sind nach Zeit und Charakter nach *Poisson* verteilt. Die Stillstandzeit der Maschine kostet die Firma 5 DM pro Stunde. Der Betriebsleiter hat die Wahl zwischen einem älteren, erfahrenen Monteur A und einem jungen Monteur B, der noch über keine Erfahrung verfügt. B verlangt 3 DM pro Stunde und repariert nach einem exponentiellen Gesetz durchschnittlich vier Maschinen pro Stunde. A verlangt 5 DM pro Stunde, repariert aber in dieser Zeit durchschnittlich sechs Maschinen. Welcher Monteur ist für die Firma günstiger?

4. Bei der Reparatur einer Straßenstrecke wird etappenweise vorgegangen, d. h. es wird zunächst nur die eine und dann die andere Fahrbahn repariert. Die Baufirma möchte in möglichst langen Etappen arbeiten; andererseits wird die „mittlere Durchflußmenge" der Fahrzeuge mit der Länge der Baustelle ständig kleiner. Wie lang darf die Baustelle sein, wenn die mittlere Wartezeit vor der Baustelle höchstens zwei Minuten sein soll?

Vor Baubeginn ergab eine Verkehrszählung während einer Dauer von 200 min folgendes Ergebnis:

x_i	0	1	2	3	4	5	6	7	8	9	10	11	Anzahl/min
h_i	6	15	40	42	37	30	10	9	5	3	2	1	Häufigkeit

Viele Beobachtungen bei Straßenarbeiten haben gezeigt, daß die Zeiten, die die Fahrzeuge beim Durchfahren von Baustellen benötigen, einer Exponentialverteilung entsprechen. Die zulässige Länge der Baustelle ergibt sich in Abhängigkeit von μ entsprechend folgender Darstellung

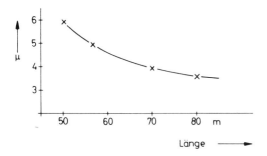

Erfahrungswerte für die zulässige Länge einer Baustelle in Abhängigkeit von der mittleren Durchflußmenge

5. An einer Ampel kommen auf jeder Fahrspur durchschnittlich 25 Autos pro Minute an (λ = 25). Jedes Auto beansprucht einschließlich Abstand zum Vordermann eine Strecke von ca. 5 m. Es wird angenommen, daß die Ampel in der Grünphase mit einer konstanten Geschwindigkeit von durchschnittlich 20 km/h durchfahren wird. Wie lange muß die Ampel auf grün stehen, wenn im Mittel nicht mehr als 5 Autos pro Fahrspur vor der Ampel warten sollen?

6. Die Bundespost plant die Installation von Telephonzellen in einem neuen Flughafengebäude. Man beabsichtigt so viele Zellen zu installieren, daß höchstens 10 % der Benutzer bei ihrer Ankunft die Zellen alle besetzt finden und deshalb warten müssen. Die Zahl der Benutzer wird mit durchschnittlich 30 pro Stunde (Ankünfte nach Poisson verteilt) angenommen. Die durchschnittliche Sprechzeit betrage 5 min (Exponentialverteilung unterstellt). Wieviele Zellen sollten installiert werden?

7. Zur Reparatur einer Autobahnstrecke wird der Verkehr auf die Gegenfahrbahn umgeleitet. Das Autobahn-Neubauamt stellt sich die Aufgabe, die Länge der Bauabschnitte so zu wählen, daß die Wartezeit für die Fahrzeuge vor der Baustelle höchstens 0,5 Minuten beträgt. Eine statistische Untersuchung an dem Autobahnabschnitt hat gezeigt, daß die Ankünfte der Fahrzeuge zufällig erfolgen und sich um die mittlere Ankunftsrate von 22,2 Fahrzeuge pro Minute nach Poisson verteilen. Weitere Untersuchungen an ähnlichen Bauabschnitten haben gezeigt, daß die mittlere Abfertigungsrate von der Baustellenlänge x (in km) abhängt und zwar in etwa wie folgt $\mu = 20 + 2/x$.

Gesucht sind weiter die mittlere und die maximale Schlangenlänge. Für die maximale Schlangenlänge wird verlangt, daß dieser Extremwert mit einer Wahrscheinlichkeit von 95 % nicht überschritten wird.

8. Die ARAL beabsichtigt die Einrichtung einer neuen Tankstellenanlage und möchte untersuchen, wieviele Tanksäulen installiert werden sollen. Von einem Unternehmen der Marktforschungsbranche wurden auf Grund einer Häufigkeitsuntersuchung folgende Angaben hinsichtlich der Ankunfts- und Bedienungszeit-Verteilung gemacht:

zeitlicher Abstand in Min	Anzahl der Ankünfte	Anzahl der Bedienungen
0 ... 1	48	36
1 ... 2	20	17
2 ... 3	10	12
3 ... 4	7	9
4 ... 5	5	7
5 ... 6	4	6
6 ... 7	3	4
7 ... 8	2	3
8 ... 9	1	2
9 ... 10	0	2
10 ... 11	0	1
11 ... 12	0	1

Es wird unterstellt, daß die Ankünfte nach Poisson und die Bedienungszeit nach der Exponentialfunktion verteilt sind.
Wieviele Zapfsäulen müssen installiert werden, wenn den Kunden durchschnittlich höchsten 2 min Wartezeit zugemutet werden soll?

9. An einer Bedienungsstelle treffen ab 8.00 Uhr im Abstand von 1, 2, 3 und 4 min Kunden ein, wobei jede Zwischenankunftszeit in diesem Intervall gleich wahrscheinlich sein soll. Die Bedienungszeit soll genau 2 Minuten betragen.

Man bestimme die durchschnittliche Schlangenlänge, die durchschnittliche Wartezeit der Kunden und die Auslastung der Bedienungsstelle in der Zeit von 8.00 ... 10.00 Uhr.

10. Einer Gruppe von 6 Ingenieuren stehen zwei Terminals einer Groß-EDV-Anlage zur Verfügung. Durchschnittlich alle drei Stunden benötigt ein Ingenieur im Mittel 20 min lang ein Terminal, wobei die Exponential-Verteilung unterstellt wird. Man ermittle die Anzahl der Ingenieure, die auf die Benutzung eines Terminals warten und die Gesamtwartezeit während eines 8-Stunden-Tages.

12.5. Empfohlene Literatur zu Warteschlangensystemen

Alsmeyer, G.: Erneuerungstheorie. Teubner Verlag, Stuttgart 1991.

Austin, L. M.; Burns, J. R.: Management Science – An Aid for Managerial Decisionmaking, Mcmillan Publishing Company, New York, 1985

Domschke, W.; Drexl, A.: Einführung in Operations Research. Springer Verlag. Berlin – Heidelberg 1990.

Gal, T.: Grundlagen des Operations Research, Bd. 3. Springer Verlag, Heidelberg 1987

Gernoth, B.: Warteschlangensysteme, Modelluntersuchungen des Simulators GPSS-FORTRAN. Oldenbourg-Verlag, München – Wien 1980.

Gnedenko, B. W.; König, D.: Handbuch der Bedienungstheorie, Bd. I und II, Akademie-Verlag, Berlin 1983/1984.

Grassman, W.-K.: Stochastic Systems for Management. E. Arnold, London 1981

Heller, W.-D.; Lindenberg, H.; Nuske, M.; Schriever, K.-H.: Stochastische Systeme, W. de Gruyter, Berlin – New York 1978.

Hillier, F. S.; Lieberman, G. J.: Operations Research – Einführung. Oldenbourg Verlag, München, 4. Aufl. 1988

Kistner, K. P.: Betriebsstörungen und Warteschlangen, Westdeutscher Verlag, 1974.

Klimow, G. P.: Bedienungsprozesse, Birkhäuser Verlag, Basel und Stuttgart 1979.

König, D.; Stoyan, D.: Methoden der Bedienungstheorie. Vieweg-Verlag, Braunschweig 1976.

Kohlas, J.: Stochastische Methoden des Operations-Research, Teubner-Verlag, Stuttgart 1977.

Krampe, H.; Kubát, J.; Runge, W.: Bedienungsmodelle, Verlag Die Wirtschaft, Berlin 1974.

Mayer, M.; Hansen, K.; Klausmann, H.-S.: Mathematische Planungsverfahren II. Giradet-Verlag, Essen 1975.
Müller-Merbach, H.: Operations Research, Verlag Franz Vahlen, München 1973.
Neumann, K.: Operations Research Verfahren, Carl Hanser Verlag, München–Wien 1977.
Ravindran, A.; Phillips, D. T.; Solberg, J.: Operations Research – Principles and Practice. John Wiley & Sons, New York, 2. Aufl. 1987
Rosenberg, W. J.; Prochorow, A. I.: Einführung in die Bedienungstheorie, B. G. Teubner Verlagsgesellschaft, Leipzig 1964.
Ruiz-Palá, E.; Avila-Beloso, K.: Wartezeit und Warteschlange, Verlag Anton Hain, Meisenheim am Glan 1967.
Runzheimer, B.: Operations Research, Betriebswirtschaftlicher Verlag Dr. Th. Gabler KG, Wiesbaden 1978.
Schassberger, R.: Warteschlangen, Springer-Verlag, Wien–New York 1973.
Shamblin, J. E.; Stevens, G. T.: Operations Research, McGraw-Hill Book Company, 1974.
Whitehouse, G. E.; Wechsler, B. L.: Applied Operations Research: A Survey, John Wiley & Sons Incl, New York 1976.
Zimmermann, H. J.: Einführung in die Grundlagen des Operations Research, Verlag Moderne Industrie, 1971.

13. Optimale Lagerhaltung

13.1. Vorbemerkungen

Ein Lager ist eine Art Puffer zwischen Lieferant und Abnehmer. Es ist erforderlich, weil Lieferung und Verwendung der Ware nicht in gleichem Rhythmus erfolgen und die zeitliche Phasenverschiebung ausgeglichen werden muß. Der Lagerbestand, d. h. der Bestand an Rohstoffen, Halb- und Fertigfabrikaten, ist einmal, bedingt durch Lieferverzögerungen und Bedarfsänderungen, großen Schwankungen unterworfen, und zum anderen tragen die gegensätzlichen Interessen einzelner Abteilungen eines Unternehmens je nach dem Durchsetzungsvermögen dieser Abteilungen zu den Schwankungen bei.

In einem Unternehmen sind folgende Tendenzen in den einzelnen Abteilungen hinsichtlich der Lagerpolitik festzustellen:

- Die Verkaufsabteilung strebt ein hohes Lager an Fertigerzeugnissen an, um jederzeit jeden Kundenwunsch kurzfristig erfüllen zu können.
- Der Einkauf ist bestrebt, der Fertigung rechtzeitig die benötigten Qualitäten und Quantitäten der einzelnen Rohstoffe und Zulieferteile bereitzustellen; dies geht um so einfacher, je größer das Rohstoff- und Kaufteilelager ist. Außerdem tendiert man zu großen Bestellmengen, um Preis- und Liefervorteile zu erhalten.
- Die Fertigungsabteilungen zielen auf größte Wirtschaftlichkeit und sind deshalb daran interessiert, eine möglichst große Menge eines Typs oder Produktes zusammenhängend zu fertigen, weil damit die Einrichte- und Rüstkosten auf eine große Stückzahl verteilt werden und der Fertigungsfluß nicht so oft unterbrochen wird. Dies verursacht natürlich höhere Lagerbestände, und die durchschnittliche Lagerdauer wird entsprechend länger.
- Die Finanzabteilung wird dagegen einer Lagervergrößerung meist energisch widersprechen und zu bedenken geben, daß in den Lagervorräten erhebliche Kapitalien gebunden sind, die zu anderen betrieblichen Zwecken nicht mehr zur Verfügung stehen. Dieses Kapital könnte man unter Umständen an einer anderen Stelle mit hoher Verzinsung einsetzen, während es auf dem Lager nicht nur nichts einbringt, sondern durch Korrosion und Überalterung noch an Wert verlieren kann und außerdem Platz und Wartung beansprucht.

Je nach der Vorgehensweise der Lagerdisposition unterscheidet man:

- *Bedarfsabhängige oder plangebundene Disposition* für hochwertige oder schwierig zu lagernde Güter; eine Bestellung erfolgt jeweils bei speziellem Bedarf.
- *Verbrauchsabhängige Disposition (Bestellpunkt-Verfahren)* für geringwertige Güter, die in großen Mengen gebraucht werden; die Bestellung erfolgt hier immer dann, wenn der Lagerbestand eine bestimmte Menge bzw. einen bestimmten Wert unterschritten hat.

Voraussetzung für eine systematische Lagerdisposition und Bestellbearbeitung ist die Klassifizierung aller Lagerpositionen (Baugruppen, Teile und Rohstoffe) eventuell nach dem sog. ABC-Konzept (*Lorenz*-Kurve).

Das ABC-Konzept basiert auf der statistischen Erfahrung, daß zwischen Häufigkeit der Lagerpositionen und deren Wert annähernd folgende Relation besteht:

- Etwa 5% aller Lagerpositionen (Artikel) repräsentieren ca. 50% des Lagerwertes; diese hochwertigen Teile bezeichnet man als A-Positionen.
- Ca. 50% aller Lagerpositionen stellen nur einen Wert von insgesamt etwa 5% des Lagerwertes dar; diese geringwertigen Güter bezeichnet man als C-Positionen.
- Die übrigen Lagerpositionen werden als B-Positionen bezeichnet.

Es empfiehlt sich in jedem Fall, die A-Positionen und besonders sperrige und verderbliche Waren bedarfsorientiert oder plangebunden zu disponieren, während man die C-Positionen zweckmäßig verbrauchsorientiert (nach dem Bestellpunkt-Verfahren) disponiert.

Da der Bedarfsermittlung bei allen Lagerhaltungssystemen eine große Bedeutung zukommt, soll auf diese zunächst näher eingegangen werden.

13.2. Bedarfsbestimmung

Die Ermittlung des Bedarfs an Rohstoffen und Fremdteilen ist für den reibungslosen Fertigungsprozess von ebenso ausschlaggebender Bedeutung wie die Ermittlung des Bedarfes an Fertigprodukten für die ständige Lieferbereitschaft.

Man spricht von *deterministischem Bedarf*, wenn der Bedarf in den einzelnen Perioden vorherbestimmt d. h. zahlenmäßig bekannt ist.

Stochastischer Bedarf bedeutet demgegenüber, daß der Bedarf zufälligen, statistischen Schwankungen unterworfen ist; in diesem Fall wird versucht, aus den Vergangenheitswerten auf den zukünftigen Bedarf zu schließen, d. h. den Bedarf zu prognostizieren, wobei Trends und saisonale Schwankungen berücksichtigt werden müssen.

Als *Prognoseverfahren* für die Bedarfsermittlung werden folgende Methoden verwendet:

- Indirekte Methode
- Direkte Methoden

Bei der *indirekten Prognosenmethode* wird versucht, die zu prognostizierende Größe, z. B. den Umsatz, anhand von Verursachungs- oder Einflußfaktoren, den sog. „Leading Indicators", zu bestimmen.

Es liegt z. B. die Vermutung nahe, daß der Absatz von Möbeln wesentlich mit der Zahl der Eheschließungen zusammenhängt. Wenn eine Gegenüberstellung der entsprechenden Zahlen aus den Statistischen Jahrbüchern ergeben würde, daß der Umsatz der Möbelindustrie ungefähr proportional der Anzahl der Eheschließungen ist, wäre es für eine Möbelfirma leicht möglich, über den eigenen Marktanteil und die Bevölkerungs- und Alterspyramide ihre zukünftig möglichen Umsätze annähernd abzuschätzen, wobei selbstverständlich der Anstieg des Durchschnittseinkommens der Bevölkerung, der Geldwertschwund usw. noch einkalkuliert werden müßten.

Schwierigkeiten bereitet in den meisten Fällen das Auffinden der relevanten Einflußfaktoren, da nur selten ein unmittelbarer proportionaler Einfluß vorliegt. Häufig kann man z. B. beobachten, daß konjunkturelle Schwankungen sich mit Phasenverschiebung von einigen Monaten durch alle Branchen durchziehen.

Den *direkten Prognosemethoden* kommt die größere Bedeutung zu. Hier wird die zu prognostizierende Größe anhand von Vergangenheitswerten eben dieser Größe zu ermitteln versucht; man kann dabei folgende Verfahren unterscheiden:

- Quantitative Verfahren
- Qualitative Verfahren

Bei den quantitativen Verfahren wird versucht, die historische Datenreihe von den Zufälligkeiten zu bereinigen, so daß sie in die Zukunft verlängert und als Grundlage einer Vorhersage verwendet werden kann. Hier sind insbesondere die Trendextrapolation und die Glättungsverfahren zu nennen, die im folgenden Abschnitt näher erläutert werden sollen.

Qualitative Verfahren werden insbesondere dann verwendet, wenn keine historischen Daten existieren, z.B. wenn es sich um Neuland handelt. Es werden dann entweder subjektive Schätzungen (unter Verwendung von subjektiven Wahrscheinlichkeiten und Entscheidungsbäumen) vorgenommen oder aber die Delphi-Methode angewendet (Einholen der Urteile räumlich getrennter Experten mit anschließender Korrekturmöglichkeit der Expertenschätzungen).

13.2.1. Trendextrapolation

Wenn die beobachteten Werte eine eindeutig erkennbare Verlaufstendenz haben und die Annahme gerechtfertigt ist, daß die bestimmenden Ursachen weiter gelten, ist es zulässig, eine Trendextrapolation, d. h. eine Verlängerung einer Zeitreihe über den Beobachtungszeitraum hinaus vorzunehmen.

Die Trendextrapolation des Bedarfs an Artikeln wird heute in der Praxis häufig noch graphisch durchgeführt. Der Bedarf bzw. der Umsatz des Artikels in den einzelnen Vergangenheitsperioden wird als Kurve in einem Koordinatensystem über den Zeitperioden aufgetragen und der Trend als Ausgleichsgerade dann nach Augenmaß eingezeichnet. Es liegt auf der Hand, daß derartige Trendbestimmungen nicht sehr zuverlässig sein können. Besser ist es, die Trendgleichung mittels der Regressions- oder der vereinfachten Zeitreihenanalyse zu bestimmen.

13.2.1.1. *Regressionsanalyse*

Die Gleichung der Regressionsgeraden lautet:

$$y = a + b \cdot x,$$

wobei

$a = \bar{y} - b \cdot \bar{x}$

Achsenabschnitt auf der Ordinate,

$b = \dfrac{Q_{xy}}{Q_x}$

Steigung der Regressiongeraden,

$\bar{y} = \dfrac{1}{n} \sum_{j=1}^{n} y_j$

Mittelwert der Ordinatenwerte,

$$\bar{x} = \frac{1}{n} \sum_{j=1}^{n} x_j$$

Mittelwert der Abszissenwerte,

$$Q_{xy} = \Sigma\, x_j y_j - \frac{1}{n} (\Sigma\, x_j)(\Sigma\, y_j)$$

Quadratsumme der Kovarianz,

$$Q_x = \Sigma\, x_j^2 - \frac{1}{n} (\Sigma\, x_j)^2$$

Quadratsumme der Varianz von x,

$$Q_y = \Sigma\, y_j^2 - \frac{1}{n} (\Sigma\, y_j)^2$$

Quadratsumme der Varianz von y.

Zur Bestimmung des Vertrauensbereiches (Konfidenzintervalles) für die Regressionsgerade wird auf das einschlägige Schrifttum[1] verwiesen.

Über den Korrelationskoeffizient r kann man den Grad des Zusammenhanges zwischen y und x abschätzen:

$$r = \frac{Q_{xy}}{\sqrt{Q_x \cdot Q_y}}, \qquad \text{wobei} \quad -1 \leq r \leq 1.$$

Je näher |r| bei 1 liegt, um so sicherer ist ein linearer Zusammenhang zwischen y und x. Die Handhabung der Regressionsanalyse wird anhand des ersten Beispiels gezeigt.

13.2.1.2. *Vereinfachte Zeitreihenanalyse*

Neben der Regressionsanalyse, die letztlich eine Kausalanalyse darstellt, gibt es die vereinfachte Version einer Zeitreihenanalyse. Unter einer Zeitreihe versteht man die Entwicklung einer bestimmten Größe in Abhängigkeit von der Zeit, wobei die Messung in jeweils gleichen Zeitabständen vorgenommen wird.

Bei der vereinfachten Zeitreihenanalyse wird der mittlere Bedarf wie folgt bestimmt:

$$\bar{y}_j = \bar{y} + c \cdot t_j,$$

wobei

$$\bar{y} = \frac{1}{n} \sum_{j=1}^{n} y_j$$

---

[1] *Kreyszig, E.:* Statistische Methoden und ihre Anwendung. Verlag Vandenhoeck & Ruprecht, Göttingen 1975, S. 270 f.

13. Optimale Lagerhaltung

Mittelwert der Einzelwerte y_j in den Zeitabschnitten t_j und

$$c = \frac{\sum_{j=1}^{n} y_j t_j}{\sum_{j=1}^{n} t_j^2}$$

Steigungsmaß der Zeitreihe.

Zur Bestimmung von c ist eine bestimmte Setzung von t_j erforderlich:

Ist die Anzahl der betrachteten Zeitabschnitte (z. B. Jahre) eine ungerade Zahl, so wird dem mittleren Zeitabschnitt der Wert Null zugeordnet; von hier aus werden die t-Werte der früher liegenden Zeitabschnitte gleich $-1, -2, -3$ usw. und die t-Werte der späteren Zeitperioden gleich $1, 2, 3$ usw. gesetzt.

Ist die Anzahl der betrachteten Zeitabschnitte eine gerade Zahl, so ist die Reihe der Zeitabschnitte wie folgt zu setzen:

$$\ldots -5, -3, -1, 1, 3, 5, \ldots$$

Im folgenden Beispiel wird die Trendextrapolation mittels Regressionsanalyse und mittels Zeitreihenanalyse gezeigt.

Beispiel 13.1:

Der Umsatz eines bestimmten Artikels während der Zeit zwischen 1965 und 1971 ist wie folgt gegeben:

Jahr	1965	1966	1967	1968	1969	1970	1971
Umsatz (Mill. DM)	5,7	6,7	7,4	6,4	6,6	8,1	8,8

Es ist der voraussichtliche Umsatz der Jahre 1972 bis 1974

a) mittels der Regressionsanalyse und
b) mittels der Zeitreihenanalyse zu bestimmen.

a) Regressionsanalyse

Die erforderlichen Rechnungen werden zweckmäßig in Tabelle 13.1 durchgeführt, wobei die Umsätze mit y_j und die Jahre mit x_j bezeichnet werden:

Tabelle 13.1.

x_j	y_j	x_j^2	y_j^2	$x_j y_j$
1	5,7	1	32,49	5,7
2	6,7	4	44,89	13,4
3	7,4	9	54,76	22,2
4	6,4	16	40,96	25,6
5	6,6	25	43,56	33,0
6	8,1	36	65,61	48,6
7	8,8	49	77,44	61,6
Σx_j = 28	Σy_j = 49,7	Σx_j^2 = 140	Σy_j^2 = 359,71	$\Sigma x_j y_j$ 210,1

$Q_x = \Sigma x_j^2 - \frac{1}{n}(\Sigma x_j)^2 = 140 - \frac{1}{7} 28^2 = 140 - 112 = 28$

$Q_y = \Sigma y_j^2 - \frac{1}{n}(\Sigma y_j)^2 = 359,71 - \frac{1}{7} \cdot 49,7^2 = 6,85$

$Q_{xy} = \Sigma x_j y_j - \frac{1}{n}(\Sigma x_j)(\Sigma y_j) = 210,1 - \frac{1}{7} 28 \cdot 49,7 = 11,3$

$b = \frac{Q_{xy}}{Q_x} = \frac{11,3}{28} = 0,4.$

$a = \bar{y} - b\bar{x} = \frac{49,7}{7} - 0,4 \cdot \frac{28}{7} = 5,5.$

Regressionsgleichung

$$y = 5{,}5 + 0{,}4\,x,$$

Korrelationskoeffizient

$$r = \frac{Q_{xy}}{\sqrt{Q_x \cdot Q_y}} = 0{,}82.$$

Aus der Regressionsgleichung ergibt sich mit x = 8, 9 und 10 dann der zu erwartende mittlere Umsatz der Jahre 1972 bis 1974:

Jahr	x_j	Umsatz y_j
1972	8	8,7 Mio. DM
1973	9	9,1 Mio. DM
1974	10	9,5 Mio. DM

b) Vereinfachte Zeitreihenanalyse

Auch diese Analyse empfiehlt sich anhand der Tabelle 13.2 durchzuführen:

Tabelle 13.2.

j	y_j	t_j	$y_j t_j$	t_j^2
1	5,7	-3	-17,1	9
2	6,7	-2	-13,4	4
3	7,4	-1	-7,4	1
4	6,4	0	0	0
5	6,6	1	6,6	1
6	8,1	2	16,2	4
7	8,8	3	26,4	9
	Σy_j = 49,7		$\Sigma y_j t_j$ = 11,3	Σt_j^2 = 28

$$\bar{y} = \frac{1}{n} \sum_{j=1}^{n} y_j = \frac{49{,}7}{7} = 7{,}1$$

$$c = \frac{\Sigma y_j t_j}{\Sigma t_j^2} = \frac{11{,}3}{28} = 0{,}4,$$

also

$$\bar{y}_j = 7{,}1 + 0{,}4\,t_j.$$

Der mittlere Umsatz in den einzelnen Jahren kann somit bestimmt werden:

Jahr	1965	1966	1967	1968	1969	1970	1971	1972	1973	1974
t_j	-3	-2	-1	0	1	2	3	4	5	6
Umsatz $\bar{y}_j$	5,9	6,3	6,7	7,1	7,5	7,9	8,3	8,7	9,1	9,5

Beide Analysen führen zum gleichen Ergebnis, wobei der Rechenaufwand durch Anwendung der Zeitreihenanalyse jedoch erheblich reduziert werden kann (Bild 13.1).

13.2.2. Glättungsverfahren

Vielfach wird bei den Vorhersagen über Bedarf oder Nachfrage mit Mittelwerten (Durchschnitten) der Vergangenheitswerte gearbeitet; dadurch werden zufällig große Schwankungen ausgeglichen und der Kurvenverlauf geglättet.

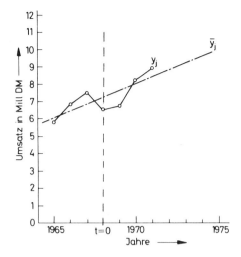

Bild 13.1
Graphische Darstellung der Trendextrapolation

Verwendet werden hier außer dem arithmetischen Mittelwert insbesondere:
- der *gleitende Durchschnittswert* über mehrere Perioden, wobei die Periodenanzahl konstant bleibt; je kleiner die Periodenanzahl, um so schneller reagiert der gleitende Durchschnitt auf die Schwankung;
- der *gewogene Durchschnitt*, wobei den jüngsten Vergangenheitswerten ein größeres Gewicht beigemessen werden kann; man wähle die Gewichte so, daß ihre Summe gleich 1 wird;
- die *Methode der exponentiellen Glättung* (exponential smoothing) als verfeinerte Methode gewogener Durchschnitte, wobei die Gewichtung der einzelnen Vergangenheitswerte in Form einer Exponentialkurve abnimmt.

Der Verlauf dieser Gewichtungsfunktion kann mit Hilfe eines einzigen Faktors, des Glättungsfaktors α, derart variiert werden, daß die jüngeren Beobachtungswerte die Prognose bestimmen, während die älteren Werte mit geringerer Aktualität fast einflußlos sind.

Somit passen sich mit Hilfe dieser Methode die Prognosen relativ schnell der neueren Entwicklung an.

Ein weiterer Vorteil dieser Methode liegt darin, daß sie nur ein Minimum an gespeicherten Informationen erfordert und sich deshalb speziell für den EDV-Einsatz gut eignet.

Bei der *exponentiellen Glättung erster Ordnung* wird als Vorhersagewert für die (n + 1)-te Periode der auf eine besondere Weise bestimmte Mittelwert $\bar{x}_n$ der n-ten Periode verwendet.

$$\bar{x}_n = \alpha x_n + \alpha(1-\alpha) x_{n-1} + \alpha(1-\alpha)^2 x_{n-2} + \ldots$$

wobei

$\bar{x}_n$ Mittelwert in der n-ten Periode = Prognosewert der (n + 1)-ten Periode,
x_n Istwert in der n-ten Periode,
x_{n-j} Istwert in der (n − j)-ten Periode,
α Glättungsfaktor.

Entsprechend ist

$$\bar{x}_{n-1} = \alpha x_{n-1} + \alpha(1-\alpha) x_{n-2} + \ldots .$$

Daraus ergibt sich

$$x_{n-1} = \frac{\bar{x}_{n-1}}{\alpha} - (1-\alpha) x_{n-2}.$$

Entsprechend der Grundgleichung ist

$$\bar{x}_{n-2} = \alpha x_{n-2} + \ldots .$$

Daraus ergibt sich

$$x_{n-2} = \frac{\bar{x}_{n-2}}{\alpha}.$$

Setzt man die Werte für x_{n-j} in die Grundgleichung ein, so folgt daraus:

$$\bar{x}_n = \alpha x_n + \alpha(1-\alpha) \left[\frac{\bar{x}_{n-1}}{\alpha} - (1-\alpha) \frac{\bar{x}_{n-2}}{\alpha} \right] + \alpha(1-\alpha)^2 \frac{\bar{x}_{n-2}}{\alpha}$$

$$= \alpha x_n + (1-\alpha) \bar{x}_{n-1} - (1-\alpha)^2 \bar{x}_{n-2} + (1-\alpha)^2 \bar{x}_{n-2}$$

$$= \alpha x_n + (1-\alpha) \bar{x}_{n-1}.$$

Die einfachere Formulierung ist

$$\bar{x}_n = \bar{x}_{n-1} + \alpha(x_n - \bar{x}_{n-1})$$

oder verbal

„Der Prognosewert der nächsten Periode ergibt sich aus dem Prognosewert der abgelaufenen Periode plus Glättungsfaktor mal der Abweichung zwischen dem Istwert und dem Prognosewert der abgelaufenen Periode," z. B.

$$PW_{Juni} = PW_{Mai} + \alpha(IW_{Mai} - PW_{Mai})$$

(Man beachte, daß $PW_{n+1} = \bar{x}_n$).

Der Glättungsfaktor α ist die Größe, die die Anpassung des Mittelwertes an die jüngste Nachfrage bewirkt. Ist $\alpha = 0$, so ist der neue Mittelwert stets gleich dem alten Mittelwert, d. h. der Mittelwert reagiert überhaupt nicht auf Nachfrageänderungen. Ein Wert von $\alpha = 1$ dagegen bewirkt, daß der neue Mittelwert stets gleich der jüngsten Nachfrage ist, d. h. er bewirkt eine 100 %ige Anpassung.

Ein kleiner Wert von α führt also zu einem sehr langsamen Anpassen des Mittelwertes an Änderungen im Nachfrageverlauf; das System ist „träge" oder „stabil".

Umgekehrt führen größere Werte von α zu einem schnellen Anpassen, d. h. zu einem „nervösen" oder „sensiblen" Reagieren auf zufällige Nachfrageschwankungen. Gebräuchlich sind α-Werte zwischen 0,1 und 0,3.

Das Verfahren der exponentiellen Glättung erster Ordnung ist nur dann mit Vorteil anwendbar, wenn die Nachfrage ohne erkennbaren Trend zufällig um einen weitgehend gleichbleibenden Wert pendelt.

Liegt jedoch ein trendförmiger Verlauf der Nachfrage vor, so sind die differenzierten Verfahren der exponentiellen Glättung höherer Ordnung erforderlich; von diesen Verfahren kommt insbesondere der exponentiellen Glättung zweiter Ordnung eine gewisse Bedeutung zu (vgl. *Wiese* [1968]).

Beispiel 13.2:
Während der letzten 4 Monate wurden folgende Lagerabgänge notiert:

Monat	1	2	3	4
Lagerabgang	100	90	80	110

Es sind Prognosen für den voraussichtlichen Lagerabgang im Folgemonat anzustellen. Man bestimme
- den gleitenden Durchschnitt über je 4 Monate,
- den gewogenen gleitenden Durchschnitt über je 4 Monate mit der Gewichtung 0,1; 0,2; 0,3; 0,4,
- den Mittelwert nach der Methode der exponentiellen Glättung erster Ordnung mit $\alpha = 0,2$.

Lösung:

Monat	Abgang	Gleitender Durchschnitt $\bar{x} = \frac{1}{4} \Sigma x_j$	Gewogener Durchschnitt $\bar{x} = \Sigma g_j x_j$	Exponentielle Glättung $\bar{x}_n = \bar{x}_{n-1} + \alpha(x_n - \bar{x}_{n-1})$
1	100	–	–	
2	90	–	–	100 + 0,2 (90 – 100) = 98
3	80	–		98 + 0,2 (80 – 98) = 94,4
4	110	95	96	94,4 + 0,2 (110 – 94,4) = 97,5

13.3. Lagerhaltungsstrategien

Das Problem der optimalen Lagerhaltung wird durch folgende *Zielsetzungen* bestimmt:
- Frühzeitige Bedarfsermittlung,
- Sicherung hoher Lieferbereitschaft (Kurze Lieferzeiten),
- wirtschaftliche Lagerhaltung (Minimierung der Kosten).

Die *Grundfragen* jeder Lagerdisposition sind:
- Wann soll bestellt werden? (Bestellzeitpunkt, Bestellintervall)
- Wieviel soll bestellt werden? (Bestellmenge)
- Wie hoch darf der durchschnittliche Lagerbestand sein?
- Wie sollen die Bedarfsschwankungen ausgeglichen werden? (Sicherheitsbestand)
- Mit welcher Wahrscheinlichkeit wird der Bedarf befriedigt? (Lieferbereitschaft, Servicegrad)

Die verschiedenen Lagerhaltungsstrategien unterscheiden sich durch unterschiedliche Beantwortung dieser Grundfragen, wobei jedoch stets die Minimierung der Kosten angestrebt wird.

Bezüglich der Lagerhaltung müssen folgende *Kosten* untersucht werden:

Beschaffungskosten K_B (Kosten pro Beschaffung) bestehend aus:
- Bestellkosten (Angebotseinholung, Bestellvorgang);
- Transferkosten (Fracht, Versicherung, Gebühren);
- Annahmekosten (Kontrolle, Einlagerung, Zahlung, Buchung);
- Auflage- und Rüstkosten (nur bei Eigenfertigung).

Lagerungskosten k_L (Kosten pro Mengeneinheit) bestehend aus:
- Kosten für das im Lager gebundene Kapital;
- Kosten für Lagerraum und Lagerverwaltung;
- Kosten für Schwund, Verderb, Versicherung.

Fehlmengenkosten k_F (Ausfallkosten pro Mengeneinheit) bestehend aus:
- Kosten für nachträgliche Lieferung oder
- Kosten für entgangenen Deckungsbeitrag (Opportunitätskosten).

Durch die Fehlmengenkosten sollen die Auswirkungen von Mangelsituationen bewertet werden. Fehlmengenkosten können nur bei deterministischem Bedarf völlig ausgeschlossen werden. Bei stochastischem Bedarf müßte man dazu stets die maximal erwartete Menge lagern. Daraus resultiert die Frage, ob es zur Einsparung von Lagerkosten nicht wirtschaftlicher ist, eine geringere Menge zu lagern aber dadurch zwangläufige Fehlmengen in Kauf zu nehmen.

13.3.1. Bestellpolitik bei deterministischer Nachfrage

Lagerhaltungsmodelle, bei denen mit konstanten Bestellintervallen und/oder konstanten Bestellmengen gearbeitet wird, bezeichnet man als statische oder klassische Modelle. Falls jedoch der Lagerabgang von Periode zu Periode unterschiedlich ist, empfiehlt sich der Ansatz von dynamischen Modellen und die Anwendung von Methoden der dynamischen Optimierung.

13.3.1.1. Statisches Lagerhaltungsmodell

Das statische bzw. klassische Modell ist gekennzeichnet durch einen stetigen und konstanten Lagerabgang sowie einen Lagerzugang in diskreten Zeitpunkten. Der Lagerbestand darf zu keinem Zeitpunkt unter Null sinken, d. h. Fehlmengen sind nicht erlaubt. Die Lagerbewegung kann unter diesen Annahmen idealisiert so unterstellt werden, wie es in Bild 13.2 geschehen ist.

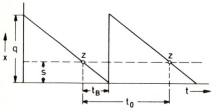

Bild 13.2. Graphische Darstellung der Lagerbewegung

q Bestellmenge (Auftragsgröße, Losgröße),
s Bestellbestand (Bestellpunkt, Bestellniveau),
z Bestellzeitpunkt
t_B Beschaffungszeit für ein neues Los, Lieferfrist
t_0 Nachbestellperiode.

Bestellzeitpunkt

Die Nachbestellung eines neuen Loses q hat so früh zu erfolgen, daß während der Wiederbeschaffungszeit t_B dieses Loses der Lagerbestand, verursacht durch den normalen Abgang, nicht auf Null absinkt.

Der Bestand, bei dessen Unterschreitung die Nachbestellung erfolgen muß, wird als Bestellbestand s bezeichnet und im Falle eines stetigen und konstanten Lagerabganges wie folgt bestimmt:

$$s = \frac{M}{T} \cdot t_B$$

wobei M der für die Zeitperiode T erwartete Bedarf (Lagerabgang) ist.

Der Bestellzeitpunkt z ist also dann gekommen, wenn der Lagerbestand gerade dem Bestellbestand s entspricht oder darunter sinkt.

Optimale Bestellmenge

Optimal wird hier im Sinne von Kostenminimierung verstanden. Zu den losgrößenabhängigen Kosten gehören die Lagerungskosten und die Beschaffungskosten.

Die Lagerungskosten sind proportional zum gebundenen Kapital.

Die Lagerungskosten K_L können wie folgt angesetzt werden

$$K_L = k_L \cdot \frac{x}{2}$$

wobei k_L die Lagerkosten pro Mengeneinheit und x die Bestellmenge. Große Bestellmengen verursachen also hohe Lagerkosten.

Die Beschaffungskosten sind die Kosten, die durch Auslösung einer Bestellung entstehen, also Kosten für Schreibarbeit, Eingangsprüfung oder – bei Eigenfertigung – Einrichten und Umrüsten der Maschinen. Sie werden je Artikel und Bestellung bzw. Auftrag durch einen Kostensatz A ausgedrückt. Ist M der zu erwartende Bedarf in der Zeitperiode T, so gilt für die Beschaffungskosten K_B

$$K_B = A \frac{M}{x} \ .$$

Sie sind also um so größer je kleiner die Bestellmenge ist. Stellt man diese beiden Kostenkomponenten graphisch dar (Bild 13.3), so wird der gegenläufige Charakter dieser beiden Kostenkomponenten deutlich.

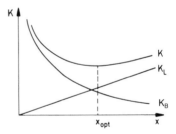

Bild 13.3. Graphische Darstellung der optimalen Losgröße

Um die optimale Menge zu ermitteln, ist nun die Lage des Gesamtkostenminimums durch Extremwertbetrachtung zu bestimmen:

$$K = A \frac{M}{x} + k_L \frac{x}{2}$$

$$\frac{dK}{dx} = -\frac{AM}{x^2} + \frac{k_L}{2} = 0$$

$$x_{opt} = \sqrt{\frac{2\,AM}{k_L}} = q.$$

Setzt man x_{opt} in die Kostenfunktion ein, so erhält man

$$K_{opt} = \sqrt{2\,AM\,k_L}$$

Durch eine Sensibilitätsanalyse kann leicht gezeigt werden, daß geringe Schwankungen der Bedarfs- und/oder Kostenwerte auf die Losgröße nur sehr geringen Einfluß haben. Ebenso verursachen Abweichungen von 30 ... 50 % vom Optimum wegen des flachen Minimums der Gesamtkostenkurve nur kaum merkliche Mehrkosten.

Diese Losgrößenformel ist als klassische Formel von *Harris* seit 1915 bekannt, als deren Finder aber auch *Stefanic-Allmayer* und *Andler* genannt werden.

Man beachte, daß diese klassische Losgrößen-Formel unterstellt:
- deterministischer Bedarf,
- Fehlmengen sind nicht zugelassen,
- Lagerzugang ohne Zeitbedarf, d. h. schlagartig.

Insbesondere *Müller-Merbach* [1963] hat nachgewiesen, daß die Verhältnisse in der Wirtschaftspraxis in den wenigsten Fällen die Anwendung der klassischen Formel rechtfertigen.[1])

Eine Modifikation des klassischen Losgrößen-Modells erhält man durch Einführung von Fehlmengenkosten (Konventionalstrafen) für verspätete Lieferung infolge ungenügend großer Lagerbestände, d. h. bei Vorhandensein von Fehlmengen. Die Lagerbewegung bei erlaubten Fehlmengen ist in Bild 13.4 dargestellt.

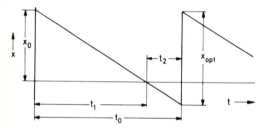

Bild 13.4

Lagerbewegung bei erlaubten Fehlmengen

Nach der Periode t_1 ist der Lagerbestand aufgebraucht und in der nachfolgenden Zeitspanne t_2 fallen Verzugskosten an.

Bezeichnet man die Fehlmengenkosten pro Mengen- und Zeiteinheit mit k_F und die Lagerkosten pro Mengen- und Zeiteinheit mit k_L so ergibt sich die optimale Losgröße mit:

$$q = \sqrt{\frac{2\,AM}{k_L}\left(1 + \frac{k_L}{k_F}\right)}.$$

Die Ableitung dieser Formel kann im Schrifttum nachgelesen werden (vgl. *Hammann* [1969]).

Man sieht, daß dieser Ausdruck für $k_F \rightarrow \infty$ in die klassische Losgrößen-Formel übergeht.

Eine weitere Veränderung erfährt das Modell, wenn der Lagerzugang nicht erst nach Fertigstellung des ganzen Loses schlagartig erfolgt, sondern stetig und mit konstanter Geschwindigkeit, z. B. entsprechend der Fertigungsgeschwindigkeit.

Hier sind zwei unterschiedliche Fälle zu beachten. Falls der kontinuierliche Lagerzugang, verglichen mit dem schlagartigen Zugang, zu einer Senkung des durchschnittlichen Lagerbestandes führt, ergibt sich folgende Losgrößenformel:

$$q = \sqrt{\frac{2\,AM}{k_L\left(1 - \dfrac{t_p}{t_v}\right)}},$$

wobei

t_v Verbrauchszeit,

t_p Produktionszeit, d. h. Zeitraum zwischen dem Zugang der ersten und der letzten Mengeneinheit.

---

[1]) Vgl. auch *Ellinger/Schaible* [1977]

Falls der kontinuierliche Lagerzugang, verglichen mit dem schlagartigen Zugang jedoch zu einer Erhöhung des durchschnittlichen Lagerbestandes führt, wird die optimale Losgröße:

$$q = \sqrt{\frac{2\,A\,M}{k_L\left(1 + \dfrac{t_p}{t_v}\right)}} \quad,$$

Man beachte, daß sich für $t_p \to 0$ wiederum die klassische Losgrößen-Formel ergibt.

13.3.1.2. Dynamisches Lagerhaltungsmodell

Das statische Modell ist dadurch gekennzeichnet, daß die einmal errechneten Größen über längere Zeitabschnitte als stabil angesehen und nicht geändert werden. Bei deterministisch schwankendem Absatz ist es jedoch zweckmäßig, für jede Periode neu die optimale Losgröße und den günstigsten Bestellzeitpunkt zu bestimmen.

Von den sogenannten dynamischen Verfahren zur Losgrößenbestimmung sind insbesondere zwei Versionen zu nennen:

- *Optimierungsverfahren nach Wagner und Within*[1])
  Eingehende Beschreibung in Ohse [1969] und Zäpfel [1971, 1974]
- *Näherungsverfahren zur gleitenden Losgrößenbestimmung*
  z. B. „Least-unit-cost"-Verfahren und „Cost-balancing"-Verfahren (vgl. *Ohse* [1970] *Schmidt* [1970], *Schneeweiß* [1981]).

Im folgenden soll das *Losgrößenoptimierungsverfahren von Wagner und Within* näher beschrieben werden.

Hinsichtlich des Lagerzu- und -abganges wird hierbei unterstellt:

- Der Lagerabgang (Bedarf) in den einzelnen Perioden ist unterschiedlich, aber bekannt.
- Der Lagerzugang ist zeitlos (d. h. schlagartig bzw. schubweise) und stets zu Beginn einer Periode; er soll stets den Bedarf einer ganzzahligen Anzahl von Perioden decken.

Nach der Art der dynamischen Optimierung werden bei dem Losgrößenoptimierungsverfahren von Wagner und Within in einer Vorwärtsrechnung die losgrößenabhängigen Gesamtkosten (Beschaffungs- und Lagerkosten, nicht jedoch die Fertigungskosten) bestimmt und in einer Rückwärtsrechnung dann die optimalen Losgrößen und Liefer- bzw. Fertigungstermine ermittelt.

In der Vorwärtsrechnung bedient man sich eines variablen Planungshorizontes; beginnend mit dem Startzeitpunkt des ersten Monats wird der Planungshorizont dann jeweils um einen Monat iterativ erweitert. In jedem Iterationsschritt werden die zwischen dem Beginn der ersten Planungsperiode und dem Planungshorizont anfallenden Gesamtkosten K_{ij} errechnet (der erste Index gibt den Zeitpunkt der Fertigung und der zweite den Planungshorizont an).

Nach Erreichen des endgültigen Planungshorizontes ist die Iteration beendet; nunmehr werden, orientiert an den niedrigsten Gesamtkosten, die günstigsten Fertigungstermine und Losgrößen in einer Art Rückwärtsrechnung bestimmt.

Die Vorgehensweise beim Verfahren von Wagner und Within soll anhand des folgenden Beispiels dargestellt werden.

---

[1]) *Wagner, H. W. / Within, T. M.:* Dynamic Version of the Economic Lot Size Model. Management Science 5 (1958) Heft 1, Seite 89–96.

Beispiel 13.3:
Bestimme den günstigsten Fertigungsplan (Fertigungslosgröße und Fertigungszeitpunkte), wenn der Bedarf der nächsten 6 Monate bekannt ist:

Monat j	1	2	3	4	5	6
Bedarf x_j	60	100	140	80	100	120 Stück

Der Monatsbedarf muß am Monatsanfang gedeckt werden; die Produktion erfolgt deshalb, falls erforderlich, stets am Monatsanfang.

Weiterhin sind gegeben: Auflegungskosten A = 150 DM, Wert je Stück w = 30 DM, Lagerzins p = 2% pro Monat für alle am Monatsende noch auf Lager liegenden Stücke.

Lösung:
Planungshorizont 1:
Anfang des ersten Monats muß der Bedarf b_1 zur Verfügung stehen. Da keine andere Fertigungsmöglichkeit als zu Beginn des ersten Monats besteht, gehen nur die einmaligen Auflegungskosten in die Rechnung ein:

$$K_{min,1} = K_{11} = A = 150 \text{ DM}.$$

Planungshorizont 2:
Hier bestehen zwei alternative Fertigungsmöglichkeiten:

1. Gemeinsame Fertigung von $b_1 + b_2$ zu Beginn des ersten Monats. Dies bewirkt, daß zu den Kosten K_{11} noch die Lagerkosten für b_2 während des ersten Monats addiert werden müssen. Die Gesamtkosten betragen in diesem Falle:

$$K_{12} = K_{11} + b_2 \cdot w \cdot p = (150 + 100 \cdot 30 \cdot 0,02 \text{ DM}) = 210 \text{ DM}.$$

2. Fertigung von b_2 erst zu Beginn des zweiten Monats. Dadurch fallen erneut die Auflegungskosten an. Die Gesamtkosten betragen dann:

$$K_{22} = K_{11} + A = (150 + 150 \text{ DM}) = 300 \text{ DM}.$$

Die minimalen Kosten für den zwei Monate umfassenden Planungszeitraum betragen also:

$$K_{min,2} = \min(K_{12}, K_{22}) = K_{12} = 210 \text{ DM}.$$

Planungshorizont 3:
Hier existieren drei Fertigungsalternativen:

1. Gemeinsame Fertigung von $b_1 + b_2 + b_3$ zu Beginn des ersten Monats. Man beachte, daß b_3 dann während der ersten beiden Monate gelagert werden muß:

$$K_{13} = K_{12} + 2b_3 wp = (210 + 2 \cdot 140 \cdot 30 \cdot 0,02 \text{ DM}) = 378 \text{ DM}.$$

2. Fertigung von $b_2 + b_3$ zu Beginn des zweiten Monats. Außer den Kosten K_{22} (zweite Alternative beim Planungshorizont 2) entstehen noch Lagerkosten für den Monatsbedarf b_3 im zweiten Monat

$$K_{23} = K_{22} + b_3 wp = (300 + 84 \text{ DM}) = 384 \text{ DM}.$$

3. Fertigung von b_3 erst zu Beginn des dritten Monats. Außer den minimalen Kosten des vorherigen Iterationsschrittes entstehen noch einmal die Auflegekosten:

$$K_{33} = K_{min,2} + A = (210 + 150 \text{ DM}) = 360 \text{ DM}.$$

Das Minimum der Gesamtkosten für die ersten drei Monate ist:

$$K_{min,3} = \min(K_{13}, K_{23}, K_{33}) = K_{33} = 360 \text{ DM}.$$

Es empfiehlt sich, die bisherigen Ergebnisse in einer Matrix zu notieren und die Kostenminima jedes Planungshorizontes zu markieren, z. B. durch Unterstreichung oder Umrahmung:

Fertigungs-zeitpunkt i	Planungshorizont j		
	1	2	3
1		150			210		378
2	–	300	384
3	–	–	|360|

Man beachte, daß die Berechnung der K_{ij} mit folgender Rekursionsbeziehung beschrieben werden kann

$K_{ij} = K_{i,(j-1)} + (j-i) \, b_j w p$ für alle Fälle $i < j$,   wobei i = Fertigungszeitpunkt
$K_{ij} = K_{min,j-1} + A$ für alle Fälle $i = j$.   und j = Planungshorizont

Planungshorizont 4:

Es bestehen vier Fertigungsalternativen:

1. Gemeinsame Fertigung der $\sum_{j=1}^{4} b_j$ zu Beginn des Monats i = 1:

   $K_{14} = K_{13} + 3b_4 w p = (378 + 144 \text{ DM}) = 522 \text{ DM}.$

2. Fertigung von $\sum_{j=2}^{4} b_j$ zum Zeitpunkt i = 2:

   $K_{24} = K_{23} + 2b_4 w p = (384 + 96 \text{ DM}) = 480 \text{ DM}.$

3. Fertigung von $\sum_{j=3}^{4} b_j$ zum Zeitpunkt i = 3:

   $K_{34} = K_{33} + b_4 w p = (360 + 48 \text{ DM}) = 408 \text{ DM}.$

4. Fertigung von b_4 zum Zeitpunkt i = 4:

   $K_{44} = K_{min,3} + A = (360 + 150 \text{ DM}) = 510 \text{ DM}.$

Damit wird $K_{min,4} = K_{34} = 408$ DM.

Fertigungs-zeitpunkt i	Planungshorizont j			
	1	2	3	4
1		150			210		378	522
2	–	300	384	480
3	–	–	|360|	|408|
4	–	–	–	510

Durch systematische Überlegung hätte man herausfinden können, daß man nicht alle Fertigungsalternativen hinsichtlich der Kosten hätte untersuchen brauchen.

Da nämlich

$$K_{13} > K_{33} \text{ und } K_{23} > K_{33}$$

wird auch

$$K_{14} = K_{13} + 3b_4 wp > K_{34} = K_{33} + b_4 wp$$

und

$$K_{24} = K_{23} + 2b_4 wp > K_{34} = K_{33} + b_4 wp.$$

Da dies für jeden Planungshorizont gilt, kann der kostenminimale Fertigungstermin für den Bedarf der j-ten Periode nicht vor demjenigen der (j + 1)-ten Periode liegen.

Es entfällt also die Untersuchung aller Fertigungstermine, die zeitlich vor dem kostenminimalen Fertigungszeitpunkt des vorherigen Planungshorizontes liegen.

Planungshorizont 5:

K_{15} entfällt,
K_{25} entfällt,
$K_{35} = K_{34} + 2b_5 wp = (408 + 120) \text{ DM} = 528 \text{ DM},$
$K_{45} = K_{44} + b_5 wp = (510 + 60) \text{ DM} = 570 \text{ DM},$
$K_{55} = K_{min,4} + A = (408 + 150) \text{ DM} = 558 \text{ DM},$

also $K_{min,5} = K_{35} = 528 \text{ DM}.$

Planungshorizont 6:

$K_{36} = K_{35} + 3b_6 wp = (528 + 216) \text{ DM} = 744 \text{ DM},$
$K_{46} = K_{45} + 2b_6 wp = (570 + 144) \text{ DM} = 714 \text{ DM},$
$K_{56} = K_{55} + b_6 wp = (558 + 72) \text{ DM} = 630 \text{ DM},$
$K_{66} = K_{min,5} = + A = (528 + 150) \text{ DM} = 678 \text{ DM},$

also $K_{min,6} = K_{56} = 630 \text{ DM}.$

Fertigungs-zeitpunkt i	Planungshorizont j					
	1	2	3	4	5	6
1	⟦150⟧	⟦210⟧	378	–	–	–
2	–	300	384	–	–	–
3	–	–	⟦360⟧	⟦408⟧	⟦528⟧	744
4	–	–	–	510	570	714
5	–	–	–	–	558	⟦630⟧
6	–	–	–	–	–	678

Nachdem die K_{ij}-Matrix vollständig ist, kann in einer Rückwärtsrechnung für jeden Monatsbedarf, beginnend mit dem letzten Monat, der optimale Fertigungstermin festgelegt werden; damit ergeben sich automatisch die jeweiligen optimalen Fertigungslose:

Monat j	1	2	3	4	5	6
Monatsbedarf b_j	60	100	140	80	100	120
Fertigungstermin i	1	1	3	3	5	5
Fertigungslos x	160	–	220	–	220	–

Zusatzaufgabe: Zeigen Sie, daß die Kosten bei Ansatz des statischen Modells und Verwendung der klassischen Formel wesentlich höher liegen! Bei Ansatz des statischen Modelles wird $x_{opt} = 225$ und $K_{opt} = 1610$ DM pro Jahr, das sind ca. 800 DM pro Halbjahr; beim dynamischen Modell entstehen dagegen nur 630 DM pro Halbjahr.

Bei einer „rollenden Planung" handelt es sich um eine sich ständig wiederholende Planung, die jeweils die neuesten Informationen verwendet und den Planungshorizont jeweils um eine Zeiteinheit weiterschiebt. Verbindlich sind nur die Entscheidungen für die nächste Zeiteinheit.

13.3.2. Bestellpolitik bei stochastischer Nachfrage

In den meisten praktischen Fällen trifft die Voraussetzung des deterministischen Bedarfes, d.h. eines vorher bestimmbaren Lagerabganges nicht zu, sondern es muß mit mehr oder weniger schwankenden Abgängen in den einzelnen Zeitperioden gerechnet werden. Immer dann, wenn von dem voraussichtlichen Abgang Mittelwert und Streuung bestimmt werden kann, spricht man von stochastischer Nachfrage.

Bei der Behandlung stochastischer Lagerhaltungsprobleme wird versucht, den stochastischen Nachfrageprozeß durch Bilden von Prognosen und Einführen von Sicherheitsbeständen und Sicherheitszeiten (für Lieferfristen) in die deterministischen Grundmodelle zu berücksichtigen.

Bei stochastischer Nachfrage können 4 grundsätzlich unterschiedliche Verfahren zur Bestimmung der Bestellintervalle und Bestellmengen angewendet werden, auf die im Folgenden näher eingegangen werden soll.

		Bestellintervall t		
		fix	variabel	
Bestell-	fix	(t, q)-Politik	(s, q)-Politik	Losgrößen-Verfahren
menge q	variabel	(t, S)-Politik	(s, S)-Politik	Auffüll-Verfahren
		Bestellzyklus-	Bestellpunkt-	Verfahren

wobei s Bestellpunkt, Bestellniveau, Meldemenge
       S Ergänzungsgrenze, Höchstbestand, Bestellgrenze

13.3.2.1. (t, q)-Politik

Wie beim statischen deterministischen Lagerhaltungsmodell wird in festen Zeitintervallen t_0 eine feste, konstante Menge q bestellt. Um die Bedarfsschwankungen auszugleichen und stets eine gewisse Lieferbereitschaft sicherzustellen, muß hier zusätzlich ein Sicherheitsbestand r gehalten werden (vgl. Bild 13.5).

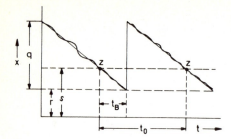

Bild 13.5

Graphische Darstellung der Lagerbewegung bei Vorhandensein eines Sicherheitsbestandes

Die Höhe des Sicherheitsbestandes wird häufig noch gefühlsmäßig festgelegt, z. B. als Fixbetrag oder als prozentualer Zuschlag zum mittleren Bedarf während der Wiederbeschaffungszeit. Zweckmäßig ist jedoch die Bestimmung des Sicherheitsbestandes nach statistischen Gesetzen in Abhängigkeit von den auf den Vergangenheitswerten basierenden Bedarfsvorhersagen nach folgendem Ansatz:

$$r = \lambda \sigma,$$

wobei λ der Sicherheitsfaktor, der von der gewünschten Lieferbereitschaft abhängt:

Sicherheitsfaktor	1	1,28	1,65	2	2,33	3
Lieferbereitschaft	84,1 %	90 %	95 %	97,7 %	99 %	99,9 %

und

$$\sigma = \sqrt{\frac{1}{n-1} \sum_{j=1}^{n} (x_j - \bar{x})^2}$$

die Standardabweichung des Lagerabgangs in $j = 1, 2 \ldots n$ Vergangenheitsperioden.

Der Bestellbestand s bei schwankendem Bedarf ist dann

$$s = \frac{M}{T} t_B + \lambda \sigma,$$

wobei

M der erwartete Bedarf in der Zeitperiode T,
t_B die Wiederbeschaffungszeit,
λ der Sicherheitsfaktor,
σ die Standardabweichung des Bedarfes.

Falls der Bedarf in den einzelnen Perioden sehr stark schwankt, muß der Sicherheitsbestand r von Periode zu Periode neu bestimmt werden; aus diesem Grunde hat die (t, q)-Politik keine große praktische Bedeutung.

Die Bestimmung der Standardabweichung nach der oben angegebenen Formel ist recht zeitaufwendig; deshalb erfolgt die Bestimmung häufig über die mittlere absolute Abweichung MAD

$$\text{MAD} = \frac{1}{n} \sum_{j=1}^{n} |x_j - \bar{x}|$$

Die MAD kann auch mit Hilfe der exponentiellen Glättung berechnet werden.

Neue MAD =
Alte MAD + α (absolute Abweichung – Alter MAD)

Zur Standardabweichung besteht folgende Beziehung:

$\sigma = 1{,}25$ MAD

13.3.2.2. (t, S)-Politik

Die Bestellung erfolgt hier in festen Intervallen t_0 mit variabler Bestellmenge q_v:

$q_v = S - B + mt_B$

wobei

S   Höchstbestand, Ergänzungsbestand (vgl. Bild 13.6),
B   Disponibler Bestand, d.h. effektiver Bestand plus oder minus noch ausstehende Lieferungen.
mt_B Mutmaßlicher Bedarf während der Wiederbeschaffungszeit

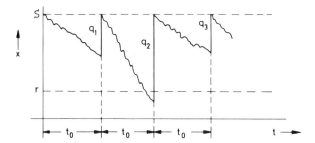

Bild 13.6: Graphische Darstellung der Lagerbewegung bei der (t, S)-Politik

Die Bedarfsschwankungen wirken sich bei der (t, S)-Politik in Bestellmengenänderungen aus. Diese Politik ist im Großhandel oft anzutreffen. Der Lagerbestand wird in konstantem Bestellrhythmus (z. B. Vertreterbesuchs-Rhythmus) wieder auf seinen Höchstbestand ergänzt.

13.3.2.3. (s, q)-Politik

Falls aus technischen Gründen feste Bestellmengen unumgänglich sind, wird die Bestellung bei Unterschreitung der Bestellgrenze (Bestellbestandes) s ausgelöst; die Bestimmung der Bestellgrenze ist bereits weiter oben erläutert. Diese Politik wird in der Serienfertigung häufig verwendet, weil hier mit weitgehend konstanten optimalen Losgrößen nach der klassischen Formel gearbeitet wird.

Die Bestellung wird ausgelöst, wenn der verfügbare Bestand B die Bestellgrenze s unterschreitet. Die Bestellmenge bleibt konstant; die Bedarfsschwankungen wirken sich auf die Bestellintervalle aus.

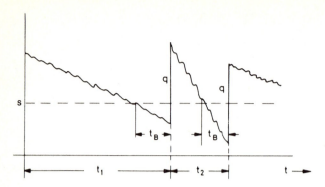

Bild 13.7. Graphische Darstellung der Lagerbewegung bei der (s, q)-Politik

13.3.2.4. (s, S)-Politik

Bestellgrenze s und Ergänzungsbestand S bleiben konstant. Die Bestellung wird ausgelöst, wenn der verfügbare Bestand B die Bestellgrenze s unterschreitet. Die Bestellmenge ist variabel und ergibt sich aus

$$q_v = S - s + m \cdot t_B,$$

wobei

m durchschnittlicher Bedarf pro Zeiteinheit seit dem letzten Lagerzugang.

Bedarfsschwankungen wirken sich also sowohl auf die Bestellmenge als auch auf die Bestellintervalle aus.

Bei der „adaptiven (s, S)-Politik" werden alle Größen von Zeit zu Zeit an die jeweilige Nachfragesituation angepaßt. Diese Politik wird vielfach als die günstigste angesehen.

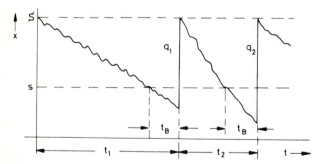

Bild 13.8. Graphische Darstellung der Lagerbewegung bei der (s, S)-Politik

Jedes Unternehmen kann sich aus den hier kurz umrissenen Strategien die unter seinen speziellen Verhältnissen günstigste heraussuchen.

Beispiel 13.4:

Eine Firma verkauft jährlich 200 000 Stück eines Konsumgutes. Die Herstellungskosten betragen 1 DM/Stück, die Auflegung eines Loses kostet 1 000 DM und die Lagerkosten werden mit 16% der Herstellungskosten angegeben. Wie hoch ist der Sicherheitsbestand zu wählen, wenn man mit 95% Sicherheit jederzeit liefern können will und der tatsächliche Lagerabgang der letzten 12 Monate wie folgt angegeben ist:

13. Optimale Lagerhaltung

6 mal 10 000 Stück/Monat,
4 mal 20 000 Stück/Monat,
2 mal 30 000 Stück/Monat.

Zu bestimmen sind außerdem: Optimale Fertigungslosgröße, durchschnittliche Nachbestellperiode, Bestellbestand, Höchstbestand des Lagers, Durchschnittsbestand. Die Firma arbeitet nach der (s, q)-Politik.

Lösung:

Mittlerer monatlicher Lagerabgang

$$\bar{x} = \frac{\Sigma x_j h_j}{\Sigma h_j} = \frac{200\,000}{12} = 16\,666 = 8{,}33\,\% \text{ vom Jahresumsatz M}$$

Bedarf x_j in % von M	Häufigkeit h_j	$x_j - \bar{x}$	$(x_j - \bar{x})^2$	$(x_j - \bar{x})^2 h_j$
5	6	−3,33	11,09	66,54
10	4	1,67	2,79	11,16
15	2	6,67	44,49	88,98
				166,68

Standardabweichung:

$$\sigma \approx \sqrt{\frac{1}{n-1} \sum_{j=1}^{n} (x_j - \bar{x})^2 h_j} = \sqrt{\frac{1}{11} \cdot 166{,}68} = 3{,}88\,\%,$$

$\sigma \approx 3{,}9\,\%$ von M ≈ 7800 Stück;

Sicherheitsbestand bei einem Liefergrad von 95 %:

$$r = \lambda \sigma = 1{,}65 \cdot 7800 = 12\,870;$$

optimale Losgröße:

$$q = \sqrt{\frac{2\,A\,M}{w\,p}} = \sqrt{\frac{2 \cdot 1000 \cdot 200\,000}{1 \cdot 0{,}16}} \text{ Stück} \approx 50\,000 \text{ Stück};$$

durchschnittliche Nachbestellperiode:

$$t_0 = \frac{q}{M} = \frac{50\,000 \text{ Stück}}{200\,000 \text{ Stück/Jahr}} = 0{,}25 \text{ Jahr};$$

Bestellbestand, wenn die Wiederbeschaffungszeit eines Loses mit 1 Monat angenommen wird:

$$s = \frac{M}{T} t_B + r = \left(\frac{200\,000}{12} \cdot 1 + 13\,000 \right) \text{Stück} \approx 30\,000 \text{ Stück}.$$

Lager-Höchstbestand:

$$q + r \approx 63\,000 \text{ Stück}.$$

Durchschnittsbestand:

$$\frac{q}{2} + r \approx 38\,000 \text{ Stück}.$$

Beispiel 13.5:

Eine Firma hat einen Jahresbedarf von 200 000 Stück eines Teiles. Die Kosten für die Bestellung, Lieferung und Kontrolle eines Bestell-Loses betragen DM 1000,− und die Lagerbetriebs- und Lagerkapitalkosten 16 % des Wertes der gelagerten Ware. Ein Sicherheitsbestand von 20 000 Stück wird gefordert.

Der Kaufpreis ist abhängig von der Menge. Bei der Abnahme bis zu 10 000 Stück/Bestellung muß DM 1,50/Stück gezahlt werden. Der Preis ermäßigt sich um je DM 0,10/Stück bei Erhöhung der Abnahmemenge um je 10 000 Stück. Bei Mengen über 80 000 Stück bleibt der Preis mit DM 0,80 konstant. Es ist die optimale d. h. kostenminimale Bestellmenge zu ermitteln.

Lösung:

Die Kostenfunktion ist wegen der unterschiedlichen Preise nicht kontinuierlich, so daß die optimale Bestellmenge nicht nach der klassischen Losgrößenformel ermittelt werden kann. Es wird deshalb eine tabellarische Ermittlung vorgenommen, die aus einer Untersuchung der Gesamtkosten pro Los bei unterschiedlichen Bestellmengen besteht.

Gesamtkosten = Bestellkosten + Lagerkosten

$$K = A \frac{M}{x} + wp \left(r + \frac{x}{2} \right).$$

Bestellos x in Stück	Preis w in DM	Bestell-K. AM/x in 1000 DM	r + x/2 in Stück	Lager-K. wp(r + x/2) in 1000 DM	Gesamt-K. K in 1000 DM
10 000	1,50	20	25 000	6	26
20 000	1,40	10	30 000	6,7	16,7
30 000	1,30	6,7	35 000	7,3	14
40 000	1,20	5	40 000	7,7	12,7
50 000	1,10	4	45 000	7,9	11,9
60 000	1,00	3,3	50 000	8	11,3
70 000	0,90	2,9	55 000	7,9	10,8
80 000	0,80	2,5	60 000	7,7	10,2
90 000	0,80	2,2	65 000	8,3	10,5
100 000	0,80	2	70 000	9	11

Damit wird x_{opt} = 80 000 Stück ermittelt.

13.3.3. Ermittlung der optimalen Lager- und Bestellpolitik mittels Simulation

Die Ermittlung des Kostenminimums in Abhängigkeit von den wichtigsten Einflußgrößen (Parametern) bereitet im Einzelfall für den Lagerdisponenten so erheblichen Rechenaufwand, daß in der Praxis auf die Ermittlung der günstigsten Strategie insbesondere bei stochastischer, das heißt nur durch Wahrscheinlichkeitsangaben beschriebenen Nachfrage- und Lieferstruktur ganz verzichtet wird.

Im Folgenden soll nun dargelegt werden, wie man durch Einsatz von stochastischer Simulation (Monte-Carlo-Simulation) die günstigste Strategie für jede beliebige Lagerposition per EDV-Anlage ermitteln kann. Die Darstellung erfolgt anhand eines konkreten Beispiels, das erstellte Programm ist jedoch universal einsetzbar.

Beispiel 13.6:

Ein Fernsehgerätehändler beabsichtigt seine optimale Lagerhaltungspolitik zu bestimmen. Zur Beurteilung dieser Politik sollen die Beschaffungskosten, Lagerungskosten und Fehlmengenkosten herangezogen werden. Die Beschaffungskosten werden mit K_B = 20 DM pro Bestellung und unabhängig von der Bestellmenge angegeben. Die Lagerungskosten sind mit K_L = 1 DM pro Gerät und Tag angesetzt (der Zustand am Abend eines Tages ist maßgebend). Übersteigt die Nachfrage den Bestand, so entsteht eine Fehlmenge (negativer Bestand). Die Fehlmengenkosten sind nur sehr grob geschätzt mit K_F = 50 DM je fehlendes Gerät angegeben. Die Nachfrage und die Lieferzeit schwanken zufallsbedingt. Beobachtungen über einen längeren Zeitraum ergaben, daß Nachfrage und Lieferzeit durch folgende Wahrscheinlichkeiten zu veranschaulichen sind:

Nachfragestruktur:

N	0	1	2	3	4	5	6	7
p	5	10	15	20	20	15	10	5
ZZ	1-5	6-15	16-30	31-50	51-70	71-85	86-95	96-100

Lieferstruktur:

t_L	3	4
p	90	10
ZZ	1-90	91-100

wobei

N = Nachfrage (Geräte/Tag)
t_L = Lieferzeit (Tage)
p = Wahrscheinlichkeit (%)
ZZ = Zufallszahl

Der Händler möchte die günstigste der vier ihm bekannten Lagerhaltungsstrategien bzw. -politiken sowie die dabei auftretenden Parameterwerte bestimmen.

Der Händler schätzt die eventuell in Frage kommenden Parameterwerte wie folgt:

Lagergröße S = 30 Geräte
Bestellintervall t = 5 Tage
Bestellniveau s = 14 Geräte
Bestellmenge $q_{konstant}$ = 12 Geräte

Um eine Simulation durchführen zu können, müssen noch die nachfolgenden Vereinbarungen getroffen werden:
- Der Lagerbestand zu Beginn der Simulation Bta sei bei der (t, q)-Politik und der (s, q)-Politik gleich der Bestellmenge q und bei der (t, S)-Politik und der (s, S)-Politik gleich der Lagergröße S
- Nichtganzzahlige Bestellmengen q_v werden abgerundet
- Die Lagerkosten K_L werden jeden Abend nach der Bestandsaufnahme berechnet
- Die Lieferung erfolgt im Beispiel am 3. oder 4. Tag nach der Bestellung morgens zur Geschäftseröffnung.

Die manuelle Simulation der unterschiedlichen Politiken über einen Zeitraum von 30 Tagen ist in den Tabellen 1 bis 4 dargestellt; die verwendeten Bezeichnungen sind:

n   Simulationsschritte
Bta Lagerbestand am Morgen
ZZ Zufallszahl
N   Nachfrage in Abhängigkeit von der Zufallszahl
Bte Lagerbestand am Abend
t_L Lieferzeit in Abhängigkeit von der Zufallszahl
K   Kosten pro Simulationsschritt
ΣK Summe aller Kosten
⌀K Durchschnittliche Kosten pro Simulationsschritt

Von den vier manuell-simulierten Fällen (vgl. Tabelle 1 bis 4)

Fall	Politik	Vorgegebene Parameter		Kosten pro Tag
1	(t, q)	t = 5	q = 12	21,76
2	(t, S)	t = 5	S = 30	27,73
3	(s, q)	s = 14	q = 12	16,43
4	(s, S)	s = 14	S = 30	20,26

scheint der 3. Fall bei weitem der günstigste zu sein; man beachte jedoch, daß die Anzahl der Simulationen für einen solchen Schluß noch zu gering ist. Außerdem ist nicht bekannt, ob nicht bei gleicher Politik andere Parameterwerte zu noch günstigeren Ergebnissen führen.

Hier kann nur die Erstellung eines entsprechenden Programmes und der Einsatz von EDV-Anlagen weiterhelfen.

An das Programm werden folgende Forderungen gestellt:
- Die Genauigkeit muß hinreichend groß sein. Abbruchkriterium: Liegt die Änderung der Durchschnittskosten über einem Zeitraum von 20 Simulationsschritten unter der eingegebenen Grenze, so wird die Simulation abgebrochen; die Simulation wird jedoch spätestens nach 10000 Schritten abgebrochen
- Alle von Disponenten angegebenen Parameterwert-Kombinationen sind zu rechnen und die Ergebnisse tabellarisch getrennt für die unterschiedlichen Politiken auszudrucken
- Liegt das absolute Minimum der Durchschnittskosten nicht bei einem vorgegebenen Parameterwert vor, so ist die Lage des absoluten Optimums durch einen zweckentsprechenden Suchalgorithmus zu bestimmen.

Es wird an dieser Stelle darauf verzichtet, das Programm näher zu beschreiben; es soll nur kurz auf den Suchalgorithmus eingegangen werden.

Tabelle 1. (t, q)-Politik mit $t = 5$ und $q = 12$

n	Bta	Zu-gang	Abgang ZZ	N	Bte	Bestellmenge q	Lieferzeit ZZ	t_L	K_B	K_L	K_F	K
1	12		83	5	7					7		7
2	7		56	4	3					3		3
3	3		28	2	1					1		1
4	1		4	0	1					1		1
5	1		37	3	0	12	83	3	20	0	100	120
6	0		21	2	0						100	100
7	0		19	2	0						100	100
8	0	12	15	1	11					11		11
9	11		3	0	11					11		11
10	11		13	1	10	12	56	3	20	10		30
11	10		6	1	9					9		9
12	9		26	2	7					7		7
13	7	12	98	7	12					12		12
14	12		31	3	9					9		9
15	9		31	3	6	12	28	3	20	6		26
16	6		1	0	6					6		6
17	6		41	3	3					3		3
18	3	12	24	2	13					13		13
19	13		47	3	10					10		10
20	10		32	3	7	12	4	3	20	7		27
21	7		42	3	4					4		4
22	4		8	1	3					3		3
23	3	12	22	2	13					13		13
24	13		18	2	11					11		11
25	11		60	4	7	12	37	3	20	7		27
26	7		53	4	3					3		3
27	3		69	4	0						50	50
28	0	12	68	4	8					8		8
29	8		69	3	5					5		5
30	5		26	2	3	12	21	3	20	3		23

$\Sigma K = 653$ DM

$\varnothing K = \Sigma K/30 = 21{,}76$ DM

13. Optimale Lagerhaltung

Tabelle 2 (t, S)-Politik mit t = 5 und S = 30

n	Bta	Zugang	Abgang ZZ	N	Bte	Bestellmenge q	Lieferzeit ZZ	t_L	K_B	K_L	K_F	K
1	30		83	5	25					25		25
2	25		56	4	21					21		21
3	21		28	2	19					19		19
4	19		4	0	19					19		19
5	19		37	3	16	21	83	3	20	16		36
6	16		21	2	14					14		14
7	14		19	2	12					12		12
8	12	21	15	1	32					32		32
9	32		3	0	32					32		32
10	32		13	1	31	6	56	3	20	31		51
11	31		6	1	30					30		30
12	30		26	2	28					28		28
13	28	6	98	7	27					27		27
14	27		31	3	24					24		24
15	24		31	3	21	16	28	3	20	21		41
16	21		1	0	21					21		21
17	21		41	3	18					18		18
18	18	16	24	2	32					32		32
19	32		47	3	29					29		29
20	29		32	3	26	11	4	3	20	26		46
21	26		42	3	23					23		23
22	23		8	1	22					22		22
23	22	11	22	2	31					31		31
24	31		18	2	29					29		29
25	29		60	4	25	12	37	3	20	25		45
26	25		53	4	21					21		21
27	21		69	4	17					17		17
28	17	12	68	4	25					25		25
29	25		49	3	22					22		22
30	22		26	2	20	17	21	3	20	20		40

$\Sigma K = 832\,DM$

$\varnothing K = \Sigma K/30 = 27{,}73\,DM$

Ausgehend von den zunächst berechneten Durchschnittskosten bei den vorgegebenen Parametern – z.B. $\varnothing K = 21{,}76$ bei t = 5 und q = 12 in der (t,q)-Politik – wird sukzessiv die Umgebung dieses Punktes (t=5; q=12) auf eine Minimierung von $\varnothing K$ hin untersucht (siehe Bild 13.9).

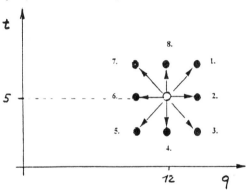

Bild 13.9: Suchalgorithmus zur Bestimmung der kostenminimalen Parameter-Kombination bei der (t,q)-Politik

Tabelle 3. (s, q)-Politik mit s = 14 und q = 12

n	Bta	Zu-gang	Abgang ZZ	N	Bte	Bestellmenge q	Lieferzeit ZZ	t_L	K_B	K_L	K_F	K
1	12		83	5	7	12	83	3	20	7		27
2	7		56	4	3					3		3
3	3		28	2	1	12	56	3	20	1		21
4	1	12	4	0	13					13		13
5	13		37	3	10					10		10
6	10	12	21	2	20					20		20
7	20		19	2	18					18		18
8	18		15	1	17					17		17
9	17		3	0	17					17		17
10	17		13	1	16					16		16
11	16		6	1	15					15		15
12	15		26	2	13	12	28	3	20	13		33
13	13		98	7	6					6		6
14	6		31	3	3					3		3
15	3	12	31	3	12	12	4	3	20	12		32
16	12		1	0	12					12		12
17	12		41	3	9					9		9
18	9	12	24	2	19					19		19
19	19		47	3	16					16		16
20	16		32	3	13	12	37	3	20	13		33
21	13		42	3	10					10		10
22	10		8	3	9					9		9
23	9	12	22	2	19					19		19
24	19		18	2	17					17		17
25	17		60	4	13	12	21	3	20	13		33
26	13		53	4	9					9		9
27	9		69	4	5					5		5
28	5	12	68	4	13	12	19	3	20	13		33
29	13		49	3	10					10		10
30	10		26	2	8					8		8

$\Sigma K = 493\,DM$

$\varnothing K = 16{,}43\,DM$

Der beste der untersuchten acht Umgebungspunkte wird als neuer Ausgangspunkt für einen weiteren Suchvorgang gewählt; auf diese Weise wird iterativ der Optimalpunkt (t_{opt}; q_{opt}) mit den geringsten Durchschnittskosten $\varnothing K_{min}$ gefunden. Entsprechend wird bei allen Lagerhaltungspolitiken verfahren.

Die sich so ergebenden optimalen Parameter-Kombinationen nach einer Simulation von 10.000 Tagen sind in der folgenden Übersicht angegeben:

Fall	Politik	Optimale Parameter		Kosten pro Tag
1	(t,q)	t = 4	q = 13	25,11
2	(t,S)	t = 3	S = 17	19,07
3	(s,q)	s = 14	q = 13	16,77
4	(s,S)	s = 14	S = 19	16,25

Als günstigste Politik ergibt sich die (s,S)-Politik mit einem Bestellniveau von s = 14 Geräten und einer Lagergröße von S = 19 Geräten.

Tabelle 4. (s, S)-Politik mit s = 14 und S = 30

n	Bta	Zu-gang	Abgang ZZ	N	Bte	Be-stell-menge q_v	Lieferzeit ZZ	t_L	K_B	K_L	K_F	K
1	30		83	5	25					25		25
2	25		56	4	21					21		21
3	21		28	2	19					19		19
4	19		4	0	19					19		19
5	19		37	3	16					16		16
6	16		21	2	14					14		14
7	14		19	2	12	25	83	3	20	12		32
8	12		15	1	11					11		11
9	11		3	0	11					11		11
10	11	25	13	1	35					35		35
11	35		6	1	34					34		34
12	34		26	2	32					32		32
13	32		98	7	25					25		25
14	25		31	3	22					22		22
15	22		31	3	19					19		19
16	19		1	0	19					19		19
17	19		41	3	16					16		16
18	16		24	2	14					14		14
19	14		47	3	11	26	56	3	20	11		31
20	11		32	3	8					8		8
21	8		42	3	5					5		5
22	5	26	8	1	30					30		30
23	30		22	2	28					28		28
24	28		18	2	26					26		26
25	26		60	4	22					22		22
26	22		53	4	18					18		18
27	18		69	4	14					14		14
28	14		68	4	10	27	28	3	20	10		30
29	10		49	3	7					7		7
30	7		26	2	5					5		5

$\Sigma K = 608\,DM$

$\varnothing K = 20{,}26\,DM$

13.4. Aufgaben zur optimalen Lagerhaltung

1. Von einem Rohstoff werden m = 40 t/Monat gebraucht, die monatlich geliefert werden. Die Beschaffungskosten betragen 5000 DM/t; es ist jedoch mit einer 10 %-igen Preiserhöhung zu rechnen. Es erhebt sich deshalb die Frage, ob und welche Mengen noch zu dem alten Preis eingekauft werden sollten, wenn die Lagerkosten 1 % pro Monat betragen. Wie hoch sind die dadurch maximal erreichbaren Einsparungen gegenüber dem normalen monatlichen Einkauf?

   Lösungshinweis:
   k_{alt} = 5000 k_{neu} = 5500.

   Gewinn = Einsparung durch Zusatzbestellung zum alten Preis abzüglich Lagerkosten durch diese Zusatzbestellung.

2. Man bestimme den optimalen Bestellplan (Bestell-Losgröße und Bestellzeitpunkte) mittels dynamischer Optimierung, wenn folgende Daten gegeben sind:

Bestellkosten 28,– DM/Bestellung;
Lagerkosten 0,2 DM pro ME und Monat.

Monat	1	2	3	4	5	6	7	8	9	10	11	12
Bedarf	120	90	115	50	130	135	150	140	80	20	25	20 ME

Wie hoch wäre die optimale Losgröße und die losgrößenabhängigen Gesamtkosten nach dem statischen Lagerhaltungsmodell ohne Sicherheitsbestand?

3. Es ist der Schätzwert des Umsatzes des Jahres 1970 durch Trendextrapolation zu ermitteln, wenn folgende Daten gegeben sind:

Jahr	1961	1962	1963	1964	1965	1966	1967	1968	1969
Umsätze Mill. DM	102,0	115,6	133,5	151,3	168,4	181,4	206,8	239,4	274,4

4. Ein Hersteller von Kfz-Teilen hat mit einer Automobilfabrik einen Liefervertrag von jährlich 200 000 Teilen abgeschlossen, die kontinuierlich geliefert werden sollen. Die Lagerkosten werden mit DM 7,20 pro Mengeneinheit und Jahr und die Umrüstkosten mit DM 162 pro Auftrag angegeben. Berechne optimale Losgröße und durchschnittlichen Lagerbestand:

a) wenn Fehlmengen nicht erlaubt sind,
b) wenn die Fehlmengenkosten mit 3 Pfennigen pro Stück und Tag angegeben sind.

Um wieviel steigen die Lagerkosten im Falle b) gegenüber Fall a)?

5. In einem Unternehmen werden von einem bestimmten Rohstoff jährlich durchschnittlich 15 000 kg mit einer Standardabweichung von ca. 200 kg benötigt. Preis: 6,– DM/kg. Bestellkosten: 20,– DM/Bestellung, Lagerkosten: 10 % pro Jahr.

a) Wie oft und wieviel soll während eines Jahres bestellt werden? Wie hoch ist der durchschnittliche Lagerbestand, falls die Lieferbereitschaft 95 % betragen soll?
b) Wie ändern sich die unter a) errechneten Ergebnisse, wenn die Bestellkosten auf 45,– DM und die Lagerkosten auf 15 % steigen?

6. Man bestimme den kostenminimalen Fertigungsplan (Fertigungslosgröße und Fertigungszeitpunkt), wenn folgende Daten gegeben sind:

Monat	1	2	3	4	5
Bedarf	80	100	125	100	50

Umrüstkosten 60,– DM, Lagerkosten 0,40 DM pro Mengeneinheit und Monat.

7. Es ist der Schätzwert der Nachfrage für die Zeitperioden mittels Exponentieller Glättung zu ermitteln, wenn die Nachfrage wie folgt gegeben ist:

Periode	1	2	3	4	5	6	7	8	9	10	11	12
Nachfrage	100	110	90	90	100	120	110	140	90	80	120	140

Der Anfangswert für die Exponentielle Glättung sei 100 und der Glättungsfaktor 0,2.

8. Eine Kugellagerfabrik hat einen Automobilproduzenten mit 10 000 Kugellagern pro Tag zu beliefern. Es können pro Tag 25 000 Kugellager hergestellt werden. Die Lagerungskosten für ein Kugellager betragen DM 0,02 pro Jahr Lagerdauer. Die Umrüstkosten werden mit 18 DM pro Serie angegeben. Wieviel Stück sollte eine Serie umfassen und wie oft sollte die Serie aufgelegt werden?

9. Ein Weintrinker verbraucht zusammen mit seiner Familie und gelegentlichen Gästen gleichmäßig 500 Flaschen Wein pro Jahr, die er von einem 200 km entfernten Weingut bezieht. Sein Keller faßt 400 Flaschen. Er holt den Wein jeweils per PKW (Fassungvermögen 200 Flaschen) persönlich ab. Pro km rechnet er sich 0,25 DM. Der Durchschnittspreis pro Flasche ist 4,– DM. Seine Ersparnisse hat er auf der Sparkasse zu 4 % angelegt. Wegen des Zinsverlustes wünscht er keine zu großen Lagermengen. Welche Menge sollte er jeweils einkaufen?

10. Man bestimme die optimale Losgröße und den günstigsten Fertigungszeitpunkt, wenn folgende Daten gegeben sind: Auflegungskosten 800,– DM, Lagerkosten 0,50 DM pro Mengeneinheit und Periode.

Periode	1	2	3	4	5	6	7	8
Bedarf	200	700	500	800	300	200	600	400

13.5. Empfohlene Literatur zur optimalen Lagerhaltung

Austin, L. M.; Burns, J. R.: Management Science – An Aid for Managerial Decisionmaking, Mcmillan Publishing Company, New York 1985

Biethahn, J.: Optimierung und Simulation. Anwendung verschiedener Optimierungsverfahren auf ein stochastisches Lagerhaltungsproblem. Verlag Dr. Th. Gabler, Wiesbaden 1978.

Brunnberg, J.: Optimale Lagerhaltung bei ungenauen Daten. Th. Gabler Verlag, Wiesbaden 1970.

Busse von Colbe, W.; Niggemann, W.: Bereitstellungsplanung, Einkaufs- und Lagerpolitik; in: Industriebetriebslehre in programmierter Form Bd. II (Hrsg. H. Jakob) Th. Gabler Verlag, Wiesbaden 1972.

Dahm, U.: Optimierung und Vergleich einiger Prognoseverfahren. Angewandte Informatik 16 (1974), S. 423–430.

Domschke, W.; Drexl, A.: Einführung in Operations Research. Springer Verlag. Berlin–Heidelberg 1990.

Ellinger, Th.; Schaible, S.: Kombination von Losgrößenansätzen. Zeitschrift für Betriebswirtschaft 47 (1977) 1, Seite 1–18.

Enrick, N. L.: Optimales Lager-Management. Oldenbourg Verlag, München–Wien 1971.

Gebhardt, D.: Zur Bestimmung der Parameter der (s, q)-Bestellpolitik bei laufender Lagerüberwachung. Zeitschrift für Operations Research 17 (1973), S. B83–B95.

Hartmann, H.: Materialwirtschaft – Organisation, Planung, Durchführung, Kontrolle. Deutscher Betriebswirte Verlag, Gernsbach 1978.

Heckmann, N.; Schemmel, F.: Die Anwendung der Regressionsrechnung zur Entwicklung quantitativer Prognosemodelle – ihre Möglichkeiten als Hilfsmittel der Unternehmensplanung. Zeitschrift für betriebswirtschaftliche Forschung 23 (1971), H. 1, S. 42–54.

Hillier, F. S.; Lieberman, G. J.: Operations Research – Einführung. Oldenbourg Verlag, München, 4. Aufl. 1988.

Hochstätter, D.: Stochastische Lagerhaltungsmodelle. Springer Verlag, Berlin–Heidelberg 1969.

IBM: Lagerdisposition (Bestandsrechnung, Bedarfsermittlung, Bestellrechnung) mit MINCOS (Modular Inventory Control System) Einführungsschrift. IBM-Form 71419-2, 1967.

Klemmer, H.; Mikut, M.: Lagerhaltungsmodelle. Verlag Die Wirtschaft, Berlin 1972.

Klingst, A.: Optimale Lagerhaltung – Wann und wie bestellen. Physica Verlag, Würzburg–Wien, 2. Auflage 1979

Landis, W.; Heringer, H.: Die Vergleichsart-Methode, ein vereinfachtes Verfahren zur Bestimmung der wirtschaftlichen gleitenden Losgröße. Ablauf- und Planungsforschung 10 (1969), S. 425–432.

Mertens, P. (Hrsg.): Prognoserechnung. Physica Verlag Würzburg–Wien 1973.

Meyer, M.; Hansen, K.; Klausmann, H.-S.: Mathematische Planungsverfahren, Bd. II, Lagerungs- und Warteschlangenmodelle. Verlag W. Girardet, Essen 1975.

Müller, E.: Simultane Lagerdisposition und Fertigungsablaufplanung. W. d. Gruyter, Berlin 1972.

Müller-Hagedorn, L.; Biethahn, J.: Bestellpolitik in Handelsbetrieben unter expliziter Berücksichtigung der Kosten für gebundenes Kapital. Zeitschrift für Operations Research 11 (1975), S. B155–B175.

Naddor, E.: Lagerhaltungssysteme. Verlag Harri Deutsch, Frankfurt 1971.

Ohse, D.: Näherungsverfahren zur Bestimmung der wirtschaftlichen Bestellmenge bei schwankendem Bedarf. Elektronische Datenverarbeitung 12 (1970), H. 3, S. 83–88.

Olivier, G.: Die statistische Prognose in der Lagerdisposition. Zeitschrift für Operations Research 16 (1972), S. B169–B189.

Reichmann, Th.: Wirtschaftliche Vorratshaltung, eine gemeinsame Aufgabe für Einkauf, Materialwirtschaft und Betriebsleitung. Zeitschrift für Betriebswirtschaft 48 (1982) 4, Seite 63–77.

Schieffer, W. J.; Schröder, M.: Zeitreihenprognose bei inhomogener Nachfragestruktur – dargestellt an der Vorhersage von Auftragseingangsmengen in einem Edelstahlunternehmen. Zeitschrift für Operations Research 18 (1974), S. B199–B212.

Schmidt, W. P.: Ein Näherungsverfahren zur Bestimmung optimaler Fertigungslose unter Berücksichtigung von Kapazitäts- und Terminrestriktionen. Ablauf- und Planungsforschung 11 (1970), H. 4, S. 214–237.

Scheeweiss, Ch.: Berechnung optimaler Sicherheitsbestände in dynamischen stochastischen Lagerhaltungs-Produktions-Modellen. Ablauf- und Planungsforschung 11 (1970), H. 3, S. 131–145.

Schneeweiß, Chr.: Modellierung industrieller Lagerhaltungssysteme. Springer Verlag, Berlin 1981

Schneeweiß, Chr.: Industrielle Lagerhaltungsmodelle – eine modelltheoretische Übersicht. OR-Spektrum (1982) 4, Seite 63–77.

Spicher, K.: Der SB_1-Algorithmus. Eine Methode zur Beschreibung des Zusammenhanges zwischen Ziellieferbereitschaft und Sicherheitsbestand. Zeitschrift für Operations Research 19 (1975), S. B1–B12.

Schwarze, J.: Angewandte Prognoseverfahren. Verlag Neue Wirtschaftsbriefe, Herne 1980

Stöppler, S.: Der Einfluß der Lagerkosten auf die Produktionsanpassung bei zyklischem Absatz. OR-Spektrum (1985) 7, S. 129–142.

Tempelmeier, H.: Lieferzeitorientierte Lagerungs- und Auslieferungsplanung. Physica Verlag, Würzburg 1983

VDI-ADB: Elektronische Datenverarbeitung bei der Produktionsplanung und -steuerung, Bd. IV, Materialbestands- und -bestellrechnung. VDI-Verlag, Düsseldorf, 1974

Weber, H. H.: Zur Behandlung von Schwund in Lagerhaltungsmodellen. Zeitschrift für Operations Research 16 (1972), S. B67–B73.

Wiese, K. H.: Exponential Smoothing – eine Methode der stochastischen Bedarfsvorhersage. IBM-Fachbibliothek, Form 78129-2, 1968.

Zäpfel, G.: Dynamische Losgrößenmodelle – Lösungsmöglichkeiten mittels dynamischer Optimierung. Industrial Engineering 4 (1974), S. 203–211.

Zäpfel, G.: Exakte Verfahren der dynamischen Bestellmengenrechnung. Angewandte Informatik 13 (1971), H. 6, S. 269–275.

Zimmermann, W.; Lübbert, M.: Ermittlung der optimalen Bestell- und Lagerpolitik mittels Simulation. Blech-Rohre-Profile 29 (1982) 10, Seite 479–482

Zimmermann, W.: Lagerhaltungs- und Beschaffungsprobleme. Zeitschrift für wirtschaftliche Fertigung 68 (1973), S. 200–207.

Zoller, K.; Robrade, A.: Dynamische Bestellmengen- und Losgrößenplanung. Verfahrensübersicht und Vergleich. OR-Spektrum (1987) 9, S. 219–233

v. Zwehl, W.: Zur Bestimmung der kostenminimalen Bestellmenge. Wirtschaftswissenschaftliches Studium (WIST) 3 (1974), S. 469–474.

v. Zwehl, W.: Die optimale Bestellmenge bei mengenabhängigen Beschaffungspreisen. Wirtschaftswissenschaftliches Studium (WIST) 3 (1974), S. 521–526.

Schlußbemerkungen

Allen Optimierungsverfahren ist gemeinsam, daß sie Modelle, gedankliche, vereinfachende Hilfskonstruktionen zur logischen Behandlung der Probleme verwenden.

Die Notwendigkeit zur Vereinfachung ergibt sich aus der Vielfalt der Einflußfaktoren des realen Geschehens; alle Einflüsse von relativ geringem Gewicht werden vernachlässigt und nur der repräsentative Charakter des jeweiligen Problems erfaßt.

Eine Reihe von Praktiker lehnt deshalb und weil man der Meinung ist, daß die wesentlichen Faktoren des wirtschaftlichen Geschehens und des Entscheidungsprozesses nicht quantitativ erfaßbar sind, die Verfahren des Operations Research ab.

Gerade der junge Ingenieur und Wirtschaftswissenschaftler jedoch kann es sich nicht leisten, auf diese Verfahren zu verzichten, weil er das, was der konservative Praktiker so stark betont, nämlich Fingerspitzengefühl und Erfahrung, noch gar nicht besitzt, sondern sich erst im Laufe von Jahrzehnten mühsam erwerben muß. Außerdem weiß gerade der Ingenieur die vereinfachenden Prämissen zu schätzen, ohne die die Probleme in der Mechanik, Statik und Festigkeitsrechnung, unlösbar wären.

Selbstverständlich sollte man sich stets der Grenzen und des Gültigkeitsbereiches eines Ansatzes oder Modells bewußt sein, sowie der Abstraktion, d.h. der Unexaktheit, bei seiner Aufstellung. Die Prägnanz eines mathematischen Ausdruckes verleitet nämlich leicht zur Annahme der Allgemeingültigkeit, obwohl er nur einen Teilaspekt eines Problems darstellt.

Außerdem wird durch die Exaktheit eines Modells oder einer Rechenoperation keinesfalls auch die Exaktheit und Richtigkeit des Ergebnisses garantiert; das Ergebnis wird in erster Linie durch die Exaktheit der Ausgangswerte beeinflußt und kann also keinen höheren Genauigkeitsgrad ausweisen als die Ausgangswerte, auch dann nicht, wenn man eine exakte und höchstempfindliche Rechenmethode anwendet. Das Hauptaugenmerk muß also auf die Beschaffung und Genauigkeit der Ausgangswerte gelegt werden.

Zusammenfassend kann gesagt werden:

Die praktische Bedeutung und Aussagefähigkeit eines Modells oder eines Verfahrens steht und fällt mit dem Wirklichkeitsgehalt der Prämissen.

Man muß sich darüber klar sein, daß jedes Modell und jede Theorie eine vereinfachende gedankliche Hilfskonstruktion ist und aus diesem Grunde immer auf Abstraktionen beruht. „Es kann keine Theorie geben, die sämtliche Erscheinungen des wirtschaftlichen Lebens restlos erklärt, oder anders ausgedrückt, der alle Erscheinungen restlos folgen. Wer das von einer Theorie erwartet, versteht nicht den Sinn einer wirtschaftlichen Theorie; er vergibt sich sogar die Möglichkeit, sich der vortrefflichen, auch für praktische Dinge unendlich wertvollen Dienste der Theorie zu bedienen. Eine Theorie, die alle Erscheinungen des praktischen Lebens deckte, wäre viel zu kompliziert, um brauchbar zu sein, eine Theorie muß, soll sie gut sein, ein handlicher Apparat sein, den man in der Tasche mitführen kann[1]".

---

[1] *E. Schmalenbach*, Selbstkostenrechnung und Preispolitik, Leipzig 1934, 6. Auflage, S. 89.

Lösungen zu den Aufgaben

1. Netzplantechnik

1.-5. Die Angabe der Ergebnisse der Aufgaben 1-5 ist ohne die vollständige Offenlegung des Lösungsweges nicht möglich; aus diesem Grund wird auf die Angabe der Ergebnisse verzichtet.

6.a Kritischer Weg: $1-2-3-4-5-6-7$, Dauer: 20 ZE
6.b Mehrere Lösungen möglich, weil abhängig von Lösung zu 4c
6.c Kritischer Weg: $0-1-2-7-11-14-15-17$, Dauer: 46 ZE
6.d Kritische Wege: $0-2-6-18-24-28-30-32$
     $\phantom{\text{Kritische Wege: }}8-14-22-26$
     $\phantom{\text{Kritische Wege: }}12-20$
     Dauer: 33 ZE
7.a Kritische Vorgänge: 1, 5, 6, 10, 14, 13, 15, 8, 9, 16, 4., Dauer: 19 ZE
7.b Kritische Vorgänge: B, F, D, E, G, Dauer: 17 ZE
7.c Kritische Vorgänge: A, D, E, I, M, P, S, W, Dauer: 44 ZE
7.d Kritische Vorgänge: A, B, D, F, I, M, N, Dauer: 55 ZE
8.a Kritischer Weg: $1-2-4-5-9-12-13-14-15-16-17-18-19-20$, Dauer: 73 ZE
8.b Projektdauer vor der Kürzung: 55 ZE
     Projektdauer nach der Kürzung: 42 ZE
8.c Projektdauer 1.) 170 ZE, 2.) 177 ZE, 3.) 170 ZE, 4.) Kauf der Maschine zur Verkürzung des Vorganges $1-2$ ist zweckmäßig, 5.) 173 ZE

9.a
Verkürzung um	1	2	3	4	Wochen
Kostenzuwachs	700	1500	2300	3300	DM

2. Lineare Optimierung

1. Gewinn: $z = 5400$ DM
   Anbaufläche Weizen: $x_1 = 12$ ha
   Anbaufläche Rüben: $x_2 = 24$ ha
   Unbebaute Fläche: $y_3 = 4$ ha
2. Deckungsbeitrag: $z = 650{,}60$ DM
   Menge Guß A: $x_1 = 628{,}6$ kg/h
   Menge Guß B: $x_2 = 828{,}6$ kg/h
   Mehrbedarf Roheisen: $y_2 = 57{,}1$ kg/h
   Freie Kapazität
   Ofen für Guß A: $y_4 = 171{,}4$ kg/h
   Ofen für Guß B: $y_5 = 271{,}4$ kg/h
3. Kosten: $z = 26000$ DM
   Rohstoff 1: $x_1 = 40$ t
   Rohstoff 2: $x_2 = 80$ t
   unverbrauchtes
   Mineral 1: $y_1 = 19{,}2$ t
4. Gewinn in DM: $z = 58000$
   Mengeneinheiten
   Komponente 1: $x_1 = 2800$
   Mengeneinheiten
   Komponente 2: $x_2 = 4000$
   Mengeneinheiten
   Komponente 3: $x_3 = 2200$
   Überschuß an Komponente 1: $y_3 = 1200$
   Mengeneinheiten
   Kraftstoff: $M = 9000$

5.
| Schneideplan | Breiten | | | Verbrauch |
Kombination	1,80	1,20	0,5	m
1	1	1	0	3,0
2	1	0	2	2,8
3	0	2	1	2,9
4	0	1	3	2,7
5	0	0	6	3,0
Bedarf (m)	500	800	600	

Lösungen zu den Aufgaben

Ergebnis
Verbrauch: $Z = 2160 \text{ m}^2$
Schneideplan Nr. 1: $x_1 = 500 \text{ m}$
Schneideplan Nr. 3: $x_3 = 150 \text{ m}$
Schneideplan Nr. 5: $x_5 = 75 \text{ m}$

Gesamtverbrauch an
Papier: 725 m
(3 m lange Rolle)

Schneideplan Kombination	Breiten (m) 1,8	1,2	0,5	Verbrauch m²
1	500	500	–	1 500
3	–	300	150	435
5	–	–	450	225
Bedarf (m)	500	800	600	2 160

Verschnitt: $725 \text{ m} \cdot 3 \text{ m} - 2160 \text{ m}^2 = 15 \text{ m}^2$

6. Gewinn $z = 38,17$ DM
Produkt A nach
Verfahren 1 $x_1 = 30$ Stück
Verfahren 2 $x_2 = 5$ Stück
Verfahren 3 $x_3 = 26,7$ Stück
Produkt B nach
Verfahren 1 $x_4 = 10$ Stück
freie Kapazität Masch. I $y_1 = 1,83$ Std.

7. $z = 520\,000$ DM Gewinn
$x_1 = 6$ Stück Typ A
$x_2 = 4$ Stück Typ B
$y_3 = 70\,000$ DM nicht benötigtes Kapital im Zeitpunkt t_2

8.

Schnittmuster j	Menge x_j	Menge (m) A	B	C	Verbrauch m²	Abfall m²
1	5 500	16 500	–	–	21 120	2 530
6	1 500	1 500	–	6 000	6 120	330
7	3 000	–	9 000	3 000	12 900	–
Summe	10 000	18 000	9 000	9 000	40 140	2 860

Eine weitere gleich gute Lösung ist:

Schnittmuster j	Menge x_j	Menge (m) A	B	C	Verbrauch m²	Abfall m²
1	6 000	18 000	–	–	23 040	2 760
7	3 000	–	9 000	3 000	12 900	–
10	1 000	–	–	6 000	4 200	100
Summe	10 000	18 000	9 000	9 000	40 140	2 860

9. $z = 11\,000$
$x_1 = 90$
$x_2 = 40$

10. Keine zulässige Lösung

11.

Schicht	Schichtbeginn	Personen
1	0 Uhr	$x_1 = 30$
2	4 Uhr	$x_2 = 20$
3	8 Uhr	$x_3 = 80$
4	12 Uhr	$x_4 = 0$
5	16 Uhr	$x_5 = 100$
6	20 Uhr	$x_6 = 0$

$z = 230$ Personen werden benötigt.
$y_5 = 50$, d. h. 50 von den um 16 Uhr beginnenden Personen werden ab 20 Uhr nicht mehr benötigt.

12. Man erhält die Mischung mit dem maximalen Gewinn von $z = 3$ pro Mengeneinheit, wenn die Mischung zu 50 % aus Rohstoff A und zu 50 % aus Rohstoff C hergestellt wird.

13. Die Herstellung des Produktes 1 ist am günstigsten. Man erhält durch den Verkauf von 200 Pfund dieses Produktes einen Gewinn

von 5 Dollar; das Produkt besteht aus 100 Pfund Walnüssen, 50 Pfund Haselnüssen und 50 Pfund Erdnüssen. Es bleiben 50 Pfund Haselnüsse und 10 Pfund Erdnüsse übrig.

14. Der Händler sollte 5 kg Walnüsse, 10 kg Erdnüsse und 5 kg Rosinen zu „Studentenfutter" mischen und als solches verkaufen.
5 kg Walnüsse werden direkt verkauft.
Der Erlös wird z = 180 DM.

15. Der Gesamtdeckungsbeitrag wird 154 DM bei folgender Verteilung der Erdölmengen auf die Raffinerien:

nach von	I	II
Bohr-G. A	2	2
Bohr-G. B	5	0
Bohr-G. C	0	4

16. Gewinn z = 8333,33 DM
Produktmengen x_1 = 16,67 t
x_2 = 36,67 t
freie Kapazität der Anlage B y_2 = 32 h

17. Gewinn z = 7400,00 DM
Produktmengen x_1 = 26 t
x_2 = 32 t
freie Kapazitäten: Anlage B y_2 = 20,8 h
Anlage C y_3 = 9,8 h

18. Gewinn z = 4500,00 DM
Produktmengen x_1 = 15 t
x_2 = 32,5 t
freie Kapazitäten: Anlage A y_1 = 20 h
Anlage B y_2 = 46 h
Anlage C y_3 = 15,75 h
unverbrauchte Rohstoffe y_5 = 8,75 t
unverbrauchte Betriebsstoffe y_7 = 77,5 ME

19. z = 160
x_1 = 4
x_2 = 2
y_1 = 8

20. Keine zulässige Lösung.

21.

Schicht	Schichtbeginn	Personen
1	0 Uhr	x_1 = 4
2	6 Uhr	x_2 = 4
3	12 Uhr	x_3 = 6
4	18 Uhr	x_4 = 0

z = 28 Personen werden mind. benötigt.
y_2 = 2, d. h. zwei von den um 6 Uhr beginnenden Personen werden ab 12 Uhr nicht mehr benötigt. Es existieren mehrere gleichgute Lösungen.

22.

Produkte	1	2	3	4
Menge Eigenfertigung	350	300	50	100
Menge Fremdbezug	–	–	100	

Bruttoersparnis bei diesem Programm z = 54 000 DM.

23. Zusammensetzung des Mischgases:
1. Gas   7250 m^3
2. Gas   11250 m^3
3. Gas   6500 m^3,
Überschuß 1500 m^3
Heizwert: 2200 kcal/m^3
Schwefelgehalt: 3 g/m^3
Kosten: 564 DM

24. Umsatz fast 926 DM/Tag
Produktion:
1,51 t Futtermittel Sorte I
2,67 t Futtermittel Sorte II
2,64 t Futtermittel Sorte III
Überschuß von 2,56 t Rohkleie Sorte B.

3. Spezialfälle der Linearen Optimierung – Transport- und Zuordnungsprobleme

1. Die Kostenminimale Mengenverteilung ist in der Lagerskizze angegeben. Die Gesamttransportkosten betragen 41 400 DM.

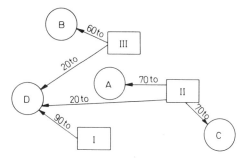

2. Günstigster Transportplan:
   $A_1 \to N_1$; $A_2 \to N_4$
   $A_3 \to N_3$; $A_4 \to N_2$
   $A_5 \to N_5$; insgesamt 124 Transport-km.

3. Ein optimaler Transportplan mit 12 518 Transportkilometern ist in der Lageskizze gegeben (es existieren mehrere Optima).

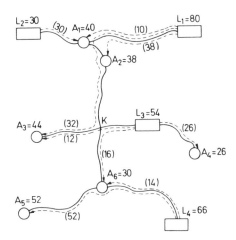

4. Bei untenstehendem Einsatzplan der Arbeitskräfte ergibt sich ein Gesamtzeitbedarf von 241 Zeiteinheiten. Durchschnittszeit pro Person: 22 Zeiteinheiten.

Arbeitsstelle \ Wohnort	1	2	3	4	5	6	7	8	9	10	Arbeitskräftebedarf
I					1	1		1			3
II								1		1	2
III			1								1
IV	1	1		1			1		1		5
Arbeitskräfteangebot	1	1	1	1	1	1	2	1	1	1	11

5. Die optimale Zuordnung der Städte bei einem Gesamttransportaufwand von 699 km ist aus folgender Übersicht zu ersehen:

	H	I	K	L	M	N	O
A	–	–	–	X	–	–	–
B	X	–	–	–	–	–	–
C	–	X	–	–	–	–	–
D	–	–	X	–	–	–	–
E	–	–	–	–	X	–	–
F	–	–	–	–	–	X	–
G	–	–	–	–	–	–	X

6. Die optimale Lösung ist aus der Skizze zu ersehen; sie erfordert 538160 m³ km.

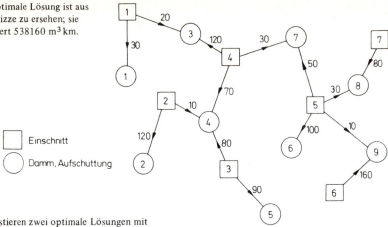

□ Einschnitt
○ Damm, Aufschüttung

7. Es existieren zwei optimale Lösungen mit 53,08 Mill. tkm.

	1	2	3	4	5	Z	a_i
A	5,4	6,6	–	–	–	–	12,0
B	4,6	–	–	–	–	–	4,6
C	–	1,4	1,6	4,0	3,0	–	10,0
D	–	–	4,4	–	–	2,0	6,4
b_j	10	8	6	4	3	2	33,0

	1	2	3	4	5	Z	a_i
A	4,0	8,0	–	–	–	–	12,0
B	4,6	–	–	–	–	–	4,6
C	1,4	–	1,6	4,0	3,0	–	10,0
D	–	–	4,4	–	–	2,0	6,4
b_j	10	8	6	4	3	2	33,0

8. Die optimale Lösung erfordert eine Mitgift von 16 Mio. DM.

Freier \ Tochter	Karin	Ingrid	Elke	Sigrid
Oskar	–	–	–	X
Lothar	–	–	X	–
Emil	X	–	–	–
Helmut	–	X	–	–

9. Der optimale Transportplan mit der geringsten Entfernungssumme von 81 410 km lautet:

Lieferant \ Abnehmer	I	II	III	IV	V	VI	a_i
1	–	–	–	–	–	680	680
2	220	–	–	320	–	80	620
3	–	–	320	–	240	–	560
4	230	710	360	–	–	–	1300
b_j	450	710	680	320	240	760	3160

10. Die optimale Zuordnung lautet:

Ingenieur	1	2	3	4	5	6
Stelle	D	B	F	C	E	A

Die Befriedigungssumme wird mit 104 maximal.

Lösungen zu den Aufgaben

11. Der optimale Transportplan (660 DM Kosten) ist in der folgenden Skizze dargestellt:

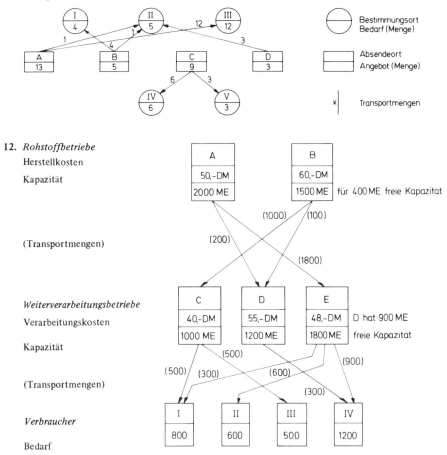

12. *Rohstoffbetriebe*

13. Ein maximaler Ertrag von 10 270 DM ergibt sich bei folgender Verteilung der Aufträge auf die Maschinengruppen:

Maschine \ Auftrag	1	2	3	4	5	6	a_i
I	–	–	–	80	40	200	320
II	–	–	–	–	180	–	180
III	–	130	70	80	–	–	280
IV	220	–	–	–	20	–	240
b_j	220	130	70	160	240	200	1020

14. Grundaufgabe: Z = 237

A\B	1	2	3	4	5
1	2	4	–	–	3
2	–	–	15	–	4
3	–	4	–	7	–
4	10	–	–	–	–

Änderung a) Z = 245

A\B	1	2	3	4	5
1	–	6	–	–	3
2	–	–	15	–	4
3	4	–	–	7	–
4	8	2	–	–	–

Änderung b) Z = 235

A\B	1	2	3	4	5
1	–	6	–	–	3
2	–	–	15	–	4
3	2	2	–	7	–
4	10	–	–	–	–

Änderung c) Z = 207

A\B	1	2	3	4	5
1	2	4	–	–	3
2	–	–	15	–	4
3	–	4	–	7	–
4	10	–	–	–	–

Änderung d) Z = 237

A\B	1	2	3	4	5
1	2	4	–	–	3
2	–	–	15	–	4
3	–	4	–	7	–
4	10	–	–	–	–

Änderung e) Z = 223

A\B	1	2	3	4	5	4f
1	2	2	–	–	5	–
2	–	–	15	–	2	2
3	–	6	–	5	–	–
4	10	–	–	–	–	

Änderung f) Z = 267

A\B	1	2	3	4	5
1	2	7	–	–	3
2	–	–	15	–	4
3	–	1	–	13	–
4	10	–	–	–	–

15. Der optimale Transportplan mit 403 860 tokm lautet:

Lieferant\Abnehmer	1	2	3	4
1	240	800	700	220
2	160	–	–	400
3	860	180	–	80

16. Die optimale Zuordnung ergibt sich mit Z = 104 wie folgt:

	A	B	C	D	E	F	G
A	–	–	–	–	1	–	–
B	1	–	–	–	–	–	–
C	–	–	–	1	–	–	–
D	–	–	–	–	–	–	1
E	–	–	–	–	–	1	–
F	–	1	–	–	–	–	–
G	–	–	1	–	–	–	–

17. Den optimalen Transportplan mit z = 3308 zeigt folgende Mengen-Matrix

	1	2	3	4	5	6	7	8	9	10	
1	–	–	–	–	–	–	34	–	–	–	34
2	–	–	–	24	–	–	–	–	–	–	24
3	–	–	–	–	–	–	–	–	23	–	23
4	29	–	–	–	–	–	–	9	–	–	38
5	–	–	–	–	29	–	–	–	–	35	64
6	19	–	–	–	–	17	–	–	–	–	36
7	–	–	–	–	–	–	33	–	2	–	35
8	–	–	–	50	–	–	18	–	–	–	68
9	–	–	54	–	–	–	–	–	–	36	90
10	–	–	–	–	17	–	–	–	–	18	35
11	–	11	–	–	–	–	–	–	11	–	22
12	–	–	–	–	–	–	–	–	–	50	50
13	–	–	–	–	–	–	–	–	13	–	13
14	–	–	22	–	–	–	–	–	14	–	36
15	–	–	–	–	–	–	–	–	–	91	91
	48	11	76	74	17	46	85	9	50	243	

4. Ganzzahlige Optimierung

1. $z = 5,0$ bei $x_1 = 3,0$ und $x_2 = 2,0$
2. $z = 7,0$ bei $x_1 = 2,0$ und $x_2 = 1,0$
3. $z = 4200$ bei $x_1 = 2,0$ und $x_2 = 4,0$
4. $z = 12$ bei $x_1 = x_4 = 1$ und $x_2 = x_3 = x_4 = x_5 = x_6 = 0$

5. Mathematische Beschreibung
$$z = 500x_1 + 800x_2 - 100x_3 - 30x_4 \Rightarrow \text{Max}$$
$$5x_1 + 2x_2 \leq 24$$
$$x_1 + 5x_2 - 8x_3 \leq 24$$
$$6x_1 + 6x_3 - 8x_4 \leq 36$$
$$x_3 \leq 2$$
$$x_4 \leq 4$$
$$x_j \geq 0 \text{ und ganzzahlig}$$

Lösung:
$z = 6310$ mit $x_1 = 2$
$x_2 = 7$
$x_3 = 2$
$x_4 = 3$

6. Mathematische Beschreibung
$$z = 5x_1 + 6x_2 + 7x_3 - 50v_1 - 80v_2 - 100v_3 \Rightarrow \text{Max}$$
$$x_1 \leq 12v_1$$
$$x_2 \leq 15v_2$$
$$x_3 \leq 20v_3$$
$$x_1 + x_2 + x_3 \leq 30$$
$$x_j \geq 0 \text{ und ganzzahlig}$$
$$v_j \geq 0 \text{ und ganzzahlig}$$

Lösung
$z = 40$ mit $x_1 = 10$ oder mit $x_1 = 0$
$x_2 = 0$; $x_2 = 0$
$x_3 = 20$; $x_3 = 20$
$v_1 = 1$; $v_1 = 0$
$v_2 = 0$; $v_2 = 0$
$v_3 = 1$; $v_3 = 1$

7. $z = 90$ mit $x_1 = x_4 = 1$ und $x_2 = x_3 = 0$
8. $z = 30$ mit $x_1 = x_4 = x_5 = 0$ und $x_2 = x_3 = 1$
9. $z = 104$ mit $x_1 = x_3 = x_4 = 1$ und $x_2 = 0$

5. Kombinatorische Optimierung – optimale Reihenfolge

1. Der kürzeste Rundweg durch alle Orte beträgt $z = 59$ km (dick markiert).

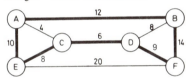

2. Die Auftragsreihenfolge
   $1 - 2 - 3 - 4 - 5 - 1$
   bewirkt minimale Kosten von 15 Geldeinheiten.

3. a) Optimale Auftragsfolge:
   $4 - 1 - 3 - 2 - 5 - 6$
   Zeitaufwand: 430 ZE.
   b) Optimale Auftragsfolge:
   $4 - 3 - 2 - 5 - 1 - 6$
   Zeitaufwand: 460 ZE.

4. Kürzester Rundweg $\Sigma c_{ig} = 59$ km.

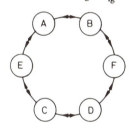

6. Es ergeben sich zwei optimale Reihenfolgen
   $A - E - D - F - B - G - C - A$
   $A - E - F - B - G - C - D - A$
   mit einer Kostensumme von 20 Einheiten.

7. Die optimale Rundreise mit einer Kostensumme von 33 Einheiten ist
   $A - B - D - E - C - A$.

5. Minimale Durchlaufzeit von 130 bei folgendem Fertigungsablauf:

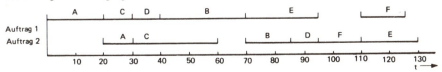

Lösungen zu den Aufgaben

8. Optimale Auftragsfolge: A4 – A1 – A3 – A2
   Minimale Durchlaufzeit: 31 h.

9. Optimale Auftragsfolge:
   A3 – A2 – A5 – A4 – A1
   Minimale Durchlaufzeit: 29 h.

10. Längster Weg: $1 - 2 - 4 - 6 - 7 - 8$
    Weglänge: 26 Einheiten.

11. Optimale Reihenfolge:
    $1 - 4 - 3 - 5 - 6 - 2 - 1$
    Distanzminimum: 63 Einheiten.

12. Günstigste Auftragsfolge:
    $5 - 4 - 1 - 3 - 2$
    Gesamtdurchlaufzeit: 43 Einheiten

13. Günstigste gefundenen Auftragsfolgen mit einer Gesamtdurchlaufzeit von 58 Einheiten sind:
    $1 - 2 - 3 - 5 - 4$ $3 - 5 - 2 - 1 - 4$
    $2 - 1 - 3 - 5 - 4$ $5 - 1 - 2 - 3 - 4$
    $2 - 1 - 5 - 3 - 4$ $5 - 1 - 3 - 2 - 4$
    $2 - 3 - 1 - 5 - 4$ $5 - 3 - 1 - 2 - 4$
    $2 - 3 - 5 - 1 - 4$ $5 - 3 - 2 - 1 - 4$
    $3 - 2 - 1 - 5 - 4$
    $3 - 2 - 5 - 1 - 4$
    $3 - 5 - 1 - 2 - 4$

14. Günstigste Auftragsfolge:
    $3 - 8 - 7 - 5 - 2 - 4 - 6 - 1$
    $3 - 8 - 7 - 5 - 2 - 6 - 4 - 1$
    $3 - 8 - 7 - 5 - 6 - 2 - 4 - 1$
    Gesamtdurchlaufzeit: 71 Einheiten.

Aufgabenstellungen:

11. Man löse das durch die Distanzmatrix gegebene Traveling-Salesman-Problem mit dem Branch and Bound-Verfahren und der begrenzten Enumeration.

Von \ Nach	1	2	3	4	5	6
1	∞	27	43	16	30	26
2	7	∞	16	1	30	25
3	20	13	∞	35	5	6
4	21	16	25	∞	18	18
5	12	46	27	48	∞	5
6	23	5	5	9	5	∞

12. Für fünf Aufträge mit gleicher Arbeitsgangfolge ist der Maschinenbelegungsplan mit der kürzesten Durchlaufzeit zu bestimmen, wenn folgende Bearbeitungszeiten t_{ij} gegeben sind:

t_{ij}	Auftrag j				
	1	2	3	4	5
Maschine i = 1	8	4	9	6	2
2	7	1	5	10	3
3	3	7	4	5	7
4	6	2	7	3	4

13. Es ist der günstigste Maschinenbelegungsplan zu erstellen, wenn folgende t_{ij}-Matrix gegeben ist und für alle Aufträge die Arbeitsgangfolge gleich ist.

t_{ij}	Auftrag j				
	1	2	3	4	5
Maschine i = 1	7	3	4	11	5
2	2	8	2	9	10
3	4	5	1	8	3
4	4	6	5	7	6
5	9	2	11	4	7

14. Acht Aufträge mit gleicher Arbeitsgangfolge sollen so über die 5 Maschinen laufen, daß die Gesamtdurchlaufzeit ein Minimum wird. Gegeben ist die Matrix der Belastungszeiten der Aufträge auf den Maschinen.

t_{ij}	Auftrag							
	1	2	3	4	5	6	7	8
Masch. 1	8	7	3	6	8	5	4	8
2	4	1	7	2	10	6	9	1
3	9	5	4	7	6	2	8	4
4	6	10	5	3	7	3	6	3
5	2	3	7	4	11	4	5	11

6. Dynamische Optimierung

1. Siehe Beispiel 6.1

2. Siehe Beispiel 6.2
   Längster Weg A–B–F–I–Z mit 35 Entfernungseinheiten.
   Kürzester Weg A–C–G–K–Z mit 21 Entfernungseinheiten.

3. Die optimale Strategie bei unterschiedlichem Lagerbestand l_4 am Ende der 4. Periode ist aus folgender Übersicht zu ersehen:

l_4	min K_j	x_4	x_3	x_2	x_1
0	3500	0	30	30	0
10	3700	30	10	30	0
20	4200	30	30	10	10
30	4400	30	30	30	0

4. Der geringste Kraftstoffverbrauch beträgt 136 Einheiten.

5. Die kostenminimalen Wege zu den drei Endpunkten B, C und D sind:
   $A - \alpha_2 - \beta_3 - \gamma_2 - \delta_6 - \mu_4 - \nu_3 - B$
   mit 24 Kosteneinheiten
   $A - \alpha_2 - \beta_3 - \gamma_2 - \delta_6 - \mu_4 - \nu_3 - C$
   mit 27 Kosteneinheiten
   $A - \alpha_2 - \beta_3 - \gamma_2 - \delta_6 - \mu_4 - \nu_4 - D$
   mit 30 Kosteneinheiten
   $A - \alpha_3 - \beta_5 - \gamma_5 - \delta_3 - \mu_1 - \nu_1 - D$
   mit 30 Kosteneinheiten

6. Vereinbarung:
   X Gesamtproduktion in ME
   x_j Produktion auf Maschine j in ME
   min $K_3(X)$ Gesamtkosten-Minimum

X	min $K_3(X)$		x_3	x_2	x_1
1	3		0	0	1
2	7		0	1	1
		oder	0	2	0
3	10		0	2	1
4	15		0	2	2
5	19		2	2	1
6	24		2	2	2
		oder	3	2	1
7	29		3	2	2
8	36		3	2	3
		oder	4	2	2
9	43		3	2	4
		oder	4	2	3
10	50		4	2	4
11	59		4	3	4
12	68		4	4	4

7.
Zeitabschnitt n	1	2	3	4	5	6
Anfangslagerbestand l_{n-1}	2	1	0	6	7	0
Einkauf x_n	7	4	9	3	0	4
Verbrauch d_n	8	5	3	2	7	4
Endlagerbestand l_n	1	0	6	7	0	0
Gesamtkosten min K_n	77	149	266	317	317	357

8. Die optimalste Alternative ist in folgender Übersicht zusammengestellt:

Schicht	produzierte Menge	Kosten
1	1 t	5 000 DM
2	2 t	8 000 DM
3	3 t	13 000 DM
zusammen	6 t	26 000 DM

9.
X	min $K_3(X)$		x_3	x_2	x_1
1	4		0	1	0
2	8		0	2	0
3	13		0	1	2
		oder	0	2	1
4	17		0	2	2
5	22		0	2	3
		oder	3	2	0
6	27		2	2	2
		oder	3	2	1
		oder	3	1	2
7	31		3	2	2
8	36		3	2	3
9	42		4	2	3
10	50		4	2	4
		oder	4	3	3
11	58		4	3	4
		oder	4	4	3
12	66		4	4	4

10. Kürzester Weg mit 38 Einheiten ist die Verbindung
    A1 – M1 – S1 – G4 – S3 – M4 – V3.
    Längster Weg mit 55 Einheiten ist die Verbindung
    A1 – M5 – A4 – S1 – S2 – M3 – M9 – V1 – V3.

11. Folgende Zuordnung ergibt den maximalen Ertrag:

Gebiet n	Anzahl der Vertreter v_n	Gebietsertrag $e_n(v_n)$
1	2	78
2	1	41
3	0	0
4	1	33
Gesamtertrag		152

12. Bei voller Auslastung der Kapazität erhält man das Maximum an Transportwert von 1 060 000 wenn man entweder 2 mal Ladegut 1 verschifft oder aber 2 mal Ladegut 2 zusammen mit 1 mal Ladegut 4.

13. Ersatz des zum Zeitpunkt t = −2 beschafften Aggregates zum Zeitpunkt t = 0, Ersatz des zum Zeitpunkt t = 0 beschafften Aggregates zum Zeitpunkt t = 3 und Verwendung bis zum Planungshorizont t = 6

14. Wenn man im Januar 3 ME, im Februar 4 ME und im März 5 ME einkauft, so entstehen von Januar bis April Gesamtkosten von nur 170 GE.

7. Nichtlineare Optimierung

1. $z = 7{,}2$ bei $x_1 = 1{,}6$ und $x_2 = 3{,}8$
2. $z = -2{,}03$ bei $x_1 = 0{,}76$ und $x_2 = 1{,}06$
3. $z = 135$ bei $x_1 = 17$ und $x_2 = 10$
4. $z = 36$ bei $x_1 = 3$ und $x_2 = 10$
   oder $x_1 = 15$ und $x_2 = 2$
5. $z = 98{,}4$ bei $x_1 = 4{,}4$ und $x_2 = 1{,}2$

8. Wahrscheinlichkeitstheoretische Grundlagen

1. a) $P(K = 0) = 1/4$
   $P(K = 1) = 2/4$
   $P(K = 2) = 1/4$

1. b) $P(K = 0) = 1/8$
   $P(K = 1) = 3/8$
   $P(K = 2) = 1/8$

1. c) $P(K = 0) = 1/32$
   $P(K = 1) = 5/32$
   $P(K = 2) = 10/32$
   $P(K = 3) = 10/32$
   $P(K = 4) = 5/32$
   $P(K = 5) = 1/32$

2. a) $P(X = 0) = 0$
   $P(X = 1) = 0$
   $P(X = 2) = 1/36$
   $P(X = 3) = 2/36$
   $P(X = 4) = 3/36$
   $P(X = 5) = 4/36$
   $P(X = 6) = 5/36$
   $P(X = 7) = 6/36$
   $P(X = 8) = 5/36$
   $P(X = 9) = 4/36$
   $P(X = 10) = 3/36$
   $P(X = 11) = 2/36$
   $P(X = 12) = 1/36$

2. b) $P(X = 3) = 1/216$
   $P(X = 4) = 3/216$
   $P(X = 5) = 6/216$
   $P(X = 6) = 10/216$
   $P(X = 7) = 15/216$
   $P(X = 8) = 21/216$
   $P(X = 9) = 25/216$
   $P(X = 10) = 27/216$
   $P(X = 11) = 27/216$
   $P(X = 12) = 25/216$
   $P(X = 13) = 21/216$
   $P(X = 14) = 15/216$
   $P(X = 15) = 10/216$
   $P(X = 16) = 6/216$
   $P(X = 17) = 3/216$
   $P(X = 18) = 1/216$

Lösungen zu den Aufgaben 427

3. a) $P(S_1 \cap S_2 \cap S_3) = 0{,}027$
$P(S_1 \cap S_2 \cap W_3) = 0{,}045$
$P(S_1 \cap S_2 \cap R_3) = 0{,}018$
$P(S_1 \cap W_2 \cap S_3) = 0{,}045$
$P(S_1 \cap W_2 \cap W_3) = 0{,}075$
$P(S_1 \cap W_2 \cap R_3) = 0{,}030$
usw.

3. b) $P(S_1 \cap S_2 \cap S_3) = 0{,}008\bar{3}$
$P(S_1 \cap S_2 \cap W_3) = 0{,}041\bar{6}$
$P(S_1 \cap S_2 \cap R_3) = 0{,}016\bar{6}$
$P(S_1 \cap W_2 \cap S_3) = 0{,}041\bar{6}$
$P(S_1 \cap W_2 \cap W_3) = 0{,}083\bar{3}$
$P(S_1 \cap W_2 \cap R_3) = 0{,}041\bar{6}$
usw.

4. a) $P(\text{sehr gut}) = 2/10$
  b) $P(X > 2) = 2/3$
  c) $P(X > 7) = 15/36$

5. a) $P(M) = 0{,}6$ $\quad P(M \cap V) = 0{,}35$
$P(F) = 0{,}4$ $\quad P(M \cap U) = 0{,}25$
$P(V) = 0{,}5$ $\quad P(F \cap V) = 0{,}15$
$P(U) = 0{,}5$ $\quad P(F \cap U) = 0{,}25$

5. b) $P(F \cup U) = 0{,}65$ $\quad P(M \cup V) = 0{,}75$
$P(F \cup V) = 0{,}75$ $\quad P(M \cup U) = 0{,}85$

6. $P(X < 4) = 0{,}7$
$P(2 \leq X \leq 6) = 0{,}5$
$P(X \geq 1) = 0{,}7$
$P(X \leq 2) = 0{,}6$

7. $P(A \cup B) = 2/3$
$P(\bar{C}) = 2/3$
$P(\overline{A \cup B}) = 1/3$
$P(A \cup B \cup C) = 1$

8. a) ohne Zurücklegen

$P(D_1 \cap D_2 \cap D_3) = 0{,}0000618$
$P(D_1 \cap D_2 \cap G_3) = 0{,}0019584$
$P(D_1 \cap G_2 \cap D_3) = 0{,}0019584$
$P(D_1 \cap G_2 \cap G_3) = 0{,}0460214$
$P(G_1 \cap D_2 \cap D_3) = 0{,}0019584$
$P(G_1 \cap D_2 \cap G_3) = 0{,}0460214$
$P(G_1 \cap G_2 \cap D_3) = 0{,}0460214$
$P(G_1 \cap G_2 \cap G_3) = 0{,}8559988$

$P(3 \text{ Defekte}) = 0{,}0000618$
$P(2 \text{ Defekte}) = 0{,}0058752$
$P(1 \text{ Defektes}) = 0{,}1380642$
$P(0 \text{ Defekte}) = 0{,}8559988$

8. b) mit Zurücklegen

$= 0{,}05^3$
$= 0{,}05^2 \cdot 0{,}95$
$= 0{,}05^2 \cdot 0{,}95$
$= 0{,}05 \cdot 0{,}95^2$
$= 0{,}05^2 \cdot 0{,}95$
$= 0{,}05 \cdot 0{,}95^2$
$= 0{,}05 \cdot 0{,}95^2$
$= 0{,}95^3$

$= 0{,}0001$
$= 0{,}0071$
$= 0{,}1354$
$= 0{,}8574$

9. a) $P(R_1) = 0{,}6$
$P(W_1) = 0{,}4$
$P(R_2|R_1) = 0{,}4$
$P(R_2|W_1) = 0{,}7$
$P(W_2|R_1) = 0{,}6$
$P(W_2|W_1) = 0{,}3$

9. b) $P(R_1 \cap R_2) = 0{,}24$
$P(R_1 \cap W_2) = 0{,}36$
$P(W_1 \cap R_2) = 0{,}28$
$P(W_1 \cap W_2) = 0{,}12$

9. c) $P(\text{eine rote und eine weiße}) = 0{,}64$
$P(\text{entweder zwei rote oder zwei Weiße}) = 0{,}36$

10. a) 6,7%
  b) 0,6%
  c) 13,4%
  d) $10 \pm 0{,}39$ mm
  e) 8%

11. 16% wiegen 2 gr und mehr.

12. 56% Wahrscheinlichkeit dafür, daß nicht mehr als 1% Ausschuß existiert.

13. a) 0,41
  b) 22 Stück

14. $P(X \leq 8) = 0{,}2517$ $P(X \geq 12) = 0{,}2517$
$P(X = 10) = 0{,}1762$ $P(X > 13) = 0{,}0577$
$P(X < 15) = 0{,}9793$ $P(8 \leq X \leq 14) = 0{,}8477$

15. $P(1000 < X \leq 1150) = 0{,}4332$
$P(950 < X \leq 1000) = 0{,}1915$
$P(X < 950) = 0{,}242$
$P(X > 1250) = 0{,}0062$
$P(X < 870) = 0{,}0968$
$P(X > 780) = 0{,}9861$
$P(700 < X \leq 1200) = 0{,}9759$
$P(750 < X \leq 850) = 0{,}0606$

16. $P(150 < X \leq 160) = 0{,}1915$
$P(X > 148) = 0{,}7257$
$P(X \leq 153) = 0{,}3632$
$P(165 < X \leq 170) = 0{,}0928$
$P(X > 162) = 0{,}4602$

9. Entscheidungstheoretische Grundlagen

1. Aktion   A1   A2   A3
Erwartungswert   8,5   3,0   8,5
Die Aktionen A1 und A3 sind gleichwertig.

2. Aktion   A   B   C
Erwartungswert   140   70   120
Das Verfahren A ist zu empfehlen.

3. Die Aktionsfolge A und D ergeben den maximalen Erwartungswert von 9 500.

4. Es wird der Verkauf auf dem Testmarkt empfohlen, weil dort der Erwartungswert der Auszahlung mit 157 500 maximal wird. Bei Erfolg auf dem Testmarkt ist weltweiter Vertrieb vorzusehen.

5. Anlage B hat einen um 10000,– höheren Erwartungswert als Anlage A.

6.

Entscheidungskriterium	Optimale Aktion
a) Maximax-Regel	A2 mit 100
Maximin-Regel	A1 mit −1
Hurwicz-Regel	A2 mit 49
Laplace-Regel	A2 mit 49
Minimax-Regret-Regel	A2 mit 1,5
b) Maximum-Likelihood-Regel	A1 mit 1
Bayes-Regel	A1 mit 0,98
c) Maximum-Likelihood-Regel	A1 oder A2
Bayes-Regel	A2 mit 49

d) EWVI = 1,5
Erwartungswert der Auszahlung bei vollständiger Information = 50,5

7. Maximum-Likelihood-Regel: A2 mit 20
Bayes-Regel: A2 mit 17,0
Erwartungswert der Auszahlung bei vollständiger Information = 21,5
EWVI: 4,5

8. Bayes-Regel: A3 mit 6,2
Maximum-Likelihood-Regel: A3 mit 6
EWVI: 0,6

Lösungen zu den Aufgaben   429

9. Maximum-Likelihood-Regel nicht anwendbar, weil $P_1 = P_2 = P_3 = 0,3$
   Bayes-Regel: A1 oder A3 mit 23,33
   EWVI = 16,67
   Erwartungswert der Auszahlung bei vollständiger Information = 40

10. a) 10000 to bei Maschine I
       33333 to bei Maschine II
    b) 80000 to
    c) Der Einnahmeüberschuß $(p-a) x - A_0$ ist in der Tabelle für die jeweiligen Fälle angegeben.

Ereignis	Wahrscheinlichkeit	Einnahmeüberschuß Maschine I	Einnahmeüberschuß Maschine II
100000 t	0,5	3 600 000	4 000 000
50000 t	0,5	1 600 000	1 000 000

    d) | Entscheidungskriterien | Optimale Aktionen |
       |---|---|
       | Maxima-Regel | II mit 4,0 |
       | Maximin-Regel | I mit 1,6 |
       | Hurwicz-Regel | I mit 2,6 |
       | Laplace-Regel | I mit 2,6 |
       | Minimum-Regret-Regel | I mit 0,2 |
       | Bayes-Regel | I mit 2,6 |
       | Erwartungswert der Auszahlung bei vollständiger Information | 2,8 |

11. a) Angebot annehmen
    b) Angebot ablehnen

12. a) Angebot annehmen
    b) Angebot ablehnen

13. Keine Unfallversicherung abschließen.

14. Optimale Aktion ist bei
    a) Kauf der Maschine 40000 > 25000)
    b) Mieten der Maschine (50 > 0)

15. Bei günstigem Ausgang der Voruntersuchung bringt die Entscheidung für Leichtmetall einen Erwartungswert der Auszahlung von 260000 (gegenüber 175000 bei Kunststoff und 95000 bei Verwendung von Holz).
    Falls der Markt-Test ungünstig ausfällt, ist die Entscheidung für Holz mit einem Erwartungswert von 65000 zu empfehlen (gegenüber Kunststoff mit 25000 und Leichtmetall mit 20000).

16. EWVI = 75000,- DM
    Da der Markttest nur DM 50000 kostet, ist dieser zu empfehlen.

17. a) EWVI = 90000,- DM
       Da die Kosten für eine Seismographische Messung nur DM 30000,- betragen, sollte man die Messung nicht ablehnen.
    c) $P(\ddot{O}|V) = 0,5625$ $P(\ddot{O}|\bar{V}) = 0,0577$
       $P(\bar{\ddot{O}}|V) = 0,4375$ $P(\bar{\ddot{O}}|\bar{V}) = 0,9423$
    d) Erwartungswert von 9000 bei Seismographischer Voruntersuchung. Entscheidung hinsichtlich Bohren oder Nicht-Bohren je nach Ergebnis der Voruntersuchung.

18. Erwartungswert von -50 bei Entscheidung für Stichprobe mit n = 2 Elementen

19. EWVI = 7500
    EWSI = 1317
    Vorteil = 417

20.

Situation	1	2	3	4
günstigste Alternative	A	B	(A)	(B)
EWVI	1,978	4,166	3,509	30,690

21. a) Holographischer Speicher
    b) EWVI = 55 828
    c) Photographischer Speicher
    d) EWSI = 53 790
    e) Optimaler Stichprobenumfang n = 9

22. Optimale Strategie mit einem Gewinn von 265

Zeitpunkt	Entscheidung
t = 0	Schiff bleibt in Hamburg
t = 1	Fahrt nach New York
t = 2	Schiff bleibt in New York
t = 3	Fahrt nach Hamburg
t = 4	Fahrt nach New York
t = 5	Fahrt nach Hamburg
t = 6	Schiff bleibt in Hamburg

23. Auftrag B fest annehmen und Entscheidung zwischen Annahme von C oder Fortführung der Verhandlungen mit D bis zum 5. des Monats aufschieben, um dann endgültig zu entscheiden.

10. Theorie der Spiele

1. a) Sattelpunkt bei i = 2, j = 3
   $x_1 = 0$ $y_1 = 0$
   $x_2 = 1$ $y_2 = 0$
   $x_3 = 0$ $y_3 = 1$
   $x_4 = 0$ $y_4 = 0$
   g = 4

   b) Gemischte Strategie mit g = 2,83
   $x_1 = 0,5$ $y_1 = 0,333$
   $x_2 = 0,167$ $y_2 = 0,167$
   $x_3 = 0$ $y_3 = 0,5$
   $x_4 = 0,333$ $y_4 = 0$

   c) Sattelpunkt bei i = 3, j = 3
   Wert des Spieles g = 2

   d) Gemischte Strategie
   $x_1 = 0,37$ $y_1 = 0,304$
   $x_2 = 0,435$ $y_2 = 0,261$
   $x_3 = 0,195$ $y_3 = 0,435$
   g = 0,652

   e) Gemischte Strategie
   $x_1 = 0,286$ $y_1 = 0,429$
   $x_2 = 0$ $y_2 = 0$
   $x_3 = 0,714$ $y_3 = 0,571$
   g = 0,143

   f) Gemischte Strategie
   $x_1 = 0,25$ $y_1 = 0,33$
   $x_2 = 0,25$ $y_2 = 0,33$
   $x_3 = 0,5$ $y_3 = 0,33$
   g = 1

   g) Gemischte Strategie
   Bei 1000 Iterationen wurde folgendes Ergebnis durch Simulation erzielt:
   $x_1 = 0,011$ $y_1 = 0,050$
   $x_2 = 0,064$ $y_2 = 0$
   $x_3 = 0,278$ $y_3 = 0,032$
   $x_4 = 0,002$ $y_4 = 0$
   $x_5 = 0,645$ $y_5 = 0,358$
                    $y_6 = 0,304$
                    $y_7 = 0,256$
   $-0,05 \leq g \leq -0,01$

   h) Sattelpunkt bei i = 2, j = 3
   Wert des Spieles g = 2

2. Sattelpunkt bei i = 2, j = 2
   Falls Warenhaus I und Warenhaus II in der Stadt B errichtet werden, ergibt sich ein maximaler Mindestgewinn von 60 000 DM pro Woche für das Warenhaus I.

3. Gemischte Strategie
   $x_1 = 0,143$ $y_1 = 0,429$
   $x_2 = 0,857$ $y_2 = 0,571$
   $x_3 = 0$ $y_3 = 0$
   g = 0,457

4. Gemischte Strategie
   $x_1 = 0$ $y_1 = 0$
   $x_2 = 1/3$ $y_2 = 1/3$
   $x_3 = 1/3$ $y_3 = 1/3$
   $x_4 = 1/3$ $y_4 = 1/3$
   g = 1

Lösungen zu den Aufgaben

5. Oberst BLOTTO kommt am besten davon, wenn er Paß P_I mit 2 Einheiten und Paß$_{II}$ mit einer Einheit besetzt. Der Gegner wäre gut beraten, seine beiden Einheiten zum Paß P_I zu schicken.

6. Gewinnmatrix für Spieler X

	Y_1	Y_2	Y_3	Y_4	Y_5	Y_6
X_1	0	5	0	5	3	3
X_2	0	5	0	5	8	8
X_3	3	3	3	3	3	3
X_4	3	3	3	3	8	8
X_5	3	3	0	0	3	0
X_6	8	8	0	0	8	0

Gewinnmatrix für Spieler Y

	Y_1	Y_2	Y_3	Y_4	Y_5	Y_6
X_1	8	4	8	4	4	4
X_2	8	4	8	4	0	0
X_3	4	4	4	4	4	4
X_4	4	4	4	4	0	0
X_5	4	4	6	6	4	6
X_6	0	0	6	6	0	6

Zusatzaufgabe: Man ermittle die optimalen Strategien

7. Gewinnmatrix für Spieler X

	Y_1	Y_2	Y_3	Y_4	Y_5	Y_6
X_1	4	4	-5	-5	-5	6
X_2	4	4	-5	-5	6	-7
X_3	-5	-5	6	6	-5	6
X_4	-5	-5	6	6	6	-7
X_5	-5	6	-5	6	4	4
X_6	6	-7	6	-7	4	4

Zusatzaufgabe: Man ermittle die optimalen Strategien.

11. Simulationstechnik

1. Ein Wagenpark von 10 Wagen ist am kostengünstigsten.

2. Die Entkopplung der Maschinen ergibt eine Ausstoßerhöhung von 40 bis 50 %.

3. Es zeigt sich bereits nach 10 bis 20 Simulationen, daß sich das Einlegen von Sonderschichten ungünstig auswirkt.

12. Warteschlangensysteme

1. a) Verkehrsdichte $\rho = \frac{\lambda}{\mu} = 0,4$,

   b) Wahrscheinlichkeit, daß sich kein Fahrzeug an der Zollstation befindet
   $P_0 = 1 - \rho = 0,6$,

   c) Wahrscheinlichkeit, daß sich 1, 2 oder 3 Fahrzeuge an der Zollstation befinden
   $P_1 = (1 - \rho)\rho = 0,24$
   $P_2 = (1 - \rho)\rho^2 = 0,096$
   $P_3 = (1 - \rho)\rho^3 = 0,038$.

   d) Mittlere Anzahl der Fahrzeuge im System
   $N = \frac{\rho}{1 - \rho} = 0,67$,

   e) Mittlere Schlangenlänge $L_q = \frac{\rho^2}{1 - \rho} = 0,27$,

   f) Mittlere Verweilzeit eines Fahrzeuges im System, $V = \frac{1}{\mu(1 - \rho)} = 33$ s,

   g) Mittlere Wartezeit eines Fahrzeuges in der Schlange, $W_q = \frac{\rho}{\mu(1 - \rho)} = 13$ s.

2. *Ein-Kanal-System*

   a) $P(n>1) = \varrho^2 = 0{,}44$,

   b) $W_n = \dfrac{1}{\mu - \lambda} = 1\text{ h}$,

   c) $W_q = \dfrac{\rho}{\mu - \lambda} = 0{,}67\text{ h}$,

   d) Gesamtwartezeit am 8-h-Tag = $2 \cdot 8 \cdot W_q \cdot 0{,}5 = 5{,}3$ h.

   Zwei-Kanal-System

   a) $P(x \geq 2) = \dfrac{1}{2!}\left(\dfrac{2}{3}\right)^2 \dfrac{2 \cdot 3}{2 \cdot 3 - 2} \cdot \dfrac{1}{\left[\sum\limits_{n=0}^{1} \dfrac{1}{n!}\left(\dfrac{2}{3}\right)^n\right] + \dfrac{1}{2}\left(\dfrac{2}{3}\right)^2 \dfrac{2 \cdot 3}{2 \cdot 3 - 2}} = \dfrac{1}{6} = 0{,}167$,

   b) $W_q = \dfrac{1}{s\mu - 2} P(x \geq s) = \dfrac{1}{24}\text{ h} = 0{,}0417\text{ h}$,

   c) $W_n = W_q + \dfrac{1}{\mu} = 0{,}375\text{ h}$,

   d) Gesamtwartezeit am 8-h-Tag = $2 \cdot 8 \cdot 0{,}0417 \cdot 0{,}5\text{ h} = 0{,}34$ h.

3. Der Monteur A ist für die Firma günstiger.

4. Die Länge der Baustelle sollte ca. 65 m nicht überschreiten.

5. Die Ampel sollte ca. 24 s pro Minute, d.h. ca. 40% der Zeit, auf „Grün" stehen.

6. Es müssen mindestens 6 Telephonzellen installiert werden.

7. a) Die Baustellenlänge x beträgt 0,494 km.
   b) Die mittlere Schlangenlänge beträgt 11,05 Einheiten.
   c) Die maximale Schlangenlänge n_{max} beträgt 35,4 Einheiten.

8. Es müssen mindestens 3 Zapfsäulen installiert werden.

9. a) Durchschnittliche Schlangenlänge $\bar{n} = 0{,}20$
   b) Durchschnittliche Wartezeit der Kunden $\bar{t}_w = 0{,}24$ min.
   c) Auslastung der Bedienungsstelle $\varrho = 0{,}75\%$.

10. a) Mittlere Schlangenlänge $L_q = 1{,}4$.
    b) Gesamtwartezeit 11,2 h/8-h-Tag.

13. Optimale Lagerhaltung

1. G = 100 000 DM.

2. Der optimale Bestellplan verursacht Gesamtkosten von 249 DM und hat zwei gleich gute Varianten, die sich aus der Rückwärtsrechnung ergeben.

Periode	1	2	3	4	5	6	7	8	9	10	11	12
Bedarf	120	90	115	50	130	135	150	140	80	20	25	20
Bestellzeitpunkt	1	1	3	3	5	5	7	8	9	9	9	9
Losgröße	210	–	165	–	265	–	150	140	145	–	–	–
Bestellzeitpunkt	1	1	3	3	5	5	7	7	9	9	9	9
Losgröße	210	–	165	–	265	–	290	–	145	–	–	–

Nach dem statischen Modell sind die optimale Losgröße q = 158 ME und die losgrößenabhängigen Gesamtkosten K = 380 DM.

3. Der Schätzwert des Umsatzes des Jahres 1970 beträgt 277,85 Mio. DM.

4. Optimale Losgröße
   a) q = 3000 Stück, b) q = 3870 Stück
   Lagerkostenerhöhung 3 140 DM/Jahr.

5.

	Fall a	Fall b
Optimale Losgröße	1000 kg	1225 kg
Nachbestellperiode	24 Tage	30 Tage
Mittlerer Bestand	830 kg	945 kg
Gesamtkosten	798 DM/Jahr	1399 DM/Jahr
Kosten/kg	0,05 DM/kg	0,09 DM/kg

6.

Fertigungszeitpunkt Monat	1	3
Fertigungslosgröße	180	275

Gesamtkosten 240 DM.

7.

Periode	1	2	3	4	5	6	7	8	9	10	11	12
Schätzwert der Nachfrage	100	102	99,6	97,7	98,2	102,6	104,1	111,3	107,0	101,6	105,3	112,2

8. Optimale Losgröße ca. 105 000 Stück.
   Die Serie sollte ca. 35 bis 36mal im Jahr aufgelegt werden.

9. Man sollte jeweils 200 Flaschen kaufen.

10.

Fertigungszeitpunkt Periode	1	4	7
Fertigungslos	1400	1300	1000

Gesamtkosten 3 800 DM.

Sachwortverzeichnis

ABC-Konzept (ABC-Analyse) 386
Abfertigungsrate, mittlere 364
Ablaufplanung mit Netzplantechnik 9
– mit Kombinatorischer Optimierung 161
Absatzbeschränkung 67
– verpflichtung 62, 67
Additionssatz 242
Algorithmische Suchverfahren 209, 224
Analytische Verfahren 209, 211
Anfangszeitpunkt 18
Ankunftsrate, mittlere 363
Anordnungsbeziehung 11
Approximationsverfahren nach Vogel 93
Approximation durch Linearisierung 209, 218
Apriori-Wahrscheinlichkeit 246, 287
Aposteriori-Wahrscheinlichkeit 246, 287
Arbeitsweise von Operations Research Verfahren 3
Ausgleichsprüfung 93
Auslastung, mittlere 364
Auszahlungsmatrix 270, 315

Barriere-Methode 217
Basisvariable 52
Bayes-Regel 281
Bernoulli-Regel 285
Beschaffungskosten 393
Bestellbestand 394
– grenze 401
– menge 394
– niveau 394
– politik 394
– zeitpunkt 394, 401
Bewertungsverfahren 93, 94, 95
Binomialverteilung 251
Black-Box-Methode 221
Bolzano-Suchplan 225
Branching and Bounding 156

Complex-Verfahren 233
Computer-Protokolle zur Linearen Optimierung 70
– zur Kombinatorischen Optimierung 175
Cutting Plane-Verfahren 127

Degeneration 56
Dekomposition 65, 184
Dichtefunktion 249
Distributionsmethode 93
Dualität 60
Durchlaufzeit, graphische Bestimmung 163
–, tabellarische Bestimmung 165
Durchschnitt, gleitender 346, 391
–, gewogener 391

Dynamische Optimierung 184
Dynamische Spiele 318

EDV-Programme für Netzplantechnik 36
Endzeitpunkt 18
Entartung 56
Entscheidungstheorie 269
–, Apriori Analyse 303
–, Aposteriori Analyse 303
–, Apriori-Wahrscheinlichkeit 287
–, Aposteriori-Wahrscheinlichkeit 287
–, Auszahlungsmatrix 270
–, Bayes-Regel 281
–, Bernoulli-Regel 285
–, Ein-Parameter-Kriterien 276
–, Hurwicz-Regel 278
–, Laplace-Regel 279
–, Maximax-Regel 276
–, Maximin-Regel 276
–, Minimax-Regret-Regel 279
–, Maximum-Likelihood-Regel 280
–, Normalform-Analysis 302
–, Nutzenfunktion 284
–, Nutzenwert 284
–, Posterior Analysis 287
–, Preposterior Analysis 289
–, Zwei-Parameter-Kriterien 280
Entscheidungsbaum 131, 153, 269
   -baum-Analyse 269
   -tabelle 269
   -kriterien 273, 276
Ein-Parameter-Kriterien 276
Enumeration, begrenzte 154
–, vollständige 148
Ereignis-Kombinationen 241
   -Tabelle 239
   -Baum 240
Ereignisfolge-Simulation 358
Erlang-Verteilung 376
Ergänzungsbestand 404
Erwartungswert der vollständigen Information-EWVI 282
– der Auszahlung bei unvollständiger Information 281
– der Auszahlung bei vollständiger Information 283
– des Nutzens 285
Erwartungswert 252, 260
Exponentielle Glättung 290

Fehlmengenkosten 394
Fertigungsablaufplanung 269
Flußdiagramme 54, 64, 81, 95, 128, 132, 135, 140, 176, 332, 353, 379

Gantt-Diagramm 6, 163
Ganzzahlige Optimierung 125
–, Schnittebenen-Verfahren 127
–, Entscheidungsbaum-Verfahren 131
–, Gomory-Algorithmus 128
–, Cutting Plane-Verfahren 127
–, Prioritätsüberlegungen 132, 135
–, Knapsack-Problem 137
–, Verfahren der vorsichtigen Annäherung 140
–, Heuristische Verfahren 139
Gauss-Verteilung 260
Glücksspiele 314
Gomory-Algorithmus 128
Gradientenverfahren 225
Gummiwand-Verfahren 230

Hill-Climbing-Methods 208
Heuristische Verfahren bei der Rundreiseplanung 150
– bei der Maschinenbelegungsplanung 166, 179
– bei der ganzzahligen Optimierung 139
Hurwicz-Regel 278

Iterative Straffunktionsverfahren 230

Johnson-Regel 162

Kapazitätsausgleich 30
– änderung 26
– belastungsplan 31
– beschränkung 66
– planung 29
Karush-Kuhn-Tucker-Bedingung 213
Knapsack-Problem 137
Kombinations-Verfahren 237
Kombinatorische Optimierung 147
–, Begrenzte Enumeration 154
–, Branching and Bounding 156
–, Entscheidungsbaumverfahren 131
–, Heuristische Verfahren 150, 166, 179
–, Johnson-Regel 162
–, Verfahren des besten Nachfolgers 151
–, Verfahren der sukzessiven Einbeziehung von Stationen 151
–, Vollständige Enumeration 148
Konvexität 210
Konvexitätsbedingungen 211

Lagerdisposition 386
Lagerungskosten 393
Lagerhaltungsmodell, dynamisches 397
–, statisches 394
Lagerhaltungspolitik 401
– strategien 393
Lagerhaltung 385
–, ABC-Analyse 386

–, Bestellpolitik bei deterministischer Nachfrage 394
–, Bestellpolitik bei stochastischer Nachfrage 401
–, Bestellbestand 394
–, Bestellgrenze 401
–, Bestellmenge 394
–, Bestellniveau 394
–, Bestellzeitpunkt 394, 401
–, Durchschnitt, gleitender 391
–, Durchschnitt, gewogener 391
–, Ergänzungsbestand 403
–, Exponentielle Glättung 290
–, Höchstbestand 404
–, Kosten für Beschaffung 393
–, Kosten für Fehlmengen 394
–, Kosten für Lagerung 393
–, Losgrößenoptimierungsverfahren 397
–, Optimale Bestellmenge 395
–, Planungshorizont 398
–, Prognoseverfahren 386
–, Regressionsanalyse 387
–, Trendextrapolation 387
–, Vereinfachte Zeitreihenanalyse 388
Lagrange'sche Multiplikatoren 212
Laplace-Regel 279
Linearisierungsverfahren 209, 218
Lineare Approximationen 218
Lineare Optimierung 48
–, Computer-Protokolle 70
–, ganzzahlige 125
–, graphische Lösung 48
–, komplexe Anwendungen 165
–, rechnerische Lösung 50

Maschinenbelegungsplanung 161
Matrixreduktion 93, 149
– transformation 113
Maximax-Regel 276
Maximin-Regel 276
Maximum-Likelihood-Regel 280
Methoden der Netzplantechnik 6
Minimax-Regret-Regel 279
Minimierungsproblem der Linearen Optimierung 60
Mischungsoptimierung 77
Multiplikationssatz 245
Multiprojektplanung 35
MODI-Methode 97, 102
Modifizierte Distributionsmethode 97, 102
Monte-Carlo-Simulation 337, 339

Nachfolger 9
Netzplantechnik 6
–, Ablaufplanung 9
–, Anfangszeitpunkt 18
–, Anordnungsbeziehung 11
–, EDV-Programme 36

–, Endzeitpunkt 18
–, Kapazitätsänderung 26
–, Kapazitätsausgleich 30
–, Kapazitätsbelastung 30
–, Kapazitätsbelastungsplan 31
–, Kapazitätsplanung 29
–, Kostenplanung 27
–, Kritischer Weg 20
–, Projektverkürzung 26
–, Multiprojektplanung 35
–, Pufferzeit 19
–, Strukturanalyse 9
–, Strukturveränderungen 26
–, Scheinvorgang 12
–, Vorgang 9
–, Vorgänger 9
–, Vorgangpfeilnetzplan 12
–, Vorgangsknotennetzplan 12
–, Zeitabstand 10
–, Zeitänderungen 26
–, Zeitenberechnung 18, 22
–, Zeitplanung 17
Nicht-Basisvariable 52
Nicht-Negativitätsbedingung 52
Nichtlineare Optimierung 208
–, Algorithmische Suchverfahren 209, 224
–, Analytische Verfahren 209, 211
–, Approximation durch Linearisierung 209, 218
–, Barriere-Methode 217
–, Black-Box-Methode 221
–, Bolzano-Suchplan 225
–, Complex-Verfahren 233
–, Gradientenverfahren 225
–, Gummiwand-Verfahren 230
–, Iterative Straffunktionsverfahren 230
–, Karush-Kuhn-Tucker-Bedingung 213
–, Kombinations-Verfahren 237
–, Konvexe Probleme 210
–, Lagrange'sche Multiplikatoren 212
–, Optimalitätskriterien 212
–, Penalty-Methode 216
–, Separable Funktionen 219
–, Verfahren von Jahn 237
Nord-Westecken-Methode 93
Normalverteilung 260
Normalform-Analysis 304
Nutzenfunktion 284
Nutzenwert 284

Opportunitätskosten 394
Optimierung, dynamische 184
–, ganzzahlige 125
–, lineare 48
–, nichtlineare 208
–, kombinatorische 147
Optimale Bestellmenge 394
Optimales Produktionsprogramm 48

– Mischungsprogramm 48
Optimaltest 168
Optimalitätskriterien 212

Penalty-Methode 216
Planungshorizont 398
Pivot-Element 53
– Spalte 53
– Zeile 53
Preisnachlaß 68
Preposterior Analysis 289
Prioritätsüberlegungen 132, 135
Prognoseverfahren 386
Projektverkürzung 26
Posterior Analysis 287
Pufferzeit 19

Regressionsanalyse 387
Reihenfolgeproblem 147
Rundreiseproblem 148

Sattelpunkt 315
Satz von Bayes 246
Schnittebenen-Verfahren 127
Simplex-Algorithmus 48
Simplex-Methode 48
–, graphische Lösung 48
–, rechnerische Lösung 50
Simulation 336
–, mit GPSS 349
–, mit Pseudo-Zufallszahlen 340
Simulationsprogramme 338
– sprachen 338
Simulationstechnik 336
–, zur Lösung von Warteschlangenproblemen 378
Scheinvorgang 12
Schlangendisziplin 365
Schlangenlänge, mittlere 366
Schnittkombinationen 80
Schlupfvariable 51
Separable Zielfunktion 219
Spieltheorie 313
Spiele, dynamische 318
–, mit Sattelpunkt 315
–, mit reiner Strategie 315
–, mit gemischter Strategie 318
–, ohne Sattelpunkt 318
–, statische 315
–, strategische 314
–, streng determinierte 314
–, Zweipersonen-Nullsummen-Spiele 314
Standard-Normalverteilung 260
Stepping-Stone-Verfahren 96, 101
Strategische Spiele 314
Strukturanalyse 9
Strukturvariable 52
Strukturveränderung 26

Theorie der Spiele 313
Transportprobleme 90
–, mehrstufige 104
Transportoptimierung 90
Traveling-Salesman-Problem 147
Trendextrapolation 387

Ungarische Methode 113
Untergrenzen einzelner Variablen 61
Unzulässige Ausgangslösung 56
Umladeproblem 104
u-v-Methode 97, 102

Varianz 252, 260
Venn-Diagramm 242
Verfahren der vorsichtigen Annäherung 140
Verfahren von Jahn 237
Verteilungsfunktion 248
Verkehrsdichte 364
Verschnittminimierung 79
Vogelsches Approximationsverfahren 93, 96
Vorgang 9
Vorgangpfeilnetzplan 12
Vorgangknotennetzplan 12
Vorgänger 9
Vorteile der Netzplantechnik 37

Wahrscheinlichkeit, objektive 239
–, subjektive 239
–, bedingte 244
Wahrscheinlichkeits-Sätze 242
  -Verteilung 248
  -Funktion 248
  -Dichte 249
Wahrscheinlichkeitstheorie 239
–, Additionssatz 242
–, Binomialverteilung 251

–, Dichtefunktion 258
–, Ereignis-Kombinationen 241
–, Erwartungswert 252, 260
–, Gauss-Verteilung 260
–, Multiplikationssatz 242
–, Normalverteilung 260
–, Satz von Bayes 246
–, Standard-Normalverteilung 260
–, Varianz 252, 260
–, Venn-Diagramm 242
–, Verteilungsfunktion 248
Warteschlangen-Charakteristik 362
Warteschlangentheorie 361
–, Abgangscharakteristik 364
–, Auslastung, mittlere 364
–, Einkanalsystem bei unendlichem Warteraum 367
–, Einkanalsystem bei begrenztem Warteraum 374
–, Einkanalsystem mit Erlangverteilten Bedienungszeiten 376
–, Mehrkanalsystem bei begrenztem Warteraum 375
–, Mehrkanalsystem bei unendlichem Warteraum 370
–, Schlangendisziplin 365
–, Verkehrsdichte 364
Warteraumcharakteristik 366
Wert eines Spieles 315

Zeitabstand 10
Zeitenberechnung 18, 22
Zeitfolgesimulation 358
Zeitplanung 17
Zeitreihenanalyse 388
Zeitveränderung 26
Zuordnungsoptimierung 111
Zwei-Parameter-Kriterien 280